EXPLOITATION TECHNIQUE

DES

CHEMINS DE FER

TOURS. — IMPRIMERIE DESLIS FRÈRES.

EXPLOITATION TECHNIQUE

DES

CHEMINS DE FER

PAR

L. GALINE (A)

INGÉNIEUR DES ARTS ET MANUFACTURES

INSPECTEUR A LA COMPAGNIE DES CHEMINS DE FER DU NORD

PARIS

Vᵛᵉ Cʜ. DUNOD, ÉDITEUR

49, Quai des Grands-Augustins, 49

—

1901

BIBLIOTHÈQUE DU CONDUCTEUR DE TRAVAUX PUBLICS

PUBLIÉE SOUS LES AUSPICES

DE MESSIEURS LES MINISTRES DES TRAVAUX PUBLICS
DE L'AGRICULTURE
DE L'INSTRUCTION PUBLIQUE
DU COMMERCE ET DE L'INDUSTRIE
DE L'INTÉRIEUR, DES COLONIES
DE LA JUSTICE

Comité de patronage

GUILLAIN — Directeur honoraire des Routes, de la Navigation et des Mines, ancien Ministre des Colonies.

HATON DE LA GOUPILLIÈRE — Membre de l'Institut, Inspecteur général des Mines.

HENRY (E.) — Inspecteur général des Ponts et Chaussées.

HUET — Inspecteur général des Ponts et Chaussées en retraite, ancien Directeur administratif des Travaux de la ville de Paris.

LAUSSEDAT (le Colonel) — Membre de l'Institut, Directeur honoraire du Conservatoire national des Arts et Métiers.

LE BERQUIER — Avocat à la Cour d'appel de Paris.

LE ROUX — Ancien Directeur des Affaires départementales à la Préfecture de la Seine.

LOUIS MARTIN — Avocat, Professeur libre de droit, Membre de la Chambre des députés.

MARTINIE — Contrôleur général de l'Administration de l'Armée, Ancien Président de la Société de Topographie de France.

METZGER — Inspecteur général des Ponts et Chaussées, Directeur des Chemins de fer de l'Etat.

NICOLAS — Directeur honoraire de l'Industrie au Ministère du Commerce, de l'Industrie et des Postes et Télégraphes.

PHILIPPE — Inspecteur général des Ponts et Chaussées, Directeur de l'Hydraulique agricole au Ministère de l'Agriculture.

PILLET — Professeur au Conservatoire national des Arts et Métiers.

PIOT — Sénateur, Vice-Président du Conseil Général de la Côte-d'Or, ancien Entrepreneur de Travaux publics.

Le **Président** de l'Association philotechnique.

Le **Président** de l'Association polytechnique.

Le **Président** de la Société des Anciens Elèves des Ecoles nationales d'Arts et Métiers.

Le **Président** de la Société des Conducteurs, Contrôleurs et Commis des Ponts et Chaussées et des Mines.

Le **Président** de la Société des Ingénieurs civils de France.

Le **Président** de la Société de Topographie de France.

QUENNEC — Directeur du Personnel de la Préfecture de la Seine.

RÉSAL — Ingénieur en chef des Ponts et Chaussées, Professeur à l'Ecole nationale des Ponts et Chaussées.

ROUCHÉ — Professeur au Conservatoire national des Arts et Métiers

SANGUET — Président de la Société de Topographie parcellaire de France.

TISSERAND — Conseiller-maître à la Cour des Comptes.

BIBLIOTHÈQUE DU CONDUCTEUR DE TRAVAUX PUBLICS

Comité de rédaction

SIÈGE : 46, QUAI DE L'HÔTEL-DE-VILLE

Bureau

PRÉSIDENT :

JOLIBOIS   Conducteur des Ponts et Chaussées, Agent voyer cantonal (Service ordinaire et vicinal de la Seine), ancien Président de la Société des Conducteurs, Contrôleurs et Commis des Ponts et Chaussees et des Mines, Membre des Sociétés des Ingénieurs civils de France, des Ingénieurs coloniaux, des anciens élèves des Ecoles d'Arts et Métiers, de Topographie de France, etc., Professeur à l'Association philotechnique.

SECRÉTAIRE GÉNERAL :

BONNAL   Ingénieur civil, Secrétaire de la Direction des Tramways à vapeur du département de l'Aude.

VICE-PRÉSIDENTS :

DACREMONT   Conducteur des Ponts et Chaussées, Sous-inspecteur de l'Assainissement, Service municipal.

FALCOU   Chef de bureau à la Préfecture de la Seine, Chef du cabinet du Directeur administratif des services d'architecture, des promenades et plantations.

LAYE   Ancien commis des Ponts et Chaussées, Ingénieur des Arts et Manufactures.

VIDAL   Conducteur des Ponts et Chaussées (Contrôle du Chemin de fer du Midi).

SECRÉTAIRES :

BONDU   Commissaire de surveillance administrative des chemins de fer (P.-L.-M.), professeur à l'Association philomatique.

CANAL   Conducteur des Ponts et Chaussées, Contrôleur Comptable des Chemins de fer (Orléans).

DEJUST   Conducteur municipal (Service des Eaux), Ingénieur des Arts et Manufactures, Répétiteur à l'École centrale des Arts et Manufactures.

DIÉBOLD   Conducteur des Ponts et Chaussées, Sous-inspecteur de l'Assainissement, Service Municipal.

Membres du Comité :

AUCAMUS   Ingénieur des Arts et Manufactures, chef d'atelier chemins de fer du Nord.

CUVILLIER   Contrôleur principal des Mines (Contrôle des chemins de er de l'Ouest).

DARDART   Conducteur principal des Ponts et Chaussées (Service ordinaire et vicinal de la Seine).

DARIÈS   Conducteur Municipal (Service des Eaux), Licencié ès Sciences, Professeur à l'Association philotechnique et à l'Ecole spéciale des Travaux publics.

DECRESSAIN   Contrôleur principal des Mines (Service des appareils à vapeur), Professeur à l'Ecole d'Horlogerie.

HALLOUIN   Ancien Conducteur des Ponts et Chaussées, Inspecteur principal de l'Exploitation commerciale des Chemins de fer de l'État.

LÉVY-SALVADOR   Ingénieur du Service technique de l'Hydraulique agricole.

MALETTE (G.)   Conducteur des Ponts et Chaussées, Agent-voyer cantonal (Service ordinaire et vicinal de la Seine).

PRADÈS   Ancien conducteur de l'Hydraulique agricole, Rédacteur au Ministère de l'Agriculture, Professeur à l'Association philotechnique.

PRÉVOT   Conducteur des Ponts et Chaussées (Service du nivellement général de la France).

REBOUL   Contrôleur principal des Mines (Service des appareils à vapeur).

ROUX   Conducteur des Ponts et Chaussées (Service ordinaire et vicinal de la Haute-Vienne).

SIMONET   Conducteur des Ponts et Chaussées, Service municipal (Métropolitain).

SAINT-PAUL   Conducteur Municipal, Chef du Service de l'Eclairage de la 1re section de Paris, Secrétaire adjoint de la Société de Topographie de France, Professeur à l'Association polytechnique, Vice-Président de l'Association amicale et de prévoyance des Employés municipaux de la Direction des Travaux de Paris.

WÉRY   Conducteur municipal, Chef de bureau de section.

NOTE DE L'AUTEUR

L'exploitation technique des chemins de fer est une des branches les plus importantes de l'industrie des transports. Elle traite de l'aménagement et de l'outillage des gares pour assurer le service des voyageurs et des marchandises. C'est elle qui s'occupe également du mouvement des trains, dont la circulation si intense doit pouvoir se faire dans des conditions de sécurité absolue, sans diminuer toutefois la vitesse ou la fréquence des trains. Tous ces résultats sont obtenus par l'organisation spéciale de services différents ayant chacun un rôle bien défini.

Ce sont ces diverses questions que l'auteur a traitées en examinant non seulement ce qui se fait en France, mais encore à l'Étranger. Le lecteur se trouve amené de cette façon à faire des comparaisons et tout en se familiarisant avec le sujet, il en déduit les avantages et les inconvénients des différents modes d'exploitation.

L'auteur a eu sa tâche facilitée par la collaboration effective de M. Bonnal, secrétaire général de la *Bibliothèque du Conducteur de Travaux publics* dont la compétence lui a été d'un grand secours, tant dans l'exécution des figures que dans la rédaction de l'ouvrage.

Il a reçu, auprès des diverses Compagnies françaises et étrangères, un accueil favorable lui permettant de recueillir les renseignements nécessaires. Enfin il a pu faire des recherches intéressantes dans les publications et ouvrages suivants :

Revue générale des Chemins de fer et des Tramways ;

Le Génie civil ;

Étude sur les signaux de chemins de fer, de E. Brame et L. Aguillon ;

Traité d'exploitation des chemins de fer, de Flamache, Huberti et Stévart ;

Superstructure, de Deharme ;

Cours de chemins de fer, de C. Bricka.

EXPLOITATION TECHNIQUE
DES CHEMINS DE FER

PREMIÈRE PARTIE

TRAINS ET GARES

CHAPITRE PREMIER

SERVICE DES VOYAGEURS

A. — Trains de voyageurs

1. Généralités. — Les trains se divisent en deux catégories suivant la nature du transport : les trains de voyageurs et les trains de marchandises. La délimitation n'est pas absolue : les trains de messageries étant assimilés à ceux de voyageurs, et un certain nombre d'autres trains, dits mixtes, transportant à la fois des marchandises et des voyageurs.

Les trains s'arrêtent en des points déterminés ou gares où a lieu l'embarquement des voyageurs, la manutention des marchandises et souvent même le remaniement du train ; il est donc rationnel d'indiquer d'abord la formation des trains et d'examiner ensuite la disposition des gares où cette formation s'effectue.

La nature et la place des véhicules entrant dans la composition d'un train sont soumises à des règles parfaitement définies. Suivant la catégorie du train, ces véhicules doivent satisfaire à certaines conditions de dimensions, d'attelage, de freinage, de chargement, qui constituent une réglemen-

tation spéciale à peu près la même pour tous les chemins de
fer. Il faut, en outre, que la locomotive soit placée d'une façon
bien déterminée ; chaque fois que cette condition n'est pas
remplie, la marche est modifiée en conséquence. Les trains
d'une même catégorie diffèrent à leur tour par l'emploi
d'un matériel spécial, d'un nombre de freins déterminé
permettant une marche plus ou moins rapide. Autant de
cas particuliers qu'il faut limiter par des règles bien précises.

2. Composition des trains de voyageurs. — *Nature des véhi-
cules.* — Les véhicules admis dans la composition des trains
de voyageurs doivent être munis de tampons à ressort ou
en caoutchouc, et satisfaire en outre à toutes les conditions
d'attelage exigées pour tout le matériel circulant sur les
voies ferrées. Les trains de voyageurs sont formés de voitures
à compartiments isolés ou communiquant entre eux, de
fourgons, recevant les bagages des voyageurs et les marchandises circulant en grande vitesse. Il y a, en outre, un
choix à faire parmi les véhicules, suivant la marche du train,
la longueur du parcours, la classe demandée par les voyageurs. Quelques trains sont composés de plusieurs parties
que l'on sépare aux gares de bifurcation de manière à éviter
aux voyageurs tout transbordement ; de là un classement
logique à faire à la gare d'origine. Pour des trains à marche
rapide, à long parcours, comme ceux traversant l'Amérique,
le Transsibérien, le Nord-Express de Paris à Saint-Péters-
bourg, on emploie des voitures de luxe réunissant tout le
confortable nécessaire à d'aussi longs trajets. Pour les
rapides, de parcours moindre, on se contente de voitures de
première classe, auxquelles on adjoint, suivant le cas, des
wagons-lits et restaurants. Les trains express renferment des
voitures de toutes classes, les inférieures n'étant accessibles
qu'aux voyageurs à grand parcours ou payant le droit à la
vitesse ; enfin, pour les trains omnibus, on adopte des voitures de toutes classes. On peut même, pour certaines lignes
urbaines ou de banlieue, se servir d'un matériel spécial parfaitement localisé. La proportion des voitures de différentes
classes entrant dans la composition d'un train ordinaire peut

s'établir d'après le chiffre des voyageurs de chaque catégorie, soit :

> 1ʳᵉ classe......... 4 à 6 0/0
> 2ᵉ classe......... 15 à 25 0/0
> 3ᵉ classe......... 70 à 80 0/0

Ces chiffres n'ont rien d'absolu et sont très variables : en Allemagne, il existe quatre classes; dans quelques contrées, les troisièmes ont été supprimées, tandis que sur d'autres, au contraire, ce sont les premières classes qui ont disparu.

Certains véhicules, en particulier les fourgons, sont appelés à être intercalés dans des trains à marche très différente. Pour ne pas trop spécialiser ces véhicules, ce qui en nécessiterait l'emploi d'un très grand nombre, on se contente de faire varier leur charge et de la réduire dans les trains à marche rapide pour éviter tout chauffage des boîtes.

Nombre de voitures. — La composition d'un train s'évalue d'après le nombre des voitures ou des essieux. Les dimensions des voitures sont très variables, tandis que la charge par essieu est toujours à peu près la même, 6 à 8 tonnes; il est donc préférable d'adopter cette dernière unité. En France, le maximum réglementaire, pour les trains de voyageurs, est de 48 essieux, soit 24 véhicules; en Belgique, ce chiffre a été porté à 25 voitures; en Allemagne, où l'on compte par essieu, on admet 80 essieux, et en Russie 100. Les trains de troupes, assimilés aux trains de voyageurs, peuvent comporter un nombre plus considérable de véhicules : 35 à 50 véhicules en France, suivant les réseaux; 120 essieux en Russie. La composition moyenne des trains de voyageurs est de six à huit voitures.

3. **Charge des trains.** — Les chiffres précédents sont des maxima qu'on ne saurait atteindre sur les lignes à profil accidenté sans entraîner une réduction importante de la vitesse. De là l'obligation de subordonner le nombre de véhicules, c'est-à-dire la charge du train, à la puissance de la machine. Pour les trains de voyageurs, on ne tient pas compte du poids des voyageurs transportés, poids relative-

ment faible comparativement à celui du matériel. Il faut compter en effet, comme poids mort, c'est-à-dire comme poids de matériel par voyageur, au moins 200 kilogrammes pour les voitures de 3e classe ; et, dans certaines voitures de luxe, ce chiffre atteint 2.000. En réalité, ces chiffres sont encore plus élevés, les compartiments n'étant presque jamais occupés complètement, on traîne effectivement en moyenne 2 à 3.000 kilogrammes par voyageur de première, 8 à 1.600 pour ceux de deuxième et 5 à 700 pour la troisième. Dans ces conditions, la charge peut s'évaluer facilement d'après le nombre des véhicules, avec cette restriction cependant que les voitures soient uniformes, ce qui n'a pas lieu généralement. Il est donc préférable de compter en tonnes le poids mort du train.

Sur le Nord français, on évalue la charge d'après le nombre des véhicules, chacun d'eux étant compté pour 3 unités, quel que soit le nombre de voyageurs. La force des machines étant de 80 unités, est suffisante pour remorquer 24 voitures ou 72 unités; mais le chiffre de 80 unités ne représente qu'un facteur de la puissance ; l'autre facteur, c'est-à-dire la vitesse, entre en ligne de compte par le choix que l'on est obligé de faire parmi les différents types de machines, de puissance différente, pour remorquer les mêmes charges à des vitesses plus ou moins grandes. Au-dessus de 5 millimètres d'inclinaison, la charge doit être réduite; des tableaux indiquent aux gares le nombre d'unités admises sur ces lignes.

Sur l'Est français, on compte également en unités, et chaque unité vaut 10 tonnes, toute fraction de 10 tonnes étant arrondie en plus ou en moins, suivant qu'elle dépasse ou n'atteint pas 5.000 kilogrammes. Comme précédemment, on n'évalue que le poids mort du train, à moins que l'un des véhicules ne reçoive un chargement d'une importance spéciale. Les machines sont établies pour une vitesse déterminée, et à cette vitesse, suivant le profil, correspond une charge maxima que l'on ne doit pas dépasser. Cette manière de compter, plus rationnelle que la précédente, est en somme analogue à celle de l'évaluation en tonnes, admise à peu près partout.

La charge moyenne des trains de voyageurs sur des profils moyens varie de 100 à 300 tonnes.

4. Freins. — *Nature des freins.* — Les freins servent non seulement à l'arrêt du train en cas de danger, mais encore pour l'arrêt rapide dans les gares, arrêt qui se ferait beaucoup trop lentement, s'il fallait compter seulement sur la résistance propre du train. Le frein le plus énergique est la *contre-vapeur*, mais son emploi délicat demande un certain temps ; de plus, il ne s'applique qu'à la locomotive. Il y a ensuite les *freins à main* de la machine, du tender et des fourgons, beaucoup moins efficaces et n'agissant encore que sur une faible partie du train. Aussi, pour les trains de voyageurs, a-t-on généralisé l'emploi du *frein continu* dont la manœuvre peut être effectuée par un seul agent pour le train entier ou tout au moins pour une fraction importante. On complète le frein continu d'une série de freins à main, disposés en divers points ; ils servent en cas de non-fonctionnement du frein continu ou lorsque ce dernier n'agit que partiellement.

Freins à main des trains munis du frein continu. — Pour les trains de voyageurs, le frein continu sur tous les véhicules est obligatoire. Cependant quelques Compagnies ont été autorisées à ajouter des véhicules ordinaires en queue du train. Sur le Nord, par exemple, on peut mettre, en queue des express ou des trains internationaux, un ou deux véhicules, pourvu que le dernier soit muni d'un frein à main gardé ; aux trains omnibus, le nombre des véhicules non munis du frein continu peut atteindre le tiers du nombre total des wagons ; mais il faudra un frein gardé par 4 véhicules ou fraction de 4 véhicules et le dernier wagon sera toujours muni d'un frein gardé.

La réglementation des freins à main ne saurait être uniforme, car il faut tenir compte du profil plus ou moins accidenté des différents réseaux. D'une manière générale, dans les trains ordinaires munis du *frein continu*, il suffit qu'il y ait un frein à main en tête et un autre en queue du train, et que ces freins soient montés, c'est-à-dire qu'il y ait un agent pour la manœuvre. Le frein de queue doit se trouver sur la dernière voiture à voyageurs ou dans l'un des cinq derniers véhicules, s'il s'agit de wagons quelconques. On verra que, pour une catégorie de trains dits *légers* à composition réduite (16 essieux), on peut n'avoir qu'un frein gardé placé sur la dernière voiture à voyageurs ou sur l'un des véhicules à l'arrière de cette voiture.

Freins à main des trains non munis du frein continu. — Pour parer au non-fonctionnement du frein continu, ou pour les trains qui n'en seraient pas munis, il est fait usage de freins à main gardés dont le nombre est prévu à l'avance ; il varie toutefois suivant les différentes Compagnies, d'après la vitesse du train, le profil de la ligne et la charge. Sur le Nord, par exemple, où les profils sont peu accidentés, pour des trains de moins de 32 essieux (16 véhicules), il suffit de deux freins, l'un en tête, l'autre en queue ; pour plus de 32 essieux, il faudra ajouter un frein gardé dans le corps du train ou le juxtaposer avec le dernier, ce qui permettra de les faire manœuvrer simultanément par un seul agent.

Sur les lignes américaines on avait, au début, un garde-frein par deux voitures ; mais, depuis l'adoption du frein continu, les agents sont employés au service général du train : éclairage, chauffage. On conserve l'ancienne réglementation pour les trains qui, accidentellement, n'en seraient pas munis. Sur l'Est français, le nombre des freins à main pour les trains de voyageurs est basé sur les chiffres adoptés pour ceux de marchandises ; on verra ultérieurement la règle admise pour ces derniers. Le Lyon, au contraire, a adopté une réglementation spéciale pour chaque catégorie de trains.

Cette réglementation n'a plus qu'une importance relative, depuis que les véhicules entrant dans la composition des trains de voyageurs sont munis du frein continu ; car en cas de non-fonctionnement de ce dernier, la marche est telle que les freins à main ne sont guère utilisés.

5. Trains légers. — Trains-tramways. — Les trains ordinaires étant très coûteux, on a cherché à en diminuer le prix de revient de manière à pouvoir multiplier leur nombre. Il en a été de même de quelques trains destinés au service de la poste dont la composition importante n'était pas justifiée par le nombre restreint des voyageurs. L'économie a porté sur la réduction de la charge du train, par la diminution du nombre des véhicules, de manière à nécessiter un moteur moins puissant et un personnel plus restreint. Dans les divers pays d'Europe, des essais ont été faits avec des voitures à vapeur sur des parcours assez courts; ils n'ont guère réussi que dans des cas tout à fait spéciaux, et il semble que, dans cet ordre d'idées, la solution ne soit possible qu'avec les trains électriques recevant le courant le long de la ligne. Rien ne s'oppose alors à rendre les trains aussi légers et aussi fréquents qu'il est nécessaire.

En France, en dehors de quelques essais spéciaux, on s'est contenté de modifier les trains ordinaires en se bornant au programme fixé, en 1881, par le Comité des Chemins de fer; c'est-à-dire : suppression des fourgons et réduction à 8 des véhicules, soit 16 essieux; accès du conducteur sur la machine permettant la suppression du chauffeur; arrêt des trains en certains points ne comportant aucune installation spéciale pour le gardiennage, l'éclairage du point d'arrêt, la protection ou le service du train; faculté de supprimer, en outre, toute une classe de compartiments et de ne pas admettre le transport de certains colis ou bagages au départ des points d'arrêt; enfin possibilité pour la machine de circuler tender en avant. La conséquence de cette proposition, sanctionnée par le décret de 1889, et qui n'a pas été appliquée avec toute sa tolérance, a permis d'augmenter le nombre des trains sur les lignes secondaires et d'en intercaler d'autres à faible parcours sur les lignes principales.

Il existe deux espèces de trains de cette catégorie : les trains légers proprement dits (T. L.), dont le nombre des essieux n'excède pas 16 et qui, au point de vue du service des voyageurs, sont astreints aux conditions ordinaires; et les trains tramways (T. L. T.), qui ne prennent pas certaines catégories de bagages et dont la composition peut être ramenée à deux voitures.

Lorsque tous les véhicules entrant dans la composition du train sont munis du frein continu, on supprime le garde-frein de queue. Cette tolérance est encore possible avec 1 ou 2 véhicules non munis du frein continu en queue, à la condition que l'unique agent du train soit placé dans l'un des derniers véhicules munis d'un frein à main. On peut augmenter encore le nombre des véhicules non munis du frein continu; mais le nombre des essieux non freinés ne doit pas excéder 8 ni dépasser la limite correspondant à un frein à main gardé; dans ces conditions, il faut avoir deux agents dans le train. Quant à la tolérance de n'avoir que le mécanicien sans chauffeur, lorsque le conducteur a accès sur la machine, elle n'a pas été appliquée. Au point de vue du matériel, on se sert de voitures ordinaires; cependant quelques Compagnies emploient des véhicules spéciaux permettant d'augmenter la capacité des voitures, tout en conservant le nombre d'essieux réglementaires, ou encore de satisfaire à la condition de suppression des fourgons, tout en ayant un compartiment spécial pour les bagages.

6. Trains mixtes. — Trains de marchandises-voyageurs. —
En France, les Compagnies doivent fournir un train dans chaque sens par 3.000 francs de recette kilométrique, avec la condition que le nombre des trains quotidiens ne soit jamais inférieur à 3. Tant que la recette n'atteint pas 15.000 francs par kilomètre, il n'y a pas de train de dix heures du soir à six heures du matin. Généralement ces conditions sont largement satisfaites, et le nombre des trains réglementaires est presque toujours dépassé; cependant, dans quelques cas, il est nécessaire de recourir à certains trains spéciaux ou *mixtes*, ce sont des trains de voyageurs auxquels on ajoute des wagons à marchandises. Cette pratique n'est toutefois admissible que sur les lignes où la mise en service des trains de marchandises ordinaires n'est pas justifiée. Elle présente en effet l'inconvénient d'augmenter, pour les voyageurs, la durée du parcours dans des proportions souvent exagérées.

Les trains mixtes ont tous les caractères des trains de voyageurs; leur composition peut être cependant un peu plus élevée, exceptionnellement 30 voitures, si la vitesse ne doit pas excéder 40 kilomètres. Le frein continu n'est pas exigible. Sur les lignes où il n'y a pas de trains de marchandises réguliers, on n'admet dans les trains mixtes, les wagons chargés de matières infectes (cuirs verts, fûts de sang, etc.), ou encombrantes (pièces de bois, de fer, dont le chargement excède 2 wagons) qu'à la condition d'être séparés des voitures à voyageurs par d'autres véhicules; en outre, les matières infectes doivent être placées à l'arrière des véhicules à voyageurs.

Quelques trains de marchandises sont appelés à recevoir des voitures à voyageurs et, en particulier, lorsqu'il s'agit d'un service public, comme celui de la poste. Il est, en effet, stipulé dans le cahier des charges qu'il doit y avoir, sur chaque ligne et par jour un train postal dont l'horaire est approuvé par l'administration compétente. Ces trains conservent, au point de vue de la composition et de la vitesse, le caractère de ceux à marchandises. Cependant on a fait quelques réserves : il est interdit d'y admettre les substances dangereuses, comme les explosifs; les wagons chargés de bestiaux, les chargements de bois ou de fer encombrants, doivent être séparés des voitures de voyageurs par un ou plusieurs véhicules. Des indications sur les mesures à prendre dans les divers cas sont données aux agents intéressés au moyen de consignes locales.

7. Trains de messageries. — Il existe un certain nombre de trains ne transportant que des marchandises, mais dont la composition, la marche et la destination se rapprochent de celles des trains de voyageurs : tels sont les trains de messageries, de marée, de denrées, de lait, etc. Le nombre des véhicules est généralement limité à 30.

Les trains de messageries font le service des colis postaux, des bagages transportés en grande vitesse et non accompagnés. Ils sont formés dans une gare origine avec un nombre suffisant de fourgons classés par destination, de façon qu'un même véhicule récolte, en cours de route, tous les colis destinés à une même ville ou à une même direction. Le classement est tout préparé pour les colis à charger ; celui des colis à décharger peut avoir lieu en cours de route, et certains trains sont formés au moyen de fourgons communiquant entre eux, ce qui rend la surveillance plus facile, étant donné que ces trains transportent souvent des marchandises de valeur. Ils sont munis, par suite de leur marche, du frein continu.

Si le trafic de la ligne est insuffisant, ou si l'on ne veut pas multiplier les trains de messageries, quelques trains de voyageurs assurent ce service et comportent un nombre de fourgons supplémentaires. Ils peuvent même recevoir des véhicules transportant des denrées, de la marée, des fruits, tous objets devant être livrés dans un délai de parcours aussi faible que possible.

Il arrive même que, pour les capitales, on est obligé de faire des trains complets destinés au transport de ces marchandises. Tel est le cas des trains de lait, de marée, pour le Nord et l'Ouest, des trains de bière de l'Est, des trains de charbon pour Londres. Ces trains arrivent jusqu'aux gares à voyageurs, où des aménagements spéciaux ont été prévus pour leur manutention.

8. Formation des trains. — *Trains au départ.* — Le matériel qui compose le train doit être amené en gare le plus tôt possible, soit par la machine du train, soit par une machine de manœuvre ; il est, en effet, indispensable que tous les services concourant à la préparation du train aient le temps nécessaire pour procéder à leurs manœuvres respectives. Ces différents services comportent :

1° Les *agents de la gare*, qui s'assurent si la composition du train est bien régulière, et si le nombre des freins à main est suffisant et s'ils sont à leur place ; ils doivent prendre des mesures en conséquence pour faire renforcer le train en cas de besoin, le plus rapidement possible pour ne pas amener de retard. Les colis, convenablement étiquetés, sont amenés au fourgon, en tête ou en queue, suivant les dispositions admises ; le chargement doit en être fait avec soin, sans choc, de manière à éviter les avaries et à bien répartir la charge dans les fourgons ;

2° Les *agents du train*, qui doivent se rendre à leur poste suffisamment tôt pour assister à la livraison des colis dont ils ont la charge ; ils procédent à la visite du train et aux essais du frein continu. Le garde-frein doit s'occuper des voyageurs, leur fournir les renseignements nécessaires, leur faire occuper les voitures qu'il convient, s'assurer, au besoin, s'ils ont leur billet ;

3° Les *agents de l'éclairage*, qui doivent s'occuper de la mise en état ou de l'allumage des appareils des voitures et des signaux de queue, s'il y a lieu. Le chauffage, doit être préparé bien avant le départ du train, de manière à éviter tout encombrement, lorsqu'il s'agit de chaufferettes mobiles ou présenter des compartiments convenables pour les autres systèmes de chauffage ;

4° Les *visiteurs*, qui doivent s'assurer, si cela n'a déjà été fait dans les voies de manœuvres, du bon état du matériel, et plus particulièrement des attelages, ces derniers doivent être faits de façon que les tampons se touchent. Si cette condition n'est pas remplie, ils doivent s'assurer s'il n'y a rien dans les différentes pièces qui s'y oppose, et dans ce cas faire le nécessaire. Ils vérifient les accouplements des freins continus, s'assurent de leur bon fonctionnement et de celui des appareils d'intercommunication ; ils s'entendent avec les agents du train pour faire des essais, si cela est utile. Quelques-uns sont spécialement chargés du graissage ; les *nettoyeurs* profitent du stationnement des trains, pour remettre en état les coussins, balayer les tapis, laver les glaces.

Le train une fois formé, la machine en tête, on fait l'essai du frein suivant la réglementation adoptée. Les machines en tête des trains doivent être attelées cheminée en avant, à moins qu'il ne s'agisse de trains n'ayant pas plus de 30 kilomètres de parcours. Le fourgon du conducteur doit être relié à la machine au moyen d'une corde actionnant la cloche du tender, pour attirer l'attention du mécanicien en cas d'incident. Lorsqu'on a plusieurs machines en tête, il faut intercaler, entre le tender et la première voiture à voyageurs, autant de véhicules ne portant pas de voyageurs qu'il y a de machines en feu ; le signal de départ ne peut être donné qu'après l'exécution complète de toutes ces formalités.

Trains de passage. — Pendant le stationnement du train dans une gare, le garde-frein doit annoncer à haute voix le nom des stations, ouvrir et fermer les portières ; le conducteur s'occupe de la remise des colis dont il tire accusé de réception. Les agents de la gare doivent visiter le train ; ceux du matériel s'assurent que tous les véhicules sont en bon état et peuvent continuer leur route. Ils font *différer* tous les véhicules incapables de continuer. Les agents de l'éclairage et du chauffage vérifient si tous les appareils sont dans un état convenable, et remplacent ceux laissant à désirer.

Toutes les fois que, dans une gare, on change de machine, ou que l'on modifie la composition du train, il est nécessaire de renouveler l'essai du frein.

La participation de tous les services à la formation d'un train exige qu'ils soient tous placés à proximité, de manière à éviter toute perte de temps, ce qui explique la disposition adoptée dans les gares. Il est nécessaire, en outre, d'avoir les voies nécessaires pour effectuer rapidement toutes les manœuvres, différer un wagon ou changer les machines.

B. — Gares a voyageurs

9. Définitions. — Les lignes de chemins de fer sont à une ou deux voies. Dans le cas de deux voies, les trains peuvent suivre la droite ou la gauche ; la direction adoptée dépend des habitudes locales. En Angleterre, et en France par imitation, les trains suivent la voie gauche. D'autres pays, comme l'Allemagne et l'Autriche, par exemple, ont conservé le côté droit, comme pour les voitures ordinaires. La première disposition n'est pas sans inconvénients, les signaux étant placés à l'extérieur de la voie, c'est-à-dire à la gauche du mécanicien, sont difficiles à apercevoir. Mais une modification dans le sens de la marche du train ou dans la position du mécanicien sur sa machine, nécessiterait de tels changements qu'elle n'a jamais été tentée.

Les distances sont repérées tous les kilomètres, au moyen de poteaux dont l'inscription indique la distance par rapport à un point origine qui est toujours une ville importante. Pour les lignes aboutissant à Paris, le kilométrage est compté à partir de la capitale ; pour les lignes transversales, on prend généralement un centre important, comme point de départ. La voie parcourue dans le sens normal du kilométrage s'appelle voie *gauche* (ou *droite*), voie *montante* ou voie 1 ; par opposition, la deuxième voie sera désignée sous le nom de voie *droite* (ou *gauche*), voie *descendante* ou voie 2; ces deux voies sont désignées sous le nom de voies *principales;* pour les lignes à voie unique, le sens du kilométrage est seul maintenu.

Tout le long de la ligne se trouvent les installations destinées à l'embarquement des voyageurs, au chargement des marchandises ou bien à satisfaire aux exigences de la formation et de la marche des trains. On leur donne le nom de *haltes, stations* ou *gares,* suivant leur importance. Elles comportent d'abord une série de locaux pour abriter les voyageurs, les marchandises et les agents chargés du service, puis un certain nombre de voies auxquelles on donne le nom de voies *accessoires.* Ces voies accessoires se subdivisent à leur tour en voie de *garage,* de *triage,* de *manœuvres,* suivant leur utilisation. Quelquefois, pour les distinguer, on leur donne le nom de garages droits ou gauches, d'après leur position par rapport aux voies principales. Les voies accessoires, placées à la gauche de la voie 1, s'appellent voies 3, 5, 7; celles placées à l'extérieur de la voie 2, sont nommées voies 4, 6, 8, etc. Dans les gares où il existe, à l'extérieur d'une voie principale, plusieurs voies s'embranchant en des points différents, on numérote ces voies dans l'ordre où elles se présentent, en les supposant prolongées les unes à côté des autres; on désigne celles qui sont entre les voies principales, par les lettres A, B.

10. **Espacement des stations.** — Les gares ou stations sont réparties sur la ligne d'après l'importance des contrées traversées. Dans certains centres manufacturiers, pays de mines ou grandes villes, les voies ferrées sont si multipliées que les gares empiètent pour ainsi dire les unes sur les autres, se confondent et semblent ne former qu'une seule gare de plusieurs kilomètres de long. Comme la population se trouve également très dense, de distance en distance, au milieu de cet enchevêtrement de voies sont établies des stations pour les voyageurs. Elles sont forcément très rapprochées, à l'inverse de celles des pays agricoles, où les localités sont plus éloignées les unes des autres. L'espacement des stations dépend donc de l'importance numérique des popu-

lations et de leur groupement par rapport à la voie ferrée.
C'est ainsi que, sur l'ensemble des réseaux français, la
moyenne de cet espacement est de 7^{km},200 ; cependant, sur
les dernières lignes en service, elle a été diminuée et portée
à 5 kilomètres sur le Paris-Lyon, et 3 kilomètres sur le Nord,
en y comprenant les points d'arrêt, ou 6 kilomètres avec les
stations seules dans des régions d'importance secondaire.
En Belgique, pays à population très dense, cette moyenne
est de 4^{km},800. Elle atteint 14^{km},700 sur la ligne de New-
York à San-Francisco, et 20 à 30 kilomètres sur certaines
lignes russes. Sur la Petite Ceinture, à Paris, l'espacement
des stations est de moins de 1 kilomètre ; sur le Métropolitain
de Londres ou de Paris, on arrive au chiffre de 400 mètres.

Dans l'établissement d'une ligne, on ne tient guère compte
de ces données, les stations s'imposant d'elles-mêmes
d'après les localités traversées. En principe, il n'y a aucun
intérêt à multiplier les points d'arrêt ; car, outre l'augmentation du prix d'installation, on rend l'exploitation plus
difficile.

11. Importance des gares. — *Superficie.* — Au point de vue
voyageurs, la règle pour la superficie à donner aux gares
est à peu près impossible à établir ; elle ne dépend même
pas du trafic. On comprend très bien que certaines gares
de banlieue, recevant un nombre plus considérable de
voyageurs que d'autres gares de grandes lignes, ne nécessitent qu'une superficie moindre, les voyageurs n'ayant pas
de bagages et ne stationnant pas ; de même, on ne peut
établir, à ce point de vue, aucune comparaison entre une
gare de passage assez importante et une gare de bifurcation,
où le nombre des voyageurs locaux est assez faible ; la
superficie de cette dernière sera plus considérable, parce
qu'on peut avoir en gare, au même moment, un plus grand
nombre de trains. A égalité de mouvement, les chiffres
varient d'une contrée à l'autre, suivant les habitudes des
voyageurs, les types de bâtiment à un ou deux étages. Ainsi,
en Amérique et en Angleterre les gares sont réduites au
minimum, comparativement aux gares belges et allemandes.

La superficie totale d'une gare comporte la surface des voies, celle des bâtiments et des quais. Pour évaluer l'importance d'une gare, il faut avoir soin de bien indiquer les différents éléments de comparaison. Ainsi la superficie totale de la gare de Nantes est de 43.434 mètres carrés, dont 11.234 mètres carrés couverts. La superficie totale de la gare de Bruxelles-Nord est de 330.605 mètres carrés, et celle de la gare Saint-Lazare, à Paris, de 143.639. L'importance des gares américaines peut se déterminer par la superficie couverte des quais et le nombre des voies ; on a :

	Mètres carrés	Voies
Boston-Sud	429	31
Saint-Louis	352	12
New-York	185	25
Philadelphie	106	36

Longueur. — Cette dimension est subordonnée à la longueur et au nombre de trains à recevoir simultanément à la suite les uns des autres. La plus petite longueur pour les trains de voyageurs doit être suffisante pour recevoir 24 véhicules, soit une longueur de 200 à 250 mètres. En Allemagne, le nombre des essieux s'élevant à 80, la longueur doit être au moins de 300 mètres. Il faut en outre que le train arrêté sur une voie ne gêne pas la circulation sur les voies contiguës, par suite à la longueur même du train il faudra ajouter celle des liaisons à partir des croisements pour avoir la longueur totale de la voie considérée.

Si deux trains doivent se placer à la suite l'un de l'autre, comme on le verra dans certaines dispositions de gares, ce chiffre devra être doublé. Cependant sur les lignes à profil accidenté, comme on est obligé de réduire la charge des trains et, par suite, leur longueur, on pourra en conséquence diminuer celle des voies.

12. Gares de passage. — *Points d'arrêt.* — La station la plus simple est le point d'arrêt ; elle se borne à un simple quai longeant la voie principale pour la montée ou la descente des voyageurs. Le service des billets est fait par le conducteur lui-même. Le soir, un manchon au pétrole éclaire le quai et indique au mécanicien l'emplacement exact du point d'arrêt. Les stationnements sont très courts : sur certaines Compagnies, trente secondes seulement, aussi les trains ne sont pas protégés par des signaux. Les points d'arrêt permettent de desservir des localités de faible importance, assez éloignées du chemin de fer.

En Amérique, l'arrêt du train est facultatif; un voyageur qui désire prendre le train agite un drapeau rouge placé sur le quai ; si, au contraire, un voyageur veut descendre, il prévient le conducteur, qui fait le nécessaire auprès du mécanicien à la station précédente.

Haltes. — Au-dessus du point d'arrêt, comme importance, vient la halte, elle diffère du premier par le gardiennage et les signaux. Le trafic étant plus considérable, on a dû installer un service de distribution des billets et d'enregistrement des bagages manutentionnés par les agents des trains. Généralement les haltes sont installées au croisement d'une route et de la voie ferrée. La garde-barrière se trouve également préposée aux billets et, à son habitation placée du côté de la localité, est adossé un local formant salle d'attente et de distribution des billets. Le service des écritures de la halte est confondu avec celui de la gare la plus voisine. Il existe cependant des haltes nécessitant la présence d'un chef de halte ; dans ce cas, le mari et la femme sont employés au service de la halte : l'un, pour le gardiennage des barrières ; l'autre, pour les billets et les écritures. La halte est protégée par des signaux : le plus souvent on utilise les signaux avancés d'un sémaphore, qui couvrent à la fois le sémaphore et la halte. L'installation d'une halte doit être justifiée par l'importance du mouvement des voyageurs; cependant leur emploi est très répandu ; ainsi, sur le réseau du Midi, il y a 101 haltes pour 394 stations.

Stations de voyageurs. — Toutes les grandes agglomérations sont desservies par des stations dont l'importance est proportionnelle à celle de la population. On prévoit dans les stations les installations nécessaires pour le service des bagages et des messageries. Au point de vue des voies, lorsqu'il ne s'agit que du service des voyageurs, la différence avec celles d'une halte est peu sensible. Cependant on installe souvent, entre les deux voies principales, une liaison, disposée de façon à avoir toujours ses aiguilles prises en talon par les trains circulant normalement. On évite ainsi le danger de fausses directions. Cette liaison constitue un appareil de secours que l'on utilise pour faire passer tous les trains quand l'autre voie est momentanément interceptée, ou en service normal pour faire rebrousser une machine. L'emplacement de la liaison dans la station dépend des conditions locales.

Lorsqu'il s'agit d'une voie unique, on dédouble la voie au droit de la station, afin de pouvoir recevoir en même temps deux trains circulant en sens contraire. Il y a trois manières d'obtenir ce dédoublement : la voie principale conserve sa direction ; l'autre voie, dite d'*évitement*, se branche sur elle au moyen de courbes et de contre-courbes, de manière à obtenir l'intervalle de $2^m,00$ d'entrevoie (*fig.* 1).

Ce dispositif sert quand la voie unique est parcourue par des trains directs.

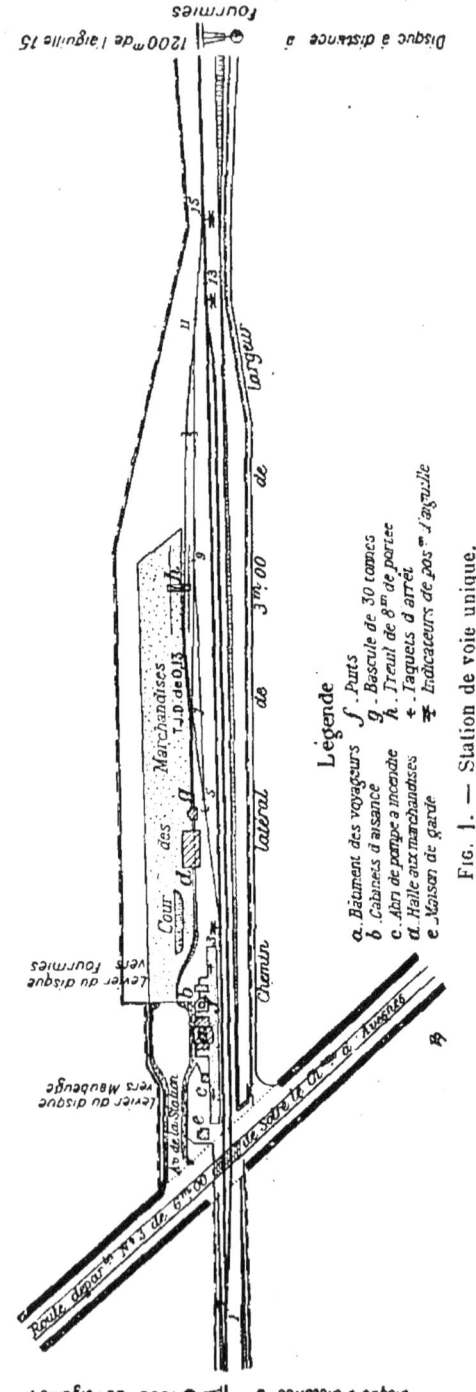

Légende

a. Bâtiment des voyageurs
b. Cabines d'aisance
c. Abri de pompe à incendie
d. Halle aux marchandises
e. Maison de garde
f. Puits
g. Bascule de 30 tonnes
h. Treuil de 8^m de portée
$\dagger$. Taquets d'arrêt
$+$. Indicateurs de pos.° d'aiguille

Fig. 1. — Station de voie unique.

Dans la seconde disposition on a un parallélogramme dont les grands côtés prolongés forment la voie unique du côté correspondant; les petits côtés ne sont autres que les liaisons raccordant les deux voies; il n'y a qu'une déviation.

Enfin la troisième solution consiste à dédoubler la voie unique en deux autres symétriques se réunissant à l'autre extrémité et reformant la voie unique, on obtient ainsi deux déviations qui sont égales à la moitié des précédentes. Avec les deux derniers dispositifs il n'existe pas, à proprement parler, de voie d'évitement, les deux voies remplissant ce rôle.

Deux quais, établis dans les conditions ordinaires, longent les voies extérieurement; on a essayé de placer un des quais à l'intérieur des voies; il en résulte, pour la voie de dédoublement, une trop grande déviation que ne compense pas le trajet un peu plus court à effectuer par les voyageurs ayant une seule voie à traverser pour prendre le train sur la voie extérieure. La voie d'évitement doit avoir une longueur suffisante pour recevoir les trains les plus longs, soit 60 à 70 véhicules ou 4 à 500 mètres de longueur, sans engager les croisements, c'est-à-dire en laissant l'autre voie accessible à un train venant d'un côté quelconque. Sur les lignes à forte déclivité, le nombre des véhicules étant réduit, la longueur des voies l'est également. On a, du reste, intérêt à ne pas exagérer cette longueur, car elle entraîne l'augmentation de la durée des manœuvres.

Les stations comportent, en plus du bâtiment principal et de son quai, un abri situé sur un deuxième quai en face, une lampisterie et des cabinets d'aisance. Quant à l'emplacement du bâtiment principal, on le choisit de préférence du côté de la localité, à moins que les conditions locales ne s'y opposent complètement.

La longueur des quais doit être suffisante pour recevoir tous les trains qui peuvent faire arrêt dans la halte. Ils sont symétriquement placés par rapport aux voies. Cependant on a adopté quelquefois une disposition spéciale, dite à *quais croisés* (*fig.* 2) ; le bâtiment principal est à l'extrémité d'un des quais, tandis que le second est situé de l'autre côté des voies, dans le prolongement du premier. En arrêtant la machine, et

par suite, le fourgon de tête, à la hauteur de l'abri ou du
bâtiment de la station, le chemin à faire pour le service des
colis se trouve notablement réduit, il n'en est pas de même
pour les voyageurs; de plus l'étendue de la gare est allongée
très sensiblement.

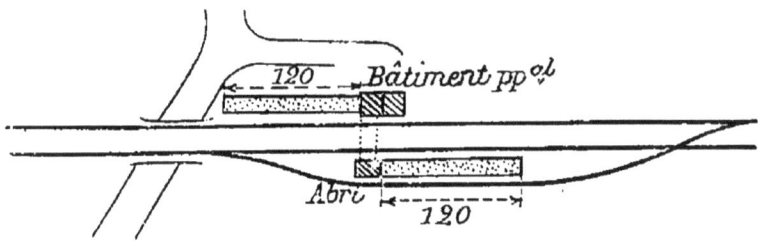

Fig. 2. — Gare à quais croisés.

Les stations urbaines ou de banlieue, avec des installations
aussi réduites, arrivent à assurer un mouvement considé-

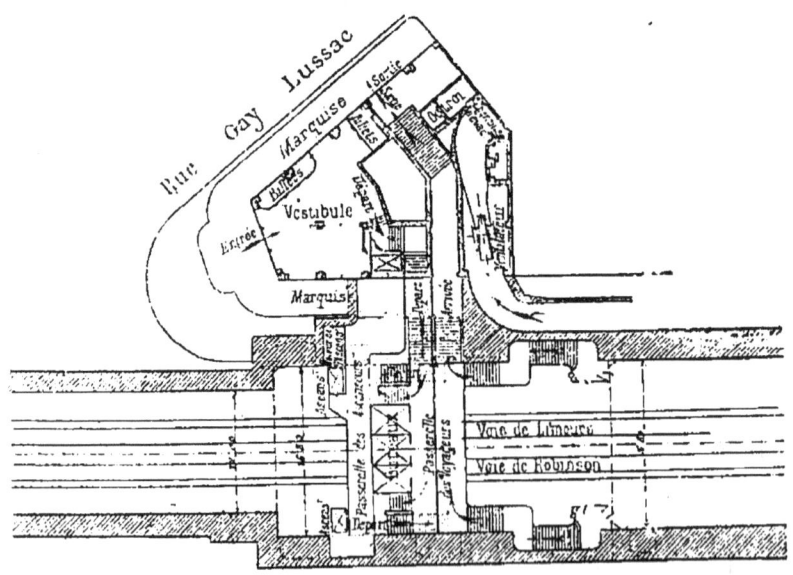

Fig. 3. — Bâtiment surélevé (gare du Luxembourg).

rable de voyageurs. Les quais y atteignent la longueur
maxima de 200 mètres. Généralement ces lignes de chemin
de fer se trouvent à un niveau inférieur (Ceinture de Paris,

Métropolitains de Londres et de Paris), ou à un niveau supérieur (Stadtbahn de Berlin, ligne de Vincennes à Paris, Métropolitain de New-York), à celui des rues de la ville, de manière à ne pas gêner la circulation locale. Dans le premier cas, on dispose le bâtiment principal à cheval sur les deux voies (*fig. 3*), et les voyageurs accèdent aux quais au moyen d'un escalier ; avec le second système, ils sont obligés de monter pour arriver aux quais. Avec les escaliers le service des bagages est assez gênant, mais son importance est si faible qu'on peut le sacrifier à des exigences plus importantes. Il est, du reste, toujours possible d'y remédier au moyen de monte-charges.

13. Gares d'embranchement. — On désigne plus spécialement sous ce nom les gares de la ligne principale où viennent se souder des lignes secondaires et qui sont pour celles-ci des points terminus.

La ligne d'embranchement vient aboutir en impasse près du bâtiment principal (*fig. 4 et 5*), du même côté que le quai à voyageurs par rapport aux voies principales de la grande ligne. Lorsqu'il faut tourner la machine, ce qui est forcé dans le cas d'embranchement de plus de 30 kilomètres, et la remettre en tête du train pour repartir sur la même ligne, une seconde voie, reliée à la première par deux aiguilles, permet à la machine de se dégager pour être tournée et ramenée en tête du même matériel. Le pont tournant peut être placé directement sur la voie d'arrivée et mieux sur celle de dégagement. Lorsque la ligne d'embranchement comporte des trains mixtes, c'est-à-dire de voyageurs et marchandises, il faut donner à la voie en impasse, après l'aiguille de dédoublement, une longueur suffisante pour dégager tous les wagons à marchandises qui se trouvent toujours en tête du train ; on les refoule ensuite sur une voie de garage, et la machine continue la série des manœuvres précédentes pour se remettre en tête. Dans le cas de la figure 4, il y a un embranchement à voie étroite sur Le Crotoy, un autre également à voie étroite sur Cayeux, compris dans la voie normale sur Saint-Valéry ; les machines se dégagent par une liaison, elles ne se tournent pas, la ligne n'ayant pas 30 kilomètres.

Au lieu de se trouver du côté du bâtiment des voyageurs,

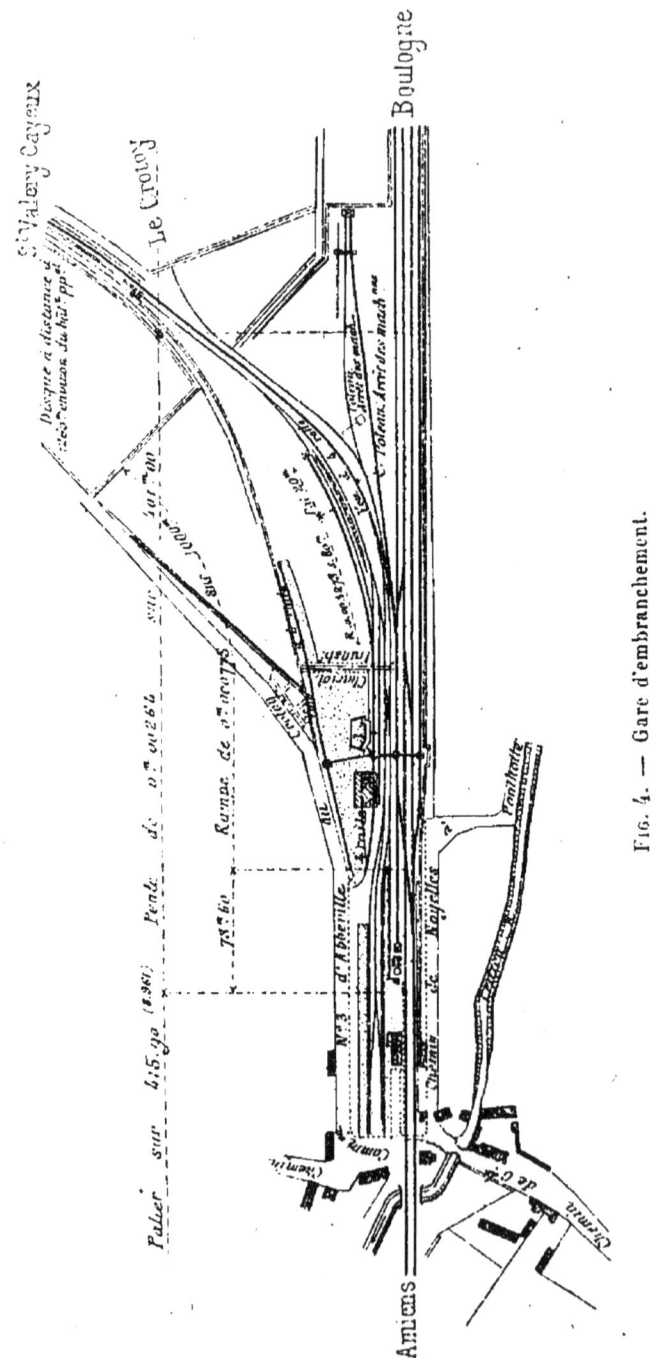

Fig. 4. — Gare d'embranchement.

la voie secondaire peut venir aboutir en face, de l'autre côté

des voies principales, après les avoir coupées. La disposition
est la même, elle a comme avantage de ne pas exiger un
allongement exagéré de la gare; par contre, on est obligé de
faire traverser les voies de la grande ligne aux voyageurs et
aux bagages, à moins de recourir à des passages supérieurs
ou inférieurs. Les voies de la ligne secondaire et de la ligne
principale sont réunies par des liaisons pour faciliter les
échanges de matériel. Ces deux dispositions sont très
employées dans les gares à voie normale où sont reçues les
lignes à voie étroite. Dans tous les cas, on doit chercher à
rapprocher le plus possible les voies de voyageurs, pour
éviter à ces derniers toute dispersion inutile.

14. Gares de bifurcation. — *Bifurcation en pleine voie.* —
Lorsqu'une ligne se bifurque en pleine voie, la gare qui précède peut être considérée comme une gare ordinaire, si, pour
chaque direction, des trains distincts se suivant à des intervalles assez considérables, sont formés à la gare origine de la
ligne. Si, au contraire, tous les trains doivent subir une modification dans cette gare ou y arriver de chaque embranchement
presque simultanément, cette gare devient une bifurcation.

Dans la jonction de deux lignes à double voie, on réunit
deux à deux les voies de même sens, au moyen d'un
changement de voie; il en résulte que si toutes les voies sont
de niveau deux d'entre elles se coupent. Cette *traversée* est un
point dangereux et une gêne; on peut l'éviter en faisant
passer une des lignes au-dessous de l'autre, comme cela a
lieu en France, sur le Nord et la Grande Ceinture. Ce système,
assez coûteux, ne s'est pas répandu.

Lorsqu'il s'agit du raccordement d'une ligne à voie
unique avec une autre à deux voies, on dédouble la voie
unique avant sa rencontre avec la double voie, le raccordement se fait alors comme précédemment. Le dédoublement
peut avoir lieu à la station qui précède la bifurcation, de
manière à reporter l'origine de la voie unique au delà de
cette station.

La bifurcation comporte un poste de manœuvre complètement séparé et indépendant des gares voisines.

Bifurcation en gare. — Le plus souvent les lignes se

réunissent dans les gares mêmes. On peut faire continuer dans la gare chacune des lignes ou les réunir en faisceau à l'entrée.

Le système des entrées distinctes (*fig.* 5) a comme avantage de permettre à tous les trains convergents d'entrer ou de sortir simultanément. On diminue de cette façon les risques d'accidents, et on supprime les fausses directions. Toutefois, il est nécessaire de mettre toutes les voies en relation entre elles, de manière à permettre les modifications des trains, ou leur arrivée sur une voie quelconque. On réalise la condition du remaniement des trains en réunissant les voies extrêmes par une *transversale* avec jonction simple ou double à la rencontre des voies intermédiaires à moins qu'on ne préfère adopter plusieurs liaisons successives. Si on veut expédier ou recevoir les trains d'une manière quelconque, il suffira d'établir une deuxième transversale en sens inverse de la première et formant avec elle une *bretelle*. Les voies distinctes sur toute leur longueur nécessitent un espace considérable, c'est là un inconvénient.

Le système de la réunion en faisceau à l'entrée de la

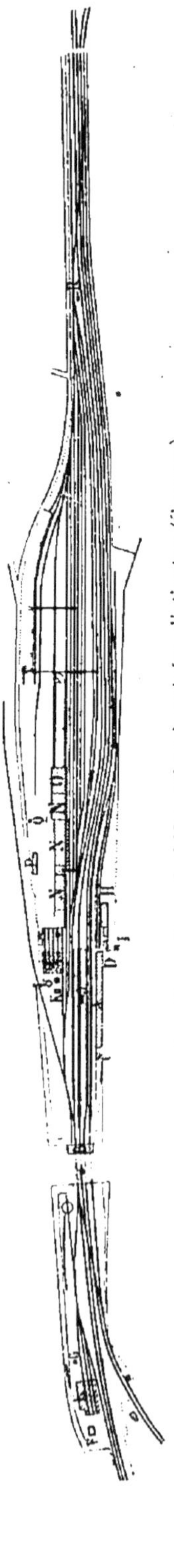

Fig. 5. — Gare de bifurcation à entrées distinctes (Saumur).

A, Bâtiment des voyageurs.
B, Logements et bureaux.
C, Lampisterie.
D, Chaufferetterie et poste.
E, Remise pour 6 machines.
F, Logement du chef de dépôt.
G, J, g, Cabinets.
H, Messageries.
I, Octroi.
K, Machine fixe.
L, Réservoirs.
M, Remise des voitures.
NNN, Halles aux marchandises.
O, Halle de transbordement.
P, Bureaux de la P. V.
R, Poste d'enclenchements.

Les directions de gauche sont celles de Tours et Bordeaux ; celles de droite, Nantes, d'une part, Paris et La Flèche, de l'autre, cette dernière finissant en impasse le long de 11 avec banc de contrôle en avant.

gare (*fig.* 6) a comme avantage de réduire le nombre des appareils et d'exiger moins d'étendue ; par contre, les mouvements se trouvant concentrés sur un tronc commun, au moindre incident celui-ci se trouve obstrué, et arrête toute circulation. Il faut toutefois, comme précédemment, réunir entre elles les deux voies du tronc commun par une liaison simple, s'il s'agit de permettre l'échange de wagons, ou par deux liaisons, en sens inverse, placées soit à la suite l'une

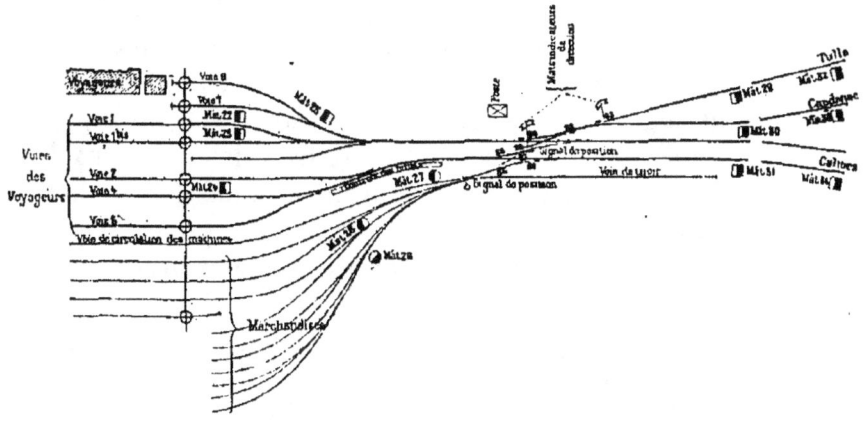

Fig. 6. — Gare de bifurcation à tronc commun.

de l'autre, soit en forme de bretelle, si on veut obtenir tous les mouvements possibles.

Quant au bâtiment principal, on le place soit dans l'angle de la bifurcation, soit sur le tronc commun. La disposition dans l'angle est la moins répandue, car elle exige une foule de conditions difficiles à réaliser. Il faut, en effet, si on ne veut pas isoler le bâtiment et obliger les voyageurs à traverser les voies, que la localité se trouve placée dans l'angle des deux lignes, ou que le chemin de fer soit en tranchée ou en remblai (*fig.* 18), ce qui constitue, en somme, l'exception. Un autre inconvénient réside dans la réunion des voies à une seule extrémité, ce qui complique forcément les manœuvres.

Dans le cas du bâtiment principal sur le tronc commun, on le place du côté de la localité, dans les conditions d'une gare ordinaire. La position du bâtiment sur le tronc commun s'impose, lorsque la gare présente une ou plusieurs bifurcations à chaque extrémité. On obtient ainsi de chaque côté de la gare une bifurcation; dans le cas de deux lignes se coupant sous un *certain angle*, *il suffit de dévier* les voies en conséquence. Cette disposition permet de faire communiquer facilement les lignes entre elles et d'expédier ou de recevoir les trains dans une direction quelconque.

Disposition des voies dans la gare. — Quant à la disposition des voies dans la gare elle-même, elle varie suivant l'étendue de cette dernière, l'importance du mouvement des trains arrivant en même temps et le nombre des voyageurs. On peut avoir quatre aménagements généraux :

1º Chaque direction possède des voies particulières qui traversent toute la gare. Dans ce cas, des quais en rapport avec la longueur des trains séparent les voies ou mieux les groupes de voies, car le plus souvent un quai dessert deux voies, ce qui diminue la largeur nécessaire. Le service est rendu très facile au moyen des traversées ou des bretelles qui se trouvent aux extrémités de la gare. Malheureusement cette solution n'est pas toujours facile à obtenir à cause de la superficie de terrain qu'elle nécessite;

2º Lorsqu'on a un tronc commun où se soudent *toutes les* directions, on peut, si on a la largeur suffisante, le subdiviser, à son entrée en gare, en autant de voies qu'il est nécessaire. Les voies sont groupées deux par deux, et chaque groupe est séparé du voisin par un quai pour le service des voyageurs; on retombe en somme sur *la disposition précédente.*

Cette disposition est assez avantageuse, quoiqu'elle oblige à faire des coupures dans les trains pour laisser passer les voyageurs des quais extrêmes, forcés de faire un parcours assez long pour sortir de la gare. *Il est vrai qu'on peut* réserver les voies les plus éloignées au passage des trains directs et mettre sur les premières voies les trains du service local. De plus, on peut faire passer les voyageurs par un passage souterrain ou une passerelle et aménager sur le quai *toutes les installations nécessaires pour* ceux appelés à stationner en gare.

Lorsqu'on veut, dans ces conditions, modifier la composition d'un train par l'addition de véhicules ou qu'il est néces-

saire de faire passer une voiture ou un fourgon d'un train à
un autre, on emploie soit une machine de manœuvres, soit
un chariot transbordeur ou des plaques tournantes. Le premier moyen nécessite une voie de dégagement ou de ceinture, qui doit déjà exister pour permettre aux machines de
rentrer au dépôt pour être, s'il y a lieu, remplacées par d'autres.
Le chariot transbordeur ne permet guère le mouvement des
voitures que pour une série de trains, dont la direction place
la queue du train du côté du chariot; sinon il est nécessaire
de faire effectuer à la machine une série de mouvements qui
compliquent les manœuvres. Il en est de même des plaques
tournantes, que l'on doit disposer des deux côtés de la gare,
et encore leur emploi est-il impossible sur les voies parcourues par les trains directs, de plus, elles nécessitent une
entrevoie assez importante 4^m,50 pour pouvoir tourner des
wagons de 7^m,60 au plus de longueur, sans être gêné par
la présence d'un train sur les voies voisines. Si la manœuvre
doit se faire seulement quand les voies sont dégagées, l'entrevoie se réduit à 3 mètres (plaques de 4^m,20). On est donc
amené à combiner la machine de manœuvres avec les plaques
ou le chariot transbordeur, dont la voie transversale communique avec une remise à voitures;

3° La largeur de la gare peut être réduite, au détriment
de la longueur il est vrai, en adoptant la disposition suisse
ou allemande. Les voies du tronc commun sont dédoublées
à leur entrée en gare et les deux voies, ainsi obtenues, sont
reliées vers le milieu par une bretelle qui permet de recevoir
le long d'un même quai deux trains venant de directions
opposées. On a ainsi quatre voies entre deux quais : deux
pour la circulation des trains et les deux autres pour leur
réception. On peut augmenter les points d'accostage si on
établit un quai intermédiaire dans le milieu (*fig.* 7). Il sera
possible de recevoir quatre trains sur deux voies ; seulement
comme le nombre des trains est supérieur à celui des voies
les entrées se compliquent forcément. Un autre inconvénient
réside dans l'obligation où l'on se trouve de faire partir ou de
recevoir les trains à contrevoie. Aussi n'utilise-t-on qu'en
partie cette facilité de concentration des trains. Le système se
complète de la bretelle du tronc commun à l'entrée de la gare.

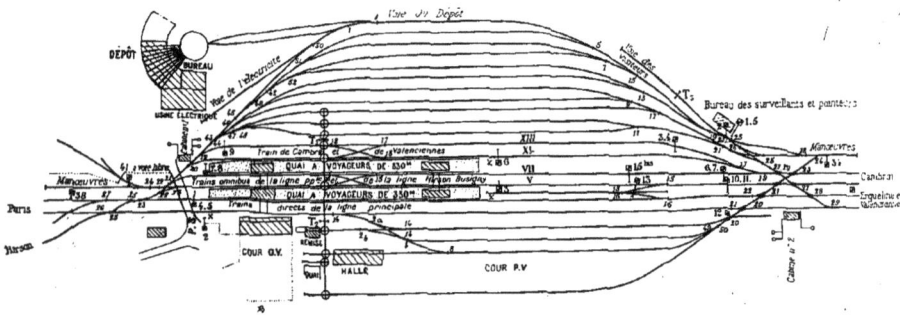

FIG. 7. — Gare à quais doubles sans voie intermédiaire.

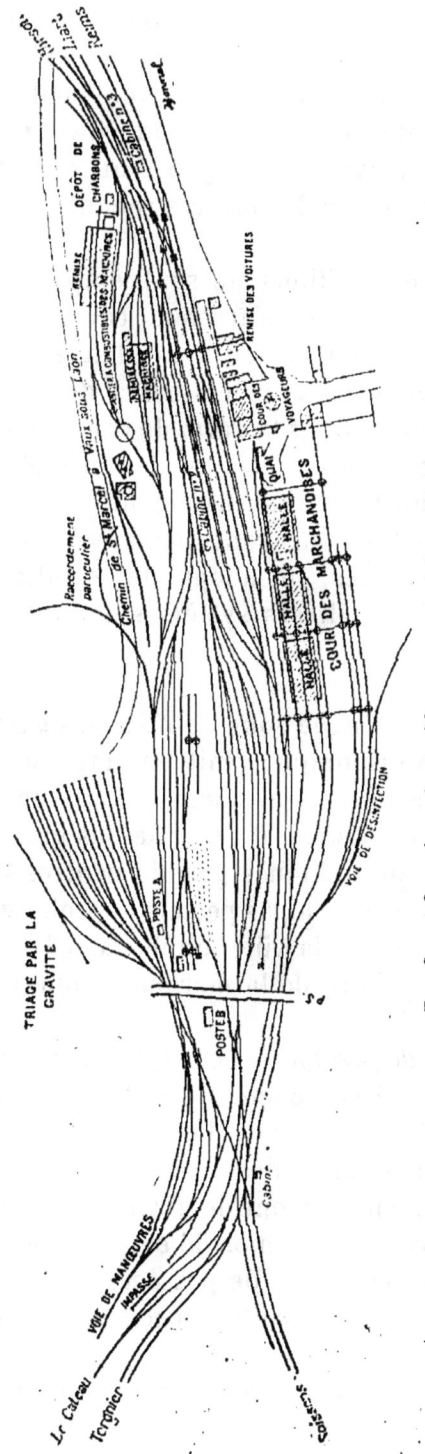

Fig. 8. — Gare à quais doubles avec voie intermédiaire.

Les bretelles du quai devant toujours être dégagées, la circulation des voyageurs et des bagages d'un quai à l'autre se fait très facilement. Il en est de même des échanges de matériel qu'on facilite encore au moyen de plaques tournantes ou de chariots transbordeurs ;

4° On remédie aux inconvénients précédents, tout en conservant les avantages des quais doubles, au moyen d'une disposition très répandue sur le Nord français. Au lieu de deux voies intermédiaires on n'en a plus qu'une, c'est-à-dire qu'au moyen de liaisons, on raccorde les voies servant à la réception des trains, à une voie intermédiaire de circulation, qui est le prolongement d'une des voies principales du tronc commun (*fig.* 8). Le sens de circulation des voies reste toujours le même, et les trains se trouvent sur des voies différentes, ce qui permet de les expédier dans un ordre quelconque. Dans cette disposition, comme dans les précédentes, les bretelles ou les liaisons doivent avoir des rayons assez courts pour que leur longueur soit réduite au minimum. Les échanges de matériel entre les trains de directions différentes se trouvent facilités par la présence d'une voie intermédiaire. On complète ordinairement ce service de manœuvres au moyen d'un chariot transbordeur, qui permet l'addition de voitures venant d'une remise.

Généralement ces deux dispositions ne sont employées que dans les gares où tous les trains s'arrêtent, car le passage en vitesse sur les diagonales, toujours dangereux, nécessite un fort ralentissement. Lorsque le nombre de trains directs est important, on ménage dans la gare, de l'autre côté du bâtiment principal, deux voies spéciales permettant le passage en vitesse ou avec un léger ralentissement.

Ordinairement les installations ne sont pas aussi absolues et, suivant les circonstances, on adopte des solutions intermédiaires empruntées aux divers systèmes définis ci-dessus.

15. Gares terminus. — On désigne sous ce nom des gares où la ligne, pour un motif quelconque, finit en impasse et où les trains sont obligés de rebrousser chemin pour repartir en sens inverse. Ce cas se présente à l'origine des grands réseaux français à Paris, dans quelques grands centres où l'emplacement primitif de la gare n'a pas permis le prolongement de la voie ferrée à travers la ville, enfin dans le cas spécial des lignes finissant au bord de la mer ou au fond des vallées.

Gares de rebroussement et de passage. — Quelques gares de passage peuvent être considérées comme points terminus pour certaines catégories de trains, soit d'une façon régulière ou dans des circonstances spéciales.

Lorsque l'importance du mouvement le justifie, comme pour certaines gares desservant les champs de courses (Chantilly), il y a deux gares distinctes, une de passage, l'autre de rebroussement, chacune avec une installation complète pour le service des voyageurs.

Pour d'autres, au contraire, on ne se sert que de la gare

de passage. Les voyageurs descendent sur l'un des quais
d'une des voies principales, puis le train continue jusqu'à
une aiguille de refoulement pour être garé; la machine
quitte son train par une voie de dégagement, va se tourner,
revient ensuite se mettre en tête en sens inverse et ramène
le train le long du quai de la deuxième voie principale.
Quelquefois on prévoit une voie spéciale pour le départ de
ces trains, toujours plus compliqué que l'arrivée.

Gares de rebroussement. — Dans les villes où, par suite de
l'emplacement primitif de la gare locale, la ligne de chemin
de fer n'a pu continuer directement à travers la ville, on a
dû installer, en dehors de celle-ci, une gare de passage,
sauf à organiser un service de navette entre elles. C'est
ce qui a été fait à Tours, Orléans, etc., avec les gares de passage de Saint-Pierre-des-Corps et des Aubrais. Cette disposition défectueuse entraîne l'établissement de raccordements
pour permettre le départ ou l'arrivée de trains directs pour
la gare terminus; de plus, il en résulte pour les voyageurs
une perte de temps considérable.

La gare de passage, presque aussi importante que la gare
de rebroussement, ne présente rien de spécial, quant à la
partie locale, c'est une véritable gare terminus, on a toutefois
la facilité de laisser les machines remorquer les trains de
navette tender en avant à cause de leur faible parcours.
L'exploitation de ces gares est toujours difficile, car les
mêmes voies, servant à l'arrivée et à la sortie des trains,
causent un encombrement préjudiciable.

Gares terminus. — Elles peuvent être considérées comme
des gares ordinaires coupées par un plan vertical normal au
bâtiment principal; le mouvement des voyageurs et des
colis se trouve simplifié par la facilité que l'on a d'augmenter
les dégagements du côté supprimé.

Pour les gares de faible importance, l'installation est analogue à celle des gares de passage; le bâtiment principal se
trouve sur le côté; deux voies bordées de quais servent au
service des voyageurs (*fig.* 9). Quelquefois on intercale entre
les deux premières une voie pour le garage du matériel pendant son stationnement. Il est nécessaire que la machine
puisse se tourner avant de venir en tête de son train. L'ins-

tallation se complète de plaques montées sur une voie transversale communiquant avec une remise à voitures.

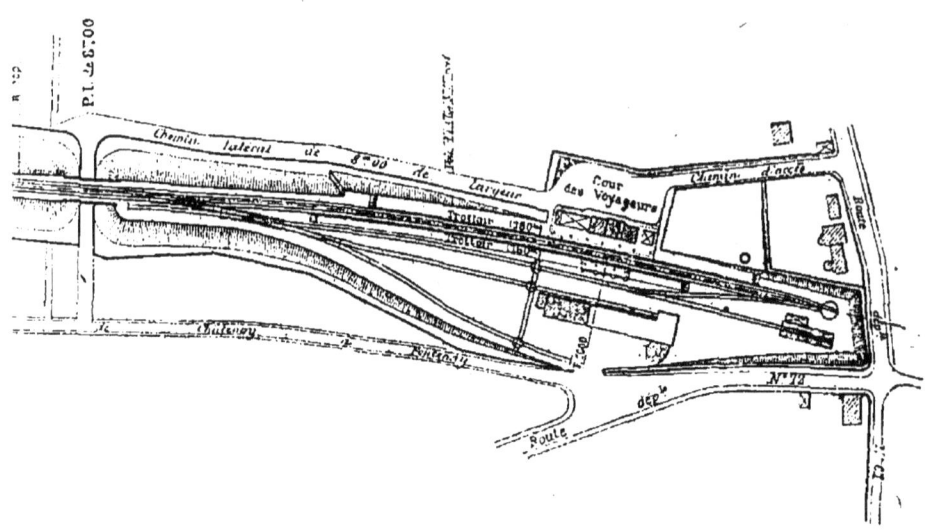

Fig. 9. — Gare terminus.

Lorsque la gare est plus importante, le bâtiment principal peut être placé perpendiculairement aux voies sur le côté en impasse (fig. 10). Il peut même comporter deux ailes en retour longeant les quais parallèles aux voies; l'ensemble forme une halle en fer à cheval facile à couvrir complètement. Quelquefois le bâtiment affecte la forme d'un té dont la branche sépare les voies d'arrivée et de départ. Cette solution revient, en somme, à établir sur l'un des quais de la gare terminus des locaux spéciaux, comme on le fait dans un grand nombre de gares.

Avec cette forme de gare, les machines se trouvent emprisonnées par leur train. Dans certains cas, on arrête le long d'un quai surélevé dans l'avant-gare. Pendant le contrôle des voyageurs, la machine est décrochée et revient, par une voie spéciale, se remettre en tête du train qu'elle refoule ensuite en gare. L'inconvénient est le stationnement assez long imposé aux voyageurs; aussi préfère-t-on adopter des dispositions spéciales, comme celle de raccorder la voie à une plaque tournante, ce qui permettra à la fois de tourner la

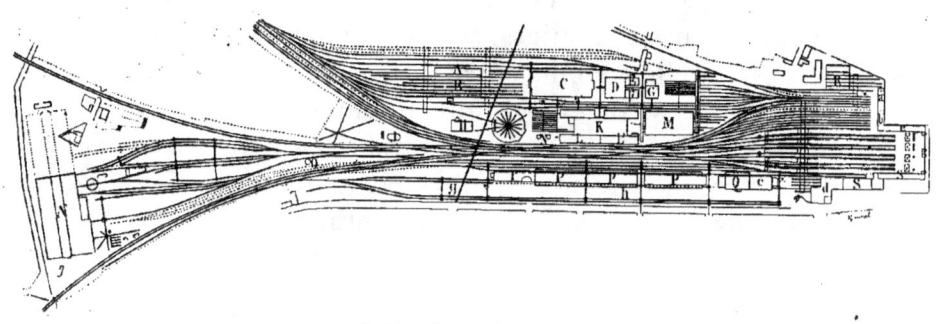

Fig. 10. — Gare terminus (Tours).

Gare

a, b, c, Côté de l'arrivée.
SS, Côté des départs.
d, Quai à bestiaux.
Q, Quai couvert.
e, f, Quais découverts.
PPP, Halles à marchandises.
h, Cour des marchandises.
g, Voies de débord.

Ateliers et dépôt

A, Sellerie.
B, Peinture et Vernissage.
C, Montage.
D, Magasin et matières.
E, Denrées.
F, Bureaux.
G, Magasin aux bois.
H, Usine électrique.
I, Remise des wagons.

J, Réservoirs doubles.
K, Chaudronnerie.
LL', Forge et ajustage.
M, Charronnage.
N, Réservoirs.
O, Gazomètre.
R, Petit entretien
A' Remise de 48 fosses.

machine et de la diriger sur une voie de dégagement. On verra, du reste, les systèmes adoptés pour les grandes gares de Paris.

Gares maritimes. — Quelques-unes, ne desservant pas directement les points d'accostage des bateaux, sont établies comme les gares terminus ordinaires ; mais, pour d'autres, la voie ferrée se trouve prolongée jusqu'au point de débarquement ou d'embarquement, de manière à éviter toute perte de temps aux voyageurs par un transbordement supplémentaire. La gare offre, en outre, un aménagement spécial pour le passage du bateau au train, et réciproquement. A Calais (*fig.* 43), par exemple, où se trouvent à la fois une gare pour desservir la ville et une gare maritime, on a ménagé dans le corps de la jetée trois paliers en fer superposés, reliés au niveau de la gare par de larges escaliers. Suivant le niveau de l'eau, on jette une passerelle mobile entre le pont du navire et l'un des paliers. Les voyageurs n'ont qu'un faible parcours à faire à pied pour monter dans le train. La gare de Calais maritime offre, en outre, un confortable luxueux, justifié par son mouvement considérable de voyageurs.

16. **Grandes gares.** — *Caractères généraux.* — Il convient de citer, tout d'abord, les grandes gares parisiennes qui sont toutes terminus et pour lesquelles, on n'a pu obtenir le prolongement des lignes dans l'intérieur de la ville, comme on l'a fait pour les capitales étrangères, de manière à permettre à un voyageur de traverser la ville sans changer de train ou, tout au moins, de moyen de locomotion. Pour quelques trains spéciaux, on a pu tourner la difficulté en empruntant les lignes de Ceinture; mais ce n'est que l'exception.

Les gares des grandes villes comportent deux parties importantes : le service des grandes lignes et celui de la banlieue, qui, à leur tour, se subdivisent en service des départs et des arrivées.

Presque toutes les gares ont dû être remaniées, l'installation primitive étant devenue insuffisante; mais les agrandissements successifs ont entraîné à des travaux considérables. De plus quand la gare a été elle-même suffisante, il a fallu songer au tronc commun sur lequel se fait la réunion de toutes les voies.

Pour quelques-unes, on a pu l'accroître; pour d'autres, il a fallu se contenter de l'installation actuelle. Toutes ces gares se compliquent, en outre, du service des messageries et autres transports à grande vitesse, comme le lait, la viande, etc., qu'on n'a pas pu reporter aux gares de marchandises, à cause de leur éloignement. On verra, du reste, par quelques exemples, les dispositions adoptées pour un mouvement aussi considérable.

Gare Saint-Lazare. — C'est la tête de ligne du chemin de fer de l'Ouest à Paris. Elle affecte *(fig. 11)* la forme d'un énorme éventail constitué par 32 voies, dont 18 servent aux trains de banlieue et 14 aux grandes lignes. Les 18 voies de banlieue constituent 8 groupes de 2 voies, sauf le dernier, qui en contient 4; les groupes sont séparés par des quais d'une largeur de 5 mètres seulement. Les 14 voies des grandes lignes sont divisées en 3 groupes de 3 et 4 voies, plus 3 voies indépendantes; ces divers faisceaux sont séparés également par des quais. On a, en somme, pour cette dernière partie, 6 voies de départ et 3 d'arrivée; les autres sont réservées à la circulation des machines ou au garage du matériel des trains.

Le mouvement des trains est énorme : 800 trains de banlieue à certains jours de fête et 116 trains de grande ligne, à un jour différent, il est vrai.

Les 32 voies de la gare se réduisent, sur le tronc commun, à 6 voies qui correspondent aux trois directions d'Auteuil, de Versailles et de la grande ligne. Auteuil et Versailles sont réunies entre elles au moyen d'une grande bretelle qui permet, avec des jonctions doubles, toutes les combinaisons possibles. La direction de Versailles est reliée à la grande ligne par une liaison.

Les mouvements dans la gare sont protégés par des signaux dont la manœuvre, ainsi que celle des aiguilles, est concentrée en trois postes distincts. Un quatrième poste de 45 leviers est chargé d'assurer la liaison des 3 lignes principales dans l'avant-gare.

Le service des messageries comporte un faisceau tourné

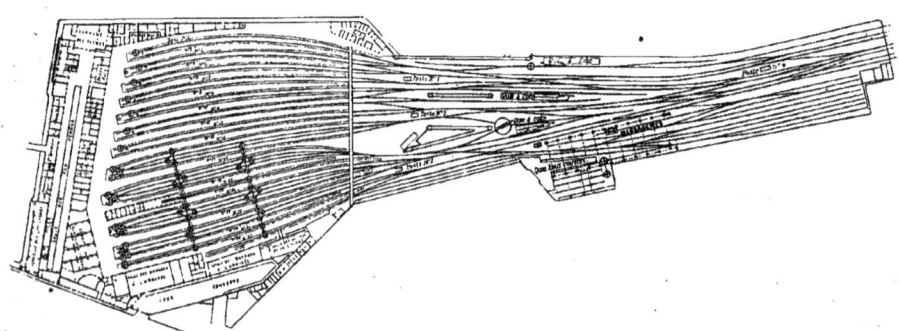

Fig. 11. -- Gare Saint-Lazare.

en sens inverse du premier, les trains y pénètrent par refoulement. Les wagons sont ensuite amenés au moyen d'un monte-wagons du niveau des voies à celui de la cour surélevé de 9ᵐ,60.

Les machines amenant les trains de banlieue n'ayant pas de voie de service pour se dégager resteraient emprisonnées, si l'on n'avait recours à un dispositif spécial. A l'extrémité de chaque groupe se trouve une fosse dans laquelle se déplace un chariot à trois voies dont la médiane est munie d'une plaque tournante. Au repos, le chariot présente une voie en regard de chacune de celles du groupe, la troisième est sous le quai. Lorsqu'un train arrive, la machine est envoyée sur la voie du chariot qui contient la plaque, le chariot se déplace ensuite et amène la plaque dans l'axe du groupe. On tourne la machine ; puis le chariot, continuant son mouvement de translation, l'amène sur la deuxième voie, d'où elle peut se dégager, soit pour se rendre au dépôt, soit pour reprendre son train en sens inverse.

Pour ne pas trop charger le service de la gare, les trains sont formés en d'autres points, comme les gares terminus de Versailles, Saint-Germain, etc. Le bâtiment principal est à deux étages.

Gare de l'Est. — Elle est en forme de fer à cheval (*fig.* 12) ; mais, comme elle était très resserrée, on a dû reporter le plus grand nombre des voies en avant de la gare. De Paris, à la gare des marchandises de la Villette, il existe 6 voies ; puis de cette gare à celle de Bobigny, 8 voies, dont 4 pour les trains de voyageurs grande ligne, 2 pour les marchandises, 1 pour la circulation des machines et 1 pour les raccordements industriels ; de la gare de triage de Bobigny à la gare d'échange de Noisy-le-Sec, on a 10 voies ; les 2 voies en plus sont établies l'une pour la circulation des machines, Noisy-le-Sec étant un grand dépôt, et 1 pour la communication entre ces deux gares.

Les services de la douane et des messageries à l'arrivée sont situés dans de vastes locaux à droite de la gare ; celui des messageries au départ est à gauche. L'installation des différents bureaux a été faite avec tout le confortable nécessaire.

Le report de la gare, dans une partie avancée, nécessité

par l'obligation de conserver la façade monumentale, a conduit à une longueur de quais et, par suite de voies, consi-

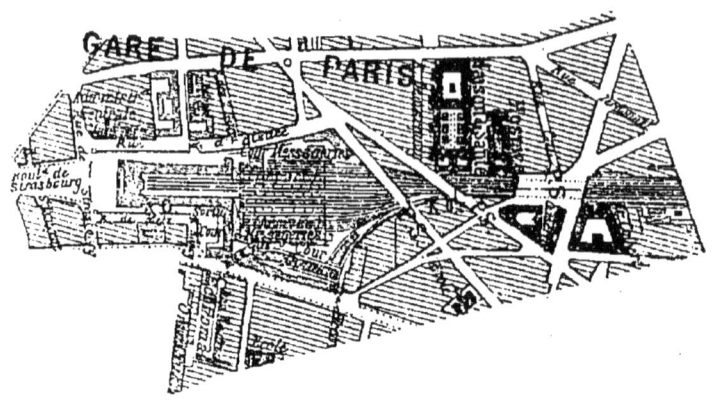

Fig. 12. — Gare de l'Est.

dérable. Les 6 voies principales se dédoublent de manière à donner 27 voies dans l'avant-gare, dont 4 se prolongent seulement jusqu'au bâtiment principal.

Gare du Nord. — Tête de ligne à Paris du réseau du Nord ; elle comporte 24 voies pour le service des directions principales, plus 2 voies pour les trains-tramways de Saint-Denis et 2 voies pour les trains de Ceinture (*fig.* 13).

Toutes ces voies sont réunies par une grande bretelle (non figurée sur le dessin) dans l'avant-gare, ce qui les rend toutes banales, c'est-à-dire qu'une voie quelconque peut servir à l'expédition d'un train pour une direction quelconque. La formation des trains a lieu dans la gare spéciale du Landy ; ils arrivent généralement composés de 2 ou 3 groupes de voitures que l'on sépare aux gares de bifurcation sur le réseau, de manière à éviter tout transbordement aux voyageurs. Il en résulte un mouvement de matériel qui porte à 1.800 le nombre des trains circulant quotidiennement dans l'avant-gare de Paris.

Les voies sont divisées en deux groupes ; à droite, côté arrivée, à gauche, côté départ. Il y a trois grandes directions : Chantilly, Pontoise, Soissons. Les voies sont séparées deux à deux par des quais et reliées de l'une à l'autre par une bretelle servant au dégagement des machines. Lorsqu'un

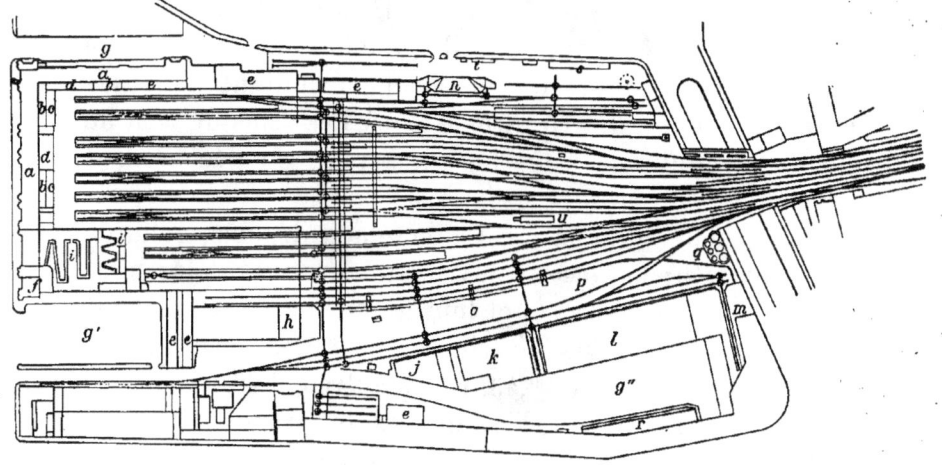

Fig. 13. — Gare du Nord.

a, Vestibules.
b, Billets.
c, Salles d'attente.
d, Bagages.
e, Bureaux.
f, Consigne.

g, Cour des départs
g', Cour à l'arrivée.
g'', Cour des messageries.
h, Magasins.
i, Banc à bagages.
i', Banc de la douane.

j, Bureaux.
k, Messageries (service international).
l, Messageries (service intérieur).
m, Factage.
n, Quai d'embarquement.

o, Marée.
p, Lait.
q, Réservoirs.
r, *s*, Magasins et ateliers de la voie.
t, Matériel des wagons-lits.
u, Poste de manœuvre.

train s'arrête en gare à l'extrémité de la bretelle, la machine décrochée prend, au moyen de cette bretelle, la voie à côté pour rentrer au dépôt. L'inconvénient de ce système est l'emplacement considérable qu'occupe la bretelle; par contre, la manœuvre est plus simple qu'à la gare Saint-Lazare. Une voie transversale, munie d'un chariot transbordeur de manutention, dessert les trains pour les additions de voitures ou les remaniements de peu d'importance qu'on veut leur faire subir.

Gare de Lyon. — La gare de Lyon, quoique surélevée, ne comporte qu'un rez-de-chaussée, seulement on gagne le niveau des voies au moyen de rampes d'accès de 20 mètres de largeur (*fig.* 14). Sous le hall il existe 7 trottoirs et 6 groupes de 2 voies, sauf celui de gauche qui contient une troisième voie de garage du matériel permettant d'ajouter au dernier moment, des voitures isolées. Les voies de chaque groupe sont réunies par des bretelles pour le dégagement des machines.

Le côté gauche de la gare est affecté aux départs, celui de droite à l'arrivée; la largeur des trottoirs longeant les bâtiments latéraux est de 6m,56, et leur longueur, de 250 mètres, dont 185 mètres couverts; le trottoir du milieu, recevant les colonnes de la toiture, a 6m,43, et les autres, 6 mètres; celui de tête, le plus important, a 15 mètres de largeur.

Toutes les voies sont réunies dans l'avant-gare par des liaisons transversales; elles communiquent, en outre, avec le faisceau de formation et de garage des trains situés sur la droite. Deux chemins de roulement transversaux sans fosse pour les chariots servent aux échanges des véhicules sur les voies correspondantes.

La cour des départs est assez vaste, elle a 27m,50 de largeur, y compris un trottoir de 6 mètres recouvert par une marquise. La cour des messageries et de la poste, située du même côté, est desservie par une rampe spéciale. Celle des arrivées a 30 mètres de largeur elle est complètement couverte. En avant, se trouve également une cour de dégagement de 37 mètres de largeur découvrant la façade monumentale.

Quant aux bâtiments encadrant la gare, on a, du côté du

départ, deux bâtiments ayant respectivement 13ᵐ,35 et 11ᵐ,35,

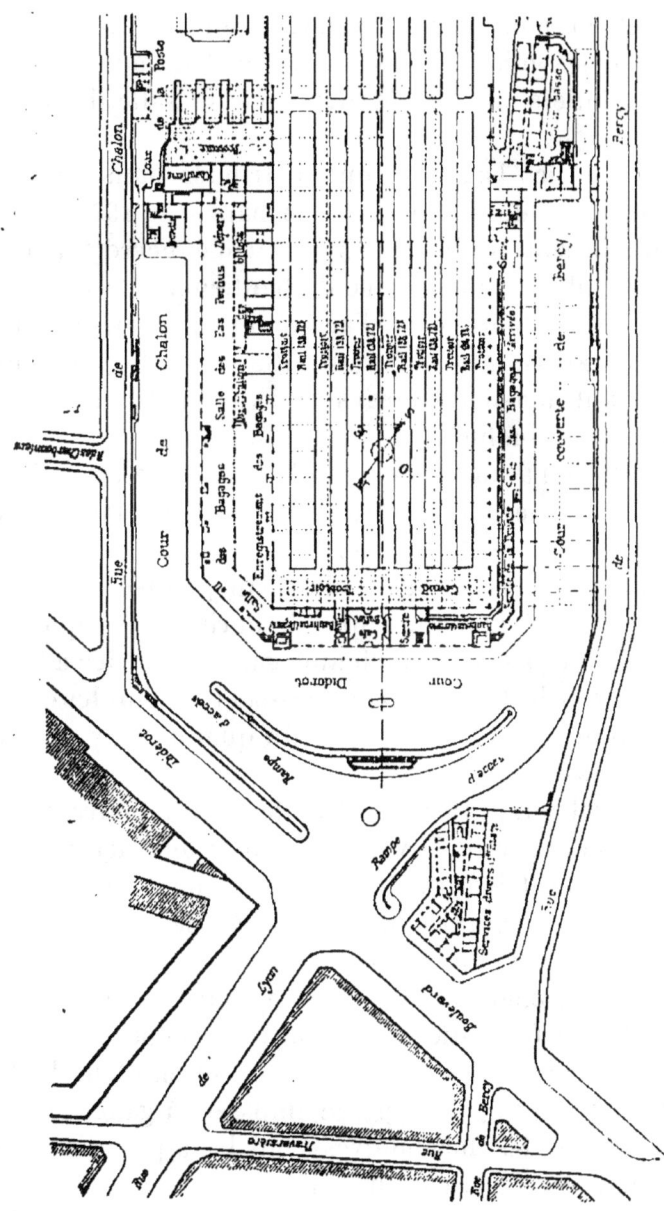

Fig. 14. — Gare de Lyon.

séparés par un intervalle de 3ᵐ,95, abrités par un vitrage pour
recevoir les bureaux des billets.

Le bâtiment, côté de l'arrivée, a 13ᵐ,35 de largeur; il est

séparé des précédents par une halle en deux parties égales de 43 mètres chacune. Le bâtiment de tête a 15 mètres de largeur et 86 mètres de longueur, dont 25 mètres sont occupés par les guichets des billets de banlieue séparés de ceux des billets de grande ligne par la salle des bagages au départ.

A l'arrivée, les bagages sont distribués dans l'angle de droite, sur une double rangée de bancs de 162 mètres de longueur; ils sont prolongés en retour d'équerre sur le bâtiment de façade pour le service de banlieue.

Les consignes de bagages à l'arrivée et au départ se trouvent dans les sous-sols. Le buffet est situé dans le bâtiment de tête occupant plusieurs étages et ayant ses cuisines reléguées dans les combles.

Enfin, dans l'avant-gare on a la chaufferetterie, le service de la poste, et une buvette pour les agents de la Compagnie.

Gare d'Orléans. — La gare d'Orléans, située autrefois en un point très éloigné du centre de Paris, a été reportée au centre, quai d'Orsay. L'ancienne gare est reliée à la nouvelle au moyen de deux voies en sous-sol longeant les quais de la Seine. Il en résulte que la gare du quai d'Orsay est à deux étages (*fig.* 15).

Au sous-sol, on a 15 voies banales, c'est-à-dire pouvant indistinctement servir de voies de départ ou d'arrivée, grâce à l'emploi de bretelles et de traversées-jonctions. Les trottoirs surélevés de 0^m,815 donnent accès de plain-pied dans les compartiments; on a prévu également des quais spéciaux pour les chariots, de manière à ne pas encombrer la circulation. Le fond du cul-de-sac est occupé par une file de plaques de 6^m,20 de diamètre, qui permettent le tournage des machines. Une voie en impasse, à gauche, facilite le dégagement des locomotives pour les 5 premières voies, dont 3 servent au garage du matériel.

Au niveau du rez-de-chaussée, le service des départs est concentré sur l'un des grands côtés de la gare; il n'y a pas de cour, mais simplement un trottoir de 8 mètres de largeur couvert par une marquise. Le vestibule a 17 mètres de largeur bordé, d'un côté, par les guichets aux billets et, de

Plan du sous-sol.

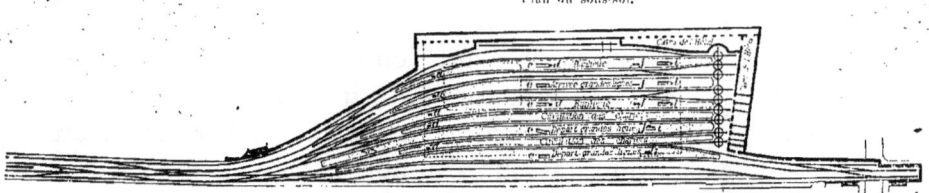

Plan du Rez de Chaussée

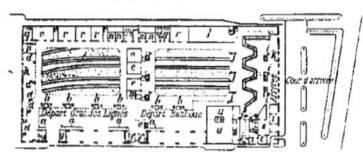

Fig. 15. — Gare d'Orléans.

a, Billets.
b, Enregistrement des bagages.
c, Escaliers.
d, Monte-charges.
e, Salles d'attente.
f, Salon.
g, Renseignements.

h, Consigne.
i, Escaliers et ascenseurs.
j, Monte-charges.
k, Octroi.
l, Consigne.
m, Chef et sous-chefs de gare.
n, Commissaires.

o, Chaufferetterie.
p, Lampisterie.
q, Cabinets.
r, *r*, *r*, Divers.
s, Vestibule et escaliers.
t, Caisse et direction.
u, Buffet, café, restaurant.

l'autre, par ceux aux bagages. De plus, à gauche, on trouve les
grandes lignes et, à droite, la banlieue. Les voyageurs ont ensuite accès sur les quais au moyen d'escaliers, mais ils peuvent
stationner dans les salles d'attente. Les bagages sont descen-
dus au moyen de monte-charges, ou de plans inclinés mobiles.

Quant à l'arrivée, elle est située à l'autre extrémité de la
gare ; au moyen d'ascenseurs ou d'escaliers on accède au rez-
de-chaussée où se fait la distribution des bagages. Une large
cour permet le stationnement des voitures de place. Enfin,
dans les angles du bâtiment, il y a un buffet-restaurant.

17. Gares anglaises. — Les gares anglaises de passage ne présentent rien de spécial, sauf pour les quais surélevés par
rapport aux voies et nécessitant l'emploi de passages supérieurs pour permettre d'accéder d'un quai à l'autre.

Pour les gares de bifurcation à plusieurs directions, on
se sert assez souvent des quais doubles; la gare d'York est,
du reste, un exemple de ce genre, celle de Crewe est établie
dans les mêmes conditions. Dans ce cas, le bâtiment principal est souvent dédoublé, une partie, se trouvant sur le
quai du milieu, présente tous les locaux nécessaires à l'abri
des voyageurs, salles d'attente, buffet, etc.

Pour les gares terminus, le bâtiment principal est placé au
bout du quai à l'extrémité des voies; les guichets aux billets
et les salles d'attente sont disposés à la suite les uns des autres.
Le service des bagages étant peu important, dans beaucoup
de gares, on prolonge la cour d'arrivée jusqu'aux quais de
débarquement, de manière à permettre le passage direct du
train dans les voitures de place. Deux voies sont généralement comprises entre les quais, quelquefois trois, celle du
milieu servant au garage du matériel.

Comme gare présentant un certain caractère d'originalité,
on peut citer la gare commune ou mieux les deux gares
juxtaposées du Midland et du Great Western Railway à
Bristol (*fig.* 16). Chaque Compagnie a ses quais de départ et
d'arrivée distincts, sauf celle du Great Western, qui a une
voie spéciale pour les trains directs du Midland amenant
des voyageurs pour le Great Western. Les voies de cette
dernière Compagnie sont en courbe de 300 mètres de rayon,

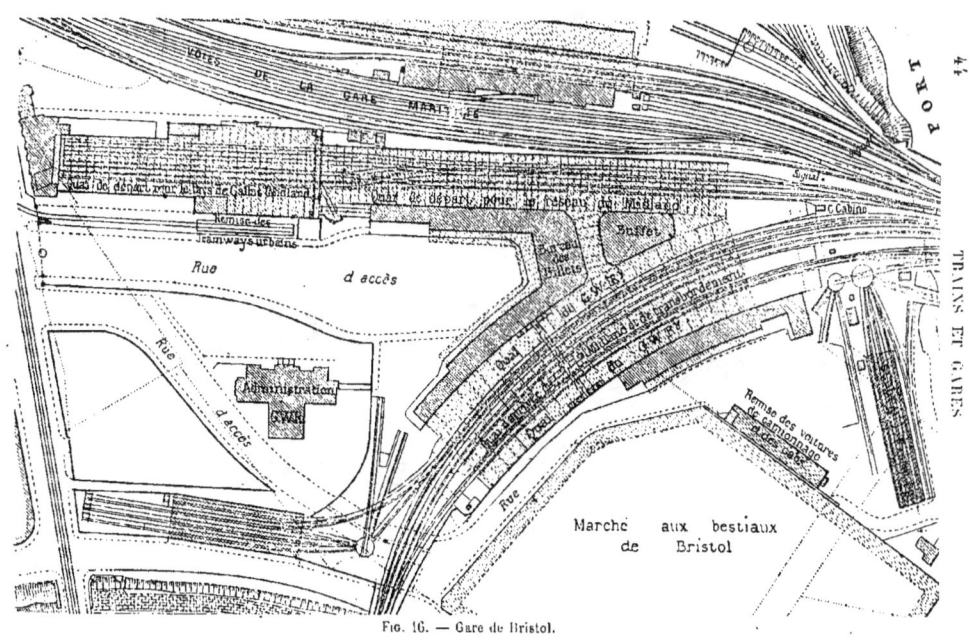

FIG. 16. — Gare de Bristol.

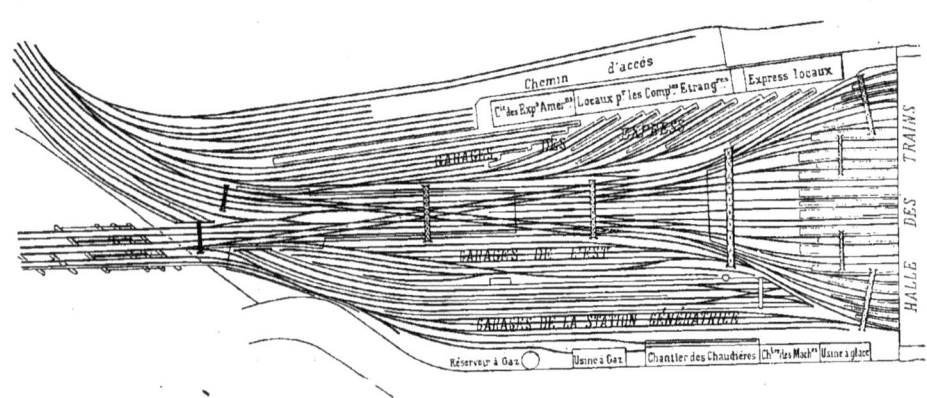

Chemin   d'accès

Ci^e des Exp^s Amer^{ns} | Locaux p^r les Comp^{ies} Etrang^{res} | Express locaux

BAGAGES   DES   EXPRESS

BAGAGES DE TRIST

BAGAGES DE LA STATION SOUTERRAINE

HALLE DES TRAINS

Réservoir à Gaz | Usine à Gaz | Chantier des Chaudières | Ch^{ers} des Mach^{es} | Usine à glace

Fig. 17. — Gare de Boston.

et les quais ont 150 mètres de longueur utile. Comme elle
n'est pas terminus et ne présente pas, par conséquent, de
quais, au bout des voies, on a ménagé une passerelle au
milieu. Dans l'angle aigu formé par les deux gares se trouve
le bâtiment des voyageurs, qui est réellement la seule partie
commune aux deux réseaux. Il comporte les guichets de
distribution de billets et de réception des bagages. Un buffet
occupe le sommet de l'angle. Le hall couvrant la surface
des quais est d'une seule portée de 38^m, sans supports intermédiaires. Ce qui caractérise surtout les gares anglaises ce
sont les installations concernant le service des messageries et
plus spécialement des approvisionnements dans les grandes
villes. On verra plusieurs exemples au paragraphe des gares
de marchandises.

18. Gares américaines. — Installées, au début, d'une façon
sommaire, ces gares se sont transformées peu à peu, de
manière à satisfaire au développement énorme des chemins
de fer dans cette contrée. Les gares de passage et de bifurcation ne présentent rien de spécial, mais c'est dans les
gares terminus que se trouvent surtout les plus grandes installations. On peut citer, en première ligne, la gare de
Boston (fig. 17). Elle comporte deux étages : au rez-de-
chaussée, il y a 28 voies ; et au sous-sol, 4 voies en forme de
boucle, de 74 mètres de rayon, servant aux trains de banlieue. Pour pénétrer dans ce sous-sol, les voies s'infléchissent
en tranchée, après avoir quitté le niveau général de la gare.
Le souterrain commence à une bretelle formant l'origine
de la boucle et réunissant les 4 voies entre elles (entre
les garages Est et ceux de la station génératrice. fig. 17).
Les lignes de banlieue sont reliées avec toutes les grandes
lignes en dehors de la gare, ce qui rend le service extrêmement facile. Les voies principales des grandes lignes à l'entrée de la gare sont au nombre de 8, réunies par une grande
bretelle avec jonctions doubles, elles se subdivisent ensuite
en 28 voies. L'ensemble de toutes les voies peut recevoir
344 voitures en stationnement. Cette disposition permet de
rendre toutes les lignes indépendantes, si bien qu'on peut
avoir arrivées et départs simultanés. On peut citer encore la

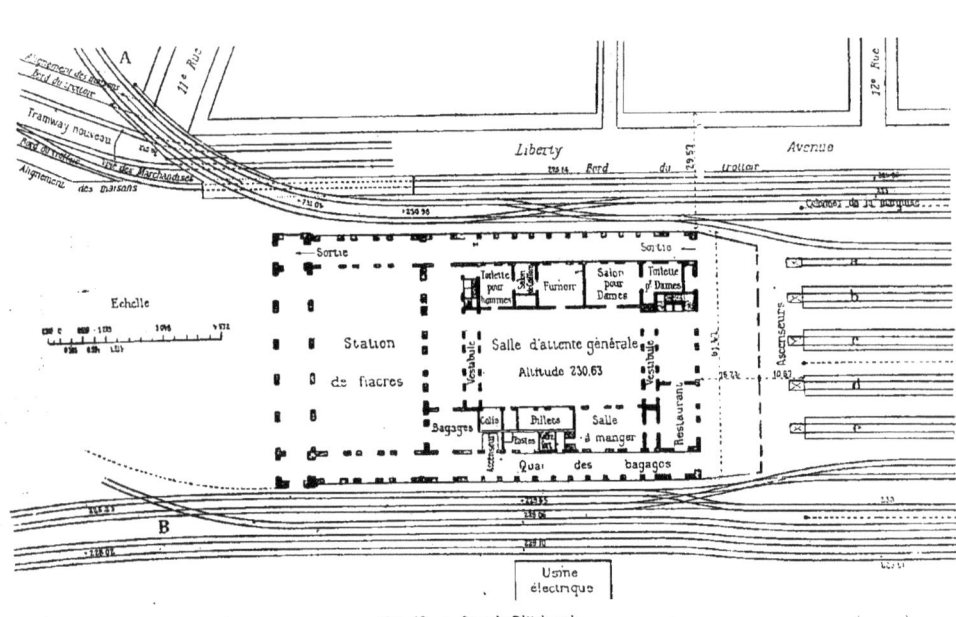

Fig. 18. — Gare de Pittsburgh.

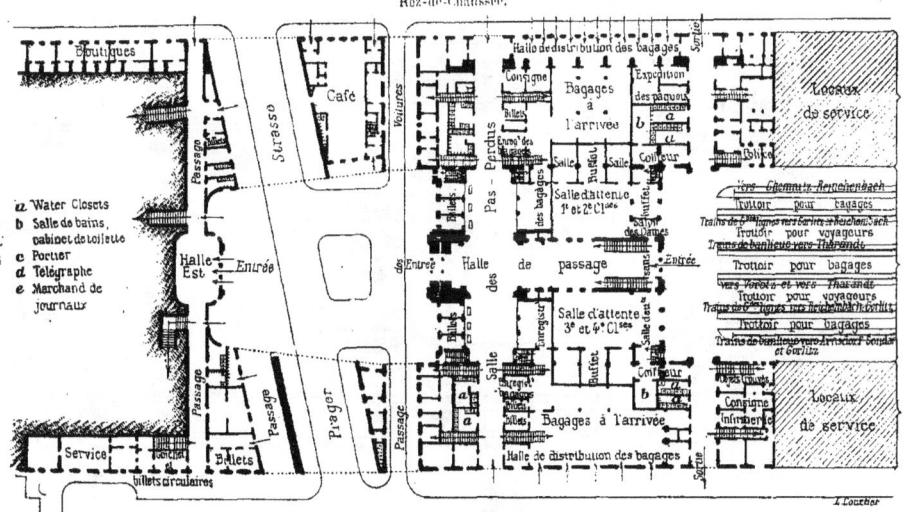

Fig. 19. — Gare de Dresde-Neustadt.

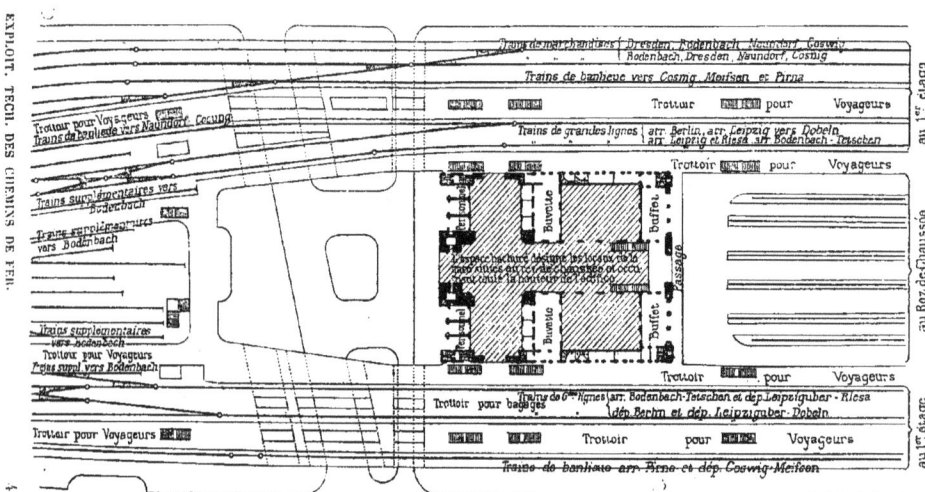

Fig. 19 *bis*. — Gare de Dresde-Neustadt.

gare de Pittsburgh (*fig.* 18), moins importante que la précédente. Elle est à deux étages et se trouve placée entre les embranchements A et B; un certain nombre de voies *a*, *b* — *c* sont réservées aux trains locaux. Les deux étages sont desservis au moyen d'ascenseurs. C'est un peu le type des gares allemandes, approprié aux lignes américaines; c'est-à-dire en augmentant, jusqu'à 5 ou même 6, le nombre des étages.

19. Gares allemandes. — Elles sont, en quelque sorte, l'opposé des gares anglaises par leur développement plus considérable, pour un trafic souvent moindre. Beaucoup d'entre elles sont à deux étages; c'est moins par économie de la place que pour les facilités du service et la disposition des voies surélevées dans les villes. L'accès de la gare est bien plus facile. On emploie beaucoup les passages souterrains. Au rez-de-chaussée, on place tous les locaux concernant les voyageurs : billets, bagages, et, au premier étage, les salles d'attente, les bureaux des employés, et tout ce qui a rapport au service des trains.

Les quais sont, du reste, très vastes, 15 à 20 mètres de largeur, et peuvent recevoir des salles d'attente, un buffet, des cabinets d'aisances. Les gares importantes de Strasbourg, Mayence, Magdebourg, sont établies de cette façon. Les voies ont également un développement considérable et, dans bien des gares de bifurcation, on emploie les quais doubles permettant de recevoir plusieurs trains sur la même voie.

Un dispositif spécial, utilisable seulement avec les gares à deux étages ou les gares terminus, consiste à placer le bâtiment principal au milieu des voies. Les gares de *la Haye* en Hollande, celles de *Stuttgard*, de *Dresde-Neustadt* (*fig.* 19), sont établies dans ces conditions. Cette dernière comporte deux groupes de voies, placées à des niveaux différents : celles de l'étage supérieur, qui longent le bâtiment des deux côtés, servent aux trains de passage, marchandises, grande ligne, service urbain; cette cité de 300.000 habitants étant traversée par une sorte de métropolitain. Au rez-de-chaussée, sur les deux petits côtés de la gare il y a une série de voies en impasse, recevant quelques trains de voyageurs de grande ligne ou de banlieue. Elle sert exclusivement au service des

voyageurs; la formation des trains,
le garage du matériel, le service des
marchandises se trouvant répartis
dans d'autres gares voisines. Chaque
voie est comprise entre deux quais,
dont quelques-uns affectés spécialement aux voyageurs; les autres,
moins larges, sont réservés aux bagages.

On peut citer, comme gare originale, celle de *Postdam* (*fig.* 20) à
Berlin, qui se compose de trois gares
terminus juxtaposées, toutes trois
à deux étages. Celle des grandes
lignes au milieu possède 3 quais et
5 voies, dont une de service; l'ensemble est recouvert par un hall de
171^m,55 de long sur 36^m de large.
Sur chaque côté de la gare intérieure se trouvent les deux autres
gares, de la Ceinture et de la Wann-
seebahn, ou ligne de banlieue.
Elles sont toutes deux symétriques,
ne présentant que deux voies longeant un quai central de 200 mètres
de long sur 13 et 10 mètres de largeur, surélevé pour laisser entre
les marchepieds des voitures et les
quais une hauteur de 0^m,44. On
accède aux quais au moyen de
passages souterrains. La formation
des trains, le garage du matériel se
trouvent reportés dans une autre
gare, dite gare extérieure. Cette division des services est forcément
d'exploitation plus coûteuse; mais
elle supprime les encombrements
et rend les mouvements des voyageurs plus faciles.

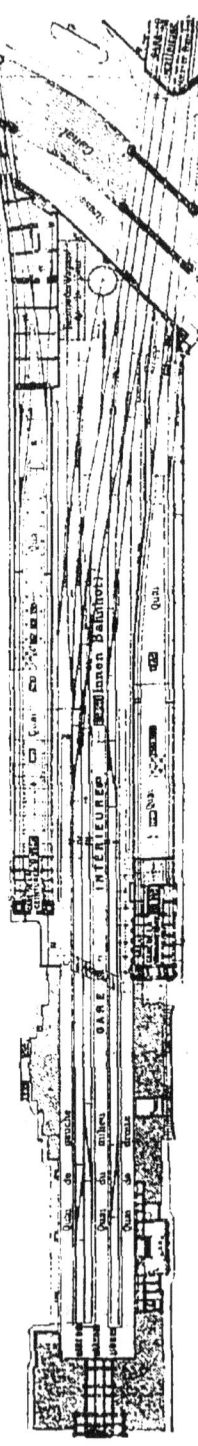

Fig. 20. — Gare de Postdam.

CHAPITRE II

SERVICE DES MARCHANDISES

A. — Trains de marchandises

20. Trains omnibus. — Les trains de marchandises se divisent en trains directs et trains omnibus. Les trains omnibus ont des arrêts fixes ou facultatifs à toutes les gares de leur parcours. Ils prennent et laissent les wagons dont le déchargement ou le chargement est effectué après le passage du train. Ils ont pour but également d'approvisionner les gares de matériel et d'emmener celui restant disponible.

Il en résulte que toutes les stations doivent être munies de voies pour la manœuvre des wagons et des engins nécessaires à la manutention des marchandises. Très souvent, à la gare tête de ligne, on connaît le nombre des wagons à prendre en cours de route, ce qui permet de fixer la composition du train à son point de départ. Le temps de stationnement accordé à chaque gare pour faire les manœuvres est prévu au livret de marche. Ce système a l'inconvénient de faire stationner le train dans des gares où il peut n'y avoir rien à faire. Quelques Compagnies indiquent simplement le temps accordé entre deux points extrêmes; ce temps se trouve ensuite réparti entre les différentes stations intermédiaires suivant les besoins. En Angleterre, on autorise les trains de marchandises à partir en avance sur l'heure fixée, ce qui n'est possible qu'avec le block-system.

Sur quelques lignes à trafic régulier, on fait circuler des trains omnibus spéciaux ou de *détail*. Ils s'arrêtent dans toutes les gares pour charger ou décharger des marchandises de poids réduit (500 kilogrammes au maximum), manutentionnées pendant le stationnement du train, mais ne néces-

sitant pas de wagon supplémentaire. Le personnel du train
prête son concours à celui des gares pour activer ces opérations. Les wagons à charge complète de 1.500 kilogrammes
peuvent être ajoutés à ces trains, s'ils sont destinés aux
stations terminus ou encore si le chargement a une importance suffisante pour justifier la manœuvre du train dans les
gares de passage.

Le classement des colis se fait sur la voie principale, et les
wagons sont groupés par destination. On donne le nom de
collecteurs, aux wagons qui ramassent les marchandises, et
de *distributeurs*, à ceux faisant l'opération inverse. La gare
origine met autant de wagons ou de groupes de wagons qu'il
y a de directions à l'arrivée. Des étiquettes indiquent aux
agents des gares de passage les véhicules où ils doivent
charger leurs colis, classés à l'avance. On doit mettre un
nombre de wagons suffisants pour ne pas rendre les opérations trop difficiles. Les trains de détails n'existent pas sur
tous les réseaux, certaines Compagnies se contentent d'af-
fecter dans les trains omnibus un certain nombre de véhicules pour les chargements en cours de route.

21. **Trains directs.** — Les trains de marchandises directs
n'ont d'arrêt fixé qu'aux grandes gares et stations principales
du parcours. Le but de ces trains consiste à faire effectuer
le plus de trajet possible, dans un délai relativement restreint,
aux wagons de marchandises destinés à des stations éloignées.
Les trains directs reçoivent des véhicules non seulement pour
les stations qu'ils desservent, mais encore pour les petites
stations, pourvu qu'elles soient situées au delà des points
d'arrêt. On décharge ainsi de beaucoup le service des trains
omnibus, tout en accélérant le transport des marchandises.
Ces trains enlèvent également des wagons vides dont l'emploi
a été prévu pour les stations où il y a arrêt ou pour d'autres,
placées au delà des points desservis ou du point terminus.

Il existe une catégorie de trains directs, dits de *trafic direct*
ou de *transit*, destinés à assurer le transport régulier et rapide
de certaines marchandises entre les points éloignés d'un
réseau. La formation de ces trains ne peut se faire d'une
façon régulière ou périodique, que dans certaines régions ;

tel est le cas des trains de houille, de pierres, minerais,
bestiaux, céréales, vins, etc., ou pour des marchandises de
provenance étrangère ne faisant que transiter. L'itinéraire
ne porte que les arrêts indispensables pour le service de la
machine ou pour les garages, et ceux nécessaires pour laisser
ou prendre une partie de la charge. Quelques-uns de ces
trains ont une marche très rapide. Généralement ces courants de marchandises ne sont pas équilibrés en sens inverse,
et l'on doit faire alors au retour des trains de matériel vide.
Il est bien évident que l'on a intérêt à donner au train sa
charge complète, en ajoutant s'il y a lieu des wagons complets transportant des matières quelconques, pouvu que ce
soit pour la même destination.

22. Composition des trains. — Le nombre des véhicules
entrant dans la composition d'un train n'est limité en principe que par la puissance de la machine et la résistance
à la traction des attelages qui, au moment du démarrage, ont à supporter un effort considérable. Il faut tenir
compte, en outre, des installations des gares de passage
pour le garage et la manœuvre des trains, du freinage à la
descente; autant de considérations secondaires, ayant une
réelle importance. Les limites sont fixées, pour l'État belge,
le Nord français, à 60 véhicules; sur le Lyon, 65; et sur l'Est
français, 75. En Allemagne, la composition ne doit pas
excéder 120 essieux; en Russie, 150. Ces chiffres se trouvent
forcément réduits sur les lignes en rampe ou pour des
vitesses élevées, ou encore si les moyens de freinage sont
restreints. Sur le Lyon un tableau indique le nombre de
véhicules à remorquer d'après la rampe en simple ou double
traction. La composition moyenne des trains de marchandises pour tous les réseaux est, en général, de 26 wagons.

Quant à la position des véhicules dans le train, elle est
subordonnée autant que possible à l'ordre de succession des
gares à desservir, de manière à ne pas avoir à débrancher
le train en cours de route. Cette composition s'effectue dans
les *gares de formation* où non seulement on classe les wagons
par ordre géographique des stations, mais où encore on les
groupe en service local et service de transit. L'avantage de

ce procédé est de réduire les manœuvres dans les stations intermédiaires où elles sont toujours plus difficiles. Cette classification s'étend aux marchandises elles-mêmes, que l'on charge en plusieurs wagons et dans chaque wagon de manière à faciliter le déchargement. En dehors de ces considérations, la place occupée par chaque véhicule est le plus souvent quelconque, à moins qu'il ne s'agisse exceptionnellement de chargements spéciaux difficiles à manœuvrer, soit à cause de leur encombrement, comme certains chargements de bois, ou parce qu'ils craignent les secousses.

23. **Charge des trains.** -- La charge que peut remorquer un train dépend, comme on vient de le voir, de la puissance de la machine et du profil de la ligne. Sur certains réseaux à faibles rampes de 4 à 5 millimètres, on remorque avec les types de machines ordinaires, 600 à 800 tonnes; sur quelques lignes américaines avec des machines de 110 tonnes on atteint quelquefois 3.600. Mais il est nécessaire que ces chiffres soient fixés à l'avance par des expériences directes, car chaque gare doit connaître la charge maxima à donner aux trains.

Quelquefois, pour franchir des rampes de faible longueur et afin d'éviter de rompre la charge, on met en queue du train une machine de renfort, qui l'accompagne jusqu'en haut de la rampe. Lorsqu'on dispose de deux machines, on peut augmenter la charge du train; mais généralement on ne prend que les deux tiers de la somme des charges pouvant être remorquées par chacune des machines. Les deux locomotives doivent être placées en tête, et la vitesse du train ne doit pas excéder celle de la machine marchant le moins vite. Pour chaque réseau, les différents cas, y compris les réductions à faire subir en cas de mauvais temps, sont prévus.

La manière de compter la charge varie un peu suivant les Compagnies. Sur l'Est français, on a établi des profils-types d'après les différentes rampes, depuis 0 à 26 millimètres, et que l'on désigne par les lettres A, B, ..., P. La charge est évaluée en unités, et chaque unité vaut 10 tonnes, chaque fraction de 10 tonnes étant comptée pour une unité. Pour

SÉRIE IX. — MACHINES 0,501 A 0,691

PROFILS		TRAIN TYPE 20			TRAIN TYPE 25			TRAIN TYPE 30			TRAIN TYPE 35			TRAIN TYPE 40		
		CHARGE		Nombre maximum de véhicules	CHARGE		Nombre maximum de véhicules	CHARGE		Nombre maximum de véhicules	CHARGE		Nombre maximum de véhicules	CHARGE		Nombre maximum de véhicules
		minima	maxima		minima	maxima		minima	maxima		minima	maxima		minima	maxima	
0 à 4ᵐᵐ	A.........	60	75	75	60	7	75	56	70	75	47	60	70	40	52	60
	B.........	60	75	75	60	75	75	53	65	75	44	56	70	37	48	60
5 à 7ᵐᵐ	C.........	56	75	75	56	75	75	47	63	75	40	53	70	33	45	60
	D.........	50	70	75	50	70	75	42	59	70	35	49	60	30	42	60
8 à 11ᵐᵐ	E.........	42	63	70	42	63	70	35	53	70	30	45	60	25	38	60
	F.........	35	55	60	35	55	60	29	46	60	25	39	60	21	33	50
12 à 15ᵐᵐ	G.........	30	47	60	30	47	60	25	40	60	21	35	50	18	28	50
	H.........	25	40	60	24	40	60	20	34	50	17	28	50	14	24	40
16 à 20ᵐᵐ	I.........	21	35	50	20	32	50	17	27	49	14	23	40	12	19	34
	K.........	18	28	50	17	26	47	13	22	40	11	18	39	9	15	27

N.-B. — Les chiffres des colonnes « charge » indiquent le nombre d'unités.

TRAINS ET GARES

déterminer la charge que peut remorquer une machine donnée, il suffira de se reporter à un tableau, correspondant à la série de la machine et donnant, d'après le train-type, c'est-à-dire la vitesse de marche adoptée, la charge du train en unités suivant le profil. Le tableau page 56 se rapporte aux machines de la série IX.

Sur l'État belge, la charge est évaluée en unités. Comme premier renseignement, on connaît pour chaque véhicule sa valeur en unités; c'est ainsi que les voitures à voyageurs vides ou chargées sont comptées pour 2 unités,

1 wagon vide de moins de 10 tonnes vaut 1 unité
1 — — 12 $^1/_2$ — 2 —
1 wagon chargé de 7 $^1/_2$ à 10 $^1/_2$ — 3 —
1 — 12 $^1/_2$ à 15 — 4 —

et ainsi de suite en augmentant d'une unité par 5.000 kilog.

La puissance des machines étant évaluée en unités, il est facile d'en déduire la charge maxima du train. Tant que le profil est compris entre 0 et 5 millimètres d'inclinaison, cette charge ne subit aucune réduction; mais, au delà de 5 millimètres, des tableaux indiquent, pour chaque type de machine, la charge réduite à remorquer dans les deux sens entre deux stations limitant le profil déterminé.

Sur le Nord français, on comptait également en unités; mais les chiffres étaient différents. Cette manière d'opérer n'est pas aussi simple qu'elle paraît l'être en principe; car, en somme, il faut d'abord connaître le tonnage pour le transformer ensuite en unités. Aussi tend-elle à disparaître et on préfère le décompte en tonnes qui vient d'être adopté. Sur ce dernier réseau, les machines, d'après leur puissance, sont désignées par les lettres A, B, L. Un tableau, à deux entrées, porte sur une ligne horizontale les lettres correspondantes à la puissance des machines et sur la ligne verticale les rampes de 3 à 18 millimètres, à la rencontre de ces deux lignes on a la charge maxima du train. D'autres tableaux indiquent la fraction de la charge totale à freiner suivant le profil des lignes. Pour simplifier le calcul de la charge, qui comprend le poids des véhicules et leur chargement, on arrondit les fractions de tonnes en plus ou en moins.

Sur les chemins de fer américains, on fixe la charge normale et la charge maxima pour chaque ligne. Des tableaux font connaître le poids du train d'après.le nombre et la nature des wagons. Le wagon à huit roues chargé est pris comme terme de comparaison : 2 wagons à quatre roues équivalent à 1 wagon à huit; 5 wagons vides valent 3 chargés; 2 voitures à voyageurs dans un train mixte valent 3 wagons chargés. Ce mode de comptage tend à être remplacé par celui en tonnes.

Les charges remorquées atteignent des chiffres très élevés. Le New-York Central Railway parvient à remorquer des trains de 80 wagons de 27 tonnes de capacité représentant une charge totale de 3.600 tonnes.

Le rapport annuel de 1899 de l'Erié Railway mentionne des trains de 800 tonnes sur des rampes de 16^{m,m} et de 27 kilomètres de longueur; sur certaines parties du Baltimore and Ohio Railway, les trains de houille sont composés de 50 wagons en acier de 45 tonnes de capacité et 15^T,4 de tare, soit 3.000 tonnes environ pour la charge totale.

Le tableau suivant, déjà ancien, se rapportant à la ligne du Pensylvania Railroad, entre Philadelphie et Pittsburgh, sur 585 kilomètres de longueur, donne les charges remorquées sur les cinq sections dont se compose cette ligne.

SECTIONS	DÉCLIVITÉ	LONGUEUR de la SECTION	TRAIN ALLANT VERS			
			L'EST		L'OUEST	
			Wagons chargés	Charge	Wagons chargés	Charge
	millim.	km.		tonnes		tonnes
Philadelphie-Harrisburg..	9	169	33	822	35	865
Harrisburg-Altoona......	4	212	45	1128	30	752
Altoona-Conemaugh	18	74	17	423	11	282
Conemaugh-Dery........	8	56	34	846	34	846
Dery-Pittsburgh	12	54	17	423	17	423

En résumé, on voit que toutes les Compagnies se sont préoccupées d'établir les limites de charge sur chaque ligne et qu'après quelques divergences dans la manière d'opérer elles sont revenues à un système à peu près identique.

24. Freins. — Le nombre des freins[1] à placer dans les trains de marchandises varie d'après la charge, le profil de la ligne et la marche du train, c'est-à-dire, en somme, d'après la puissance vive même de celui-ci. Outre la contre-vapeur, on a sur la machine et le tender des freins à main et mieux des freins à vide, à vapeur ou à tout autre moyen d'action rapide. On essaie d'appliquer à ces trains les freins continus employés en Amérique; mais le problème, très difficile, est loin d'être résolu et généralement la continuité s'applique seulement au fourgon de tête que l'on actionne de la machine. Quant aux freins distribués dans le corps du train, ils sont généralement à vis. La résistance au roulement étant proportionnelle au poids, dans le cas d'un wagon-frein, on augmente le poids par l'addition d'une charge utile ou de lest.

Quant au nombre des véhicules ou des essieux freinés, il est très variable, et on ne peut citer que quelques exemples.

Sur les chemins de fer allemands, on a le tableau suivant :

INCLINAISON en MILLIMÈTRES	VITESSE EN KILOMÈTRES PAR HEURE									
	25	30	35	40	45	50	60	70	80	90
	NOMBRE D'ESSIEUX FREINÉS SUR UN TRAIN COMPORTANT 100 ESSIEUX									
0	6	6	6	6	8	10	17	25	36	48
2,5	6	6	7	9	11	14	21	30	41	54
5,0	6	7	9	12	14	18	25	35	46	59
7,5	8	10	12	15	18	21	29	39	51	—
10,0	10	13	15	18	21	25	33	44	56	—
12,5	13	15	18	21	25	29	38	48	—	—
15,0	15	18	21	24	28	32	42	53	—	—
17,5	18	21	24	27	32	36	46	—	—	—
20,0	20	23	27	31	35	39	50	—	—	—
22,5	22	26	30	34	38	43	—	—	—	—
25,0	25	29	33	37	42	47	—	—	—	—

On ne considère que la pente maxima, qui doit avoir au moins 1.000 mètres de longueur. L'essieu d'un wagon vide n'est compté que comme un demi-essieu.

Sur l'Est français, le nombre et la distribution des freins dans un train se fait d'après les indications suivantes, l'unité de charge valant 10 tonnes.

[1] Voir pour la description des freins : *Locomotive et matériel roulant* (Bibl. du Conducteur de Travaux publics), par DEMOULIN.

LIGNES CLASSÉES DANS LES PROFILS		1 WAGON FREINÉ PAR	OBSERVATIONS
	millimètres		
Marchandises	A, B, C.. 0 à 5	25 unités de charge	1 frein sur l'un des 5 derniers véhicules.
	D, E..... 6 à 9	15 —	1 frein sur l'un des 3 derniers véhicules.
	F, G..... 10 à 13	10 —	1 frein sur l'un des 2 derniers véhicules pour F.
	H........ 14 à 15	8 —	Pour les autres profils, un des freins doit se trouver en queue, sauf dans le cas où le dernier véhicule est avarié.
	I......... 16 à 17	5 —	
	K........ 18 à 20	3 —	
	L......... 21 à 26	2 —	
Voyageurs	A, B, C, D, E.....	1 frein pour 8 véhicules	Il ne peut y avoir moins de deux freins pour les trains de plus de 6 voitures.
	F, G, H...........	— 6 —	
	I, K, L............	— 3 —	

Dans le cas où les wagons sont lestés ou chargés de marchandises à décharger en cours de route, le nombre des freins peut être réduit; en effet, 5 tonnes de charge équivalent à un wagon frein vide, 10 tonnes, à deux freins vides, sans que, toutefois, le nombre des véhicules freinés puisse être inférieur à la moitié du nombre prévu au tableau. Lorsqu'on a une machine attelée en queue du train, deux freins sont seuls nécessaires.

Comme dernier exemple, on peut citer celui du Lyon français; on a, outre le frein de tête :

VITESSE NORMALE UNIFORME	VITESSE MAXIMA	DÉCLIVITÉS en millimètres	NOMBRE DE FREINS	OBSERVATIONS SUR LA POSITION
	45	0 à 5	1 par 60 véhicules	Dans l'un des 5 derniers véhicules.
36 kilomètres	—	5 à 6	— 45 —	Dans l'un des 2 derniers véhicules.
	—	6 à 8	— 28 —	
et	—	8 à 10	— 20 —	
	—	10 à 12	— 14 —	
au-dessous	—	12 à 14	— 10 —	
	—	14 à 15	— 9 —	
	40	15 à 17	— 8 —	Dans le dernier véhicule.
30 et au-dessous...	30	17 à 20	— 7 —	
	25	20 à 22	— 6 —	
25 et au-dessous ...	—	22 à 26	— 5 —	
	—	26 à 31	— 4 —	

Ce tableau suppose des wagons chargés même incomplètement, sinon 2 wagons vides valent un plein. S'il y a double traction, la seconde machine équivaut à deux freins ; toutefois on ne la compte plus comme frein pour des inclinaisons supérieures à 3 millimètres ou des déclivités plus grandes que 12 millimètres; attelée en queue, elle compte pour deux freins à la montée des rampes inférieures à 20 millimètres.

Le tableau du Lyon est plus complet que les précédents, puisqu'il tient compte de toutes les conditions. Son emploi est plus difficile et exige de la part des agents une plus grande attention.

B. — Gares a marchandises

25. Service local. — Les marchandises à expédier sont généralement amenées sur des chariots pour être chargées, soit directement dans les wagons, soit pour être déposées momentanément dans la gare. Il en est de même des marchandises à l'arrivée, qui peuvent être déchargées directement ou attendre avant d'être enlevées par le destinataire. Les chargements directs se font sur une voie spéciale dite de débord, de ceinture ou du commerce, elle doit être complètement à l'abri du mouvement des trains.

Pour les marchandises devant stationner en gare, deux cas se présentent, suivant qu'elles craignent ou non les intempéries. Dans le premier cas, on peut les laisser sur un *quai découvert* dont le niveau correspond à peu près à celui du plancher des véhicules. Au contraire, si elles craignent la pluie, on les dépose sur des *quais couverts* ou mieux dans des halles complètement closes, quais et halles sont desservis par des voies spéciales. En outre, pour l'embarquement des bestiaux, il faut installer une sorte de plan incliné ou *quai à bestiaux*, permettant l'entrée directe de ces derniers dans les fourgons.

Les halles et la voie de ceinture sont séparées par une cour assez vaste pour permettre la circulation des voitures.

Lorsque le mouvement est très considérable, on sépare

les marchandises à l'arrivée de celles au départ, chacune d'elles ayant ses halles et ses voies spéciales.

Les trains, en passant, doivent pouvoir manœuvrer dans ces gares pour prendre ou laisser des wagons. Pendant la manœuvre de la machine, il est surtout nécessaire de garer le reste du train, de manière à ne pas gêner la circulation sur les voies principales. Enfin, dans les gares importantes, les trains sont amenés sur des voies spéciales pour être repris ensuite et distribués aux halles et aux voies de déchargement. On a donc toute une série d'installations dont l'importance dépend de celle de la gare.

26. Service de transit. — Il arrive très souvent qu'il faut charger les marchandises d'un wagon dans un autre, soit qu'elles se trouvent mélangées avec d'autres ne suivant pas la même direction, soit qu'il s'agisse de constituer des wagons complets. L'opération se fait dans les gares de transbordement ou d'échange qui ne sont autres le plus souvent que les gares frontières de réseau à réseau. Généralement, lorsqu'il s'agit de substances lourdes ou de wagons complets, on laisse les wagons continuer; mais, pour des marchandises légères, on effectue un transbordement dans des halles spéciales ou même quelquefois directement de wagon à wagon.

27. Dimensions des gares. — *Superficie.* — La superficie des gares à marchandises est naturellement en rapport avec leur trafic. Cependant, suivant que les trains sont plus ou moins fréquents, que la manutention des marchandises est plus ou moins accélérée, l'étendue de gare est différente pour un même trafic. C'est, du reste, ce qui se produit pour les gares anglaises et allemandes, les premières ont une importance beaucoup moindre pour un trafic plus important. Le tableau suivant donne la superficie de quelques gares pour différents pays.

Gares	Superficie
Edge-Hill à Liverpool	788.000^{m^2}
Friedrichstadt à Dresde	554.000
Agar-Town à Londres	202.200
Simer-Town à Londres....	60.000
Staatsbahn à Vienne.................	455.000

Gares	Superficie
Broad-Street......................	70.000^{m2}
Schaerbeck (État belge)...............	448.100
Berlin-Postdam-Magdeburg à Berlin.....	160.000
Gare de La Chapelle à Paris	455.000

Longueur et groupement des voies. — La longueur des voies doit être suffisante pour recevoir les trains les plus longs. Si on considère un train de 70 wagons, à raison de 7^{m},50 par wagon et de 16 mètres par machine, on obtient une longueur de 560 mètres ; certaines voies atteignent du reste 600 mètres. On comprend que, lorsqu'il s'agit de garer un train, il faille donner cette longueur aux voies de garage ; mais pour celles affectées seulement au service local des marchandises, on ne compte pas de la même façon, il faut 1 à 2 mètres de voie par tonne quotidienne, les chiffres adoptés dépendent du reste des convenances locales.

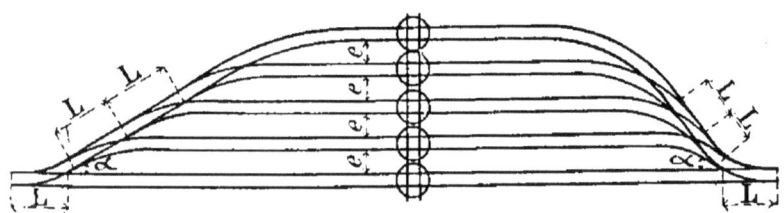

Fig. 21. — Liaisons par groupes de deux ou trois voies.

La liaison entre les voies peut se faire de différentes façons. Le moyen le plus simple consiste à réunir la voie la plus éloignée ou de ceinture à la première voie (*fig.* 21) par une partie oblique dont l'inclinaison peut être prise égale à :

$$\sin \alpha = \frac{e}{L}, \qquad \text{ou} \qquad \text{tang}\, \alpha = \frac{e}{\sqrt{L^2 - e^2}}.$$

L désignant la longueur de l'appareil de changement de voie et e, l'écartement des voies. Il ne faut pas donner à α une valeur trop faible, sinon la longueur des voies se trouve diminuée ; si, au contraire, elle est trop grande, on rend difficile l'installation des appareils de voie.

Si on veut mieux utiliser le terrain, les voies de faisceau sont réunies par groupe de trois, la valeur de α se trouve plus grande et la longueur de la voie de ceinture est augmentée. On peut encore raccorder toutes les voies à la première comme cela est indiqué (*fig.* 22), mais il vaut

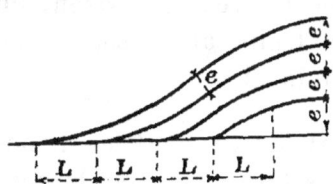

Fig. 22. — Réunion de toutes les voies à une seule.

encore mieux diviser le faisceau en plusieurs autres de deux ou trois voies, c'est le système le plus fréquent qui a l'avantage de rendre la pose des appareils plus facile (*fig.* 23).

La valeur de L est de 32 mètres en moyenne ; quant à celle de *c*, elle est généralement de 3 mètres, suffisante pour permettre au personnel de circuler sans danger et d'installer sur les voies parallèles une batterie transversale de plaques de 4m,20. Si le diamètre est plus grand, on prendra pour *c*, le diamètre

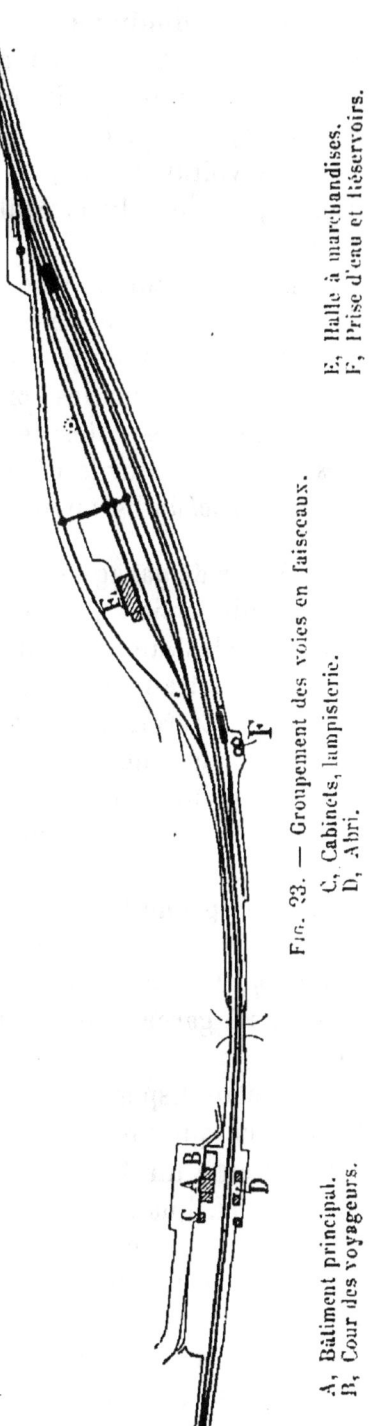

Fig. 23. — Groupement des voies en faisceaux.

A, Bâtiment principal.
B, Cour des voyageurs.
C, Cabinets, lampisterie.
D, Abri.
E, Halle à marchandises.
F, Prise d'eau et réservoirs.

d'une plaque diminuée de la largeur de la voie, en tenant
compte, en outre, de ce qu'il faut pour la pose de deux
plaques tangentes. Le diamètre des plaques n'excède guère
$4^m,20$ à $4^m,80$, sauf cependant pour certaines plaques destinées aux voitures à voyageurs et atteignant $6^m,20$ (Midi et
Orléans), on les dispose alors en quinconce d'une voie à
l'autre.

Comme longueur de voie utile, il ne faut considérer que la
partie où les véhicules en stationnement sont entièrement à
l'abri des mouvements sur les autres voies, en d'autres
termes, il faut que les croisements avec les autres voies
soient libres. Les voies des gares ordinaires se divisent en
voies de garage pour la réception des trains au passage et en
voies des marchandises pour le service local.

28. Voies de garage et d'évitement. — On peut les dispo-
ser de trois façons différentes, mais toujours avec la condition que les aiguilles de raccordement seront prises en
talon par les trains directs, c'est-à-dire que les trains qui se
garent pénétreront par refoulement sur les voies de garage.

1º On n'a qu'une seule voie reliée à ses deux extrémités
aux voies principales; ce dispositif a l'inconvénient **de faire
couper** une des voies par celle du garage et de **présenter**
un point dangereux ;

2º On supprime le croisement en disposant de chaque côté
une voie de garage réunie à la voie principale correspondante (*fig.* 24); ce système est surtout avantageux lorsque
les trains à garer sont nombreux et les voies très fréquentées ;

3º On peut disposer la voie de garage entre les voies principales, ce qui oblige à dévier les deux voies principales
pour obtenir un écartement nécessaire. Il faut avoir soin,
dans ce cas, quand on refoule d'un côté de ne pas engager
les croisements de l'autre. En outre, ce dispositif a l'inconvénient de nécessiter la coupure des trains garés pour passer
d'un quai à l'autre.

Avec les deux premiers procédés, il est facile, suivant
les besoins, de brancher sur la voie de garage d'autres
voies. Dans le premier cas, on aura un fuseau commu-

niquant des deux côtés avec les voies principales ; dans le second, le fuseau se termine en cul-de-sac d'un côté.

La longueur des voies d'un faisceau à deux issues va sans cesse en diminuant, et on obtient une sorte de trapèze. Cependant, quelquefois, toutes les voies ont la même longueur ; mais il faut pour cela qu'elles soient comprises entre les voies de raccordement suffisamment déviées (*fig.* 32). Sur les lignes à voie unique, on a vu que l'on dédoublait la voie de distance en distance pour le croisement des trains, mais la voie d'évitement sert également au garage des trains marchant dans le même sens ; on peut, du reste, brancher sur elles d'autres voies de garage s'il y a lieu.

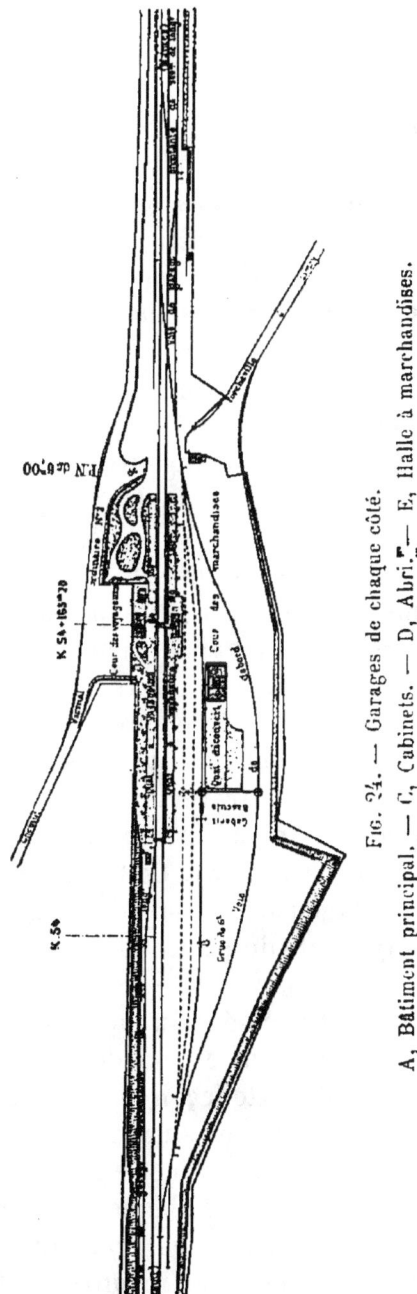

Fig. 24. — Garages de chaque côté. — A, Bâtiment principal. — C, Cabinets. — D, Abri. — E, Halle à marchandises.

29. Voies des marchandises. — *Généralités.* — On désigne plus spécialement sous le nom de voies des marchandises celles destinées à recevoir les wagons du service local Dans une gare complète, on compte une voie pour le stationnement des wagons à décharger, une pour le stationnement des wagons chargés, une ou plusieurs voies pour les quais et les halles, et enfin une ou plusieurs voies de débord pour la manutention directe des marchandises. Bien entendu, on réduit le nombre de ces voies diverses d'après l'importance de la gare.

Leur disposition est subordonnée à celle des halles et des quais, suivant que ceux-ci sont placés, par rapport aux voies principales,. du même côté que le service des voyageurs ou de part et d'autre. En principe, on a intérêt à rapprocher le service des marchandises de celui des voyageurs; on rend la surveillance plus facile, les manœuvres plus simples et la surface de terrain est beaucoup moindre. Il y a avantage également à placer les différents services du même côté, de manière à n'avoir qu'un seul chemin d'accès à la gare et les portes d'entrée des marchandises et des voyageurs voisines l'une de l'autre. Ces considérations perdent de leur importance dans les grandes gares.

Voie double. — Les différentes voies énumérées ci-dessus sont réunies à chaque extrémité aux voies principales, de manière à pouvoir être desservies facilement par les machines de trains de passage, qui vont elles-mêmes conduire ou chercher les wagons du service local. Ce système présente un inconvénient, celui d'avoir un croisement avec une des voies principales. On évite aux machines la traversée des voies dans les manœuvres en les raccordant à une extrémité à une voie en impasse ou *voie de tiroir* (*fig*. 24). Cette disposition en faisceau est surtout avantageuse avec la halle à marchandises et le bâtiment des voyageurs de part et d'autre des voies principales.

Si, au contraire, les deux installations sont du même côté, les voies des marchandises se terminent en cul-de-sac du côté du bâtiment des voyageurs. De cette façon on diminue de beaucoup l'étendue de la gare, tout en concentrant les manœuvres. Les voies en impasse sont raccordées entre elles et avec les voies de garage par des batteries de plaques (*fig*. 299 et 302). Mais, pour traverser les wagons, les manœuvres doivent être faites à bras d'hommes, c'est là un inconvénient.

Ces deux dispositifs ne sont pas exactement limités aux cas indiqués ci-dessus. La figure 23 donne précisément l'exemple d'un faisceau du côté du bâtiment des voyageurs, mais elle montre également la longueur exagérée de la gare. L'emploi des voies en impasse a toujours l'avantage d'augmenter la longueur des voies sans accroître beaucoup celle de la gare.

Voie unique. — Sur les lignes à voie unique l'importance des gares est généralement moindre, le nombre des dispositifs est plus grand, on cherche surtout à utiliser la machine pour faire les manœuvres des wagons.

Une solution très économique consiste à brancher sur la voie d'évitement une voie en cul-de-sac (*fig.* 25). La manœuvre des wagons à prendre ou à laisser par un train quelconque

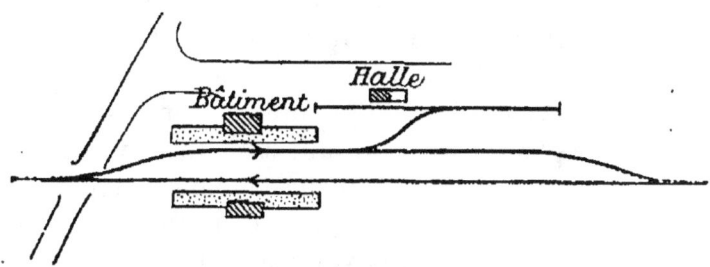

FIG. 25 — Gare à marchandises (voie unique)

ne peut pas exclusivement se faire à la machine ; on remédie en partie à cet inconvénient en plaçant la liaison dans le milieu de la voie de garage (*fig.* 25) et non plus à l'extrémité. La solution des manœuvres par la machine seule devient complète, si la voie de garage est réunie à la voie d'évitement par deux liaisons en sens inverse. Toutefois la dépense d'installation est plus élevée.

Les deux liaisons, au lieu d'être à la suite l'une de l'autre, peuvent se couper et, au point de croisement, on peut installer une jonction double. On a ce qu'on appelle la disposition en X, très répandue sur le Nord français. Cette solution s'applique également à la double voie (*fig.* 1).

Un système particulier et très économique est celui employé à la Compagnie du Midi, il consiste à accoler le bâtiment des voyageurs à celui des marchandises : dans ce cas un seul agent assure les deux services; on intercale alors la voie des marchandises entre les locaux et les voies d'évitement.

Lorsque la station a une certaine importance et comporte plusieurs voies de marchandises, on peut appliquer les dispositifs des lignes à double voie, en considérant les deux voies d'évitement comme voies principales.

Les différentes voies accessoires des gares sont munies un peu avant leur point de jonction avec les voies principales, de taquets d'arrêt, ayant pour but d'empêcher les wagons en mouvement de venir sur les voies de service.

Voie de débord. — Ces voies, dites également voies du commerce, de la cour des marchandises, du côté extérieur, etc., se réunissent au faisceau des voies de marchandises. Dans les gares très importantes, elles sont au nombre de deux, mais le plus souvent il n'y en a qu'une. Entre la voie de débord et les autres voies il existe un intervalle assez large formant la cour des marchandises, il en résulte que si on relie ces voies par aiguille, il faut une surface considérable, utilisée il est vrai, pour le déchargement à terre de marchandises encombrantes. On peut la réduire en réunissant la voie de débord aux autres voies par une voie transversale avec batterie de plaques, et plus simplement encore en utilisant cette dernière prolongée, pour les chargements directs.

30. **Entrée directe.** — Dans toutes les gares précédentes, l'entrée se fait par refoulement, on évite ainsi les aiguilles en pointe sur les voies principales. Cette disposition ne saurait être adoptée dans les gares un peu importantes : la longueur de cette manœuvre est à la fois une gêne pour la gare et pour les trains de passage. De plus, le train à garer ne peut aller à l'aiguille de refoulement tant que la voie est occupée par un train en stationnement; enfin, pour laisser passer le train, il faut interrompre la circulation des voyageurs qui ont à traverser les voies.

Pour toutes ces raisons on se résoud généralement à adopter les aiguilles en pointe sur les voies de service pour permettre aux trains de marchandises d'avoir accès directement sur les voies de garage. Ces aiguilles sont munies de tous les appareils assurant le calage des lames et empêchant leur manœuvre intempestive. On fait précéder l'entrée directe des signaux ordinaires des bifurcations,

31. Gares de triage et de formation. — *Généralités.* — Les trains de marchandises directs ou omnibus, en s'arrêtant dans certaines gares, plus particulièrement dans celles de bifurcation, doivent subir un remaniement complet. Il est en effet nécessaire de grouper les wagons suivant la direction qu'ils doivent suivre ; les trains omnibus et les trains directs, ayant ramassé, en cours de route, des wagons pour des destinations bien différentes. Le triage consiste non seulement à décomposer les trains, mais aussi à en reformer de nouveaux, soit directs pour des gares éloignées, soit omnibus pour les stations intermédiaires. Dans le cas de trains directs, la formation est assez simple, il s'agit tout au plus d'une direction ou deux ; mais, pour les trains omnibus, un classement par ordre de succession des gares à desservir est encore nécessaire.

Les opérations du triage sont toujours onéreuses ; aussi doit-on, autant que possible, les éviter, en multipliant les trains directs, de manière à pouvoir desservir chaque direction en particulier et en exigeant surtout des gares intermédiaires l'adjonction de leurs wagons aux trains convenables. On peut, en résumé, procéder de deux façons : ou se servir de la *gare de triage* pour effectuer un classement, ou répartir le travail sur les gares de tête. On doit, du reste, chercher à faire parvenir les wagons dans le plus bref délai à leur destination définitive, de manière à éviter les stationnements dans les gares intermédiaires.

Le classement des wagons dans les gares de triage nécessite un certain nombre de voies pour le groupement par directions, puis pour le classement par stations. Il faut, en effet, pour simplifier le travail des gares intermédiaires que les wagons à laisser soient placés en tête du train en ayant soin, en outre, de séparer les wagons de transit de ceux du service local.

Les trains sont obligés le plus souvent de stationner avant de pouvoir être triés ou avant leur départ après formation, de là l'obligation d'avoir un nombre assez élevé de voies de garage. C'est ainsi que la gare de triage de Bobigny (*fig.* 26), sur le réseau de l'Est, comporte deux faisceaux de triage, un pour chaque direction, plus deux groupes de voie de garage pour les trains à l'arrivée et trois pour les trains formés. Il existe, en outre, un garage spécial pour la for-

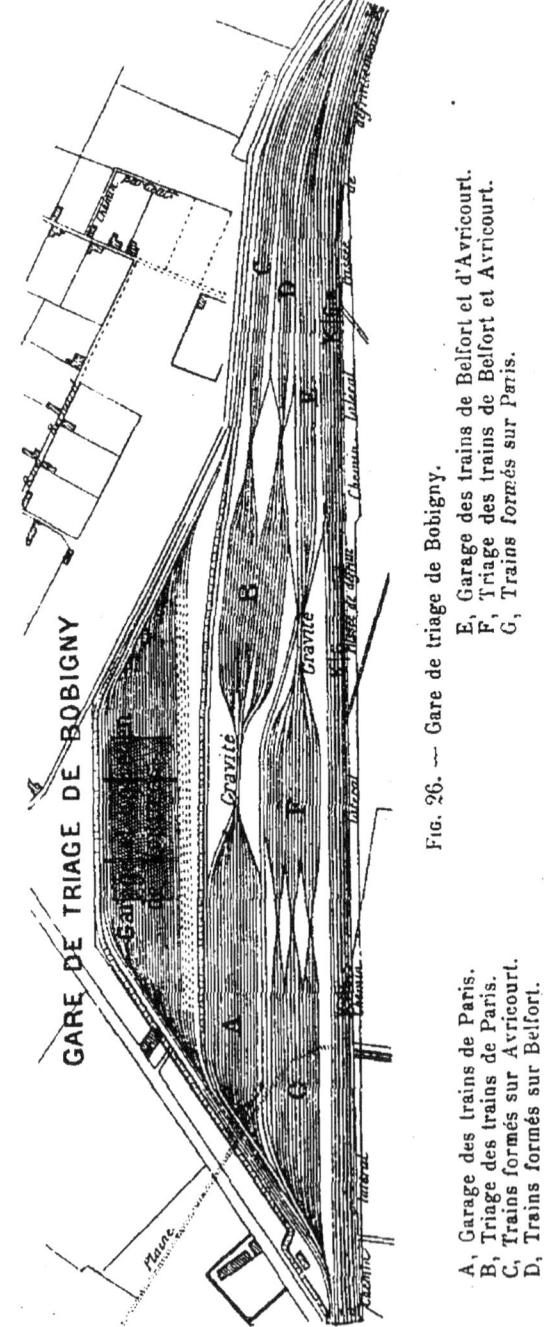

FIG. 26. — Gare de triage de Bobigny.

A, Garage des trains de Paris.
B, Triage des trains de Paris.
C, Trains formés sur Avricourt.
D, Trains formés sur Belfort.

E, Garage des trains de Belfort et d'Avricourt.
F, Triage des trains de Belfort et Avricourt.
G, Trains formés sur Paris.

mation des trains de voyageurs destinés à la gare de Paris.

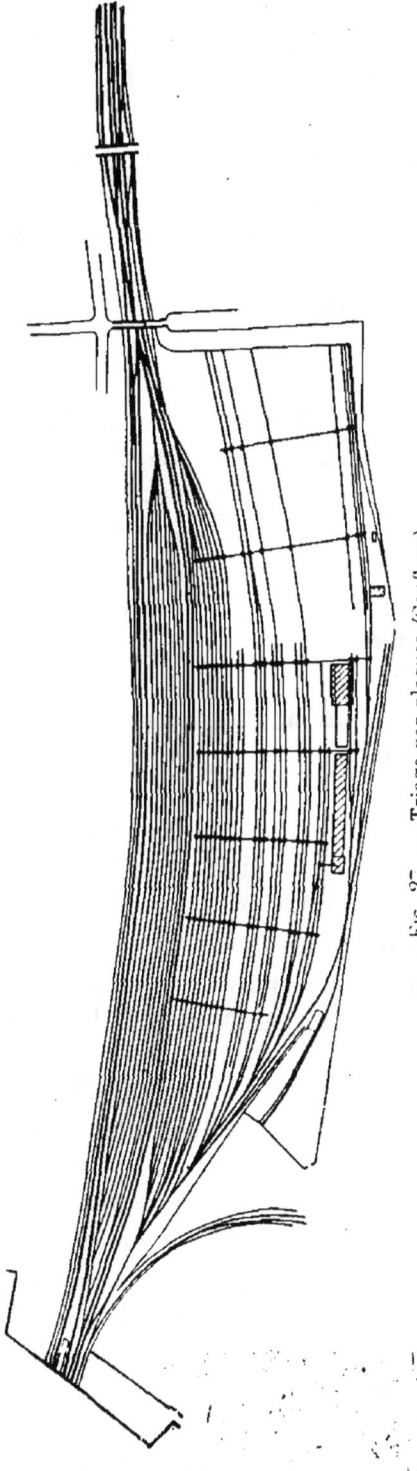

Fig. 27. — Triage par plaques (Conflans).

Au point de vue de la disposition des voies de triage, on peut avoir un faisceau en impasse ou un fuseau se raccordant à ses deux extrémités avec les autres voies de la gare. Ce dernier a l'avantage de permettre les mouvements dans les deux sens; les deux dispositifs sont, du reste, très employés. La divergence existe surtout dans la manière d'effectuer le triage. Trois systèmes peuvent être adoptés, à savoir:

Le triage par plaques ou par chariots transbordeurs;

Le triage par machines de manœuvre;

Le triage par la gravité.

1° *Triage par plaques ou chariots transbordeurs.* — Dans les petites gares ou dans celles de moyenne importance, toutes les voies de garage sont réunies par des voies perpendiculaires avec *plaques tournantes* aux points de croisement. Le triage s'effectue en faisant passer les wagons d'une voie à l'autre, au moyen de plaques tournantes. On compte trois à quatre hommes pour tourner sur plaque un wagon chargé; un cheval seul peut effectuer ce même travail trois fois plus vite; aussi emploie-t-on ce mode de traction lorsque le mouvement des véhicules atteint une intensité suffisante, 150 wagons environ.

On peut citer, comme exemple de cette méthode de triage, la gare de Conflans sur le Lyon (*fig.* 27), où vingt-deux voies parallèles sont réunies de 80 mètres en 80 mètres par des batteries de plaques.

Les manœuvres par plaques se font surtout dans le voisinage des halles à marchandises, des quais à bestiaux, des remises de voitures, des raccordements particuliers. Cependant, toutes les fois que cela est possible, il est préférable de recourir, pour remplacer les hommes ou le cheval, à des moyens mécaniques, comme les cabestans hydrauliques ou électriques, dont l'emploi est courant dans les gares importantes.

Pour un mouvement assez considérable, 300 à 500 wagons, on remplace les plaques tournantes par un *chariot transbordeur* dont l'installation n'est pas plus coûteuse et qui effectue les manœuvres plus rapidement. Les chariots transbordeurs sont surtout avantageux et même indispensables, lorsqu'il s'agit du transport de grosses pièces dans les halles, les ateliers. Quelquefois même on dispose plusieurs chariots pour activer encore le triage. On n'emploie plus guère que des chariots sans fosse. Très souvent on entaille les rails des voies de manière à laisser passer les roues du chariot, auxquelles on peut donner alors un plus grand diamètre et, par suite, une vitesse plus grande. Les chariots peuvent être mus à bras ou mieux à vapeur. Tel est le cas du transbordeur à vapeur de l'avant-gare de Paris-Nord pour le remaniement des trains de voyageurs. Il est muni d'un cabestan avec câble en fils d'acier de 14 millimètres de diamètre et 40 mètres de long, qui permet d'amener mécaniquement le wagon à déplacer sur la plateforme même du chariot; la descente se fait sans difficulté par la manœuvre d'un levier. Le transbordeur, de 1ᵐ,50 d'écartement de roues, peut tourner sur plaque.

On peut citer comme gare de triage par chariots celle de Villeneuve-Saint-Georges, sur le Lyon (*fig.* 28). Cette gare est composée de deux groupes de voies disposées en fuseau ser-

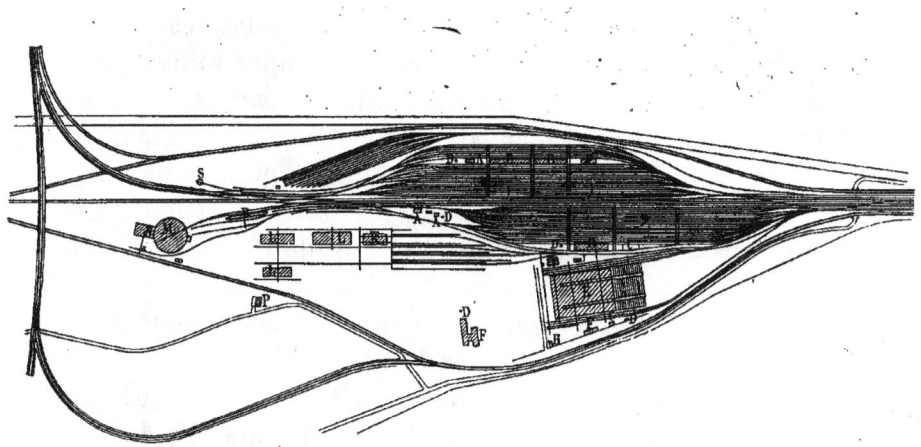

FIG. 28. — Triage par chariots à vapeur (Gare de Villeneuve-Saint-Georges).

A, Bureaux.
B, B, Halles de transbordement.
C, Quai découvert.
D, D, Cabinets.
E, Atelier des wagons.

F, Réfectoire.
J, G, P, Logements.
H, Machine fixe.
K, Scierie.
L, Hangars.

M, Rotonde.
N, Levage des machines.
Q, Dortoir.
R, Quai à combustible.
S, Pont tournant.

vant à la décomposition des trains des lignes du Bourbonnais et de la Bourgogne. Ces trains débranchés sont ensuite reconstitués à destination des autres réseaux, ou des diverses gares de la Compagnie à Paris : telles que celles de Conflans, avec ses embranchements sur les Magasins généraux ; de Bercy, avec ses quais spécialisés par nature de marchandises. Les trains venant de Paris sont également modifiés pour être renvoyés sur la province. Un chariot travaillant dans des conditions très économiques coûte 35 francs par jour, y compris l'amortissement ; il déplace 20 à 25 wagons à l'heure, soit 500 par journée de 20 heures.

2° *Triage par machines de manœuvre.* — Le triage précédent convient surtout pour la manutention partielle des trains ; mais, lorsqu'il s'agit de manœuvrer de grandes rames, on a recours à des locomotives ordinaires dites de *manœuvre* ou de *manutention* qui se déplacent d'une voie à l'autre au moyen d'aiguilles. Au début, toutes les aiguilles étaient manœuvrées sur place ; mais, depuis, tous les leviers ont été concentrés dans une même cabine, à proximité du faisceau. Le train à trier est amené par la machine sur une voie en impasse, dite de *manœuvre*, ou de *tiroir*, assez longue pour recevoir tout le train, et d'où les coupes ou les wagons complètement décrochés, sont lancés successivement sur les différentes voies. L'aiguilleur de la cabine modifie les directions d'après les indications des hommes de manœuvre. Une fois décomposé, le train est reformé par la même machine, qui va chercher les différentes rames dans l'ordre voulu et les groupe sur une même voie.

En principe, il faut autant de voies qu'il y a de directions aboutissant à la gare. Quelquefois on a deux faisceaux servant l'un au triage, l'autre à la formation des trains. Dans certaines gares, des machines de manœuvre travaillent des deux côtés du fuseau. Ce mode de triage n'exige qu'un personnel restreint ; mais il faut beaucoup de soin et d'attention dans le lancement des wagons pour éviter les avaries du matériel et du chargement. Les manœuvres bien conduites ne demandent que fort peu de temps, trente à quarante minutes pour débrancher un train, et une heure pour le reformer. Les opérations s'effectuent à la vitesse de 6 à 8 kilomètres à l'heure.

Ce mode de triage est appliqué à la gare d'Hirson, commune au réseau du Nord et de l'Est : 3 machines en service pendant vingt-quatre heures arrivent à classer 2.400 wagons par jour pour former des trains sur ces deux réseaux.

3° *Triage par la gravité*. — Dans ce mode de triage, on utilise le poids des wagons pour leur mise en mouvement. A cet effet une voie spéciale présente une pente suffisante pour permettre aux wagons abandonnés à eux-mêmes d'atteindre le faisceau d'où ils sont dirigés sur les voies convenables.

On peut disposer la voie de tiroir sur laquelle a lieu le lancement des wagons de deux façons différentes : elle peut présenter une pente régulière qui se continue jusqu'au faisceau ou être disposée en dos d'âne.

Avec le premier dispositif, la gravité seule est employée. Le faisceau est précédé par deux ou plusieurs voies en *pente continue*, de 0^m,006 à 0^m,010 réunies entre elles, et de longueur suffisante pour recevoir un train complet. Le train est immobilisé par le serrage des freins, et, une fois tous les tampons en contact, la machine se dégage, soit pour rentrer au dépôt, soit pour effectuer d'autres manœuvres. Les attelages étant découplés aux endroits convenables, les rames, abandonnées à elles-mêmes, descendent le long du plan incliné. L'agent dirigeant la manœuvre inscrit à la craie, sur les wagons, les voies à utiliser ou par un signe conventionnel les demande à l'aiguilleur de la cabine où sont concentrés les leviers de manœuvre. Dès que la vitesse du wagon commence à s'accélérer, un agent fait fonctionner les freins à main, ou agit sur le bandage avec son bâton de manœuvre ce qui a pour résultat de diminuer la vitesse ; le profil du faisceau est, en outre, établi en conséquence, incliné d'abord à 0^m,004, il finit ensuite en palier.

C'est le système adopté pour la gare de *Condren* (*fig.* 29), sur le réseau du Nord. On a, au triage, 20 voies dont 4 appartiennent à la halle de transbordement, leur longueur est de 280 mètres. Les trains à trier sont reçus sur 4 voies en pente. Après un premier triage par direction, les wagons sont repris par une machine de manœuvre, qui les tire dans l'ordre géographique et les lance sur 10 voies de formation. Cette gare renferme, en outre, 6 voies, pour recevoir directement

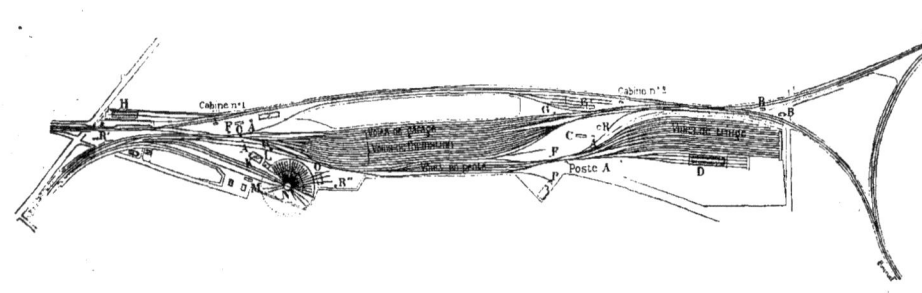

Fig. 29. — Triage par la gravité (pente continue). Gare de Condren.

A, Cabinets.
B, Maisons de garde-barrière.
C, Bureaux.
D, Halle de transbordement.

E, Voies des visiteurs.
F, Abris.
G, Surveillants.
H, Halle.

K, Dortoirs.
L, Bureau du dépôt.
M, Sablière.
N, Dépôt.

O, Fosse de levage.
P, Usine électrique.
Q, Bureau.
RR, Réservoirs.

Nombre et longueur des voies de triage et de formation d'une gare

	Grandes gares.	*Petites gares.*
Voies de formation.	1 voie pour 60 à 80 wagons. et 100 mètres de voie pour 20 à 25 wagons.	1 voie pour 20 à 30 wagons. 100 mètres pour 8 à 10 wagons.
Voies de triage.....	1 voie pour 175 wagons. et 100 mètres de voie pour 40 à 50 wagons.	1 voie pour 80 wagons. 100 mètres pour 20 à 25 wagons.

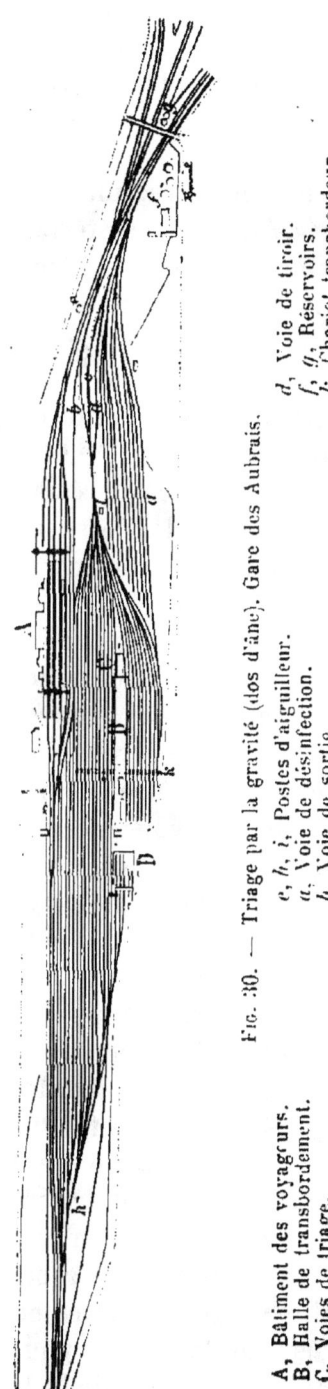

Fig. 30. — Triage par la gravité (dos d'âne), Gare des Aubrais.

A, Bâtiment des voyageurs.
B, Halle de transbordement.
C, Voies de triage.
D, Petit entretien.

e, h, i, Postes d'aiguilleur.
a, Voie de désinfection.
b, Voie de sortie.
c, Voie de débranchement.

d, Voie de tiroir.
f, g, Réservoirs.
k, Chariot transbordeur.

les trains qui ne doivent pas être remaniés et que l'on gare simplement pour changer de machine et de personnel ; le train est visité pendant son stationnement.

On reproche au triage à pente continue d'imprimer aux wagons des vitesses excessives, surtout lorsque la longueur parcourue est considérable, comme cela arrive pour les derniers wagons à lancer ; mais, avec un personnel exercé, cette objection perd de son importance.

Avec la disposition *en dos d'âne*, le train est amené directement ou par refoulement sur une voie, dont une faible longueur, 100 à 110 mètres, présente une pente avec contre-pente de 10 millimètres. Après avoir fait les coupures nécessaires et marqué les rames aux endroits convenables, on fait refouler la machine ; les rames libres se séparent au point culminant, entraînées par la gravité, et parcourent à peu près toutes le même chemin. De plus, les attelages sont comprimés, et, par suite, plus faciles à desserrer, enfin les voies du faisceau peuvent être au niveau de celles du garage avec lesquelles on peut les relier.

On peut citer comme ap-

plication la gare *des Aubrais*, où il y a (*fig.* 30) le long des·
voies principales 4 voies de réception à entrée directe, de
longueur suffisante pour recevoir des trains de 60 wagons,
puis 11 voies formant un fuseau, et 10 voies en cul-de-
sac, destinées au triage. Entre ces deux groupes se trouve
la halle de transbordement B. Il existe, en outre, un faisceau en impasse de 9 voies pour le garage du matériel,
dont une est réservée à la désinfection des wagons. L'ensemble des 21 voies de triage est commandé par une voie
en dos d'âne c de 615 mètres de longueur, pouvant recevoir 80 à 100 wagons. La hauteur du dos d'âne est de 1^m,75
avec pente de 0^m,022 sur 45 mètres, suivie d'une pente de
0^m,0026 dans les appareils; la contre-pente est de 0^m,019,
puis de 0^m,0038. Le train préparé sur une des voies de réception est amené au triage, d'où les rames sont lancées sur
les directions données par une cabine *i* où sont concentrés
les leviers. Le débranchement d'un train de 60 véhicules
demande 20 à 25 minutes, avec 5 caleurs pour arrêter les
wagons lancés. Un chariot transbordeur du système de Villeneuve-Saint-Georges sert au classement par stations et au
triage du matériel de transbordement, du petit entretien et
de la désinfection. Le travail du chariot pourrait être fait par
la gravité. Les trains reformés sortent par une voie spéciale
dite de sortie en pente de 0^m,006 à 0^m,008.

La gare d'*Argenteuil* (*fig.* 31) comporte également un triage
en dos d'âne. Les trains entrent par refoulement du côté
droit, arrivent au dos d'âne en face du poste *f* par une rampe
de 0^m,004 sur 380 mètres, puis 0^m,0065 sur 80 mètres. La
hauteur de chute est de 2^m,018 et le sommet de la pente est
à 65 mètres de la première aiguille du faisceau, les pentes
successives sont 0^m,0264 sur 37 mètres, puis 0^m,012 sur
18 mètres et 0^m,0065 sur 90 mètres; les voies conservent
encore une inclinaison de 0^m,002. Les wagons sont lancés
sur un faisceau de 8 voies, compris entre la halle de transbordement *rr'* et les voies principales *q*, chacune peut recevoir 45 wagons. Ensuite contre la halle il existe 4 voies en
impasse (10 wagons), puis un grand faisceau de 9 voies pour
la réception, la formation ou le garage des trains, dont la
longueur peut atteindre 60 à 65 véhicules. Les voies de triage

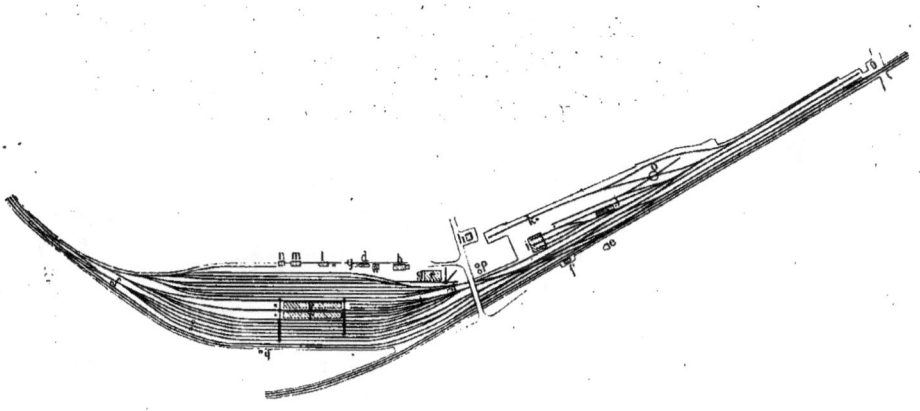

FIG. 31. — Triage par la gravité (dos d'âne). Gare d'Argenteuil.

Exploitation.
a, Chef de gare principal.
b, Bureaux.
c, Usine électrique,
d, Cabinets et lampisteri.
e, Logement du chef aiguilleur.
f, *f*, Postes d'aiguilleur.
g, Parc à charbon.
rr', Halle de transbordement.

Traction.
h, Bâtiment du chef de dépôt.
i, Remise des machines.
j, Quai à combustible.
k, Cabinets.
o, Pont tournant.
p, Réservoirs.

Voie.
l, Bureau de la section.
m, Ateliers de l'équipe volante.
n, Forge de l'équipe volante.

sont réunies par deux rangées de plaques tournantes, quelques plaques isolées servent au retournement des fourgons à vigie. On compte 20 à 28 minutes, pour le débranchement d'un train, et le nombre des wagons reçus dans la gare s'élève à 2.000 par jour.

Pour faire un second classement, on se trouve dans l'obligation de se servir de deux fuseaux : l'un pour le triage par directions, l'autre par stations ou destinations. On simplifie beaucoup les manœuvres en plaçant les fuseaux à la suite l'un de l'autre ; on obtient la disposition en *grils*. Les grils (*fig.* 32) ne sont donc que de petits faisceaux de voies parallèles raccordées aux deux bouts, ils sont interposés entre les points d'arrivée et de départ des trains, La manœuvre est très simple : le train, amené sur la voie qui commande l'entrée du premier gril, est débranché. Les wagons des différentes voies du premier gril sont ensuite

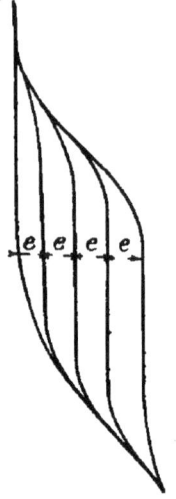

Fig. 32. — Gril.

classés de la même façon sur celles du second. Il suffit ensuite, par l'extrémité opposée du second gril, de reprendre les wagons dans l'ordre voulu pour former le train. Les manœuvres peuvent donc se faire d'une manière continue.

Le triage est effectué soit par *lancement*, soit par *la gravité* : dans le premier cas, on emploie des machines de manœuvre, dans le second, on se sert d'une pente continue, ce système est plus économique, mais il faut disposer d'une longueur suffisante de terrain pour que l'inclinaison nécessaire au triage n'influe pas trop sur celle des voies principales. Le triage par grils est très employé en Angleterre (Edge-Hill) ; en France, l'exemple classique est celui de Terrenoire, où il y a 4 faisceaux de 6, 13, 4 et 4 voies en pente continue de 0m,014, favorisée par la pente générale de la ligne.

Ce mode de triage est également employé à la gare de Friedrichstadt à Dresde (*fig.* 33) ; les trains sont reçus directement sur 16 voies d'entrée K de 600 mètres de longueur ; 4 trains peuvent entrer ensemble dans cette gare. Aussitôt

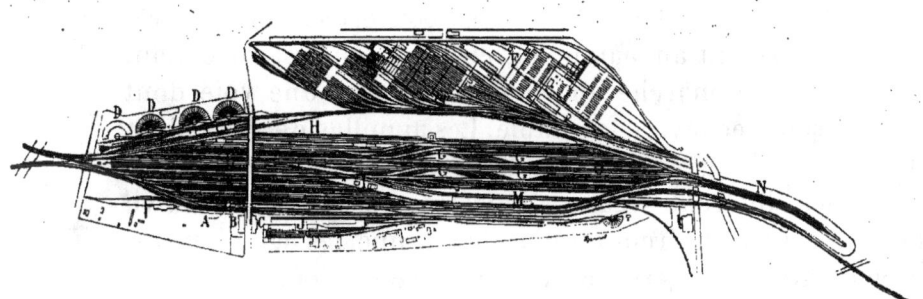

FIG. 33. — Triage par grils (Gare de Friedrichstadt).

A, Gare aux voyageurs.
B, Dortoirs.
C, Administration.
D, D, Dépôts des machines.
E, Atelier des wagons (180).

F, Atelier des machines (53).
GG, Grils.
H, Quai de transbordement.
I, Dépôt de rails et de traverses.
J, Gare locale à marchandises.

K, Voies d'entrée.
L, Voies de sortie.
M, Voies de remorquage.
N, Voies de débranchement.
O, Voies de triage.

après, le train est abandonné par la machine et le personnel ; on inscrit sur chaque wagon le nom de la prochaine station, puis une machine de manœuvre l'amène sur les voies de débranchement N. Celles-ci sont en rampe de $0^m,010$, faisant suite à la rampe de remorquage M de $0^m,0125$, les aiguilles de la jonction de N se trouvent situées à $13^m,10$ au-dessus du niveau des voies. On classe par direction sur 28 voies. puis sur 4 grils G de 8 voies chacun, soit 32 combinaisons pour le classement par ordre géographique. Les wagons se rassemblent par la gravité, sur les voies de sortie L, au nombre de 14, qui ont également 600 mètres de longueur. Ces voies sont desservies par des escaliers, accolés au pont, servant d'accès aux agents pour se rendre à leur train. Enfin l'installation pour le triage se complète d'un quai de transbordement H de 370 mètres, couvert sur 280. L'arrêt des wagons se fait au bâton, et, en cas de fausse direction, on enraye leur marche en les envoyant sur une voie dont les rails sont recouverts de sable. Les aiguilles de grils n'ont que $3^m,00$ de long, et le rayon des courbes est de $146^m,00$.

Dans les différentes gares de triage précédentes, on a vu qu'on se servait du frein ou d'un bâton que les agents introduisent entre le longeron et le bandage de la roue pour arrêter les wagons sur les voies en déclivité ; mais on peut se servir encore de *sabots* en forme de plan incliné et présentant au dessous une gorge qui permet de le fixer sur le rail. Le wagon en rencontrant le sabot le fait d'abord glisser jusqu'à l'arrêt, la roue redescend alors le plan incliné ; le sabot est libre. On emploie encore, comme à Edge-Hill, des chaînes accrochant le wagon et l'empêchant de continuer sa marche.

Quant au prix de revient des divers modes de triage, il varie entre 0 fr. 14 à 0 fr. 15 par la gravité et 0 fr. 20 par lancement. Le triage par la gravité a un autre avantage : au lieu d'employer une longueur de $4^m,88$ de voie par wagon trié, comme dans les autres systèmes, par suite de la rapidité des manœuvres il ne nécessite que $2^m,64$. En ce qui concerne le choix à faire entre les divers modes de triage, il dépend évidemment de l'importance de la gare et des circonstances locales.

32. Gares spéciales. — *Gares aux charbons.* — Les chargements de charbon aux houillères se font le plus souvent
directement de wagonnet à wagon. L'installation comporte
au plus 4 voies : une pour les wagons en chargement, la
deuxième pour les wagons vides, la troisième pour le dégagement de la machine, et quelquefois, mais plus rarement,
une voie en cul-de-sac pour amener les approvisionnements
de la mine.

Quant aux gares destinées à recevoir les charbons, elles
doivent présenter une grande surface pour le déchargement.
Généralement on adopte des groupes de 3 voies reliées à leurs
extrémités par des aiguilles et dans le milieu par des plaques
tournantes (*fig.* 34). La voie du milieu sert aux wagons vides et
les deux autres pour les wagons pleins que l'on décharge de
chaque côté du groupe sur une largeur de 10 mètres environ.
Les différents groupes de voies sont séparés les uns des
autres par des cours pavées de 30 à 35 mètres de largeur, où
viennent se remplir les tombereaux transportant le charbon
à domicile. Cette manutention est effectuée par les intéressés qui louent le terrain pour y établir leur dépôt.

Lorsqu'on veut effectuer le chargement direct de wagon
à tombereau, on dispose les voies en X (*fig.* 34), le centre est
occupé par une plaque tournante située sur une voie principale reliant toutes les plaques ; à côté, on installe une voie
parallèle sur laquelle circule une machine de manutention
avec cabestan pour tourner ou tirer les wagons.

Comme gare aux charbons, il convient de citer celle du
Great-Eastern, à Londres. Les voies au combustible sont
placées sur un viaduc qui les raccorde aux voies principales en rachetant la différence de niveau de $7^m,84$ à $9^m,40$.
Les voies sont au nombre de 6, dont 4 extérieures pour les
wagons pleins et 2 au milieu pour les vides. Toutes ces voies
parallèles sont réunies à leur extrémité en impasse par
un transbordeur. L'emplacement sous le viaduc a $22^m,90$
de largeur, la longueur est divisée en compartiments de
9 mètres par des piédroits. Le charbon est envoyé dans ces
divers compartiments par des trémies placées sous les
wagons, et dont quelques-unes sont munies de grilles pour
le classement des charbons d'après la grosseur. Au-dessous

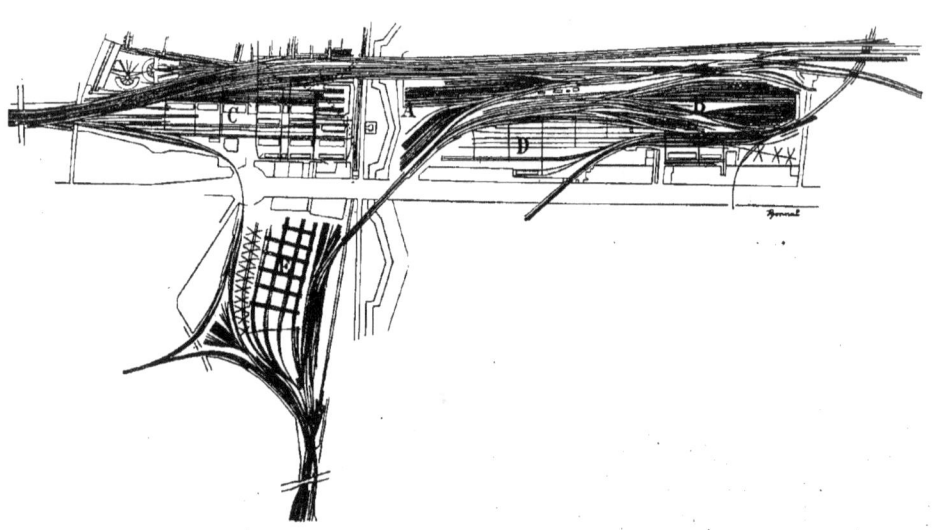

Fig. 34. — Gare de La Chapelle.

A, La Chapelle annexe (formation des trains).
B, Gare de triage de la Plaine.
C, Gare locale des marchandises (halles parallèles).

D, Gare aux fers, aux pierres.
E, Gare aux charbons.

des grilles, on le reçoit dans des sacs en cuir servant au transport du combustible dans Londres.

Les gares aux charbons allemandes sont également construites avec beaucoup de soin. Les voies sont généralement surélevées pour rendre le déchargement plus facile ; tel est le cas de la gare aux charbons de la Compagnie du Ferdinand Nord Bahn, à Vienne. Des groupes de 5 voies d'une longueur de 570 à 815 mètres, sont disposés sur des estacades de 4m,27 de haut, et séparés par des cours de 41m,50 de largeur. Il y a cinq cours comportant des petits magasins fermés par des murs en maçonnerie sur les accotements du remblai. Les 4 dépôts peuvent recevoir 150.000 tonnes de combustible.

Gares aux bestiaux. — Dans les capitales et grandes villes, les abattoirs et le marché aux bestiaux, à proximité l'un de l'autre, sont reliés aux lignes de chemins de fer, de manière à pouvoir y amener le bétail sans transbordement. Tel est le cas de Paris et de Berlin. Ces gares comportent forcément des quais en pente pour l'embarquement ou le débarquement des bestiaux. Il faut, en outre, prévoir toute l'installation nécessaire pour la désinfection des wagons. A Berlin (*fig.* 35) la gare est à deux issues ; il y a 26 voies : les voies 1 et 2, sont réservées au service des abattoirs et des porcs ; les voies 3 à 9 et les bouts de voie en tête des quais, pour l'envoi ou la réception du gros bétail ; la voie 10 est affectée aux veaux ; la voie 11, à l'expédition du fumier et à la réception du fourrage ; les voies 12 à 15, pour la désinfection des wagons ; les voies 16 à 25, pour le matériel vide ; enfin une voie spéciale, 26, a été réservée pour les animaux malades.

Gares aux fers, aux pierres, aux bois. — Les charges à manœuvrer dans ces gares étant très lourdes, on est obligé de recourir à des appareils de levage, plus spécialement à des treuils roulants, mus à bras ou à vapeur, de 12 mètres environ de portée (*fig.* 34), d'une force de 10 à 15 tonnes et quelquefois 20 tonnes. Ces treuils sont montés sur des chevalets en bois, ils peuvent se déplacer le long de la voie et du chantier, d'une largeur de 8 à 9 mètres. On installe une voie de dégagement pour les wagons vides, et une chaussée d'accès de 10 mètres de largeur pour desservir deux treuils voisins. L'écartement des voies est de 15 mètres, il est porté à

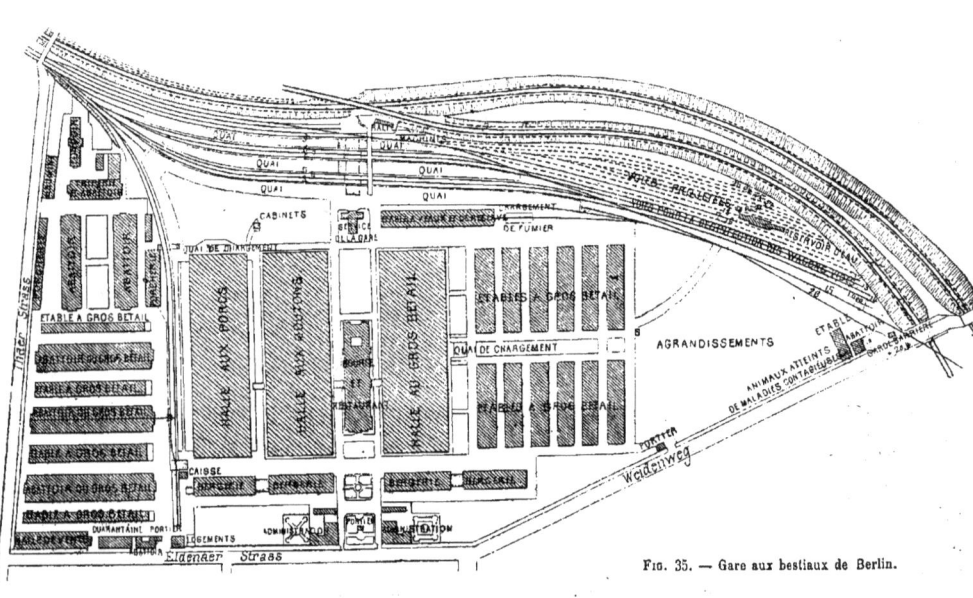

Fig. 35. — Gare aux bestiaux de Berlin.

18 mètres lorsqu'elles comprennent une chaussée d'accès. Toutes ces voies parallèles aboutissent à un tronc commun, formant ainsi un faisceau très écarté. On les réunit, en outre, de distance en distance, tous les 100 mètres environ, par des traversées perpendiculaires avec plaques tournantes aux points de rencontre.

Gares anglaises. — Il y a lieu de mentionner les gares

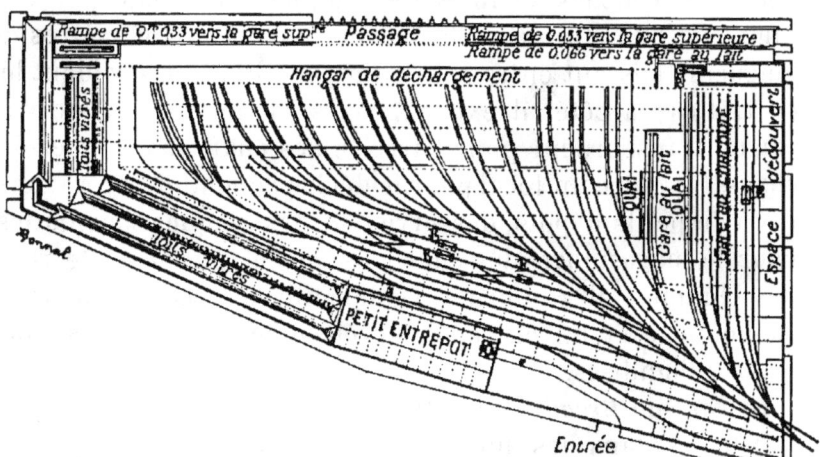

Plan de l'étage supérieur

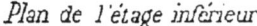

Plan de l'étage inférieur

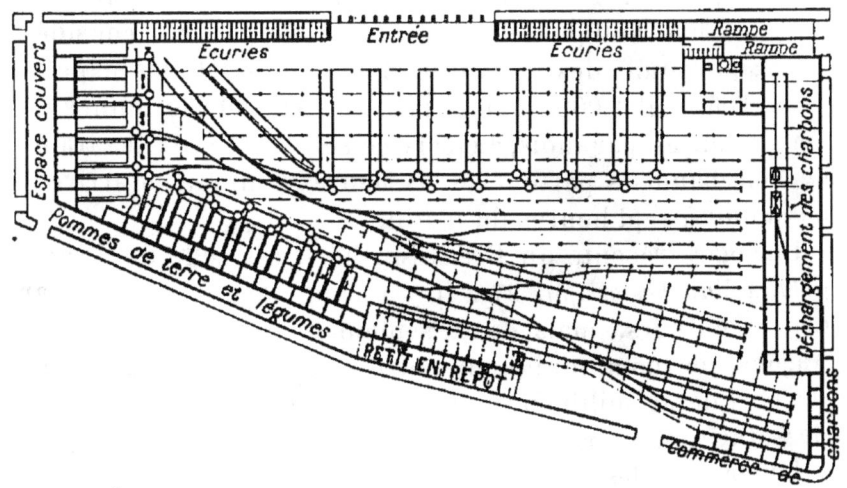

Fig. 36. — Gare de Simer-Town.

de marchandises anglaises, installées pour la plupart au

milieu des villes importantes, où le terrain, fort cher, ne permettrait pas le développement des gares françaises ou allemandes. Elles sont généralement à étages reliés par des ascenseurs. Le stationnement des marchandises y est très court, ce qui nécessite une manutention rapide. Les exemples sont très nombreux. On peut citer, tout d'abord, la gare *Simer-Town* (*fig.* 36), placée à côté de celle des voyageurs de S. Pancras. A l'étage supérieur, il y a un hangar pour le lait (2.000 cruches de 75 litres), auquel on accède par une rampe de 1/15; les quais de déchargement ont 168 mètres de longueur, laissant entre eux un espace libre où évoluent les charrettes; à côté, il existe 7 voies en impasse desservies par un transbordeur pour l'arrivée des charbons. Au rez-de-chaussée, outre un local pour le déchargement de 50 wagons, il y a de petits dépôts, desservis par des plaques tournantes, pour le magasinage des charbons, des pommes de terre et des légumes, il renferme également des écuries pour le camionnage et un entrepôt, surélevé de deux étages pour les marchandises.

La gare de *Broad Street* du North-Western, à Londres, est construite dans les mêmes conditions. L'étage supérieur comprend les voies de voyageurs et le faisceau de triage des wagons que l'on descend à l'étage inférieur au moyen d'ascenseurs hydrauliques. Le trafic de cette gare est considérable: moyenne des arrivages, 456 wagons, et des expéditions, 506, soit 1.000 wagons par jour et 200.000 tonnes de marchandises par mois. Le service se fait la nuit; les trains de marchandises partent de six heures à minuit et arrivent de minuit à sept heures du matin.

Une gare récente du Great-Northern est celle du *Deansgate*, à *Manchester* (*fig.* 37). Il y a cinq étages desservis par des ascenseurs, mais deux seulement sont réservés aux wagons, ils communiquent entre eux au moyen de plans inclinés de 35 millimètres. Chaque plan aboutit à une voie de garage en impasse où l'on amène 8 wagons, qu'on peut refouler sur les voies inférieures; on dirige ensuite les wagons sur les différentes voies, au moyen de cabestans hydrauliques. Après déchargement, on les ramène au premier étage, où ils forment des trains qui stationnent sur les

voies, en avant du bâtiment même; les voies et les quais
sont disposés pour recevoir 60 wagons au niveau supérieur

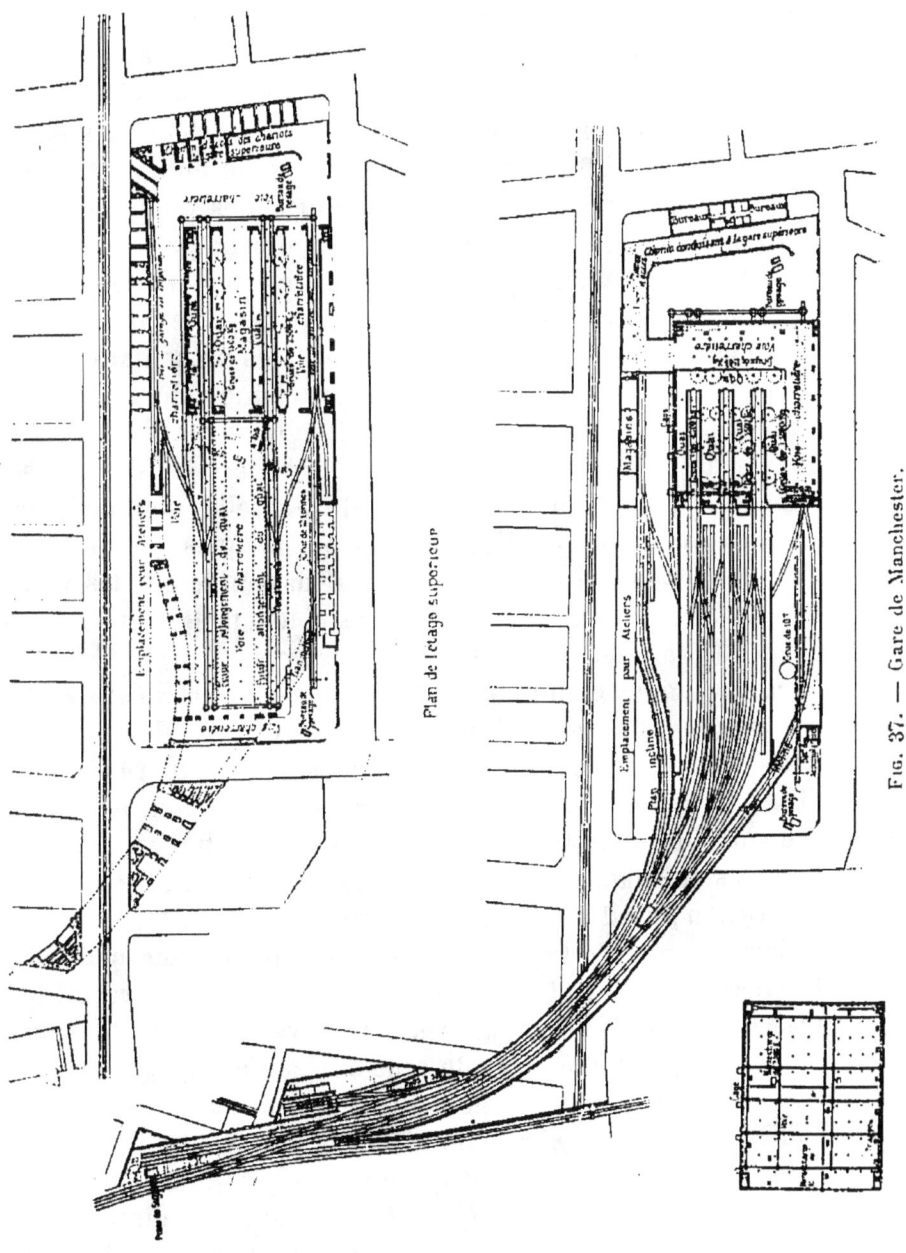

Fig. 37. — Gare de Manchester.

et 80 dans le bas; mais plus de 500 wagons peuvent se loger
dans toute la gare. Un outillage spécial permet le déchargement rapide des marchandises.

33. Gares de transbordement et d'échange. — *Voie normale.* — Dans les gares communes à deux ou plusieurs réseaux, lorsque les chargements sont insuffisants pour permettre la continuation du matériel, on est obligé de transborder les marchandises. Il en est de même dans les gares de triage, quand un wagon renferme des marchandises pour des directions différentes ou qu'il s'agit de compléter son chargement. Les gares d'échange sont celles où un réseau restitue les wagons étrangers et reprend ceux prêtés par lui.

Le transbordement peut se faire directement en jetant une planche entre les wagons placés sur des voies parallèles. Cependant on dispose des halles spéciales présentant deux quais, desservis de part et d'autre par une voie, soit donc 4 voies pour deux quais. D'un côté du quai sont les wagons du réseau, de l'autre les wagons étrangers. Ces voies se réunissent à un tronc commun et, de plus, elles sont coupées par des voies perpendiculaires avec plaques tournantes. Une fois les wagons chargés, on les rassemble sur les voies affectées à chaque réseau, ou voies d'échange, d'où ils sont emmenés dans leurs directions respectives.

On peut citer, comme gare d'échange, celle de Noisy-le-Sec sur l'Est (*fig.* 38) reliée d'une part, à la Grande Ceinture de Paris, et, de l'autre, aux lignes principales du réseau de l'Est. Il y a des voies pour recevoir les wagons dont les chargements doivent être transbordés dans des halles, d'autres affectées au matériel de chaque réseau pour en faciliter la répartition; c'est en somme une gare de triage.

Comme gare de transbordement on peut citer celle du Bourget sur la Grande Ceinture (*fig.* 39), où le Nord reçoit les marchandises des Compagnies étrangères. La halle de transbordement, de 176 mètres de long sur 23 de large, est traversée par 4 voies parallèles pouvant réunir chacune 50 wagons, soit 100 wagons en chargement et 100 en déchargement. Le transbordement des colis s'opère à bras d'hommes; les colis ne séjournent pas sur le quai; ils sont amenés directement dans les wagons couverts en chargement pour le Nord et classés par ordre géographique, une étiquette indiquant pour chaque wagon le nombre de stations qu'il dessert. Le travail est effectué par des rouleurs et des chargeurs, les premiers

occupés au transport des colis, les seconds à leur classement
et à leur aménagement dans les wagons. Les wagons chargés

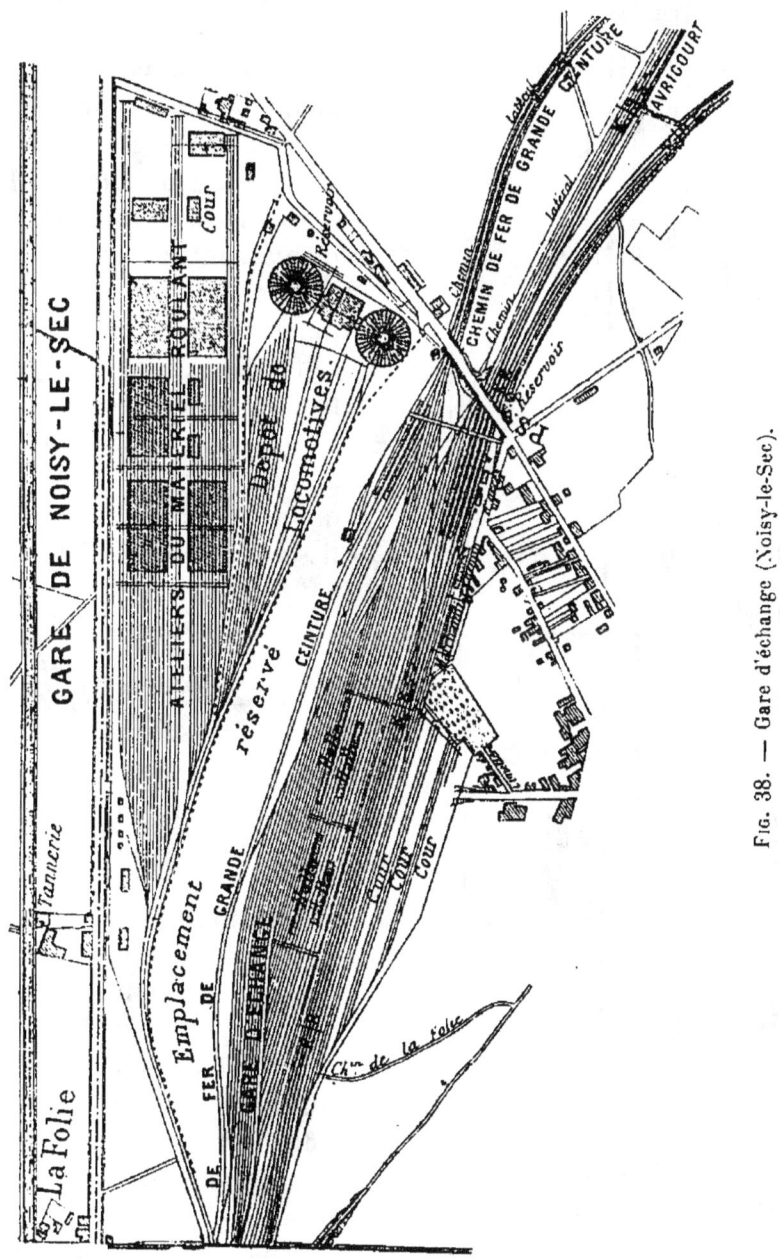

Fig. 38. — Gare d'échange (Noisy-le-Sec).

sont amenés ensuite sur les voies de la gare, d'où ils sont
expédiés par des trains convenables. La gare du Bourget,

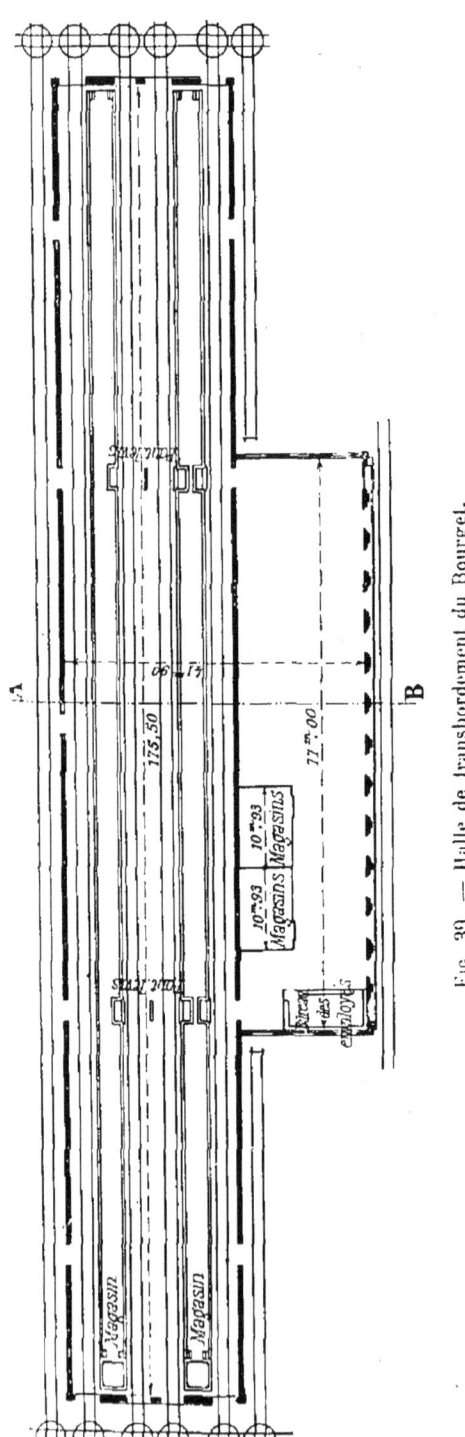

Fig. 39. — Halle de transbordement du Bourget.

en 1894, avait transbordé 69.352 wagons, soit 2.765.070 colis ; mais ce chiffre a diminué depuis par suite des facilités d'admission de matériel d'un réseau à l'autre.

Voies à écartement différent. — Les transbordements sont forcés, lorsque la gare commune relie deux lignes à écartement différent. C'est le cas des gares frontières du réseau du Midi et des lignes espagnoles, et plus généralement de celles où aboutissent les lignes à voie

Coupe suivant **AB**

étroite. Le transbordement est alors effectué pour toutes les marchandises. On a intérêt à rapprocher entre elles les voies à écartement différent ; de plus, il faut que toutes les voies aboutissent aux halles, quais, voies de débord, etc., pour les chargements ou déchargements du service local (*fig.* 40).

Quelquefois, pour simplifier l'installation, on ne dispose que trois files de **rails**, l'une d'elles étant commune aux deux voies d'écartement différent ; mais il vaut mieux avoir quatre rails (*fig.* 40 et 42), sauf à placer ceux de la voie étroite à l'intérieur de la voie normale, le passage sur les plaques tournantes, les bascules se faisant alors sans porte-à-faux,

Pour le transbordement des marchandises, on peut le faire directement en jetant un pont entre les wagons, à la condition qu'ils aient leurs planchers à la même hauteur. S'il faut transborder dans plusieurs wagons, on a recours (*fig.* 40) à un quai A de 3 à 3ᵐ,50 de largeur, qui sépare les voies disposées de manière à avoir les planchers des véhicules à hauteur du quai, ce qui oblige à surélever la voie à faible écartement. Le quai de transbordement est en partie à air libre et en partie couvert pour les marchandises qui craignent l'humidité. Les matières encombrantes sont manutentionnées par un treuil B à cheval sur les deux voies. Les

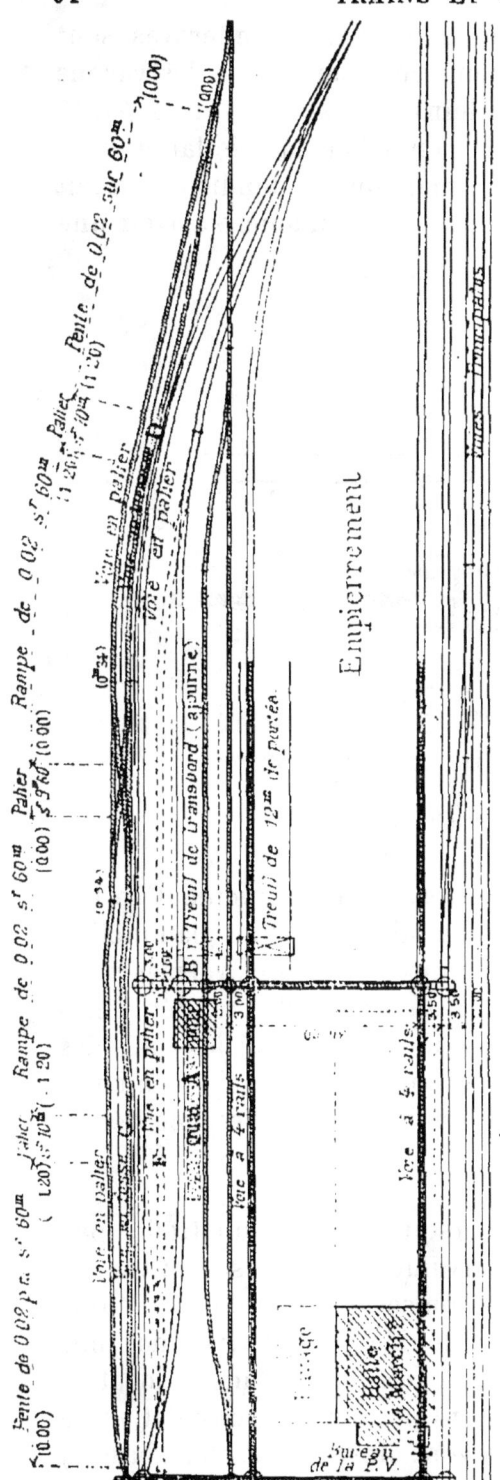

Fig. 40. — Gare de transbordement.

marchandises en vrac, comme la houille, les betteraves, sont transbordées *en fosse*, ce système consiste à placer les wagons à des niveaux différents, les pleins au-dessus des vides (*fig.* 40 et 41). En général, on conserve en palier la voie large, dont les wagons sont plus lourds à manœuvrer, tandis qu'on fait monter ou descendre la voie étroite, de manière à avoir une

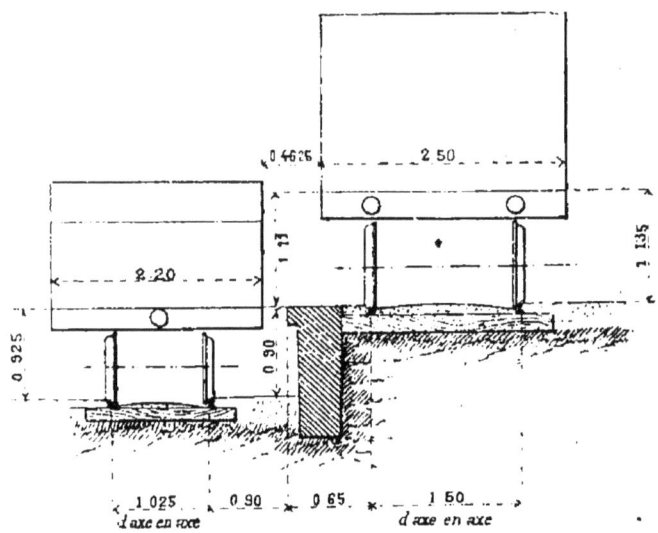

Fig. 41. — Transbordement en fosse.

inclinaison de 20 à 40 millimètres. Le déchargement se fait au jet de pelle, au moyen d'une goulotte ou d'un plan incliné suivant la nature de la marchandise. Au lieu d'avoir les deux voies parallèles de manière à présenter toutes les dénivellations nécessaires, on peut les disposer à côté les unes des autres en forme d'escalier. Les mouvements des véhicules sont plus faciles ; mais c'est le seul avantage, l'espace nécessaire étant le même.

34. Gares maritimes. — Lorsqu'il s'agit d'un trafic peu important, comme la gare maritime se trouve souvent assez éloignée de la gare principale, on se contente de les réunir par une ligne à voie unique ou double (*fig.* 42). Les conditions d'installation sont subordonnées aux circonstances locales ; les courbes et les rampes doivent permettre la circulation de toutes les machines. Les voies vont ainsi de bassin en bassin, amenant les wagons dans un ordre convenable et en rame-

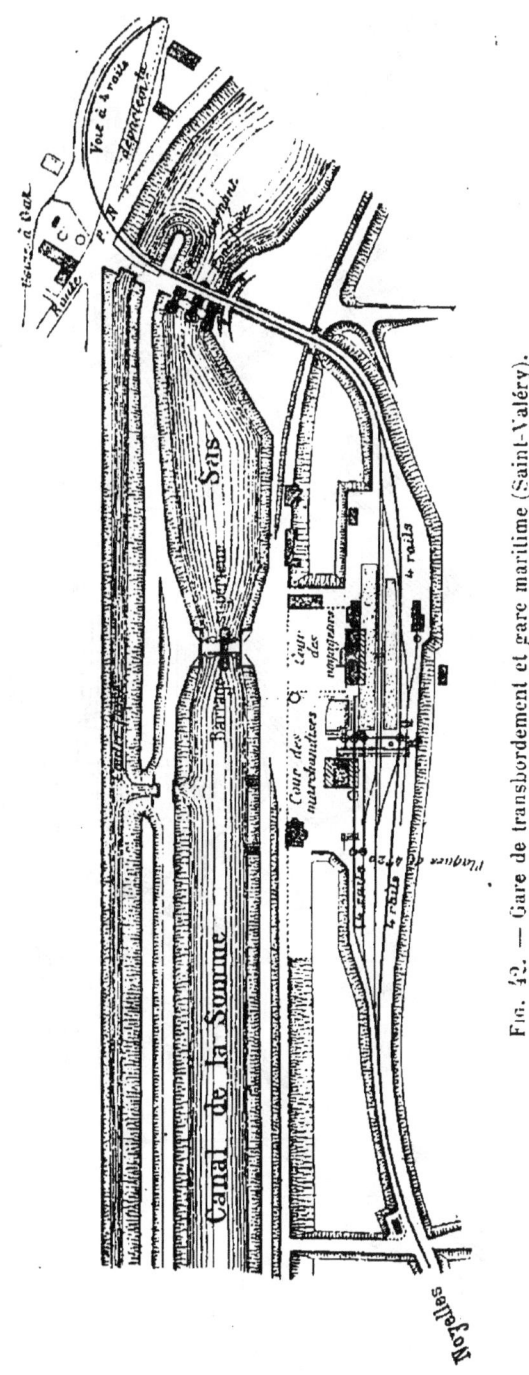

Fig. 42. — Gare de transbordement et gare maritime (Saint-Valéry).

nant d'autres pour être triés dans la gare principale.

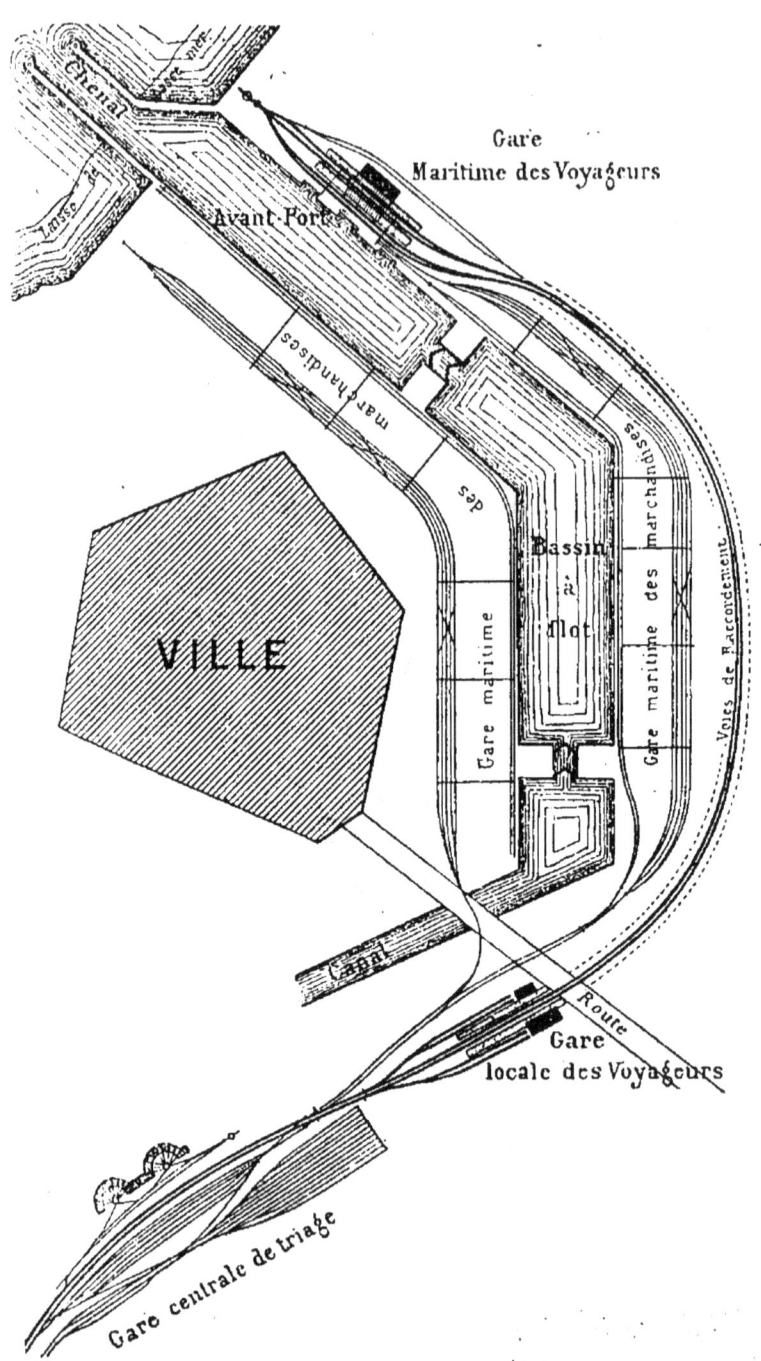

Gare
Maritime des Voyageurs

Avant-Port

VILLE

marchandises

des

Gare maritime

Bassin
à
flot

Gare maritime des marchandises

Voies de Raccordement

Canal

Route

Gare
locale des Voyageurs

Gare centrale de triage

Fig. 43. — Gares maritimes.

Dans les ports de commerce, la question est plus complexe : Les marchandises doivent être transbordées directement de bateau à wagon, et réciproquement, ou peuvent, pour un motif quelconque, stationner un certain temps sur le quai. Il faut donc satisfaire à ces deux natures de transbordement; le débarquement des marchandises devant s'exécuter le plus vite possible.

Pour le transbordement direct, sur le bord du quai (*fig.* 43), on dispose une ou deux voies parallèles avec appareil de levage convenable, grue ou treuil roulant. Derrière cette première rangée, on ménage un espace considérable, occupé soit par un dépôt, un quai découvert, soit par des hangars, où pourront accéder les voitures ordinaires et les wagons au moyen d'une voie longeant cet espace et parallèle à la bordure du quai, de manière à effectuer tous les chargements possibles.

Parallèlement à cette voie et en arrière se trouvent une série de voies de garage pour le matériel vide ou plein, et pour les trains à l'arrivée ou au départ. Le nombre de ces voies de garage varie avec le mouvement des wagons. On facilite les manœuvres au moyen d'une traversée-jonction simple ou double, suivant le cas; de plus, de distance en distance, tous les 100 mètres environ, on réunit toutes les voies, par des traversées perpendiculaires, munies de plaques tournantes, et mieux de chariots transbordeurs.

La largeur d'un quai dans ces conditions varie de 80 à 100 mètres; s'il est double, il faut compter sur 125 à 140 mètres. C'est la disposition adoptée pour le port d'Anvers et celui de Calais, on peut la généraliser en la proportionnant à l'importance du mouvement.

Au lieu d'avoir des bassins rectilignes, on peut adopter des dispositions permettant de multiplier les points d'accostage. Les installations de ce genre sont assez répandues en Angleterre et en Amérique. Il y a dans chaque bassin, une série de jetées sur lesquelles on dispose les voies comme il vient d'être dit ou, plus simplement, on les réduit à deux, une pour chaque côté de la jetée; suivant l'orientation de cette dernière, elles peuvent être réunies aux voies de raccordement, soit par aiguilles, soit par plaques. On peut encore augmenter les points d'accostage en faisant les jetées

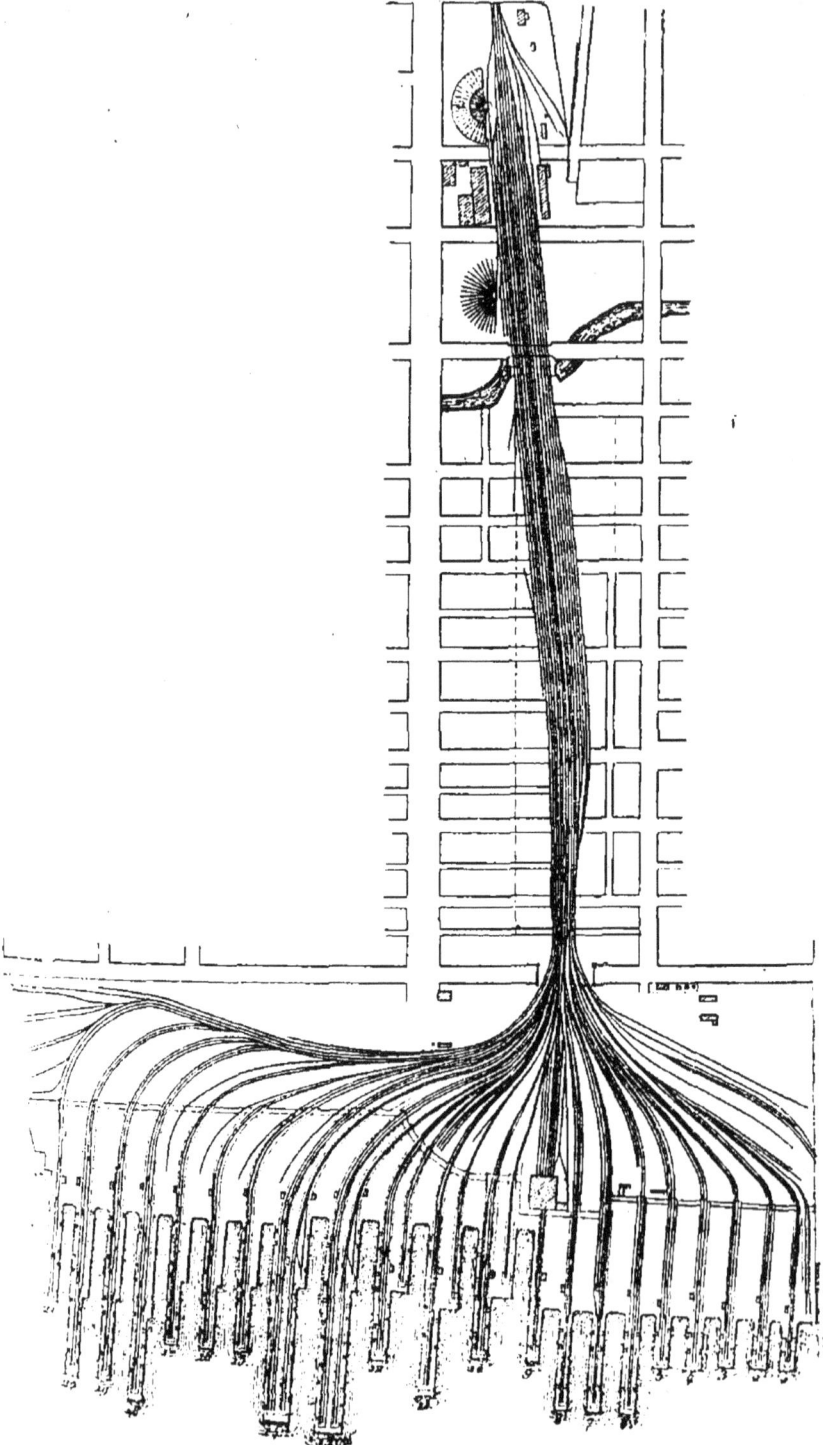

Fig. 44. — Gare de Philadelphie.

avec redans ; à chaque redan, c'est-à-dire à chaque navire, correspond alors une voie (*fig.* 44).

Lorsqu'on a toujours les mêmes marchandises à embarquer, comme du charbon, par exemple, on adopte le système anglais, qui consiste à incliner fortement les voies de la jetée, 0ᵐ,075 par mètre, et à les terminer par un appareil à couloir ou spout, qui fait basculer le contenu du wagon dans le bateau. Les wagons vides reviennent à leur tour par deux voies de ceintures inclinées en sens inverse de la même quantité, l'embarquement se fait alors très vite et à un prix peu élevé.

35. Raccordements industriels. — Les exploitations industrielles se rapprochent des lignes de chemins de fer de manière à faire directement leurs expéditions. L'usine peut se trouver près d'une gare ou en pleine voie. Dans le premier cas, à l'une des voies accessoires de la gare, on soude la voie de l'usine ; le raccordement peut se faire par plaque ou par changement de voie.

Celui par plaque nécessite des manœuvres assez longues qui sont à la charge de l'embranché ; elles peuvent en outre gêner la gare en occupant constamment une de ses voies.

On peut y remédier en affectant une voie spéciale au service de l'embranchement ; quelquefois même elle est doublée, dans ce cas, il y en a une pour les wagons vides, l'autre sert pour les pleins. L'entrée en gare a lieu par une ouverture faite dans la clôture et fermée par une porte de 4ᵐ,50 de largeur ; un taquet d'arrêt à l'intérieur de la gare empêche toute entrée intempestive.

Lorsque le trafic est assez important, on préfère le raccordement en pleine voie. Comme il ne doit y avoir aucune gêne pour la circulation générale, on emploie des aiguilles en talon que les manœuvres abordent par refoulement. Généralement les manœuvres sont protégées par des signaux avancés. Il faut que les voies de raccordement présentent une pente vers l'usine de manière à empêcher toute dérive. Dans le cas où cette disposition est impossible, on relie le raccordement à une voie en impasse ou voie de sécurité ; la direction est toujours faite pour cette voie et le levier de

manœuvre est cadenassé. Il en est de même des taquets
d'arrêt et des portes qui isolent le raccordement.

Quelques raccordements sont desservis à l'intérieur par
les machines de la Compagnie; il faut alors prévoir une
résistance de voie et des rayons de courbure suffisants pour
permettre leur circulation. Du reste tous les raccordements
ne sont mis en service qu'après le récolement des travaux
par le service du contrôle. L'installation est entretenue, dans
ce cas, par l'industriel, sous la surveillance de la Compagnie;
une redevance annuelle rembourse cette dernière des
dépenses occasionnées pour l'entretien proprement dit à
l'intérieur des clôtures et pour les manœuvres de machines.

Les véhicules envoyés sur un embranchement pour être
chargés sont taxés comme wagons complets; ils sont pesés à la
station d'arrivée. Quant à la durée de leur stationnement dans
l'usine, elle est de six heures, lorsque le raccordement n'est
que de 1 kilomètre, non compris les heures de nuit, ou de
vingt-quatre heures y compris la nuit, lorsqu'il y a plus de
1 kilomètre et lorsque le wagon envoyé revient chargé. On
peut encore compter six heures pour les raccordements de
1 kilomètre et augmenter d'une demi-heure par kilomètre
en plus.

Les indemnités à payer en cas de retard varient suivant
les délais accordés, elles sont prévues par la convention
adoptée.

CHAPITRE III

CONSTRUCTION

———

A. — Batiments

36. Généralités. — On désigne sous le nom de bâtiment principal la construction qui renferme les divers locaux concernant plus spécialement le service des voyageurs.

Le voyageur doit se munir d'un billet l'autorisant à voyager, il fait enregistrer ses bagages, s'il y a lieu, et ces formalités remplies, il attend l'arrivée du train. Toutes les gares doivent satisfaire à ces besoins et sur les réseaux de tous les pays, on y arrive d'une manière à peu près identique.

Vestibule. — Le voyageur, en arrivant à la gare, pénètre dans le vestibule ou passage de transition entre l'extérieur et la gare. C'est dans cette partie qu'a lieu le plus grand mouvement des voyageurs ; de là l'obligation de le faire aussi spacieux que possible. Dans les gares importantes, le vestibule n'est jamais fermé, il reste libre pour le va-et-vient du public.

Le vestibule est très souvent précédé d'une marquise couverte permettant aux voyageurs descendant de voiture de rester constamment abrités. Pour réduire l'encombrement qui existe dans ce local, on a essayé, dans certaines gares, d'établir un courant des voyageurs à l'entrée en séparant les voyageurs sans bagages de ceux avec bagages ; mais cette complication exige du public une habitude qu'il n'a pas, cette disposition étant peu employée.

Billets. — La distribution des billets se fait par des guichets s'ouvrant directement sur le vestibule. Dans les gares de peu d'importance, les guichets s'aperçoivent facilement ; mais, dans les grandes gares, ils doivent être rendus très apparents ; en séparant nettement les services de grandes lignes de ceux de banlieue et en mettant souvent plusieurs guichets pour la même direction, afin d'éviter tout encombrement.

Il faut souvent, au moyen d'une barrière, exiger que les voyageurs se placent à la suite les uns des autres. On peut, du reste, à certains jours, multiplier les bureaux de distribution de billets et autoriser la vente par les hôtels et les établissements voisins.

Bagages. — *Messageries.* — *Consigne.* — L'enregistrement des bagages, indispensable à peu près partout, doit pouvoir se faire très près du guichet aux billets ; le voyageur ne devant s'en séparer que sous des conditions de garantie suffisante : d'autant mieux que l'enregistrement des colis est effectué après avoir pris un billet.

Dans les pays où le poids des bagages doit être contrôlé, comme en France par exemple où l'on a droit à 30 kilogrammes, on installe des appareils pour déterminer ce poids ; ils sont de deux sortes : ou des bascules ordinaires et, dans ce cas, les bagages sont déposés provisoirement sur un banc surélevé de 0m,70, ou des balances dont le tablier est au niveau du sol ; auquel cas les bagages sont placés sur de petits tricycles ou cabrouets que l'on amène directement sur la bascule.

Le banc, ayant une certaine longueur sur 1 mètre de largeur, forme un obstacle assez gênant qui rend les bascules à fleur du sol préférables, toutefois avec l'emploi de ces dernières il est nécessaire d'avoir une importante quantité de tricycles, à moins qu'on ne décharge les bagages sur la bascule, pour les recharger aussitôt en assez grand nombre sur un autre tricycle.

Une fois enregistrés, les tricycles amènent les bagages sur les quais ; comme il faut éviter tout parcours inutile, l'accès doit en être facile.

Au service des bagages se rattache celui des articles de messageries. Si l'expédition doit se faire de suite, on dispose les colis sur des tricycles fermés que l'on roule sur les quais d'embarquement, en attendant l'arrivée des trains. Lorsque les messageries atteignent une très grande importance, on annexe au bâtiment principal des locaux distincts disposés de façon à ne pas gêner le service des voyageurs; ils communiquent d'un côté avec les voies et de l'autre avec une cour où accède le public (*fig.* 46). Dans les très grandes gares, l'installation se dédouble même en messageries à l'arrivée et au départ.

Lorsque les colis ou bagages doivent séjourner un temps indéterminé, quand le voyageur les laisse en gare pendant son séjour plus ou moins long dans la localité ou les fait déposer avant son départ; il est nécessaire d'avoir un local spécial ou *consigne* dont l'importance est proportionnée à celle de la ville. C'est ainsi que les gares de Paris, recevant les colis déposés, même par certains magasins, pour les voyageurs, ont des consignes de dimensions considérables. Généralement, il y a une consigne à l'arrivée et une autre au départ.

Salles d'attente. — Une fois les formalités remplies, le voyageur, en attendant le train, peut accéder sur les quais ou, s'il fait mauvais temps, attendre dans des salles spéciales, garnies de bancs, de chaises, de fauteuils et convenablement chauffées et éclairées. Ces salles ne doivent servir qu'aux voyageurs munis de billets. On a généralement plusieurs salles correspondant à la classe des billets de voyageurs; en Amérique, il y a des salles spéciales pour les dames, les fumeurs, les hommes de couleur.

Très souvent les salles d'attente communiquent avec la buvette, le buffet, ou les cabinets de toilette. En France, sur quelques Compagnies, on a imaginé des salles d'attente dites d'été, formées par des abris vitrés construits en dehors du bâtiment principal (*fig.* 45). Comme dimensions des salles d'attente, on comptait autrefois une surface de 1 mètre carré par voyageur, en prenant le moment le plus chargé de la journée; mais ce chiffre a été réduit notablement, et on les établit d'après les installations existantes.

Sortie. — *Bagages à la sortie.* — Les arrivées sont toujours moins encombrées que les départs; non seulement les formalités à remplir sont plus simples, mais encore les voyageurs sont moins pressés.

Pour les **voyageurs sans bagages**, une simple issue où se fait le contrôle des billets est ménagée sur le côté (*fig.* 45) ou dans le bâtiment principal. Lorsque le service des bagages est assez important, la sortie se fait par une salle spéciale où les bagages sont distribués.

Dans les très grandes gares, cette distribution est toujours compliquée. Généralement elle se fait sur une double rangée de bancs placés dans le sens de la plus grande longueur du local, ou mieux, disposés en V pour leur donner un plus grand développement. Une des rangées communique avec les quais, et c'est sur elle que les facteurs déposent les bagages; entre les deux rangées circulent les agents chargés de la distribution qui se fait sur la deuxième rangée. Des inscriptions indiquent la partie de banc affectée à chaque direction. Sur le Lyon, au lieu de directions, on désigne les bancs par des numéros correspondant à ceux des bulletins de bagages.

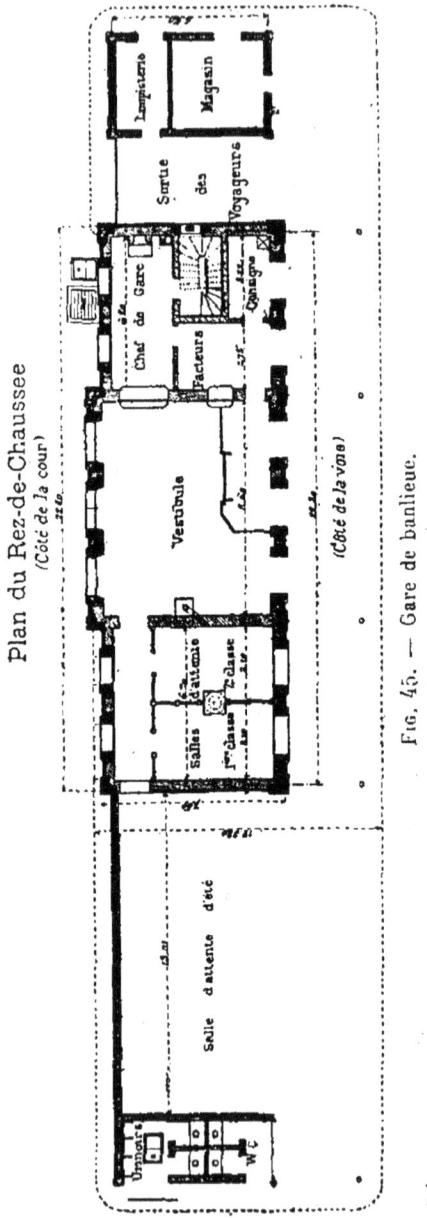

Fig. 45. — Gare de banlieue.

Sur les lignes américaines, le service des bagages se fait plus simplement; au départ, le voyageur reçoit un chèque constatant la prise en charge des bagages par la Compagnie; sur ces bagages est fixée une plaque métallique correspondante. A l'arrivée, ou même dès l'avant-dernière station, des agents de Compagnies spéciales se font délivrer le chèque au moyen duquel ils prennent livraison des bagages qu'ils font transporter au domicile du voyageur.

Les bagages non réclamés sont portés d'office à la consigne.

Bureaux. — Dans les gares de peu d'importance, les bureaux nécessaires au fonctionnement des services précédents se réduisent à celui du chef de gare; mais, dans les gares moyennes, on doit prévoir un local spécial pour le chef de gare, un autre pour le service du télégraphe, des billets, etc. Suivant qu'ils concernent le public ou les trains, ces bureaux s'ouvrent sur le vestibule ou sur le quai. On doit, tout au moins dans les parties fréquentées, admettre ceux réellement indispensables et éloigner les autres comme les services d'écritures, le service médical, etc., dans des parties moins accessibles au public. Il faut avoir un éclairage suffisant; l'installation doit surtout viser à la commodité pour la circulation des agents. On compte sur une surface de bureau de 6 à 8 mètres carrés pour un employé unique; on ajoutera 1 mètre carré par employé en plus.

Services auxiliaires. — En dehors des bureaux affectés aux agents appartenant à la gare et s'occupant directement du service des trains, on doit prévoir des locaux pour des services spéciaux que l'on rencontre dans quelques gares : commissaire de surveillance administrative, commissaire spécial de police.

Dans les gares frontières, il y a le service de la douane, qui nécessite une salle de visite des bagages analogue à la salle des bagages à la sortie et se confondant avec elle, une salle pour les visites à corps, des locaux pour le corps de garde des douaniers, et enfin des bureaux pour le service de la comptabilité ou de l'agence en douane. Ces derniers services peuvent être installés dans un bâtiment spécial.

Les gares des grandes villes françaises comportent, en outre, un bureau d'octroi placé près de la sortie (*fig.* 46).

Buffet. — *Buvette.* — Les gares de voyageurs d'une certaine importance, surtout celles de bifurcation où les voyageurs

doivent attendre la correspondance des trains, comportent
un buffet, une buvette, ou un restaurant. Ces diverses installations devant servir aux voyageurs sont placées directement
sur les quais ; les dépendances, la cuisine, l'office, etc.,
étant situés du côté de la cour. En France, le buffet et la
buvette forment deux salles contiguës. En Angleterre, le
buffet comporte deux classes correspondant à celles des voyageurs. Cette partie de la gare se trouve installée avec un certain luxe, surtout dans les gares américaines. L'installation
de la salle se fait du reste d'après les habitudes locales.

37. Distribution du bâtiment principal. — *Gares de passage.*

— Lorsqu'il s'agit d'une simple halte, le bâtiment se réduit
à une salle d'attente munie d'un guichet s'ouvrant sur
la maison du garde ou sur un petit bureau fermé, ménagé
dans l'une des encoignures de la salle. Pour les stations, on
aura un vestibule dans le milieu, avec local pour le pesage
et la réception des bagages, un bureau pour le chef de gare
et des salles d'attente.

Comme disposition, on peut placer le bureau du chef,
ou bureau des billets, d'un côté, les salles d'attente, de
l'autre, et, dans le fond du vestibule, le banc à bagages;
mais alors les voyageurs ayant pris leur billet, et allant aux
bagages, se rencontrent avec ceux entrant dans la gare. On
évite cet inconvénient en plaçant le bureau du chef dans
le fond, le banc à bagages d'un côté et les salles d'attente
de l'autre. On peut encore placer du même côté les bagages
et le bureau du chef, et de l'autre les salles d'attente avec un
local affecté au logement du chef de gare. De cette façon le
vestibule se trouve entièrement libre.

A mesure que la gare prend de l'importance, les locaux
précédents augmentent de dimensions; de plus, on a un bureau
des billets distinct de celui du chef. Le vestibule est toujours
au milieu, ayant, d'un côté, les guichets des billets et bagages
avec bascule au niveau du sol et enfin la consigne, de l'autre
les salles d'attente. Le bureau du chef accède directement
sur le quai et a derrière lui, s'ouvrant sur la cour, celui du
télégraphe, occupant tous deux le prolongement du bâtiment du côté des billets.

Lorsque le nombre des guichets de distribution des billets augmente, comme la largeur de la gare est généralement assez faible, 10 à 12 mètres, on les reporte en partie sur la longueur; le vestibule se développe alors sur toute la longueur de la gare, laissant dans le milieu un passage assez vaste pour les bagages et l'entrée des salles d'attente. Ces dernières sont au nombre de trois, suivant les classes de voyageurs.

On peut les disposer de deux façons :

1° Elles sont placées les unes à côté des autres, parallèlement aux quais de la gare et n'ayant d'issue que sur le vestibule. C'est le dispositif du Nord français; il y a toutefois un inconvénient car pour accéder aux quais, tout le mouvement est reporté dans le vestibule ; de plus, la salle du milieu est insuffisamment éclairée ;

2° Toutes les salles sont perpendiculaires aux voies et ont accès sur les quais (*fig.* 45). Dans ce cas, il faut autant que possible qu'elles soient commandées par une porte d'accès sur le vestibule, les portes doivent être sinon communes, tout au moins assez rapprochées les unes des autres pour que le contrôle puisse être fait par le même agent.

Lorsque la gare possède un buffet, on le place, par rapport au vestibule, du même côté que les salles d'attente, avec lesquelles il communique souvent directement, l'autre côté de la gare est alors réservé aux bureaux et corps de garde.

Dans le cas où la ligne est en remblai ou en déblai, le bâtiment est à deux étages : celui au niveau des voies contient plus spécialement les locaux des agents ayant à s'occuper des trains, chef et sous-chef de gare, bureau du télégraphe, etc. ; au niveau de la cour, on installe les guichets aux billets et aux bagages ; les salles d'attente se trouvent au niveau des voies ou de la cour (*fig.* 19 et 47). L'accès d'un étage à l'autre se fait au moyen d'escaliers et mieux d'ascenseurs, qui sont indispensables pour la manutention des bagages. L'avantage d'un bâtiment surélevé se conçoit sans peine car pour la même surface on a un nombre double de locaux.

Gares de bifurcation. — Tout ce qui précède s'applique aux gares de bifurcation, avec cette particularité que les salles d'attente sont plus vastes, le séjour des voyageurs y étant de plus longue durée. On a, en outre, un buffet souvent avec

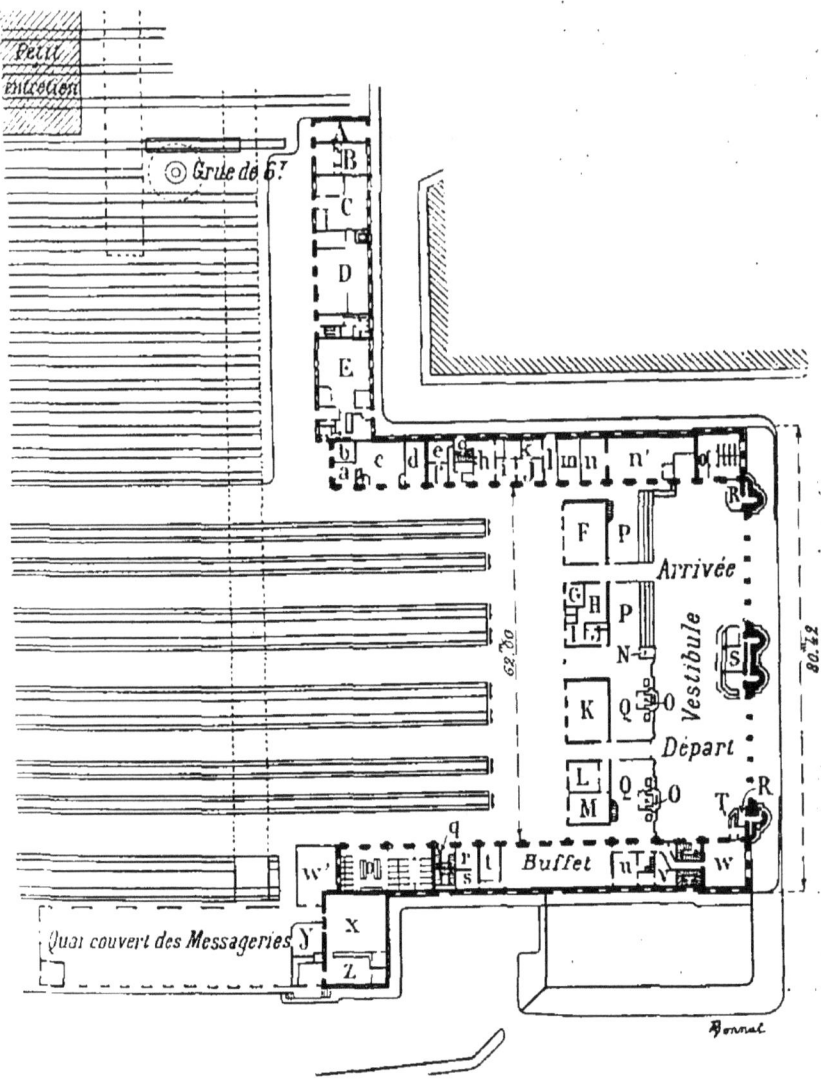

FIG. 46. — Gare Terminus (Tours).

A. Pompe.
B. Bureau médical.
C. Lampisterie.
D. Chaufferetterie.
E. Poste.
F, K, L, M, Salles d'attente.
H. Télégraphe.
I. Sous-Chef au départ.
J. Employé.
G. Contrôleur de billets.
N. Bureau de renseignements.
O, O, Enregistrement des bagages.
PP, Bagages à l'arrivée.
QQ, Bagages au départ.
RR, Octroi.
S, Receveur.
T. Bibliothèque.

a, b, c, Hommes d'équipe.
d, Commissaire de surveillance.
ef, Commissaire de police.
gh, Chef de gare.
i, Sous-chef principal.
j, Sous-chef à l'arrivée.
k, Employé.
l, Sortie directe.
m, Inspecteur.
nn', Consigne à l'arrivée.
oo, Cabinets.
qrs, Salon, lingerie, escalier du buffet
t, Buvette.
uv, Cuisine, office.
w, Café.
xz, Grande vitesse.
y, Colis postaux.
w', Colis en souffrance.

hôtel. Les bâtiments sont parfois dédoublés, une partie se trouvant sur le quai du milieu. C'est, du reste, le dispositif adopté dans un grand nombre de gares allemandes, où sur les quais toujours très vastes, on trouve les salles d'attente avec buffet. Les voyageurs n'ont plus besoin de traverser les voies. Des passages souterrains permettent les accès directs aux locaux du milieu. Les gares de bifurcation comportent en outre des locaux isolés pour les agents de trains, les hommes d'équipe, le service du chauffage, etc.

Gares terminus. — Le vestibule se trouve généralement dans le bout des voies, ce qui entraîne, par suite, l'installation des guichets aux billets, des bureaux aux bagages et des salles d'attente, dans cette partie de la gare (*fig.* 46). Un quai important est ménagé entre cette partie du bâtiment et l'extrémité des voies ; il doit être assez large pour faciliter la circulation, qui se trouve forcément concentrée en ce point. Si la partie en impasse de la gare est insuffisante pour recevoir tout le service des voyageurs au départ ; on en reporte une partie sur le côté, soit, par exemple, le service des départs banlieue ou mieux de grande ligne (*fig.* 13 et 14). Quelquefois tout ce qui concerne les départs est reporté sur l'un des côtés ; la disposition n'est pas avantageuse ; les voyageurs ont un trop long parcours à faire pour se rendre à leur train ; de plus, il se produit des encombrements, par suite des croisements des voyageurs, des bagages, etc.

Le service de l'arrivée comportant les salles de distribution de bagages, le contrôle des billets à la sortie est placé généralement sur l'un des côtés, à moins qu'il ne se fasse au bout même du quai. Les dégagements doivent être aussi larges que possible. En Angleterre, la distribution des bagages étant insignifiante, la sortie de la gare a lieu presque à la descente du train le long des quais, où les voitures de place peuvent accéder directement.

Quant aux différents locaux des agents, bureau du chef et employés, on les répartit sur les côtés, en les éloignant plus ou moins, suivant leur importance, du service des trains. On trouve dans les gares terminus l'application judicieuse des bâtiments à deux étages.

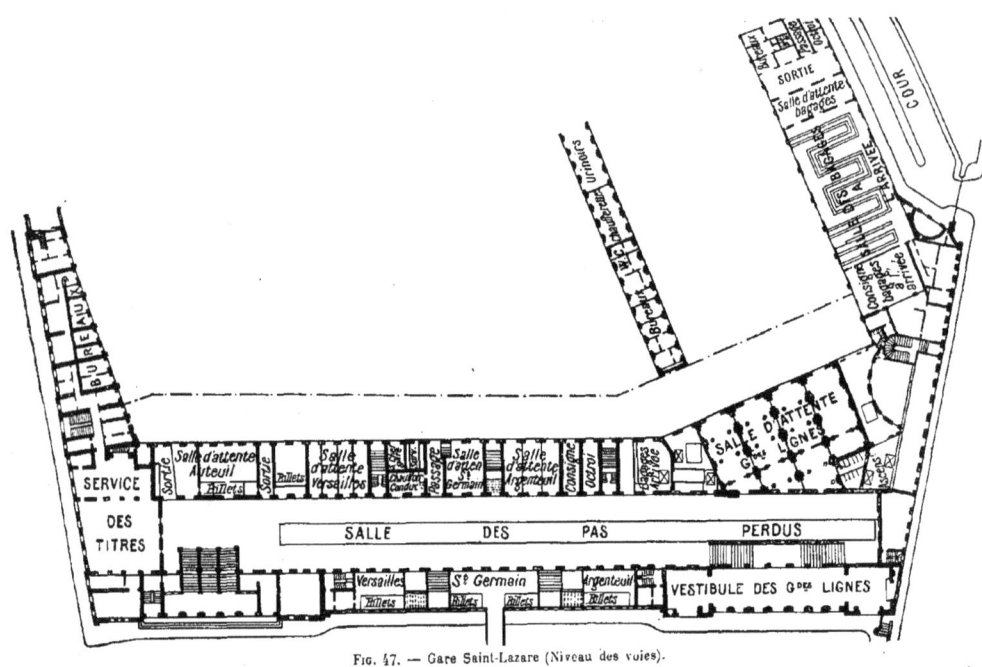

FIG. 47. — Gare Saint-Lazare (Niveau des voies).

38. Construction. — Les gares de petite ou moyenne importance sont, sur la plupart des réseaux, divisées en un certain nombre de classes correspondant au nombre des voyageurs et plus simplement à l'importance de la localité. On a pour chaque classe un type de bâtiment de forme et de dimensions constantes. Sur le Lyon, il y a quatre classes; sur les chemins de fer russes, cinq classes, ce qui permet *a priori* d'établir le prix de revient et de simplifier les études [1].

Pour les gares à niveau, le rez-de-chaussée est seul affecté au service, les étages servent de logements aux agents. Pour les autres, il n'y a que les parties au niveau des voies et de la cour qui soient utilisées pour le service. La construction se fait au moyen des matériaux trouvés sur place, briques, meulières, moellons, etc. Ces gares comprennent deux pavillons placés aux extrémités ou un pavillon central; ce dernier dispositif permet l'agrandissement ultérieur de la gare. Le bâtiment peut longer les quais ou être muni d'ailes en retour entourant la cour, dont la dimension doit être suffisante pour laisser circuler les voitures sans encombrement.

Pour les gares très importantes, on fait des projets spéciaux en tirant le meilleur parti possible des circonstances locales. On est arrivé, du reste, dans ce genre de construction, à des résultats très satisfaisants, en obtenant une grande variété suivant les pays, car les gares allemandes ou belges ne ressemblent pas aux gares françaises, qui sont elles-mêmes absolument différentes des vastes constructions américaines. En dehors de toutes considérations d'esthétique, on doit chercher surtout à donner au monument un aspect qui corresponde bien à l'idée de gare et ne puisse être pris pour un édifice ayant un but tout différent.

39. Lampisterie. — **Chaufferetterie.** — Ces deux services complémentaires sont généralement situés en dehors du bâtiment principal, le premier à cause des risques d'incendie, le second par suite de l'encombrement qui en résulte. Cependant ils doivent pouvoir communiquer facilement avec les quais.

[1] Voir *Construction et Voie*, par SIROT. Bibliothèque du Conducteur de Travaux publics.

Une lampisterie d'une certaine importance comporte un

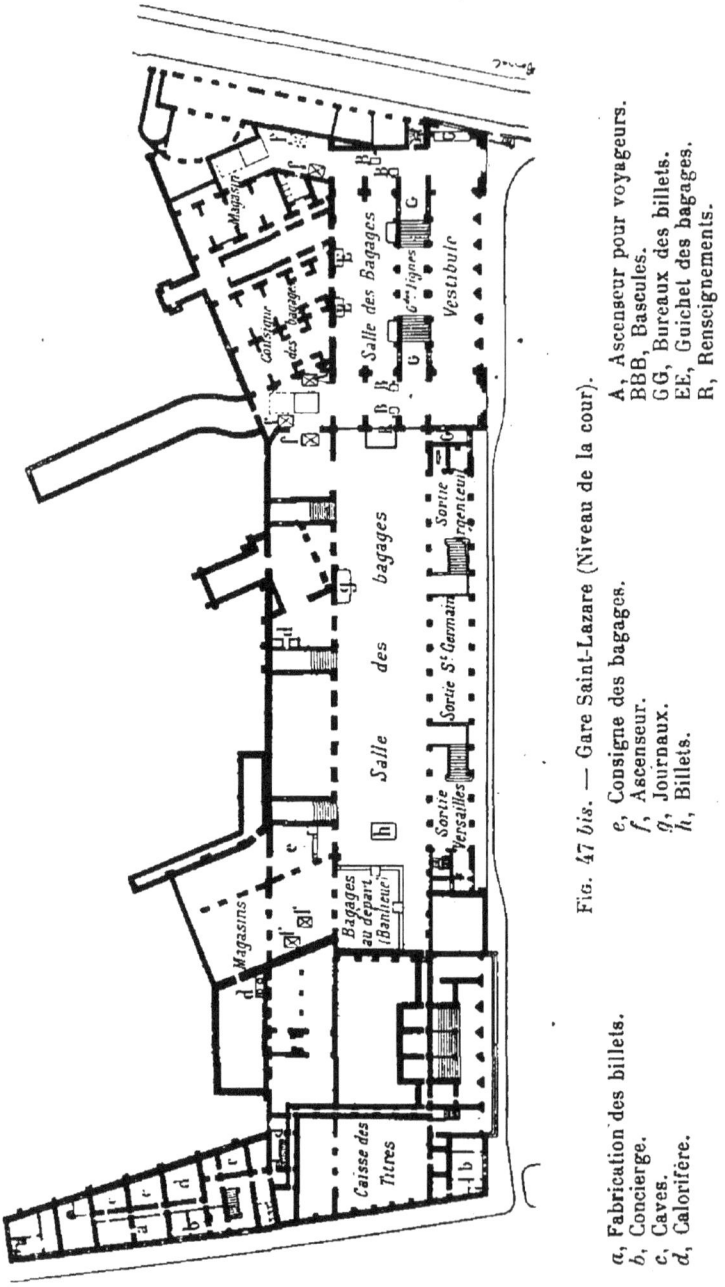

FIG. 47 bis. — Gare Saint-Lazare (Niveau de la cour).

A, Ascenseur pour voyageurs.
BBB, Bascules.
GG, Bureaux des billets.
EE, Guichet des bagages.
R, Renseignements.

e, Consigne des bagages.
f, Ascenseur.
g, Journaux.
h, Billets.

a, Fabrication des billets.
b, Concierge.
c, Caves.
d, Calorifère.

atelier avec table en ardoise ou en bois couverte en zinc au milieu pour le nettoyage des appareils à l'huile ou au pétrole; tout autour sont disposés des casiers pour recevoir les appareils propres ou de réserve, la verrerie en approvisionnement, les réservoirs en bois doublés de zinc pour l'huile et le pétrole. Dans un deuxième atelier beaucoup plus restreint, se trouvent les ferblantiers avec établis et étaux pour le travail d'entretien des appareils, un ratelier et des casiers pour l'outillage et le matériel nécessaire.

Souvent entre ces deux locaux on intercale le bureau du chef lampiste. Les fûts d'huile ou de pétrole, les chiffons, les déchets sont remisés dans une cave ou mieux dans un magasin à niveau de la lampisterie, ce qui supprime toutes les manutentions.

Les chaufferetteries n'existent que dans des gares tête de ligne ou de bifurcation; elles comprennent généralement les appareils nécessaires à la préparation des bouillottes, soit qu'il s'agisse du remplissage à l'eau chaude de ces appareils, au moyen de robinets montés sur une conduite communiquant avec une chaudière à eau chaude, soit que cette préparation se fasse au moyen de réchauffeurs mécaniques permettant d'envoyer la vapeur dans un certain nombre de chaufferettes à la fois. Les chaufferettes ainsi préparées sont ensuite chargées sur des tricycles spéciaux et conduites aux trains. Comme déjà le mouvement sur les quais est assez considérable, ce service vient encore augmenter l'encombrement; aussi préfère-t-on le système de chauffage par thermosiphon ou à la vapeur, qui ne nécessite aucune installation spéciale dans la gare, chaque véhicule portant lui-même ses appareils de chauffage.

40. Cabinets d'aisance. — Dans les petites gares, ils sont généralement placés dans une annexe du bâtiment principal; dans les grandes gares, on peut leur trouver une place spéciale à l'intérieur. Il faut surtout qu'ils ne soient pas très éloignés des trains On les installe maintenant avec tout le confortable nécessaire, stalles en ardoise ou en lave, chasse d'eau, table à toilette, etc.; des urinoirs sont placés près des cabinets; il est même nécessaire de les multiplier et d'en avoir sur les quais de manière à éviter aux voyageurs la traversée toujours dangereuse des voies; on emploie quelquefois dans ce but des urinoirs portatifs. Il faut avoir soin également d'installer des cabinets dans les voies de manœuvre pour les agents. Moins luxueux que pour les voyageurs, ils doivent être entretenus avec beaucoup de soin.

41. Quais. — Traversées. — Les quais doivent avoir la *longueur* des trains les plus longs, soit 150 à 200 mètres environ ; on ne descend guère au-dessous de 100 mètres ; cependant, sur certaines lignes à profil accidenté, on réduit même ce chiffre. Par contre, dans les grandes gares, où l'on place les trains à la suite les uns des autres, on va jusqu'à 300 et 350 mètres.

Quant à la *largeur*, elle est très variable et dépend de l'importance du trafic ; mais, même en tenant compte de cette condition, elle varie encore suivant les pays. Pour les quais longeant le bâtiment principal, on prend une largeur de 6 à 8 mètres ; en Allemagne, cette largeur ne doit pas descendre au-dessous de 7m,50 et va jusqu'à 20 mètres. Les quais situés entre les voies sont un peu moins larges : avec 6m,50 on peut établir entre les voies qui longent le trottoir une voie en cul-de-sac servant au garage du matériel.

La *hauteur* des quais est généralement, sur le continent, de 0m,25 à 0m,30 au-dessus des rails. En Angleterre et dans quelques gares françaises et allemandes, les quais sont surélevés et ont 0m,90 à 1 mètre de hauteur, ce qui permet d'avoir le niveau du quai à hauteur du plancher des voitures. On n'est pas absolument d'accord sur les avantages réciproques des deux systèmes : les quais à niveau sont avantageux pour les voyageurs et, par conséquent, sont à adopter dans les gares exclusives de voyageurs (Métropolitains) ; mais, lorsque la traversée des voies est fréquente, leur emploi est gênant : c'est le cas des gares de bifurcation. Avec les quais à niveau, les traversées de voies se font au moyen de plans inclinés formés par des madriers jointifs, ils partent de la moitié ou du tiers du quai pour se raccorder au niveau des rails. Avec les quais élevés pour éviter la traversée des voies, on adopte des passages supérieurs dont la hauteur est de 5 mètres au moins au-dessus du rail, ou encore des passages souterrains de 2m,80 de profondeur.

Les quais sont soutenus, du côté de la voie, par des bordures en pierre de taille de 0m,25 à 0m,40 de largeur, reposant sur un mur en maçonnerie de briques ou de moellons, de 0m,40 à 0m,45 d'épaisseur et de 0m,30 de profondeur au-dessous du ballast. Le quai lui-même peut être formé par du gravier, des dalles, des carreaux céramiques, de l'asphalte, etc.; il doit être incliné de 0m,03 à 0m,04 vers la voie. Les quais intermédiaires sont en dos d'âne. L'arête du quai doit être à 0m,85 du rail le plus voisin, et tous les obstacles fixes surélevés, comme les colonnes de marquise, sont à 1m,35 au minimum de ce même rail ; cette distance peut être portée à 2 mètres et 2m,20, de même au-dessus du quai, les appareils d'éclairage suspendus doivent être au moins à 2m,50 de hauteur.

42. Marquises. — Abris. — Halles.

— Il est nécessaire de couvrir autant que possible le chemin parcouru par les voyageurs; mais il est indispensable que l'installation des abris ne soit pas une gêne pour le service ; c'est dire que les supports doivent être aussi peu nombreux que possible. Généralement, dans les gares d'une certaine importance, le bâtiment comporte une marquise du côté de la cour et une autre du côté des voies. La première est montée sur consoles, la largeur du trottoir étant généralement réduite, et le stationnement des voyageurs assez court. La seconde, plus importante, est montée sur colonnes. La longueur des marquises est généralement celle du bâtiment principal : 60 à 80 mètres, la marquise intérieure déborde quelquefois sur toute la longueur du quai.

Sur les quais intermédiaires, on construit des marquises ou parapluies en forme d'Y, montées sur une seule rangée de colonnes placées au milieu du quai et espacées de 8 à 12 mètres. Comme, dans ces conditions, l'abri ne convient que pour un faible stationnement, de distance en distance, on met des abris simples ou doubles fermés sur trois côtés, le quatrième faisant face à la voie étant ouvert. Des banquettes règnent sur tout le pourtour, permettant aux voyageurs de s'asseoir. Ces abris sont vitrés sur les deux tiers de leur hauteur, la base est en panneaux pleins. Il en est de même des abris ordinaires faisant face au bâtiment principal, leur longueur dépend de l'importance de la gare et leur hauteur varie de 3 mètres à 3ᵐ,50. On les construit simplement en bois ou en briques. Les toitures des abris des marquises se font en verre, en zinc, en tôle ondulée, tous les systèmes ayant du reste leurs avantages particuliers. Elles doivent être en saillie sur la bordure du trottoir de manière à abriter le voyageur jusqu'à son compartiment.

Pour les gares de très grande importance, on installe au droit du bâtiment principal une halle couvrant toutes les voies. On obtient ainsi des charpentes d'une très grande portée et dont la longueur est en proportion de l'importance de la gare depuis 15 mètres jusqu'à 200. Au-dessus on ménage un lanterneau pour la circulation de l'air et le passage de la lumière. Les frontons sont vitrés de manière à arrêter la pluie, tout en laissant au-dessous une hauteur disponible de 4ᵐ,80.

Comme portées remarquables, on peut citer celles de :

Saint-Enoch	60ᵐ,34	Jersey City	77ᵐ,00
Manchester	64 ,00	Philadelphie (Readey	
Birmingham	64 ,50	railroad)	79 ,30
Glasgow	65 ,00	Philadelphie	91 ,70
S. Pancras	73 ,15		

On couvre également les cours à l'arrivée.

43. Éclairage et chauffage des gares. — L'éclairage le plus simple et le plus économique est celui au *pétrole;* aussi convient-il pour les haltes et stations, où, en dehors du bâtiment principal, des quais et de la cour, il n'y a pas d'éclairage ; les lampes à pétrole ou à essence minérale sont enfermées dans des manchons en verre avec chapiteau métallique les préservant du vent. Les manchons sont placés sur poteau ou appliqués contre les murs. L'entretien en est fait par le personnel de la gare, c'est-à-dire sans agent spécial.

On commence à utiliser l'*acétylène* dans des gares de moyenne importance, son emploi étant du reste justifié par le nombre des brûleurs, la facilité de préparation que la gare fait elle-même sans dépense supplémentaire. Dans les localités ayant le *gaz* d'éclairage, on en profite pour éclairer la gare au moyen d'une canalisation branchée sur celle de la ville. On a soin de grouper toutefois les appareils des quais, sur une conduite spéciale avec robinet, qui permet de mettre en veilleuse les becs dans l'intervalle du passage des trains. On employait, au début, des brûleurs ordinaires à papillon ; mais on se sert couramment aujourd'hui des becs à incandescence Auer.

Le véritable éclairage des espaces découverts, des halles et des voies, est l'arc voltaïque ; aussi les gares de triage ou de formation sont pourvues de l'éclairage électrique. La force motrice est produite directement par la gare elle-même, si l'installation est importante. On se sert de foyers de 6, 12 et 24 ampères, suivant l'intensité d'éclairage à obtenir. Pour les bureaux, buffets, salles d'attente, on emploie des lampes à incandescence.

Chauffage. — Pour les petites gares on adopte ordinairement des poêles en fonte très simples, pour les gares moyennes, on a recours à un calorifère installé dans les sous-sols et chauffant les bureaux et salles d'attente ; il faut avoir au moins 3 ou 4 locaux à chauffer pour utiliser convenablement un calorifère, au-dessous la dépense est trop élevée. Dans les salles d'attente de première, les buffets, on adopte une cheminée à feu visible.

On se sert également du chauffage à vapeur au moyen de poêles-ailettes ou de tuyaux à ailettes cachés sous le plancher ou les fenêtres[1]. Ce mode de chauffage est justifié dans les installations qui possèdent déjà des chaudières servant à l'éclairage électrique, par exemple.

B. — Quais et halles a marchandises

44. Dimensions. — Le service local des marchandises d'une gare se trouve réparti entre les quais et les voies de débord. Il est donc nécessaire de connaître en premier lieu l'importance du trafic annuel d'une gare et de partager le

---

[1] Voir Bibliothèque du Conducteur de Travaux publics : *Chauffage et Ventilation*, par Aucamus.

tonnage à égalité entre les deux ou proportionnellement, d'après la nature même des marchandises.

Le tonnage est la partie la plus difficile à évaluer, et on ne peut le faire que par comparaison avec les installations existantes. Il convient de remarquer, en outre, qu'il est loin d'être constant; il atteint son maximum à certaines époques de l'année et il faut, pour le ramener au trafic journalier, supprimer les jours de fêtes et les dimanches. Pour ces raisons, on estime que le tonnage journalier est égal au centième du tonnage annuel. A ce chiffre correspond une certaine surface pour recevoir les marchandises; elle varie suivant la nature des matières. D'après M. Sevène, il faut :

5	mètres carrés par tonne		de coton ;
8	—	—	de blé et farine ;
5	—	—	de vin ;
2	—	—	de fer ;

soit une moyenne de 4 à 5 mètres carrés par tonne quotidienne de marchandises ou 1 mètre carré pour 25 tonnes de trafic annuel. Les stationnements sur les quais étant plus courts on compte 3 à $3^{mq},5$ par tonne. Ces chiffres sont considérés comme forts.

Les gares se développant le plus souvent en longueur, cette dimension pour les halles ou les quais se trouve indéterminée; c'est donc sur la largeur qu'il peut y avoir des différences. On admet :

Dans les petites gares	6 à 8	mètres
— grandes gares......	8 à 15	—
— très grandes gares..	15 à 20	—

Les faibles largeurs ont comme avantage de réduire la distance entre les wagons et les chariots de chargement, ou inversement, elles permettent d'augmenter les points d'accostage; mais elles nécessitent une plus grande longueur de construction.

Lorsque la longueur est par trop considérable, comme on risquerait d'emprisonner les wagons au milieu des halles ou des quais, on la diminue au moyen de voies transversales avec plaques tournantes, permettant de dégager ces wagons.

On peut, du reste, avec des ponts-levis (*fig*. 39), rétablir la
continuité des quais au-dessus de ces voies généralement
prolongées jusqu'à la voie de débord, ce qui augmente les
dégagements.

Dans les grandes gares; les diverses parties ainsi séparées
par des voies perpendiculaires sont affectées les unes aux
expéditions, les autres aux arrivages des marchandises. Les
expéditions stationnant moins longtemps, on réduit les
dimensions des surfaces d'embarquement, que l'on place à
l'entrée de la cour aux marchandises de manière à augmenter la largeur de celle-ci et à faciliter la circulation
des camions et charrettes. La largeur des cours à l'entrée
doit être au minimum de 7ᵐ,50 ; mais il faut compter, pour
une gare moyenne 12 à 15 mètres, et, pour les grandes
gares, 30 à 40 mètres.

45. Dispositions des halles ou quais. — Généralement les
quais ou halles n'ont pas plus de 80 à 90 mètres de longueur.
On les place à la suite les uns des autres ; mais, dans les très
grandes gares, la longueur totale ainsi obtenue serait trop
importante ; aussi est-on obligé de recourir à des dispositions spéciales qui dépendent un peu des conditions locales.

Parallèles. — Au lieu d'être sur une seule rangée, toutes les
constructions sont réparties sur plusieurs lignes parallèles
aux voies principales. Entre deux groupes on ménage une
cour de 25 à 30 mètres, pour le déplacement des camions.
Les divers quais ou halles sont desservis de chaque côté par
deux voies, soit quatre voies par groupe, celles contiguës aux
quais sont affectées aux wagons en manutention, les deux
autres pour les wagons à l'arrivée ou au départ. Des voies
transversales avec plaques tournantes coupent la file des
quais et facilitent le dégagement des wagons. Toutes les cours
aboutissent à une chaussée unique avec une ou plusieurs
entrées, auprès desquelles on groupe les services accessoires,
bureaux, octrois, écuries. Du côté opposé, toutes les voies se
soudent à un tronc commun, qui les relie aux voies de
garage ou de triage ; exemple : la gare de La Chapelle sur le
Nord (*fig.* 34).

Normales. — Les quais ou halles, parallèles entre eux,

sont placés perpendiculairement aux voies principales . Des
voies et cours sont ménagées entre chaque groupe. Toutes
les cours aboutissent à une chaussée empierrée parallèle aux
voies principales et ayant une ou plusieurs entrées. Les voies
desservant les grands côtés des quais se raccordent par
plaques tournantes à une série de voies parallèles aux voies
principales. Les voies des quais sont en nombre suffisant,
une ou deux par quai, pour recevoir les wagons en manutention, et les wagons vides ou munis de leur chargement.
Les voies interposées entre les voies principales et la partie
extrême des quais servent à la réception et à la décomposition des trains arrivants, ou à la formation et à l'expédition
des trains partants.

Ce dispositif nécessite moins de place que le précédent;
il est par conséquent très avantageux dans les villes où le

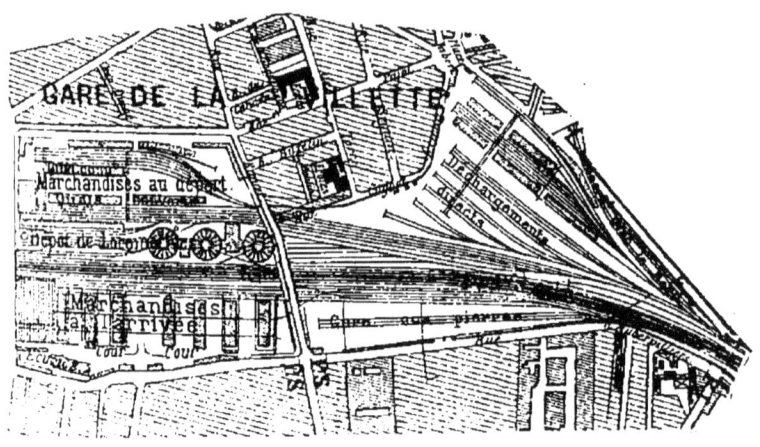

Fig. 48. — Halles perpendiculaires.

prix des terrains est très élevé; mais les manœuvres par
plaques sont forcément plus longues; exemples : la gare
de Bercy sur le Lyon et celle de La Villette sur l'Est (fig. 48).

En éventail. — Dans les deux dispositifs précédents, si on
donne à toutes les halles ou quais les mêmes dimensions, la
circulation des voitures est très difficile du côté de l'entrée
unique par où elles sont toutes obligées de passer; tandis que
du côté opposé la largeur est beaucoup trop considérable,
le mouvement y étant presque nul. Il en est de même

pour les wagons ; ceux qui sont les plus éloignés du tronc
commun sont difficilement amenés ou retirés. On remédie
au premier inconvénient en élargissant la cour du côté de
l'entrée ; les halles forment en quelque sorte les branches
d'un éventail. La seconde difficulté subsiste toujours ; de
plus, les voies transversales étant curvilignes, la circulation
des wagons y est encore plus difficile.

A redans. — Ces deux inconvénients disparaissent si, tout
en conservant aux quais et aux halles la même largeur, on a
soin de les placer en retrait, de la largeur d'une voie, les uns
par rapport aux autres. Chaque quai se trouvera ainsi desservi

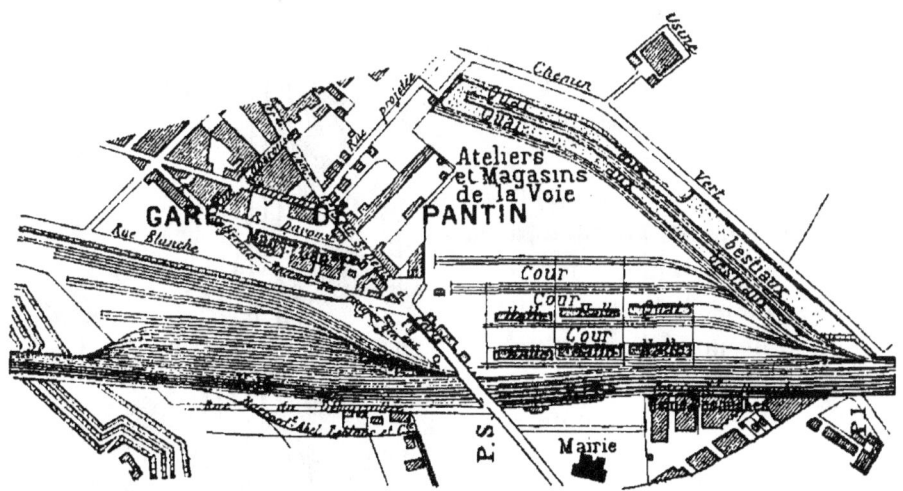

Fig. 49. — Halles en retrait.

par une voie spéciale, et la cour ira en s'élargissant progressivement. La dépense de premier établissement sera un peu
plus élevée ; mais les manœuvres seront beaucoup plus simples.
C'est le dispositif adopté aux gares de Pantin (Est) (*fig.* 49)
et de Termini (Rome).

Quais dentelés. — Aussi réduite que soit la longueur des
quais, les wagons du milieu se trouvent emprisonnés, or
comme le stationnement des wagons doit être aussi court
que possible, on a intérêt à les dégager aussitôt leur
manutention terminée. On a donc imaginé des dispositifs
spéciaux permettant la circulation accélérée des wagons. La

bordure longeant le côté des voies est disposée en forme de dents, et à chacune d'elles correspond une voie particulière. Ces tronçons de voie peuvent aboutir à une voie transversale avec plaques tournantes ; les redans sont alors normaux ; ou à un tronc commun, et les redans sont obliques (disposition Mans Schwarz) (*fig.* 50). La capacité de travail de ces quais est beaucoup plus considérable que celle des autres. On donne à chaque dent une longueur de 17 mètres, pour recevoir deux wagons. Cette solution est également adoptée avec une dent seulement pour certains quais à bestiaux, dans le but de pouvoir effectuer le chargement des wagons, soit en bout, soit sur le côté.

46. Construction [1]. — *Quais.*

— Si tous les véhicules avaient la même hauteur, celle du quai serait facile à fixer ; mais cette hauteur est très variable et se trouve comprise entre 0^m,90 et 1^m,20, soit donc une moyenne de 1 mètre. Les quais sont formés par un mur d'enceinte de 0^m,60 d'épaisseur, terminé par un couron-

[1] Voir **Bibliothèque du Conducteur de Travaux publics** : *Construction et Voie,* par SIROT.

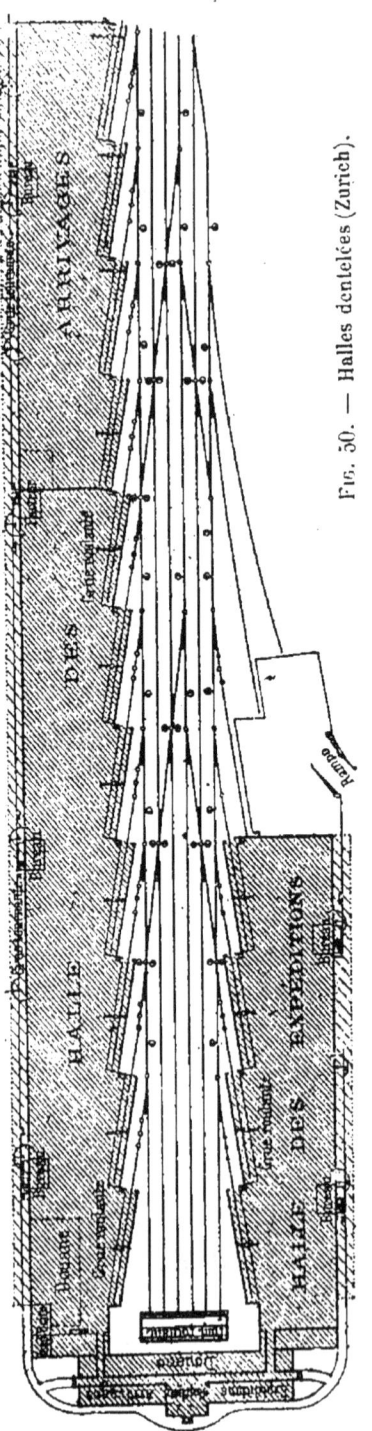

FIG. 50. — Halles dentelées (Zurich).

nement en pierre de taille. Quelquefois la bordure est en chêne de $0^m,15$ à $0^m,20$ d'épaisseur sur $0^m,25$ à $0^m,35$ de largeur, elle est fixée par des boulons à des pièces transversales de forme trapézoïdales noyées dans les dernières assises maçonnées. Le bois a l'avantage de résister aux chocs des camions ou des wagons. La distance de l'arête du quai au rail le plus voisin varie de $0^m,85$ à 1 mètre, selon les types de matériel. Quant au terre-plein du quai, il est formé par un remplissage de matériaux pilonnés, que l'on recouvre de gravier, de macadam ou de pavés en bois, avec une inclinaison suffisante pour l'écoulement des eaux. Sur les quais couverts, on adopte l'asphalte ou le ciment.

Pour l'embarquement des animaux vivants dans les voitures, le quai se termine du côté de la cour par un plan incliné ou rampe de chargement. L'inclinaison doit être assez faible pour rendre l'accès facile et assez forte pour ne pas exagérer l'emplacement occupé. On prend généraleralement 1/20, exceptionnellement 1/12. Les quais à bestiaux sont souvent munis d'échancrures pour recevoir les wagons, en bout ce qui facilite leur chargement.

Halles à marchandises. — Le quai se trouve quelquefois simplement couvert; on dispose la toiture de façon que les auvents fassent une saillie de 3 mètres à $3^m,50$ sur la bordure du quai et protègent les véhicules en manutention sur la voie ou sur la cour. Le plus souvent le quai est fermé de tous côtés, et on obtient une halle. De grandes baies de $2^m,25$ à $2^m,80$, et même 3 mètres de largeur, de $3^m,50$ de hauteur et espacées de 7 à 8 mètres, en regard les unes des autres, sont disposées sur les grands côtés. Elles sont fermées par des portes roulantes ou de préférence par des rideaux métalliques, tantôt intérieurs, tantôt extérieurs. La voie qui longe la halle peut être au dedans ou au dehors du bâtiment. La première disposition nécessite des portes sur les petits côtés; mais elle a l'avantage de permettre d'enfermer les wagons, la nuit, pendant leur manutention; le rail extérieur de la voie doit être éloigné du mur contigu de la halle de $1^m,25$ au moins. Sur la cour, le plancher déborde de 1 mètre à $2^m,50$, et se trouve protégé par l'auvent. Sa hauteur au-dessus du sol n'est que de $0^m,80$ à 1 mètre, tandis que, du côté des voies, elle atteint ordinairement $1^m,10$ au-dessus des rails.

Les halles se construisent en bois, en maçonnerie ordinaire de briques ou de moellons. La hauteur dépend du genre de couverture adopté, elle est généralement de $4^m,50$ à 5 mètres sous entrait. Il faut avoir soin, si la halle est assez large, de ménager sur la toiture des châssis vitrés, ou mieux, un lanterneau pour le passage de la lumière. L'aérage est généralement suffisant. Cependant on peut laisser des vides dans le haut des murs, sous la toiture ou au-dessus des portes. Des bureaux avec escalier d'accès sont prévus intérieurement ou extérieurement dans l'un des pignons de la halle.

Les halles de transbordement ne diffèrent des précédentes que par leur largeur beaucoup plus grande 30 à 35 mètres, et par la présence de voies dans le milieu.

C. — Outillage et matériel

47. Service des voyageurs. — L'outillage et le matériel des gares pour le service des voyageurs se réduisent à ce qui est nécessaire pour les billets et les bagages.

Les *billets* sont groupés par destination et par classe dans des casiers dont les compartiments peuvent contenir 75 à 100 coupons, empilés les uns sur les autres. La sortie du billet de son compartiment se fait par une mince rainure dans le bas automatiquement ou, plus simplement, en le mouillant avec le doigt. Quelquefois le casier est fermé par une porte contenant un nombre égal de compartiments, ce qui permet, sous un faible volume, d'avoir un nombre double de billets. Pour quelques billets à prix fixe de trains urbains ou de banlieue, on emploie des distributeurs automatiques analogues à tous les systèmes du même genre.

Les billets sont datés soit au moyen d'un timbre humide, soit, ce qui est préférable, avec une presse à dater, d'un fonctionnement très simple et très rapide. Toutes les presses de ce genre sont basées sur le même principe : une came, mue en poussant le billet lui-même, agit sur un composteur à lettres, qui exerce sur le carton une pression suffisante pour laisser une empreinte indélébile.

Quelques Compagnies fabriquent leurs billets elles-mêmes; mais il s'agit d'une installation spéciale, ayant un caractère bien particulier.

Le service des bagages nécessite des appareils de *pesage* et de *transport*. Pour le pesage, on emploie des balances romaines à curseur avec tablier au-dessus ou au niveau du sol. Elles ont été remplacées avantageusement par des bas-

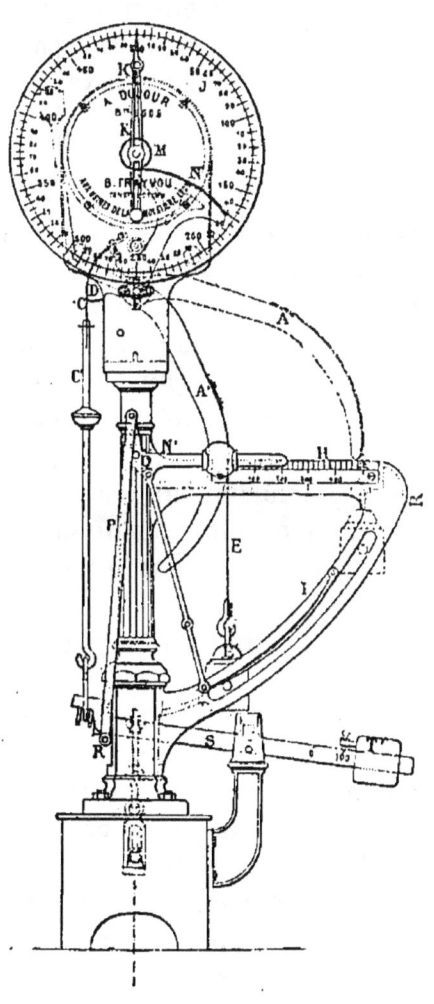

Fig. 51. — Bascule Dujour.

cules à double cadran, in-diquant le poids du côté du guichet et du côté des voyageurs. Il convient de citer plus spécialement l'appareil Dujour (*fig.* 51), dont l'emploi est très ré-pandu : Il comporte un fléau à bras inégaux A et D, dont le tourillon est librement suspendu sur un couteau. Le secteur D est terminé par un arc de cercle, ayant son centre sur l'axe du tourillon B, et sur lequel s'appuie une lame flexible supportant la charge par l'intermédiaire d'une tringle C reliée aux leviers du tablier. Le grand bras du fléau porte un poids E; il suffira de me-surer le long de H les dé-placements de A pour ob-tenir par comparaison le poids à déterminer. Les déplacements de A sont ndiqués sur le cadran J par une aiguille calée sur l'axe du pignon M mù par le secteur N. On immobilise l'appareil au moyen du double levier N'OP, toute la charge repose sur O. Enfin un contrepoids T se déplaçant le long du levier S sert à équilibrer la tare des tricycles de manière à obtenir en une seule fois le poids des colis.

Comme appareils de transport, on se sert des brouettes ordinaires ou à étages, des tricycles à dossier pour les gares où les quais pavés, permettent la manœuvre de ces appareils, qui doivent être résistants, légers et d'une grande capacité. On vient d'imaginer des tricycles à claire voie, fermés à clef pendant leur stationnement sur les quais.

Les colis postaux ou de messagerie sont souvent transportés dans des paniers dits de groupage, où ils sont réunis par directions ou gares. Ces paniers sont de capacité fixe ou variable.

48. **Ponts à bascule.** — Pour le service des marchandises, l'outillage est plus important. On a tout d'abord les ponts à bascule, destinés à déterminer le poids et la limite des chargements. Ils sont placés généralement près des bureaux de la petite vitesse, sur la voie d'accès aux halles. Le tablier, au niveau du sol, comporte un tronçon de voie d'une longueur un peu supérieure à l'écartement maximum des essieux des wagons.

Le mécanisme de la balance est enfoncé dans une cuve en maçonnerie avec bordure en pierre ou en fonte. Cette cuve doit être parfaitement asséchée et présenter, en conséquence, un point bas pour l'écoulement des eaux.

Le mécanisme (*fig.* 52) est constitué par un double système de *leviers triangulaires*, qui soutiennent le tablier en quatre points et sont réunis à un arbre commun, reposant par des couteaux sur une chape faisant corps avec la cuve. A leur extrémité libre, les leviers s'appuient sur un levier spécial ou *communicateur*, supporté par la tringle de *puissance* de l'appareil de pesage, qui est une balance à plateau ou une romaine. Cette tringle ne transmet généralement qu'un effort égal à 1/100 du poids à mesurer, grâce aux points d'application choisis pour les leviers. Tous les points de suspension sont munis de chape et de couteau en acier, augmentant la sensibilité de la balance.

Le mécanisme ne doit pas rester en charge ; il suffit pour

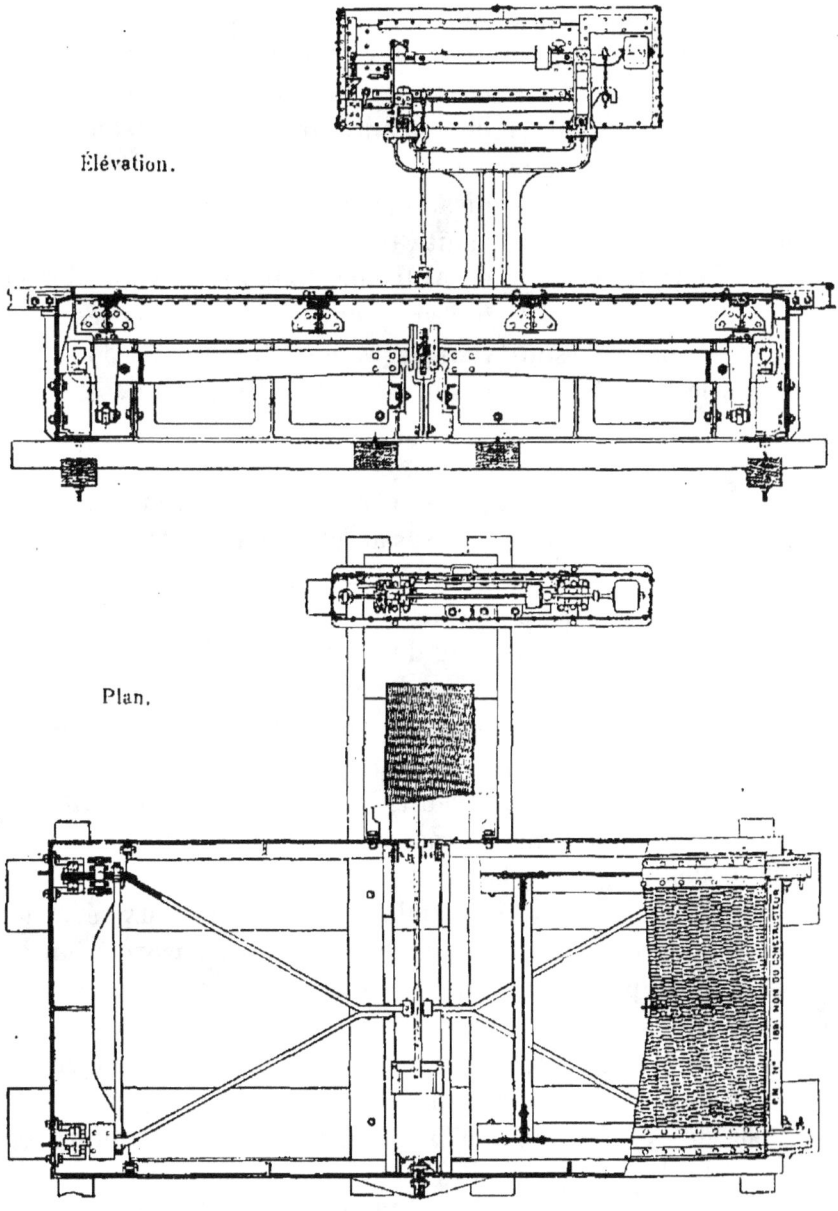

Fig. 52. — Bascule pour wagons.

cela de caler le pont. Le calage est généralement obtenu au
moyen d'une came qui soulève le tablier ; de manière à déga-

ger ses points d'appui ; la charge entière repose alors sur la came. L'inconvénient de ce système est que la came s'use, les leviers tombent alors sur leur point d'appui.

Dans le système du Midi, tout le mécanisme est abaissé, le tablier repose alors sur des supports venus de fonte avec la cuve, dont la hauteur est de 650 millimètres. L'abaissement et le relèvement du tablier sont obtenus au moyen d'un volant qui, à l'aide d'une transmission, communique le mouvement à un palier mobile et par suite aux leviers triangulaires. Avec le pont Henzel, employé en Autriche, le tablier, mobile de bas en haut, porte des rails qui viennent se placer sous les boudins des roues et soulèvent le wagon ; lorsque le pont est abaissé, le wagon repose sur des rails fixes au-dessus du tablier.

49. Appareils de levage. — Il convient de citer, en première ligne, les *treuils* employés au chargement des bois, des pierres, du fer, et dont la puissance va jusqu'à 20 tonnes. Le treuil est monté sur un chevalet en bois pouvant se déplacer, au moyen de galets, le long d'une voie spéciale parallèle à celle des wagons (*fig.* 40). Le treuil, à son tour, reçoit un mouvement de translation perpendiculaire au précédent, de manière à transporter le fardeau de voiture à wagon, et réciproquement. Les treuils à changement de vitesse, sont généralement mus à bras ; mais on peut, dans les gares importantes, employer la vapeur ou l'électricité.

Monte-wagons. — Dans quelques gares à deux étages, comme la gare d'Edge-Hill à Liverpool, Saint-Lazare à Paris, on emploie, pour simplifier les manœuvres, des monte-wagons. A la gare Saint-Lazare les monte-wagons, au nombre de deux, sont placés dans la gare des messageries. Ils sont mus par l'eau sous pression à 56 kilogrammes. Les pistons des presses en fer mesurent 0m,175 de diamètre et 10m.62 de long, leur course est de 9m,60. Le tablier du monte-charge mesure 8m × 3m,20 ; le poids seul du piston et des plateaux est de 10T,244 ; le poids total à monter, tare comprise, ne doit pas dépasser 15 tonnes. L'eau est envoyée au moyen d'un tiroir de distribution et, lorsque le monte-wagons est arrivé au sommet de sa course, l'arrêt a lieu automatiquement. A la descente, on profite du poids descendu pour récupérer la pression. La vitesse, dans ce cas, n'est que de $0^m,30$ par seconde au lieu de $0^m,50$ à la montée. La consommation est de 711 litres pour monter un poids de 15 tonnes.

Monte-charges. — On emploie pour les bagages, les colis ou marchandises de poids réduit, des monte-charges. Ce procédé est assez répandu; on se sert de tous les moyens mécaniques, eau sous pression, électricité. Les monte-charges de la gare Saint-Lazare sont mus par l'eau à la pression de 13 kilogrammes; le diamètre du piston est de 150 millimètres, et sa course de $8^m,87$. Le maximum de la charge à soulever est de 1.000 kilogrammes, et la vitesse d'ascension est de $0^m,50$ à $0^m,60$ à la seconde. Ces appareils sont employés aux messageries et pour l'ascension des bagages; mais, dans ce dernier cas, ils sont plus faibles. On se sert, en outre, de plans inclinés à chaînes pour monter les tricycles à bagages. A la nouvelle gare d'Orléans on emploie également, pour le transport des colis, des plans inclinés ou rampes mobiles mus électriquement.

Grues. — Les grues sont surtout employées dans les gares maritimes et les grandes gares; elles sont mues soit à bras, soit à la vapeur; l'appareil de levage porte lui-même son moteur et sa chaudière. A la gare d'Amsterdam, pour le déchargement des wagons, on emploie des bascules hydrauliques, formées par une plateforme pouvant osciller autour d'un axe horizontal; l'une des extrémités est équilibrée par des contrepoids, l'autre reçoit le wagon chargé. Au moyen d'un piston, on exerce, sous l'un des côtés de la plateforme, une pression qui fait basculer le wagon.

Sur le port d'Anvers, on trouve des grues de 15, 40 et même 120 tonnes, mais ordinairement leur force est de 3.000 à 5.000 kilogrammes : c'est le cas de la gare Saint-Lazare, qui possède une grue à double puissance de 3 à 5 tonnes et quatre grues de 1.500 kilogrammes actionnées par l'eau sous pression. On peut, du reste, obtenir des puissances variables avec la même grue.

Généralement ces appareils sont fixes; mais, lorsqu'il s'agit de charges moins lourdes à soulever, on emploie des grues mobiles; comme celle du système Nepveu, très répandue

dans les halles à marchandises du Nord. C'est une grue
tournante fixée à la charpente de la halle au moyen d'un
fer à I sur lequel elle se déplace. Les appareils de manœuvre,
disposés à hauteur de la main, sont équilibrés par un contrepoids et maintenus par un support que l'on cale avec les
pieds.

On a également des grues mobiles, montées sur wagons,
que l'on envoie de gare en gare, lorsqu'on a un chargement
exceptionnel à faire.

Leur puissance varie de 6 tonnes (Etat belge) à 10 tonnes
(Allemagne); la manœuvre à bras ne présente rien de spécial.
Les grues doivent être essayées de temps à autre et les
chaînes visitées avec soin.

50. **Cabestans.** — Les cabestans sont très employés pour la
manœuvre des wagons, soit qu'il s'agisse de les tourner sur
plaque, soit de les faire avancer sur une voie. On emploie
surtout des cabestans mécaniques mus par l'eau sous pression ou par l'électricité.

Les cabestans *hydrauliques* (*fig.* 53) de la gare Saint-Lazare
sont au nombre de quinze. Ils sont constitués par un tambour à deux gorges, monté sur un arbre vertical coudé D mû
par les tiges de trois pistons ; les axes des cylindres F,
à simple effet, sont calés à 120°. Ces cylindres sont supportés
par un bâti à trois branches. Une double couronne G recevant l'eau par le conduit C porte les trois tiroirs de distribution. La conduite extérieure A, de 35 millimètres de diamètre, amène l'eau sous pression (52 kilogrammes), qui
s'échappe de la couronne intérieure de 45 millimètres B.
Tous les tiroirs sont commandés par un seul excentrique
calé sur l'arbre moteur. La mise en marche se fait au moyen
d'une pédale montée sur un levier et en partie équilibrée par
un contrepoids. La pédale agit sur une soupape commandant l'arrivée de l'eau sous pression. Le moteur et son bâti
sont montés sur un cuvelage en fonte où ils sont maintenus
par deux boulons K que l'on enlève quand on veut au moyen
de L retourner l'appareil pour le visiter. La consommation
d'eau est de 1lit,75 à 1lit,78 par tour de cabestan. La vitesse
du câble par seconde est de 1m,30 à 1m,40 en moyenne.

Coupe verticale

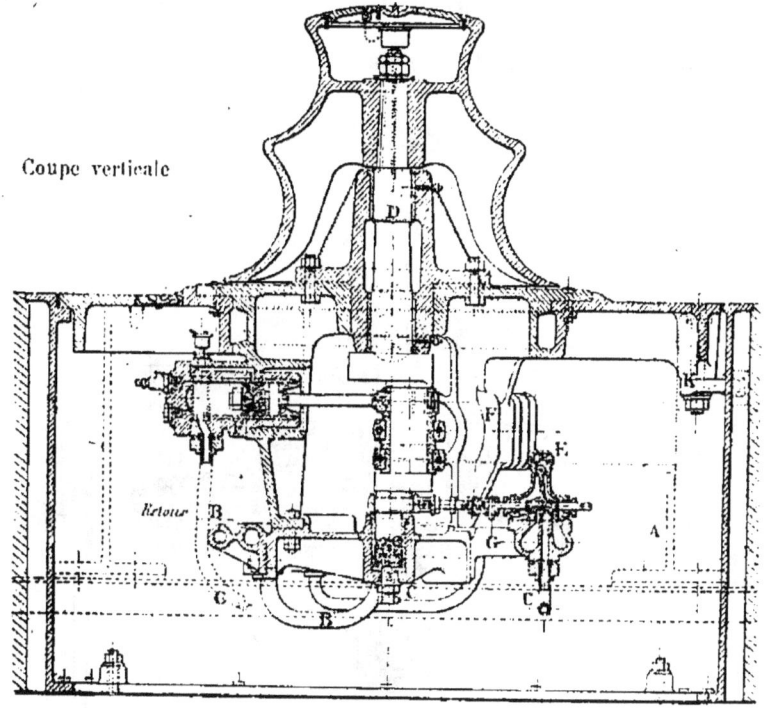

Vue en dessous.

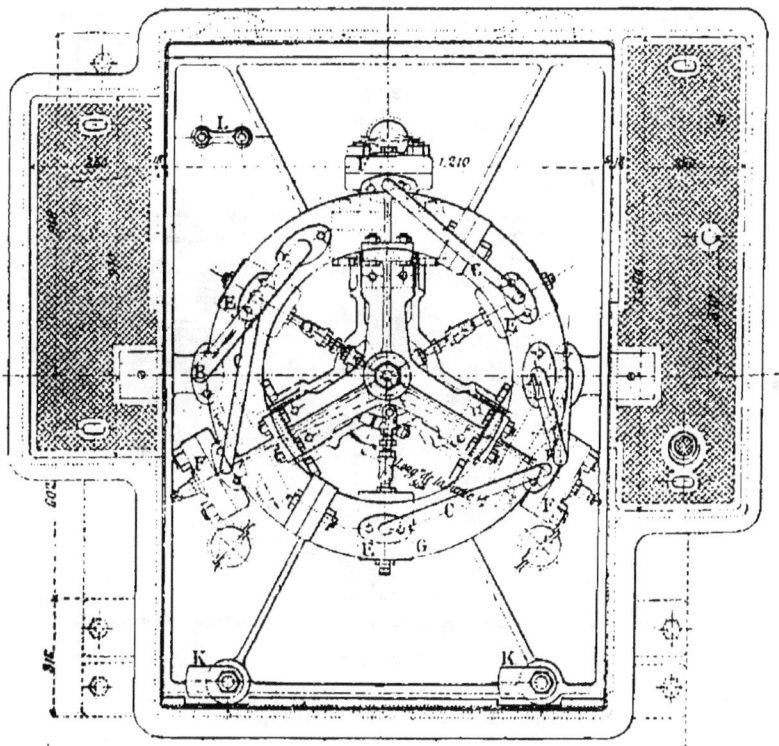

Fig. 53. — Cabestan hydraulique.

Le cabestan *électrique* de la Compagnie du Nord. *(fig. 54)*

Coupe OB   Coupe O.Y.

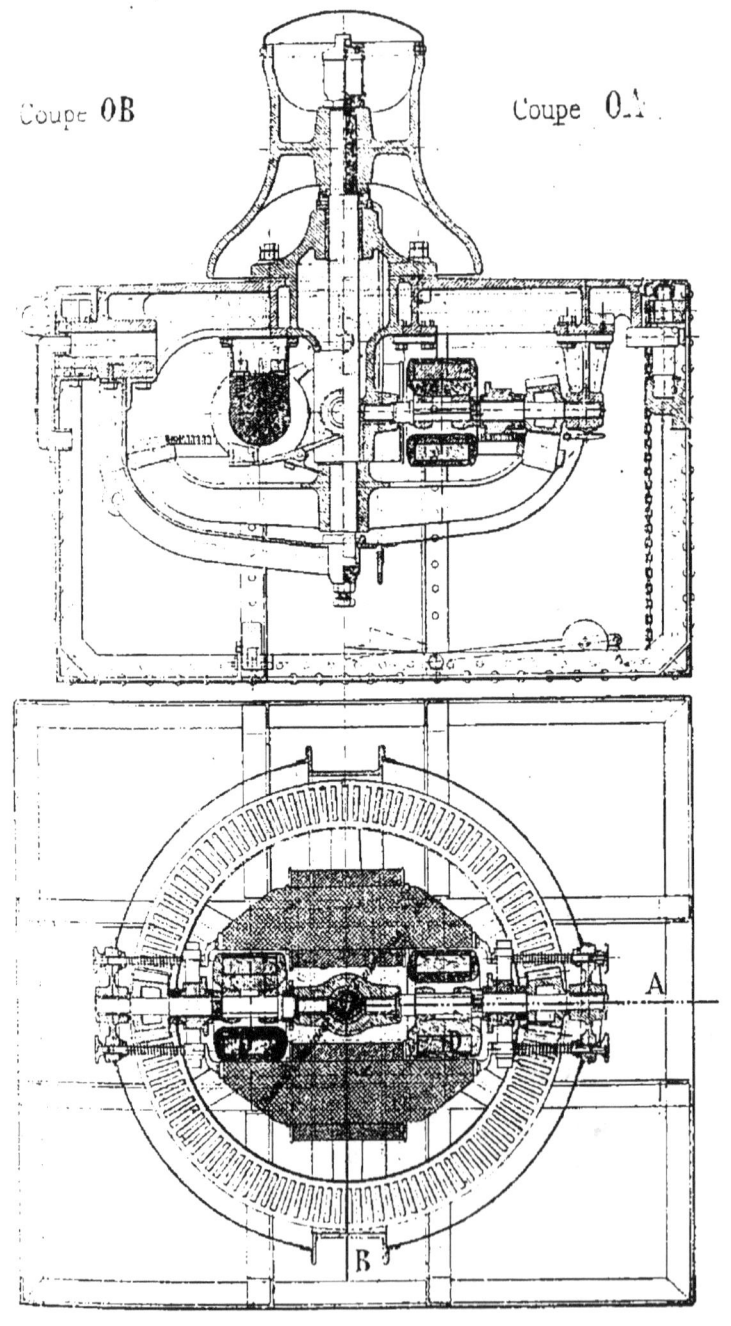

FIG. 54. — Cabestan électrique.

comporte un tambour en fonte monté sur l'axe vertical

d'une roue dentée avec laquelle engrènent deux pignons
dont les axes reçoivent les deux induits d'une dynamo D.
Dans un modèle plus récent la dynamo à induit unique est
calée sur le tambour. Tous ces organes sont suspendus dans
une cuve étanche. Le tambour et le mécanisme sont montés
sur deux tourillons qui permettent de les faire basculer et
apparaître extérieurement. Une chaîne avec contrepoids,
maintenu par des crochets, limite le renversement.

La mise en marche se fait au moyen d'une pédale agissant
sur un commutateur à groupement à triple combinaison,
de manière à réunir les induits en série ou en quantité et à
faire varier l'excitation. Le courant est fourni par une batterie
de 105 accumulateurs, sous 110 volts, pouvant débiter 15 ampères en marche normale, et 25 au démarrage. Le nombre
de tours est de 70 à la minute.

On emploie également des cabestans à vapeur montés
directement sur les machines de manœuvre; ils sont mus par
des machines Brotherood. Ce système permet de transporter
le cabestan partout où il est nécessaire; encore faut-il qu'on
ait disposé des poupées de renvoi du câble en nombre convenable. La manœuvre consiste à attacher le câble à l'extrémité arrière du wagon et à le fixer sur le tambour du cabestan soit directement, soit après déviation sur une poupée
de renvoi.

51. Outillage divers. — Il existe encore une foule de petits
appareils destinés à faciliter la manutention des poids
lourds ou les transports dans les halles.

Sur l'État français, on emploie une machine à décharger
les fûts formée par deux poutres courbes sur lesquelles se
déplace un chariot portant les fûts. Le chariot est tiré par
une chaîne sans fin mue par des engrenages. Sur ce réseau
on utilise également un plan incliné monté sur roues, pour
embarquer les bestiaux, et même les voitures, il remplace
le quai à bestiaux et présente sur ce dernier l'avantage d'être
mobile.

On emploie couramment les brouettes à deux roues, ou
diables, pour le transport des sacs pleins; les poulains en
bois et même en métal pour le déchargement des pièces

lourdes; tous ces appareils sont trop connus pour qu'il y ait lieu d'insister. Il convient d'observer cependant qu'on doit les choisir aussi légers que possible, tout en leur conservant la résistance nécessaire.

52. Chargement des wagons. — Le chargement des wagons ne doit pas excéder, cela se conçoit, le poids qu'ils peuvent supporter; de plus, lorsqu'il s'agit de matières encombrantes, comme la paille, le foin, par exemple, il faut s'assurer que le chargement peut passer sous tous les ouvrages d'art. Cette vérification se fait au moyen du *gabarit*. C'est une coupe transversale minima de la voie dont le pourtour libre se trouve figuré par des tringles de fer. Le chargement doit passer au travers du gabarit sans s'accrocher en aucun point; dans le cas contraire une sonnette fixée en haut de l'appareil avertit que le chargement n'est pas exécuté correctement.

Lorsque les marchandises, chargées dans les wagons découverts, craignent l'humidité, comme les céréales, les sacs de farine, on les recouvre de paille et d'une bâche par dessus. Cette dernière doit être disposée de façon à faciliter l'écoulement des eaux; le chargement doit donc être fait en dos d'âne dans le milieu. La dimension d'une bâche (30 à 50 mètres carrés, doit être suffisante pour préserver les chargements volumineux, comme ceux de paille, de fourrage, par exemple. Les bâches sont garnies de cordelettes que l'on attache aux anneaux des wagons; quelquefois les cordes sont indépendantes, et la bâche est munie d'œillets pour leur passage. Quelques Compagnies munissent tous leurs wagons plats d'une bâche, attachée dans le sens de la longueur; d'autres préfèrent les laisser indépendantes et les faire parvenir aux gares qui en ont besoin. Dans ce cas, le mouvement des bâches donne lieu à un échange continu entre les différentes gares et même entre les divers réseaux.

Les chargements de pièces mécaniques, tôles, charpentes en fer, etc., se font sur wagons plats. Il faut les arrimer avec soin; ils sont maintenus dans le sens longitudinal, par les abouts de wagons ou par des prolonges, et dans le sens transversal par des ranchers. Les pièces lourdes, mais de faible volume, doivent être disposées sur le plancher de manière à répartir la charge uniformément sur le véhicule et éviter les porte-à-faux. Les véhicules ordinaires, les trains de roues chargés sur wagons plats doivent être arrimés solidement et calés de façon à empêcher tout déplacement dans un sens quelconque.

Les fourrages doivent être fortement tassés, de manière à donner au chargement un volume aussi faible que possible. On emploie, pour le serrage, une sorte de treuil portatif fixé momentanément sur l'un des côtés du wagon, le câble n'est autre que la prolonge du chargement attachée à l'extrémité opposée : on la tend fortement en faisant tourner l'arbre du treuil. Ces chargements doivent se faire loin des voies de circulation, pour éviter les incendies.

Les chargements de bois se placent sur des wagons spéciaux reliés par un ou deux wagons de raccordement attelés aux premiers par une barre présentant une flexibilité suffisante. Les wagons spéciaux comportent une traverse mobile avec ranchers, sur lesquels s'appuient les pièces de bois arrimées par les prolonges. Le chargement doit toujours reposer sur les traverses mobiles sans porter directement sur un quelconque des wagons. Dans les manœuvres, il faut aller avec précaution ; de plus, si le poids des chargements est inférieur à 10 tonnes, on doit placer ces wagons en queue du train.

Les fûts réclament également des soins spéciaux pour leur chargement : ils sont disposés en canon (sens de la longueur du wagon) ou en roule (sens perpendiculaire), toujours avec la bonde en dessus. On les appuie les uns contre les autres et contre les parois du wagon ; on les cale et on les arrime ensuite avec soin.

Les chargements dans des wagons couverts pour les matières craignant la pluie ou dans des wagons-tombereaux pour des matières pondéreuses, comme le charbon, les betteraves ne présentent aucune difficulté. Il existe quelques types de wagons spéciaux, fourgons de grande vitesse, wagons à bière, à lait, à fers, à pierres, à bestiaux, etc.

Dans les wagons-écuries, les chevaux sont disposés dans le sens de la longueur ou dans le sens transversal du véhicule.

Le wagon s'ouvre sur le côté ou en bout. Pour les animaux de petite taille, on les serre autant que possible, en les disposant quelquefois sur deux étages. Les wagons à bestiaux doivent être désinfectés à l'arrivée; il y a deux procédés : soit à la vapeur, soit au moyen d'un liquide à base de sublimé. La désinfection proprement dite n'a lieu qu'après un grattage et un premier lavage à grande eau. Cette opération ne pouvant se faire que dans certaines gares, les wagons déchargés doivent y être acheminés d'urgence.

53. Capacité des wagons. — Pour diminuer le nombre des wagons, la longueur des trains et par suite celle des voies dans les gares, on a intérêt à employer les grandes capacités, pourvu qu'elles soient entièrement utilisées. Malheureusement les chargements complets ne sont réalisés qu'avec certaines catégories de marchandises et par un petit nombre d'expéditeurs. En Belgique, en Allemagne, assez rarement en France, des intermédiaires ou groupeurs réunissent les envois d'expéditeurs différents et bénéficient avec eux des primes accordées aux wagons complets. Ce procédé présente certaines difficultés; on se trouve dès lors amené à avoir des wagons de toutes dimensions, cependant la tendance actuelle est d'augmenter la capacité.

Sauf quelques wagons spéciaux, cette capacité moyenne est de 8 à 10 tonnes correspondant à un poids mort de 5 à 8 tonnes, soit 0,50 à 0,80 du chargement total. Le Nord français emploie, pour le transport des sucres et de la houille, des wagons à 20 tonnes ayant la forme de tombereaux et de wagons couverts. Mais, c'est surtout en Amérique que l'on trouve les wagons de grande capacité, leur emploi est justifié par les chargements importants de marchandises en vrac (houille, céréales). Ainsi, pour le transport de la houille, on se sert couramment de wagons en bois pesant $16^t,5$ et pouvant contenir 50 tonnes, et de wagons en acier du poids de 15 tonnes contenant 44 tonnes de houille. Le poids mort descend donc aux 0,25 du poids total. Actuellement on ne construit pas de wagons d'une capacité inférieure à 27 tonnes.

En Allemagne, où l'on fait un emploi restreint des plaques

tournantes, les dimensions des wagons sont relativement considérables.

Quant à l'utilisation des wagons, elle est relativement peu élevée ; outre le retour du matériel vide, les chargements se font rarement au complet. En tenant compte du poids mort, la charge utile moyenne des trains n'atteint que 0,15 à 0,30 du poids total remorqué et l'utilisation des wagons est voisine de 0,40. Le nombre des voyages effectués par un wagon dans l'espace d'une année étant de 100 à 120, le tonnage transporté annuellement par un wagon de 10 tonnes de capacité sera de 4 à 500 tonnes, chiffre relativement peu élevé, encore s'agit-il de réseaux à trafic important.

DEUXIÈME PARTIE

SIGNAUX

CHAPITRE I

CODE DES SIGNAUX. — CONSTRUCTION

A. — DIVISION. — SIGNAUX MOBILES

54. Classification. — Il est nécessaire qu'à chaque instant, même pendant la marche, les agents d'un train puissent correspondre avec ceux de la voie, et réciproquement ; ce résultat peut s'obtenir au moyen de signaux conventionnels, qui doivent satisfaire à certaines conditions générales qu'il y a lieu de déterminer. Tout d'abord leurs indications doivent être très précises, sans ambiguïté possible ; le nombre doit en être assez restreint pour ne pas exiger, de la part des agents, un effort de mémoire ayant pour conséquence un retard dans l'obéissance au signal. Enfin les signaux doivent être simples de manière que leur fonctionnement soit toujours très sûr.

Les signaux sont généralement obtenus au moyen d'apparences et de sons. Dans leur étude, il convient d'examiner :

1° Les apparences et les sons employés avec leur signification ;

2° Le mode de construction ;

3° Les règles suivant lesquelles ils sont répartis et installés.

Les apparences, ou signaux *optiques*, et les sons, ou signaux *acoustiques*, se divisent à leur tour en signaux *fixes* et *mobiles*, suivant qu'ils servent à donner des indications permanentes ou momentanées.

Les signaux optiques sont obtenus le jour au moyen de voyants de forme ronde, carrée ou rectangulaire, diversement colorés, de manière à obtenir des significations différentes ; la nuit, ils sont remplacés par des feux dont la couleur correspond autant que possible à celle du jour. Les indications des signaux optiques sont continues, mais il faut avoir trouvé le signal, ce qui, suivant son degré de visibilité, nécessite une recherche plus ou moins longue.

Les signaux acoustiques, formés par des sons graves ou aigus, forcent l'attention, à moins qu'ils ne soient annihilés par des bruits environnants ou dans certaines circonstances atmosphériques. Par contre, ils sont fugitifs et ne laissent aucune trace de leurs indications. On se trouve donc amené dans certains cas à les combiner avec les précédents : le signal acoustique éveillant l'attention et le signal optique maintenant l'indication.

Signaux optiques. — Dans les signaux optiques, il y a deux parties intéressantes à examiner : la *forme* et la *couleur*. D'après les expériences de Chape, un objet rectangulaire à surface égale est plus visible que le disque ou le carré correspondant, surtout par les temps sombres. Les Compagnies anglaises emploient presque toutes des sémaphores dont les ailes ou bras sont en forme de rectangle très allongé et qui se distinguent les uns des autres par quelques modifications de détails. Sur le continent, les sémaphores à ailes rectangulaires ont été réservés pour les signaux d'espacement des trains ; et les voyants en forme de disque ou de carré, pour les signaux des gares. Cette diversité permet de les distinguer plus aisément les uns des autres. Comme première condition de visibilité, le signal doit se détacher nettement sur un fond clair, de manière à n'être pas confondu avec les objets voisins.

Au point de vue de la couleur, presque partout le rouge a été adopté pour indiquer l'arrêt, autant à cause de sa rareté relative que de sa plus grande visibilité à distance : en effet, la lumière blanche étant perceptible à la distance 1, les lumières rouges, vertes, ou bleues, le seront aux distances 1/3, 1/5 et 1/7 ; de plus, la netteté de la couleur apparaît à une certaine longueur, qui va également en augmentant du bleu au rouge, en passant par le vert. Cette dernière couleur a été adoptée pour des indications moins importantes, mais assez fréquentes, comme pour le ralentissement, pour la voie libre, etc. Quant aux couleurs jaune, bleue ou violette, elles sont réservées pour les signaux moins répandus, leur visibilité n'atteignant pas celle des deux couleurs précédentes.

Signaux acoustiques. — Pour les signaux acoustiques, on a remarqué que les sons graves sont plus perceptibles que les sons aigus ; on emploie, du reste, les deux pour différencier les indications ; mais ce qu'il faut surtout, c'est que l'oreille ne s'habitue pas trop au son et puisse le reconnaître aisément au milieu d'autres bruits environnants.

Les explosifs donnent de très bons résultats.

Au point de vue de l'emploi, les signaux varient d'après leur mode d'application :

1° Ils peuvent, en effet, être faits de la voie aux agents du train ;

2° Au contraire, s'adresser du train à la voie ;

3° Ils peuvent permettre aux agents du train de correspondre entre eux ;

4° Enfin, il y a ceux qui servent plus spécialement à l'espacement des trains ou signaux du block-system.

55. Signaux optiques de la voie. — Parmi les signaux optiques *mobiles*, il faut citer les signaux faits avec les feux, les drapeaux, les lanternes, etc. On comprend que l'on puisse établir un code des signaux en convenant que les deux bras levés verticalement, commandent l'arrêt ; qu'un bras allongé dans le sens de la voie indique qu'elle est libre, et que, placé, au contraire, perpendiculairement à la voie, il faut ralentir ; etc. On peut, du reste, multiplier les combinaisons et obtenir ainsi de nombreuses indications souvent nécessaires. Mais ces signaux sont visibles à une faible distance et ne peuvent guère servir que dans les manœuvres, ou accidentellement, encore dans ce cas les double-t-on le plus souvent de signaux acoustiques.

Il en est de même des *drapeaux :* le drapeau rouge déployé

commande l'arrêt, le vert indique le ralentissement ; l'un ou l'autre roulé et porté verticalement signifie que la voie est libre. Les indications de ces deux types de signaux ne peuvent servir que le jour ; la nuit, on est obligé de recourir à des *lanternes* pouvant donner des feux blancs, rouges ou verts, signifiant que la voie est libre, fermée, ou nécessite le ralentissement. A défaut de drapeau rouge ou de feu rouge, tout objet ou tout feu blanc vivement agité commande l'arrêt.

A la vue du signal d'arrêt le mécanicien doit, par tous les moyens, chercher à arrêter son train le plus tôt possible ; dans les manœuvres, la vitesse étant très faible, l'arrêt est presque instantané. Encore faut-il prendre quelques précautions pour ne pas faire le signal ou trop tôt ou trop tard.

En pleine voie, il n'en est plus de même. Les trains ne peuvent s'arrêter immédiatement ; il faut toujours faire le signal à une distance appréciable du point où doit avoir lieu l'arrêt.

Généralement on admet 1.000 à 1.200 mètres ; quelques réseaux ont voulu faire entrer en ligne de compte le profil de la ligne et faire varier la distance à laquelle doivent être faits les signaux de protection, suivant qu'elle est en pente ou en rampe. Cette complication est inutile, et il vaut mieux prendre toujours la distance maxima.

Il est ordonné au conducteur ou garde-frein de queue, toutes les fois que le train s'arrête en pleine voie, de se porter à 1.000 mètres à l'arrière (700 mètres en Belgique), pour faire les signaux d'arrêt avec son drapeau ou sa lanterne. Pour plus de sûreté, sur quelques réseaux, il est recommandé de doubler les signaux avec des pétards posés sur les rails. Une difficulté se présente, c'est que, pour parcourir les 1.000 mètres, il faut toujours un certain temps ; or, sur les lignes à fort trafic, un train peut survenir dans l'intervalle, et les signaux lui sont faits à une distance inférieure à la distance réglementaire. Le jour, l'objection a moins d'importance, l'obstacle ou les signaux étant aperçus d'assez loin. La nuit, sur quelques lignes, on a muni les agents de feux de bengale rouges ou verts suivant le sens de la voie parcourue, que le garde-frein allume en quittant son fourgon ; ils projettent une vive lueur pendant un temps suffisant pour lui permettre de se porter en arrière à la distance réglementaire.

En ce qui concerne les signaux de ralentissement, la réduction de vitesse varie un peu suivant les réseaux. En France, généralement, le signal vert commande de ralentir la marche à 30 kilomètres pour les trains de voyageurs, et à 15 pour ceux de marchandises. Les ralentissements plus importants sont prévus par circulaire spéciale, remise à chaque mécanicien. Une exception à noter : en Belgique le ralentissement est indiqué par un drapeau blanc.

56. Signaux optiques des trains. — Les trains sont munis de signaux optiques placés à l'avant de la machine et à l'arrière du fourgon de queue, on emploie le plus souvent, des falots, des lanternes, des drapeaux et des voyants. Ils ont pour but de renseigner les agents de la voie et des gares, sur la nature, la provenance et la direction du train.

Sur la plupart des lignes, les trains portent à l'arrière trois feux rouges placés l'un dans le milieu, et les deux autres dans les angles supérieurs du dernier véhicule. Ils indiquent aux agents de la voie que le train est au complet et commandent l'arrêt aux trains qui suivent. Aussi est-il nécessaire, pendant les garages, de les enlever momentanément pour éviter toute confusion aux trains de passage. Sur quelques réseaux, les trois lanternes subsistent le jour ; d'autres, pour diminuer le matériel d'éclairage, les remplacent par un voyant de forme ronde, peint en rouge avec bordure blanche. La signification est toujours la même.

On utilise quelquefois les signaux d'angle pour renvoyer vers l'avant un feu blanc ou coloré, dans ce cas le mécanicien ou les conducteurs en se retournant pour voir les feux s'assurent que le train est bien au complet. Certaines Compagnies se servent de ces signaux pour donner des renseignements complémentaires ; un des feux rouges, celui de l'entrevoie, ou les deux feux rouges, sont remplacés par des feux verts ; ils annoncent que le train est dédoublé ou suivi d'un facultatif, que le service de nuit est terminé sur la ligne, etc.

L'avant de la machine porte généralement un falot dont

la lumière doit être aussi intense que possible de manière à éclairer la voie. On y adjoint souvent un autre feu blanc qui, combiné avec le premier, indique, d'après leur position respective, la direction suivie par le train. Lorsque, exceptionnellement, un train circule à contre-voie, on le munit à l'avant d'un feu ou d'un drapeau rouge. Sur les lignes anglaises, on met jusqu'à trois falots dont les couleurs différentes sont combinées entre elles de manière à multiplier les indications. Le jour, ces falots sont remplacés par des voyants, ils renseignent le public sur la direction du train.

57. Signaux acoustiques de la voie. — Le signal de départ est donné verbalement ou au moyen du *sifflet* de marine. Il est répété par le conducteur avec le *cornet*. Dans les manœuvres, les signaux sont faits à l'aide de la *corne* ou du sifflet; et les mouvements en avant, en arrière, ou l'arrêt, sont indiqués, par un nombre plus ou moins grand de coups brefs ou longs de la corne, suivant la réglementation adoptée. Il est nécessaire, pour la sécurité des hommes de manœuvre, que le signal auditif soit accompagné d'un signal optique et que les mécaniciens en accusent réception avec le sifflet de la machine.

La *trompe* est employée par les agents de la voie pour annoncer le départ ou l'arrivée d'un train ou pour demander du secours, de manière à prévenir les personnes dans le voisinage.

Un signal acoustique très important est celui obtenu par l'emploi des *pétards*. Ce sont des explosifs, en forme de capsule, que l'on place sur les rails et qui éclatent sous les roues de la machine.

Ils sont employés lorsque les signaux optiques ne sont pas visibles, par suite de troubles atmosphériques, de fumée épaisse, etc. Les signaux sont considérés comme invisibles, lorsqu'on ne peut pas les apercevoir à plus de 100 ou 200 mètres. Quelques Compagnies exigent que les signaux optiques faits à l'arrière, pour couvrir les trains arrêtés en pleine voie, soient doublés de signaux acoustiques, c'est-à-dire de pétards. Enfin, lorsque la marche d'un train se trouve diminuée d'une façon excessive, par exemple à la vitesse d'un homme au pas de course, on fait disposer sur la voie des pétards, tous les 1.000 mètres environ. Il en est de même toutes les fois qu'un agent ne peut assurer lui-même les signaux, obligé de couvrir un autre point : tel est le cas d'une obstruction des deux voies principales ou d'une voie unique où un seul agent doit faire des signaux des deux côtés pour arrêter les trains de direction différente.

On dispose généralement un pétard sur chaque rail à 20 ou 30 mètres d'intervalle, pour qu'ils ne fassent pas explosion en même temps. Par les temps d'humidité il faut placer trois pétards.

Lorsqu'un mécanicien entend l'explosion d'un pétard, il doit, par tous les moyens possibles, c'est-à-dire en actionnant ses freins et en faisant serrer ceux des fourgons, en battant contre vapeur s'il y a lieu, se rendre maître de sa vitesse, c'est-à-dire avoir la possibilité de s'arrêter au premier obstacle ou signal d'arrêt. Quelques Compagnies exigent même l'arrêt immédiat; d'autres, simplement une réduction de vitesse (État belge, Lyon). Le premier moyen est excessif; le second insuffisant, et il vaut mieux laisser au mécanicien le soin de pouvoir s'arrêter dans l'espace libre devant lui. Cet agent, quelle que soit la réglementation adoptée, continue sa marche avec une extrême prudence. Si, au bout d'un certain parcours, également variable avec les réseaux, et le plus souvent 1.000 à 1.200 mètres, il n'a rien rencontré, il peut reprendre sa marche normale, mais en redoublant d'attention. Il faut avoir soin, lorsque les pétards sont devenus inutiles, de les retirer pour ne pas retarder les trains.

58. **Signaux acoustiques des trains.** — Pour permettre aux agents des trains de correspondre avec ceux de la machine, on installe sur le tender une cloche ou timbre actionné du fourgon par le conducteur chef de train au moyen d'une corde. Au moindre coup de timbre, le mécanicien doit arrêter le plus vite possible. Sur les lignes américaines, la cloche du tender remplace souvent le sifflet de la machine, dont l'emploi est très restreint. En Allemagne, on se sert de la cloche pour annoncer le départ du train. Sur les lignes

belges, le sifflet d'alarme de la machine est actionné par la corde du conducteur.

Le *sifflet* de la machine permet au mécanicien de correspondre avec les agents de la voie et du train. Presque toutes les Compagnies françaises ont adopté le même langage conventionnel du sifflet. Un coup allongé commande l'attention; il doit être donné au moment de mettre la machine en mouvement, aux abords des gares, des passages à niveau, des tranchées en courbe, des souterrains, à la rencontre des trains croiseurs, lorsqu'il y a des personnes sur la voie, enfin toutes les fois que la ligne ne paraît pas libre au mécanicien. Il sert encore dans les manœuvres.

A l'approche des bifurcations, le mécanicien doit demander la direction en sifflant un nombre de coups allongés correspondant au rang occupé par la direction en comptant à partir de la gauche : soit un coup pour la voie gauche, deux pour la suivante à droite, et ainsi de suite.

Le mécanicien correspond avec les agents du train au moyen de coups brefs : deux coups saccadés pour demander les freins, un coup bref pour le desserrage. Sur la ligne, plusieurs coups brefs répétés demandent le serrage des freins à bloc. Des coups allongés, répétés en passant devant les stations, préviennent celles-ci d'avoir à demander la machine de réserve au plus prochain relai.

L'emploi du sifflet fréquemment répété a comme inconvénient de ne plus attirer l'attention des agents et de gêner les voyageurs et les habitants voisins des chemins de fer. En Angleterre, il est prescrit au mécanicien de ne faire usage du sifflet que d'une façon modérée; aux bifurcations, il ne doit demander la direction que si les signaux ne sont pas faits ou mal orientés; dans les gares, aux abords des tunnels quelques coups brefs indiquent l'annonce du train.

B. — SIGNAUX FIXES

59. Signaux acoustiques. — *Cloches d'annonce.* — Les signaux acoustiques fixes sont en fort petit nombre et ne comprennent guère que les cloches d'annonce des trains, rendues réglementaires sur les voies uniques, puis appliquées sur la voie double. Leurs indications s'adressent aux agents des gares et de la ligne, et servent soit à annoncer un train d'une station à une autre, en prévenant les points intermédiaires, soit à demander du secours ou donner l'alarme. Ces cloches sont installées dans les gares et en certains points particuliers, comme les passages à niveau, avec cette différence que ces derniers reçoivent des signaux sans pouvoir en transmettre ou, tout au moins, exceptionnellement.

Sur le Nord, tous les trains impairs sont annoncés au moyen d'une série de cinq coups doubles ou de six coups simples, suivant le type de la cloche, les trains pairs au moyen de deux séries.

On se sert également des cloches pour demander du secours ou pour donner l'alarme en cas de dérive de wagons, ou annoncer la fin du service de la journée. Il suffit au préalable de fixer conventionnellement le nombre de coups de cloche correspondant à chaque indication.

60. Signaux optiques à indication fixe. — Certains appareils, sans être des signaux à proprement parler, servent à donner aux mécaniciens les indications nécessaires à leur marche. Ainsi, tout le long de la voie, on rencontre des poteaux kilométriques et hectométriques, des inscriptions indiquant le profil de la ligne : pente, rampe, courbe, surhaussement, etc., qui servent à tout le personnel des chemins de fer. D'autres, éclairés la nuit, préviennent les mécaniciens qu'ils abordent une bifurcation, un pont tournant, un heurtoir, qu'ils doivent siffler pour demander leur direction ou réduire leur marche à une vitesse déterminée ou même s'arrêter. Il existe encore d'autres signaux fixes, comme les poteaux limite de protection, employés sur la plupart des réseaux français; mais leur description et leur emploi sont subordonnés à ceux de certains signaux mobiles qu'il est bon de connaître; on verra ultérieurement leur signification.

61. Signaux optiques à indication variable. — Ce sont les plus nombreux, ils ont pour but d'indiquer plus ou moins

directement si la voie est libre, si elle est occupée, ou s'il y
a lieu de passer à vitesse ralentie. Dans quelques cas, le
même signal peut donner l'un quelconque des trois renseignements ; mais, dans d'autres, il est plus spécialisé, et il faut
recourir à un signal particulier pour chaque indication. Tous
ces signaux varient d'une contrée à l'autre avec une interprétation différente, de là l'obligation d'adopter une classification. On peut les grouper de la façon suivante :

Signaux avancés ou à distance ;

Signaux d'arrêt ;

Signaux de direction et de position d'aiguilles.

Signaux spéciaux de ralentissement, de prise d'eau, etc.

Signaux avancés ou à distance. — Le signal avancé ou à distance varie comme forme et comme signification, suivant le
réseau.

En *France*, il a la forme d'un disque dont une des faces
est peinte en rouge, quelquefois avec bordure blanche. Il
est percé d'une ouverture munie d'un verre rouge. Le disque
effacé, c'est-à-dire placé parallèlement à la voie et présentant, la nuit, un feu blanc, indique que la voie est libre. Disposé perpendiculairement à la voie, c'est-à-dire présentant
le jour, sa face rouge ou, la nuit, un feu rouge, il commande
l'arrêt, sinon immédiat, tout au moins dans un espace plus
ou moins étendu. On rencontre généralement des disques à
distance aux stations, bifurcations et sémaphores de pleine
voie ; leur signification est la même dans ces diverses applications.

Sur le Nord, le mécanicien, apercevant un disque à l'arrêt,
se rend maître de sa vitesse immédiatement, de manière à
pouvoir s'arrêter dans l'étendue de voie qu'il aperçoit libre
devant lui. Dans le cas où ce signal commande une station il va ainsi, s'il n'y a aucun obstacle, jusqu'à la première
aiguille ou au premier croisement ; s'il s'agit d'un sémaphore, il va jusqu'à ce signal et enfin, dans le cas d'une bifurcation, il continue jusqu'au train arrêté à la bifurcation. Ces
différents points constituent l'obstacle que le mécanicien ne
doit pas franchir sans en avoir reçu l'ordre formel.

Sur le Lyon, à la vue d'un disque à l'arrêt, le mécanicien
commence à réduire sa vitesse à **20 kilomètres**, si le frein

continu de son train fonctionne bien, ou à celle d'un homme marchant au pas, dans les autres cas. Il reprend ensuite une vitesse réduite de manière à pouvoir s'arrêter dans l'espace de voie libre devant lui ; il va ainsi jusqu'à la première aiguille ou traversée, ne reprenant ensuite sa marche normale que sur l'ordre du conducteur.

Sur l'Orléans, le disque ou mât avancé est un signal d'arrêt absolu que le mécanicien ne doit pas dépasser sous aucun prétexte : il est muni, dans ce but, d'un pétard servant à la fois de contrôle et de signal acoustique.

Enfin, sur les autres réseaux, le train doit s'arrêter le plus tôt possible après avoir franchi le signal avancé, et il se remet ensuite en marche dans des conditions spéciales, spécifiées sur chaque réseau. En résumé, sauf pour l'Orléans où il commande l'arrêt absolu, le disque avancé peut être franchi sans marquer l'arrêt jusqu'au point protégé ou en s'arrêtant après le signal, sauf à reprendre ensuite sa marche sous certaines réserves.

Quant à l'emplacement, il est également variable. Sur certaines Compagnies, il doit être placé de façon que l'on ait une distance suffisante pour permettre l'arrêt du train entre le point d'où le signal est visible et le point protégé qui peut être précisé par un poteau dit poteau limite de protection ; sur d'autres, au contraire, cette distance est comptée entre le disque ni-même et le point protégé. Le tableau de la page 151 résume les différentes conditions d'installation des disques sur les différentes Compagnies françaises.

En *Belgique*, le signal avancé a la forme rectangulaire ; une des faces est peinte en rouge avec bordure blanche ; il est percé d'un orifice muni d'un verre rouge. Normalement à l'arrêt, il présente, le jour, sa face rouge et, la nuit, un feu rouge. Il commande alors l'arrêt absolu ; à voie libre il donne, à l'avant, un feu blanc et, à l'arrière, un feu orangé. Tout mécanicien arrêté ne peut reprendre sa marche que sur l'ouverture à voie libre du signal, qui est muni, du reste, d'un pétard de contrôle.

Lorsque ce signal et, par suite, le train arrêté n'est pas aperçu du point manœuvré, pour éviter tout stationnement de longue durée dans cette zone dangereuse, on munit le

disque d'une manette qui met en mouvement un timbre dans
la cabine du signaleur. Celui-ci ouvre le signal pour laisser
passer le train, puis le referme pour le couvrir; sinon le train
doit être protégé à 700 mètres en arrière.

En *Angleterre*, le signal avancé (*distant signal*) est formé
par l'aile rectangulaire de 1^m,80 de longueur d'un sémaphore; elle est terminée en flamme, ce qui la différencie des
autres ailes sémaphoriques. Le jour, elle présente sa face
horizontale; la nuit, un feu rouge. C'est un signal franchis-
sable prévenant le mécanicien qu'il doit se rendre maître de
sa vitesse, car il peut rencontrer soit un obstacle, soit un
signal d'arrêt fermé. Le *distant signal* est placé à 914 mètres
du point à couvrir et à 4^m,60 de hauteur. En temps de brouillard, ses indications d'arrêt sont doublées au moyen de
pétards, posés sur la voie.

En *Allemagne*, le signal avancé (*Vorsignal*) est formé par
un disque présentant, la nuit, un feu vert, lorsque le signal
d'arrêt suivant est fermé. Le disque est effacé ou donne
une lumière blanche, quand le second signal est à voie libre.
Ces deux signaux sont entièrement solidaires, et le second
ne peut être mis à l'arrêt qu'après le disque. Même réglementation en Autriche avec cette différence cependant que le
disque donne, la nuit, un feu rouge.

Dans le cas d'exploitation à voie libre, c'est-à-dire où
les signaux sont normalement ouverts, on doit faire attention, lorsqu'on ferme un signal avancé invisible de la gare
pour couvrir une manœuvre, de ne commencer cette dernière que si l'on a la certitude qu'aucun train n'est engagé
entre le signal et la gare.

Poteau limite de protection. — Ce n'est pas un signal proprement dit, mais plutôt un indicateur servant à prévenir les
agents que le train n'est efficacement couvert par le disque
que s'il a dépassé le poteau. Il en résulte que toutes les fois
que les derniers véhicules n'auront pas dépassé ce poteau,
le train devra être considéré comme arrêté en pleine voie et
couvert à la distance réglementaire, c'est-à-dire au delà du
disque. Une manœuvre de gare qui irait au delà du poteau
serait dans les mêmes conditions. En temps de brouillard
ou si, pour une cause quelconque, on suppose que le disque

ne sera pas maintenu à l'arrêt, ou dans le cas où la lanterne est éteinte, on doit prendre la même mesure. Quelques poteaux portent la mention, « sauf en cas de brouillard ». Il est donc nécessaire qu'entre le poteau et le disque ou le point d'où il est visible, il y ait une distance suffisante pour qu'un train puisse s'arrêter.

Le tableau suivant résume les conditions d'installation du poteau limite et du signal avancé sur les différents réseaux :

DISQUE A DISTANCE ET POTEAU LIMITE

COMPAGNIES	DISQUE A DISTANCE	DISTANCE du POTEAU LIMITE AU DISQUE
Midi.........	*Distance du disque au point à couvrir.* mètres 800 sur rampe ou palier. 1.000 sur pente de moins de 5 millim. 1.500 sur pente de plus de 5 millimètres.	Pas de poteau limite.
État.........	800 sur rampe de plus de 5 millimètres. 1.000 depuis 5 millimètres de pente à 5 millimètres de rampe. 1.200 sur pente de 5 à 8 millimètres. 1.500 sur pente de plus de 8 millimètres.	Pas de poteau limite.
Nord.........	1.000 à 1.200.	8 à 900 mètres.
Paris-Lyon...	*Distance du point de visibilité du disque au poteau.* 800 sur rampe de plus de 5 millimètres. 1.000 depuis 5 millimètres de pente à 5 millimètres de rampe. 1.200 sur pente de 5 à 8 millimètres. 1.500 sur pente de plus de 8 millimètres.	100 mètres au moins. — — —
Est.	500 sur rampe de plus de 5 millimètres. 800 de 5 millim. de pente à 8 de rampe. 1.000 sur pente de plus de 5 millimètres.	— 400 mètres. —
Ouest.........	650 sur rampe de plus de 10 millimètres 950 sur rampe inférieure à 10 millim. 1.150 sur pentes quelconques.	400 mètres. 600 mètres. —
Orléans	800 au moins.	400 mètres.

N. B. — Le poteau limite est placé généralement de manière à permettre la couverture par le signal avancé des trains les plus longs arrêtés au croisement.

Sur le Nord, le Lyon, l'Orléans, le poteau limite n'est pas éclairé la nuit; sur le réseau de l'Est, il est éclairé; le Midi et l'État ne l'ont pas adopté, pas plus que les réseaux étrangers;

ces derniers considèrent qu'un train, quelle que soit sa
longueur, arrêté au point couvert par le disque, est suffisamment protégé par lui. Généralement, du reste, on le place
de façon à remplir cette condition.

Signaux d'arrêt absolu. — La forme du signal d'arrêt et sa
distance d'application varient avec les réseaux. Mais partout
la signification reste la même.

En *France*, sur les voies principales, le signal d'arrêt absolu
est constitué par un voyant de forme carrée ou rectangulaire, dont une des faces est peinte en damier rouge et blanc
avec bordure rouge entourant les carrés blancs et bordure
blanche pour les carrés rouges. Il est percé de deux ouvertures placées sur la même ligne horizontale, à une distance
plus ou moins grande, et munies de verres rouges. Disposé
perpendiculairement à la voie, il présente aux trains, le jour,
sa face en damier rouge et blanc, et, la nuit, deux feux
rouges. Dans cette position, il commande l'arrêt absolu, et
sous aucun prétexte un mécanicien ne doit le franchir; au
pied du signal, sur le rail, un pétard sert de moyen de
contrôle, et prévient également le mécanicien qui, par erreur,
aurait franchi le signal. Le signal effacé, c'est-à-dire placé
parallèlement à la voie, présente, la nuit, un feu blanc et
indique la voie libre.

Pour renseigner également les agents qui manœuvrent ce
signal à distance, il projette du côté de la cabine un feu, blanc
lorsqu'il est à l'arrêt, et bleu, lorsqu'il est à voie libre.

Sur les voies secondaires, quelques Compagnies ont cru
devoir adopter, pour le signal d'arrêt, une forme et une couleur spéciales. C'est ainsi que, sur l'Ouest, on a un carré
jaune protégeant la sortie des garages. Perpendiculaire à la
voie, il présente, le jour, sa face jaune, et, la nuit, un feu
jaune commandant l'arrêt; et, du côté opposé, un feu blanc
ou bleu, suivant qu'il est fermé ou ouvert. Sur le Lyon, on a
adopté, dans les mêmes conditions, un disque jaune avec feu
jaune pour la nuit; ses indications sont les mêmes que précédemment.

Le Lyon emploie également des sémaphores dont l'aile,
développée horizontalement, commande l'arrêt absolu; mais
ce signal donne en plus des indications sur la direction à

prendre et appartient, à ce point de vue, aux signaux d'aiguille.

Quant à la distance d'application du signal d'arrêt, elle varie également. Primitivement fixée à 60 mètres du point à couvrir (pointe d'aiguille ou entrevoie de 1m,75 dans un croisement), cette distance a été portée à 120 mètres sur le Nord. Sur les autres réseaux, elle a été maintenue à 60 mètres ; mais il y a intérêt à l'augmenter. On verra, du reste, que, dans le cas où tout un groupe de signaux d'arrêt est situé sur la même ligne, ces distances ne sont pas observées.

En *Angleterre*, le signal d'arrêt (*home signal*), à 183 mètres au plus du point à couvrir, est formé par un bras sémaphorique, dont la face rectangulaire, tournée du côté des trains, est peinte en rouge. Elle peut prendre deux positions, une horizontale commandant l'arrêt, et une autre verticale ou inclinée à 60°, indiquant généralement la voie libre. La nuit, le *home signal* présente un feu rouge pour l'arrêt et un feu blanc ou quelquefois vert pour la voie libre. La nuit, le signal d'arrêt étant le même que celui du *distant signal ;* il semble qu'il pourrait y avoir confusion ; mais ces signaux sont solidaires l'un de l'autre, et le dernier signal n'est mis à l'arrêt que si le premier l'est déjà ; le mécanicien se trouve donc toujours averti. Quant à l'indication de voie libre au moyen du feu vert, elle n'est pas indispensable, elle se trouve utilisée sur bien des lignes pour marquer le ralentissement (*caution*) ; elle a cependant l'avantage de mieux préciser les indications que l'absence de feu ou de signal. Sur les voies de garage, on emploie souvent des signaux d'arrêt de même forme, mais avec quelques signes spéciaux pour distinguer la voie à laquelle chaque signal s'adresse.

Sur les lignes *allemandes* ou *suisses*, les points dangereux, sont protégés par des sémaphores (*signale am signalmaste*) dont l'aile prend deux positions ; horizontale vers la droite, avec feu rouge, la nuit, pour commander l'arrêt, ou relevée à 45°, avec feu vert, la nuit, pour indiquer la voie libre. En pleine voie, le point protégé est à 100 ou 150 mètres du signal ; mais, dans les gares, la distance est moindre. En Autriche-Hongrie, l'aile du sémaphore peut prendre, en outre, une position inclinée à 45° vers le bas pour commander le ralentissement.

En *Belgique*, le signal d'arrêt est constitué par un disque rouge avec liséré blanc, présentant, la nuit, un feu rouge, comme le signal avancé; mais l'ordre de succession, dans lequel se présentent ces deux signaux, empêche toute confusion. Ils sont distants l'un de l'autre de 800 à 1.200 mètres; le disque d'arrêt est à 60 mètres du point à couvrir.

Signaux de direction. — Les signaux de direction ont pour but de renseigner les mécaniciens sur le chemin qu'ils vont suivre. Avant de les aborder, ils doivent siffler pour demander leur direction. Lorsqu'on emploie des sémaphores, les bras servent à la fois de signal de passage et de direction. Il suffit de monter sur le même mât autant d'ailes qu'il y a de directions, l'aile la plus haute se rapportant à la direction la plus à gauche, et ainsi de suite, jusqu'à la moins élevée, qui correspond à la direction la plus à droite. On peut avoir un mât pour chaque embranchement; mais alors la hauteur de chaque mât doit être différente; pour éviter toute fausse interprétation, on le place à côté de la voie qu'il commande. Les ailes du sémaphore donnent des indications conformes à celles des autres signaux sémaphoriques : l'aile développée et présentant, la nuit, un feu rouge, indique l'arrêt pour la direction correspondante; si elle est inclinée à 45° vers le bas ou présente un feu vert, elle commande le ralentissement; enfin, si elle est effacée ou donne un feu blanc, elle indique que la voie est libre. Sur les lignes allemandes et autrichiennes, la voie libre est indiquée par l'aile relevée à 45° vers le haut ou présentant un feu vert.

Avec les bifurcations protégées par des signaux carrés comme sur le Nord, l'Est, l'Ouest, on est obligé, pour préciser la direction, de recourir à des indicateurs spéciaux. Ce sont, en réalité, des sémaphores d'une forme spéciale. Sur le Nord, l'Ouest et l'Orléans, les bras placés de part et d'autre du mât sont peints en violet et terminés en flamme à leur extrémité. Dans le cas d'une bifurcation à deux directions, on a deux bras seulement, tournés chacun vers la direction à laquelle ils s'adressent. Le bras effacé correspond à la direction donnée par l'aiguille; le bras apparent correspond à la direction fermée. La nuit, l'indication du bras apparent est remplacée par un feu violet. Sur l'Est, les bras, en nombre égal

à celui des directions, sont placés sur le mât, à différentes
hauteurs; ils ne peuvent prendre que deux positions : horizontale avec feu violet commandant l'arrêt, ou inclinée à 45°,
avec feu blanc ou vert permettant le passage en vitesse ou
avec ralentissement. En cas de direction contraire à
celle qu'ils ont demandée, les mécaniciens doivent s'arrêter devant l'indicateur, placé généralement à la pointe de
l'aiguille.

Indicateur de position d'aiguille. — Le signal de position
d'aiguille se compose d'un voyant placé au niveau du sol et
occupant deux positions, l'une parallèle et l'autre perpendiculaire aux voies. Il est surmonté d'une lanterne pouvant
donner, la nuit, quatre feux.

Sur le Nord français, ce signal n'intéresse que les aiguilleurs. Le voyant est formé par une tôle peinte en vert; il est
terminé en pointe à chaque extrémité. La nuit, la lanterne
présente deux feux blancs ou deux feux verts. Placé parallèlement ou donnant, la nuit, deux feux blancs, l'indicateur signifie que l'aiguille est dans sa position normale; la
couleur verte, ou les feux verts, qu'elle a été retournée.

Sur le Lyon, le voyant a la forme d'un disque. Lorsqu'il s'agit
de jonctions des voies de service ou de dédoublement d'une
voie unique dans une gare, l'une des faces du disque est
rouge, l'autre verte, et les feux correspondants de la lanterne
sont de même couleur. Le signal, placé parallèlement aux
voies et présentant la nuit deux feux blancs, indique que
l'aiguille donne la voie principale ; placé perpendiculairement, c'est-à-dire avec la face ou le feu rouge vers la pointe,
et la face ou le feu vert vers le talon, il indique que l'aiguille
a été retournée. Il existe d'autres indicateurs ; mais les
disques sont à deux faces vertes ou deux feux verts seulement.

Sur les lignes allemandes ou autrichiennes, chaque face
de l'indicateur donne un renseignement (système Bender),
de façon que le mécanicien se rend compte dans le cas de la
direction déviée s'il aborde l'aiguille en pointe (flèche tournée
vers la direction), ou s'il la prend en talon (figure en V
orientée à droite ou à gauche). Au lieu d'une flèche, on peut
avoir un carré. De même dans la position de l'aiguille donnant

la voie principale, les deux faces correspondantes de l'indicateur présentent, du côté de la pointe, un carré ou un feu vert,
et vers le talon un feu ou un carré blanc.

Signaux de ralentissement. — Les signaux de ralentissement fixes ne sont guère employés que lorsqu'il s'agit de
ralentissements permanents, comme à certains passages en
courbe, aux aiguilles en pointe non verrouillées des stations
de voie unique. Ce signal est généralement formé par un
disque, peint en vert sur les deux faces et muni d'un verre
vert. Suivant que le disque présente sa face verte ou un
feu vert aux trains, ces derniers doivent, en France, ralentir à raison de 30 kilomètres pour les trains de voyageurs
et de 15 kilomètres pour les trains de marchandises. Le
disque vert est employé sur le Nord et l'Orléans; sur d'autres
réseaux, l'indication du ralentissement est donnée par les
sémaphores de direction, dont l'aile est inclinée ou présente,
la nuit, un feu vert spécial. Lorsqu'on emploie un signal pour
le ralentissement, il faut le placer à une distance suffisante
du point où doit avoir lieu le ralentissement, elle est généralement la moitié de celle adoptée pour les signaux d'arrêt,
soit 500 mètres. Sur les lignes autrichiennes, elle est réduite
à 400 mètres et doit être visible à 400 mètres au moins du
train, soit au total 800 mètres.

Signaux de prise d'eau. — Les prises d'eau dont les tuyaux
peuvent obstruer la voie sont éclairées la nuit au moyen d'une
lanterne à quatre feux, deux blancs ou bleus correspondants
à la position du tuyau parallèle à la voie et deux rouges lorsqu'il est perpendiculaire.

Indicateur à damier vert et blanc. — Le règlement du Nord
français mentionne un signal spécial employé aux bifurcations. Il a la forme d'un damier vert et blanc, éclairé la nuit
par transparence. On le place à 8 ou 900 mètres du signal
carré de la bifurcation. Lorsqu'on est obligé de réduire cette
distance, au lieu de le monter carrément on le place sur une
diagonale. Les indicateurs sont fixes ou mobiles suivant qu'ils
appartiennent à des bifurcations où le passage peut se faire
en vitesse ou avec ralentissement. Lorsqu'un mécanicien
aperçoit un de ces signaux présentant sa face perpendiculaire à la voie, il doit réduire sa marche, soit à 40 ou 30 kilo-

mètres pour les trains de voyageurs, suivant qu'il s'agit d'un indicateur fixe ou mobile, et à 20 ou 15 kilomètres pour les trains de marchandises. Il est, en outre, averti qu'il peut rencontrer le signal d'arrêt de la bifurcation fermé. L'indicateur à damier vert et blanc est donc à la fois un signal de ralentissement et d'avertissement.

Sur l'Ouest, les signaux carrés, autres que ceux des bifurcations sont précédés de cet indicateur placé carrément ou sur sa diagonale.

Le Lyon a également l'indicateur à damier vert et blanc; les deux carrés verts sont mobiles et peuvent disparaître derrière les blancs. La nuit, on a deux feux blancs ou verts. On le place en avant des bifurcations où il indique si l'on prend la branche directe ou déviée et selon que la couleur verte est visible ou non, si l'on doit marcher en vitesse normale ou ralentir.

Disque bleu du Lyon. — Pour les manœuvres de refoulement ou les changements de direction par rebroussement, dans certaines gares ou à certains postes, le Lyon emploie des disques peints en bleu sur les deux faces, et pouvant présenter, la nuit, dans les deux directions, un feu blanc ou un feu bleu. Le disque effacé ou le feu blanc indique que le mouvement de refoulement ou de rebroussement ne peut pas encore commencer. Dans la position inverse, c'est-à-dire au bleu, il autorise ce mouvement.

Starting signal. — Sur les lignes anglaises, à l'extrémité des stations, on place un signal (*starting signal*), n'autorisant le départ du train que si la voie est libre jusqu'à la prochaine station. Comme forme, il est analogue aux autres signaux anglais, c'est-à-dire qu'il est formé par l'aile d'un sémaphore. Il commande l'arrêt, mais on peut le franchir dans quelques cas spéciaux, lorsqu'il s'agit de manœuvres, par exemple, intéressant une partie seulement de l'avant-gare.

Sur l'Ouest français, quelques gares possèdent, aux extrémités des quais, des signaux d'arrêt fonctionnant dans des conditions analogues.

Il en est de même des signaux de sortie des gares allemandes, qui ont la forme des signaux de sémaphores. Comme les précédents, du reste, ils servent à espacer les trains et à les laisser passer si la voie est libre jusqu'au prochain sémaphore.

C. — CONSTRUCTION

62. Signaux mobiles. — Il n'y a que fort peu de choses à dire sur les signaux optiques et acoustiques mobiles. Cependant les lanternes nécessitent quelques observations. Elles sont généralement de forme parallélipipédique à porte-mèche fixe muni d'un pignon pour remonter la mèche qui plonge dans l'huile (*fig.* 55). Sur trois faces verticales, des verres de couleur blanc, rouge et vert, permettent de faire l'un des signaux correspondants indiqués plus haut. La quatrième face est pleine. Ces lanternes à main, très simples, ont l'inconvénient de donner des feux simultanés dans plusieurs directions; de plus, il est facile de se tromper et de présenter un feu pour un autre.

On a essayé les lanternes à un seul feu, il en existe deux systèmes différents. Dans celui du P.-L.-M., trois des parois sont pleines; la quatrième, opposée à la poignée, est munie d'un verre blanc sur lequel il suffit de rabattre un verre rouge ou un verre vert tournant autour d'une charnière verticale; des ressorts maintiennent les verres dans

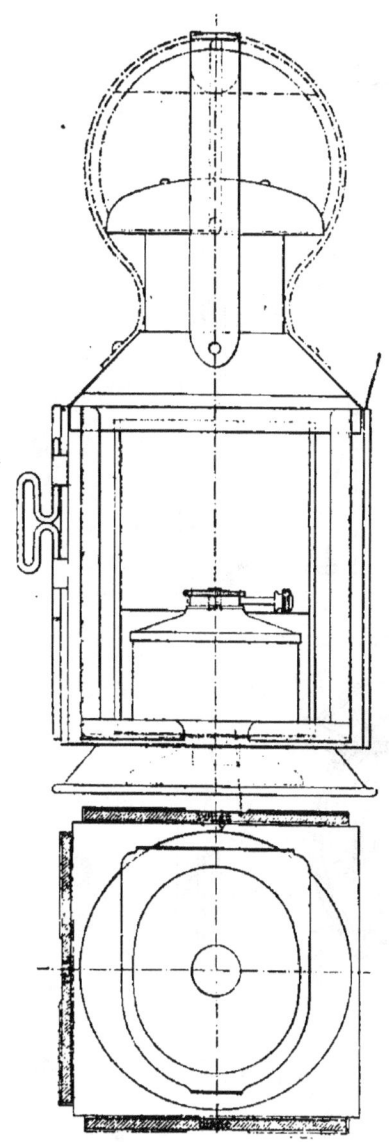

Fig. 55. — Lanterne à trois feux.

nière verticale; des ressorts maintiennent les verres dans

leur position contre la paroi pleine ou contre le verre blanc.
Le second système (*fig.* 56) est formé par deux cylindres concentriques, dont un fixe, et l'autre intérieur mobile autour
du premier, peut présenter devant une échancrure ménagée

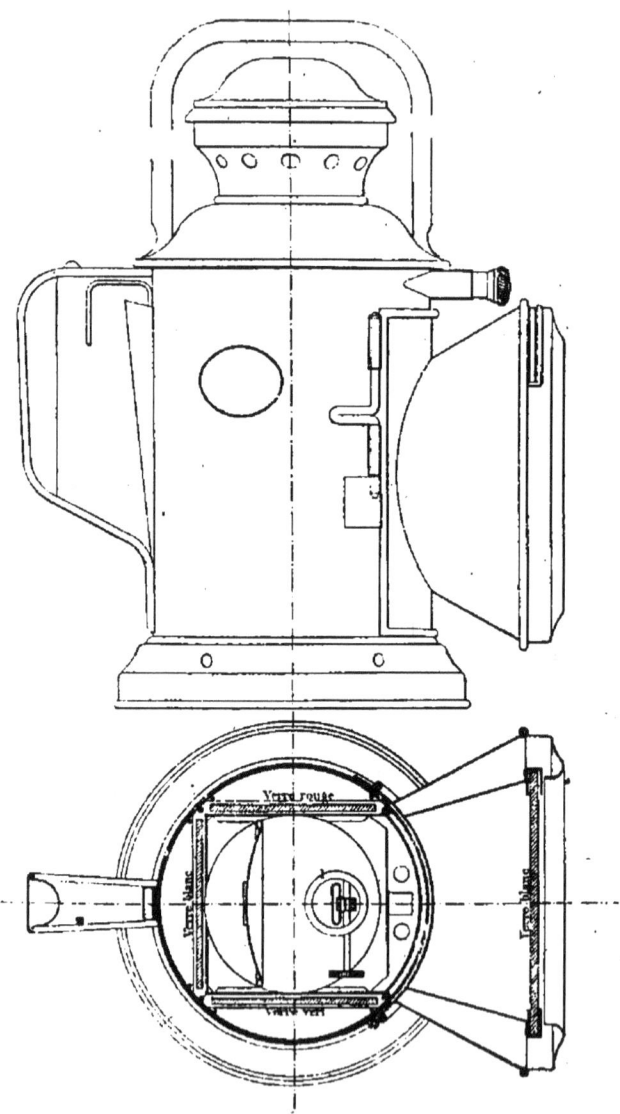

Fig. 56. — Lanterne à un seul feu variable.

sur le cylindre fixe un verre blanc, rouge ou vert. L'inconvénient de ces deux appareils est que la manœuvre des verres

est toujours longue ; aussi est-on revenu aux lanternes à trois feux.

Quant aux appareils de trains, ils sont pour la plupart alimentés au pétrole, on les prend de préférence à mèche ronde, pour donner une flamme très claire. Ils sont de deux sortes : les falots et les lanternes. Les falots ont la forme d'un cylindre horizontal dont une des faces verticales pleine reçoit un réflecteur, et l'autre un disque en verre blanc ou coloré ; une cheminée en tôle surmonte l'appareil. On les accroche à l'avant de la machine ou à l'arrière du dernier véhicule. Leur intensité lumineuse doit être aussi grande que possible, ce qui augmente la consommation de pétrole, de là l'emploi du réservoir d'alimentation à niveau constant.

Les signaux d'angle ont sensiblement la même forme, mais plus petite ; de plus, les deux faces verticales du cylindre sont munies de verres, et un double cône réflecteur renvoie la lumière en avant et en arrière. Au début, ces appareils étaient munis d'une cheminée en verre, qui débouchait dans la cheminée en tôle ; mais, depuis, elle a été supprimée, grâce à l'emploi de becs spéciaux donnant une très grande fixité à la lumière.

63. Signaux fixes à indication permanente. — La construction de ces appareils est assez simple. Quelques-uns d'abord ne sont pas éclairés, la nuit ; tel est le cas du poteau limite de protection du Lyon, qui consiste en un tableau en

FIG. 57. — Poteau-limite.

fonte portant en relief l'inscription : limite de protection, sauf en cas de brouillard (*fig.* 57), monté sur un mât de 2 mètres de hauteur environ. Lorsque le signal doit être éclairé la nuit, comme les poteaux à inscription, on emploie un voyant formé d'une matière transparente en verre blanchi à la céruse ou au blanc de zinc, sur lequel se détache l'inscription nécessaire. Pour permettre l'éclairage, le voyant, de forme quelconque, est enchâssé dans un cadre maintenu par quatre croisillons assez longs pour laisser passer la lanterne d'éclairage. Comme le mât a le plus souvent 2ᵐ,50 à 3 mètres de haut, la lanterne se trouve fixée à une chaîne sans fin, que l'on déplace sur une poulie fixée au haut du mât. Pour la maintenir en place à la hauteur convenable, un des maillons de la chaîne est remplacé par un anneau qui se fixe sur un crochet placé au bas du mât. L'allumage de l'appareil peut se faire alors au niveau du sol.

L'indicateur de bifurcation de l'Est est un peu différent : le voyant, de forme rectangulaire, est formé par un verre vert sur lequel se trouve gravé le mot bifurcation ; une échelle en fer permet d'accéder à une petite plateforme pour l'allumage de la lanterne. Ce système est plus encombrant ; mais on n'a pas à craindre la rupture de la chaîne et, par suite, la chute de l'appareil d'éclairage. Cet accident fort rare a fait généraliser l'emploi du premier dispositif, comme on le verra, par la suite, pour les autres signaux.

64. Généralités sur les signaux à voyant mobile. — La catégorie des signaux fixes à voyant mobile est la plus nombreuse ; elle présente, en outre, de grandes variétés de construction. Dans chaque appareil, il faut distinguer le signal et son appareil de manœuvre. Le signal à son tour comporte : le *mât*, et le *voyant*, remplacé, la nuit, par une *lanterne* à feu blanc ou coloré.

Signal. — Dans les appareils français, le voyant, en tôle découpé suivant la forme appropriée, est maintenu sur un arbre vertical au moyen de fers plats en forme de **V** ou de **X**. Cet arbre, dans le bas, se termine par un pivot tournant dans une crapaudine. Il est maintenu de distance en distance par des guides fixés au mât du signal qui, lui, est immobile. Il faut le fixer en terre à une hauteur déterminée par rapport au rail de manière à permettre au signal de résister parfaitement au mouvement de renversement que tend à lui imprimer le vent agissant sur le voyant : on emploie soit un socle en fonte, soit une surface plane, sur laquelle le mât repose au moyen de croisillons.

Le mât est constitué généralement par des fers à **U**, séparés par des entretoises. On adopte quelquefois une pyramide

en fers ronds ou une colonne creuse reposant sur un socle
ajouré, dont l'axe est formé par l'arbre du voyant lui-même.
Lorsque le signal doit atteindre une très grande hauteur,
on emploie, comme mât, une véritable poutre en treillis; le
voyant lui-même est ajouré de manière à diminuer la surface soumise à l'action du vent et à le rendre plus léger.

Le mouvement est transmis au signal, soit au moyen d'une
poulie calée sur l'arbre et sur laquelle adhère une chaîne
animée d'un mouvement de translation, soit au moyen d'une
manivelle, à l'extrémité de laquelle agit le fil de manœuvre.
La course du signal doit être limitée à 90°, presque toujours
il faut recourir à une disposition spéciale pour le remettre
dans sa position normale.

Dans les signaux sémaphoriques, le mouvement des ailes
ou bras se fait autour d'un axe horizontal; il exige un
effort minime, car le poids de l'aile est équilibré de l'autre
côté de l'axe de rotation par un contrepoids, et il suffit d'un
léger effort pour vaincre la résistance, que l'on peut rendre
aussi faible que possible. On préfère le réglage avec un contrepoids à celui obtenu en donnant à la manivelle de manœuvre une grandeur trop importante. Il a, du reste, l'avantage
de ramener le signal à l'arrêt, en cas de rupture. Cette manivelle reçoit son mouvement par une bielle réunie à l'appareil
de manœuvre.

Les mâts sémaphoriques se font quelquefois en bois et le
plus souvent en métal. Comme ils sont généralement plus élevés que les précédents, ils ont la forme de véritables poutres
en treillis. Les voyants peuvent être également en bois ou en
métal ajouré de manière à être plus légers et à offrir moins
de prise au vent; ils ont une forme rectangulaire, terminée
quelquefois par un dispositif spécial caractérisant le signal.

Appareil de manœuvre. — On emploie, pour la manœuvre des signaux, tous les systèmes de leviers, de là
des formes différentes suivant les réseaux. Il est rare que
l'appareil de manœuvre commande directement le signal;
il y a presque toujours une transmission intermédiaire.
Ce qu'il faut surtout, c'est que l'effort à développer ne soit
jamais excessif et qu'il soit constant pendant toute la durée
de la manœuvre. En Allemagne, au lieu de levier, on emploie

souvent des manettes décrivant un demi-cercle de bas en
haut ou des leviers se déplaçant d'une façon analogue. Ce
dispositif n'est ni plus simple ni plus facile, mais il est moins
volumineux que celui des leviers. Enfin, dans les cas de
sémaphores, on emploie très souvent des manivelles assez
courtes, l'effort à faire étant ordinairement assez faible.

Éclairage. — L'éclairage des
signaux doit être d'une régularité et d'une continuité par-
faites, puisque, dans certaines
circonstances atmosphéri-
ques, le signal doit rester
éclairé, même le jour. On se
trouve amené à employer des
appareils très simples : au pétrole, au gaz ou à l'électricité.
Lorsqu'il s'agit d'éclairage au
pétrole pour les petites lanternes, on emploie un bec
plat (*fig.* 58). La mèche plonge
simplement dans un réservoir
en fer-blanc contenant le liquide ; une cheminée conique
en verre augmente la fixité et
l'éclat de la flamme; elle se
prolonge extérieurement par
la cheminée en tôle de la lanterne. Des réflecteurs tronco-
niques dirigent la lumière sur
le verre d'une lentille, qui
concentre les rayons lumi-
neux dans la direction à
éclairer, généralement parallèle à la voie. Pour les appareils plus importants, on
adopte le bec rond (*fig.* 59), et
l'alimentation de la mèche se
fait par un réservoir à niveau

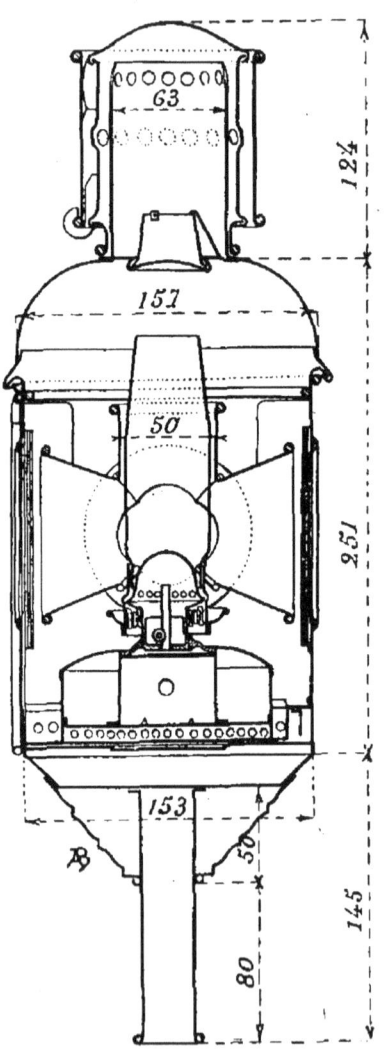

Fig. 58. — Lanterne mobile au pétrole,
bec plat (Nord).

constant. Ils sont employés surtout pour l'éclairage par

transparence, un réflecteur parabolique donne un faisceau de
rayons parallèles éclairant uniformément le transparent.

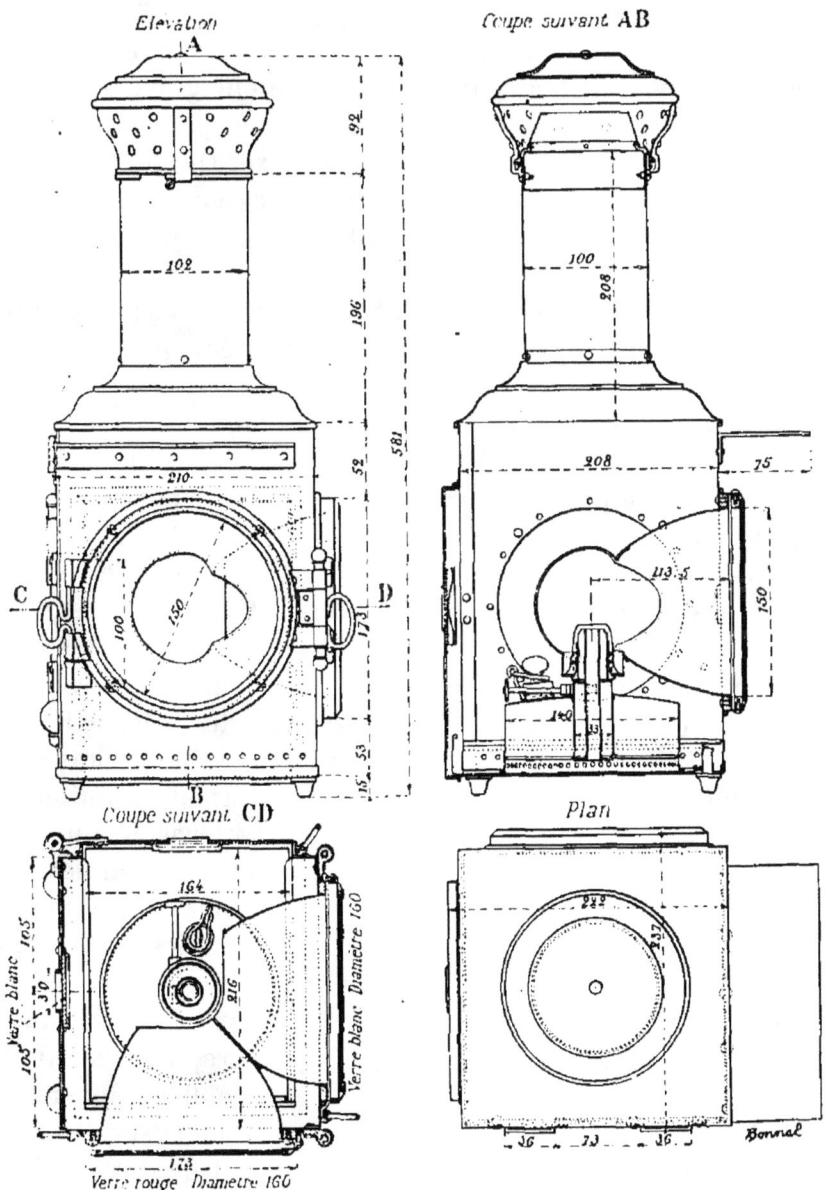

FIG. 59. — Lanterne fixe au pétrole, bec rond (Lyon).

Les lanternes au *gaz* ou à l'*électricité* ne peuvent être
employées que dans le voisinage des gares où l'on dispose

de ces deux sources d'éclairage. Le bec au pétrole est remplacé simplement par un brûleur à gaz ou par une lampe à incandescence; dans ce dernier cas, la lanterne se réduit aux réflecteurs.

Primitivement la lanterne était mobile avec le voyant; mais ce système présentait l'inconvénient grave d'amener des extinctions en cas de manœuvre un peu brusque du signal. Aussi préfère-t-on la rendre fixe. On se contente, pour l'allumage et l'entretien, de la descendre au moyen d'une chaîne sans fin s'enroulant sur une poulie placée en haut du mât. Un anneau sur la chaîne se fixe à un crochet du mât et permet d'arrêter la lanterne dans une position convenable, toujours à la même hauteur.

65. Signal avancé ou à distance. — Étant données les généralités précédentes, la description des signaux devient très facile, et il suffira de les examiner successivement en commençant par le signal avancé.

Disque avancé de l'Ouest. — Le disque avancé de l'Ouest (*fig.* 60) a son mât A formé par des fers à **U** boulonnés sur un socle en fonte et maintenus séparés par des entretoises. Des échelons en fer sont fixés d'un côté sur les ailes d'un des fers, et celles de l'autre servent de guide à un porte-lanterne K, que l'on peut élever ou abaisser au moyen d'une chaîne sans fin D s'enroulant sur une poulie P située en haut du mât, des buttoirs F servent à limiter la descente du porte-lanterne K, que l'on maintient à la hauteur convenable au moyen d'un anneau R, s'accrochant au mât. Le disque, de 1^m,20 de diamètre, est monté sur un arbre vertical B maintenu par des guides G; il pivote sur une crapaudine C. Sur sa face arrière, il porte un écran perpendiculaire permettant, lorsque le signal est effacé, d'envoyer en arrière, vers le poste de manœuvre, un faisceau de lumière violette. La rotation de l'arbre s'obtient au moyen d'une manivelle calée sur l'arbre et à laquelle est attaché le fil de la transmission. Un levier coudé, sur lequel est fixé un contrepoids à position variable, constitue l'appareil de rappel, dont la fonction consiste à faire tourner l'arbre et à mettre par conséquent le signal à l'arrêt lorsque la transmission est rendue lâche. La course de ce levier se trouve limitée

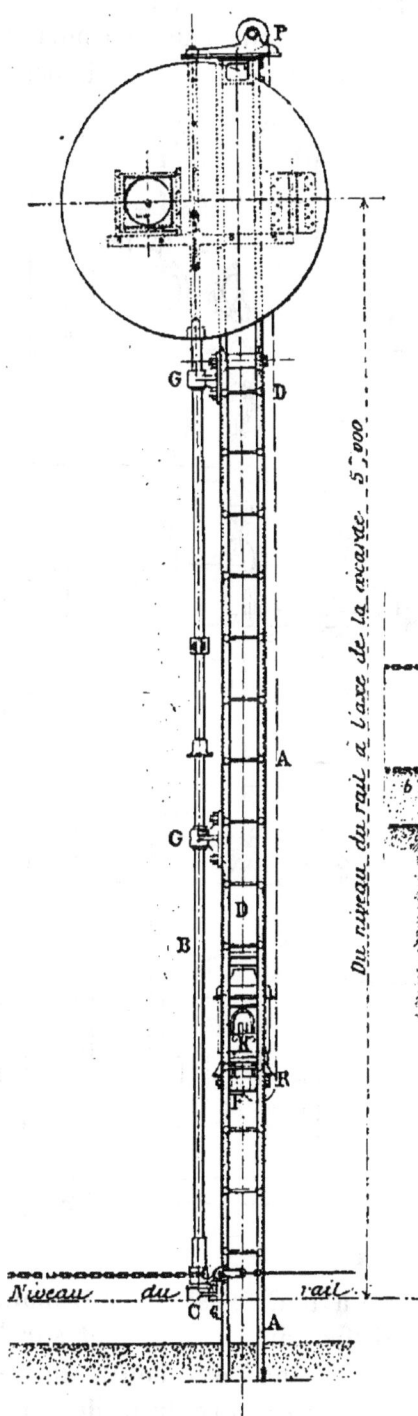

FIG. 60. — Disque avancé de l'Ouest.

d'un côté par le palier sur lequel vient reposer le petit bras du levier et, de l'autre, par un tasseau qui reçoit, par l'intermédiaire d'une rondelle en caoutchouc, le contrepoids de rappel.

L'appareil de manœuvre (*fig.* **61**) comporte un support en fonte à deux paliers, fixés par des tirefonds sur une charpente en bois. Le le-

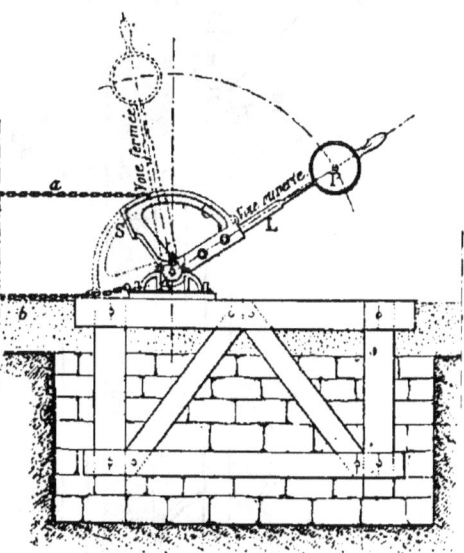

FIG. 61. — Levier de manœuvre (Ouest).

vier à secteur, muni d'un contrepoids P et d'un crochet C, auquel est agrafée la chaîne de transmission, est calé sur un arbre horizontal qui repose sur les paliers du support. Tous les mouvements du signal sont dus aux deux leviers de manœuvre et de rappel. Quand le signal est à l'arrêt, le levier de manœuvre repose par le talon S du secteur sur la charpente en bois, le levier de rappel agit alors par son contrepoids; dans la posi-

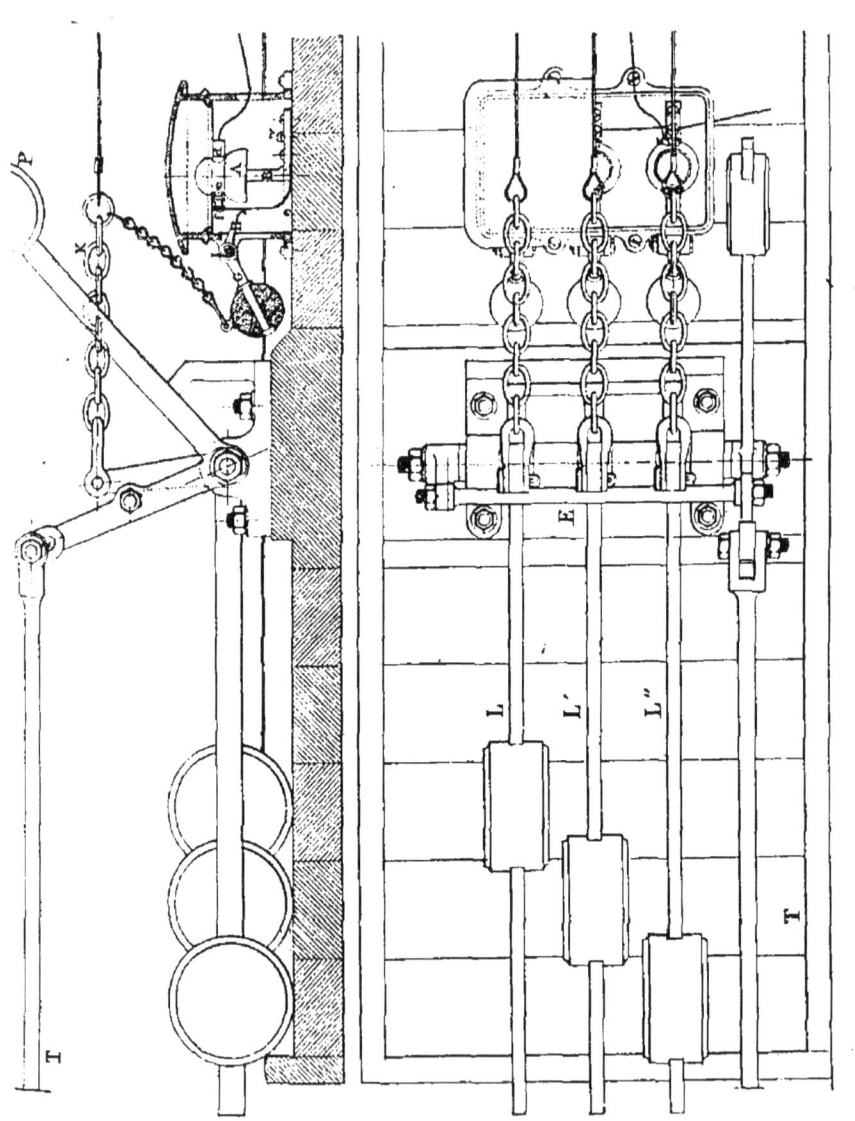

Fig. 63. — Signal commandé de plusieurs points (Ouest).

tion ouverte, la situation inverse a lieu; c'est le contrepoids de l'appareil de manœuvre qui tire sur le signal et sur le levier de rappel dont la petite branche butte contre le tasseau. On voit, en outre, qu'en cas de rupture du fil de trans-

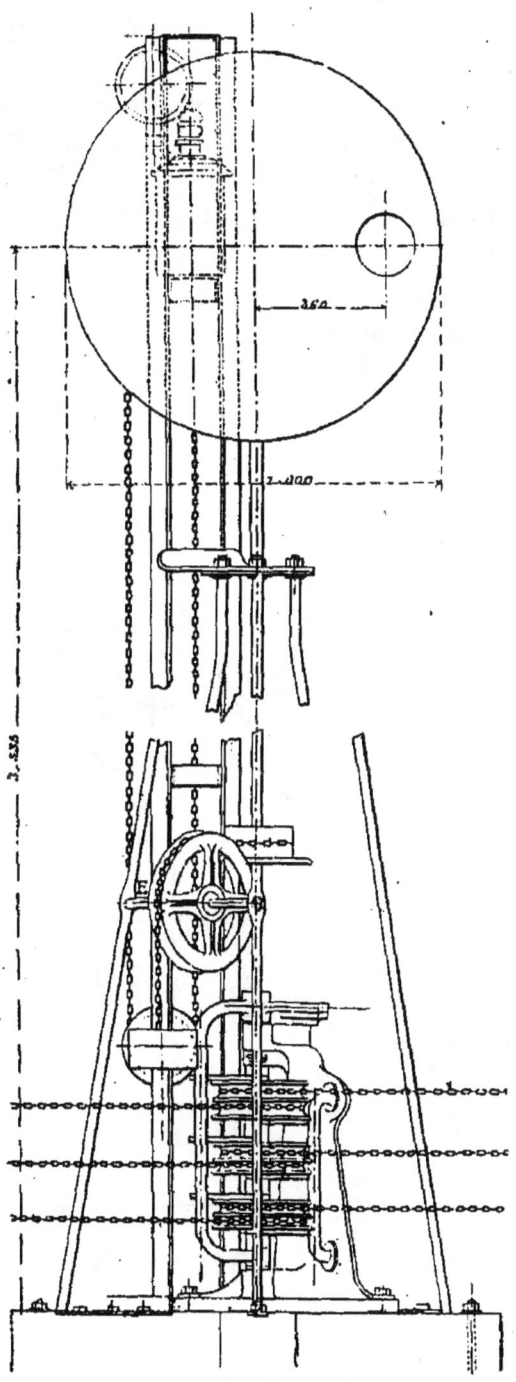

Fig. 63. — Signal à plusieurs transmissions (commande du signal).

mission, le contrepoids de rappel met automatiquement le
signal à l'arrêt.

Lorsqu'on veut manœuvrer le disque de plusieurs points
différents, on modifie l'appareil de rappel (*fig.* 62). Un support en fonte est traversé par un arbre coudé, sur lequel se
trouvent montés à frottement doux autant de leviers LL'L"
qu'il y a de fils de manœuvre, chacun d'eux avec son contrepoids agit en sens inverse du contrepoids P d'un levier coudé,
calé sur l'arbre, dont le petit bras est solidaire de la tringle
rigide T qui commande le signal. Ce levier est monté sur une

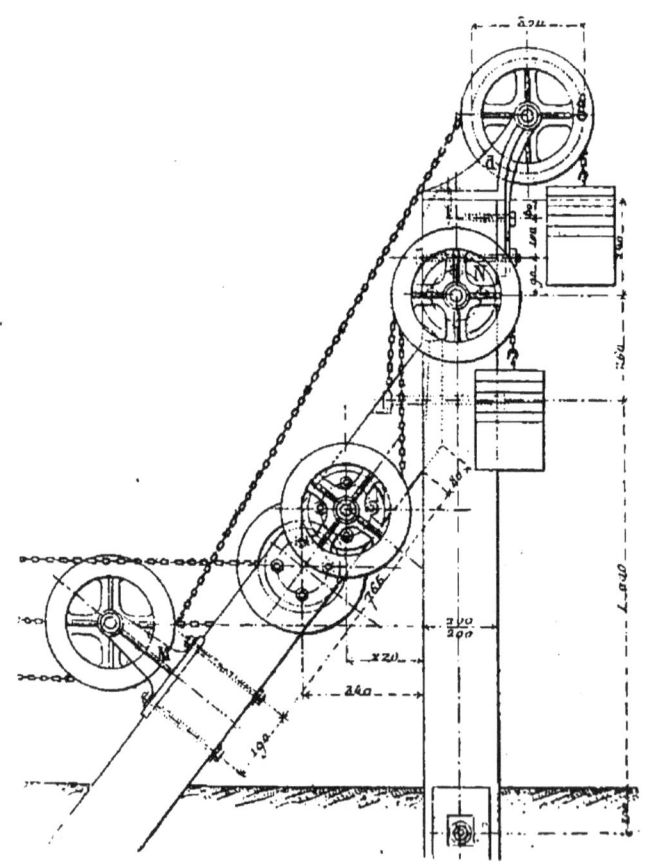

Fig. 63 *bis.* — Signal à plusieurs transmissions (Contrepoids de rappel).

extrémité de l'arbre, dont l'autre côté reçoit une manivelle
placée dans le plan du petit bras et réunie à lui par une
entretoise E. Lorsque le signal est ouvert, chaque levier de

manœuvre agit sur le signal, de façon que l'entretoise E s'appuie sur les petits bras des leviers L, L', L", le contrepoids P est alors abaissé. Si l'on veut fermer la voie d'un point quelconque, on rend libre l'un des leviers L' par exemple qui était soulevé par le contrepoids du levier de manœuvre correspondant comme le contrepoids de L' est supérieur à celui P, il entraîne la rotation du signal et par suite sa mise à l'arrêt. La manœuvre d'un seul levier suffit donc pour fermer la voie. On a, en outre, un commutateur par transmission dont on verra ultérieurement le fonctionnement.

Disque à distance du Nord. — Le voyant, placé à 3^m,535 de hauteur mesure 1 mètre de diamètre, il est monté sur un arbre vertical portant à sa partie inférieure une poulie horizontale, sur laquelle s'enroule une chaîne tendue à l'autre extrémité par un contrepoids de rappel. Dans le modèle primitif, l'arbre formait l'axe d'une pyramide dont les arrêtes étaient constituées par des fers ronds. La lanterne était alors mobile avec le voyant, et une échelle latérale permettait d'y accéder. Dans le système actuel, l'arbre est parallèle, comme dans celui de l'Ouest, à un mât formé de fers à **U** servant de supports aux guides et à la lanterne indépendante du voyant. L'ensemble de l'appareil est monté sur un bâti en bois enfoncé de 1^m,15 dans le sol.

Comme levier de manœuvre, on emploie un levier simple (*fig.* 73), se déplaçant le long d'un secteur ordinaire ou le levier de l'Est, qui sera décrit au disque correspondant.

Lorsqu'il s'agit d'un disque commandé de plusieurs points, on modifie un peu le système de commande de l'arbre (*fig.* 63 et 63 *bis*); sur ce dernier sont montées autant de poulies folles qu'il y a de transmissions. Chacune d'elles est munie d'un taquet qui s'appuie contre un vilebrequin calé sur l'arbre du signal. Les chaînes de manœuvre, après s'être enroulées sur les poulies correspondantes MN, se terminent par un contrepoids de rappel, qui se trouve soulevé lorsque le levier de manœuvre tend la transmission dans la position du signal ouvert. Si l'on rabat ce levier, le contrepoids de rappel entraîne la poulie et, par suite, le taquet qui fait tourner le vilebrequin et l'arbre du disque. On emploie également le disque à plusieurs transmissions de l'Est.

Disque avancé de l'Est. — L'arbre du voyant (*fig. 64*) est monté à l'intérieur d'une colonne dans laquelle il est guidé

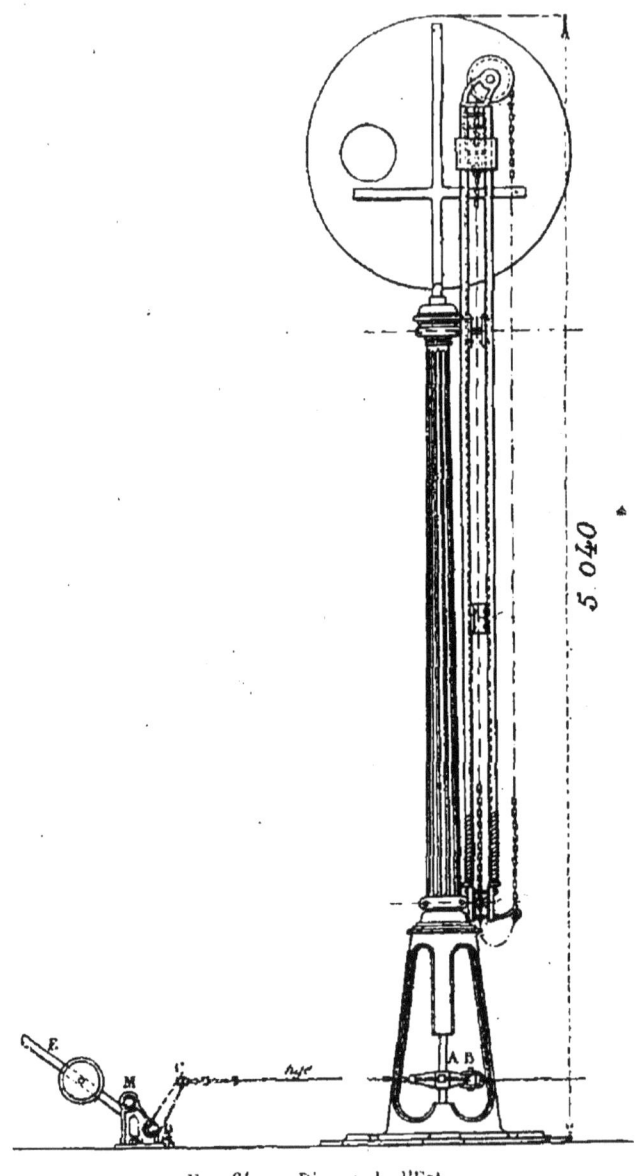

FIG. 64. — Disque de l'Est.

vers le haut par un coussinet. Dans le bas, il est muni d'une manivelle AB à laquelle s'attachent du même côté le fil de transmission et une tige de 1ᵐ,40 de long allant jusqu'au

levier de rappel CDE dont la course est limitée par un
arrêt M. A la colonne se trouvent fixées les deux tringles de
guidage de la lanterne ; on les munit dans le bas de ressorts destinés à amortir le choc à la descente, lorsqu'on la
manœuvre au moyen de sa chaîne sans fin. Le voyant porte,
en outre, un écran perpendiculaire à verre bleu, que l'on
aperçoit du poste de manœuvre, lorsque le signal est ouvert.

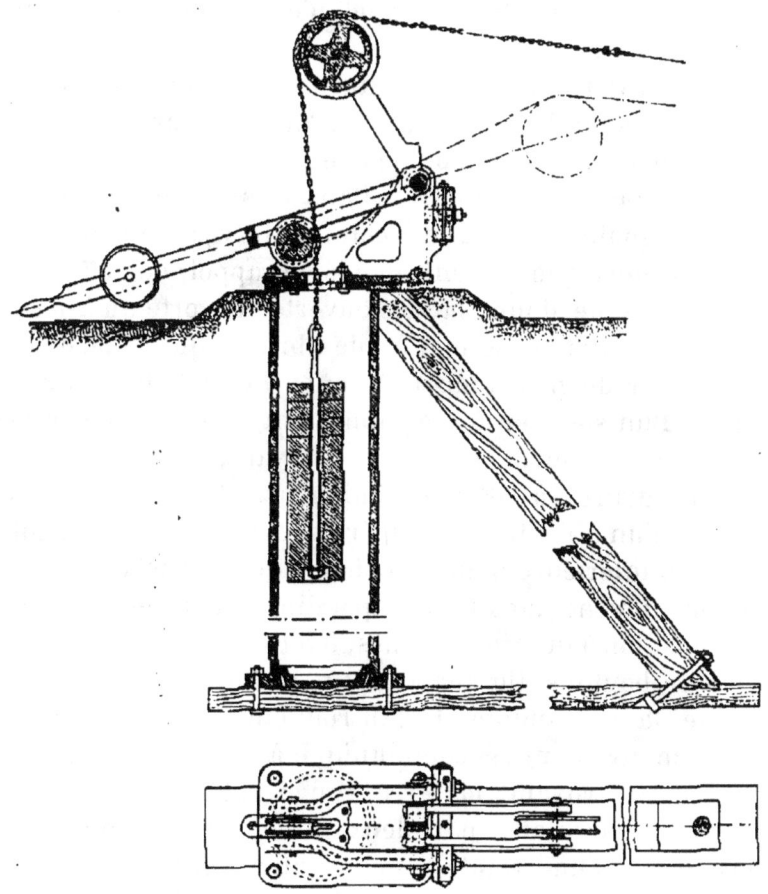

Fig. 65. — Levier de manœuvre de l'Est.

Quant au levier de manœuvre (*fig.* 65), la grande branche a
une forme coudée, de manière à laisser passer la chaîne de
transmission ; cette dernière s'enroule sur une poulie, mobile
avec la petite branche, et se termine par un contrepoids pouvant se déplacer dans un tube étanche fixé au support de

l'appareil. Enfin une poulie fixe guide la chaîne et la ramène toujours dans l'axe du tube. Le fil de manœuvre se termine donc à chacune de ses extrémités par un contrepoids; celui du levier de manœuvre doit être plus lourd, de manière à soulever le contrepoids de rappel, tant que le signal est ouvert. Lorsqu'on ferme le signal, le couvercle du tube empêche le contrepoids du levier de manœuvre d'agir en s'opposant au passage d'un maillon de la chaîne placé de champ. Le contrepoids de rappel n'étant plus soulevé met le disque à l'arrêt.

Le disque avancé à plusieurs transmissions rappelle, comme disposition, celui de l'Ouest, c'est-à-dire que l'on a recours à un contrepoids auxiliaire ou de contre-rappel.

Signal avancé du P.-L.-M. — Dans le système primitif du Lyon, le signal est analogue à celui de l'Est, avec cette différence toutefois que le contrepoids de rappel, en actionnant l'arbre du disque, donne la voie ouverte, de sorte qu'à la rupture du fil, le disque se met à voie libre, ce qui ne laisse pas de présenter de graves inconvénients. Le mât du disque se compose d'un socle en fonte supportant une colonne creuse dans laquelle tourne l'arbre du voyant, dont les mouvements angulaires à 90° sont limités par des taquets venus de fonte, l'un à l'extrémité supérieure de la colonne, l'autre à la partie inférieure d'un manchon calé sur l'arbre. Le pivot de l'arbre tourne dans une crapaudine ménagée au centre d'un croisillon à quatre branches, fixées au soubassement au moyen de boulons. Un chapeau, un peu au-dessus du pivot, préserve la crapaudine de l'introduction des corps étrangers. Le mouvement est communiqué à l'arbre par un balancier. Dans le voyant, le verre rouge est maintenu contre l'ouverture circulaire par deux rondelles en bronze avec interposition d'une rondelle en caoutchouc. La lanterne est fixée à coulisses sur un porte-lanterne qui glisse entre deux guides verticaux portant chacun un ressort à boudin servant à amortir les chocs de l'appareil à la descente, cette dernière est obtenue au moyen d'une chaîne sans fin. Enfin le mât du disque est monté sur un châssis en charpente formé de deux pans de bois de 0^m,40, assemblés à angle droit.

Le levier de manœuvre (*fig. 66*) est sensiblement le même

que celui de l'Est; le petit bras est muni d'une pièce évidée
en acier, dont la section intérieure affecte la forme d'un V
arrondi fermé par le haut (*fig.* 67). Elle constitue une agrafe
dans laquelle passe la transmission. Cette dernière porte un
contrepoids à chaque extrémité; celui du levier de manœuvre

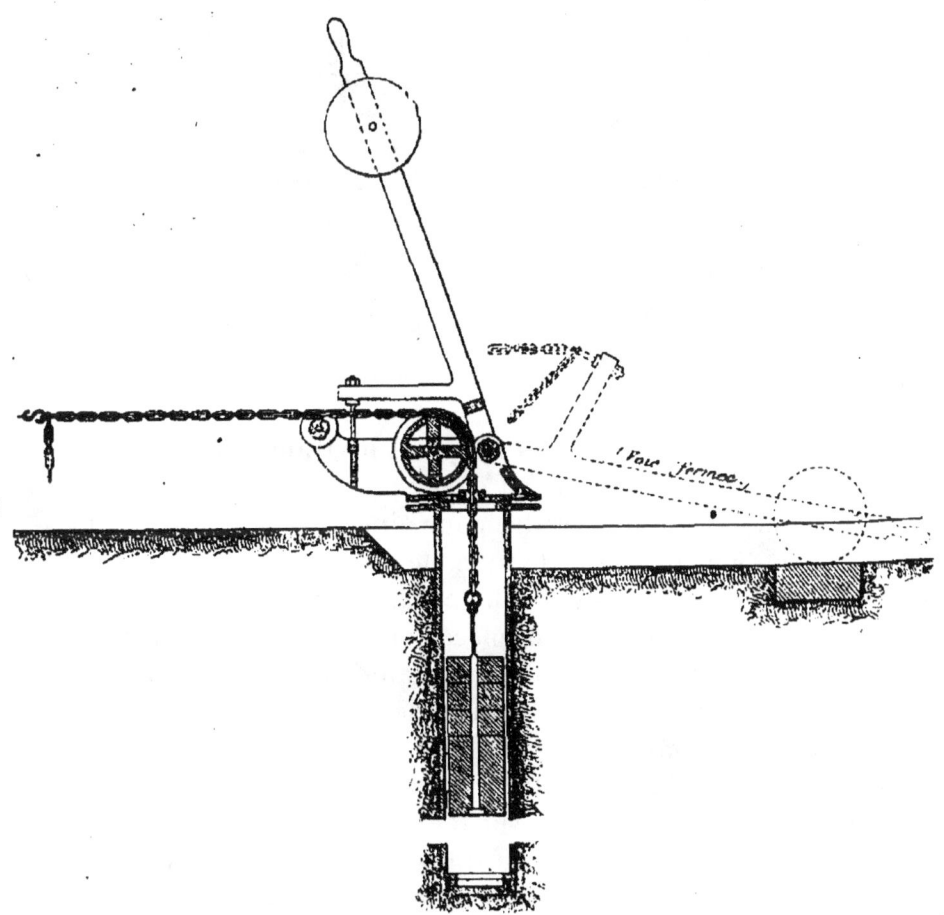

Fig. 66. — Levier de manœuvre du Lyon.

pouvant se déplacer dans un tube en fonte; de cette façon elle
est toujours tendue. Lorsque le disque est ouvert, le petit bras
du levier est horizontal, et le grand bras légèrement incliné
vers le fil; la chaîne de transmission passe librement dans la
partie ronde de l'agrafe; mais, lorsqu'on renverse le levier

pour fermer la voie, la chaîne, serrée par la partie étroite de l'agrafe, est entraînée avec lui. Une lentille l'empêche de se relever sous l'action du contrepoids de rappel.

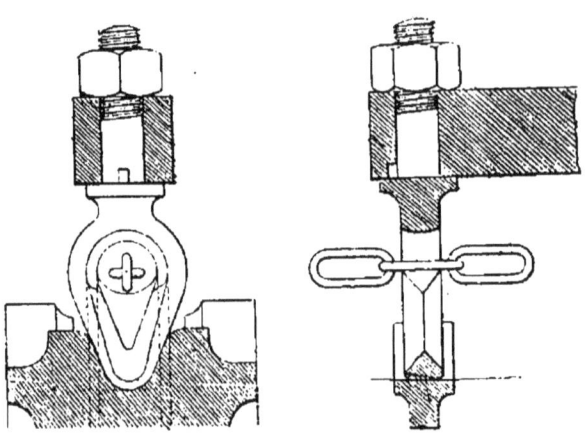

Fig. 67. — Détails de l'agrafe.

On a modifié le système en adoptant les transmissions avec compensateur Dujour, qui est décrit plus loin (page 225). De cette façon, on fait disparaître pour ainsi dire le contrepoids du levier de manœuvre, le tube destiné à le recevoir et le pince-maille pour saisir la chaîne. Le levier de manœuvre porte alors au petit bras une pièce percée de plusieurs trous, permettant de faire varier dans certaines limites la distance du point d'attache du fil à l'axe de rotation du levier de manœuvre. On emploie également un autre modèle de levier dont le petit bras est remplacé par un secteur de poulie, de manière à permettre d'agir sur le fil, toujours dans la même direction. Avec ce système de transmission, il faut toujours donner au levier un excès de course, ce qui a amené la Compagnie P.-L.-M. à essayer un nouveau levier de manœuvre, permettant non seulement d'amplifier la course, mais encore d'exiger un effort constant. Dans ce but, le secteur forme une courbe telle qu'à chaque rayon s'ajoute une longueur proportionnelle au sinus de l'angle du levier avec la verticale (fig. 68). Enfin, on a disposé dans ce nouveau système de disque, le contrepoids de rappel, de façon à obtenir la fermeture du signal en cas de rupture du fil.

Le Lyon emploie également des disques manœuvrés de plusieurs postes, mais on verra que toutes les transmissions,

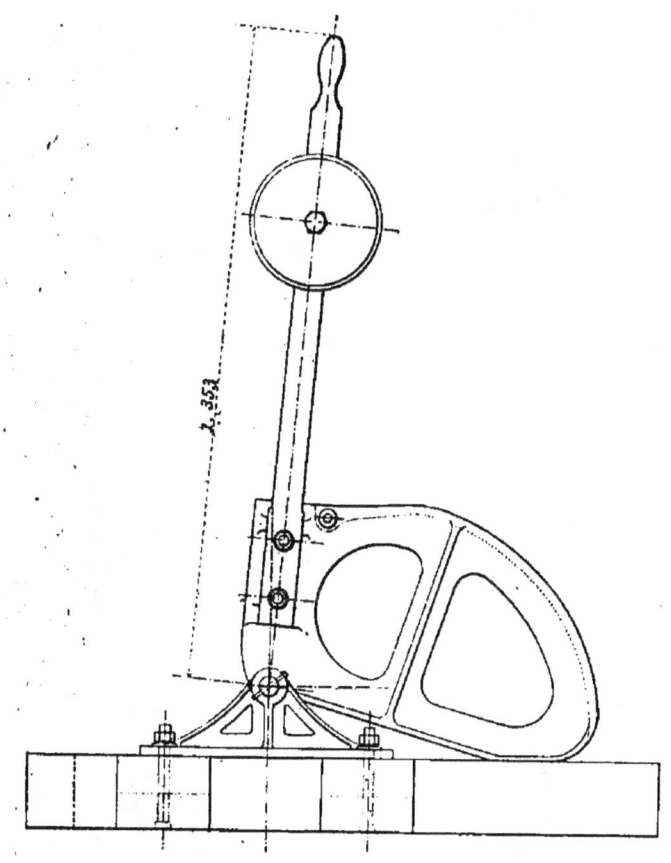

FIG. 68. — Levier de manœuvre à section elliptique.

au lieu de se continuer jusqu'au signal, ne sont prolongées que jusqu'au levier de manœuvre le plus rapproché du disque.

Mât de signal avancé de l'Orléans. — Le signal avancé de l'Orléans commandant l'arrêt absolu doit être visible de très loin, ce qui oblige à le placer à une hauteur importante, variant entre 6, 8 et même 12 mètres. Le mât (*fig.* 69) est formé par un support en tôle sur lequel sont montés les colliers de l'arbre du voyant, celui-ci maintient à son tour la lanterne, au moyen de guides munies dans le bas de ressorts destinés à amortir le choc à la descente. La lanterne, ainsi disposée,

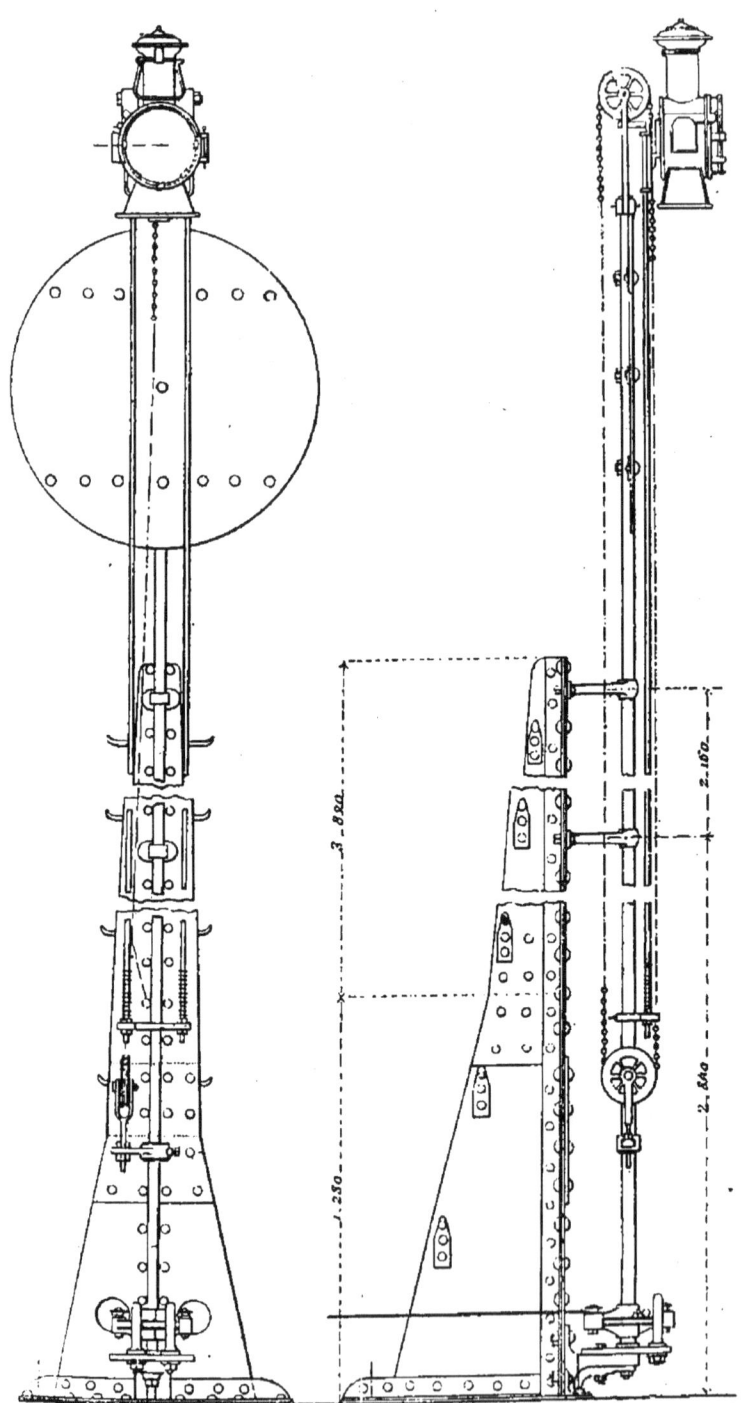

Fig. 69. — Mât de signal avancé de l'Orléans.

est mobile avec le voyant, on l'allume à terre, en la descendant au moyen de la chaîne sans fin, qui s'enroule en haut et en bas autour de deux poulies. Elle n'est qu'à deux feux, l'un blanc et l'autre rouge. Le mât est bien muni d'échelons, **mais ils ne servent que pour la réparation de l'appareil.**

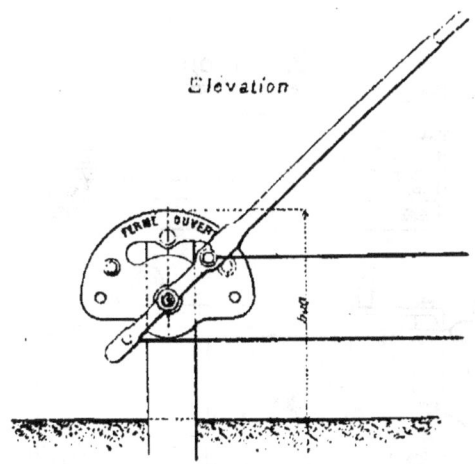

Fıɢ. 70. — Levier de manœuvre à deux fils.

Pour la manœuvre du signal, on n'a plus besoin de contrepoids de rappel, par suite de l'emploi d'un double fil venant s'attacher, d'une part, au levier de manœuvre et, de l'autre, à l'arbre du signal. Les fils sont contournés sur les gorges de poulies en cuivre, dont les axes sont rivés aux points d'attache sur le levier et sur les manivelles de l'arbre. Deux butées limitent les déplacements du levier et de l'arbre du signal. Enfin le disque est maintenu dans le sol au moyen de vieux rails.

Appareils à pétards de l'Orléans. — Le signal avancé étant muni de pétards, leur remplacement est assez difficile, à cause de la grande distance qui sépare le signal du levier de manœuvre ; de plus, si un train a déjà écrasé les pétards, il est indispensable de les remplacer immédiatement pour couvrir ce train. On a donc été amené à adopter des appareils permettant leur remplacement automatique.

Dans le système *Lirand* (*fig.* 71), on a un certain nombre de pétards P, disposés sur un plateau D relié au mât du signal par l'intermédiaire d'une tringle *d* à coulisse reposant sur des galets G. Au-dessous de ce plateau, des taquets *a* faisant saillie peuvent venir buter contre l'un des bras du levier AB, qui a pour but de faire avancer le plateau d'un quart de tour, lorsque les pétards placés sur la voie, et toujours au nombre de deux, ont été écrasés. Il suffit pour cela d'ouvrir

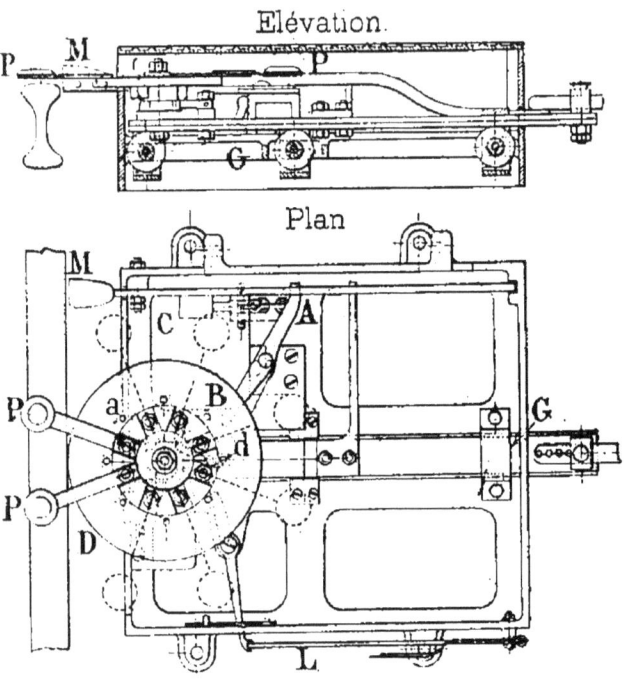

Fɪɢ. 71. — Porte-pétards Lirand.

le signal, puis de le refermer. Cette manœuvre, toutefois, ne doit avoir lieu que lorsque le signal a été franchi à l'arrêt. A cet effet le coulisseau *d* est muni d'un doigt perpendiculaire compris sur la figure entre *d* et G et allant jusqu'à A, ce doigt fait basculer un levier M muni d'un mentonnet et d'un cran où peut se loger l'extrémité A du levier. Lorsqu'on ouvre le signal, c'est-à-dire que l'on retire les pétards, M bascule, le mentonnet n'affleure plus le rail et ne peut plus être touché par le bandage des roues. Le levier A échappe du cran. Si on referme le disque, le mentonnet vient au niveau du rail, et le contrepoids C éloigne B des taquets du plateau. Le train, en passant, écrase dans ces conditions les deux pétards, fait basculer le mentonnet qui laisse échapper A et place B sur le passage du plateau de manière à heurter un des taquets. Lorsqu'on rouvrira le signal A fera tourner le plateau pour placer de nouveaux pétards. Il faut donc rouvrir le signal ; cependant on peut remplacer cette manœuvre par celle du plateau seul, au moyen d'une manivelle spéciale L.

Cette Compagnie emploie également des *pétards pour doubler les signaux d'arrêt de voie unique* (*fig.* 72). Le pétard n'est pas placé normalement sur le rail, quand le signal est à l'arrêt ; c'est le train lui-même qui l'y pose s'il force le signal.

FIG. 72. — Pétard de voie unique.

La pièce qui reçoit et transmet l'action du train est un doigt en acier V faisant saillie à l'extérieur du rail quand le signal est fermé, et pouvant tourner autour de deux axes. Lorsque le signal est fermé, le doigt est vertical. Le train franchissant le signal à revers, le doigt s'incline sous le choc de chaque roue en tournant autour de son axe ; sa faiblesse même le préserve d'une destruction rapide. Si, au contraire, le train force le signal, le doigt tourne en sens inverse entraînant les pétards P qui viennent se placer sur le rail, où ils sont écrasés.

Disque avancé du Midi. — Comme signal, c'est le disque du Lyon et, comme manœuvre, le levier du Nord, c'est-à-dire qu'il ne présente rien de particulier ; mais il convient de citer la disposition spéciale adoptée par cette Compagnie pour la manœuvre de *plusieurs disques par le même levier.*

Les tringles de manœuvre sont reliées aux fils de transmission et guidées par un bout de rail champignon courbé en arc de cercle (*fig.* 73). Au moyen d'une chaîne mobile terminée par un crochet, on relie le levier à la transmission du disque à manœuvrer. Cette chaîne est guidée par deux pou-

lies horizontales et une verticale, de manière à lui permettre
de prendre les déviations correspondantes à chaque trans-

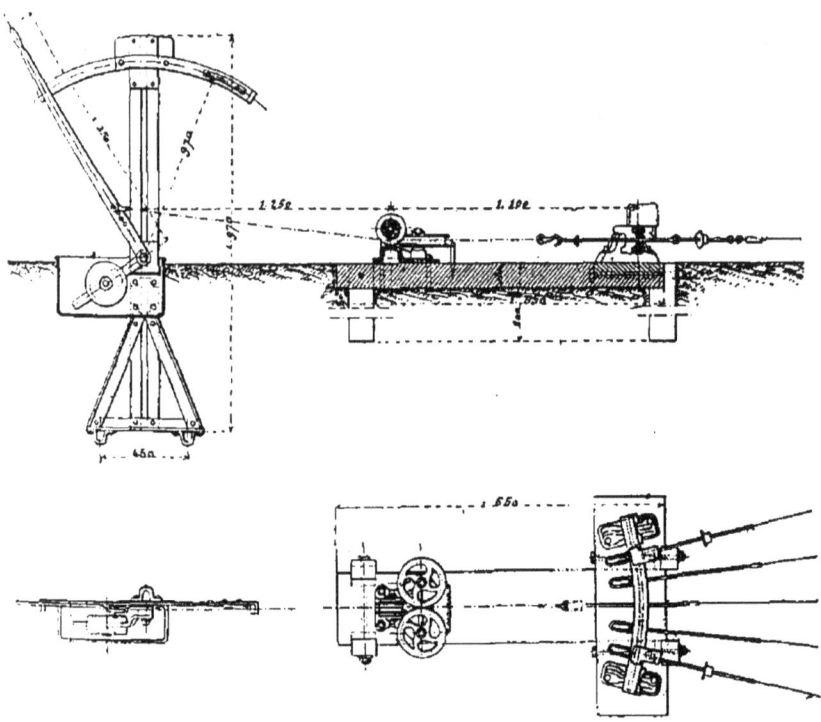

Fig. 73. — Manœuvre de plusieurs disques par le même levier.

mission. Avec ce dispositif, on ne peut jamais avoir plus d'un
disque ouvert à la fois, certitude qu'il est bon d'avoir dans
certains cas.

Disque à distance allemand. — Le mât est constitué par un
poteau métallique avec des fers à **U** et quelquefois même
par un simple rail. Le voyant, de $0^m,80$ à 1 mètre de diamètre, a son centre à $3^m,50$ au-dessus des rails; seulement,
au lieu de se déplacer autour d'un axe vertical, comme dans
les systèmes français, il tourne autour d'un axe horizontal.
Lorsqu'il est effacé, c'est-à-dire horizontal, le voyant vient
placer devant la lanterne un écran permettant aux agents
de la voie de contrôler la position du disque. Le voyant est
ajouré pour laisser passer la neige lorsqu'il est couché. Il
existe plusieurs dispositifs de manœuvre.

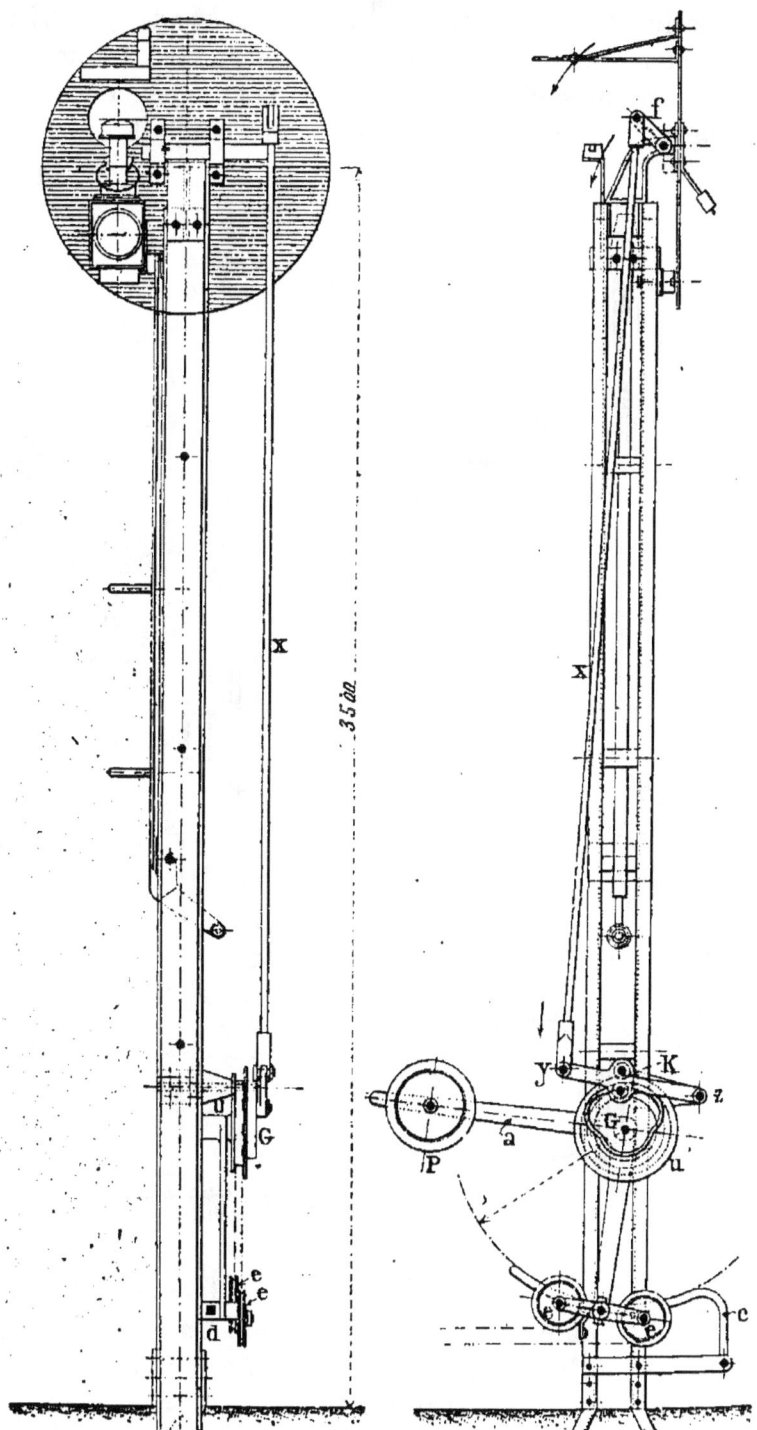

Fɪɢ. 74. — Système Zimmerman et Boucklogne.

Dans le système *Zimmerman* et *Boucklogne* (*fig.* 74), le mouvement de rotation est obtenu au moyen d'une manivelle f et d'une bielle x, commandée par un levier yz, mobile autour de l'axe z; le levier porte deux doigts K, guidés par

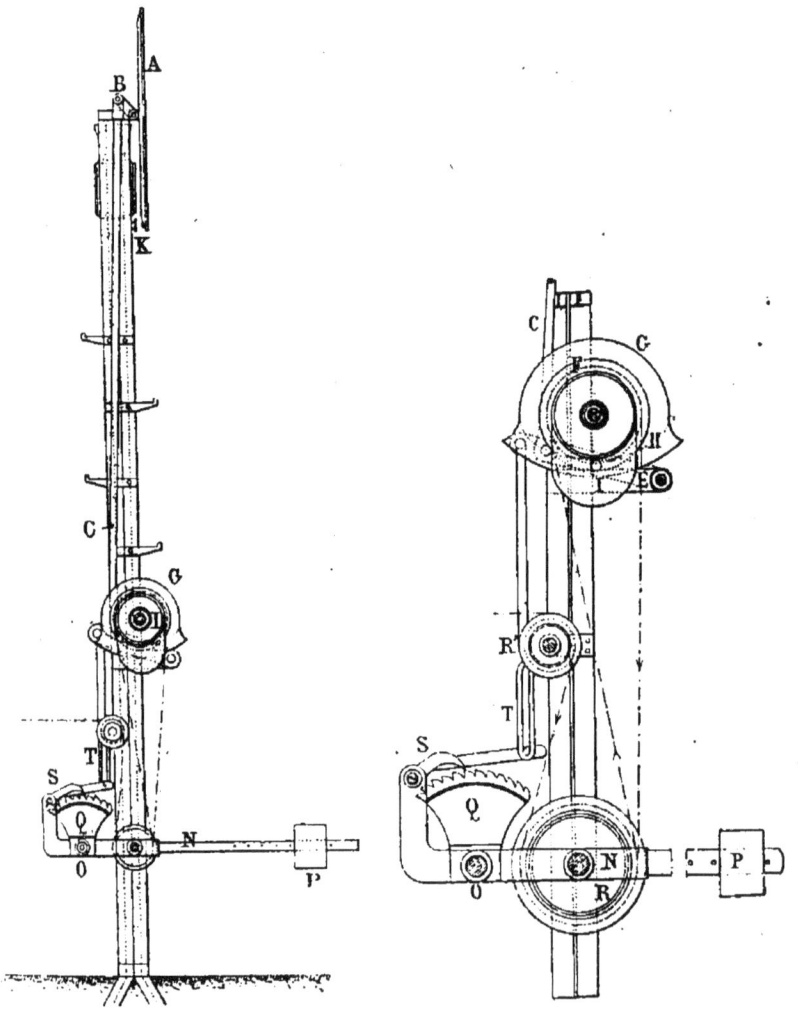

Fig. 75. — Disque Hein Lehmann.

une came saillante G, montée sur le tambour u, autour duquel s'enroule le fil de transmission. On adopte, pour la transmission, le système à deux fils. Au pied du mât existe un compensateur pour l'allongement du fil. Il comporte une équerre ab coulissant sur u, une extrémité reçoit un contrepoids P et l'autre, un balancier terminé par les poulies *ee*; l'extrémité de *b* est formée par un doigt glissant sur l'arc *c*. Le contrepoids en s'abaissant compense par le déplacement des poulies les différences de longueur de fil.

Un système un peu différent, mais basé sur le même principe, est celui de *Hein Lehmann et* Cie (*fig.* 75). Le voyant A est manœuvré, comme précédemment, par une manivelle B et une bielle C qui s'attache à un levier E armé en son milieu d'un doigt I guidé par une came. Quand on efface le signal, c'est la partie circulaire G de la came qui agit; pour la mise à l'arrêt, c'est, au contraire, la partie elliptique H, de sorte qu'en cas de rupture, le poids de tout le sytème met le voyant à l'arrêt. Un taquet élastique K amortit les chocs. La tension du fil est obtenue au moyen d'un contrepoids P, fixé à l'extrémité d'une fourche N oscillant autour de l'axe θ et portant deux poulies R sur lesquelles s'enroulent les fils de transmission, après avoir passé sur les deux poulies de renvoi R'. Pour que le déplacement du fil ne produise que la manœuvre du signal sans soulever le contrepoids, un secteur denté Q est muni d'un cliquet S empêchant toute oscillation de la fourchette. Si le fil se détend, le contrepoids ne peut se déplacer de plus du parcours d'une dent; mais, s'il se contracte, le cliquet cède à la traction et s'échappe facilement. Du reste, à la première manœuvre de mise à voie libre du disque, tout le système reprend sa place au moyen de la tige T rattachée au levier E.

On peut citer enfin le système *Gast (fig.* 76), applicable soit à un disque, soit à un sémaphore. La manivelle N, qui fait mouvoir le signal, est calée sur une poulie *a* recevant son mouvement de la transmission. L'extrémité de la manivelle s'attache à une bielle *p*, terminée par une coulisse *q*, dans laquelle se déplace un doigt monté sur un levier à contrepoids Z.

Le fil de transmission passe sur deux poulies de renvoi, *b* et *c*, dont les axes sont montés sur deux leviers *f* et *g* portant à une extrémité des contrepoids P; l'autre extrémité est articulée autour de deux points fixes *c* et *d*, sur le mât du signal. Enfin l'axe commun à ces deux poulies est suspendu à un levier *n*, mobile autour d'un axe *m* équilibré par le con-

Vue latérale

Plan

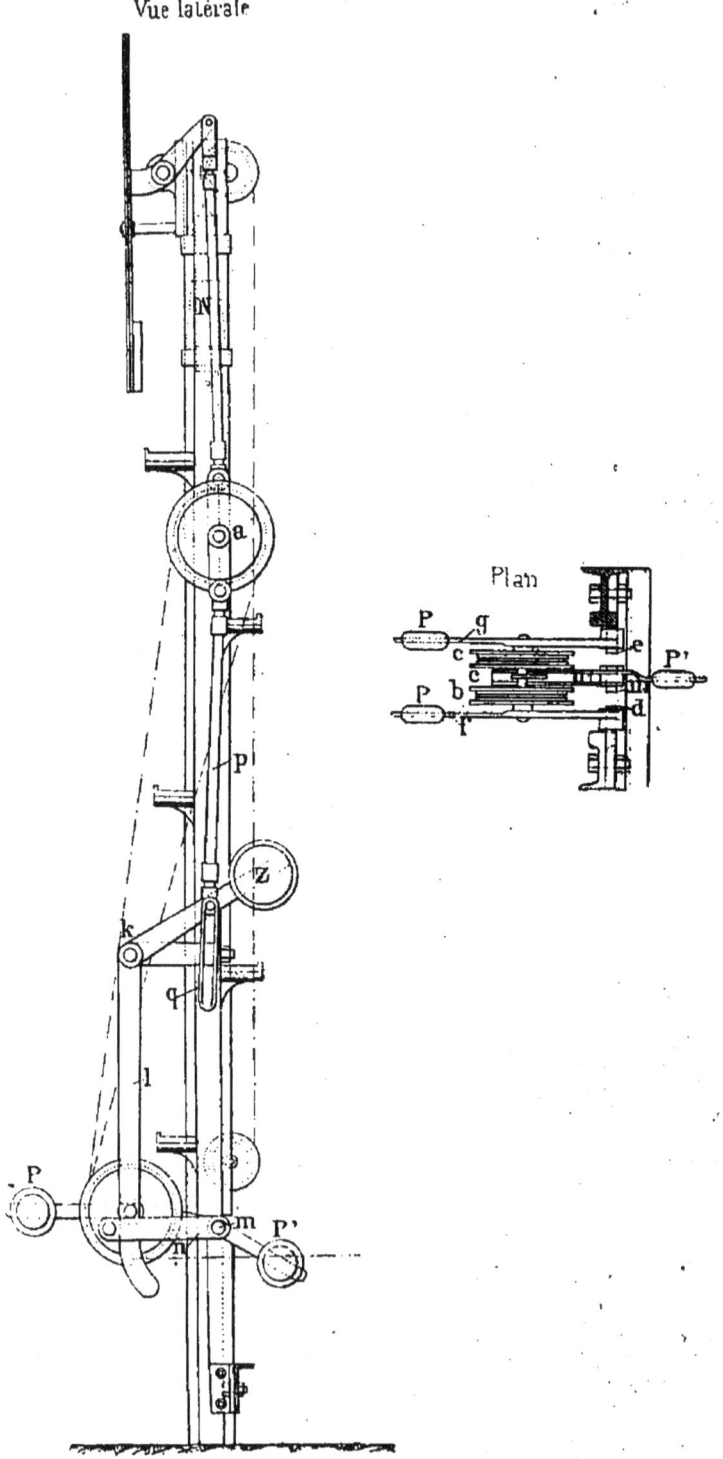

Fig. 76. — Système Gast.

trepoids P′ et mis en prise avec le bras *l* solidaire du contrepoids Z. Les poulies *b* et *c* suivent le fil dans ses mouvements
de dilatation et, en cas de rupture le levier *f* tombe, tandis
que *g* se relève, et le contrepoids Z agit alors, pour mettre
le voyant à l'arrêt. Le fonctionnement de l'appareil est donc
très simple et très sûr.

La manœuvre des signaux allemands se fait au moyen de
manivelle calée sur une poulie autour de laquelle s'enroule
le fil du signal. Les positions extrêmes de la manivelle se
fixent au moyen d'un ressort attaché d'un côté à la poignée
et de l'autre à un verrou s'engageant dans des encoches fixes
du bâti. On en verra par la suite de nombreux exemples.

Il y aurait encore beaucoup d'autres systèmes de disques
avancés à examiner; mais ils peuvent se ramener à ceux
déjà décrits. Quant aux signaux avancés formés par des
bras sémaphoriques, leur fonctionnement est semblable à
celui des sémaphores qui seront examinés ultérieurement
(page 190).

66. Signaux carrés d'arrêt absolu. — Comme construction,

ces appareils se rapprochent beaucoup des disques avancés,
dont ils ne diffèrent que par quelques détails.

Sur l'*Ouest* (*fig.* 77), le voyant, de forme rectangulaire
$1^m,40 \times 1^m,00$, se trouve monté sur un arbre vertical à $5^m,00$
au-dessus du rail. Les deux ouvertures, munies de verres
rouges, viennent se placer, quand le signal est fermé, devant
une lanterne à deux feux obtenus au moyen d'une seule
lampe. Le mât du signal ne présente rien de spécial, et le
contrepoids de rappel se déplace entre les montants verticaux de ce mât. Sur les voies, parcourues constamment dans
le même sens, un porte-pétards est relié à l'arbre du signal et
le suit dans ses mouvements, de manière à placer deux
pétards sur le rail, lorsque le signal carré commande l'arrêt.
Le signal jaune de la même Compagnie diffère du précédent
par la hauteur, qui est de 4 mètres, il ne présente, la nuit,
qu'un feu jaune.

Le voyant de $1,05 \times 0,97$ des signaux carrés du *Nord* peut
être placé à des hauteurs variables $3^m,53 — 5^m,04 — 5^m,70 —$
$6^m,30$. Suivant le cas, l'arbre est maintenu par trois pieds en

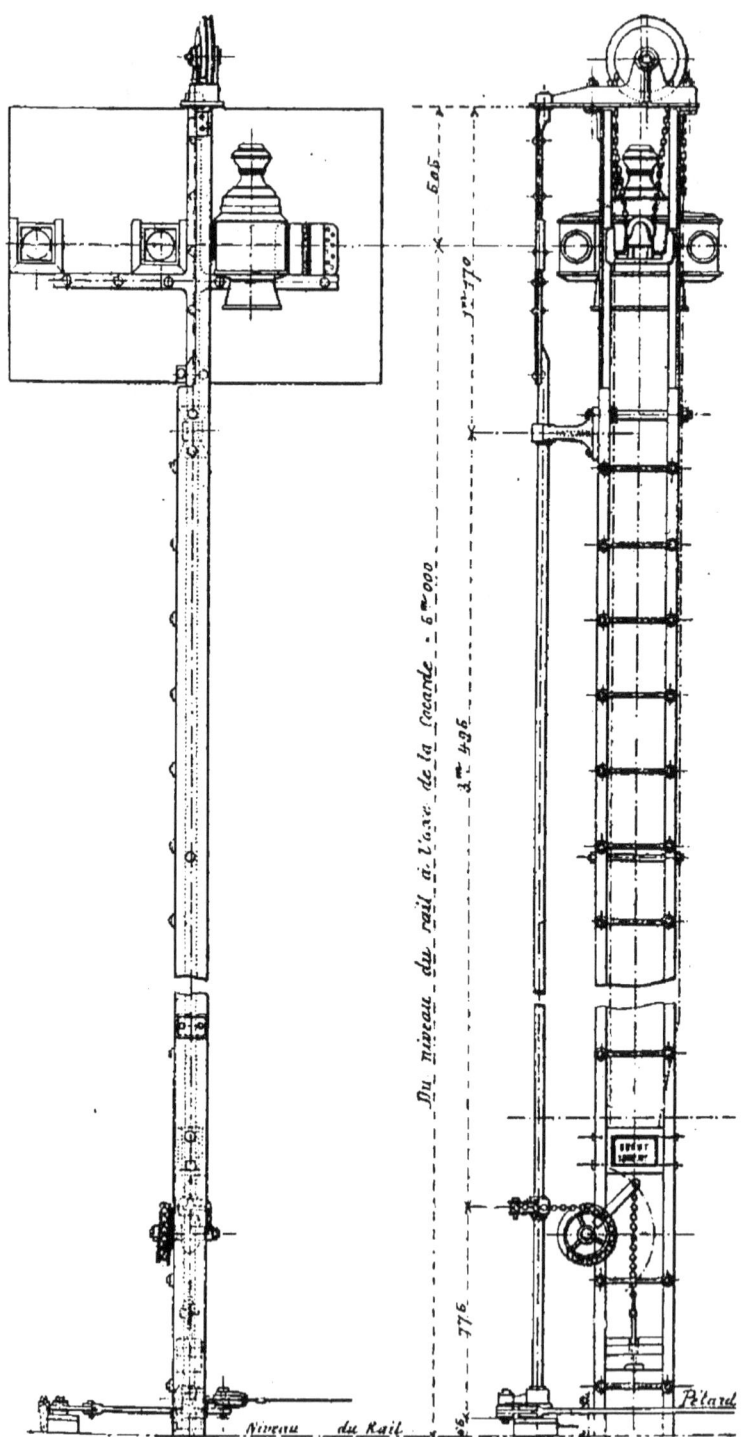

Fig. 77. — Signal carré de l'Ouest.

fers ronds, ou par un mât en fers à U dans un plan parallèle à la voie, et réunis par des entretoises. Un contrepoids de rappel produit la rotation. Les deux ouvertures, munies de verres rouges, sont placées sur la même ligne horizontale et disposées de façon que, quand le signal est fermé, l'une d'elles est éclairée directement par la lanterne fixe, et l'autre par un miroir incliné à 45° recevant la lumière d'une autre face de la lanterne. De plus, un écran perpendiculaire au voyant vient, lorsque le signal est ouvert, présenter à l'arrière, du côté du poste de manœuvre, un feu bleu. Sur les lignes parcourues toujours dans le même sens, on dispose également au pied du signal un porte-pétards.

Sur le *Lyon*, dans le système primitif, le signal est caractérisé par la manière d'obtenir, la nuit, les deux feux rouges au moyen d'une lanterne fixe à un seul feu et de deux miroirs.

Le voyant est percé de deux ouvertures superposées, celle du haut avec un verre blanc et celle du bas avec un verre rouge; la lumière venant de la lanterne passe directement dans cette dernière. Celle du haut, au contraire, est masquée extérieurement par un miroir à 45°, qui renvoie la lumière sur un second miroir à 45° réfléchissant à son tour la lumière parallèlement à la voie. On obtient ainsi deux feux rouges à des hauteurs inégales; mais cette différence est peu sensible à une certaine distance. Cette disposition, commandée par la lanterne même, a l'inconvénient de donner pour un côté une lumière deux fois réfléchie et, par suite, d'une intensité très faible.

Aussi lui substitue-t-on peu à peu un nouveau signal (*fig.* 78) dont les deux ouvertures du voyant de 0m,15 de diamètre sont sur la même ligne. L'une d'elles est éclairée directement, l'autre au moyen d'un miroir qui réfléchit la lumière à 45°. Il porte, en outre, un petit écran en tôle perpendiculaire au voyant et muni d'un verre bleu que l'on aperçoit du poste lorsque le signal est ouvert. Le mât du signal est formé par un bâti en fer composé de quatre cornières, dont deux verticales et deux inclinées, réunies par des entretoises servant d'échelons. L'arbre du voyant repose sur un pivot en acier maintenu par une des cornières. Il est guidé par des colliers placés le long des cornières verticales. Le levier de rotation

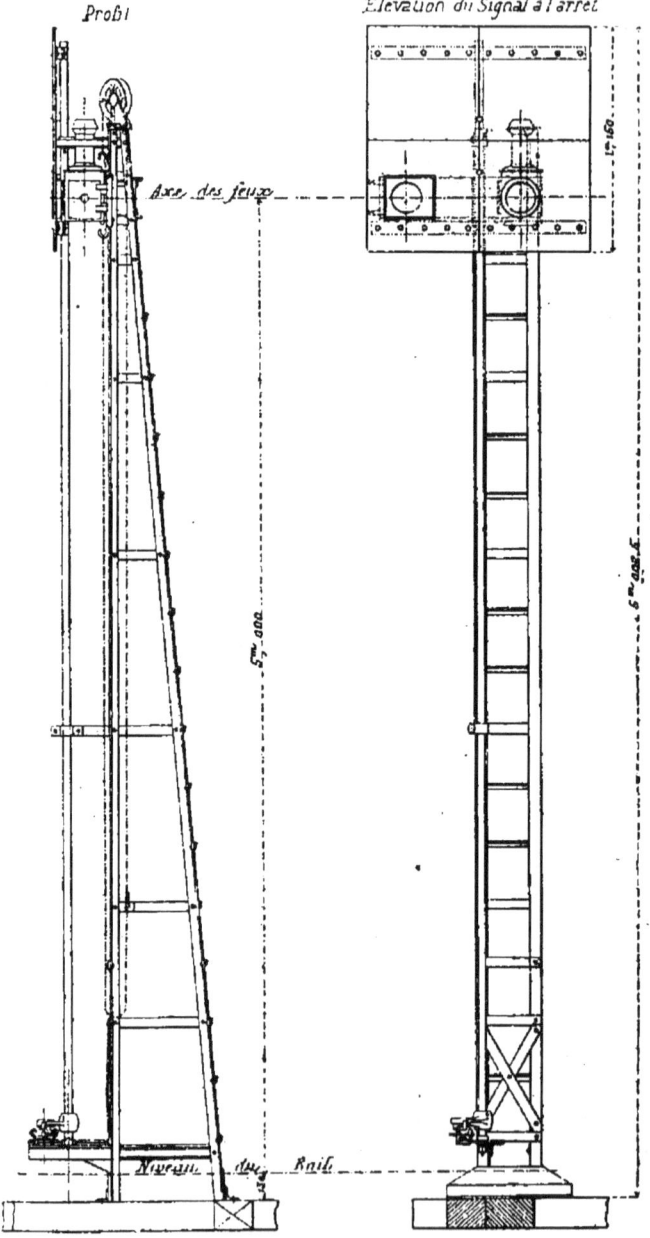

FIG. 78. — Signal carré du Lyon

est muni d'un appareil de calage système Marcelet.

Les signaux carrés des autres réseaux ne présentent rien de spécial.

67. Sémaphores. — Ces signaux sont de deux sortes, suivant qu'ils sont employés pour maintenir l'espacement des trains, ou qu'ils fonctionnent comme signaux de bifurcation, c'est-à-dire à la fois comme signaux de protection et indicateur de direction. Au point de vue de la construction et du fonctionnement, la différence est peu importante ; cependant, généralement, ceux du block-system sont manœuvrés sur place et comportent deux ailes ou bras à la même hauteur, un pour chaque sens ; ceux de bifurcation, au contraire, sont actionnés à distance et ont autant d'ailes à des hauteurs différentes qu'il y a de directions. Les sémaphores du type *Saxby* ont un mât formé par un treillis métallique ; l'aile, peinte en rouge sur une face, est elle-même en treillis, et sa manœuvre s'obtient au moyen d'un levier relié à l'aile par une bielle. Un contre poids équilibre en partie le poids de l'aile et facilite la manœuvre. La nuit, les indications sont données par une lunette en fonte à verres rouge et vert, reliée à la bielle de manœuvre de l'aile sémaphorique. Elle se déplace devant une lanterne fixe. Suivant les indications à donner, l'aile ou la lunette peuvent prendre trois positions : horizontale ou feu rouge ; inclinée à 45° ou feu vert ; et verticale ou feu blanc. Pour l'allumage et l'entretien, on accède à la lanterne au moyen d'une échelle. La maison Saxby construit également des sémaphores avec mât et ailes en bois.

Les mâts de quelques sémaphores *belges* sont formés par un treillis métallique ; les ailes, peintes en rouge, sont équilibrées par des contrepoids (*fig.* 79). La nuit, une lanterne fixe éclaire une lunette dont la position est solidaire de la bielle qui commande les ailes. Elle donne un feu rouge, correspondant à la position horizontale commandant l'arrêt, ou un feu vert ou blanc correspondant à la position inclinée de l'aile, c'est-à-dire à la voie libre. Les sémaphores belges sont, du reste, de plusieurs systèmes, Saxby, Siemens, Hodgson et Flamache ; mais les indications fournies par les ailes ou les lunettes sont les mêmes, avec cette distinction toutefois que dans les uns l'aile se déplace vers le haut et

Elévation

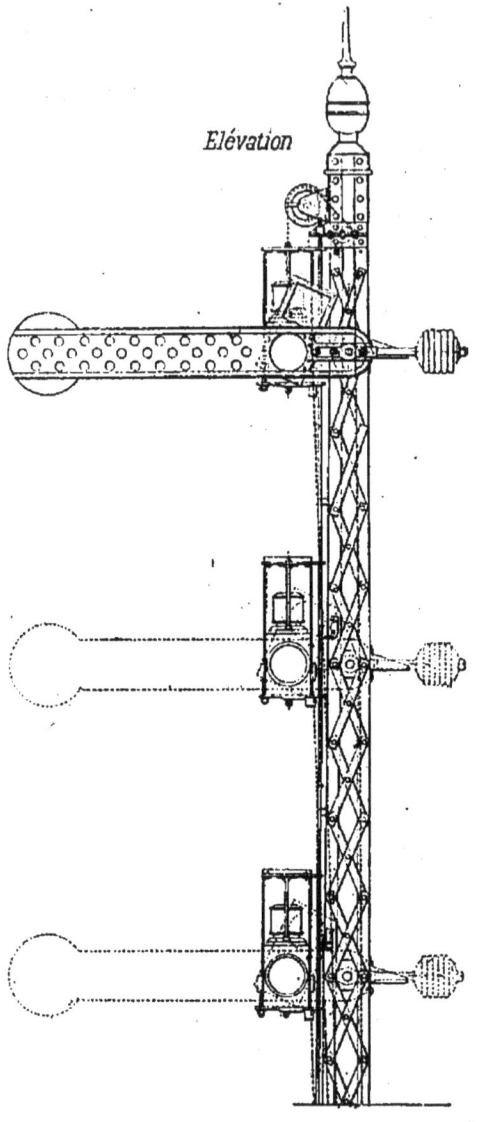

Coupe

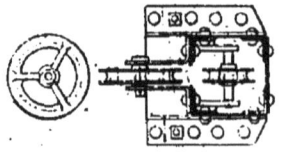

Fig. 79. — Sémaphore à trois ailes.

dans les autres vers le bas. Les lanternes sont généralement mobiles. On les descend le plus souvent, au moyen d'un câble, passant sur une poulie de renvoi à la partie supérieure et s'enroulant sur un tambour à manivelle.

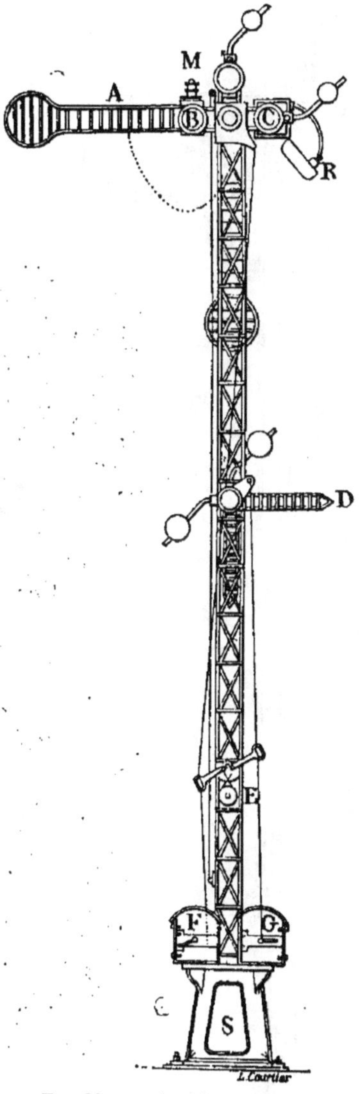

La manœuvre des ailes peut s'obtenir au moyen d'une manivelle. Tel est le cas des sémaphores du block-system du *Nord français (fig. 80).* L'arbre sur lequel est calée cette manivelle F ou G porte, à l'autre extrémité, une contre-manivelle, reliée à l'aile sémaphorique par une série de tringles articulées E donnant moins de raideur à tout le système. Les ailes A sont équilibrées au moyen de contrepoids placés dans le prolongement du bras. Le mât est formé par un treillis en fer cornière reposant sur un socle en fonte S; l'aile est également ajourée, son extrémité est en forme de disque. Placée horizontalement et présentant sa face rouge aux mécaniciens, elle commande l'arrêt : la nuit, cette indication est remplacée par un feu double vert et rouge que donnent deux verres B et C montés sur l'aile elle-même. Une seule lanterne M suffit pour l'éclairement des deux verres et des deux ailes ; ce résultat est obtenu au moyen de deux miroirs accolés à 45°. Un des verres est éclairé directement, l'autre l'est par réflexion.

Fig. 80. — Sémaphore du Nord.

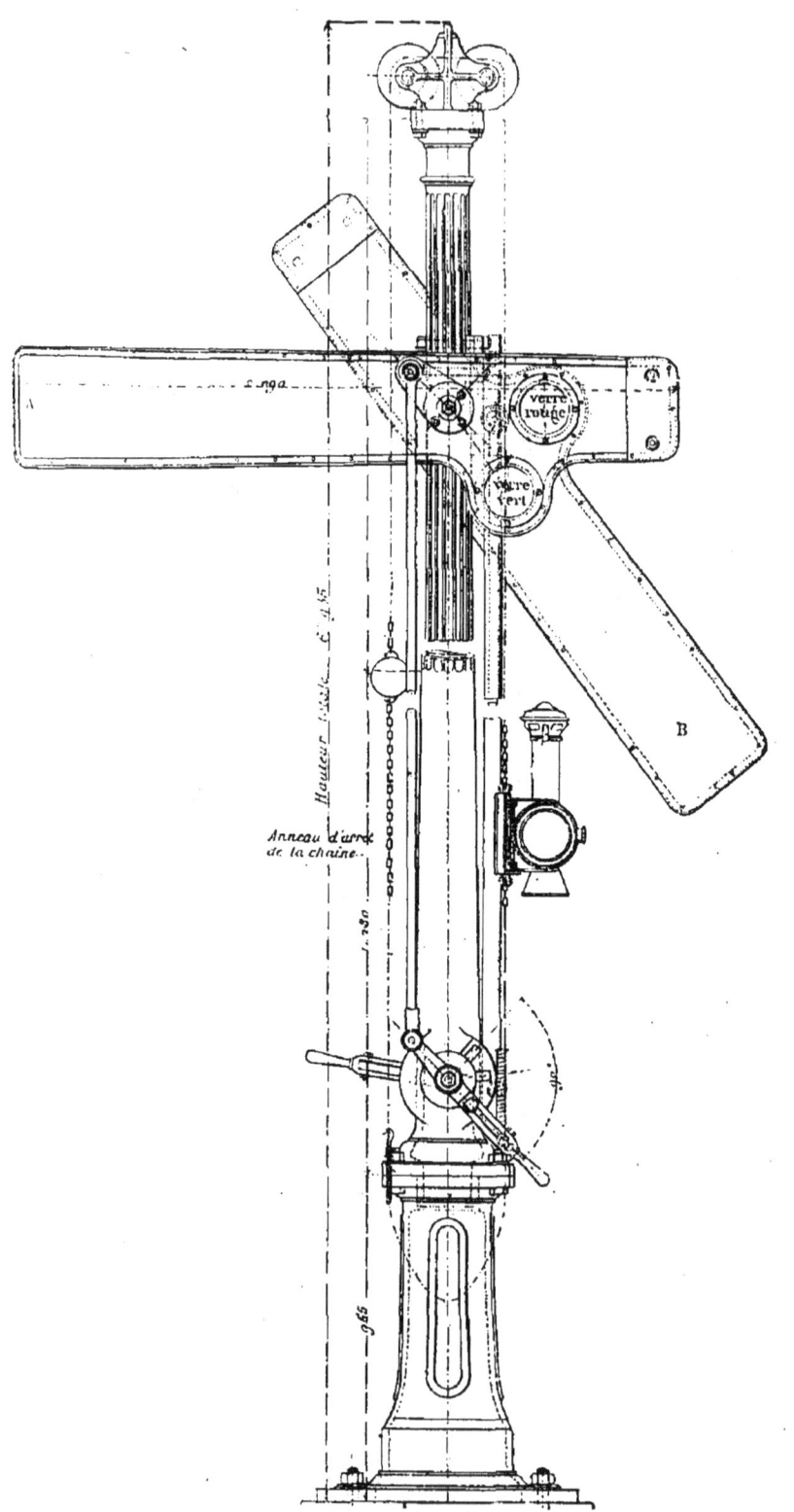

Fig. 81. — Sémaphore de block du Lyon.

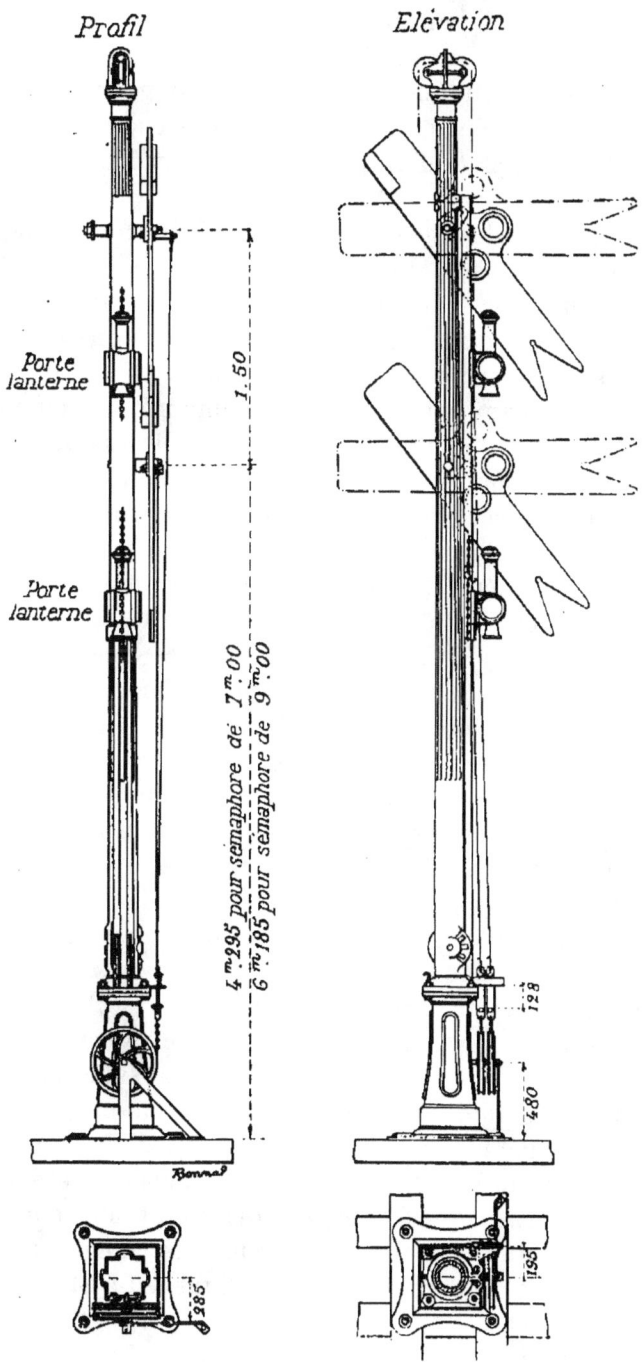

Profil   *Elévation*

Porte
lanterne

1.50

Porte
lanterne

4ᵐ295 pour sémaphore de 7ᵐ00
6ᵐ185 pour sémaphore de 9ᵐ00

Fɪɢ. 82. — Sémaphore de bifurcation du Lyon.

Enfin, un troisième miroir R sert à renvoyer la lumière vers le bas, de manière à indiquer au gardien du sémaphore que l'éclairage fonctionne bien. La lanterne, pour l'allumage et l'entretien, se déplace au moyen d'une chaîne sans fin. L'appareil se complète d'un petit bras D pour l'annonce des trains.

La Compagnie de *Lyon* emploie deux sortes de sémaphores pour les postes du block-system, et pour les bifurcations. Dans les sémaphores du block-system (*fig.* 81), le mât, de 6 à 7 mètres, est formé par une colonne en fonte reposant sur un socle également en fonte. Il reçoit deux bras A et B pivotant autour d'un axe commun, mis en mouvement au moyen de tringles mues par des leviers ou mieux des manivelles. Chaque bras est percé, à égale distance du pivot, de deux ouvertures placées au-dessus l'une de l'autre, elles sont munies d'un verre rouge et d'un verre vert, et disposées de manière à avoir le verre rouge en face d'une lanterne fixe, lorsque la grande aile est à l'arrêt, et le verre vert quand il est incliné à 45°. Sur l'une des ailes, les deux ouvertures sont, par rapport à l'axe, du même côté que l'aile ; sur l'autre, elles sont de l'autre côté. On peut, dès lors, n'avoir qu'une seule lanterne fixe que l'on monte ou descend, au moyen d'une chaîne, le long de la colonne. Les ailes pleines sont peintes en rouge avec bordure blanche sur la face s'adressant aux trains. Dans le modèle de 1900 chaque aile n'est percée que d'une ouverture circulaire dont 2/5 sont en rouge et 3/5 en vert, ces deux couleurs sont simultanées. Entre les deux ailes en face des lunettes, on a une lanterne donnant deux feux opposés.

Pour les sémaphores de bifurcation de ce réseau (*fig.* 82), les ailes, en nombre égal aux directions, sont superposées et placées du même côté ; elles se terminent en flamme peinte en violet, et leur manœuvre s'effectue au moyen d'une transmission s'enroulant autour de poulies au pied de la colonne. Il y a autant de lanternes que d'ailes, et elles sont toutes montées sur la même chaîne, ce qui permet de les descendre pour l'allumage. Le reste de l'appareil est identique au système précédent.

A la catégorie des sémaphores se rattachent tous les

signaux anglais, mais leur manœuvre et leur construction ne

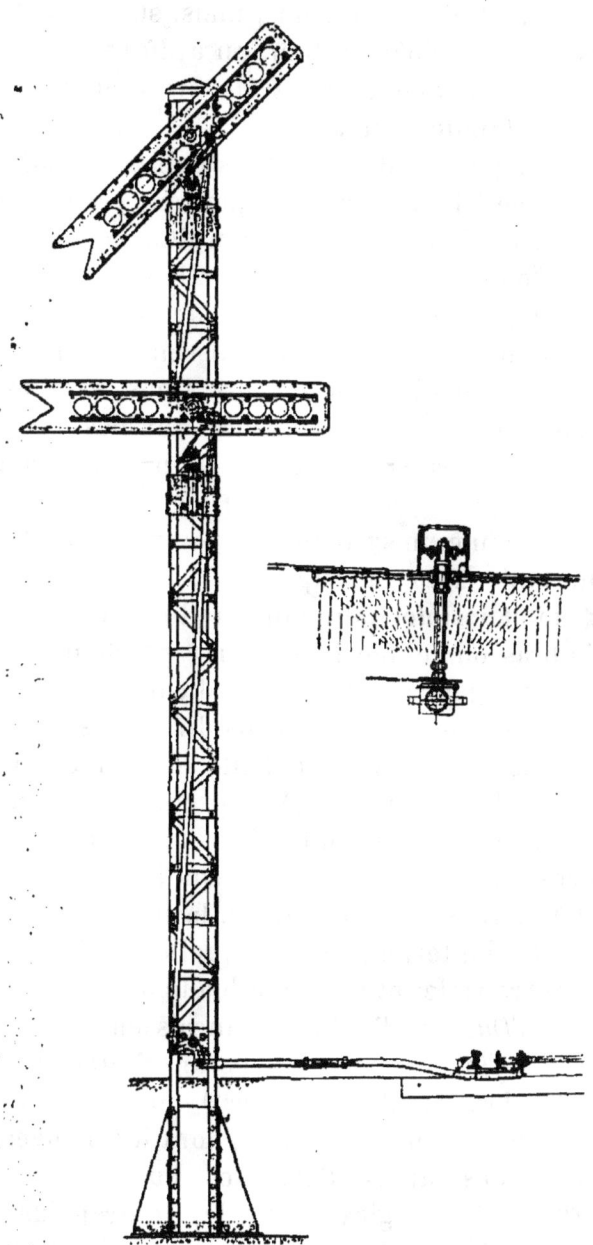

F\ıg. 83. — Indicateur de direction de l'Est.

présentent rien de particulier.

68. Indicateurs de direction. — Les signaux sémaphoriques précédents placés aux bifurcations servent à la fois de signaux de direction et de protection; mais, sur les réseaux où ils sont réservés au block-system, on a dû recourir à d'autres appareils. Le service du contrôle, en France, n'admet que deux sortes d'indicateurs.

1° Les sémaphores, dont les bras peints en violet et terminés en flamme à leur extrémité, peuvent prendre deux positions : horizontale ou inclinée. La nuit, à la position horizontale correspond un feu violet, et à celle inclinée un feu blanc ou vert; la première commande l'arrêt, l'autre autorise le passage en vitesse ou avec ralentissement. Il y a, dans ce système autant d'ailes que de directions, et elles sont toujours apparentes, placées les unes au-dessus des autres, la plus haute s'adressant à la direction la plus à gauche, et ainsi de suite.

C'est, en somme, le système du Lyon qui vient d'être décrit.

2° Dans le deuxième groupe, il n'y a jamais qu'une aile ou un feu violet visible indiquant la direction fermée ; l'absence de bras ou le feu blanc correspondant à la direction ouverte. Il y a généralement un indicateur à deux branches par bifurcation ; lorsqu'il y a trois directions celle du milieu est caractérisée par l'absence d'aile ou de feu violet.

Le réseau de l'*Est* a adopté le premier système (*fig.* 83); les ailes du sémaphore sont reliées aux lames d'aiguille et conjuguées de façon à être alternativement inclinées ou horizontales. Elles sont éclairées, la nuit, par réflexion, au moyen d'une lanterne devant laquelle se place successivement un verre violet et un verre blanc ou vert.

Le *Nord*, l'*Ouest* et l'*Orléans* français emploient le second système : le mât A porte un écran E derrière lequel se déplace un bras double B (Ouest) ou deux bras séparés (Nord) ou une équerre (Orléans), dont les mouvements sont liés à ceux des lames d'aiguilles au moyen d'un levier d'équerre T, de tringles M et de contrepoids. Les bras portent des ouvertures munies de verre violet qui viennent se placer devant le feu d'une lanterne F. Comme il y a deux lanternes, une de chaque côté du mât, on a toujours un feu blanc ou vert et un feu violet.

Élévation

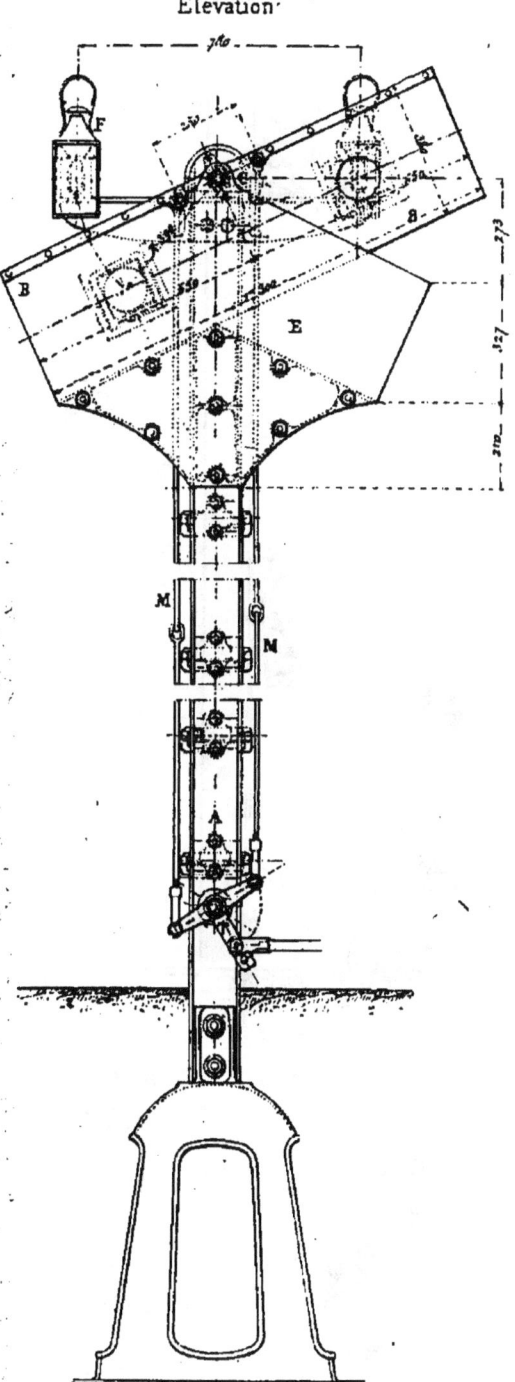

Fig. 84. — Indicateur de direction (Ouest).

69. Indicateurs de position d'aiguille. — Tous les systèmes

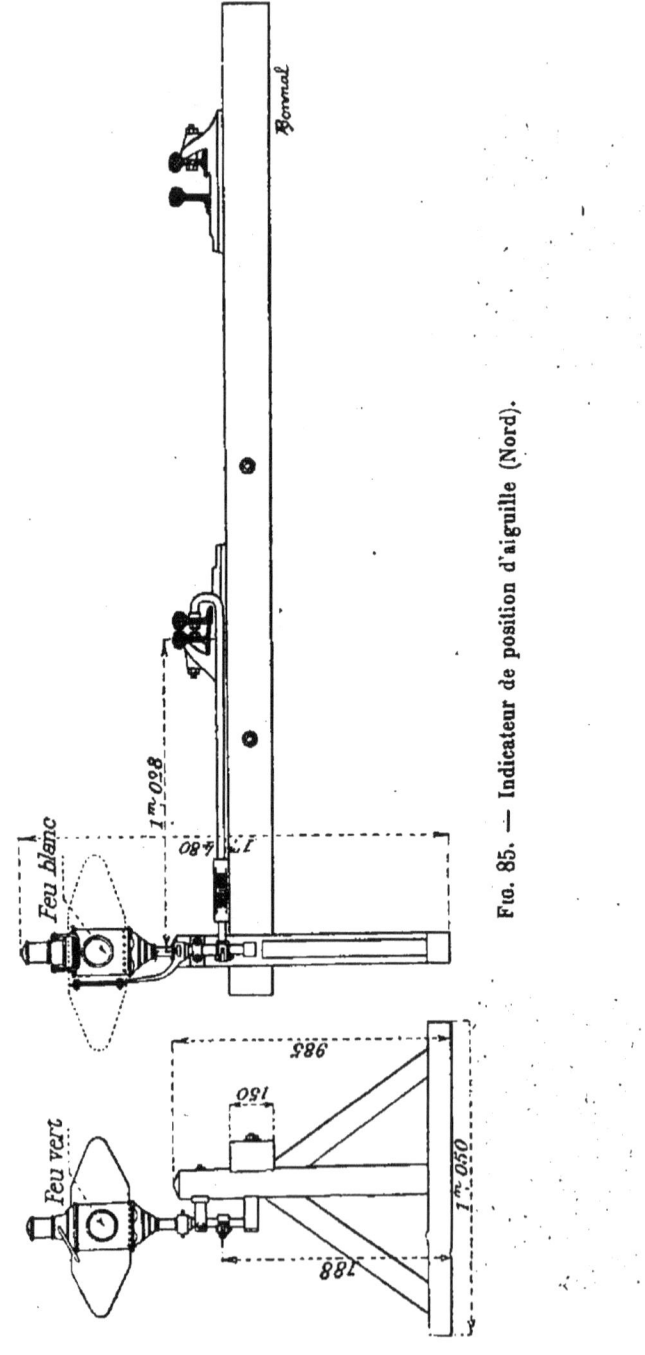

Fig. 85. — Indicateur de position d'aiguille (Nord).

sont à peu près les mêmes; le voyant, qu'il ait la forme

d'une double flamme (*fig.* 85) (Nord et Est) ou d'un disque (Lyon, réseaux anglais), est monté sur un arbre vertical de faible hauteur. Au moyen d'une manivelle et d'une tringle de connexion, il reçoit son mouvement de rotation des lames d'aiguille. La lanterne à quatre feux se place soit directement sur l'arbre du voyant, soit au-dessus, soit derrière; elle est mobile avec lui.

Tant que l'indicateur n'est placé qu'au niveau des rails ou à une faible hauteur au-dessus, l'arbre vertical n'est soutenu que par un collier fixé sur une traverse; mais lorsqu'il est plus élevé, il faut le maintenir à une certaine hauteur, soit au moyen d'un trépied, soit par un simple poteau vertical recevant un collier pour l'arbre du signal (Midi, *fig.* 86).

Dans les signaux allemands, la lanterne est enfermée dans un cylindre horizontal présentant sur ses faces planes ou courbes les couleurs ou indications nécessaires.

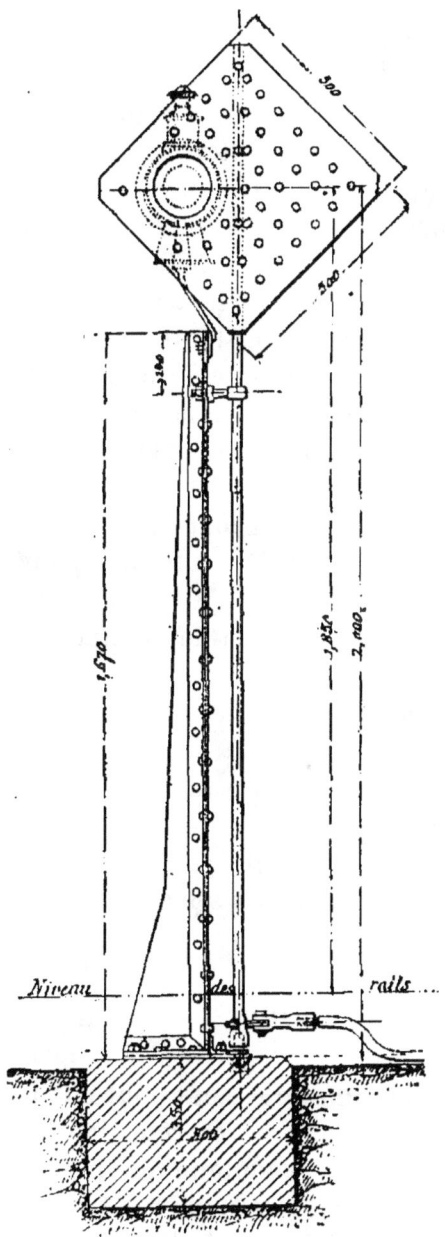

Fig. 86. — Indicateur de position d'aiguille (Midi).

70. Signaux de ralentissement. — Les *disques verts de ralentissement* du Nord et de l'Orléans, au point de vue construction, ne présentent rien de spécial ; ils sont analogues aux disques à distance. Sur les lignes à voie unique du Nord, où ils sont à l'arrêt quand l'aiguille n'est pas verrouillée, on les commande du même coup de levier que le verrou de l'aiguille.

Dans l'indicateur à *damier vert et blanc* du Nord et de l'Ouest le voyant est formé, dans les parties blanches, par deux verres blancs juxtaposés et dépolis sur leur face interne ; la partie verte comprend un verre vert appliqué contre un verre blanc dépoli. Cet appareil est éclairé par transparence par une lanterne fixe à bec rond qui, au moyen d'un réflecteur formant deux conques, renvoie la lumière sur le transparent. Lorsque l'indicateur est fixe (indication constante de ralentissement), le voyant est placé sur une conso e à quatre bras assez longs, permettant de l'éloigner suffisamment du mât pour laisser passer la lanterne ; si, au contraire, il est mobile (indication facultative de ralentissement), il est monté sur un arbre maintenu par un guidage relié au mât qui porte la lanterne ; la distance du mât à l'arbre doit être suffisante pour empêcher le voyant de heurter la lanterne. Cette dernière se déplace le long du mât au moyen d'une chaîne avec poulie de renvoi.

Dans le damier du *Lyon*, les verres blancs sont montés sur un voyant fixe, et les deux verts sur un second voyant mobile autour d'un axe horizontal et pouvant disparaître derrière les carrés blancs. Il n'y a qu'une lanterne donnant un premier feu direct et un second réfléchi par un miroir, soit, suivant que le voyant vert est caché ou apparent, deux feux blancs ou deux feux verts.

D. — SIGNAUX AUTOMATIQUES

71. **Principe.** — Les signaux automatiques ont pour but de faire assurer par le train lui-même sa propre protection. Le mouvement du signal est généralement obtenu au moyen d'une pédale placée le long des rails et actionnée par le train en passant. Le principe est assez simple ; mais l'application présente de grandes difficultés, aussi le système n'est-il guère répandu, tout au moins en France. Il est en effet indispensable que ces signaux fonctionnent d'une façon

irréprochable, le moindre arrêt pouvant avoir des conséquences graves. De là l'obligation de les installer de manière à renseigner les agents sur la moindre irrégularité dans leur fonctionnement. On a du reste cherché à ce que les agents soient toujours fixés sur l'état du signal, en les astreignant à une manœuvre complémentaire : dans certains cas, le signal étant fermé par le train, la mise à voie libre ne peut être faite qu'à la main; dans d'autres, le signal est muni d'un appareil contrôleur qui doit être manœuvré par un agent. Ces diverses conditions entraînent bien la vérification de l'état du signal, mais lui font perdre son caractère d'automaticité, on conserve toutefois l'avantage important de la mise à l'arrêt instantanée du signal.

Il existe d'autres appareils automatiques ayant pour but de renseigner le mécanicien sur l'état des signaux rencontrés; mais, dans ce cas, ce n'est qu'un surcroît de sécurité ne dispensant nullement cet agent de sa surveillance ordinaire des signaux de la voie. Les appareils dont la description suit ne sont pas appliqués d'une manière courante; cependant quelques Compagnies les utilisent dans des cas spéciaux.

72. Système Guillaume. — Le principe consiste à intercaler, sur la commande du signal, un dispositif qui puisse rompre momentanément la solidarité existant entre le signal et son appareil de manœuvre; le contrepoids de rappel, agissant alors seul, mettra le signal à l'arrêt. Le dispositif est mû par une pédale actionnée par le train à son passage. Il faut, toutefois, que la pédale soit assez éloignée du signal, (50 mètres environ), pour que sa fermeture ait lieu seulement après le passage de la machine, de manière à éviter toute erreur au mécanicien. Dans le système Guillaume (*fig.* 87) l'appareil est formé de deux leviers, A et B, correspondant, l'un au levier du contrepoids de rappel K, l'autre à celui de manœuvre. Montés sur le même axe C, ils sont, en *temps* ordinaire, solidaires l'un de l'autre au moyen d'un cliquet *d* appartenant à A et venant enclencher un mentonnet *l* fixé sur B.

La pédale *g* montée sur E est munie d'un contrepoids qui la fait affleurer constamment au niveau du rail. Elle agit au moyen de la came *f* sur le cliquet *d*. Lorsqu'un train passe, il abaisse la pédale ; le cliquet *d* étant soulevé par la

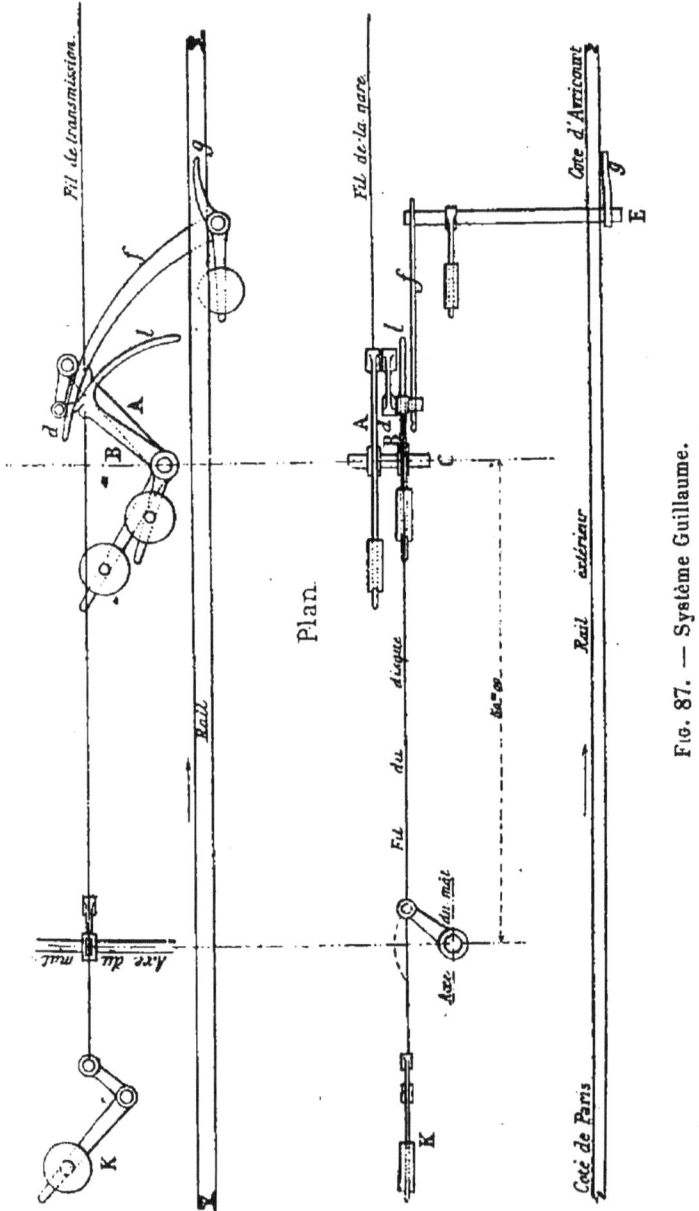

Fig. 87. — Système Guillaume.

came, les deux leviers sont indépendants, et le contrepoids de rappel peut mettre le signal à l'arrêt en faisant tourner le levier B. Le contrepoids du levier A a pour effet de tendre

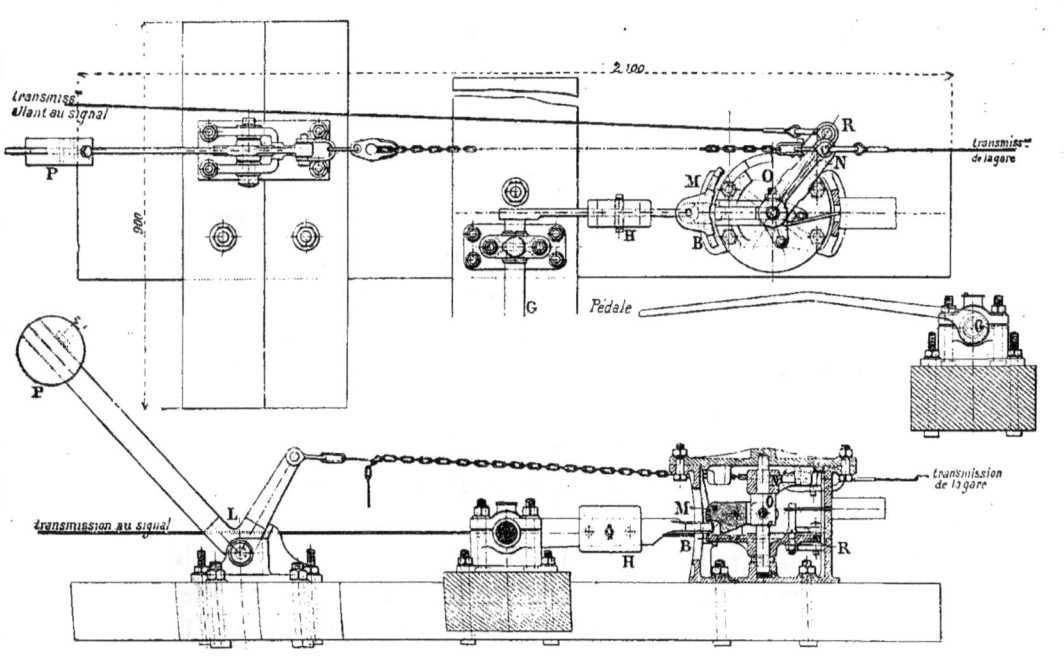

transmiss⁰⁰ allant au signal

P

2 100

transmiss⁰⁰ de la gare

P R O N M H B G

Pédale G

transmission au signal

L H M B R

transmission de la gare

Fig. 88. — Pédale Aubine.

le fil de transmission de la gare. Les choses restent en cet
état jusqu'à ce que cette dernière, voulant mettre le signal à
l'arrêt, renverse son levier de manœuvre et renclenche le
cliquet *d* sur le mentonnet *l*. La mise à voie libre peut se
faire à nouveau alors sans difficulté. Ce système offre toutefois l'inconvénient d'avoir la pédale heurtée par toutes les
roues du train.

73. Système Aubine. — L'appareil Aubine (*fig*. 88) est basé
sur le même principe. Sur l'arbre O se trouve montée une
manivelle N réunie au fil de la transmission de la gare et au
contrepoids de tension P; une autre manivelle R, indépendante de l'arbre, est reliée au contrepoids de rappel, et
c'est sur cette transmission que se trouve installé à une
certaine distance le signal. La solidarité entre l'arbre et la
manivelle R est obtenue au moyen d'un levier tournant
avec O et ayant un mouvement d'oscillation dans un plan
vertical, de manière à engager le talon M dans une encoche
de R. Dans ces conditions, la manœuvre du signal ne présente rien de spécial. Mais, lorsqu'un train vient agir sur
la pédale qui actionne l'arbre G, il fait tourner le levier B à
contrepoids H et dégage le talon M. La manivelle R étant
libre, le contrepoids de rappel du signal met ce dernier à
l'arrêt; R en tournant de 90°, vient, au moyen d'une nervure
relever la branche B de manière à maintenir la pédale
abaissée; elle n'est donc heurtée que par la première roue.
Pour réenclencher le système, il faut de la gare mettre le
signal à l'arrêt; le contrepoids supplémentaire P tend la
transmission et fait tourner le levier L, qui vient engager le
talon M dans la manivelle R. L'appareil, remis de nouveau
à voie libre, est prêt à fonctionner. Dans les gares n'ayant pas
de service de nuit, on peut caler à distance la pédale de
manière à l'empêcher de fonctionner. Il existe plusieurs systèmes pour obtenir ce résultat. Dans le dispositif de M. Bou-
vier, le levier B de la pédale, pendant le calage, se trouve
relevé abaissant ainsi la pédale qui n'est plus heurtée par
les trains. On arrive à ce résultat en réunissant la manivelle R au signal par une pièce spéciale et en donnant au

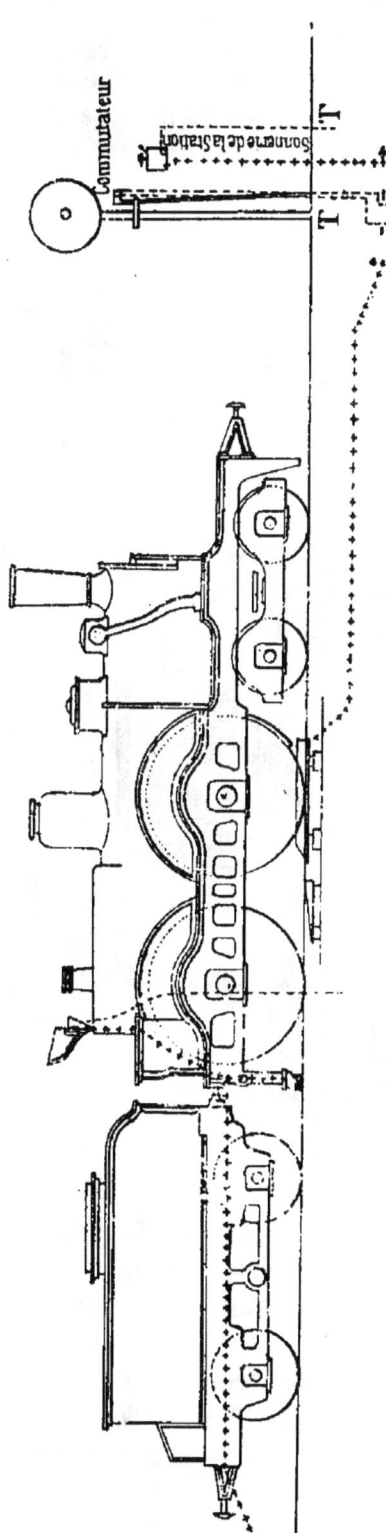

Fig. 89. — Appareil de contact.

levier de manœuvre une course variable suivant que la pédale est calée ou en service. La pédale Aubine est assez répandue.

74. Appareils de contact du Nord. — Ces appareils, différents des précédents, ont pour but de prévenir un mécanicien lorsque le disque à distance d'une gare est à l'arrêt. Le principe est très simple (*fig.*89): sur la voie, entre les rails, on installe des contacts fixes mis électriquement en relation avec le disque lorsqu'il est fermé seulement, de telle façon que, celui-ci étant à l'arrêt, la machine, en passant sur le contact, ferme un circuit dont le courant parcourt un électro-aimant monté sur cette dernière. L'électro agit sur un déclenchement qui actionne soit un sifflet à vapeur, soit le frein du train.

Le contact dit *crocodile*, précédé d'une pièce de bois ou *bouclier*, est formé par une traverse recouverte de laiton, de 2 mètres de long, elle est montée sur des pieds en fer à une hauteur telle qu'elle ne puisse être atteinte que par la

brosse à seize touffes de fils de cuivre, fixée sur la machine à un niveau assez bas. Cette brosse sert à transmettre
le courant, provenant du disque et faisant retour à la terre par
le rail, à un électro-aimant Hughes D actionnant l'appareil
de déclenchement. Cet électro est enfermé dans une boîte en

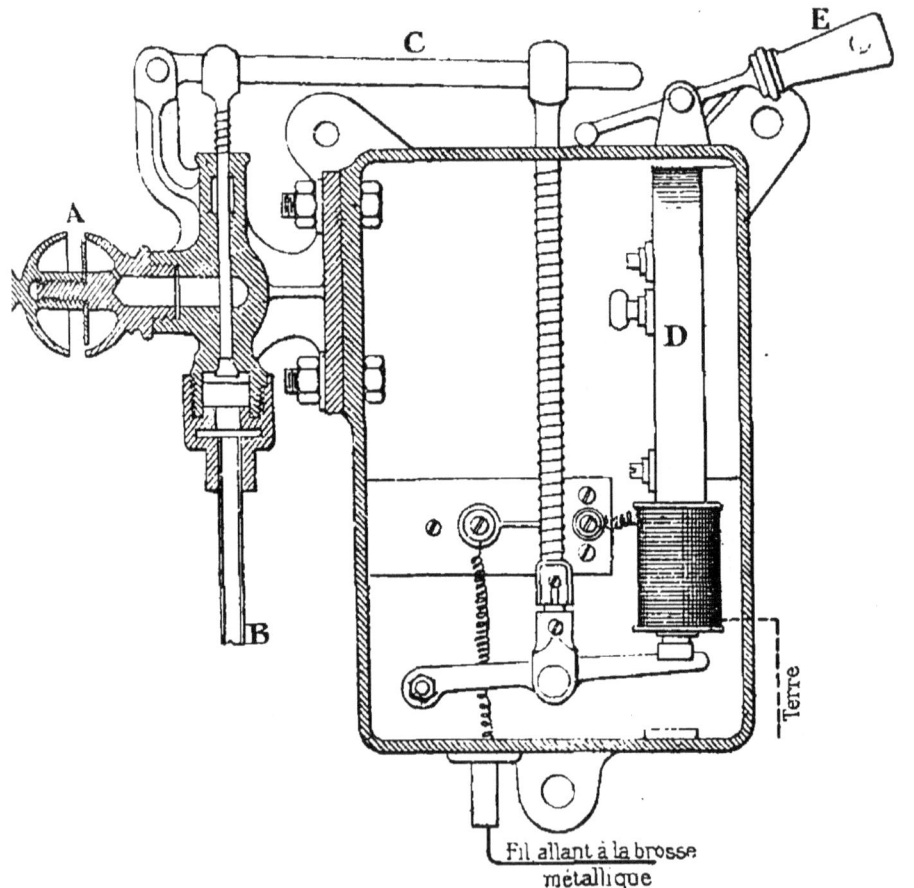

Fig. 90. — Sifflet électromoteur.

fonte placée sur le devant de la machine (*fig*. 90). En temps
ordinaire, l'électro attire l'extrémité d'un levier qu'un ressort
tend à détacher. Le mouvement d'ascension de ce levier
se transmet à un autre levier C extérieur à la boîte et
commandant la tige de la soupape du frein à air comprimé ou de la conduite de vapeur du sifflet A. Tant que
le courant ne passe pas, l'électro maintient la soupape sur

son siège; mais, dès que l'électro est désaimanté, le levier tombe, et la soupape se soulève, prévenant par un sifflement le mécanicien. Il suffit d'agir sur le levier au moyen d'une manette E pour remettre la soupape sur son siège et interrompre l'échappement de vapeur ou d'air.

Il est facile de combiner l'appareil de façon à prévenir, soit la gare, soit une cabine d'aiguilleur, de l'arrivée du train; on adapte un second crocodile placé au pied du disque et communiquant avec une source d'électricité telle que le courant ne fasse que renforcer celui de l'électro Hughes de la machine, c'est-à-dire en sens inverse de celui du premier crocodile. La machine, en passant, complètera le circuit du crocodile, quelle que soit la position du disque, sans déclencher le sifflet, en agissant sur un contact qui fermera le courant d'une pile locale avec sonnerie dans la gare ou la cabine.

E. — Disposition des signaux

75. Position des signaux. — Sur les lignes anglaises, françaises, belges, les signaux sont généralement placés à la gauche de la voie parcourue par les trains. Cette disposition ne laisse pas que d'être défectueuse pour le mécanicien, qui généralement se trouve à droite. Il est vrai que le chauffeur peut les apercevoir et que, dans certaines parties en courbe, elles sont plus visibles de la droite de la machine; mais ce n'est que l'exception, en outre le chauffeur peut être occupé à son feu. Sur quelques lignes anglaises, on n'a pas hésité à changer la place du mécanicien, qui se trouve reportée à gauche sur la machine; mais cette disposition peut être gênante pour le chauffeur. Avec les signaux sémaphoriques, l'emplacement par rapport à la voie est sans importance; on les place indifféremment à droite ou à gauche en cherchant à les rendre visibles le plus loin possible, l'indication étant précisée par le développement de l'aile, qui se fait à la gauche du mécanicien, et comme on n'a qu'un mât pour les deux directions, il y en a toujours une pour laquelle le signal est mal placé.

En Allemagne, en Autriche, en Suisse, les signaux sont à la droite, ou tout au moins les bras sémaphoriques se développent à droite. Cette disposition est bien préférable.

Lorsque l'exploitation se fait sur plus de deux voies, comme cela arrive sur beaucoup de lignes anglaises, américaines, et à l'entrée des grandes gares françaises, on peut procéder de deux façons, ou placer les signaux exactement à côté de la voie qu'ils intéressent, ou les reporter à la gauche de tout le faisceau. Dans le premier cas, l'installation est assez difficile, car elle nécessite l'emploi de potences, de passerelles, sur lesquelles les signaux sont placés, mais elle est indispensable lorsqu'on a affaire à une grande variété de signaux. Dans le second, tous les voyants ou bras sont placés à côté sur le même mât ou sur des mâts distincts mais à des hauteurs différentes, le plus élevé s'adressant généralement à la voie la plus à gauche, et ainsi de suite; cette disposition est avantageuse quand les signaux ont des formes analogues.

76. Exploitation à voie libre. — L'exploitation des lignes de chemins de fer se fait, au point de vue des signaux, de deux façons : à voie libre ou fermée. Avec le système de la voie libre, les signaux sont normalement ouverts, comme si un train était toujours attendu. On les met à l'arrêt, toutes les fois que les voies principales ne sont pas entièrement libres. Cette prescription ne fait exception que pour les passages à niveau, mais elle doit être appliquée dans les gares, pour toutes les manœuvres, sans distinction de durée et lors même qu'aucun train ne serait attendu. On installe, du reste, des appareils d'enclenchements forçant les agents à prendre cette mesure.

L'exploitation à voie libre est surtout avantageuse pour les stations de peu d'importance où, la nuit, le service est interrompu et où le personnel est très restreint. Les manœuvres y sont très rares, et ce serait une grande sujétion que d'avoir à ouvrir et fermer les signaux après chaque train. Cet argument perd beaucoup de sa valeur dès que la ligne est munie du block-system, les postes étant placés le plus souvent dans les stations. Dans ce cas, il y a un gardien pour la manœuvre exclusive des signaux et comme le nombre des manœuvres est le même pour la voie libre ou fermée, on peut considérer la station comme un poste en pleine voie, n'exigeant pas de personnel supplémentaire. Cependant, avec la voie libre, il faut fermer à chaque manœuvre les signaux sur les deux directions, alors que cette position est normale avec la voie fermée.

La voie libre n'a pu être appliquée aux bifurcations, ponts tournants, outre la complication des manœuvres qui en serait résultée, il y avait à craindre les oublis et la possibilité d'avoir deux trains se présentant ensemble à la bifurcation. Il y a donc divergence dans l'application générale du système.

Le mode d'exploitation à voie libre, avec restriction pour les bifurcations, est très répandu sur les réseaux français; il se justifie sur la plupart des lignes par le peu d'importance du trafic de certaines stations où on a pu, comme dans le cas des points d'arrêt, supprimer les signaux de protection.

77. Exploitation à voie fermée. — Les signaux dans ce système sont normalement à l'arrêt et on ne les ouvre que pour permettre l'entrée des trains annoncés ou attendus, si rien ne s'y oppose, et particulièrement si la voie qu'ils doivent parcourir est libre de tout obstacle. Cette mise à voie libre doit se faire suffisamment tôt pour ne pas gêner le passage des trains. Pour les stations ou gares, le règlement prévoit *l'heure de mise à voie libre des signaux avant l'arrivée du train*. Pour les postes du block-system en pleine voie, la demande d'ouverture doit se faire assez rapidement pour que le mécanicien rencontre tous les signaux à voie libre. L'obligation de refermer les signaux après le passage de chaque train nécessite un surcroît de personnel pour les petites gares ou stations, placées sur les lignes à grand trafic; on tempère le système en autorisant ces gares, pendant les heures où le service est interrompu à mettre leurs signaux à voie libre de manière à assurer la continuité de la voie.

La voie fermée a certains avantages : la manœuvre incessante des signaux tient les agents en éveil évitant beaucoup d'oublis. Comme elle est forcément appliquée aux bifurcations, elle uniformise le système des signaux. Elle est employée sur beaucoup de lignes anglaises, belges, allemandes et sur le Lyon français.

On adopte, du reste, quelquefois des systèmes mixtes tenant des deux précédents : par exemple, pour les stations, les signaux sont normalement à l'arrêt; au contraire, les sémaphores de pleine voie sont toujours à voie libre. Cette manière de procéder a les avantages et les inconvénients se rapportant à chacun des deux systèmes dans la partie où il est appliqué. Il semble cependant préférable d'avoir un mode d'exploitation uniforme.

78. Stations ou gares peu importantes. — Lorsque le stationnement d'un train est de très courte durée, comme dans un point d'arrêt, par exemple, on ne le couvre pas ; mais, dans la plupart des cas, le stationnement a une certaine importance, on peut avoir des manœuvres à effectuer ; dès lors il faut munir la station de signaux de protection.

Sur le *Nord français*, de chaque côté de la station, un disque à distance protège les croisements. Les trains, rencontrant les disques à distance à l'arrêt, s'arrêtent aux croisements ; il faut donc que, pendant leur stationnement, ils soient efficacement couverts à leur tour par le disque ; un poteau limite de protection, renseigne les agents du train à ce sujet. Les leviers de manœuvre des disques sont placés près du bâtiment principal ; de plus un drapeau ou un feu rouge indique le croisement intéressé par la manœuvre. Sur les lignes à voie unique, chaque disque à distance est suivi d'un disque de ralentissement ; un indicateur de position d'aiguille se trouve placé en outre à l'aiguille de dédoublement.

Sur les lignes à voie unique de l'*Orléans* on a, de chaque côté de la station, un mât de signal avancé, un mâtereau spécial placé en avant de l'aiguille et commandant l'arrêt en cas de croisement des trains et enfin un mât de talon empêchant la sortie des trains.

Sur le *Lyon*, quelques gares ne sont protégées que par des disques à distance, avec poteau limite ; mais la plupart des points dangereux sont couverts pas un sémaphore ou par

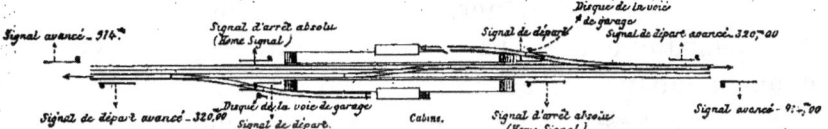

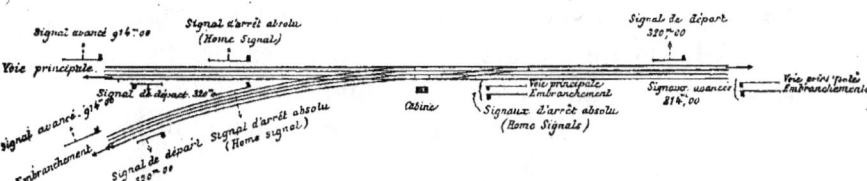

Fig. 91. — Disposition des signaux anglais.

un signal carré d'arrêt absolu. C'est, du reste, un système analogue à celui des stations *belges*, où l'on a un signal à distance situé de chaque côté de la gare à une distance de 600 à 700 mètres du disque d'arrêt absolu placé à 60 mètres environ des croisements; il n'y a pas ici de poteau limite.

Les stations *anglaises* comportent trois signaux : (*fig.* 91), Le *distant signal*, disque à distance ; le *home signal*, signal d'arrêt d'un même côté de la gare, et le *starting signal* signal d'arrêt de l'autre côté. Quelquefois on y ajoute un signal supplémentaire, l'*advance signal*, placé au delà du *starting signal* et ayant pour but de permettre à un train de dépasser le starting et de manœuvrer jusqu'à l'*advance signal*. Ces divers signaux sont reliés à ceux du block-system.

Dans les stations *allemandes*, on a un signal avancé à 5 ou 600 mètres du sémaphore d'entrée qui, lui, est à 50 mètres au moins de l'obstacle. Généralement le disque à distance est mis automatiquement à l'arrêt par le train, à son passage. Il faut une manœuvre spéciale pour le rouvrir. Il n'y a pas de poteau limite ; par contre, on a un signal sémaphorique de sortie de gare.

Lorsque les gares ou stations deviennent plus importantes, on dispose, à la sortie du faisceau des garages ou de chacune des voies, un signal carré ou un sémaphore dit de sortie, n'autorisant l'accès sur les voies principales que dans certaines conditions de sécurité.

L'emploi des signaux d'arrêt à l'entrée et à la sortie des gares permet aussi de les utiliser comme signaux d'espacement pour les trains de passage ou de couverture pour ceux au départ de la gare, c'est tout au moins le système anglais et allemand.

79. Bifurcations. — Le point de rencontre des voies d'une bifurcation est protégé dans les trois directions par un signal d'arrêt, mais il est nécessaire que le mécanicien soit averti à distance de la position du signal, surtout si on ne veut pas réduire la vitesse de marche, le signal d'arrêt est donc précédé d'un signal avertisseur qui sert également à protéger le train quand il est arrêté à la bifurcation. Quelquefois on ajoute un poteau annonçant la bifurcation.

Il peut arriver que l'aiguilleur ferme les signaux d'une direction pour ouvrir ceux d'une autre, au moment où un train, près du signal d'arrêt brusquement fermé, ne peut plus s'arrêter. Pour éviter l'accident grave qui pourrait résulter de cette manœuvre pourtant régulière, on peut procéder de plusieurs façons : le mécanicien ralentit fortement ou marque l'arrêt; ou bien l'aiguilleur après la fermeture des signaux d'une direction met un certain temps avant d'ouvrir ceux d'une autre; enfin l'aiguilleur est prévenu de l'arrivée du train; ces deux derniers procédés sont les plus répandus. Le nombre des signaux d'une bifurcation varie beaucoup suivant les réseaux.

Sur l'*État belge*, par exemple, la bifurcation est couverte, dans chaque direction, par un signal avancé et un sémaphore, placé environ à 60 mètres du point à couvrir. Le sémaphore, du tronc commun, présente la particularité d'être à plusieurs bras (autant que de directions), le plus élevé s'adressant à la direction la plus à gauche. Les bras sont peints en rouge, avec bande blanche verticale, de plus ils portent en noir le nom de la direction. Le signal avancé, normalement à l'arrêt, a pour but de répéter les indications du sémaphore il couvre en outre le train qui s'y trouve arrêté. Lorsque les bifurcations sont trop rapprochées pour permettre de placer convenablement le signal avancé, le sémaphore de la première sert de signal avancé à l'autre; généralement de l'un des sémaphores on aperçoit le suivant.

Sur les réseaux anglais, chacune des voies convergentes d'une bifurcation (*fig.* 91) est munie d'un signal d'arrêt absolu (*home signal*), un peu en avant du point à couvrir; et chacun d'eux est précédé d'un *distant signal* répétant les indications du *home signal*. Sur le tronc commun, le sémaphore et le distant signal sont à deux bras correspondant chacun à une des directions. La bifurcation se trouve ainsi suffisamment protégée; cependant on la munit très souvent du *starting signal*, placé au delà des croisements. On peut, grâce à ce dispositif, dégager le tronc commun en faisant avancer le train au starting signal.

Les signaux des bifurcations françaises sont plus compliqués. Sur le *Nord français* on trouve, sur chaque côté de la bifurcation (*fig.* 212), d'abord un poteau à inscription ou poteau *bifur* prévenant le mécanicien qu'il doit demander sa direction; il est suivi, à 200 mètres environ, d'un disque à distance dont la position normale est à voie libre ; ce signal est fermé quand un train est engagé sur la bifurcation. Le troisième signal est l'indicateur à damier vert et blanc, placé à 8 ou 900 mètres d'un signal carré absolu. Du disque à distance au signal carré, la distance doit être suffisante pour qu'un train arrêté près de ce dernier soit complètement protégé par le disque. L'indicateur à damier vert et blanc, comme on l'a vu, est fixe ou mobile, suivant que le passage de la bifurcation peut se faire en vitesse ou avec ralentissement. Le signal carré est placé à 120 mètres du point à couvrir : pointe d'aiguille, ou partie du croisement où l'entrevoie se réduit à 1^m,75. A l'aiguille en pointe, on trouve enfin un indicateur de direction. L'indicateur à damier vert et blanc et le signal carré sont normalement à l'arrêt. Un mécanicien abordant une bifurcation trouve : d'abord le poteau bifur où il demande sa direction, le disque à distance ouvert et qui est refermé derrière le train, l'indicateur à damier vert et blanc où il réduit sa vitesse s'il le trouve à l'arrêt, conformément aux indications du règlement, et enfin le signal carré, d'où il aperçoit la direction donnée par l'indicateur,

Sur l'*Est*, l'ordre des signaux est un peu différent. On trouve d'abord le disque à distance suivi d'un poteau limite de protection, puis l'indicateur de bifurcation formé par un transparent d'où se détache sur fond vert, l'inscription bifur en lettres blanches, le signal carré à 60 mètres du point à couvrir et l'indicateur de direction. Après avoir franchi le disque à distance, auquel il applique sa signification générale, le mécanicien rencontre le poteau de bifurcation, où il se rend maître de sa vitesse, de manière à pouvoir s'arrêter au signal carré. Si ce dernier est ouvert, il est autorisé à franchir la bifurcation, conformément aux indications du règlement. Le disque à distance est normalement à voie libre, et le signal carré, au contraire, normalement fermé. En cas de brouillard, le passage à la bifurcation se fait à la vitesse d'un homme au pas.

Sur le *Lyon*, il y a d'abord un indicateur de bifurcation,

où le mécanicien siffle pour demander la direction, **puis un disque à distance** destiné à protéger les trains **arrêtés au signal carré**, en avant de celui-ci on a un **damier vert et blanc** prévenant le mécanicien sur la direction donnée et par suite sur la vitesse à observer au passage de l'aiguille, enfin à la pointe de l'aiguille on dispose un sémaphore portant autant d'ailes que de directions. Le disque à distance et le signal carré sont normalement à l'arrêt. Lorsqu'un mécanicien trouve tous les signaux ouverts, il est autorisé à franchir la bifurcation à la vitesse du livret; dans le cas contraire, il se conforme aux indications fournies par les différents signaux.

Sur l'*Orléans*, on trouve un poteau bifur à 1.500 mètres suivi à 500 mètres d'un signal carré d'arrêt absolu avec pétards et d'un autre signal carré dit enclencheur, à 200 mètres de la pointe de l'aiguille, muni d'un indicateur de direction, le but du premier signal est de protéger un train arrêté au second. Sur les directions où les trains doivent ralentir, entre les deux carrés et à 500 mètres du premier, on intercale un signal vert, qui peut être fixe ou mobile, suivant que le ralentissement est obligatoire pour tous les trains ou pour quelques-uns seulement. La bifurcation est précédée d'une pédale de Baillhache annonçant, par une sonnerie, le train à la cabine de la bifurcation.

80. Installation des signaux dans les gares. — Connaissant les signaux employés pour la protection des gares et des bifurcations, il devient facile de munir une gare quelconque de ses signaux. Généralement les grandes gares présentent une bifurcation aux extrémités, soit qu'il s'agisse de plusieurs lignes ou simplement d'une entrée directe. Dans ce cas et plus particulièrement si la gare est traversée par des trains directs sans arrêt, on munit chacune de ses branches, tant en deçà qu'au delà de la gare, de signaux de bifurcation. Cependant, pour les trains formés dans la gare ou ayant été reçus sur des voies accessoires, on se contente de protéger le raccordement de ces voies avec les voies principales. Tel sera le cas de la sortie des voies de garage ou des voies de réception des trains de voyageurs. Tous les croisements, les traversées de voies, qui ne seront pas protégés par les signaux avancés de la gare seront munis de signaux carrés.

En plus des signaux d'arrêt, on mettra des indicateurs de direction ou des sémaphores à toutes les pointes d'aiguille où le mécanicien doit demander sa voie. Les autres aiguilles de jonction doubles ou simples, de bretelles ou de dédoublement n'ayant pas de ces signaux, seront munies d'indicateurs de position d'aiguille, conformément aux dispositions adoptées sur chaque réseau.

Quant à l'emplacement des signaux, il y a deux manières de le choisir :

1° Les signaux sont placés aux endroits fixés pour la protection efficace des points dangereux, suivant le sens des mouvements prévus ; on supprime ensuite ceux qui font double emploi en cherchant à n'avoir qu'un signal pour deux points suffisamment rapprochés, de manière à diminuer le nombre des appareils. On arrive ainsi à avoir une série de signaux disséminés dans toute la gare, suivant les besoins. Cette disposition assez dispendieuse, car elle nécessite pour quelques signaux des constructions coûteuses, est surtout employée pour les gares de moyenne importance. Elle a l'avantage de bien préciser au mécanicien la route qu'il suit, mais elle peut amener cependant quelque confusion par suite de la multiplicité des appareils.

2° Pour les grandes gares, on préfère diviser les voies en zones successives, perpendiculaires à la direction générale. Tous les signaux d'une même zone sont placés sur une passerelle en travers des voies, ce qui éloigne forcément quelques-uns d'entre eux du point protégé. Comme cela a déjà été dit, un même signal peut, du reste, couvrir plusieurs points dangereux placés à la suite les uns des autres ; mais, dans ce cas, le mécanicien ne se rend pas facilement compte du chemin qu'il suit et des points dangereux qu'il doit franchir, cela du reste, n'est pas indispensable, car il ne tarde pas à s'habituer à l'ordre de succession des signaux rencontrés. Cette disposition a l'avantage de faciliter l'installation des appareils.

Pour établir le groupement des signaux, on commence par les distribuer, comme dans le système précédent, sui-

vant les besoins, puis on réunit ensemble tous ceux qui sont
suffisamment rapprochés, de manière à constituer une zone,
en choisissant, pour l'installation de la passerelle, la partie
où les signaux sont le plus resserrés. C'est la méthode adoptée pour quelques gares très importantes, notamment pour
les grandes gares de Londres et de Paris.

81. Protections spéciales. — *Passages à niveau.* — Suivant
leur catégorie, les passages à niveau sont gardés ou non.
Les barrières sont normalement ouvertes ou fermées, mais
quelle que soit la réglementation adoptée, la traversée ne
pouvant avoir lieu que dans l'intervalle du passage des
trains, il est nécessaire de prévenir le garde-barrières de l'arrivée d'un train.

Un système très simple de protection consiste à munir le
passage de disques dans les deux directions. Ces appareils
sont mis à l'arrêt, lorsque les barrières sont ouvertes; mais
ce dispositif, d'une installation facile, a l'inconvénient de
gêner la circulation des trains.

Il a été imaginé, du reste, un nombre considérable d'appareils ayant pour but d'avertir automatiquement le gardien de
passage à niveau de l'arrivée d'un train. De tous, bien peu
ont subsisté, on peut citer cependant le dispositif du Lyon
où, au moyen d'une pédale, on rompt un circuit qui met
une sonnerie en mouvement. D'autres systèmes consistent à
faire avertir le gardien par la gare voisine. Il suffit pour cela
de disposer au passage une sonnerie d'annonce intercalée
sur le circuit reliant les deux gares contiguës. C'est le procédé le plus généralement répandu. Au lieu des sonneries
d'annonce, on avait essayé des avertisseurs spéciaux reliant
le passage aux gares voisines et avec lesquelles il pouvait
échanger des communications, comme on l'a fait sur le Lyon
(appareil Tyer) ou des avertisseurs intercalés sur la ligne du
block-system (répétiteur du Nord); mais aucun d'eux n'a
subsisté et on est revenu au système d'annonces par sonneries automatiques ou actionnées des gares voisines. Il
semble, du reste, que le public se soit habitué aux passages
à niveau, les accidents étant peu fréquents même sur ceux
non gardés, où il est possible, comme on le fait beaucoup en

Allemagne, d'installer des barrières manœuvrées à distance.

Tunnels. — En ce qui concerne les souterrains, une ordonnance de 1846 énonce que, dans les tunnels de 1.000 mètres de longueur, ou en courbe, il n'y aura jamais plus de deux trains circulant dans le même sens engagés sous le tunnel. Pour obéir à cette prescription, on avait d'abord imaginé, au début, plusieurs systèmes de correspondance entre les postes placés aux extrémités du tunnel, permettant aux gardiens de ces postes d'annoncer alternativement l'entrée et la sortie des trains de manière à maintenir à l'arrêt, en conséquence, les signaux de protection. On se sert encore d'un pilote (État Belge) devant accompagner tous les trains. Mais, depuis l'application du block-system, toutes ces complications ont disparu. Il suffit de considérer le tunnel comme une section de block, de manière à n'avoir jamais plus d'un train engagé dans la section.

Brouillard. — Lorsque par suite de mauvais temps, brouillard ou neige, les signaux optiques ne peuvent être aperçus qu'à une faible distance, il est nécessaire de doubler leurs indications, surtout si le signal doit être observé à une certaine distance, comme dans le cas des signaux avancés de quelques réseaux. Sur l'Ouest, dès que les signaux ne sont plus visibles à 200 mètres, on les double à cette distance par des pétards posés directement par un agent ou mécaniquement à distance au moyen d'un porte-pétards à levier. La règle s'applique aux signaux commandant l'arrêt et n'étant pas déjà doublés d'un pétard. Au Lyon, la distance de visibilité est réduite à 100 mètres et un agent est désigné pour poser les pétards au pied du signal, lorsqu'il est à l'arrêt. Le signal avancé de l'Orléans commandant l'arrêt, sa présence en cas de brouillard est signalée aux mécaniciens par un feu vert placé à 500 mètres en avant. Sur les autres réseaux, il n'est pas pris de mesures spéciales pour les signaux avancés qui, généralement, sont assez éloignés du point à couvrir pour n'être observés à la rigueur qu'au signal même ; les autres signaux d'arrêt sont doublés par des pétards posés **directement sur la voie quand le signal est fermé.**

CHAPITRE V

CONCENTRATION DES LEVIERS

————

A. — Manœuvre des signaux

82. Transmissions. — Au début des chemins de fer, les leviers de manœuvre se trouvaient placés près des appareils correspondants. Cette disposition, très avantageuse avec un petit nombre de leviers, car elle rendait toute erreur impossible, est devenue impraticable avec la multiplication et la manœuvre plus fréquente des appareils. On a donc été amené à réunir tous les leviers sur un même point, sauf à transmettre et à actionner à distance les appareils à manœuvrer. Les transmissions sont de plusieurs sortes, rigides, funiculaires, électriques, etc. On verra, du reste, le principe de ces différents procédés. On peut dire déjà que, pour les signaux, on se sert de transmission par fils, et que, pour les appareils plus lourds, on a recours à des transmissions rigides, mais jusqu'à une certaine distance seulement, au delà de laquelle on revient aux fils ordinaires.

Comme transmission, on emploie du fil de fer galvanisé de 2,5 à 4 millimètres de diamètre, dont la résistance à la tension est de 80 à 90 kilogrammes par millimètre carré. La distance du levier au signal à faire mouvoir étant toujours assez importante, il est indispensable de guider le fil, tous les 15 à 20 mètres, au moyen de petites poulies en fonte (*fig.* 92) reposant sur des piquets de 1 mètre de haut sur 5 à 10 centimètres d'équarrissage. En ligne droite, les poulies sont verticales et leur chape empêche le fil de s'échapper ; en courbe, au contraire, elles sont horizontales. Aux changements de niveau, on met sur le même piquet deux poulies superposées entre lesquelles passe le fil; aux inflexions brusques dans un plan horizontal, on remplace le fil par une chaînette qui glisse sur une poulie horizontale de grand diamètre.

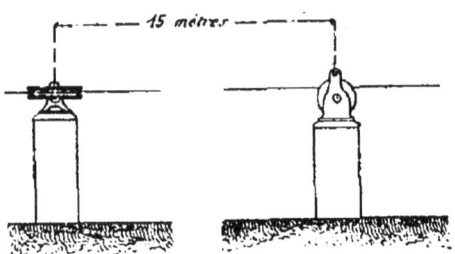

Fig. 92. — Supports.

Pour diminuer la résistance due aux frottements du fil sur les appareils de guidage, on a imaginé des poulies spéciales dites poulies universelles (*fig.* 93), dont la chape est articulée

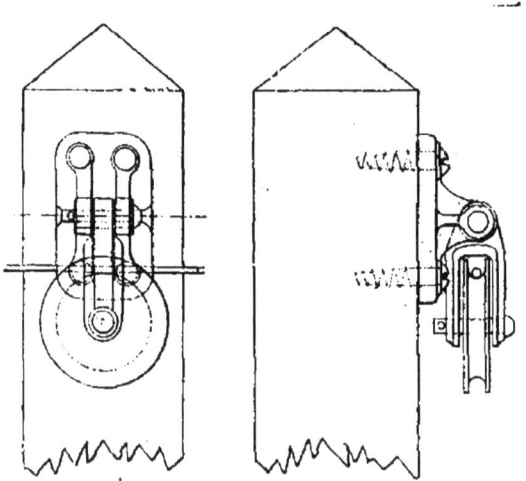

Fig. 93. — Poulie universelle.

sur un support fixé par des vis sur le poteau. L'articulation suffit pour permettre à la poulie de prendre l'inclinaison la plus favorable au minimum de résistance; toutefois il en résulte un allongement du fil provenant du déplacement des poulies à la manœuvre. Ce système, très répandu **sur** le Lyon, a permis d'avoir des transmissions aériennes et d'espacer les supports tous les 25 à 30 mètres.

Les transmissions souterraines sont enfermées dans des caniveaux en planches ou en maçonnerie; les poulies principales reposent sur des fondations et sont abritées.

Les transmissions atteignent couramment 1.200 mètres à 1.500 mètres, et dépassent quelquefois 2.000 mètres; la température exerce sur de telles longueurs une action très appréciable; pour une différence de 32° et une longueur de 1.000 mètres, l'allongement est de 40 centimètres correspondant à un effort de traction de 70 kilogrammes, tension plus que suffisante pour faire mouvoir un appareil quelconque. Généralement l'effet se traduit par un entrebâillement du signal, c'est-à-dire par une position intermédiaire entre ses deux positions extrêmes. On est donc obligé de recourir à des dispositifs spéciaux ou *compensateurs*, pour supprimer toute action directe de la transmission sur le signal lui-même. Il y a deux sortes de compensateurs :

1° Ceux que l'on place à l'origine ou à la fin de la transmission, près des leviers de manœuvre ou des signaux;

2° Ceux qui se trouvent en un point intermédiaire.

83. Compensateurs d'origine. — Un procédé fort simple de compensation consiste à donner au levier de manœuvre une course supérieure à celle du levier de rappel de tout l'allongement dû aux différences de tension, à l'ouverture et à la fermeture et aux changements de température.

Pour la mise à l'arrêt, toute contraction ou dilatation sera sans inconvénient, puisque la course sera toujours au moins égale à celle du levier de rappel; pour l'ouverture, en cas de contraction, l'effort à faire sera un peu plus considérable (levier du Lyon).

C'est cette disposition qui a été réalisée sur le levier de manœuvre à secteur de l'Ouest, où le contrepoids joue le rôle de compensateur, en suivant les mouvements du fil. Il faut avoir soin de ne pas laisser descendre le levier jusqu'au sol, car alors on ne combattrait pas l'effet de la dilatation pour la mise à voie libre.

Sur le levier de l'Est, basé sur le même principe, le contrepoids de réglage, agissant sur le fil de transmission, exerce son action pendant que le signal est ouvert, il monte ou descend librement. A l'arrêt, il suffira de donner au levier un léger surcroît de course pour tenir compte de la contraction toujours très faible, qui a pu se produire entre deux ouvertures successives du signal. Le levier primitif du Lyon était dans les conditions inverses ; la libre dilatation se faisait pendant la fermeture du signal.

On peut citer encore le système Saxby, où le fil de la transmission est terminé par une chaîne attachée à un contrepoids léger glissant le long du levier, sur lequel il peut être fixé à l'aide d'une broche. Cet appareil ne permet pas la libre dilatation pendant l'ouverture du signal ; il est toutefois très commode pour les signaux, normalement à l'arrêt.

On a vu que les signaux allemands étaient munis de compensateurs placés sur le signal même, c'est-à-dire à la fin de la transmission.

84. Compensateurs sur la transmission. — *Compensateur Robert*. — Le fil de transmission étant coupé vers le milieu, chaque brin passe sur une poulie verticale (*fig. 94*), à 1ᵐ,40 au-dessus du sol, et se termine par une chaînette sur laquelle s'appuie de part et d'autre un levier soutenant en son milieu un poids de 45 à 55 kilogrammes, suivant la longueur de la transmission. Ce poids variable est obtenu avec un poids principal de 30 kilogrammes, auquel on ajoute des rondelles additionnelles de 5 kilogrammes chacune ; dans tous les cas, il doit être supérieur au contrepoids de rappel. Le fonctionnement a lieu comme suit : si on tire sur la transmission, le poids tendeur remonte, laissant agir le contrepoids de rap-

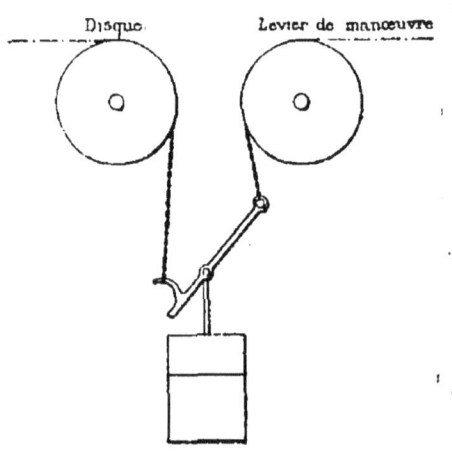

Fig. 94. — Compensateur Robert.

pel ; si, au contraire, on la laisse aller, c'est le poids du tendeur qui, en descendant, entraîne le contrepoids de rappel
et ouvre le signal. Pour permettre la mise à l'arrêt automatique en cas de rupture du fil, le levier est seulement accroché au brin du côté du signal. Le compensateur Robert a
comme avantage, sur les systèmes précédents, de tendre
constamment le fil, on n'a de plus qu'à vaincre la moitié de
la résistance de la transmission.

Compensateur Saxby et Farmer (fig. 95). — Les fils de la
transmission sont reliés aux extrémités d'un levier *cc* sur

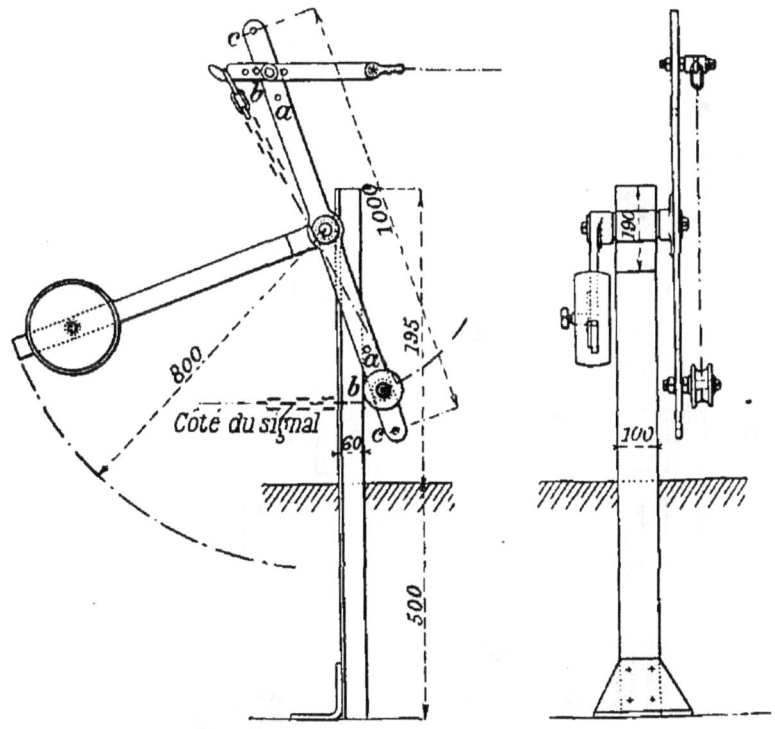

Fig. 95. — Compensateur à balancier.

l'axe duquel se trouve calé un contrepoids dont le rôle est de
racheter les *allongements* du fil. Le fil du signal, au lieu
d'être attaché au bras inférieur du levier, passe sur une poulie *b* pour venir se fixer à un crochet *b* terminant la transmission du côté de la manœuvre. De cette façon, quelle que
soit la portion du fil qui vienne à se rompre, la mise à

l'arrêt du signal se fait automatiquement. Au moyen de trous *a*, on règle la longueur des bras du levier de manière à la rendre proportionnelle à celle du fil correspondant.

Compensateur Dujour. — Il comporte (*fig.* 96) un bâti A sur

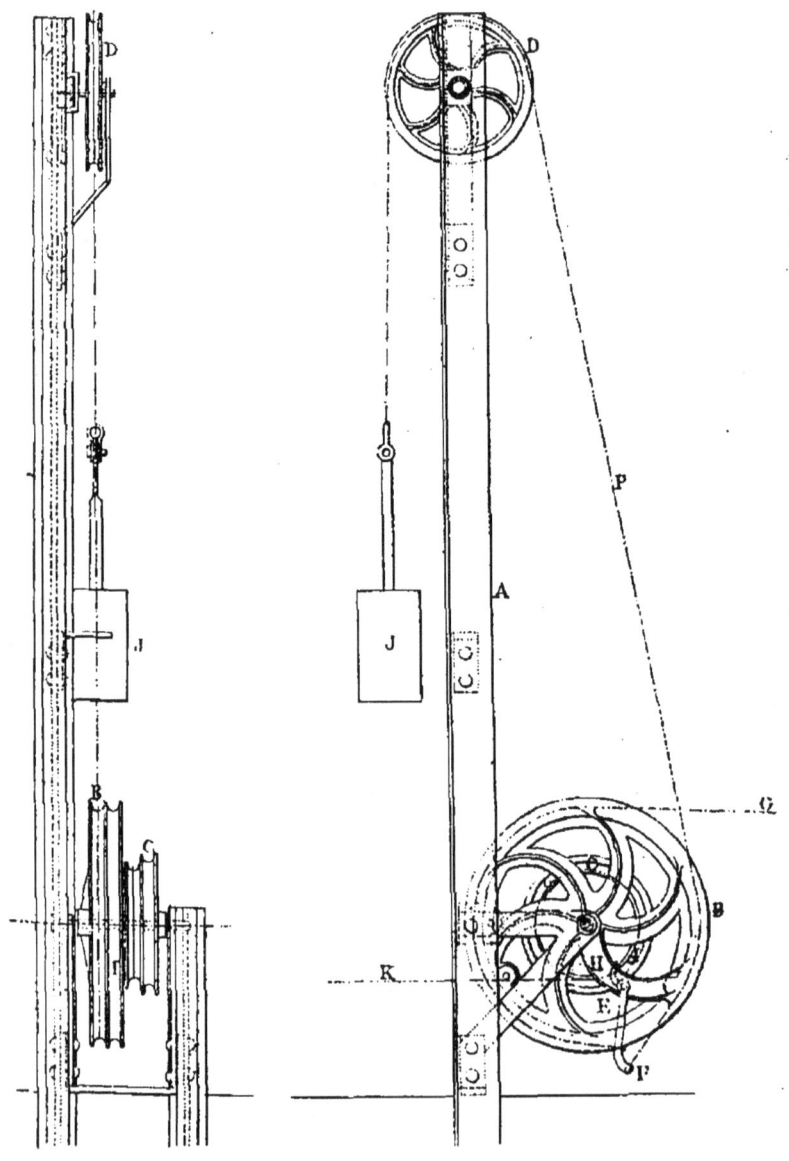

Fig. 96. — Compensateur Dujour.

lequel reposent, à la partie inférieure, deux poulies à gorge double B et C, et à la partie supérieure une poulie unique D. Les poulies inférieures, de diamètre différent, sont folles sur leur axe. La transmission G venant du levier de manœuvre s'enroule sur la poulie à grand diamètre, pour venir passer ensuite sur la poulie supérieure, et se terminer par un contrepoids J. Le fil K allant au signal s'accroche en un point de la petite poulie.

Ainsi disposées, les poulies n'étant pas calées sur l'axe, l'entraînement n'aurait pas lieu. Pour obtenir leur solidarité et la mise à l'arrêt automatique du signal, en cas de rupture du fil, la grande poulie porte un levier E dont une extrémité F reçoit le fil partant du levier de manœuvre, pour

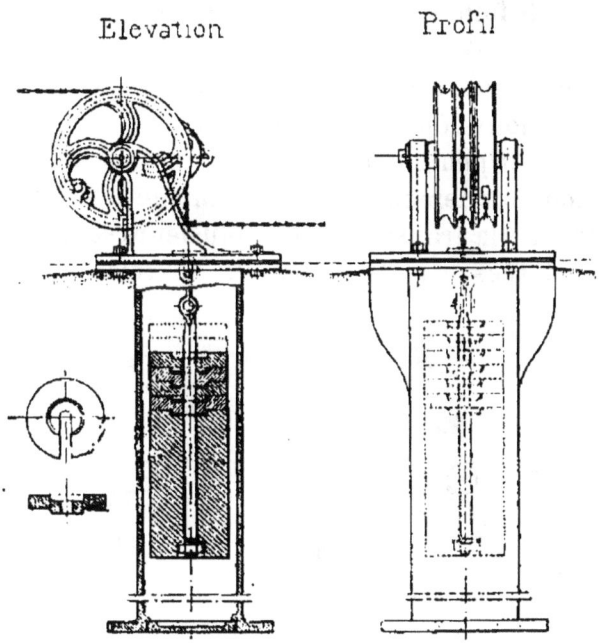

Elevation   Profil

FIG. 97. — Compensateur pour faible entrevoie.

aboutir au poids tendeur ; l'autre, H, vient buter contre un goujon I calé sur la plus petite. L'enroulement des fils de transmission doit être disposé de façon à produire le mouvement des poulies dans le même sens et dans une direction différente de celle du poids tendeur.

Le fonctionnement est très simple : si on lâche la transmission pour ouvrir le signal, le poids tendeur fait tourner les poulies et soulève le contrepoids du levier de rappel. Dans la manœuvre inverse, le poids tendeur, remonté par celui du levier de manœuvre, fait relâcher le poids du levier de rappel qui met le signal à l'arrêt.

En cas de rupture dans la première partie de la transmission, le levier reliant les deux poulies est rendu libre ainsi que la poulie correspondant au contrepoids de rappel qui met le signal à l'arrêt. Les allongements du fil sont compensés par le déplacement du poids tendeur, pourvu que les rayons des poulies soient proportionnels aux longueurs du fil correspondant. Si l'entrevoie, où l'on doit placer le compensateur, est trop réduite, on a recours au dispositif du Nord (*fig.* 97) dont le fonctionnement est le même que le précédent.

85. Transmission à longue distance. — Lorsque la distance de transmission dépasse 1.200 mètres, la manœuvre des signaux devient pénible, et on a de nombreuses incertitudes sur leur fonctionnement. On a été amené à diviser la longueur totale de la transmission en plusieurs sections *a*, *b*, *c*, *d* (*fig.* 98), séparées par des appareils de relai. Chaque relai

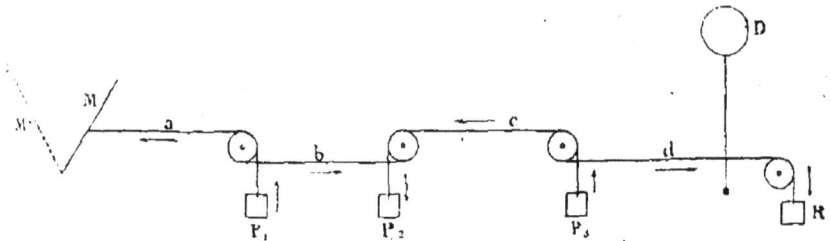

Fig. 98. — Transmission à longue distance.

comporte une poulie à trois gorges : sur deux d'entre elles les fils des sections voisines s'enroulent en sens inverse ; la troisième porte un poids suspendu à une chaîne. Si on tire le levier de manœuvre, M, la section correspondante est tendue, la suivante est lâchée, et ainsi de suite, jusqu'au signal D. Il en résulte qu'à chaque relai les résistances et les allongements du fil se trouvent réduits dans la proportion même du nombre des relais.

La tension dans une transmission allant en augmentant

du levier de rappel au levier de manœuvre, les poids tendeurs P_1, P_2, P_3, à chaque relai doivent croître en se rap-
prochant du levier de manœuvre ; on peut conserver les
mêmes poids, à la condition d'augmenter les bras de levier,
c'est-à-dire le diamètre de la poulie, correspondant à la
section du côté du levier de manœuvre ; il en résulte,
pour ce dernier, une course plus grande. D'autre part, l'enroulement sur les poulies dû à l'allongement n'étant plus le
même, il faut que la longueur des sections correspondant à
chaque poulie soit proportionnelle au diamètre, ou plutôt
que ce soit l'inverse. On démontre que pour donner l'effort
minimum, le relai doit se trouver de 0,80 à 0,75 de la
longueur totale, à partir du levier de manœuvre, avec des
poulies dont le diamètre est dans le rapport de 1 à 3. Toutefois, comme la longueur d'une section ne saurait dépasser
1.600 mètres, et que, dans le cas d'une transmission de 2.400,
les 0,80 ou 0,75 de la longueur totale correspondent à 2.000 ;
on se contente de placer le relai aux 2/3 de la transmission ;
il est difficile d'y arriver exactement ; aussi la petite poulie
est-elle à deux gorges, de manière à donner deux diamètres
différents (0,100 et 0,300), de sorte que l'on peut enrouler le
fil du signal sur l'un ou l'autre, et avoir 0,65 à 0,68 de la longueur totale. Le compensateur Dujour n'est autre qu'un relai
avec un dispositif pour le cas de rupture. Le poids tendeur du
relai peut se placer en l'air ou dans le sol, comme précédemment.

86. Transmission à deux fils.

— La manœuvre d'un signal
peut se faire au moyen de
deux fils s'enroulant sur la
poulie du signal ; ils sont alternativement tendus pour
l'ouverture ou la fermeture ;
il en résulte que l'on peut
supprimer le contrepoids de
rappel en faisant disparaître,

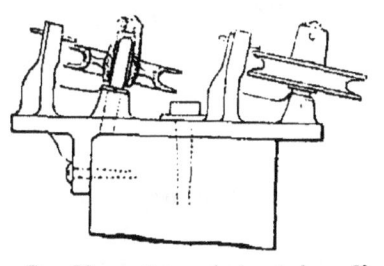

Fig. 99. — Transmission à deux fils.

il est vrai, l'avantage de la
mise à l'arrêt automatique en cas de rupture. Les fils, parfaitement dressés, sont tendus tous les 200 mètres environ

au moyen de tendeurs à vis. Ils sont supportés (*fig.* 99), comme
pour la transmission ordinaire, tous les 15 à 20 mètres, par
de petites poulies parallèles droites ou inclinées, de manière
à les espacer de 15 centimètres environ. Pour les renvois
d'équerre, le diamètre des poulies est porté à 0^m,20.

La course du levier de manœuvre est toujours supérieure
à l'allongement probable des fils, de manière à provoquer
non seulement la tension des fils, mais encore le déplacement de la poulie du signal.

L'application de cette transmission a été faite sur l'Orléans;
la manœuvre est excessivement douce, et peut se faire
aussi lentement que possible.

87. Verrous de signal. — *Système Dujour.* — Il est toujours utile d'obtenir un contrôle efficace de la manœuvre
d'un signal, ou d'empêcher son effacement intempestif par
une cause quelconque. Ce résultat est obtenu au moyen
d'organes spéciaux ou verrous. Dans l'appareil Dujour, la

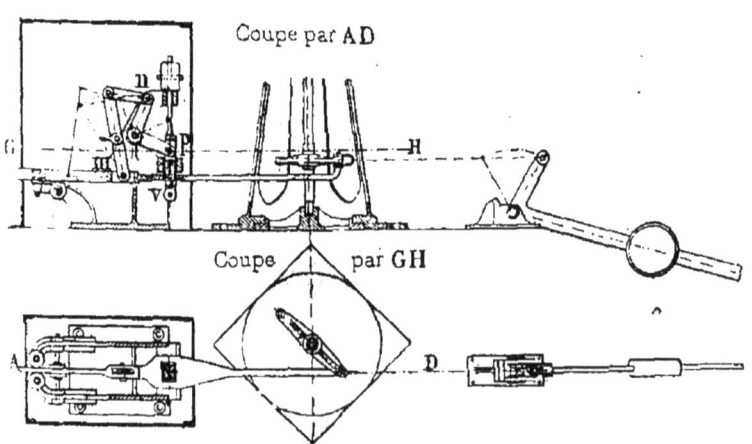

Fig. 100. — Verrou de signal Dujour.

transmission du signal est reliée à un levier *m*, qui actionne,
d'une part, la barre du signal, et de l'autre, un verrou *v* au
moyen d'une équerre *p* et d'une petite bielle *n*. L'équerre fait
mouvoir le verrou, qui pénètre dans la barre et cale le signal
dans sa position d'arrêt. Lorsqu'on tire sur la transmission,
m, étant immobilisé dans le bas, soulève d'abord l'équerre,

celle-ci dégage le verrou *v* de la barre, et cette dernière devenue libre peut agir sur le signal. On pourrait munir l'équerre d'un deuxième verrou pour caler le signal dans sa deuxième position ; mais ce serait là une complication inutile.

Système Forest. — Sur la poulie de transmission P (*fig.* 101),

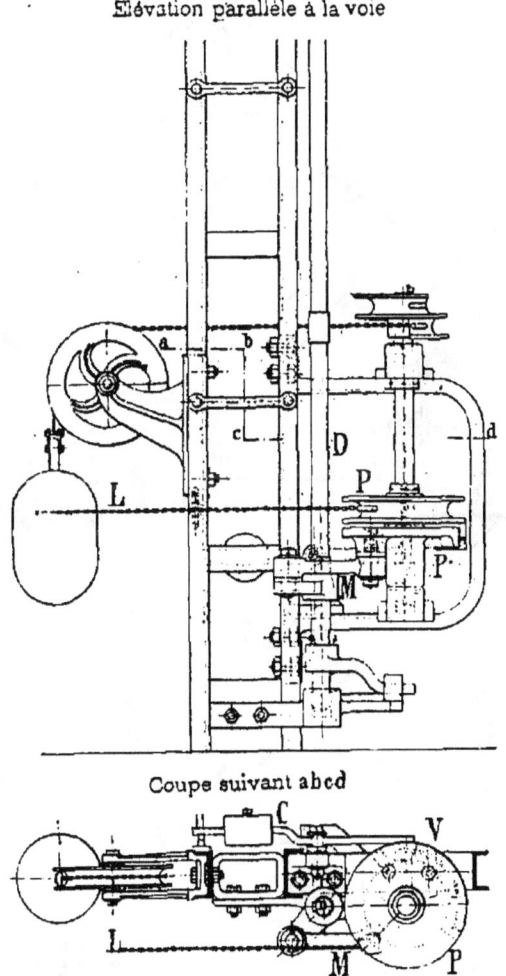

Élévation parallèle à la voie

Coupe suivant *abcd*

Fig. 101. — Verrou de signal Forest.

agit un loqueteau équilibré C, dont la saillie V pénètre dans une des encoches inférieures de la poulie. A la suite de chaque encoche, on trouve un plan incliné, auquel succède une saillie P'. Dans chacune de ses positions extrêmes, le signal est verrouillé, le loqueteau pénétrant dans une des encoches ; mais, en tirant ou lançant la transmission L, le plan incliné fait dégager le loqueteau. La poulie peut alors tourner, entraînant l'arbre du signal D au moyen de la bielle M et d'une mani-

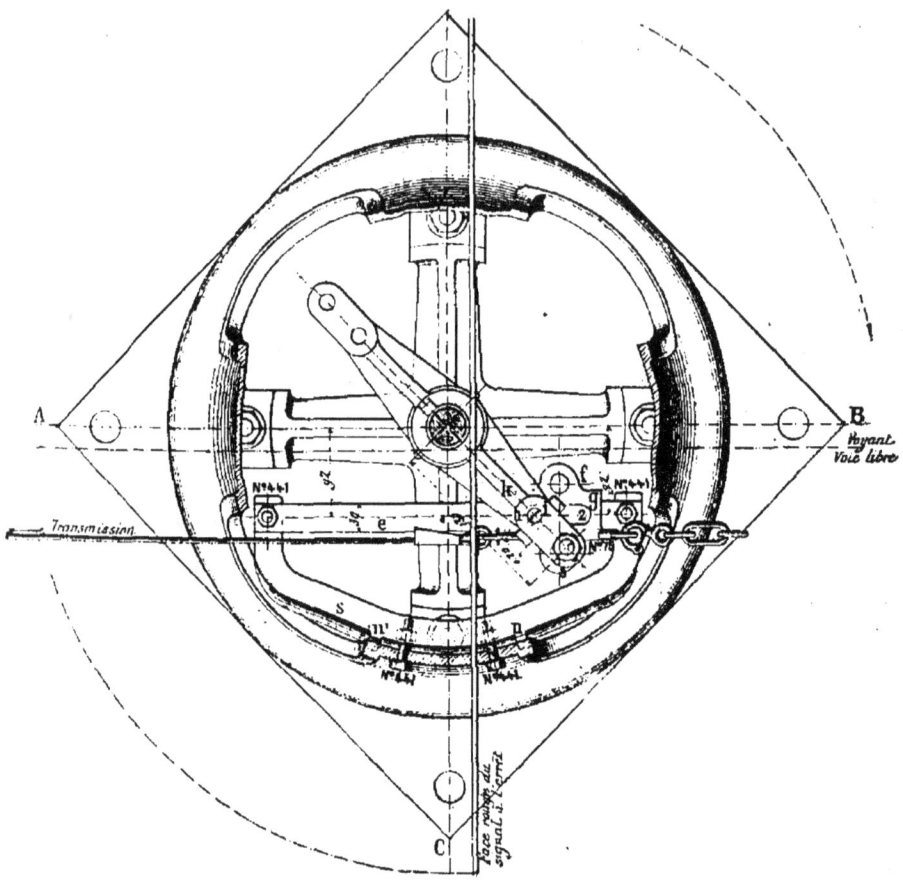

Fig. 102. — Calage Marcelet.

velle jusqu'à ce que le loqueteau pénètre dans la seconde encoche. Avec ce système, le signal se trouve verrouillé dans ses deux positions.

Calage Marcelet. — L'extrémité du levier du signal (*fig.* 102) est munie d'une tête rapportée *h* portant un prolongement *k* et un bouton *i* destiné à entrer dans la rainure en trèfle d'un coulisseau *g* se déplaçant sans jeu sur un fer plat *e* maintenu au socle *s* par les boulons *n*, *n'*. Le coulisseau est réuni d'une part à la transmission, et de l'autre au levier de rappel ; il

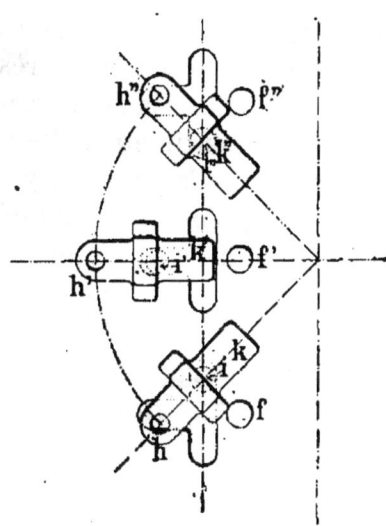

porte en outre un bouton f agissant sur le prolongement k lorsqu'on actionne la transmission et, par suite, le coulisseau. En même temps que le levier de l'arbre décrit un arc de cercle (*fig.* 102 *bis*), le bouton i se déplace dans la rainure en trèfle, de manière à se trouver à la position symétrique du début lorsque le signal a tourné de 90° ; le bouton f est passé de l'autre côté de k, prêt pour la manœuvre inverse. Ce calage exige toutefois un réglage parfait.

Fig. 102 *bis*.

B. — Manœuvre des aiguilles

88. Pédales. — Avec la manœuvre des aiguilles à distance, on doit prendre deux précautions indispensables : d'abord mettre l'aiguilleur dans l'impossibilité de manœuvrer l'appareil sous le train et ensuite assurer le contact intime des lames contre les rails. En effet, étant donnée la distance, il peut se produire des entrebâillements, de plus l'aiguilleur, croyant l'aiguille dégagée, peut la manœuvrer alors que le train est encore engagé sur l'appareil ; dans les deux cas, la conséquence est un déraillement provenant de ce que deux parties du train prennent des directions différentes. Les deux appareils préventifs sont les pédales et les verrous de calage.

La pédale consiste en une lame en fer dont la longueur est au moins égale au plus grand écartement de deux essieux voisins ; elle est placée en avant de la pointe d'une aiguille, le long d'une des files de rails. Commandée par la transmission de l'aiguille, elle est supportée par de petites manivelles

mobiles autour d'un axe fixé par des mâchoires au patin du
rail, de façon qu'elles peuvent se mouvoir en décrivant un
arc de cercle (*fig.* 103). Dans ses deux positions extrêmes
correspondant à celles des lames, la pédale est à peu près
au niveau de la partie supérieure du rail; mais, dans sa position moyenne, elle le dépasse de quelques centimètres. Pendant toute la durée du passage du train sur l'aiguille, il y a
toujours au moins une roue sur la pédale, d'où impossibilité
de manœuvrer cet appareil, le boudin de la roue s'y opposant; la première condition se trouve ainsi satisfaite.

Fig. 103. — Pédale Saxby.

La pédale décrite ci-dessus est celle du système *Saxby
et Farmer*, dont les autres ne diffèrent que par la manière
de relier la pédale aux lames d'aiguilles. Dans l'appareil de
l'*Elisabeth-Bahn* (*fig.* 104), la pédale A porte une saillie intérieure *b* en forme de coin, au-dessous de laquelle se meut un

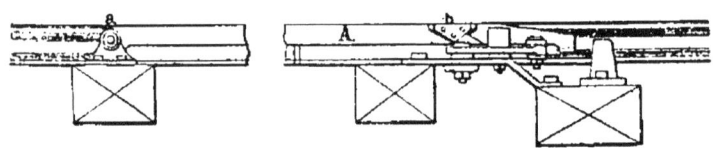

Fig. 104. — Pédale de l'Elisabeth-Bahn.

autre coin disposé en sens inverse et relié par un levier coudé
aux lames d'aiguille. En manœuvrant la transmission, on fait
donc passer, s'il n'y a aucun train engagé, le coin inférieur
d'un côté à l'autre du coin supérieur, la pédale, à chaque
mouvement, se déplace légèrement autour de son axe *a*.

C'est également le principe de celle du Lyon où, au lieu
du plan incliné inférieur, on a des galets fixes, la pédale se
déplace en faisant passer les plans inclinés supérieurs de part
et d'autre des galets. Dans le système du Midi (*fig.* 115 et 128),
la pédale se déplace perpendiculairement aux rails, elle est

montée sur un axe parallèle à la voie et reçoit son mouvement d'oscillation de la tringle de manœuvre au moyen d'une
manivelle.

La pédale augmentant considérablement la résistance de
la manœuvre du levier, on la remplace avantageusement par
un contact métallique qui, sous l'action du boudin des roues,
ferme un circuit électrique dont le courant immobilise le
levier pendant le passage du train.

Les pédales sont également employées dans le cas d'un
signal commandant une voie, où, un train étant en stationnement, on ne veut pas en admettre un second. Dans ce cas, la
pédale est manœuvrée par le fil même du signal. Le fil l
(*fig.* 105), s'attache à un levier F à contrepoids Q, monté sur
l'axe C de la manivelle médiane de la pédale. En tirant sur la
transmission, le levier F entraîne, au moyen du cliquet E le
secteur H, si toutefois la pédale est libre. Quand le signal a pu

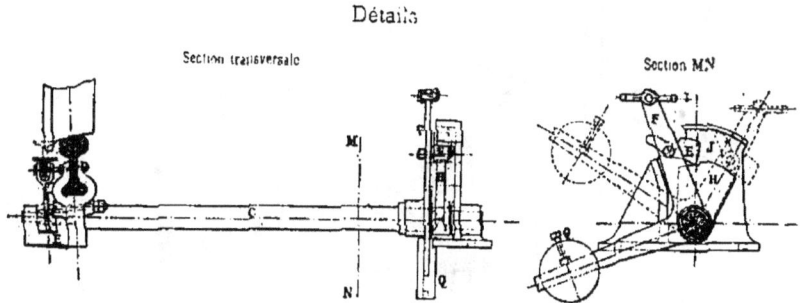

FIG. 105. — Pédale de signal.

être effacé, la queue du cliquet qui s'est engagée dans une
rainure J bascule contre le rebord supérieur dégageant le
secteur H, la pédale retombe entraînée par le contrepoids Q.

Cet appareil, très répandu sur le *North London Railway*, a
comme inconvénient de ne présenter une pédale que sur une
faible longueur; de plus, le fil peut se détendre et la manœuvre
se fait alors d'une façon incomplète.

Pour remédier à ces deux inconvénients, la maison Saxby
adopte un levier spécial pour la pédale; de plus elle dispose un
certain nombre de pédales le long de la voie où doivent sta-
ionner les trains.

L'installation comporte trois leviers : un pour la pédale 6, un second pour le signal d'entrée 7 et un troisième pour le signal de départ 5. On ne peut, au moyen des enclenchements

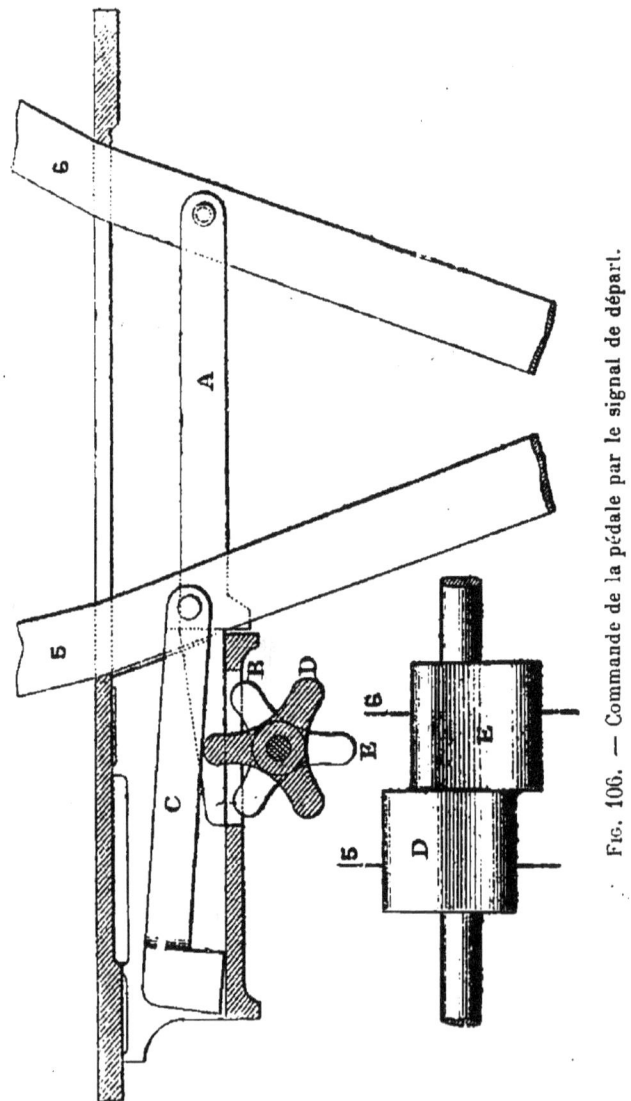

Fig. 106. — Commande de la pédale par le signal de départ.

ordinaires, ouvrir 7 tant que 6 n'est pas renversé et le levier 6 une fois renversé ne peut être remis dans sa position normale que si 5 a été ouvert, puis fermé.

La solidarité entre les deux leviers 6 et 5 s'obtient en montant sur celui de la pédale 6 (*fig.* 106) un loquet A, qui bute contre une saillie B arrêtant le levier 6 dans sa position renversée. Lorsque le train quitte la partie de la voie munie de pédales, on ouvre le signal de départ 5 dont le levier porte un crochet C, lequel, en passant sur la roue D, fait avancer une des ailettes de E de manière à soulever A, permettant ainsi de remettre 6 dans sa position normale, c'est-à-dire relevée.

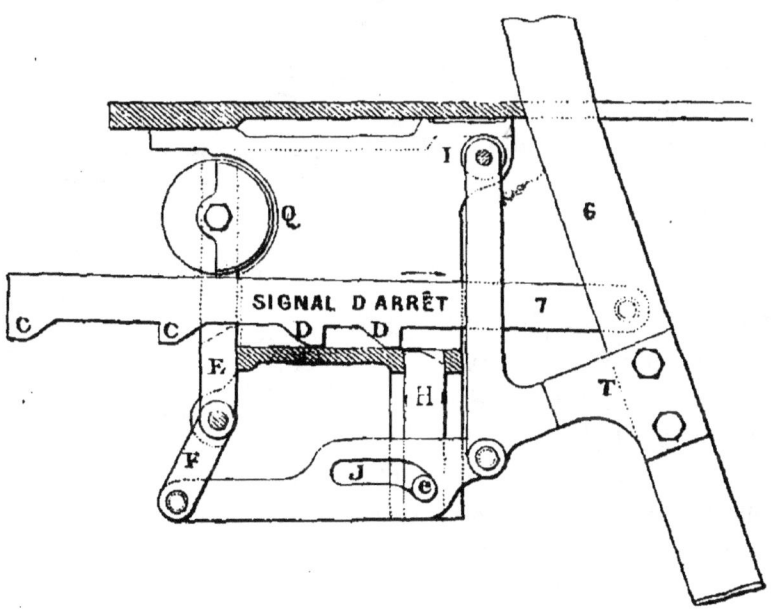

Fig. 107. — Commande du signal d'arrivée par celui de la pédale.

Une troisième condition est de ne pouvoir effacer 7 une seconde fois avant que la pédale n'ait passé par sa position normale. A cet effet, le levier de 7 (*fig.* 107) porte une tringle munie de dents C et D en sens inverse, il peut être arrêté par les taquets E ou H ; après avoir renversé 6, le taquet H se trouvant en bas et E relevé, on peut renverser 7 dans le sens de la flèche. Le contrepoids Q fait alors descendre le crochet E et au moyen de la bielle F, de la coulisse J et du doigt *e* remonte la bielle H. Cette dernière ne s'oppose pas à la remise en place de la barre dentée, c'est-à-dire à la fermeture du signal, mais empêche toute ouverture nouvelle. Pour dégager le signal, il faut ramener 6 à sa position normale, ce qui a

pour effet, grâce à la butée du taquet T, de pousser la coulisse
suspendue en I et de laisser H, descendre pendant que F,
E et Q, reprennent leur posi-
tion normale.

Enfin un dernier enclen-
chement oblige encore à fermer 7 avant 5, sans cependant
que la fermeture de 5 dégage
7. A cet effet, le levier L à
contrepoids P (*fig.* 108) est
poussé par un taquet *t* qui
peut venir se placer sous la
saillie K du levier 5 de manière à l'immobiliser tant que
7 est renversé.

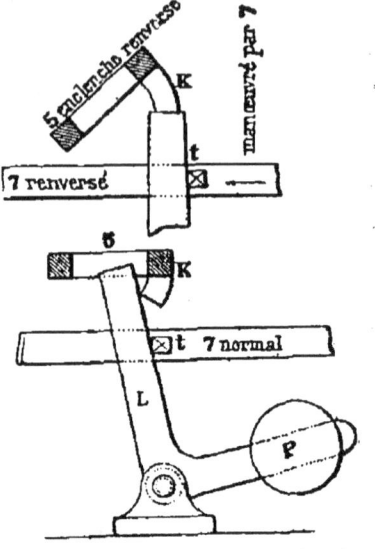

Fig. 108. — Commande du signal
d'entrée par celui de sortie.

89. Verrous. — Les pédales
ne donnent qu'un calage in-
termittent des lames d'aiguilles; on peut le rendre
continu au moyen d'appareils spéciaux ou verrous de calage,
qui constituent la deuxième catégorie des organes de sûreté
de la manœuvre des aiguilles.

Dans le verrou à simple effet de *Saxby* et *Farmer* (*fig.* 109),
la tringle de connexion *d* est percée de deux ouvertures pouvant se placer alternativement en face d'une tige ou verrou *b*; un double mouvement de va-et-vient, pour le faire
pénétrer dans les ouvertures correspondantes, lui est donné
par une transmission spéciale *aa'*. L'aiguilleur, ne pouvant
manœuvrer le verrou immobilisé, car il est guidé par une
pièce fixe O maintenue solidement sur DD', est prévenu du
défaut de calage des lames *ll'*. L'installation se complète généralement d'une pédale *p* manœuvrée avec le verrou, au
moyen d'une équerre fixée à la tringle du verrou.

Dans le cas où la commande de l'aiguille est brisée, le système précédent est insuffisant; l'aiguilleur, en effet, peut
agir sur tous les leviers, lancer le verrou, sans que les lames
bougent. Il y a bien calage, mais dans une fausse direction.
On a imaginé, pour remédier à cet inconvénient, un verrou

spécial dit à *double action* (*fig.* 110). Le levier du verrou est placé dans une position moyenne pour laquelle il n'agit pas sur l'aiguille; il faut le renverser pour obtenir le calage dans un sens ou dans l'autre. A cet effet, l'entretoise des lames d'aiguille ne porte qu'une seule encoche ménagée à sa partie inférieure. Le verrou se compose d'une plaque à deux saillies dont l'écartement est égal au déplacement des lames;

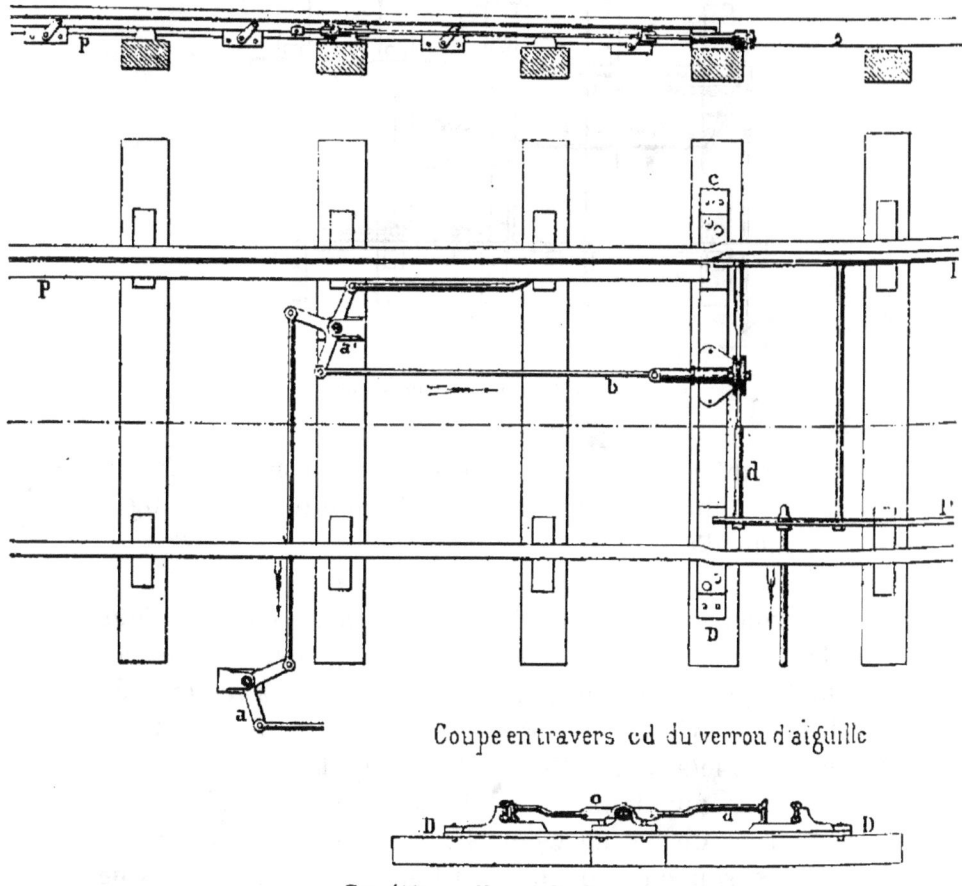

Coupe en travers cd du verrou d'aiguille

Fig. 109. — Verrou Saxby.

elles sont placées de part et d'autre de l'encoche.

Dans la position médiane du verrou, aucune des saillies ne peut pénétrer dans l'encoche; il faut le renverser pour obtenir le calage. L'inconvénient de ce système est la position anormale du levier, en discordance avec celle des autres leviers de la cabine.

On a pu, toutefois, conserver les avantages du verrou à double action en se servant de dispositifs qui permettent de laisser la transmission du verrou dans sa position moyenne,

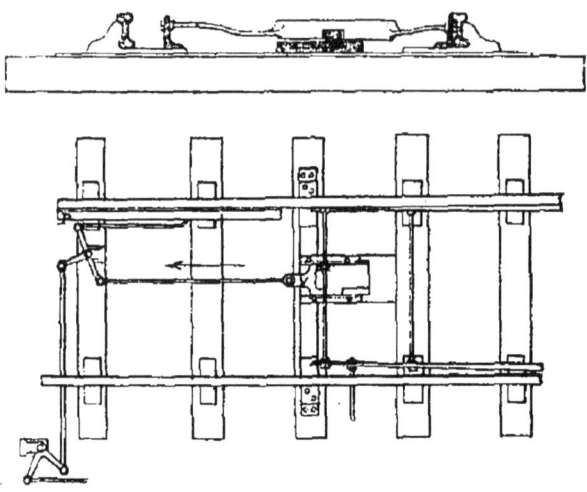

Fig. 110. — Verrou à double action.

tout en plaçant le levier à fond de course. La maison Saxby et Farmer a fait breveter une série de solutions très ingénieuses, mais d'un intérêt secondaire.

90. Verrous-aiguilles. — *Système Dujour.* — Les verrous précédents nécessitent un levier spécial ; or, comme on cherche toujours à en diminuer le nombre, on a imaginé de n'avoir qu'un levier et une transmission pour l'aiguille et son verrou. Dans le système Dujour (*fig.* 111), la transmission E est reliée : 1° aux lames d'aiguilles par l'intermédiaire de l'équerre F et du col de cygne L; 2° au verrou de calage G, guidé dans son mouvement rectiligne parallèle à la voie par 4 galets dont les axes sont fixes sur le bâti. Ce verrou actionne également la pédale P, au moyen du balancier H et de la bielle I. Le col de cygne L est muni d'un galet b, qui pénètre dans la rainure ac, pratiquée sur le verrou. Dans la position de la figure, le col de cygne est calé en a, et les lames d'aiguille A ne peuvent se déplacer. Si l'on agit sur la transmission E, le point C du balancier reste fixe, et l'extré-

mité B tourne autour de C en poussant la barre de calage
jusqu'à ce que la paroi du verrou vienne buter contre le
galet *b*. Le point B devient fixe, et C, au contraire, mobile,
poussant les lames d'aiguille jusqu'à fin de la course du col
de cygne. C à son tour redevient fixe, et B reprend son mouvement pour faire buter *c* contre le galet et caler à nouveau
l'aiguille dans sa seconde position.

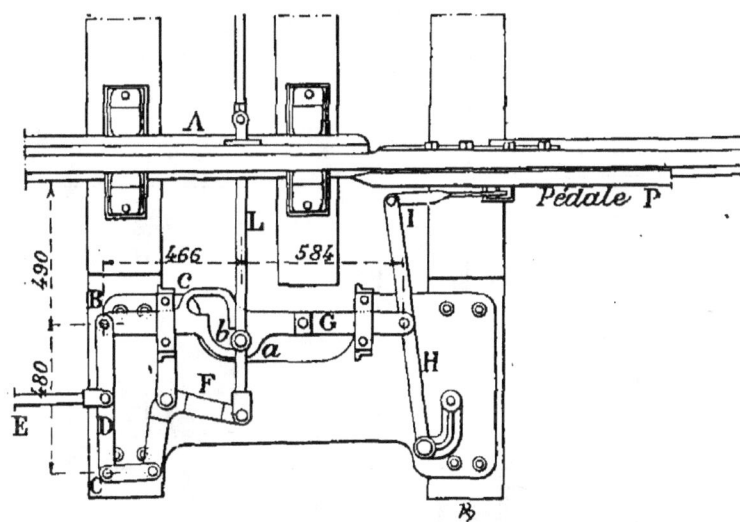

FIG. 111. — Verrou-aiguille Dujour.

Tout l'appareil repose sur deux pièces de bois remplaçant
des traverses de changement de voies. Il y a deux types
d'appareils, suivant qu'on les place à droite ou à gauche de la
voie. Ils sont très répandus sur le Lyon.

Système Marcelet. — L'appareil de calage à secteurs de
M. Marcelet (*fig.* 112) est basé sur le même principe, mais
avec des organes différents. Il se compose de deux balanciers B et B′ pivotant autour des axes A et A′ fixes sur le
bâti. Le balancier B′ est actionné par la transmission C. La
branche du milieu porte un secteur dans lequel est ménagée une rainure circulaire *b*, *d*, ayant le point A′ comme
centre, et une encoche *c*, le secteur, se termine par une tige
qui porte un bouton inférieur.

Le balancier B, situé dans un plan inférieur à celui de B′,

est articulé à une extrémité avec le col de cygne de la tringle de manœuvre des aiguilles, et, à l'autre, il porte un secteur qui reçoit, dans l'axe du balancier et en saillie sur sa face supérieure, un taquet *a* venu de fonte et un boulon avec galet qui s'engage dans la rainure *bd*. Dans la position de la figure, le galet ne peut pas se déplacer ; les aiguilles sont donc calées.

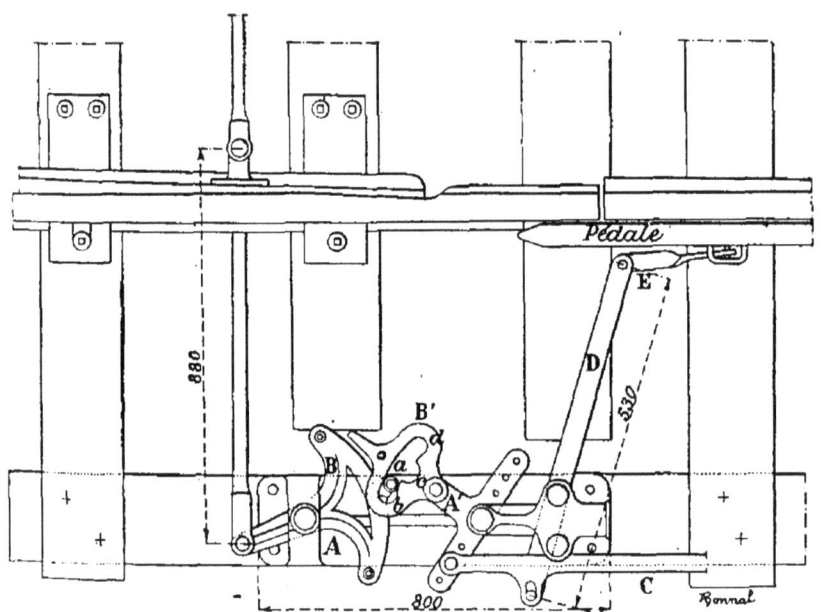

Fig. 112. — Verrou-aiguille Marcelet.

Si on actionne la transmission G, le secteur se déplace jusqu'à ce que le bouton de B′ vienne buter contre le taquet *a*, de manière à entraîner le balancier B, et, par suite, les aiguilles. Lorsque les tiges rectilignes sont dans le prolongement l'une de l'autre, le galet est dans l'encoche *c*, les aiguilles ont terminé leur course, et le balancier est redevenu fixe. Le balancier B′, continuant son mouvement, le galet pénètre dans la rainure *d*, et les aiguilles sont calées. L'appareil se complète d'une pédale reliée à la transmission par le balancier D et la bielle E.

Cet appareil de calage, très répandu également sur le Lyon, a un avantage sur le précédent, car dans le cas de l'aiguille prise en talon, le boulon à galet étant en fonte casse ;

l'aiguille est renvoyée dans la position inverse, et le balancier B a un des boulons placé à ses extrémités, qui vient buter
contre la partie extérieure de la tige de B', vers son point de
raccordement avec *b, d.* Le balancier et, par suite, la transmission, sont immobilisés ; l'aiguilleur se trouve prévenu.

Verrou-aiguille Saxby et Farmer. — Dérivé du verrou-aiguille

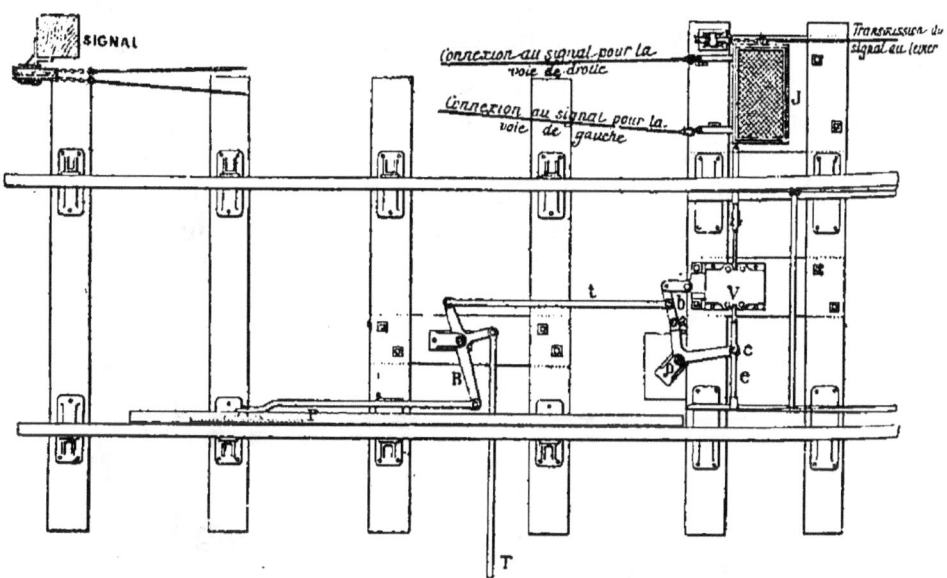

FIG. 113. — Verrou-aiguille Saxby et Farmer.

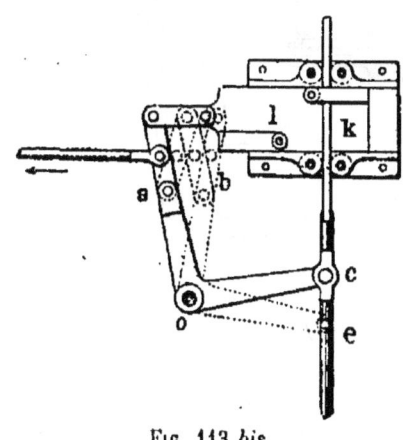

FIG. 113 *bis.*

Dujour, l'appareil en diffère
par sa position ; il est placé à
l'intérieur de la voie. La transmission unique T (*fig.* 113) fait
mouvoir d'une part une pédale P et, de l'autre, une
tringle *t* reliée au verrou V par
l'intermédiaire d'une bielle *b,*
qui commande également le
levier *aoc* et la tringle de manœuvre *c.* Ce verrou porte deux
saillies *k* et *l* (*fig.* 113 *bis*), qui
peuvent s'engager successive-
ment dans deux encoches ménagées sur l'entretoise. Pen-

dant la manœuvre, on a trois phases : déverrouillage de l'entretoise (le verrou *k* est retiré de l'entretoise), déplacement des lames (les deux verrous butent contre l'entretoise), et verrouillage en sens inverse (le verrou *l* immobilise l'entretoise). La figure suffit à indiquer le fonctionnement.

L'appareil se complète de la manœuvre d'un signal dont les indications correspondent aux différentes positions de l'aiguille. A cet effet la tringle *e* se prolonge dans une boîte J où suivant sa position un dispositif spécial permet à la transmission du signal d'agir sur l'une des connexions du signal correspondant à la voie droite ou gauche.

Verrou-aiguille Poulet. — Ce système se caractérise par sa grande simplicité ; de plus, il permet d'éviter les articulations et les secousses de butée. M. Poulet a donné au verrou manœuvré par la tige *t* (*fig.* 114) le balancier B et la trans-

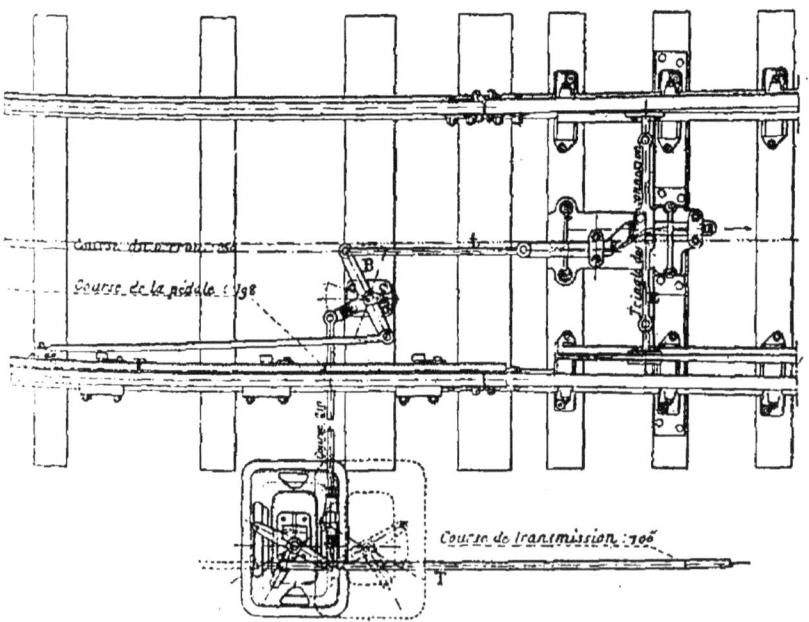

Fig. 114. — Verrou-aiguille Poulet.

mission T une forme coudée *klm*, qui pénètre normalement dans une encoche de la tringle de connexion E des lames d'aiguille. La manœuvre présente trois phases : la partie droite poussée dans le sens de la flèche déverrouille les

lames d'aiguille, puis la partie courbe force les lames à se
déplacer, et enfin la partie droite verrouille l'aiguille dans sa
nouvelle position. Le fonctionnement de l'appareil n'exige
pas une grande dépense de force. On peut compléter le
système par l'addition d'une pédale P.

91. Appareils spéciaux de calage. — *Calage Henning.* — Le
calage des lames d'aiguille ne s'obtient pas forcément au
moyen des appareils examinés précédemment; il existe

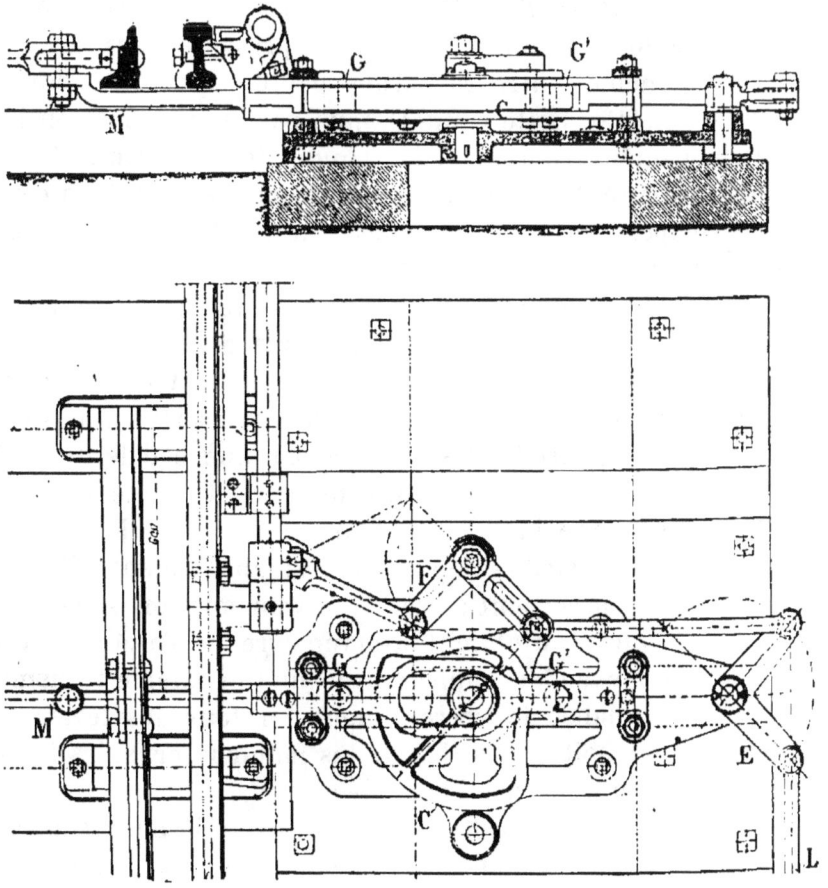

Fig. 115. — Came de calage du Midi.

d'autres moyens de le réaliser. Dans le système Henning
(*fig.* 125), le col de cygne T est réuni à un balancier qui, au
moyen de deux bielles A, fait mouvoir les lames d'aiguille.

Ces bielles sont munies de galets GG qui se déplacent sur une surface curviligne. Le calage est obtenu par le roulement du galet sur cette surface avec cette particularité que les lames étant conduites séparément, le calage de l'une a lieu pendant le déplacement de l'autre et inversement. On a ainsi l'avantage pour une même course d'avoir une plus grande amplitude de calage. Dès lors, si un obstacle se trouve entre les lames, on en est immédiatement averti, quel que soit d'ailleurs le mode de commande de la manœuvre.

Came de calage du Midi. — Dans cet appareil, on a une came dont le contour extérieur présente deux arcs de cercle de même centre raccordés par deux courbes convenables (*fig.* 115). Cette came C, mue par la transmission LÉ, actionne un cadre relié à la tringle de connexion M, par l'intermédiaire de deux galets GG'. Le mouvement de la came se décompose en trois périodes : au décalage elle agit par ses arcs de cercle concentriques, le cadre de l'aiguille reste donc fixe, puis les parties courbes effectuent le déplacement des lames d'aiguille dont la course est égale à la différence des rayons ; enfin les arcs de cercle interviennent en dernier lieu pour obtenir le calage des lames dans la position renversée. L'appareil est complété par une pédale de 5m,72 de longueur recevant son mouvement de la came par l'intermédiaire d'une bielle et d'un levier d'équerre F.

Système Servettaz. — Ce système est absolument différent de ceux qui précèdent : avec une transmission A et deux leviers distincts, on obtient la manœuvre de l'aiguille et le calage au moyen de cames ; avec une deuxième transmission B, on réalise le verrouillage en retour des leviers de manière qu'il soit impossible de les manœuvrer, si les lames de l'aiguille ne sont pas bien calées.

Le calage (*fig.* 116) est obtenu au moyen de deux cames K et K_1 s'interposant d'une part, entre l'une des lames et le rail contre-aiguille, et, de l'autre, forçant la seconde lame à s'appuyer contre le rail. A cet effet, la tringle de connexion E reçoit de la tige de manœuvre V un mouvement de rotation. Cette tringle fait mouvoir en même temps une pédale P. Le contour des cames est disposé de façon à ne produire le déplacement des lames que graduellement.

Sur l'entretoise, E, est montée une bielle L qui, par l'inter-

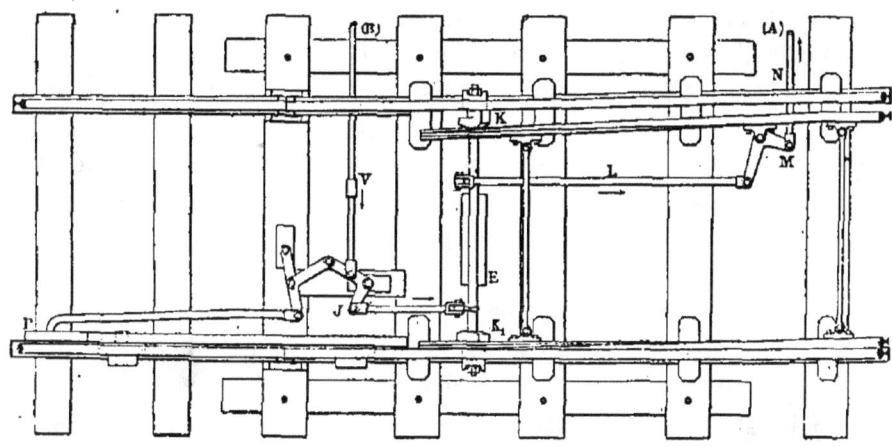

FIG. 116. — Calage Servettaz.

médiaire de l'équerre M, commande une transmission N

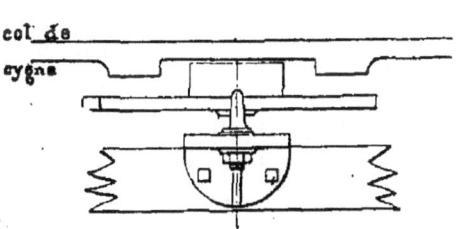

Aiguille verrouillée.

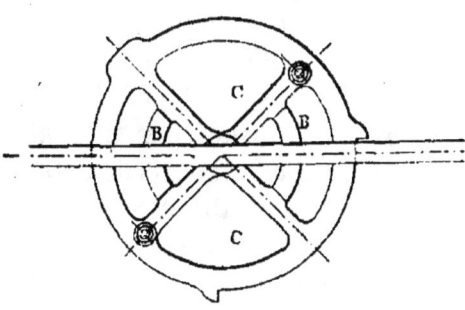

FIG. 117. — Calage Baudu.

faisant retour à la cabine de l'aiguilleur et empêchant, au moyen d'un dispositif spécial, le mouvement des leviers lorsque le calage des lames, c'est-à-dire le déplacement complet de M, n'aura pu être effectué.

Système Baudu de l'Orléans. — Ce dispositif a été imaginé surtout en vue de la transmission à deux fils de l'Orléans. Sur la tringle en col de cygne de l'aiguille (*fig.* 117), en dehors de la voie, on place un volant horizontal mû par les deux fils de transmission. Il est surmonté de deux secteurs B, B, opposés par le sommet et pouvant pénétrer dans une encoche ménagée sur le col de cygne ; si les secteurs sont dans l'encoche, l'aiguille est verrouillée ; en les faisant tourner de 90°, ils sortent de l'encoche, et l'aiguille est libre. Cette disposition bien spéciale ne correspond qu'au verrouillage dans une seule position de l'aiguille. On peut, en donnant aux secteurs une forme appropriée, obtenir le calage dans les deux positions. L'avantage de ce dispositif est qu'il peut s'appliquer à de longues distances.

92. Transmissions rigides. — Comme transmissions rigides, pour la manœuvre des aiguilles, on emploie des tringles creuses en fer laminé, constituées par des tubes de 4 à 6 mètres de longueur, de $0^m,034$ ou $0^m,042$ de diamètre extérieur, et $0^m,025$ ou $0^m,033$ de diamètre intérieur. Ils sont filetés aux deux bouts et assemblés au moyen de manchons C (*fig.* 118) de 110 millimètres de long, vissés sur chaque tube B ; l'assemblage B est consolidé par une goupille. En Angleterre, les tringles ont la forme de fer à **U**, d'une longueur de 6 mètres, réunies au moyen d'éclisses à six boulons. Les tringles sont guidées, de 2 mètres en 2 mètres environ, par des poulies à gorge creuse D et E ou par des rouleaux ou des billes se déplaçant librement dans une boîte. Tous ces supports sont fixés sur des châssis ou sur des longrines, de manière que la partie inférieure des tringles soit bien au niveau du rail.

Comme pour les transmissions funiculaires, on est obligé de recourir à des *compensateurs* pour annihiler l'effet des variations de longueur dues aux changements de température. Les compensateurs horizontaux employés, lorsque les deux parties de la transmission ne sont pas dans le prolongement l'une de l'autre, sont formés par un balancier oscillant en son milieu, autour d'un axe vertical O et aux extrémités duquel sont réunies soit directement, soit au moyen de bielles G articulées en A, les tringles de manœuvre. L'assemblage direct est plus simple, mais il donne, toutefois, plus de résistance au mouvement.

Le compensateur vertical employé dans le cas d'une largeur réduite d'accotement, est formé par deux équerres H, H′ reliées entre elles par une de leurs branches au moyen d'une

Vue et Plan du levier, de la transmission et de ses supports

Compensateur vertical.

Changement de retour d'équerre

Changement de direction

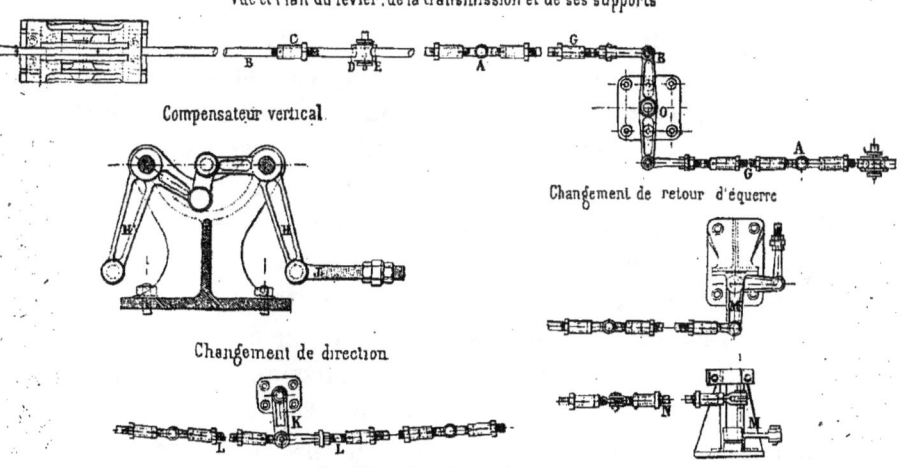

Fig. 118. — Transmissions rigides.

bielle; les deux autres bras sont assemblés aux tringles rigides par des chapes de réglage J. L'emplacement des compensateurs doit être choisi avec soin. Ils ne doivent pas agir ordinairement sur plus de 150 mètres de transmission.

Les passages en courbe sont franchis au moyen de *genouillères*, qui permettent un changement de direction, de sorte que la transmission forme un tracé polygonal. La genouillère est une manivelle K, à l'extrémité de laquelle viennent s'attacher les abouts des bielles articulées L avec les tringles de transmission. On doit éviter les angles trop prononcés, et généralement on ne descend pas au-dessous de 150°. Les genouillères peuvent être simples ou multiples, c'est-à-dire avoir une ou plusieurs manivelles montées sur le même axe.

On emploie des retours d'équerre M pour les changements de direction voisins de 90°, dans le cas, par exemple, de la réunion de la transmission à la tringle de l'aiguille. Généralement le retour d'équerre a ses deux bras à des hauteurs différentes sur l'arbre vertical; les bras peuvent être, suivant les besoins: droits ou courbes, égaux ou inégaux. On se sert également de retours d'équerre verticaux pour relier une transmission verticale à une transmission horizontale. Toutes les fois que les retours d'équerre permettent d'inverser le sens du mouvement de la transmission, on les utilise comme compensateurs de dilatation. Tous les appareils spéciaux, comme compensateurs, retours d'équerre, etc., sont placés sur des cloches de fondation, formées par deux pyramides en fonte, percées de trous pour le passage de boulons de fixation.

La liaison de la transmission à l'aiguille se fait au moyen de cols de cygne à raccord percé ou à raccord fileté, suivant la distance à la voie des derniers retours d'équerre de la transmission.

Une variante de transmission rigide est le système autrichien. Le mouvement de translation des tringles est remplacé par un mouvement de rotation. Il est transmis d'une tringle à l'autre au moyen d'une bielle unissant deux manivelles calées sur les tringles à frottement doux, de manière à faciliter la dilatation du métal. Les retours d'équerre

s'obtiennent au moyen de balanciers manœuvrés par bielles.
Avec ce système, on évite l'emploi de compensateurs; mais
la manœuvre est très dure, ce qui ne permet pas de s'en
servir au delà de 150 mètres.

L'emploi des transmissions rigides est avantageux de
0 à 150 mètres; de 150 à 250 mètres, il est subordonné aux
circonstances; mais, au delà de 250 mètres, il est préférable
de recourir aux transmissions funiculaires; cependant quelquefois on en fait usage jusqu'à 400 mètres.

93. Manœuvres des aiguilles par fils. — *Manœuvre par poulie.* — C'est le moyen le plus simple. Il consiste à disposer en
face de l'appareil, sur un bâti en fonte solidement fixé dans
le sol, une poulie horizontale à laquelle le mouvement est
transmis par deux fils d'acier fortement tendus. Un doigt

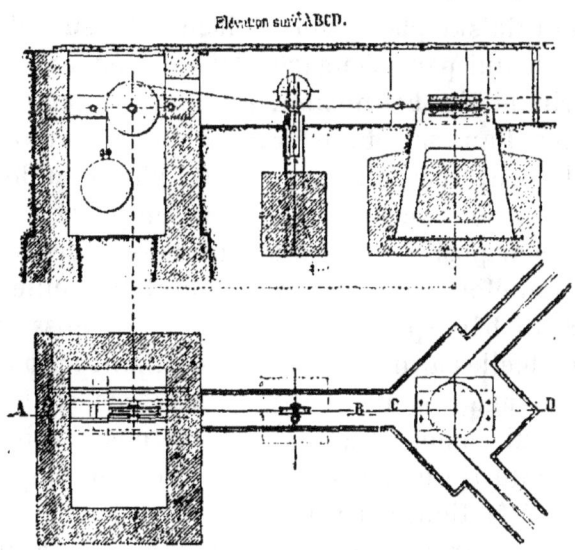

Élévation sur ABCD.

FIG. 119. — Contrepoids compensateur.

ou manivelle calé sur la poulie communique le mouvement
de translation à la tringle de manœuvre de l'aiguille.

On munit très souvent la transmission d'un compensateur
formé par deux poulies folles sur leur axe et sur lesquelles
passent les deux fils (*fig.* 119). La double poulie est prise
dans un étrier avec fil terminé par un crochet auquel vient

se fixer une chaîne avec contrepoids au bout. Le système peut se mouvoir, suivant la bissectrice de l'angle des fils, dans des rainures horizontales. Les aiguilles ainsi manœuvrées sont talonnables, même lorsqu'il n'y a pas de compensateur, pour les distances supérieures à 50 mètres. Au-dessous de cette longueur, il en résulte pour les fils un allongement permanent et souvent même leur rupture.

L'emploi des compensateurs n'est pas indispensable, il suffit de tendre suffisamment les fils, qui devront être assez résistants pour ne pas céder sous les efforts de contraction, et, en cas de rupture d'un des fils, un dispositif devra empêcher l'autre de faire tourner la poulie et par suite de manœuvrer l'aiguille en sens inverse.

L'inconvénient du système est que la présence d'un corps étranger, même assez volumineux, entre la lame et le rail n'est pas décelée. Pour obvier à cet inconvénient, la maison Siemens et Halske place, sous la face inférieure de la poulie, une cheville qui peut s'engager dans des encoches ménagées sur la tringle de connexion, lorsque les lames d'aiguille sont calées. Dans sa course circulaire, le doigt qui commande la tringle peut recevoir une course plus grande que cette dernière, et cet excès de course est employé au calage des lames. Ce dispositif empêche tout talonnage de l'aiguille. On peut toutefois l'obtenir en montant la poulie et ses verrous sur un bâti spécial mobile sur deux glissières et relié par deux bielles à un contrepoids oscillant autour d'un axe. Tout talonnage a seulement pour effet de soulever le contrepoids, qui remet l'aiguille dans sa position inverse après le passage du train. Le système ne semble pas avoir donné entière satisfaction, car il ne s'est pas répandu.

Manœuvre par balancier. — M. Marcelet a imaginé de remplacer la poulie par un balancier sur lequel agissent les fils tendus par un contrepoids compensateur. Le principe est indiqué sur la figure 120 pour la manœuvre d'une liaison. Avec ce système, dont le fonctionnement est très simple, on réalise, en outre, le calage des lames. A cet effet le balancier *ab* (*fig.* 121) porte une coulisse en forme de trèfle, et fait mouvoir une pédale au moyen de la bielle JI et du levier JL articulé en K. Un second balancier EFG,

placé dans un plan supérieur, est articulé en G avec la manœuvre de l'aiguille. Il est muni d'un tourillon E s'engageant

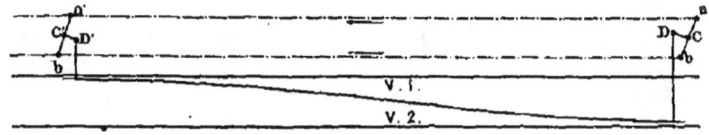

Fig. 120. — Manœuvre double par balancier.

dans la coulisse en trèfle du premier qui porte également
un tourillon D destiné à faire mouvoir un taquet H, fixé au
balancier supérieur. Ce dispositif, analogue à celui des trans-

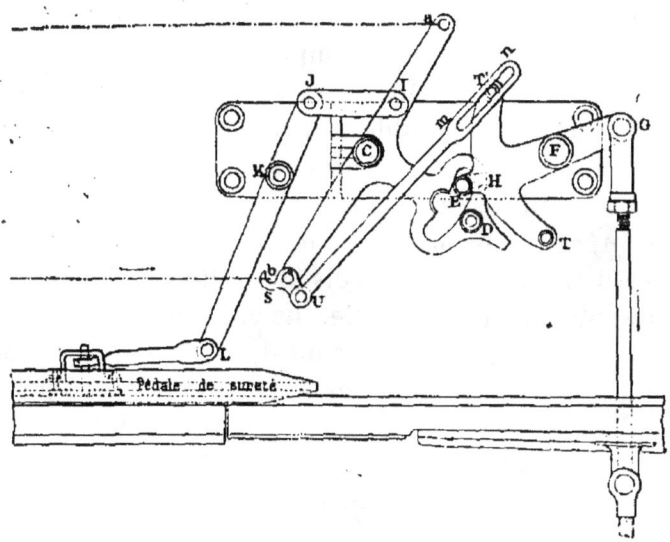

Fig. 121. — Manœuvre par balancier.

missions rigides, agit de la même façon. En tirant sur les fils a, b,
on décale d'abord l'aiguille ; en effet le balancier CD est seul
entraîné pour agir sur EFG, jusqu'à ce que D vienne buter
contre H ; en même temps la pédale est soulevée. Le tourillon D
pousse ensuite, au moyen de H, le levier EFG jusqu'à ce que
le tourillon E vienne dans le fond de la coulisse ; l'aiguille
est déplacée ; enfin la manœuvre se termine par le calage
en sens inverse, obtenu par le déplacement de E dans le
fond opposé de la coulisse.

En cas de talonnage accidentel de l'aiguille, le tourillon E en métal blanc casse. L'aiguilleur est prévenu par l'impossibilité où il est de manœuvrer la transmission, le tourillon D venant buter contre la coulisse; de plus, le fil *b* se décroche, par suite du déplacement de la coulisse *mn*, entraînée par le tourillon T' du balancier EF et faisant osciller le crochet S de *b*.

On peut compléter l'installation au moyen d'un contrôleur automatique indiquant, par la position d'une flèche en relation avec le fil, la situation de l'aiguille correspondant au calage complet; l'aiguilleur est prévenu aussitôt s'il y a un obstacle à la manœuvre ou si le fil est cassé.

Manœuvre par came. — Le mouvement est donné à un axe vertical au moyen de deux fils réunis par une chaîne s'enroulant autour d'une poulie *p* calée sur cet axe (*fig*. 122). Un excentrique G, monté sur le même axe, transforme le mouvement de rotation en mouvement de translation au moyen de deux galets *gg* fixés sur une chape E prolongée par la tringle de connexion des aiguilles. La came comporte deux arcs de cercle de rayon inégaux raccordés par des courbes convenables. La différence de rayon 180 — 50, soit 130 millimètres, correspond à la course des lames d'aiguille. Le mouvement de ces dernières a lieu pendant le roulement des galets sur les courbes et le calage sur le parcours des arcs de cercle. On pourrait, du reste, obtenir le verrouillage des aiguilles au moyen d'une deuxième chape perpendiculaire à la première et faisant mouvoir un verrou spécial, au moyen de deux retours d'équerre.

On a imaginé avec ce système de faire à volonté la manœuvre de l'aiguillage sur *place* ou à *distance*. Il suffit pour cela de rendre la poulie de commande folle ou dépendante de l'axe, le reste de l'appareil étant identique au précédent.

Ce résultat est obtenu au moyen d'une serrure *s* (*fig*. 123) montée sur un plateau calé sur l'axe. Le pène *u* de la serrure pouvant s'engager dans une gâche préparée sur la poulie folle *p*, il suffira d'une clef pour embrayer ou débrayer la commande à distance (État français). Quand on veut actionner l'aiguille à distance, il faut que la commande soit bien

embrayée à nouveau. Pour éviter tout oubli, le levier est
muni également d'une serrure, manœuvrée par la même clef ;
de cette façon, quand une serrure est ouverte, l'autre est

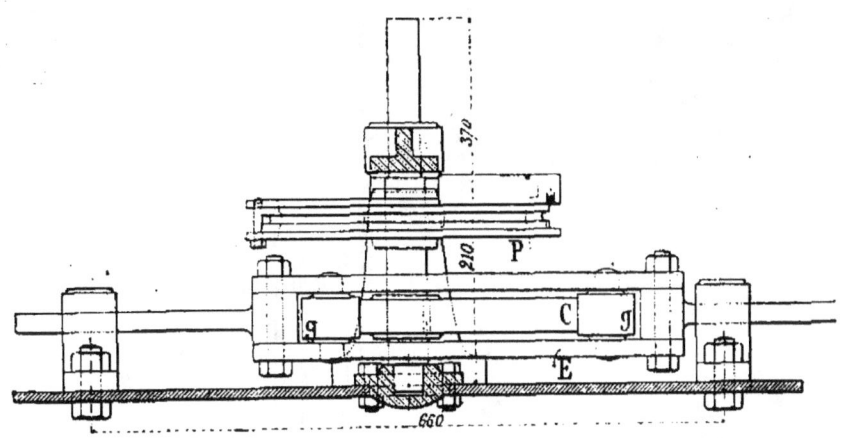

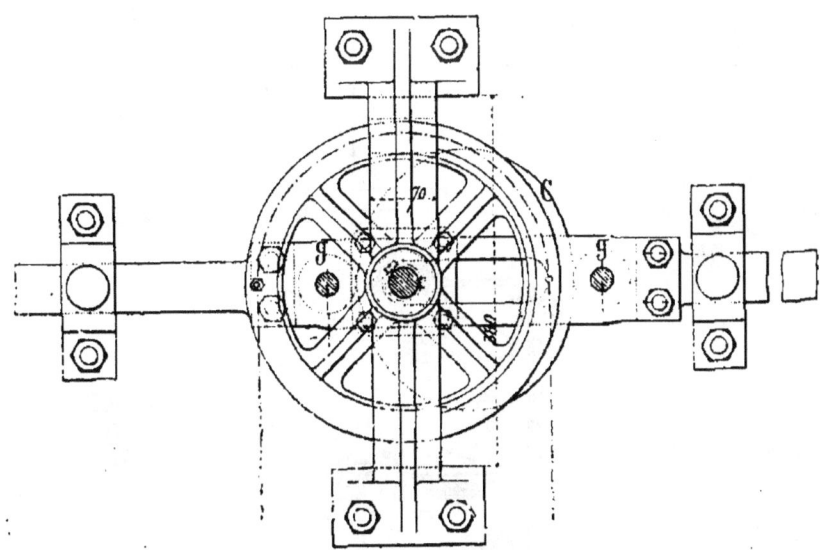

FIG. 122. — Manœuvre par came.

fermée ; on ne pourra donc toucher au levier qu'après avoir
fermé la serrure de l'aiguille, c'est-à-dire avoir calé la poulie.

Au lieu d'un plateau, on peut avoir un manchon coulissant
sur l'axe et pouvant, tout en restant calé sur lui, embrayer

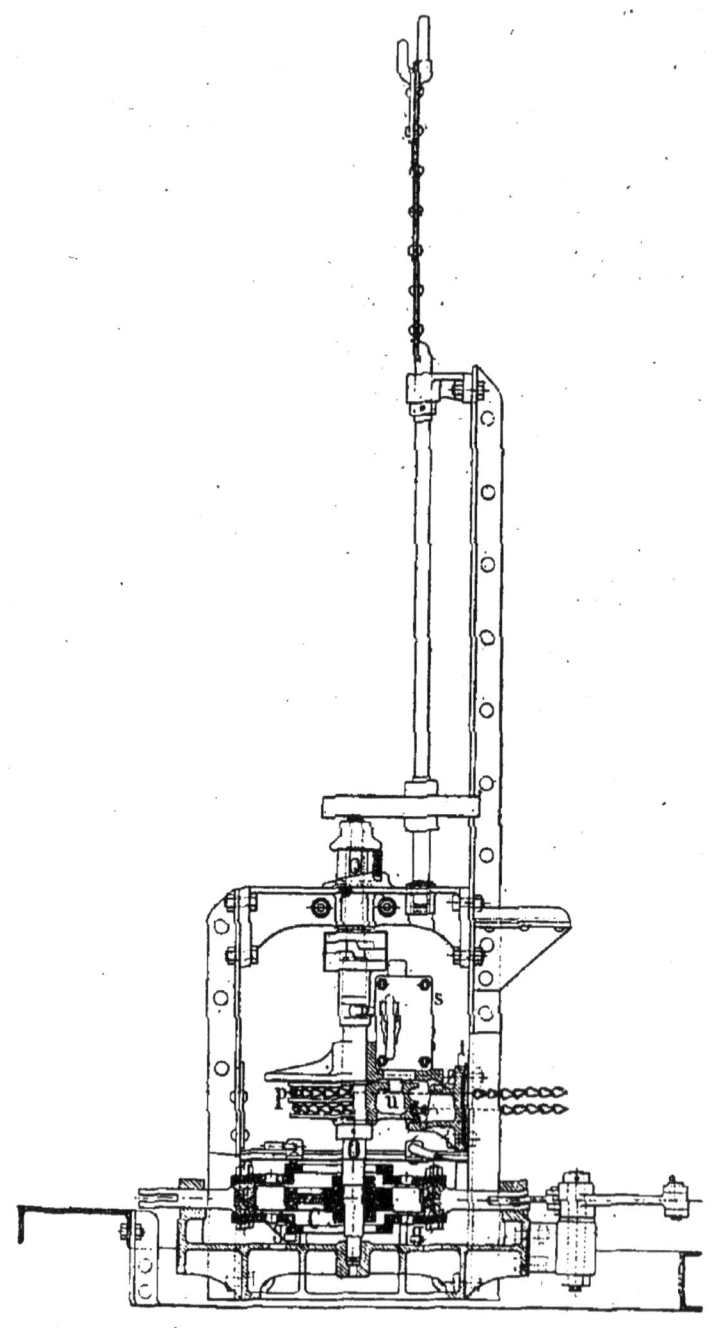

Fɪɢ. 123. — Manœuvre par came (État français).

avec la poulie (État néerlandais). Dans le cas particulier
(*fig.* 124), la poulie B est embrayée par le manchon R qui
peut coulisser sur l'axe A et commander la came C à deux
arcs *mn* et *op* et deux parties courbes *mo* et *np*. L'attaque de
la tringle de l'aiguille se fait au moyen des leviers OE oscillant autour de E. On fixe la tringle en P ou en D, suivant
que la course des lames est de 165 ou 130 millimètres. La
manœuvre à main se fait au moyen de la manivelle S après
avoir débrayé la serrure Q. Généralement la course de la

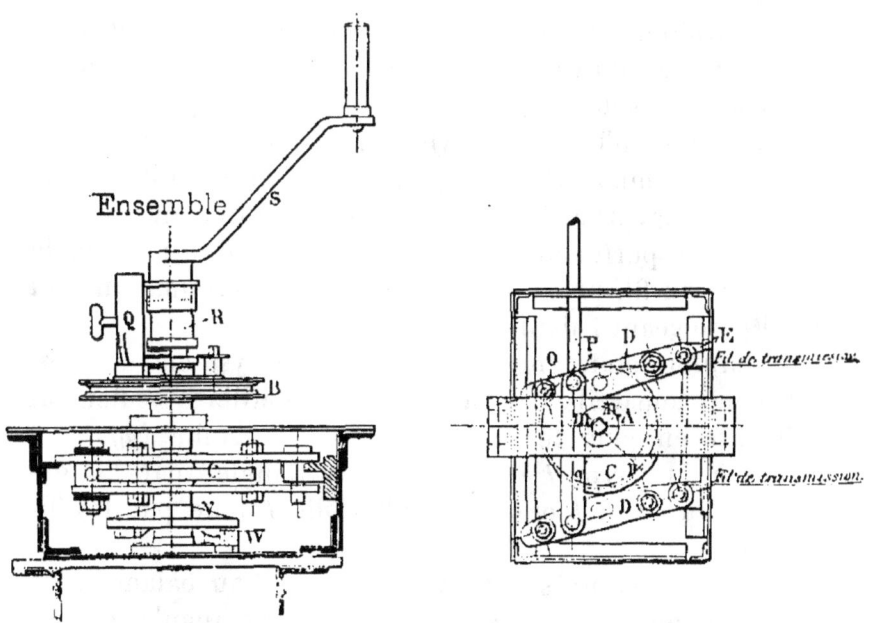

Fig. 124. — Manœuvre par came (État néerlandais).

poulie de commande est limitée par des butoirs W, contre
lesquels viennent se heurter des taquets fixés sur le plateau V.
Un signal indicateur de position suit le mouvement de l'aiguille.

Manœuvre par pignon et crémaillère. — Ce mode de commande est surtout employé par la maison *Henning*, dans ses
installations. Sur l'arbre de la poulie de transmission *a* se
trouve calée une roue dentée *c* engrenant avec une crémaillère *d*, qui termine la tringle de manœuvre de l'aiguille. Cette
tringle T agit au moyen d'un balancier sur deux bielles A

réunies aux lames d'aiguille, les deux bielles viennent porter, au moyen de galets G, sur deux surfaces circulaires, ayant pour centre le point d'attache aux lames. On obtient, comme on l'a déjà vu, le calage des lames.

La manœuvre de la poulie de commande ne se fait pas par un simple fil s'enroulant autour de sa gorge, mais par deux fils, de manière à ce que l'un d'eux casse lorsque l'aiguille est prise accidentellement en talon. Les deux fils s'attachent à deux leviers fixés sur la poulie dont les extrémités tendent à s'écarter sous la pression d'un ressort agissant en sens inverse des fils. L'entraînement de la poulie a lieu par les deux leviers, qui portent, en outre, deux rochets pouvant venir en prise avec deux roues dentées, calées sur l'axe de la poulie, mais seulement lorsqu'un des fils vient à casser. Dans ce cas, le levier du fil rompu cale l'axe et empêche l'autre fil d'agir sur la poulie. L'appareil de manœuvre de l'aiguille décrit plus loin (fig. 190) porte, en outre, un dispositif qui, à la suite de la rupture du fil, produit la mise à l'arrêt automatique du signal protégeant l'aiguille.

Le Jura-Simplon emploie beaucoup ce système de commande des appareils par pignon et crémaillère; seulement on réalise en plus le verrouillage de l'aiguille (fig. 125) au moyen du verrou k que déplace la tringle i par l'intermédiaire du levier h et de la poulie folle f mue par les fils du signal.

Le verrou k et un second verrou n relié au balancier de calage, se meuvent dans un guide m rectangulaire fixe. Dès que le verrou k est déplacé par la manœuvre du signal, une boule vient se placer sur le verrou n et empêche tout mouvement de celui-ci, quelle que soit sa position, car il présente deux encoches o_1 et o_2, correspondant aux deux positions de l'aiguille. C'est le train lui-même qui déverrouille l'aiguille en passant sur une pédale actionnée par une tige perpendiculaire aux verrous k et n; de cette manière, cette tige chasse la boule de n en k. Il faudra une nouvelle manœuvre du signal pour verrouiller l'aiguille. L'extrémité de la tige remplaçant la boule dans le verrou n, il n'y a aucun risque de déraillement au passage du train.

Le diamètre des fils employés à la manœuvre des aiguilles

varie suivant les distances : de 100 à 320 mètres, on emploie des fils de 3mm,9 ; au-dessus de 320 mètres jusqu'à 400, un diamètre de 4mm,4 ; pour les grandes distances on prend

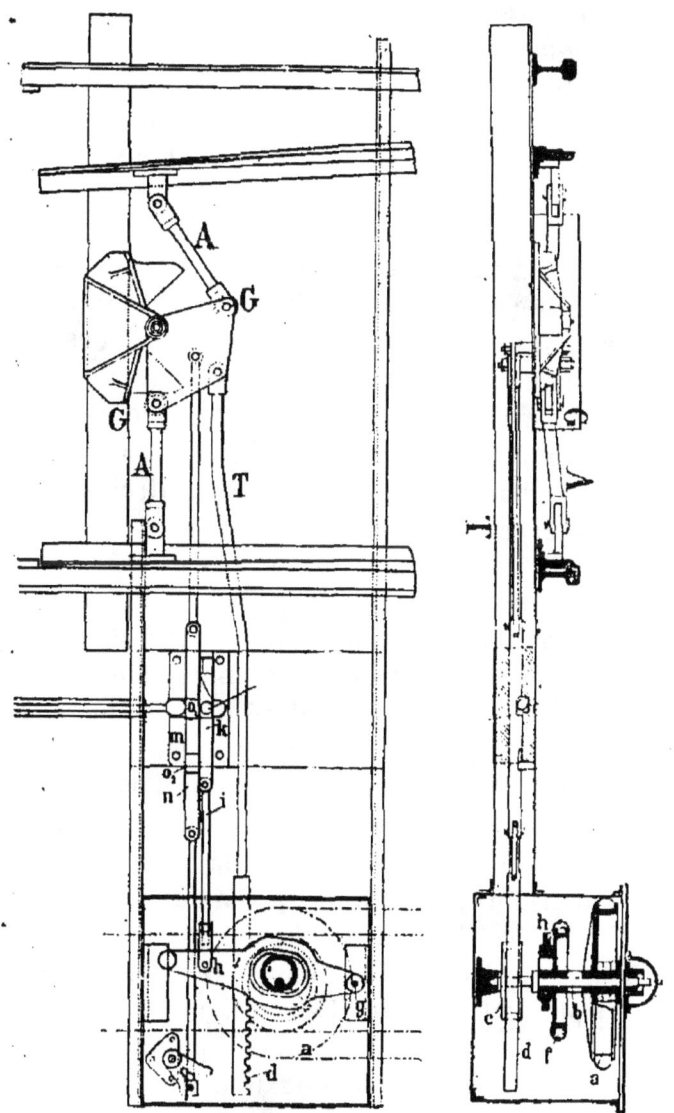

Fɪɢ. 125. — Commande par pignon et crémaillère avec verrouillage spécial de l'aiguille.

celui de 5 millimètres. Les fils sont supportés par des poulies très espacées ; dans les transmissions aériennes, on va jusqu'à 50 mètres. Ils doivent résister à un effort de 90 à 100 kilogrammes par millimètre carré, et avoir une limite d'élasticité voisine de 50 kilogrammes. Les différences de tension auxquelles ils sont soumis sont très variables, depuis 210 kilogrammes, tension à la température de — 15°, à 78 kilogrammes, tension à 35°. Ces transmissions sont très économiques, surtout pour les grandes distances; on les emploie même jusqu'à 700 mètres et leur fonctionnement est très régulier.

94. Aiguilles talonnables. — *Système Poulet.* — Il y a un grand intérêt à ce que les aiguilles puissent êtres prises en talon, sans qu'il en résulte le bris du système. Les appareils suivants ont pour but de résoudre la difficulté.

Dans le système Poulet, une pédale, placée en contre-bas des rails, est reliée au changement de voie par l'intermédiaire d'une tringle, d'une équerre et d'une entretoise. Lorsque l'aiguille est exactement appliquée contre le rail, la pédale se trouve au-dessous du boudin des roues; mais si, par suite d'entrebâillement elle se soulève, les boudins tendent à lui faire reprendre sa position inférieure, c'est-à-dire à lui faire caler les lames. Pour permettre de prendre l'aiguille en talon, on emploie un contre-rail plus élevé que la lame d'aiguille et légèrement en croix avec elle. Ce rail est placé du côté de la lame éloignée du rail dans la position normale. Il en résulte que, si un train prend accidentellement l'aiguille en talon, le contre-rail étant fixe, pousse la lame et déplace l'aiguille en retournant la pédale au moyen des organes de transmission. La voie se trouve calée dans cette nouvelle position. L'essai de cet appareil sur la ligne d'Hermes-Beaumont n'a pas été des plus satisfaisants; l'appareil ne s'est pas répandu.

Verrou-ressort. — Il consiste (*fig.* 126) en une tige reliée par un manchon à la tringle de connexion, elle porte un ressort en spirale coulissant dans un barreau en fonte. Un levier de manœuvre à quatre branches, oscillant autour d'un axe ayant son point d'appui sur la boîte, est actionné par les fils venant du poste de manœuvre. La branche d'avant, terminée en langue d'aspic, se meut dans une rainure ménagée dans le barreau et soulève, pendant le déplacement de ce dernier,

un verrou de calage articulé sur la boîte permettant au
levier par suite de la tension du ressort d'entraîner les
lames d'aiguille dans un sens ou dans l'autre. Le verrou, en
retombant après chaque course, assure le calage et, en cas

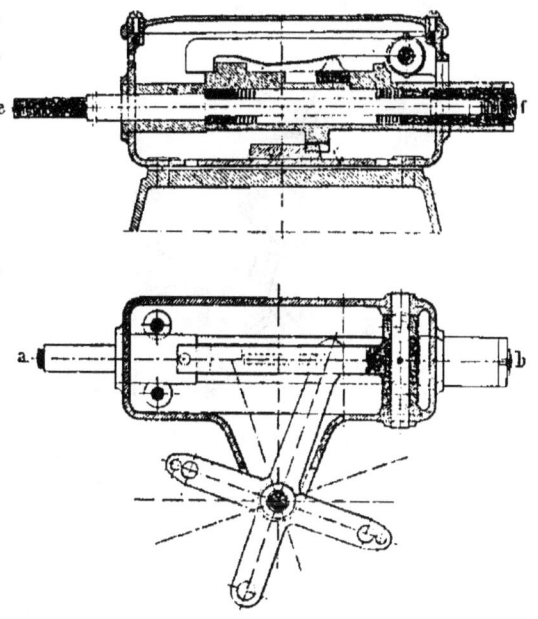

Fig. 126. — Verrou-ressort.

de prise en talon, le ressort permet le déplacement des
lames sans entraîner celui du levier. Le seul inconvénient
est qu'à la longue le ressort perd de son énergie.

Levier à double contrepoids. — Le levier, muni de deux
contrepoids (*fig.* 127), commande une tringle en deux parties, dont l'une, munie d'un œil pour recevoir un goujon,
s'engage dans une chape à glissière terminant la seconde.

La commande des lames se fait par choc, ce qui assure
leur calage; de plus, en séparant le soulèvement du contrepoids de l'entraînement de l'aiguille, la manœuvre est beaucoup moins pénible.

Lorsque l'aiguille, mal orientée, est prise en talon, le double
contrepoids permet de conserver la direction donnée par le
train, c'est-à-dire qu'en cas de refoulement de ce dernier, il
revient à son point de départ; on évite ainsi les déraille-

ments, qui se produisent souvent, quand un train refoule après s'être arrêté sur une aiguille entrebâillée.

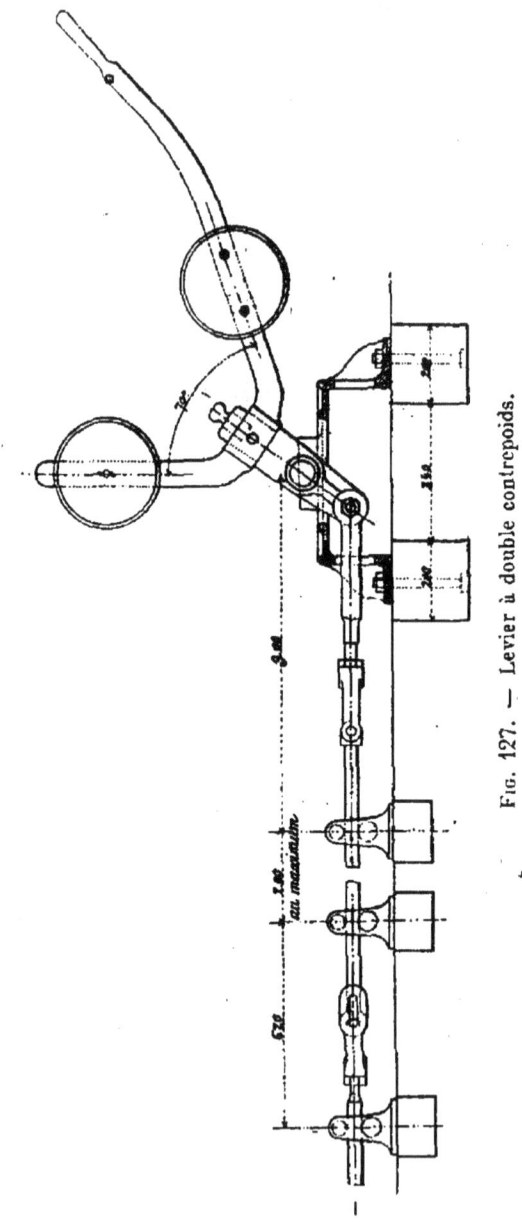

Fig. 127. — Levier à double contrepoids.

Système Perdrizet. — L'appareil se compose d'un levier C (*fig.* 128), articulé autour de O et monté sur un support P; il est actionné par le levier de manœuvre et transmet son mou-

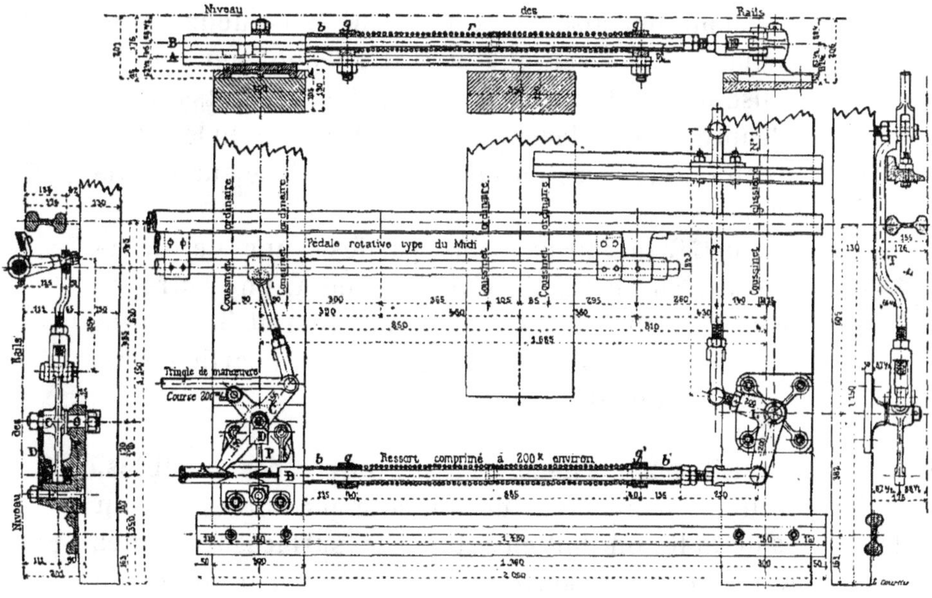
Niveau des Rails
Pédale rotative type du Midi
Coussinet ordinaire
Coussinet glissement
Tringle de manœuvre
Course 200m/m
Ressort comprimé à 200k environ

FIG. 128. — Aiguille talonnable Perdrizet.

vement à l'aiguille au moyen d'un dispositif AB en deux parties superposées et accouplées ensemble. La tringle supérieure B, qui commande l'aiguille au moyen du levier L et de la tige T, est munie d'un ressort à boudin r, comprimé entre deux bagues b et b', dont l'écartement est limité par deux écrous placés à l'extrémité de la tringle; pour faciliter la contraction du ressort, il est construit en deux parties séparées par une bague. L'assemblage, formé par le ressort r, les bagues b et la tringle B, est monté dans deux guides g et g', fixés à la tringle A. Les extrémités des tringles, placées sur le plateau de fondation et maintenues par D, sont rectangulaires, elles permettent, à la branche du levier C, de pénétrer dans une mortaise. La demi-mortaise de A est prolongée par deux évidements circulaires, qui servent au calage de l'aiguille. La demi-mortaise de B est terminée par des dégagements qui lui permettent, après son déplacement, de s'affranchir du levier C, de sorte qu'en cas de prise en talon, B se déplace sur A sans rencontrer C.

La course de C se fait en trois parties : une de décalage en glissant sur la partie circulaire de A, une autre de manœuvre en agissant sur les évidements de A et B, et enfin la troisième de calage, où le levier glisse sur la partie circulaire de A, abandonnant celle de B.

95. **Dispositif pour alléger la manœuvre des aiguilles.**
— L'appareil de changement de voie atteignant toujours un poids considérable, on doit entretenir les surfaces frottantes avec soin, les lubréfier souvent, de manière à diminuer la résistance à vaincre. On a même été amené à remplacer le glissement par un roulement, en plaçant les lames d'aiguilles sur des galets ou des petits chariots.

Dans le système Henning, la tringle de manœuvre est remplacée par un fer plat reposant sur des galets qu'un contrepoids maintient soulevés; dans ses déplacements, la lame roule sur les galets. Avec l'appareil Poulet, les lames d'aiguille sont portées séparément par de petits chariots à galets que l'on place soit au delà, soit en deçà des lames et, plus simplement, sous l'entretoise des lames; très souvent même le chariot se réduit à un simple galet.

C. — Transmissions spéciales

96. Transmissions hydrodynamiques. — On a vu les diffi-

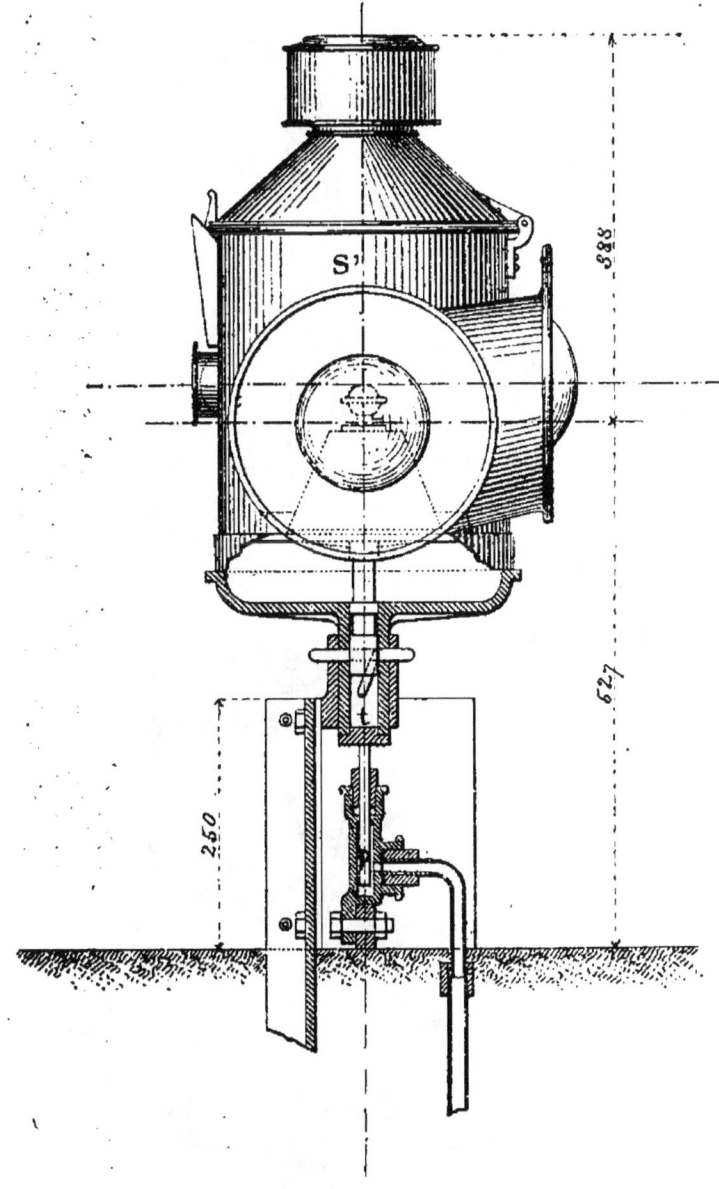

Fig. 129. — Manœuvre hydrodynamique d'un signal.

cultés que présentent les transmissions rigides ou par fils

Coupe transversale.

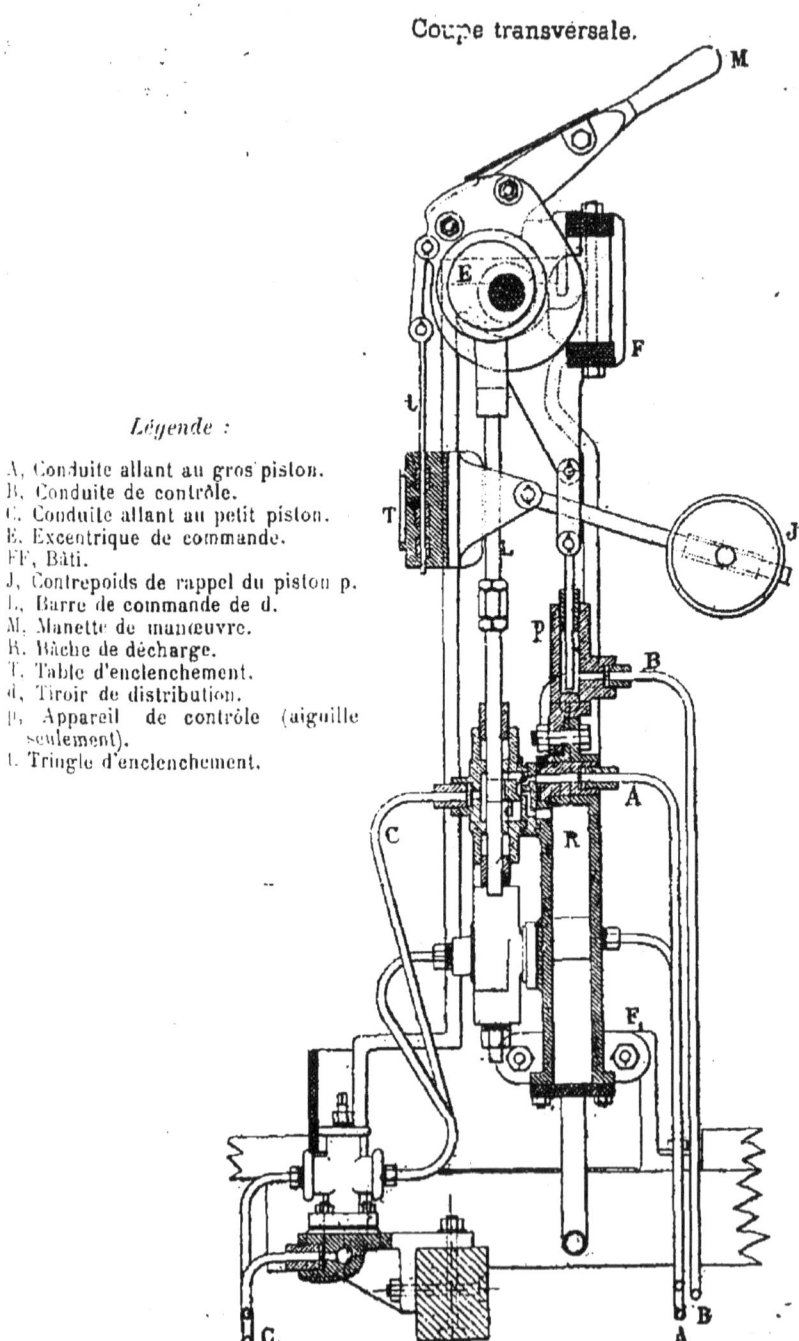

Légende :

A, Conduite allant au gros piston.
B, Conduite de contrôle.
C, Conduite allant au petit piston.
E, Excentrique de commande.
FF, Bâti.
J, Contrepoids de rappel du piston p.
L, Barre de commande de d.
M, Manette de manœuvre.
R, Bâche de décharge.
T, Table d'enclenchement.
d, Tiroir de distribution.
p, Appareil de contrôle (aiguille seulement).
t, Tringle d'enclenchement.

Fig. 130. — Appareil de commande.

ordinaires, au point de vue des allongements et de la dureté des manœuvres; aussi a-t-on imaginé d'autres procédés, parmi lesquels le système hydrodynamique de MM. Bianchi et Servettaz, où la transmission de la force à distance est obtenue au moyen d'un liquide incongelable, eau et glycérine, soumis à une pression de 50 atmosphères dans un accumulateur. Les leviers de manœuvre ont pour but d'envoyer l'eau sous pression, au moyen de conduites, à des pistons-plongeurs placés près des appareils à manœuvrer, produisant sur place le mouvement moteur.

Lorsqu'il s'agit de la manœuvre d'un signal, la pression est envoyée directement sous un piston-plongeur p (*fig*. 129), qui supporte la tige du signal S; le piston, en se soulevant, entraîne l'appareil qui, dans son ascension, se déplace le long d'une rainure hélicoïdale t, de manière à prendre une position perpendiculaire. Si on fait écouler l'eau, le signal retombe par son propre poids et reprend sa position primitive. On pourrait actionner le signal à une certaine distance, en montant sur la tige du piston une moufle qui agirait sur un fil de transmission.

L'appareil de manœuvre (*fig*. 130) est formé par un tiroir qui permet de mettre le conduit en communication soit avec l'eau sous pression, soit avec un bac de décharge où cette eau est recueillie. Ce tiroir d est actionné par une tige L mue par un excentrique E calé sur l'axe d'une manivelle M perpendiculaire.

Quant aux aiguilles, leur déplacement est obtenu au moyen de deux pistons différentiels p, P. Si, par le levier L et le tiroir d, on envoie l'eau sous pression de A sous P (*fig*. 131); comme p est toujours en charge, le mouvement se fait dans le sens de la flèche; pour la manœuvre inverse, P sera mis à la décharge, p restant toujours à la charge. On adjoint un appareil de contrôle de manœuvre $P_1 p_1$ (p de la figure 130) installé dans la cabine et commandé par un tiroir c près de Pp. Ces derniers, en se déplaçant, actionnent c, et permettent l'envoi, sous P_1, de l'eau sous pression; $P_1 p_1$ se déplace et dégage tous les leviers que l'on ne peut manœuvrer que si l'on a la certitude du calage parfait de l'aiguille. Une soupape K isole $P_1 p_1$ de la conduite A, pendant la mise en charge de cette dernière, de manière à n'être actionnée que lorsque P et p sont à fond de course ; elle permet, au contraire, la manœuvre rapide en sens inverse, lorsque P et p reviennent en arrière. La pression de l'eau est obtenue au moyen d'une pompe qui la

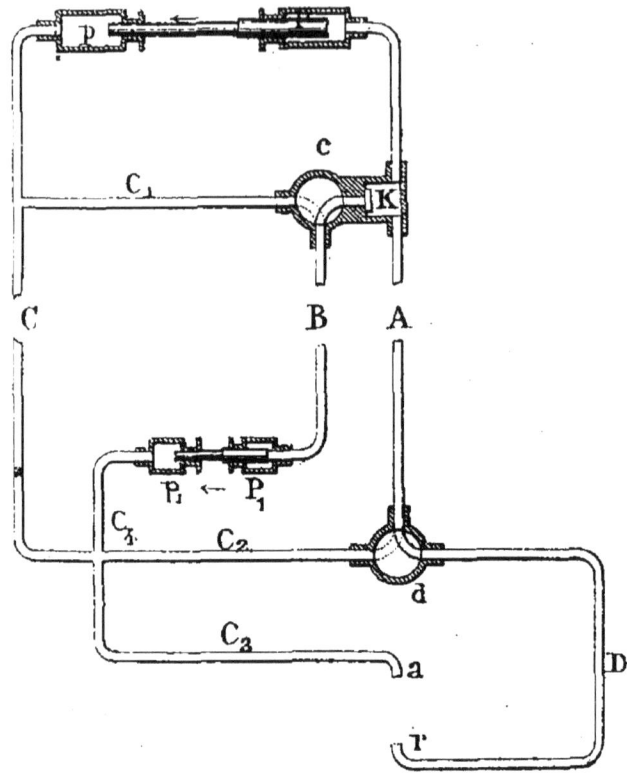

Fig. 131. — Manœuvre hydrodynamique des aiguilles.

refoule dans les accumulateurs d'une capacité de 15 à 20 litres ; 1 litre suffit pour douze manœuvres.

Le système a été appliqué aux gares de Pise, de Rome, en Italie, et de Bourges et Nice, en France.

97. Système électro-pneumatique Westinghouse. — On emploie également l'air comprimé pour la manœuvre des signaux et des aiguilles. Il suffit d'envoyer dans des réservoirs, près des appareils à manœuvrer, de l'air comprimé à 4 ou 5 kilogrammes et provenant d'un réservoir principal, chargé au moyen d'un compresseur. Dans le cas des signaux (*fig.* 132),

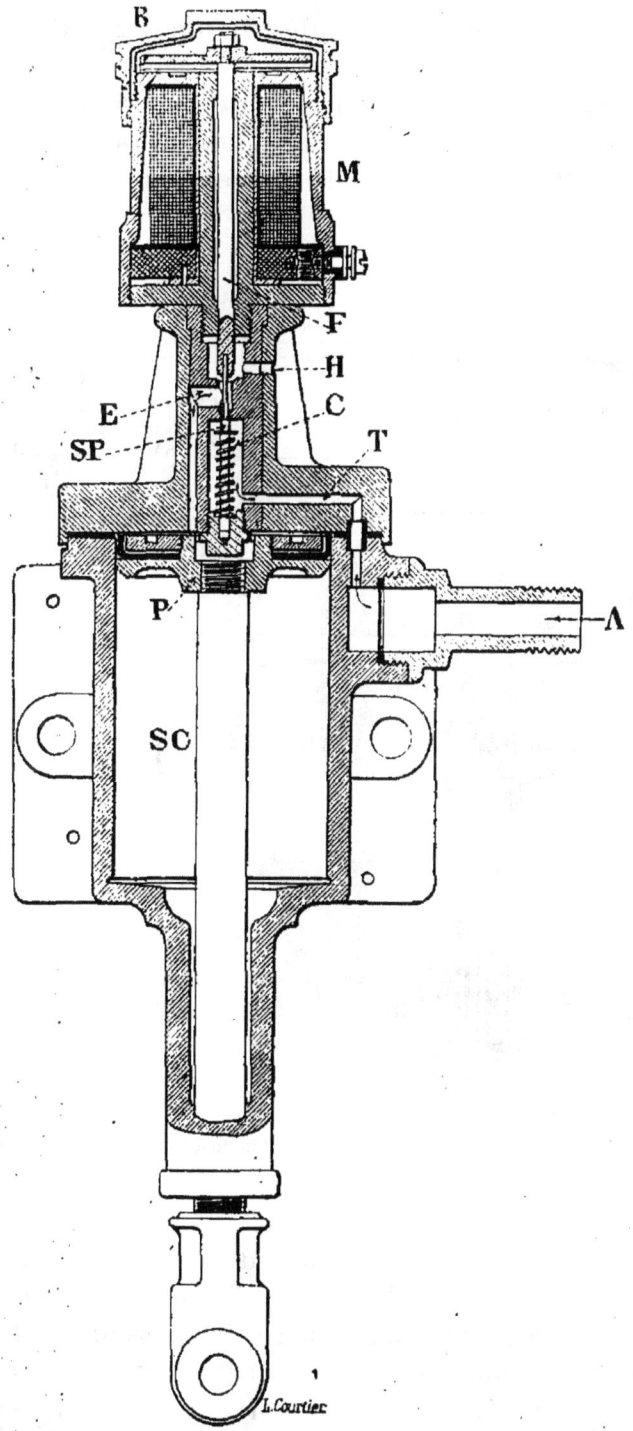

Fig. 132. — Manœuvre électro-pneumatique d'un signal.

l'aile, ou le voyant, est monté sur une tige attachée à un balancier actionné, d'un côté, par un contrepoids de rappel et, de l'autre, par la tige du piston P du cylindre à air comprimé SC. Lorsque le piston est en haut de sa course, le signal est à l'arrêt, maintenu par le contrepoids. Si on envoie l'air

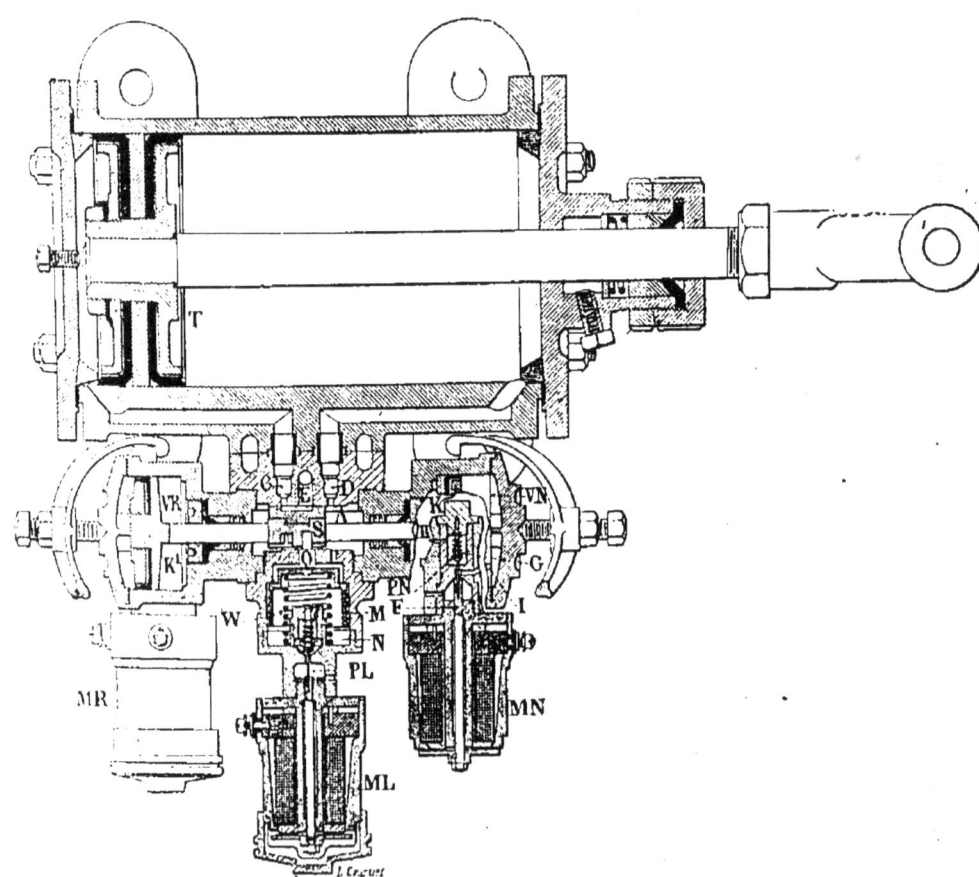

Fig. 133. — Manœuvre électro-pneumatique des aiguilles.

de A par le conduit T au-dessus du piston, le mouvement contraire se produira. Il suffit de faire passer un courant dans l'électro M, dont l'armature B porte une tige F, actionnant la soupape SP, pour ouvrir l'admission de l'air comprimé E et fermer l'échappement H ; lorsque le courant est supprimé l'inverse a lieu, le ressort en spirale C agissant seul.

Pour les aiguilles (*fig.* 133), la distribution de l'air com-

primé au cylindre du piston de manœuvre T de la tringle des
lames, se fait au moyen d'un tiroir S, à deux orifices d'admission C et D, et un d'échappement E. Ce tiroir est commandé
par deux pistons K et K¹, placés dans de petits cylindres VR
et VN, dont les tiges butent contre ce tiroir. La cavité A du
tiroir est reliée à la conduite d'air comprimé. La mise en
marche des pistons K et K¹ se fait par un système analogue
à celui du signal ; on a deux électros MN et MR aimantés
alternativement, suivant la position à donner à l'aiguille, et
agissant au moyen de la tige F sur la soupape PN, qui
permet l'échappement ou l'admission de l'air comprimé
de VX, par l'orifice I, communiquant tantôt avec l'extérieur,
tantôt avec la chambre G reliée par le conduit H à la cavité A, toujours pleine d'air comprimé.

On peut immobiliser l'aiguille au moyen d'un verrou Q,
calant le tiroir dans ses deux positions. Ce verrou est porté
par la tige d'un piston M, contenu dans le cylindre N, et
pouvant recevoir l'action de l'air comprimé ou du ressort W,
lorsque l'air est dans le cylindre N pour déverrouiller l'aiguille, on enverra un courant dans l'électro ML, qui aura
pour effet d'actionner la soupape PL, et de provoquer l'échappement de l'air sous la face de Q, c'est-à-dire l'abaissement
de ce dernier. Il suffira d'interrompre le courant pour obtenir
une nouvelle admission d'air et par suite le calage de l'appareil de manœuvre de l'aiguille arrêtée dans l'une de ses deux
positions extrêmes.

La cabine de concentration de manœuvre des appareils
comporte une série de manivelles actionnant des contacts
qui envoient le courant d'une batterie d'accumulateurs aux
différentes bobines des appareils de manœuvre des signaux
ou aiguilles. En outre, ces manivelles s'enclenchent entre
elles, au moyen de dispositifs spéciaux.

Le système a été appliqué à la gare de Pittsburgh, à
24 leviers, et à celle de Philadelphie, à 71 leviers.

98. Transmissions électriques. — La facilité de transporter
la force à distance par l'électricité devait conduire à l'emploi
de ce fluide pour la manœuvre des aiguilles et des signaux.
Les avantages de ce mode de transmission sont incontes-

tables; ils deviennent réellement pratiques depuis qu'un très grand nombre de gares possèdent des usines génératrices du courant. Le plus souvent le courant est fourni sous la tension de 110 à 120 volts par des batteries d'accumulateurs, que l'on recharge à intervalles réguliers.

Les aiguilles ou les signaux peuvent être mus par des électro-aimants ou, mieux, par des dynamos; le nombre des appareils imaginés dans ce but est déjà très considérable. On peut citer comme arrivés à un degré de perfectionnement convenable ceux de *Siemens et Halske*, qui actionnent les appareils au moyen d'un petit moteur en série à double enroulement d'excitation, pour obtenir la marche dans les deux sens.

Dans le cas d'une aiguille *(fig. 134)*, le mouvement du moteur est transmis à la tringle de

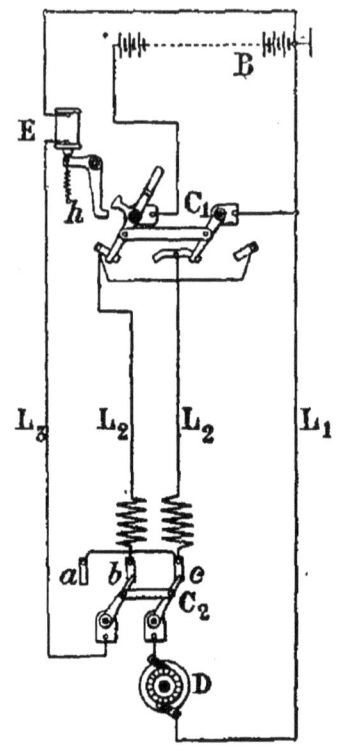

Fig. 134. — Manœuvre électrique des aiguilles.

manœuvre au moyen d'une manivelle actionnant un appareil de calage quelconque. L'aiguille doit être talonnable pour que le moteur ne soit pas endommagé par une fausse manœuvre. Le courant de la batterie B parvient au moteur D par un commutateur C_1 qui envoie le courant dans l'un des deux conducteurs L_2 reliés chacun à l'un des enroulements de l'excitation; le moteur tourne donc dans un sens ou dans l'autre. Au moyen d'un second commutateur C_2 commandé par l'aiguille, un des balais du moteur est relié alternativement par *b* ou *c* avec l'une ou l'autre des deux lignes. La disposition est telle, que l'aiguille, arrivant à fond de course, fait passer le commutateur à la position inverse et interrompt le courant; le moteur se trouve prêt pour la manœuvre contraire. Le second balai est relié au conducteur de retour L_1. Le premier commutateur est à branche double, de manière à relier L_2 au circuit L_1 ; le moteur est donc en court-circuit à la rupture, de plus, au repos, un courant circulant par hasard dans la ligne ne peut le mettre en mouvement. Le second commutateur est également à deux branches, la seconde ferme un circuit L_3 sur un électro à grande résistance E, pendant que le moteur est au repos et l'interrompt lorsqu'il est en mouvement. A la fin de chaque manœuvre, le courant doit donc passer dans l'électro et faire apparaître un voyant indiquant que l'aiguille a bien fonctionné. Si on a soin de faire passer en outre le circuit L_3 sur une série de contacts correspondant à divers appa-

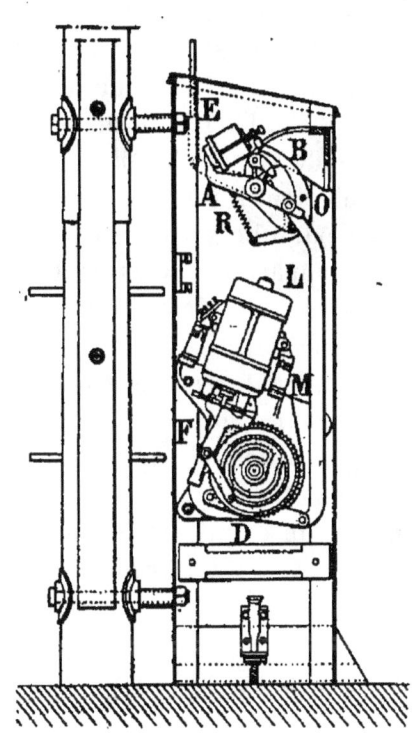

Fig. 135. — Manœuvre électrique des signaux.

reils, le voyant de l'électro n'apparaîtra que si tous ces contacts et, par suite, les appareils correspondants, sont bien en place. Enfin l'armature de l'électro h maintient dans la position donnée le commutateur C_1, tant que le mouvement de l'aiguille n'est pas terminé, c'est-à-dire que l'armature n'est pas attirée.

La commande des signaux (*fig.* 135) est plus simple. L'axe du moteur M porte une vis sans fin actionnant un pignon, muni de chaque côté d'une coulisse entraînant le commutateur interrupteur, et l'arbre du levier de manœuvre. Pour la mise à voie libre, l'accouplement du levier et des ailes sémaphoriques se fait par un électro. A cet effet, le levier de manœuvre D lève le levier L, mobile autour de son axe, et dont l'extrémité rencontre la saillie O d'un troisième levier B, dont une des branches forme l'armature d'un électro E, et l'autre porte un quatrième levier A actionnant la tringle de manœuvre de l'aile. Tant que le courant passe dans E, l'extrémité du levier L rencontre la saillie O ; mais, si le courant est interrompu, le levier B est rappelé par un ressort R qui fait échapper la saillie O à la commande de L ; l'aile reste à l'arrêt. Si on a plusieurs ailes sur le même mât, il suffit de munir chacune d'elles d'un mécanisme de commande à électro. Dans ce dispositif, le courant de l'électro peut passer par une série d'interrupteurs, fermant le circuit lorsque les appareils correspondants sont convenablement placés : dès lors l'aile n'est mise à voie libre que si la direction a été bien préparée.

Il existe encore un très grand nombre de systèmes pour la manœuvre à distance des appareils au moyen de l'électricité. On peut citer la manœuvre à distance des sémaphores, des aiguilles sur le Nord français par de petites dynamos alimentées au moyen d'accumulateurs. Leur description a été donnée dans la *Revue générale des Chemins de fer et des Tramways*.

D. — Contrôleurs d'aiguilles et de signaux

99. Contrôleurs d'aiguilles. — Ces appareils ont pour but de renseigner l'aiguilleur d'un poste sur le fonctionnement des aiguilles et remplacent ainsi, au besoin, les verrous de calage. Ce renseignement est généralement fourni par un courant électrique, avec sonnerie dans la cabine et interrupteur aux lames d'aiguille. Il existe un certain nombre d'appareils basés sur ce principe.

Contrôleur du Nord. — L'interrupteur est formé (*fig.* 136) par une boîte en ébonite bien étanche, enduite intérieurement d'un vernis à la gomme laque et fermée par un couvercle. On la fait également en cristal de même dimension. Elle est divisée en deux compartiments inégaux, séparés par une cloison *ab* avec un petit orifice dans le bas. Au plus grand compartiment aboutissent deux fils de platine *c* et *d*, reliés tous deux au circuit ; il suffit de les réunir électriquement, au moyen d'un bain de mercure, pour assurer la continuité du courant. Les commutateurs sont placés extérieurement

aux rails et montés de façon qu'ils doivent être tous deux
horizontaux pour fermer le circuit et faire fonctionner la
sonnerie. La boîte oscille autour d'un axe o et se trouve ramenée, par son propre poids, dans la position horizontale;
cette position ne peut être occupée que si la lame d'aiguille L

Coupe longitudinale du
commutateur

Coupe transversale de l'installation complète

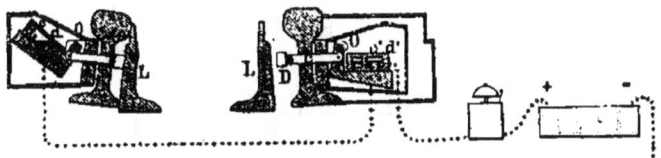

Fig. 136. — Contrôleur d'aiguille du Nord.

n'appuie pas contre le bouton D traversant l'âme du rail. Dans
ce cas, la lame correspondante est entrebâillée; cet entrebâillement, qui peut être permanent ou se produire pendant
la manœuvre ou le passage d'un train, ferme le circuit, actionne la sonnerie de la cabine et prévient ainsi l'aiguilleur.
Cet appareil est très sensible.

Comme d'un même poste on actionne plusieurs aiguilles,
pour éviter toute confusion, les divers circuits des commutateurs aboutissent à la même sonnerie; seulement, sur
chacun d'eux, on a soin d'intercaler une boussole, dont la
déviation indique l'aiguille correspondante entrebâillée.

Contrôleur de l'Ouest. — L'interrupteur de courant est fixé
sur un piquet à côté de l'aiguille à contrôler. Il est constitué
(*fig.* 137) par un ressort *r* en forme de fer à cheval parfaitement
isolé de K par la pièce A, et dont les deux extrémités viennent
en contact avec des têtes de boulon *bb* communiquant l'une
avec le circuit, l'autre avec la terre. Ainsi disposé, le circuit est
parfaitement fermé, et la sonnerie doit tinter dans le poste de
l'aiguilleur; mais cette continuité est interrompue par une tige
verticale montée sur le col de cygne de l'aiguille qui vient, dans

chacune des positions extrèmes, appuyer contre les extrémités du ressort. La sonnerie ne fonctionne donc que dans les cas où les lames ne sont pas en contact avec les rails. L'inconvénient de ce système réside dans l'emploi d'un ressort dont les lames

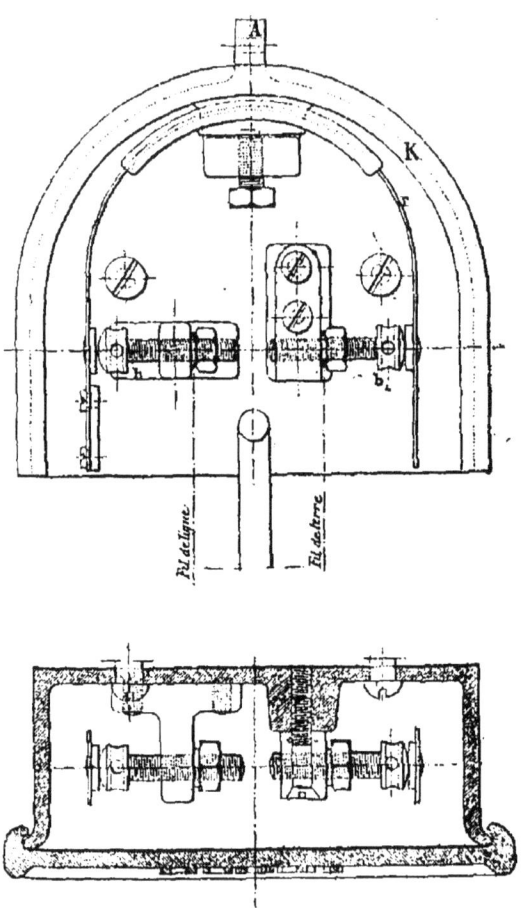

Fig. 137. — Contrôleur d'aiguille (Ouest).

s'écartent à la longue et ne donnent plus aucun contact, même avec l'aiguille entrebâillée ; de plus la tige qui actionne le ressort est assez éloignée de l'aiguille.

Contrôleur du Lyon. — Il se compose (*fig.* 138 et 138 *bis*) d'un levier monté sur un support SS', une des branches reçoit un contrepoids P et l'autre, formant chape, est reliée à une tige T passant au travers du rail et venant aboutir à l'extrémité de la pointe d'aiguille à contrôler. La lame étant appliquée contre

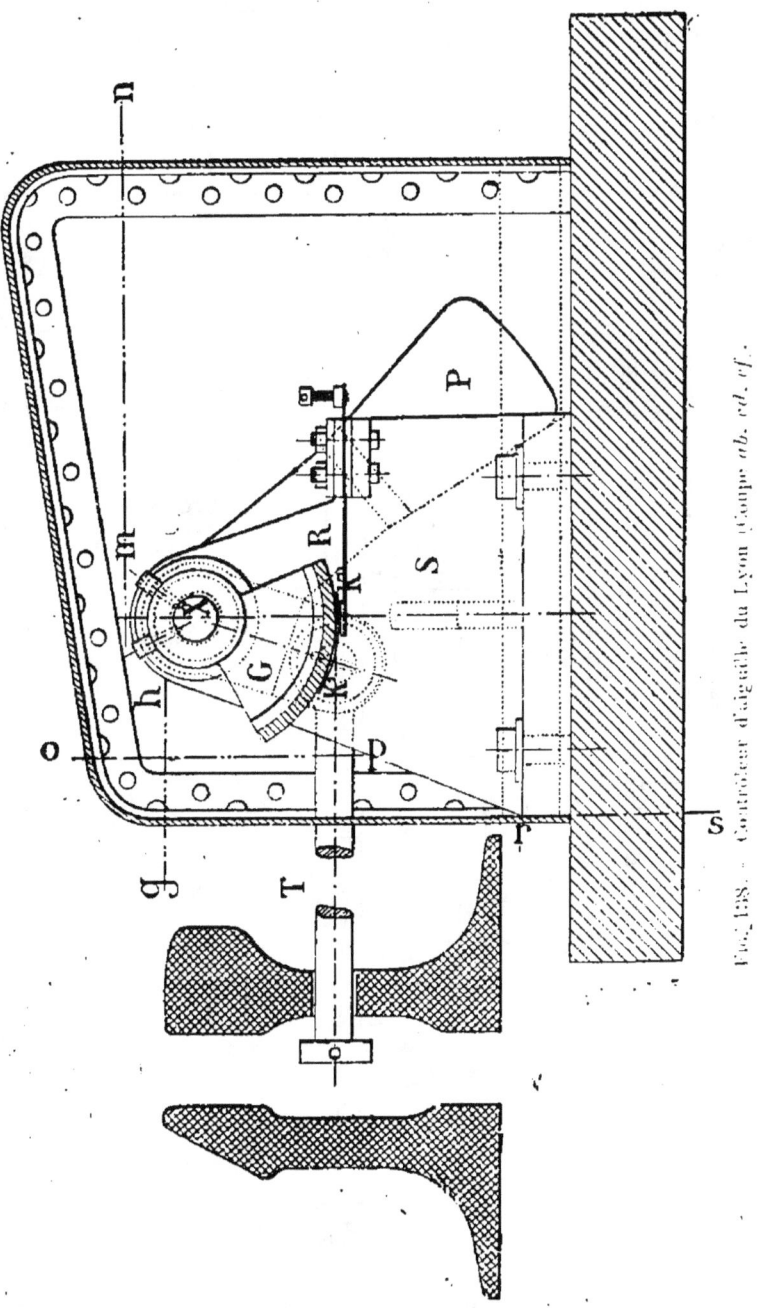

Fig. 128. — Contrôleur d'aiguille du Lyon (coupe *ab*, *cd*, *ef*).

le rail, le contrepoids est soulevé, prêt à retomber lorsque la lame s'éloignera. C'est entre ces deux positions extrêmes

que doit fonctionner la sonnerie dont le circuit est fermé à
l'aide d'un secteur circulaire C monté sur l'axe du levier, et
dont la surface est garnie d'une plaque d'argent K'K'', isolée

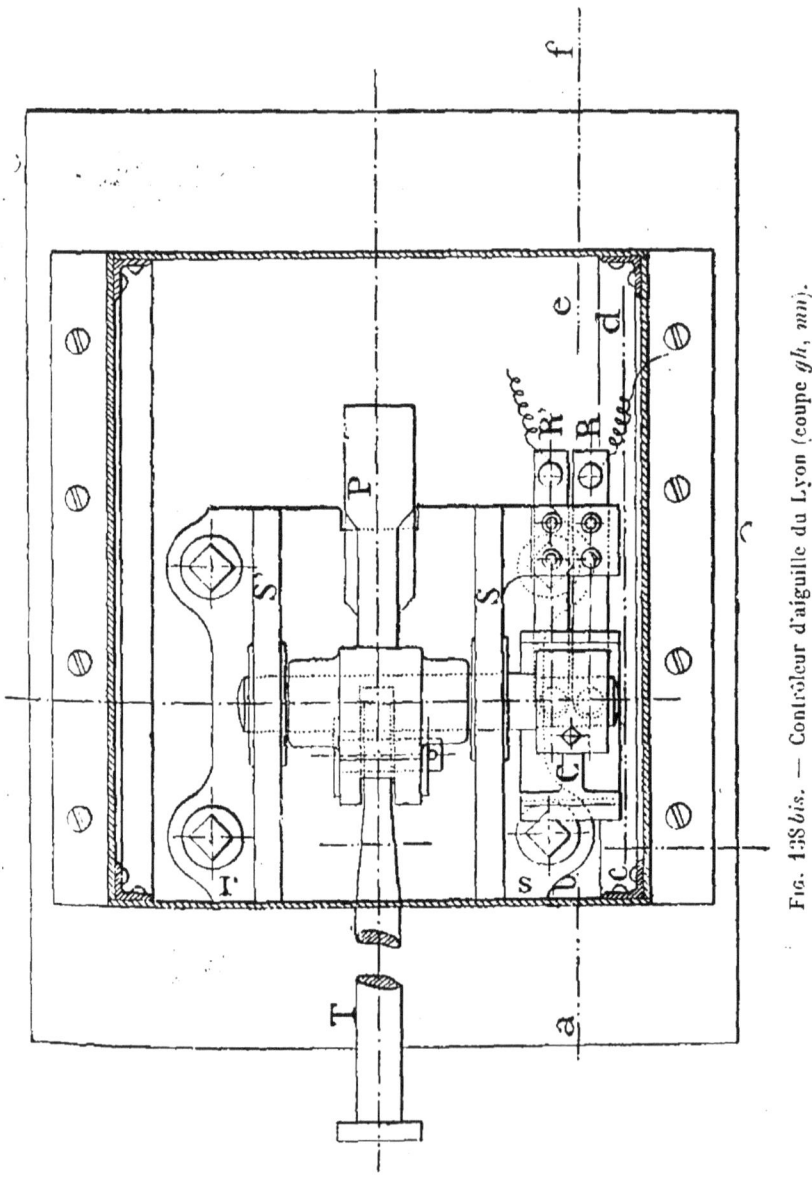

Fig. 138 bis. — Contrôleur d'aiguille du Lyon (coupe gh, mn).

de la masse par une épaisseur d'ébonite. Le secteur frotte sur
les ressorts R et R', qui se trouvent en contact tantôt avec la
lame d'argent, tantôt avec la plaque d'ébonite. Avec cette

disposition, on a le contrôle d'une seule lame ; pour avoir celui des deux, il suffit de placer un appareil à chaque lame et d'en régler le commutateur de façon que le contact soit établi à gauche, quand il est rompu à droite, et inversement dans les deux positions de repos. Le circuit sera donc fermé pendant la manœuvre ou si l'une des lames reste entrebâillée.

100. Contrôleurs de signaux. — Tout signal à distance doit obéir exactement à la manœuvre de commande, et l'agent doit avoir la certitude de son bon fonctionnement, sans pour cela être obligé de voir le signal. Il suffit de munir les signaux d'appareils de contrôle. Le plus souvent, on se sert de sonneries électriques fonctionnant près du poste, lorsque le signal est fermé ; dans quelques cas plus rares, on emploie un signal répétant les indications du premier, mais visible alors de l'endroit où se fait la manœuvre.

Contrôleurs électriques. — Les sonneries employées, dites trembleuses, sont placées sur un circuit dont le courant

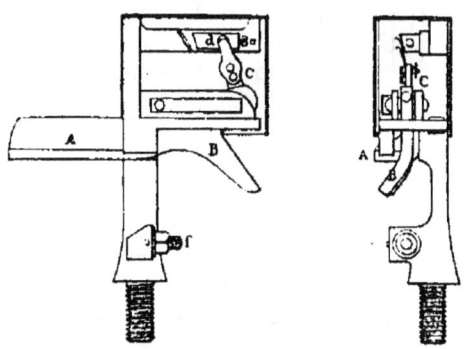

Fig. 139. — Contrôleur du Nord.

fourni par 7 ou 8 éléments Leclanché se trouve interrompu ou fermé par un commutateur placé sur le signal lui-même. Sur le *Nord*, par exemple (*fig.* 139), le commutateur est formé par un levier ABC, dont le côté B est soulevé par un doigt *f*, fixé à l'arbre du signal, et dont l'autre extrémité C est munie de ressorts de contact qui ferment le circuit en *d* sur le fil de ligne *c* lorsque le signal est à l'arrêt. A voie libre, le levier retombe par son propre poids. Le commutateur et le doigt sont posés de telle manière que, s'il existait un écart de plus de 10° à 15° entre la position anormale du disque et celle d'arrêt, la sonnerie ne tinterait pas. Dans le cas de disque à plusieurs transmissions, les commutateurs, au lieu d'être placés sur le mât du signal, sont montés sur les leviers de rappel, de la sorte, chaque poste est renseigné sur la manœuvre effectuée.

Les signaux carrés, ou autres signaux du Nord, manœuvrés à faible distance, sont munis de contrôleurs optiques formés d'une petite boîte avec guichet, derrière lequel apparaît un

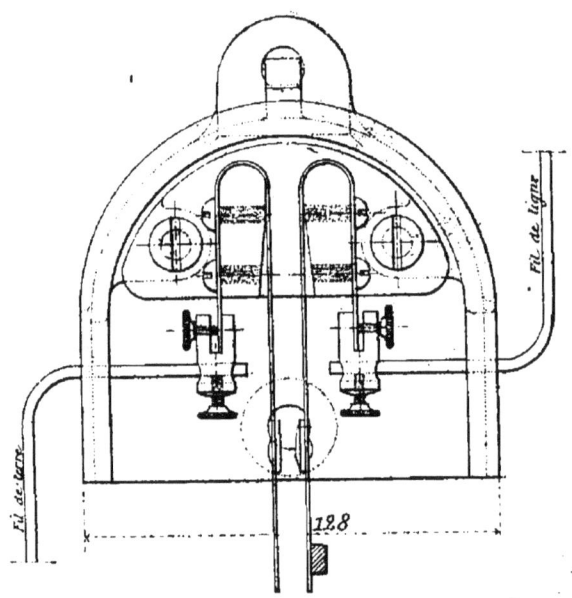

Fig. 140. — Contrôleur de l'Ouest.

voyant semblable à celui du signal, lorsque ce dernier est à l'arrêt. Le voyant est monté sur une aiguille aimantée attirée par un électro parcouru par le courant d'un circuit que ferme le commutateur du signal. Lorsque le courant ne passe pas, l'aiguille n'étant plus attirée, le voyant reste derrière le guichet. Les piles sont placées dans des abris en ciment, près des signaux, de manière que, si le fil casse, les contrôleurs ne fonctionnent pas ; il n'en serait pas de même si les piles étaient près des postes.

Sur l'*Ouest*, le commutateur se compose de deux bandes (*fig.* 140) formant ressort en communication, l'une avec la terre, l'autre avec la ligne. Lorsqu'on met le signal à l'arrêt, un doigt vient entre les deux lames fermer le circuit. La sonnerie trembleuse, près du bâtiment principal, se met à tinter. Dans le cas d'un signal à plusieurs transmissions, les commutateurs sont reliés aux leviers de rappel (*fig.* 62). Chacun d'eux comporte un isolateur avec collier *cd* relié au fil de ligne, un ressort *ef* fixé au support B sert à fermer le circuit à la terre, lorsque le levier GH, à contrepoids oscillant autour de I, vient appuyer *f* contre *d*. Il y a un commutateur par levier.

Sur le *Lyon*, le commutateur (*fig.* 141) se compose d'une

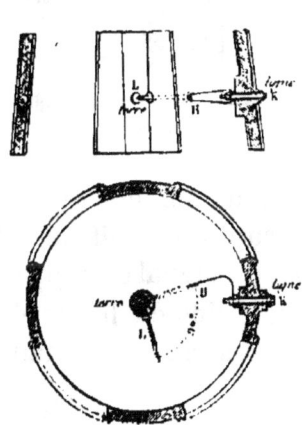

Fig. 141. — Contrôleur du Lyon.

lame flexible H fixée au soubassement du signal par un boulon isolé K à l'aide d'un tube et de deux rondelles en caoutchouc ; ce boulon communique avec le fil de ligne, tandis que, sur l'arbre du disque, relié au sol, est fixée une tige en fer L terminée par une rondelle en platine ou en argent venant buter contre la lame flexible. Dans le cas d'un signal à plusieurs transmissions, les leviers de rappel ferment le circuit d'un commutateur spécial communiquant avec la sonnerie. On a distingué les sonneries de la voie paire de celles de la voie impaire ; la première est à grelot, et l'autre est la trembleuse ordinaire.

Mâts de rappel de l'Orléans. — La manœuvre d'un signal éloigné peut être contrôlée par celle d'un signal de rappel au moyen de la disposition Desgoffe et Jucqueau. Le mât de rappel a la forme des autres signaux. Il porte dans le bas un croisillon (*fig.* 142), dont les extrémités sont munies de deux boucles, dans lesquelles glissent librement les fils de manœuvre du signal principal. Ces deux boucles pivotent également autour de leur axe vertical sur lequel elles sont maintenues par une goupille. Pour rendre le mât solidaire des fils, on a monté sur ces derniers deux serre-fils qui les suivent dans leur déplacement et entraînent, tantôt l'un, tantôt l'autre, le croisillon et par suite le mât, en butant contre la boucle correspondante.

Le mât de rappel est placé de façon à être aperçu facilement du poste de manœuvre; de plus on peut le munir d'une clochette, qui sonne à chaque déplacement.

Un dispositif spécial pour transmission à un fil peut être également employé. Il suffit, sur le fil unique, de prendre une dérivation qui s'enroule autour d'un excentrique monté

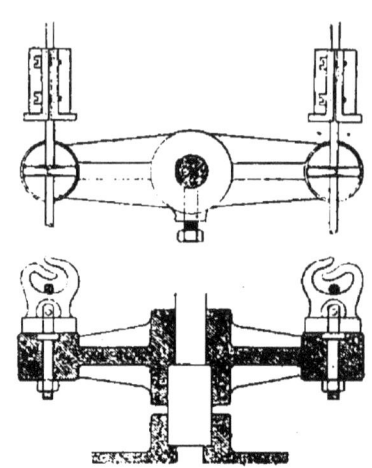

Fig. 142. — Manœuvre d'un mât de rappel.

sur l'arbre du signal de rappel. Le levier de manœuvre peut avoir un excédent de course, en cas de rupture du fil, on est renseigné de suite par la position même du signal de rappel, qui se trouve alors entraîné par le contrepoids du levier de manœuvre. L'application de ce système n'a jamais été faite d'une manière courante.

CHAPITRE III

ENCLENCHEMENTS

A. — Théorie

101. Définitions. — Les enclenchements ont pour but de réaliser, entre les leviers servant à manœuvrer des aiguilles, des signaux ou des appareils spéciaux, une dépendance mécanique qui mette les agents dans l'obligation de faire les manœuvres dans un ordre déterminé, de manière à assurer aux trains une circulation sans danger.

Les enclenchements peuvent être réalisés par des moyens mécaniques ou électriques. Les premiers sont les plus répandus; ils sont surtout employés dans les gares; les autres se rattachent aux appareils d'espacement des trains ou de block-system et sont utilisés en pleine voie. Quel que soit le nombre des appareils et des mouvements, on peut toujours obtenir mathématiquement une sécurité absolue, à l'aide des enclenchements, à la condition d'avoir un nombre de leviers suffisants et de voir les signaux absolument respectés par les mécaniciens; mais ce résultat nécessite des installations fort coûteuses et très compliquées, aussi les enclenchements ne sont-ils appliqués qu'aux parties les plus importantes, intéressant spécialement les voies principales.

Les combinaisons que l'on peut obtenir entre plusieurs appareils et les moyens employés pour les réaliser sont très variés, toutefois, il y a deux catégories bien distinctes, à savoir : les enclenchements directs ou sur place, et les enclenchements indirects ou à distance.

102. Théorie des enclenchements. — *Enclenchements simples.*
— Quelle que soit la nature de l'appareil à enclencher, on peut,
au point de vue théorique, le remplacer par son levier de
manœuvre : chacun d'eux occupant toujours deux positions
extrêmes, parfaitement déterminées, et que l'on désigne pour
le levier, par *normale* et *renversée.*

L'étude théorique des enclenchements a pour but de fixer
le nombre des combinaisons pratiquement nécessaires, auxquelles doivent satisfaire les différents systèmes d'enclenchements. Cette étude a été faite par M. Cossmann, Ingénieur
au chemin de fer du Nord, lorsqu'elle se réduit au cas de
deux leviers. Si α désigne l'un des leviers, β l'autre, N la position normale, et R la position renversée, on emploie la
notation suivante $\frac{\alpha N}{\beta R}$, signifiant que le levier α normal enclenche le levier β renversé ; c'est-à-dire qu'il est matériel-
lement impossible de remettre β dans sa position normale,
tant que α ne sera pas renversé.

Le nombre des combinaisons obtenues par le groupement
des quatre positions αN, αR, βN, βR, est égal à 12 ; mais, sur
ces 12, 4 d'entre elles, $\frac{\alpha N}{\alpha R}$, par exemple, se rapportent au
même levier, et n'ont aucun sens ; il ne reste que les 8 autres.

$$1\ \frac{\alpha N}{\beta N}, \qquad 2\ \frac{\alpha R}{\beta N}, \qquad 3\ \frac{\alpha N}{\beta R}, \qquad 4\ \frac{\alpha R}{\beta R};$$

$$5\ \frac{\beta R}{\alpha R}, \qquad 6\ \frac{\beta R}{\alpha N}, \qquad 7\ \frac{\beta N}{\alpha R}, \qquad 8\ \frac{\beta N}{\alpha N}.$$

En remarquant qu'un levier resté fixe ne peut enclencher
un autre levier dans ses deux positions et être enclenché par
lui, c'est-à-dire que βN et βR ne peuvent être enclenchés
par αN, en l'enclenchant à son tour dans l'une ou l'autre des
positions, si non tout mouvement serait impossible ; on pourra
donc supprimer 3 et 7, 4 et 8, en gardant 1 et 5 ; 2 et 6 ou
réciproquement. Les quatre combinaisons 1, 2, 5, 6 peuvent
à leur tour se ramener à deux, en vertu du principe de réciprocité, conséquence du mouvement alternatif des pièces.
On peut le résumer en disant que : si un levier est en-

clenché dans une de ses positions par un autre levier, réciproquement, dans sa position inverse, il enclenche le second levier renversé, c'est-à-dire que, par exemple, si $\frac{\alpha N}{\beta N}$ réciproquement $\frac{\beta R}{\alpha R}$. Par conséquent, des huit combinaisons il n'y en aura que deux à réaliser :

I $\quad\quad \frac{\alpha N}{\beta N}$ et réciproquement $\frac{\beta R}{\alpha R}$.

II $\quad\quad \frac{\alpha R}{\beta N}$ et réciproquement $\frac{\beta R}{\alpha N}$.

Ce sont les enclenchements *simples* ou *binaires*.

Il arrive cependant qu'un levier doit en enclencher un autre dans ses deux positions; tel est le cas d'un verrou d'aiguille devant enclencher cette dernière dans ses deux positions, de même pour un signal d'arrêt de bifurcation devant s'ouvrir, quelle que soit la position de l'aiguille, et n'être à l'arrêt que pendant sa manœuvre. On doit avoir les relations :

III $\quad \frac{\alpha R}{\beta N \text{ et } \beta R}$ et réciproquement $\frac{\beta \text{ pendant sa course}}{\alpha N}$.

IV $\quad \frac{\alpha N}{\beta N \text{ et } \beta R}$ et réciproquement $\frac{\beta \text{ pendant sa course}}{\alpha R}$.

Ce sont les enclenchements *doubles* ou *spéciaux*.

Tout appareil d'enclenchement, qui pourra réaliser ces quatre combinaisons, sera complet.

Enclenchements conditionnels. — Le problème des enclenchements serait assez simple, s'il suffisait d'avoir un levier par signal et un par aiguille, et de les relier deux à deux, de manière à réaliser les enclenchements ordinaires; mais, le plus souvent, un signal commande plusieurs mouvements.

Ainsi, dans le cas d'une bifurcation, l'aiguille prise en pointe doit être protégée par un signal carré que l'on ouvre pour les deux directions. Dans ces conditions, ce signal est muni de deux leviers, et par suite, en généralisant, on peut dire qu'un signal aura autant de leviers qu'il commande de passages. Il en résulte une augmentation d'appareils coûteuse pour l'installation et pour l'exploitation. On y remédie, autant que possible, au moyen d'enclenchements *composés* ou *conditionnels*, entre trois ou quatre leviers. Dans ce cas, il n'existe qu'un levier pour un signal commandant plusieurs mouvements. Le problème est plus compliqué, il n'échappe pas toutefois, à l'analyse, mais on ne peut citer que quelques cas résolus pratiquement.

Soient en conservant les notations précédentes, trois leviers α, β, γ, on trouve comme combinaison :

$$\text{si } \gamma N \frac{\beta R}{\alpha N} \qquad \text{ou} \qquad \frac{\alpha R}{\beta N}, \qquad \text{et réciproquement} \qquad \frac{\alpha R \text{ et } \beta R}{\gamma R},$$

qui signifie que α ne peut être renversé que si γ est renversé, ou si γ est normal, que si β est lui-même normal, on a encore une combinaison analogue

$$\text{si } \gamma N \frac{\beta N}{\alpha N} \qquad \text{ou} \qquad \frac{\alpha R}{\beta R}, \qquad \text{et réciproquement} \qquad \frac{\alpha R \text{ et } \beta N}{\gamma R}.$$

On peut citer, comme applications de la première combinaison, le cas d'une voie (*fig.* 143) munie d'un signal α, nor-

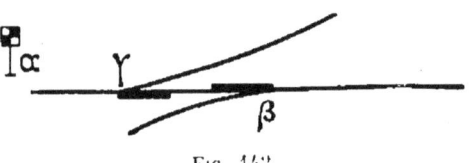

Fig. 143.

malement fermé chargé de protéger l'aiguille en talon β ; mais, par suite de circonstances locales, on a dû placer en avant de β, une autre aiguille γ. Il faut, tant que l'aiguille γ est normale, qu'on ne puisse ouvrir α que si β est normale, ou ne renverser β que si α est fermé ; l'ouverture du signal est possible, si γ est renversée.

Le deuxième exemple, analogue au précédent, consiste en trois leviers α, β, γ, dont l'un, α, est celui d'une traversée (*fig.* 144), les autres β et γ, ceux des signaux correspondants. L'aiguille α est protégée par le signal γ, normalement ouvert, et le croisement par β normalement fermé. Il faut n'interrompre la circulation sur la deuxième voie, que si l'on fait usage de la traversée, c'est-à-dire si le signal γ est ouvert, α renversé exige que β soit fermé, ou s'il est ouvert, α doit

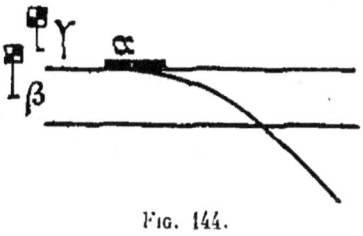

Fig. 144.

donner la voie principale ; la réciproque est que β et α étant renversés, γ doit être fermé.

On trouve encore la combinaison dite à enclenchement alternatif, ou

$$\frac{\alpha N \text{ ou } \gamma N}{\beta N}, \qquad \text{et réciproquement} \qquad \frac{\beta R}{\alpha R \text{ ou } \gamma R}$$

combinaison qu'il faut réaliser entre les leviers β et γ d'un sémaphore et l'aiguille d'une bifurcation, ou bien encore (*fig.* 145) dans le cas d'une liaison β précédée d'un signal α nor-

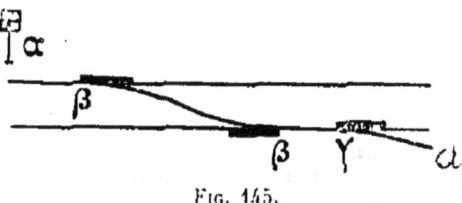

Fig. 145.

malement effacé et suivi d'une aiguille en pointe γ munie d'un verrou normalement retiré, car on ne cale l'aiguille qu'avec la liaison renversée, pour envoyer un train sur *d*, c'est-à-dire que, β étant dans sa position normale, il faut renverser α ou γ avant de pouvoir renverser β ; $\frac{\alpha N \text{ ou } \gamma N}{\beta N}$, et réciproquement.

Les enclenchements entre quatre leviers sont plus rares

encore. On cite comme combinaison :

$$\text{si } \alpha R \frac{\gamma N \text{ et. } \delta N}{\beta N} \qquad \text{et réciproquement} \qquad \frac{\beta R}{\gamma R \text{ ou } \delta R},$$

$$\text{si } \beta R \frac{\gamma N \text{ ou } \delta N}{\alpha N} \qquad \text{et réciproquement} \qquad \frac{\alpha R}{\gamma R \text{ ou } \delta R},$$

Si α et β sont normaux, aucun enclenchement. Comme exemple, on a le cas d'un signal α effacé normalement et devant enclencher les aiguilles β, γ, δ (*fig.* 146).

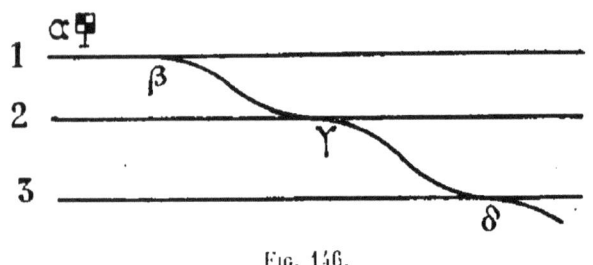

Fig. 146.

Notation Flamache. — M. Flamache a proposé de modifier la notation Cossmann, de la façon suivante :

$+$ signifiera *et*, $-$ signifiera *ou*.

α signifiera *normal*, α' signifiera *renversé*.

( ) signifiera *permet* ou *dégage*.

$\dfrac{\alpha R}{\beta R}$ devient $(\alpha)\,\beta$ et sa réciproque $(\beta')\,\alpha'$,

l'enclenchement conditionnel

$$\gamma N \frac{\beta R}{\alpha N} \text{ ou } \frac{\alpha R}{\beta N} \text{ et sa réciproque } \frac{\alpha R \text{ et } \beta R}{\gamma R}$$

donne d'après ce qui précède :

$(\gamma' - \gamma + \beta)\,\alpha'$ ou $(\gamma' - \gamma + \alpha)\,\beta'$, et la réciproque $(\beta' - \alpha')\,\gamma$

$\dfrac{\beta N \text{ ou } \gamma N}{\alpha N}$ $(\beta' + \gamma')\,\alpha'$, et la réciproque $(\beta + \gamma)\,\alpha$,

$\alpha R \dfrac{\gamma N \text{ et } \delta N}{\beta N}$ $(\alpha' - \alpha + \gamma' - \delta')\,\beta'$ et $(\gamma + \delta)\,\beta$,

$\beta R \dfrac{\gamma N \text{ ou } \delta N}{\alpha N}$ $(\beta' - \beta + \gamma' + \delta')\,\alpha'$ et $(\gamma + \delta)\,\alpha$.

Cette notation permet de déduire très facilement les réciproques.

Notation Bricka. — Chaque enclenchement est représenté par la combinaison des positions de leviers ou d'appareils, que chacun d'eux a pour but de rendre impossible. Ainsi :

$$(\alpha N, \qquad \beta R)$$

indique que le levier α normal est incompatible avec le levier β renversé et équivaut à l'enclenchement $\dfrac{\alpha N}{\beta N}$ ou à son réciproque $\dfrac{\beta R}{\alpha R}$.

De même,

$$\alpha N \begin{cases} \beta R \\ \gamma N \\ \delta R \end{cases}$$

signifie que α normal est incompatible avec β renversé, γ normal et δ renversé et équivaut à la notation

$$\frac{\alpha N}{\beta N}, \qquad \frac{\alpha N}{\gamma R}, \qquad \frac{\alpha N}{\delta N}$$

et, bien entendu, à leur réciproque.

Enfin,

$$(\alpha N, \qquad \beta R, \qquad \gamma N)$$

signifie qu'on ne peut avoir à la fois α droit, β renversé et direct, et remplace les trois notations.

$$\text{Si } \alpha N \frac{\beta R}{\gamma R}, \qquad \text{si } \beta R \frac{\alpha N}{\gamma R}, \qquad \text{si } \gamma N \frac{\alpha N}{\beta N}.$$

On a encore, dans le cas d'un enclenchement double (αN, B pendant sa course) équivalant à $\dfrac{\text{B pendant sa course}}{\alpha R}$.

Les verrous d'aiguille sont indiqués par le signe $\sqrt{}$ sous lequel on inscrit le numéro de l'aiguille correspondante avec l'indicateur N ou R, si l'appareil n'est verrouillé que dans une de ses positions. S'il y a deux verrous, un pour chaque position, le numéro de l'aiguille est accompagné de la lettre N ou R.

On a proposé, en outre, de remplacer les lettres N et R par les signes $+$ et $-$, tout en conservant le même sens de signification ; dès lors,

$$(\alpha N, \beta R) \quad \text{devient} \quad (\alpha^+\beta^-), \quad \text{et} \quad (\alpha R, \beta N), \ (\alpha^-\beta^+)$$

La notation Bricka a comme avantage de déduire très facilement les combinaisons qui peuvent exister entre plusieurs enclenchements : ainsi des deux enclenchements $(\alpha N, \beta N)$ et $(\alpha R, \gamma N)$ on déduit $(\beta N, \gamma N)$, en effet la première combinaison ne peut être réalisée que si α est droit, et la seconde, au contraire, que s'il est renversé ; or, ce levier ne pouvant occuper que l'une des deux positions, il en résulte que βN et γN sont incompatibles.

Si α avait la même position dans les deux leviers, β et γ seraient indépendants.

Si on a un quatrième levier δR, entrant dans les deux combinaisons $(\alpha N, \beta N, \delta R)$ et $(\alpha R, \gamma N, \delta R)$, d'après la première règle, on déduit que $\beta N, \delta R$ et $\gamma N, \delta R$ sont incompatibles, par suite si δ est renversé on ne peut avoir à la fois βN et γN, l'enclenchement résultant est donc $(\beta N, \gamma N, \delta R)$.

Si l'enclenchement résultant avait contenu deux fois δ avec des rôles différents, il n'y aurait eu aucune relation entre les appareils considérés.

En partant de ces divers principes, on arrive à réduire le degré des enclenchements, c'est-à-dire à se rapprocher des combinaisons binaires toujours plus faciles à réaliser.

B. — ENCLENCHEMENTS DIRECTS

103. Système Vignier. -- *Enclenchements simples.* — C'est le plus ancien, aussi a-t-il subi de nombreuses transformations. Dans un des systèmes primitifs, chaque levier (*fig.* 147 et 148) fait mouvoir un appareil (signal ou

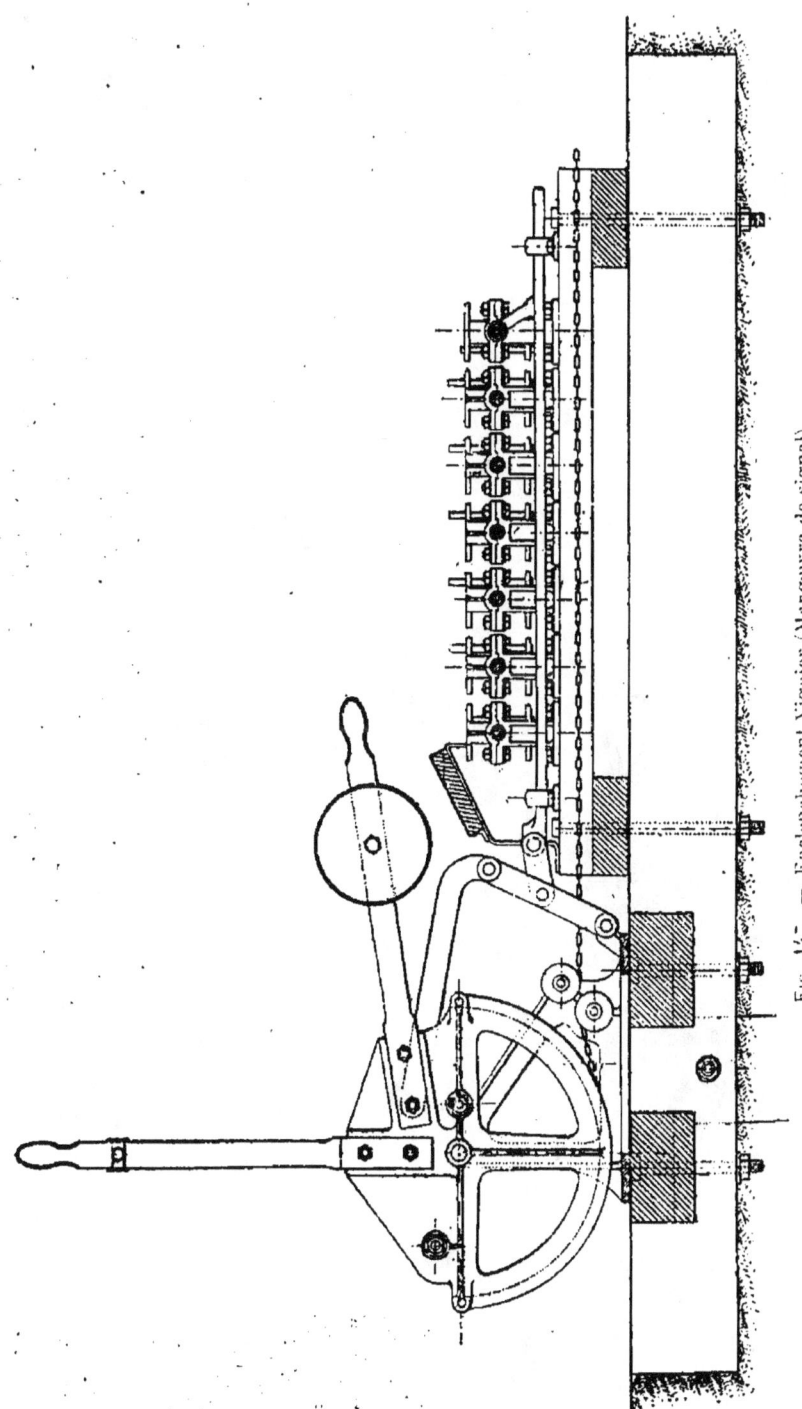

Fig. 147. — Enclenchement Vignier (Manœuvre de signal).

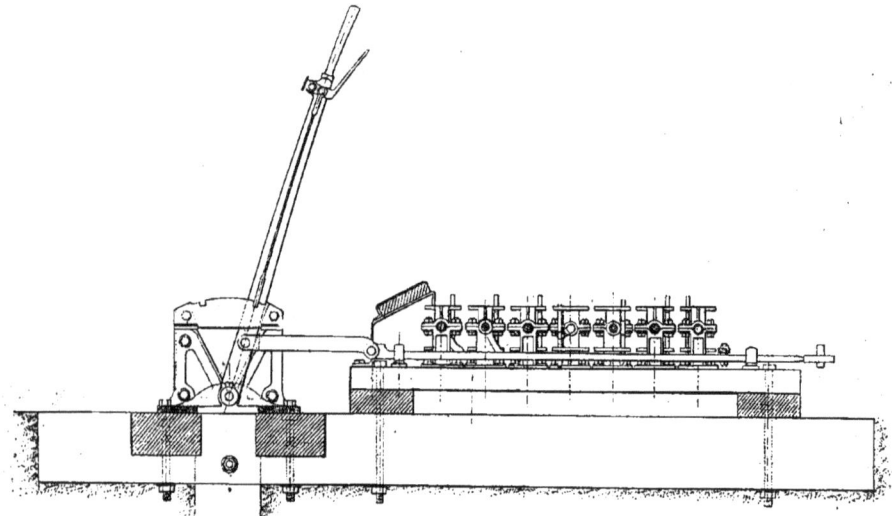

Fig. 148. — Enclenchement Vignier (Manœuvre d'aiguille).

aiguille), et actionne, en même temps, une barre horizontale. Cette barre, à son tour, au moyen d'une manivelle, fait tourner un arbre dont la direction est perpendiculaire à celle des barres. Suivant le sens de la rotation, **une série de manivelles, portées par l'arbre, abaissent ou élèvent des verrous correspondants, guidés verticalement par des supports servant en même temps de paliers à l'arbre.**

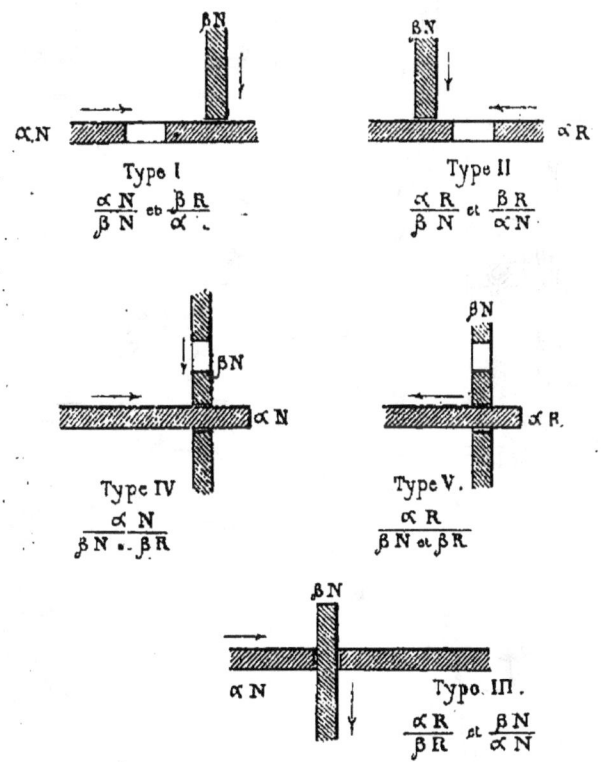

Fig. 149. — Enclenchements binaires et doubles.

Les verrous sont placés dans l'axe des barres d'enclenchement de manière à pouvoir les traverser, s'ils rencontrent des trous ménagés à cet effet, ou à rester relevés au-dessus de ces mêmes barres, si elles présentent une partie pleine. On réalise ainsi l'enclenchement; en effet, dans le premier cas, les verrous rendent tout mouvement des barres impossible et, par suite, les leviers correspondants se trouvent enclenchés. De même, si le verrou relevé ne peut pas s'abaisser, l'arbre ne peut plus tourner et, par conséquent, son levier de manœuvre se trouve immobilisé. L'enclenchement

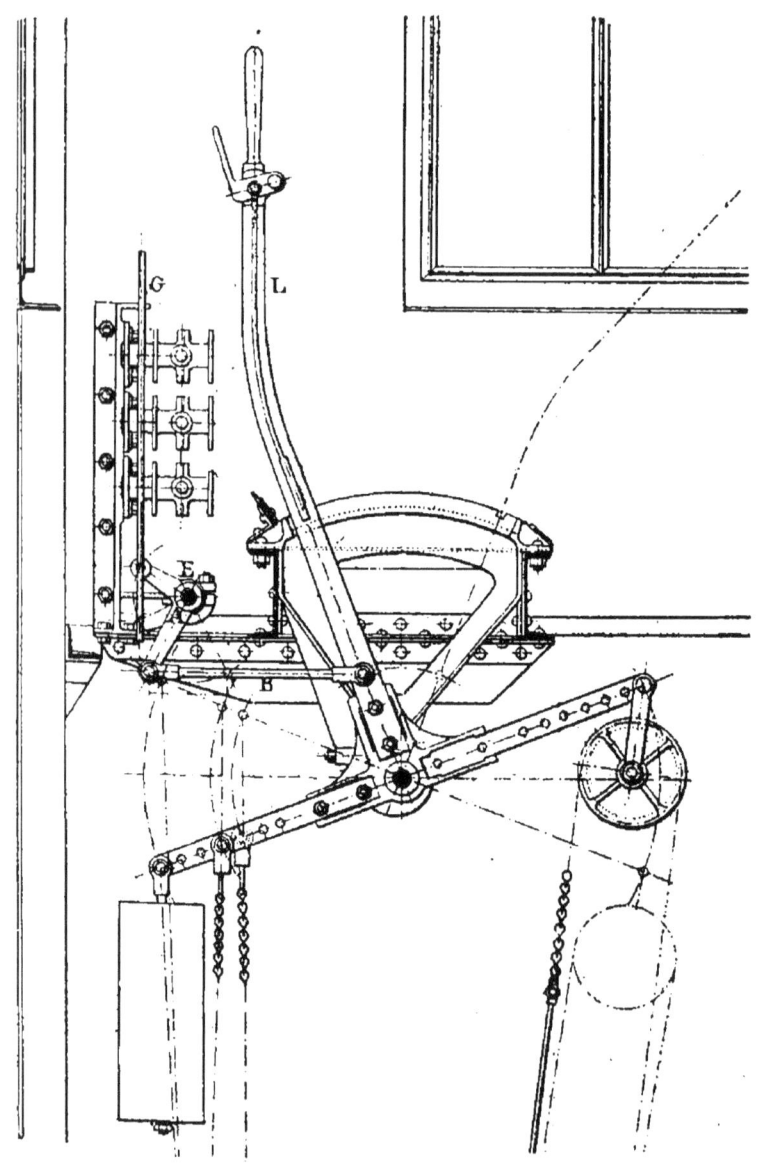

Fig. 150. — Cabine surélevée de l'Ouest.

des verrous ne vaut pas celui des barres, à cause du jeu important qu'ils peuvent prendre. On réalise les divers enclenchements simples entre deux leviers α et β, en munissant l'un d'eux d'une barre, et l'autre d'un verrou ; d'après la position du verrou par rapport au trou ménagé sur la barre, on obtiendra les différentes combinaisons. Pour les enclenchements doubles, il suffira de percer la barre de deux trous (*fig.* 149).

Généralement les leviers espacés de 0^m,20 sont disposés sur un plancher en bois légèrement surélevé au-dessus du sol. Ils sont de deux sortes. Dans le cas d'un levier d'aiguille, la barre horizontale commande la transmission, soit donc une course de 110 millimètres. Pour le levier d'un signal, qui agit sur la transmission funiculaire par une chaîne, on est obligé d'ajouter un balancier avec bielle pour commander la barre d'enclenchement. Ces leviers sont munis, en outre, de verrous qui permettent de les immobiliser dans leurs positions extrêmes.

Sur le Lyon, au plancher en bois dont la durée est limitée et qui est, en outre, déformable, on préfère un bâti en fonte. On y ajoute, de plus, une modification importante : la table d'enclenchement n'est plus horizontale, mais verticale. Les barres, les arbres et les verrous sont disposés soit du côté de l'aiguilleur, soit du côté opposé. Les leviers actionnent les barres verticales au moyen d'équerres et de bielles qui, à leur tour, agissent sur les arbres des verrous, comme précédemment. L'espacement des leviers n'étant plus que de 0^m,15, l'emplacement occupé par l'appareil se trouve réduit en largeur et en longueur.

Sur l'Ouest, on emploie un système analogue avec surélévation du plancher (*fig.* 150), ce qui nécessite, pour la commande des aiguilles ou des signaux, des dispositions spéciales. Les tringles G sont réunies aux leviers L par un renvoi d'équerre AE et une bielle B.

Enclenchements composés. — On peut réaliser avec le système Vignier des enclenchements entre plus de deux leviers, grâce à la disposition imaginée par M. Dujour ; elle consiste en principe à réunir deux barres ou deux verrous voisins par un balancier relié à une barre auxiliaire munie d'un trou convenablement situé, correspondant au verrou du troisième levier. Soient, par exemple, deux leviers 7 et 8 (*fig.* 151), dont

les barres sont réunies par un balancier *a* avec barre auxi-
liaire *c* guidée en *d* et un troisième levier 3. On aura l'enclenchement $\dfrac{7N \text{ et } 8N}{3N}$ ou $\dfrac{7N \text{ ou } 8N}{3N}$, suivant qu'il faudra manœuvrer les leviers 7 et 8, ou l'un d'eux seulement, pour avoir le trou *b* en face du verrou *v* de 3. La réciproque est vraie.

104. Appareil Vignier du Midi. — La Compagnie du Midi a adopté la table d'enclenchement verticale;

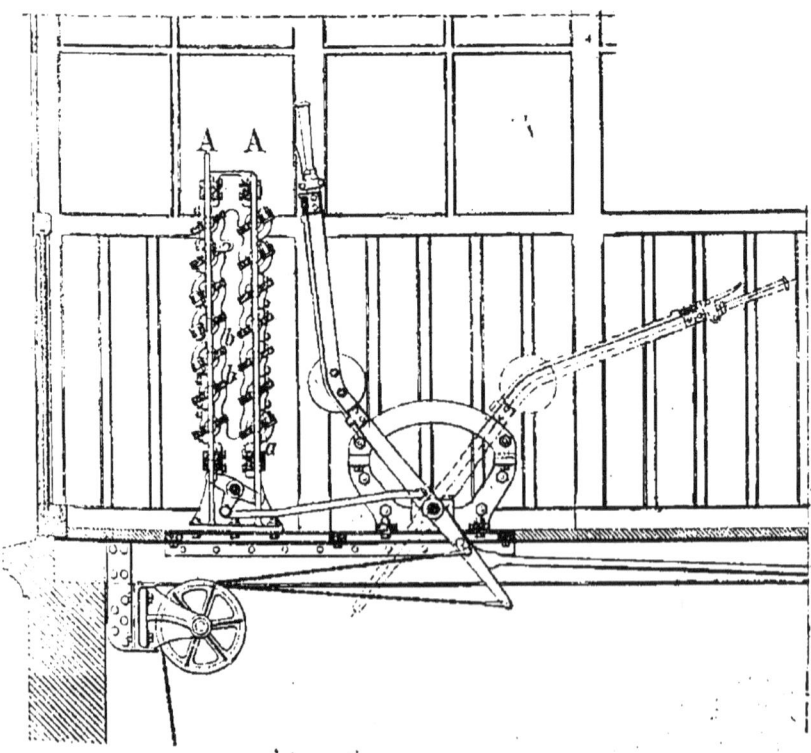

Fig. 151. — Enclenchements ternaires.

Fig. 152. — Enclenchement Vignier du Midi.

mais les organes d'enclenchement ont subi une modification importante. Au lieu de verrous, on emploie des barres oscillantes *b* (*fig.* 152) à travers lesquelles passent facilement des coulisseaux verticaux A transmettant le mouvement à ces barres. Ces dernières portent des doigts courbes *a*, en forme d'arc de cercle, pouvant pénétrer dans les orifices ménagés sur les coulisseaux.

L'enclenchement est réalisé par la position relative des doigts et des coulisseaux. Les tables verticales peuvent être simples, doubles ou triples, suivant le nombre des leviers de commande, de manière à ne pas avoir une trop grande hauteur de table masquant la vue de l'aiguilleur. Avec deux tables chaque levier actionne, au moyen d'une équerre double, les deux coulisseaux.

105. Appareil du Grand Central belge. — Les enclenchements sont obtenus, dans ce système, au moyen de taquets montés sur des tringles reliées aux leviers. Ces taquets engrènent avec des cames sur pivot réunies entre elles ou à des pièces en V par des tringles transversales. Les leviers, alignés dans une cabine au niveau du sol, font mouvoir les tringles des taquets, enclenchant ou libérant d'autres leviers. Il est facile de réaliser toutes les combinaisons binaires.

Les leviers actionnent des transmissions rigides ou funiculaires; mais la commande des appareils est faite de façon à supprimer les verrous d'aiguilles. A cet effet, les signaux sont manœuvrés par des fils à libre dilatation avec compensateur à l'origine de la transmission. Le levier, renversé pour l'ouverture du signal, ne saisit la chaîne correspondante qu'au tiers de sa course, dès lors, si les leviers des aiguilles ne sont pas à fond de course, l'enclenchement arrête les leviers des signaux correspondants, qui ne peuvent plus effectuer le tiers de la course pour saisir la chaîne de manœuvre de la transmission. On est donc averti que les aiguilles ne sont pas calées. L'inconvénient du système réside dans la nécessité de régler constamment les **enclenchements et les leviers.**

106. Appareil à taquets de l'Orléans. — La Compagnie d'Orléans emploie le système dit de Stevens, modifié récemment par M. Barba. Deux systèmes de barres perpendiculaires entre elles glissent suivant leur axe dans un même plan vertical, en se commandant mutuellement par des taquets dont les faces latérales sont inclinées à 45°. Les barres attelées aux leviers sont verticales; les autres, commandées par les taquets, sont horizontales.

Coupe suivant CD   Élévation

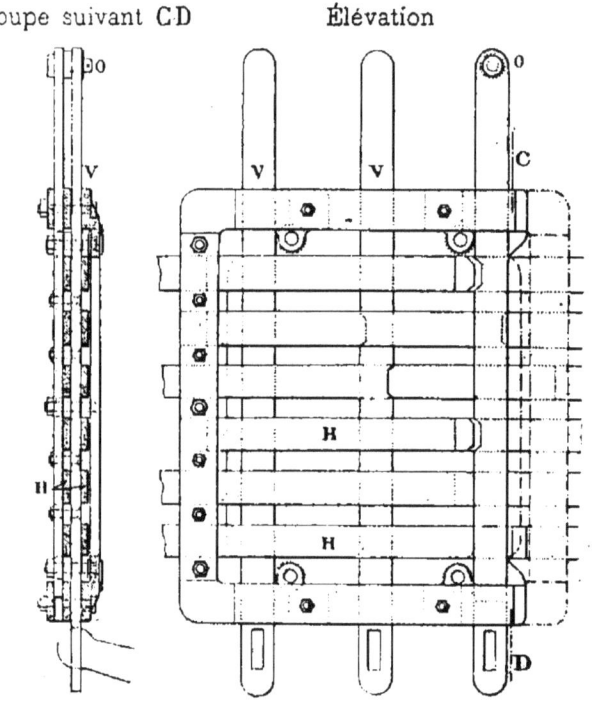

Fig. 153. — Enclenchement de l'Orléans.

Pour l'enclenchement ordinaire de deux leviers α et β (*fig.* 153), on renverse ce dernier, par exemple, de manière à présenter l'encoche de la barre verticale V en face du taquet de la barre horizontale H, mue par la barre verticale du levier α. Si le taquet pénètre dans l'encoche la barre verticale est enclenchée et réciproquement. Dans le cas d'enclenchement composé, comme, par exemple, $\frac{\beta R}{\gamma R}$, si αR, derrière

la barre V de γ, est articulée en O une barre solidaire de la
première et portant une encoche ; d'autre part, α correspond
à un taquet pouvant se loger dans cette encoche. Dès
lors, si l'on renverse γ, de manière à amener l'encoche
de V en face du taquet de β et que l'on renverse ensuite α
pour empêcher toute oscillation de O au moyen d'un taquet
enclenchant, en sens inverse de β, la barre derrière V, on
aura réalisé la combinaison demandée.

Pour les postes d'enclenchement d'aiguille à deux fils, sur
l'Orléans, on emploie des leviers à double contrepoids. Les
fils sont entraînés par un levier à poulie de 0ᵐ,65 de diamètre sur 90° à 100° d'amplitude. Le levier est maintenu dans
chacune des positions extrêmes par un contrepoids différent,
agissant chacun sur l'un des deux fils ; on supprime ainsi
les crans ou taquets d'arrêt. La poulie actionne les barres des
tables d'enclenchement, par l'intermédiaire d'une coulisse et
d'un balancier.

Manœuvre de plusieurs signaux par un levier unique. — Une
application intéressante du système Barba est celle qui en a
été faite à la manœuvre de plusieurs signaux par un seul
levier, au moyen d'un appareil spécial ou réducteur (*fig.* 154).
Le levier de manœuvre du poste commande une poulie M
avec contrepoids Q, dont l'axe O porte une série d'autres
poulies folles P, P₁ et auxquelles aboutissent les diverses
transmissions à fil unique des signaux commandés par l'appareil. Chaque signal porte, en outre, un contrepoids de rappel.

Le réducteur solidarise la poulie à mouvoir. A cet effet la
poulie M entraîne constamment un cadre mobile dont la
traverse RR¹ porte deux doigts D et D', qui viennent se placer
successivement devant l'extrémité supérieure des balanciers B. Le cadre est mis en mouvement par le petit levier
sélecteur S, monté près de L au moyen d'une commande
articulée EFF₁G, et à chacune des positions du levier fixées
par un cran d'arrêt correspond une position des doigts DD'
embrayant une des poulies. Le levier S est muni d'une barre
d'enclenchement X, sur laquelle est fixé un taquet mobile,
qui se place devant une des barres horizontales manœuvrées
par le levier principal mais en n'entraînant que la barre rencontrée par le taquet mobile.

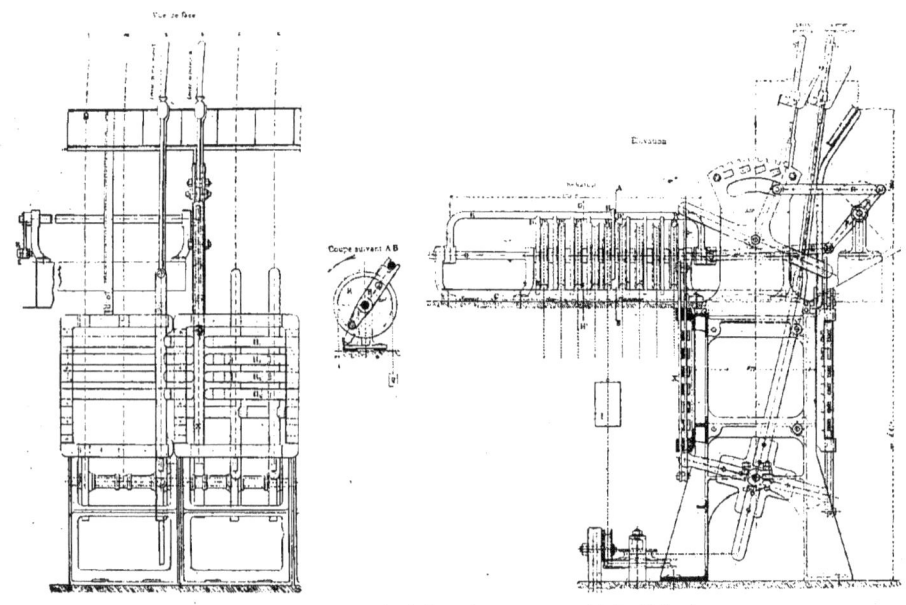

Fig. 154. — Manœuvre de plusieurs signaux par un seul levier (Orléans).

On a pu, avec un système analogue, arriver à commander, de deux postes différents et avec un seul levier, deux signaux dont l'ouverture est subordonnée à la manœuvre d'une aiguille. Chacun des leviers commande, au moyen d'une poulie, un axe portant deux poulies folles correspondant aux deux signaux. L'entraînement des poulies a lieu au moyen d'une traverse percée de deux échancrures correspondant à des taquets montés sur les poulies. Les échancrures sont placées de façon qu'un seul taquet puisse passer, c'est-à-dire qu'un seul signal soit mis à l'arrêt. La traverse se déplace horizontalement, entraînée par la tringle de l'aiguille.

107. Enclenchements Saxby et Farmer. — Les premiers enclenchements Saxby et Farmer remontent à 1855, depuis ils ont reçu une extension considérable. Les leviers et les appareils d'enclenchements sont généralement placés dans des cabines vitrées dont le plancher est surélevé à 3, 4 et même 6 mètres au-dessus du sol, de manière à permettre à l'aiguilleur de voir le plus loin possible. Tous les leviers étant parallèles entre eux, la largeur de la cabine est égale à 3^m,60. La longueur dépend du nombre de leviers employés.

Comme dans tous les appareils d'enclenchement, les leviers font mouvoir, en plus de l'appareil correspondant, les organes d'enclenchement. On cherche à donner à tout le système le plus d'uniformité possible. Les transmissions sont placées sous le plancher de la cabine; elles présentent quelques différences, s'il s'agit d'un signal ou d'une aiguille, si le signal est manœuvré par un ou plusieurs leviers, et enfin si les fils sont parallèles ou perpendiculaires aux voies.

Levier anglais. — Le levier L (*fig.* 155) avec poignée H a un mouvement d'oscillation autour d'un axe R, reposant sur un palier maintenu par un support rattaché au-dessous du plancher. Le mouvement se transmet par le petit bras z directement au fil ou à la tringle de transmission, l'autre est muni d'un contrepoids. Le levier est guidé dans ses mouvements par deux plaques en forme de segments, A. Ces guides sont munis de deux encoches b à leurs extrémités, dont l'écartement correspond à la course exacte du levier pour le déplacement de l'appareil

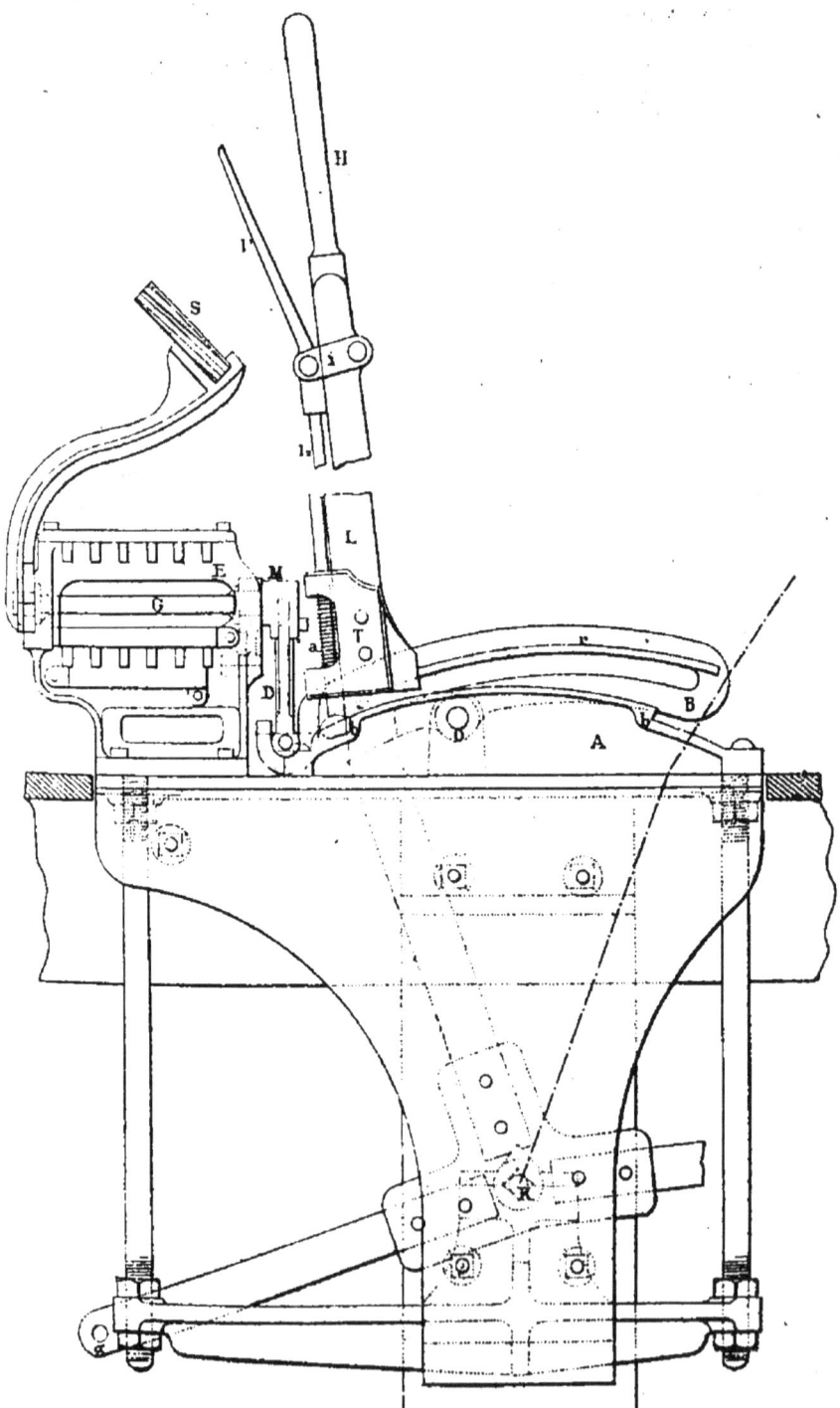

Fig. 155. — Enclenchement Saxby (type anglais).

Dans ces encoches vient se loger un verrou mobile à ressort a, mù par une poignée l' oscillant autour du levier par la manivelle i et dont le mouvement est transmis par une tige l_2, longeant celle du levier. Les organes d'enclenchement sont mis en mouvement par l'oscillation d'une coulisse B, mobile autour d'un axe O et auquel le levier communique un mouvement de bascule. La tige l_2 du verrou porte un coulisseau qui glisse dans la coulisse pendant l'oscillation du levier de manœuvre.

Lorsque le levier est dans sa position normale, c'est-à-dire incliné vers l'avant du bâti, et que le verrou mobile est logé dans son encoche, la partie avant du secteur est abaissée; par suite, l'autre extrémité se trouve fortement relevée. En retirant le verrou de son encoche par la pression de la main sur la manette du levier, le secteur se soulève de manière à prendre la position correspondant à l'arc de cercle décrit par le coulisseau. Quand ce dernier arrivera à l'extrémité opposée et que le verrou aura été abattu, le secteur occupera une position inverse, il sera élevé à l'avant et abaissé à l'arrière. En somme, le verrou a pour objet d'imprimer à la coulisse un mouvement d'oscillation autour de son axe. Mais ce mouvement a pour effet de déplacer, par l'intermédiaire d'une bielle D et d'une manivelle M, un axe horizontal G sur lequel se trouvent montés les organes d'enclenchement E. Pour faciliter le mouvement de la bielle, la chape inférieure est à joint universel.

Cette manœuvre d'enclenchement est très simple; il suffit d'une pression ordinaire de la main sur la poignée à ressort pour obtenir le mouvement de la bielle et, par suite, l'enclenchement des appareils nécessaires; de plus, tant que le levier n'est pas arrivé à la fin de sa course, le balancier ne bouge pas, et tout déclenchement est impossible. Une fraude semble possible, lorsque le levier est au milieu de sa course, le secteur pouvant librement osciller. Elle est rendue impossible par l'addition d'une pièce T faisant saillie latéralement au levier et portant à l'intérieur deux mâchoires séparées par une rainure évasée. Le secteur, à son tour, porte une saillie r dans laquelle viennent mordre les mâchoires; de cette façon, aucun mouvement d'oscillation ne peut avoir lieu en dehors de celui imprimé par le levier.

Grils et taquets. — L'axe horizontal G met à son tour en mouvement les appareils d'enclenchement. Lorsqu'il s'agit de leviers enclenchés, cet axe porte une plaque en fonte appelée *gril*, percée de rainures transversales. Les leviers enclencheurs font mouvoir, au moyen du gril et d'une manivelle (*fig.* 157), des tringles horizontales munies de *taquets* qui se déplacent longitudinalement devant les grils. Avec les enclenchements ordinaires, tous les taquets ont la même forme, le contour intérieur forme alors un arc de cercle ayant, comme centre, un point pris sur l'axe du gril ce qui permet la rotation complète de ce dernier. Les taquets peuvent se déplacer vis-à-vis des ouvertures ménagées sur les grils ou devant les parties pleines ; il en résulte que les grils et, par suite, les leviers correspondants, sont immobilisés ou peuvent se mouvoir. Inversement, si le gril a exécuté son mouvement de rotation, il arrête d'abord le déplacement du taquet, puis de la tringle correspondante, et enfin du levier qui les manœuvre.

Pour diminuer la surface occupée par la table d'enclenchement, les tringles sont disposées soit au-dessus, soit au-dessous des grils. Ces derniers ayant un mouvement de gauche à droite, il est facile de déterminer le sens de la translation des tringles inférieures ou supérieures. Enfin sur une règle S maintenue par des bras, on a l'indication des différents leviers.

Levier du P.-L.-M. — On a cherché à réduire encore l'emplacement occupé par les tables ; les grils, au lieu d'être horizontaux, ont été disposés verticalement, d'où l'obligation de placer également les tringles dans des plans verticaux. Ainsi installées, les tables sont plus accessibles et, par suite, leur entretien est plus commode. La liaison entre la coulisse et le gril se trouve modifiée(*fig.* 156) ; sa partie inférieure se prolonge par une manivelle *c* qui actionne celle du gril G par l'intermédiaire d'une bielle *d*. L'axe de la coulisse se trouve sur la même verticale que celle du levier. On a logé le ressort du verrou dans une chambre *x* réservée sur le levier. La manœuvre est la même que précédemment : en pressant la poignée, on comprime le ressort par l'intermé-

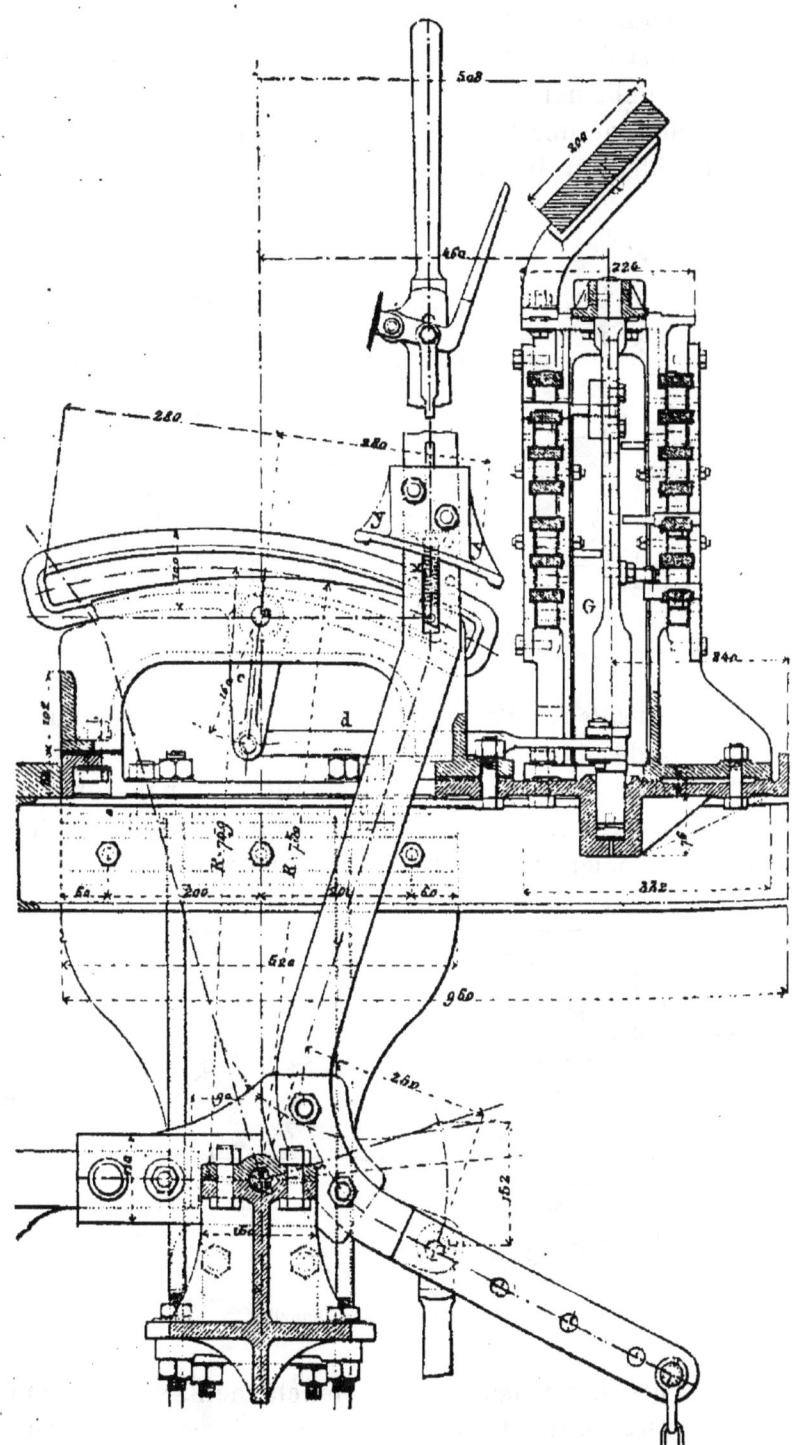

Fig. 156. — Enclenchement Saxby (type P.-L.-M.).

diaire du coulisseau dégageant ainsi le verrou. Le passage au point mort du levier est assuré par un simple guidage y, y.

Les enclenchements s'obtiennent au moyen de grils et de taquets mus par des tringles (*fig.* 157). Les pièces toutefois sont assemblées au lieu d'être venues de fonte.

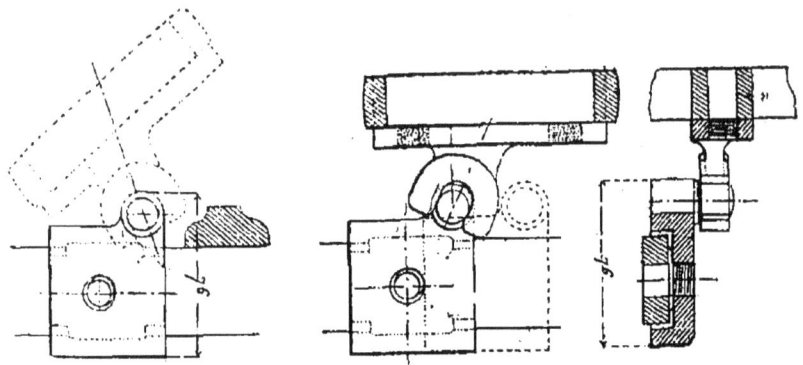

Fig. 157. — Manœuvre des tringles.

Enclenchements simples. — Les deux systèmes précédents permettent de réaliser les combinaisons fondamentales : les tringles α sont animées d'un mouvement de translation et les grils d'un mouvement de rotation. La figure 158 donne deux exemples d'enclenchements simples ainsi réalisés.

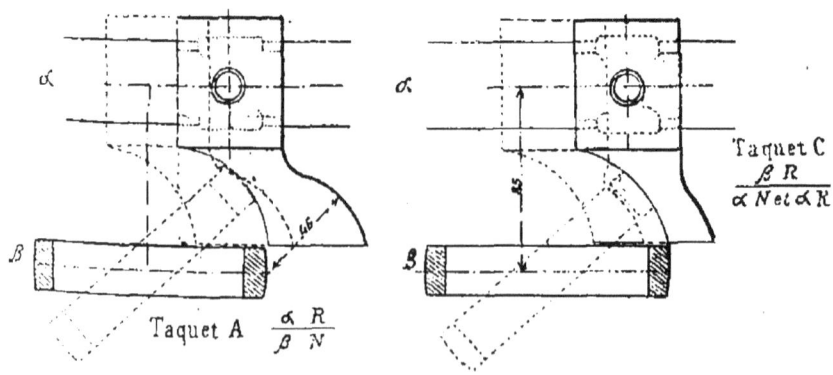

Fig. 158. — Grils et taquets.

Sur le Paris-Lyon, les divers enclenchements sont désignés par les lettres ABCDH, suivant les combinaisons obtenues.

Enclenchements conditionnels. — Lorsqu'on a plus de deux leviers, les enclenchements nécessitent des dispositions spéciales, qui ne sauraient être généralisées ; on doit les examiner séparément.

1° Soient les trois leviers α, β, γ, entre lesquels on doit réaliser la combinaison :

$$\text{si } \gamma N \frac{\beta R}{\alpha N} \quad \text{ou} \quad \frac{\alpha R}{\beta N}, \quad \text{et réciproquement si } \gamma R \frac{\alpha R \text{ et } \beta R}{\gamma R}.$$

On peut avoir trois grils, a, b, c (*fig.* 159), commandant au moyen de trois bandes verticales M, N, O, portant des échan-

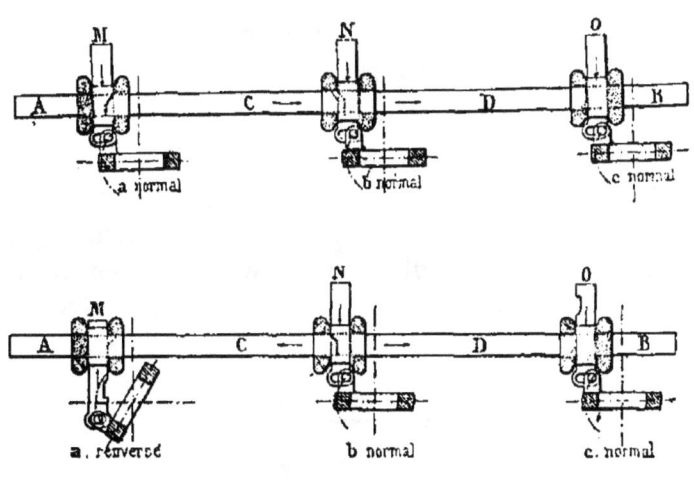

Fig. 159.

crures à plans inclinés, les tringles horizontales C, D ; en faisant descendre le gril a, on fait déplacer la tringle C, celle-ci empêche b de descendre tant que c lui-même ne sera pas renversé ; l'enclenchement est donc bien réalisé. Seulement ce système donne lieu à des frottements considérables.

2° Si α avait comme position normale, la position renversée du système précédent, on aurait la combinaison si $\gamma N, \dfrac{\alpha N}{\beta N}$ et sa réciproque. Cette combinaison peut, du reste, se réaliser avec l'enclenchement à mortaise (*fig.* 160) au moyen de deux tringles A et C, munies intérieurement d'un rebord saillant a

et c avec encoche ne se faisant face que lorsque les leviers
sont dans des positions différentes correspondant à αN ou γR,

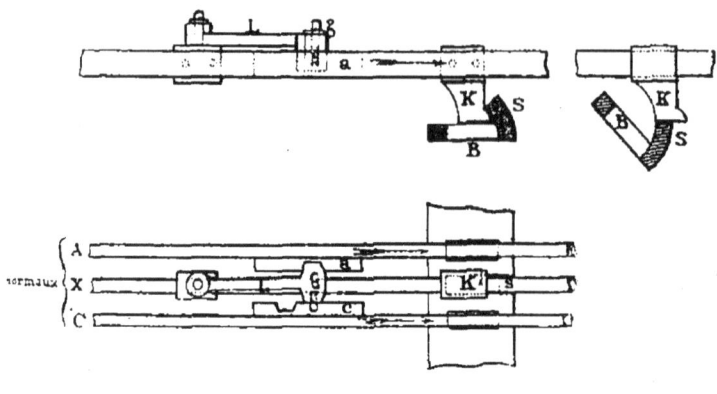

Fig. 160.

et réciproquement. Le levier β porte un gril B à rebord S
qui est enclenché par le taquet K d'une tige auxiliaire X,
menée par α ou γ, suivant que le levier L correspond à l'une
des encoches a ou c. Cette disposition se modifie en munissant les tringles a et c d'épaulements m et n, et la tringle b

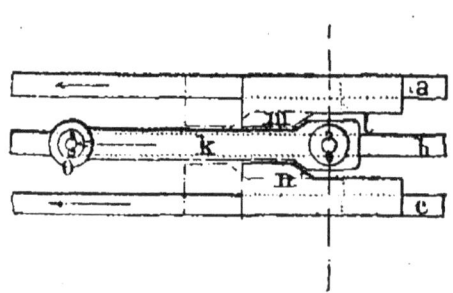

Fig. 161.

d'un balancier articulé k ; on voit sur la figure 161 que l'on
a la combinaison alternative $\dfrac{\alpha N \text{ ou } \gamma N}{\beta N}$.

3° L'enclenchement conditionnel précédent a été réalisé
d'une façon générale par M. Dujour (fig. 162) : un balancier
articulé p relie une tringle auxiliaire X aux deux leviers β et γ
ou à un plus grand nombre. Cette tringle porte un taquet K,
qui joue avec le gril de α ou avec une tringle commandée par

plusieurs barres. Suivant la position de K par rapport au gril α, on peut obtenir les quatre combinaisons alternatives suivantes :

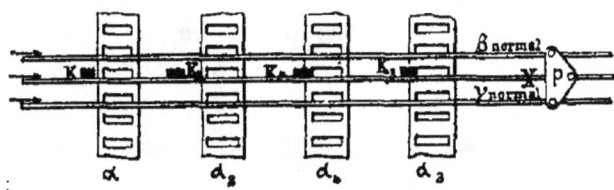

Fig. 162.

1° α et K, le renversement de l'une *ou* l'autre des barres β ou γ engage le gril de α;

2° α₂ et K₂, il faut le renversement de l'une *et* l'autre barre;

3° α₃ et K₃, le renversement de l'une *ou* l'autre des barres β ou γ dégage le gril;

4° α₄ et K₄, il faut le renversement de l'une *et* l'autre barre pour le dégager.

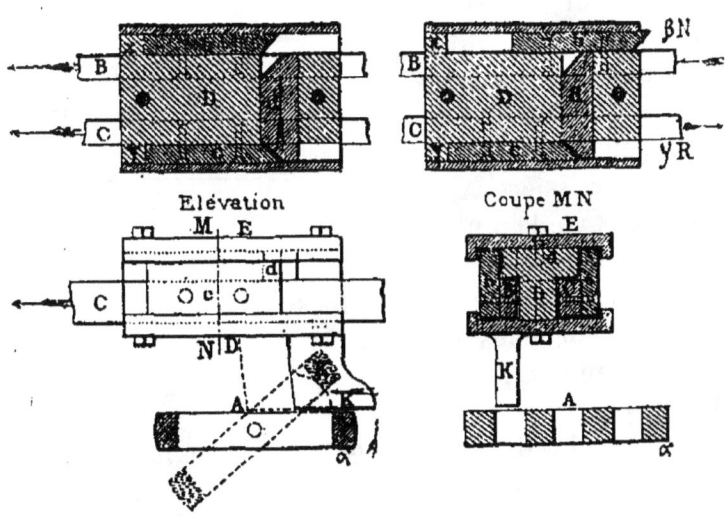

Plans, couvercle ôté

Élévation   Coupe MN

Fig. 163.

Il existe d'autres solutions générales d'enclenchements multiples obtenues en interposant entre les grils et les taquels des pièces mobiles : telle est celle dite à boîte, dans laquelle le levier α (*fig.* 163) mène le gril A et les leviers β et γ, les tringles B et C auxquelles sont fixés deux épaulements *b* et *c*. La pièce mobile est formée par une boîte en fonte D qui peut glisser sur les tringles et être entraînée par *b* ou *c* au moyen des saillies *x*, *y* ; elle est ramenée au moyen de la pièce *d* glissant dans une rainure de la boîte. L'enclenchement du gril de α est obtenu par le taquet K d'après la position de la boîte qui résulte de son entraînement par l'un des deux leviers β ou γ.

Pour les enclenchements entre plus de quatre leviers, on emploie un dispositif à pièces mobiles ou *glissières* (*fig.* 164). Les quatre leviers α, β, γ, δ, mènent au-dessous du plancher des barres C qui, outre leur mouvement longitudinal, ont un mouvement transversal perpendiculaire, sous l'action des blocs B, lorsque la glissière A, servant de guide aux platines B, est ouverte

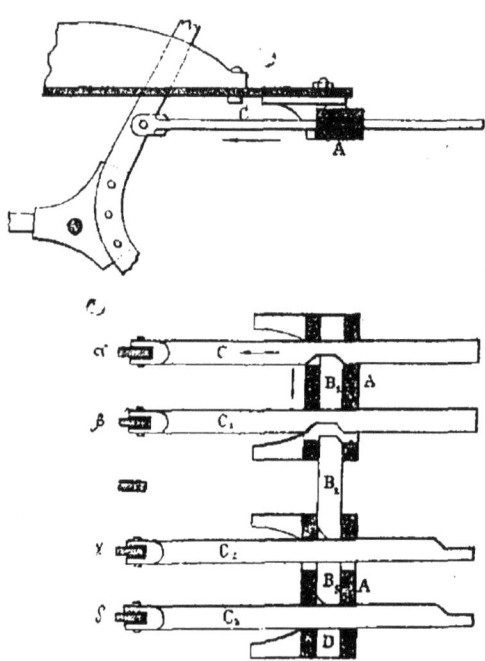

Fig. 164. — Enclenchement à glissières.

d'une façon convenable. Les blocs B et les tringles C sont entaillés ou encochés de manière à permettre ou à arrêter leur déplacement respectif, suivant les relations que l'on veut obtenir.

Ainsi, dans la disposition de la figure, le mouvement de α aura pour effet de déplacer B_1 et, par suite, B_2, par l'intermédiaire de C_1 ; on pourra donc dire que $\dfrac{\gamma N \text{ et } \delta N}{\beta N}$ si αR. La réciproque est également réalisée. Au lieu d'avoir deux leviers γ et δ enclenchant β pour une position de α on peut n'avoir que l'un d'eux.

Solution générale du problème des enclenchements composés.
— C'est en partant du principe précédent que M. Dujour a
réalisé, d'une manière générale, les enclenchements conditionnels entre plusieurs leviers, au moyen de *cames* mues par le
gril même des leviers et de *platines mobiles* (*fig.* 165). La came *k*,
nommée, sur le Lyon, taquet G, découpée suivant un profil

Coupe par AB

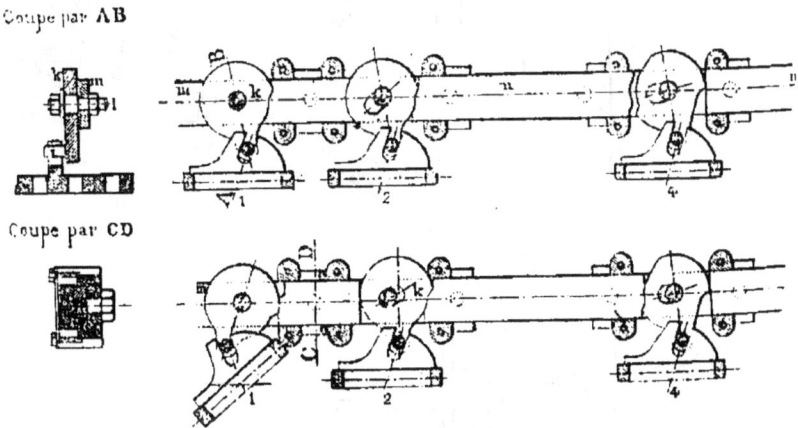

Coupe par CD

Fig. 165. — Solution générale des enclenchements (Dujour).

déterminé, est montée sur un axe *l* boulonné à une barre fixe *m*;
elle porte un tourillon *t* mû par la fourche d'un gril qui, en
oscillant, fait tourner la came sur son axe. La rotation de
cette dernière est transformée en translation au moyen de
la platine *n*, qui glisse sur la barre *m*, guidée par les coussinets *o* ; mais, si la platine bute à son autre extrémité contre
une autre came, la première et, par suite, le gril correspondant, se trouve enclenché. Quelques taquets ont leur
trou sur l'axe *l*, ovalisé de manière à avoir à la fois un
mouvement de rotation et de translation. Le profil des cames
et des platines est fait d'après le résultat à obtenir, suivant que
la came doit entraîner ou non la platine. Ce système est
assez employé sur le Lyon, où il a pris naissance.

MM. *Saxby et Farmer* ont imaginé une autre solution au
moyen de grils, en ramenant la manœuvre d'un gril enclenché à celle de plusieurs autres supplémentaires et en nombre
aussi grand qu'il y a de cas où le premier peut être renversé

fig. 166). La manœuvre du gril *u* à enclencher se transmet au moyen des tringles *ab* et du parallélogramme *m* à un autre gril *s*, et si celui-ci est enclenché par un taquet, l'effort est transmis à un second parallélogramme *n* et à un autre gril *t*,

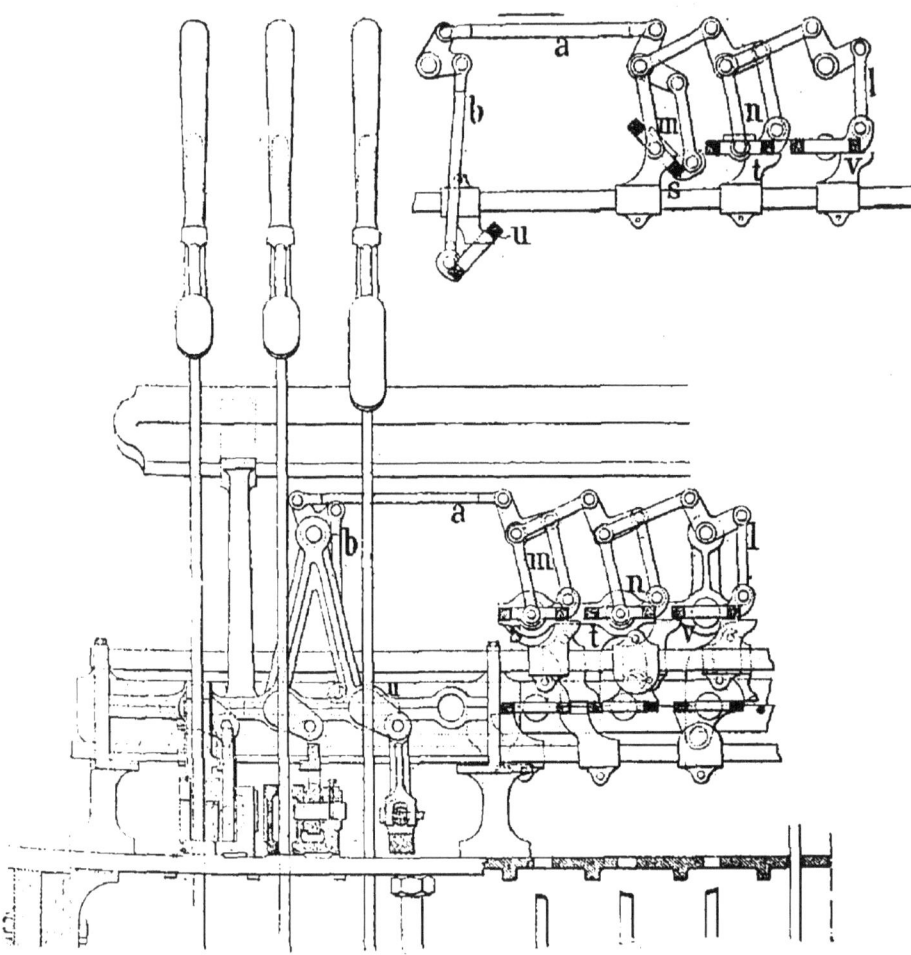

Fig. 166. — Solution générale des enclenchements (Saxby).

et ainsi de suite, jusqu'au dernier *v*. Les parallélogrammes sont mobiles autour de l'axe du gril, tous les autres sommets sont libres, dès lors si le premier gril est immobilisé, le parallélogramme se déplace tout entier vers la droite.

Il suffit que l'un des grils soit libre pour permettre la manœuvre du levier de *u* et il faut tous les immobiliser pour que la condition de l'enclenchement soit réalisée. Cette solution, qui est générale, a été appliquée au cas des leviers directeurs que l'on verra par la suite. Le levier *u* correspond au signal carré, et les grils *s*, *t*, *v*, aux leviers fictifs des directions. Pour pouvoir renverser *u*, c'est-à-dire ouvrir le signal, il faudra que l'un quelconque des leviers *s*, *t*, *v*, soit libéré par les manœuvres convenables des appareils correspondants : verrous ou aiguilles.

108. Enclenchements Remery et Gauthier. — Le principe de ces enclenchements repose sur l'emploi de blocs enclencheurs *j*, *k*, *l*, taillés en biseau (*fig.* 167) et disposés dans une glissière *r*, où ils peuvent se déplacer entre les tringles B, C, L horizontales, mues par des leviers ordinaires du type Saxby. Dans le cas de la figure, si l'on manœuvre le levier G, le biseau chasse de son encoche, vers la gauche, le bloc *l* et, par suite, la tringle F, dont l'encoche correspond au bloc *k* ; si, en outre, on renverse E, les blocs *j* et *k* sont immobilisés ainsi que la tringle F ; on a donc réalisé l'enclenchement composé : si ER et GR $\dfrac{\text{DN}}{\text{FN ou FR}}$.

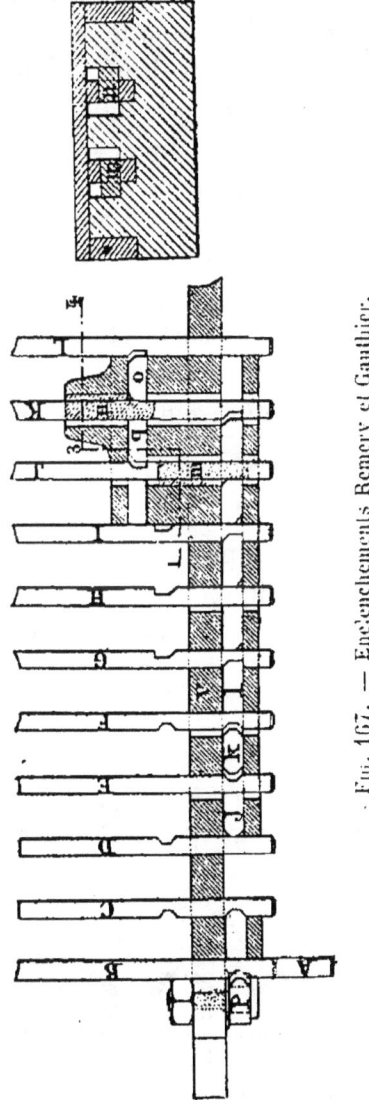

Fig. 167. — Enclenchements Remery et Gauthier.

Lorsque les barres n'ont qu'à se déplacer transversalement dans un même sens, l'enclenchement est assez simple ; mais il peut se faire que l'on ait besoin de l'enclenchement

JR $\dfrac{LR}{KN}$ et $\dfrac{KR}{LN}$. Dans ce cas, la barre K, qui dans la première relation, ne se déplace pas transversalement est rendue mobile en vue de la seconde. A cet effet les leviers J et K sont munis des saillies *m* et *n*. Si on renverse K, la butée de la pièce *n* chasse le bloc *o* dans L ; mais L n'est enclenché que si J est renversé ; car, en renversant L, *o* revient à sa position primitive en chassant la pièce *n* qui elle-même renvoie le bloc *q*. On peut obtenir tous les enclenchements conditionnels, comme dans les systèmes à pièces mobiles. Dans le cas où les barres situées en dessous ont des relations d'enclenchement avec celles du dessus, la communication est établie au moyen de balanciers verticaux, aux extrémités desquels sont fixés des blocs en biseau qui entrent en jeu avec les barres horizontales à faire mouvoir. Le mouvement des blocs est inverse ou concordant, suivant que les barres sont du même côté ou de part et d'autre du balancier.

109. Enclenchement Heidrich. — Le but de l'inventeur a été de réduire au minimum le nombre de transformations des mouvements nécessaires au jeu des enclenchements. A cet effet, le levier de manœuvre est muni d'une tige qui commande un verrou pénétrant dans un cran d'arrêt du secteur fixe. Un petit ressort, prenant son point d'appui sur une rondelle, presse de bas en haut le verrou dans son cran d'arrêt. Si l'on saisit la poignée en appuyant dans le sens vers lequel le levier doit se mouvoir, on fait descendre la tige et, en surmontant la résistance du ressort, on dégage le verrou du cran ; le ressort agira à nouveau à

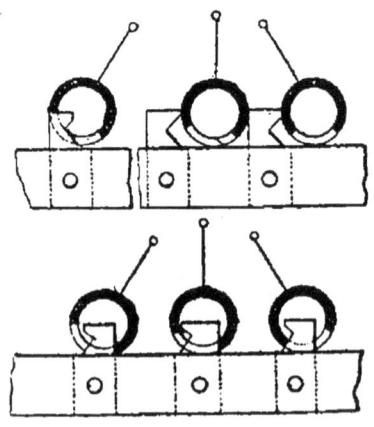

Fig. 168. — Enclenchement Heidrich.

l'autre extrémité du secteur pour renclencher le levier. On supprime donc ainsi le balancier oscillant du système Saxby et Farmer.

La commande des appareils d'enclenchement se fait par
une barre au moyen d'un balancier, dont l'extrémité libre
fait mouvoir deux tiges perpendiculaires. A l'une des tiges
(*fig.* 168), sont fixés des taquets enclencheurs ; à l'autre, des
tubes horizontaux avec échancrures, dans lesquels pénètrent
les taquets. L'enclenchement a lieu suivant que les taquets
empêchent les tubes de se mouvoir ou sont immobilisés par
eux. Cet appareil, tenant peu de place, s'installe dans les
petits postes à terre.

110. Système Froitzheim. — Cet enclenchement se distingue
des précédents, tant par le principe que par la propriété qu'il
a de pouvoir être mis en relation avec des appareils du
block-system ou avec ceux d'un poste central de commande.
Il y a deux genres d'appareils, suivant qu'il s'agit de transmissions rigides ou par fils.

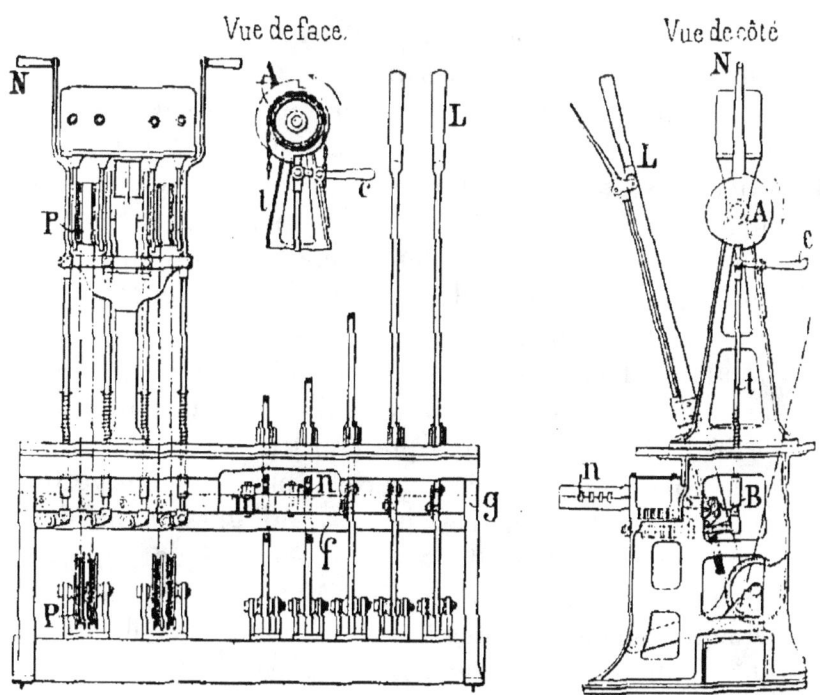

Vue de face.   Vue de côté

Fig. 169. — Système Froitzheim (Transmissions rigides).

Transmissions rigides. — Les aiguilles sont commandées par

transmissions rigides, et les signaux par fils. La manœuvre
de ces derniers (*fig.* 169) se fait en imprimant aux poulies P
une demi-révolution au moyen d'une manivelle N calée sur
l'axe. Les chaînes passent sur des poulies de renvoi P, et
vont jusqu'au signal. Toutefois la rotation de N n'est possible que si l'on peut déclencher le crochet de A au moyen
de *c*. Dans ce mouvement, on fait descendre les tiges à
ressort *t* qui, par l'intermédiaire des leviers d'équerre
commandent les tringles horizontales *y f* à taquets *m*.
D'autres tringles perpendiculaires *n* mues par les leviers
d'aiguille à poignée L avec équerres de manœuvre, viennent
masquer ou ouvrir, devant les barres *y* et *f*, des ouvertures
correspondant aux taquets. Il y a donc enclenchement,
comme dans les systèmes précédents. Des boîtes surmontant les appareils, sont munies de voyants électriques pour
contrôler la manœuvre des signaux.

Transmissions par fils. — Sur un châssis en fonte (*fig.* 170)
sont montées des poulies munies de rainures dans lesquelles passent les chaînes commandant soit des signaux,
soit des aiguilles ; l'axe O de chaque poulie comporte un
levier à ressort muni d'une poignée. La manœuvre se fait
en relevant de bas en haut les leviers M, de manière à faire
tourner les poulies d'un demi-tour. Les positions extrêmes
des leviers sont fixées par des crochets *c* s'engageant dans
des encoches ménagées sur le châssis.

La table d'enclenchement, située à la partie supérieure, est
mise en communication avec les leviers, par l'intermédiaire
de bielles *a*. Chaque fois que l'on tire sur la poignée M, la
tige *k* qui manœuvre le crochet *c* et la chape, qu'elle porte à son
extrémité, fait basculer la pièce *u*, qui glisse dans des rainures, et dont l'oscillation se communique au levier *b*,
entraînant la bielle *a*, de manière à produire l'enclenchement
ou le déclenchement des taquets *d* avec ceux des tringles *h*
que déplacent des segments *s* mus par d'autres bielles *a*.

Les leviers de signaux portent un mécanisme tel que *u* ;
mais les leviers d'aiguilles en ont un de chaque côté de la
poulie, servant l'un pour la position normale, l'autre pour
la position renversée ; il suffit pour cela que la pièce *u*, qui

commande la bielle *a*, soit relevée pour un côté, tandis que

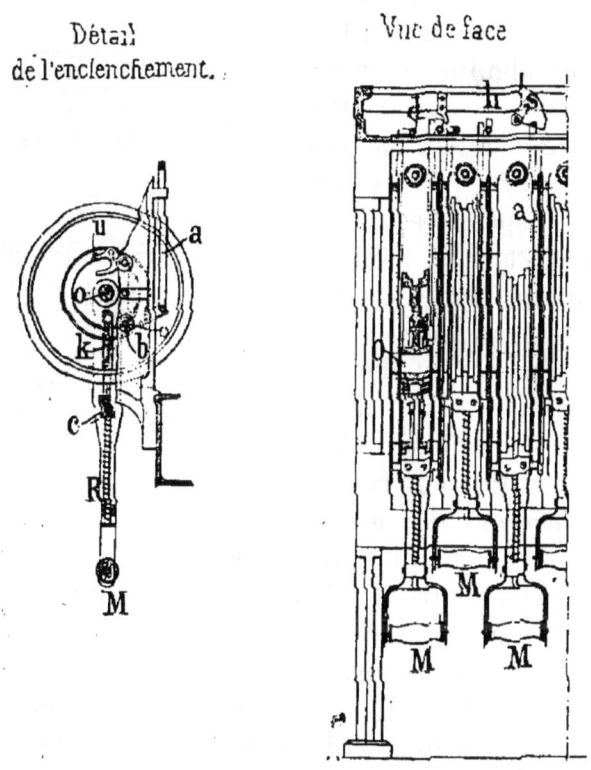

Détail
de l'enclenchement.

Vue de face

Fig. 170. — Système Froilzheim (transmissions par fils).

l'autre est abaissée, et *vice versa*.

C. — ENCLENCHEMENTS A DISTANCE

111. Enclenchements mécaniques. — Les enclenchements à distance ont le même but que les enclenchements sur place, dont ils diffèrent par l'éloignement des appareils enclenchés. Ils sont de deux sortes, suivant que l'enclenchement est obtenu mécaniquement ou électriquement. Il conviendra d'examiner d'abord ceux s'appliquant à une solution particulière entre deux ou trois appareils au plus, et ceux résolvant le problème d'une façon plus générale. A la catégorie des enclenchements à distance, se rattachent ceux par serrures, dont la manœuvre nécessite le déplacement des agents ou l'emploi de moyens spéciaux.

Enclenchement d'une aiguille par son signal. — Dans les installations allemandes, très souvent les aiguilles manœuvrées sur place sont enclenchées par les signaux manœuvrés à distance qui les protègent. Le dispositif est le suivant (*fig.* 171) : la tringle *r* de l'aiguille présente une encoche dans laquelle s'engage un taquet *e* monté sur la poulie de transmission du signal. Il faut que celui-ci soit placé

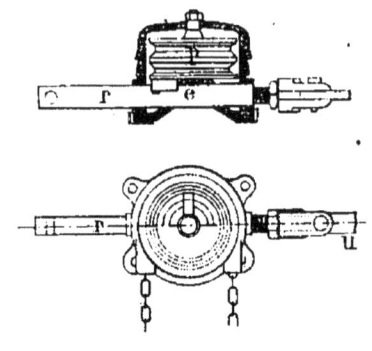

FIG. 171.
Enclenchement d'une aiguille
par le signal.

dans une position déterminée pour dégager l'aiguille.

Enclenchement d'une aiguille isolée sur le Lyon. — Dans ce cas particulier, l'aiguille est enclenchée avec le disque à distance et le signal carré qui la protègent. On dispose alors un poste à terre du système Vignier à trois leviers établis dans les conditions ordinaires. Toutefois, cette installation est caractérisée par la commande du disque à distance qui peut, en outre, être manœuvré de la gare, avec cette particularité qu'il existe seulement un seul fil de transmission à partir du poste le plus rapproché du signal.

A cet effet, la transmission du poste A (*fig.* 172) le plus éloigné se réunit en C à celle du poste B, au moyen d'un balancier E monté sur colonne F. Le fil A est relié à un contrepoids I au moyen d'une chaîne H passant sur une poulie supérieure G. Ce contrepoids a pour but d'empêcher la transmission de A d'être rappelée par le contrepoids de tension de l'appareil de manœuvre, quand on actionne le signal du poste B. Il suffit d'une manœuvre de A ou B pour fermer le disque et il faut actionner les deux pour l'ouvrir. L'appareil de raccordement se complète d'une chaîne J attachée en K et en D ; elle sert à limiter les positions extrêmes E et E' du balancier.

On peut, du reste, adopter la solution directe de M. Dujour pour l'enclenchement d'une aiguille avec le signal qui la

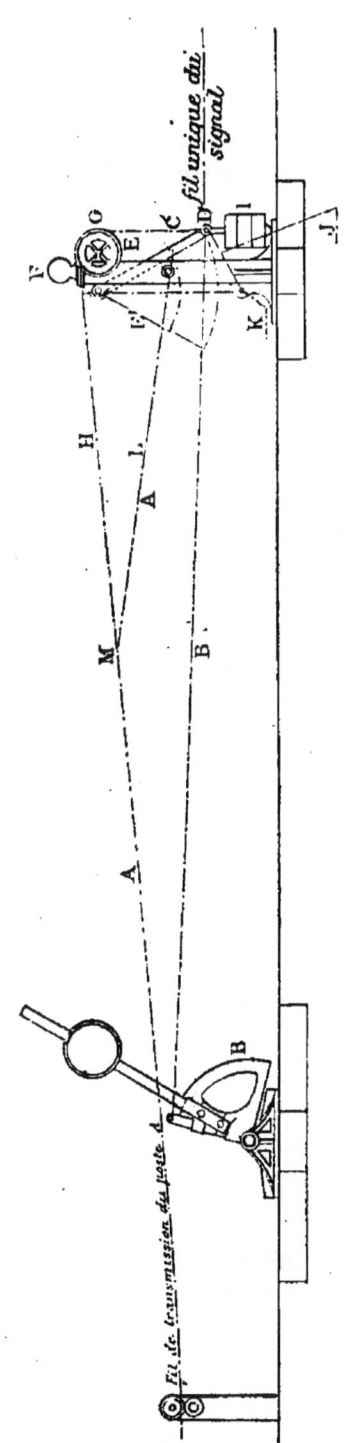

Fig. 172. — Raccordement de deux transmissions.

protège. Au balancier de raccordement précédent se fixe un verrou vertical qui monte ou descend, suivant la position du balancier ; arrivé au bas de sa course, il enclenche le col de cygne de l'aiguille. Le mouvement est transmis au balancier par le fil du signal. La manœuvre n'a rien de particulier ; lorsqu'on met le signal à l'arrêt, le verrou libère le col de cygne de l'aiguille qui, à son tour, peut être manœuvrée sur place. Il faut cependant, pour avoir un fonctionnement régulier, que le point d'enclenchement soit fixe, cette condition est réalisée lorsque le balancier est placé aux 2/3 de la distance entre le poste de manœuvre et le signal.

Enclenchement d'une aiguille isolée sur l'Orléans. — Sur les lignes à voie unique, l'aiguille de dédoublement doit être cadenassée ou verrouillée pour le passage des trains directs, pour ceux qui font arrêt sans se croiser, prenant une quelconque des voies, l'aiguille est enchaînée ou cadenassée ; enfin, lorsqu'il y a croisement, l'aiguille doit être tenue à la main. Les signaux, comme on l'a vu, comportent un mât avancé, un mât de croisement et un mât de talon ou de sortie.

En cas de trains traversant la gare sans arrêt, l'aiguille doit être calée dans ses deux positions, au moyen d'un verrou ordinaire dont le fonctionnement est vérifié par un contrôleur électrique, tout au moins pour la position de l'aiguille, inverse de celle donnée par le contrepoids de rappel. On a alors trois leviers, un pour le verrou et le mât avancé, un autre pour l'aiguille et le mât de talon et un troi-

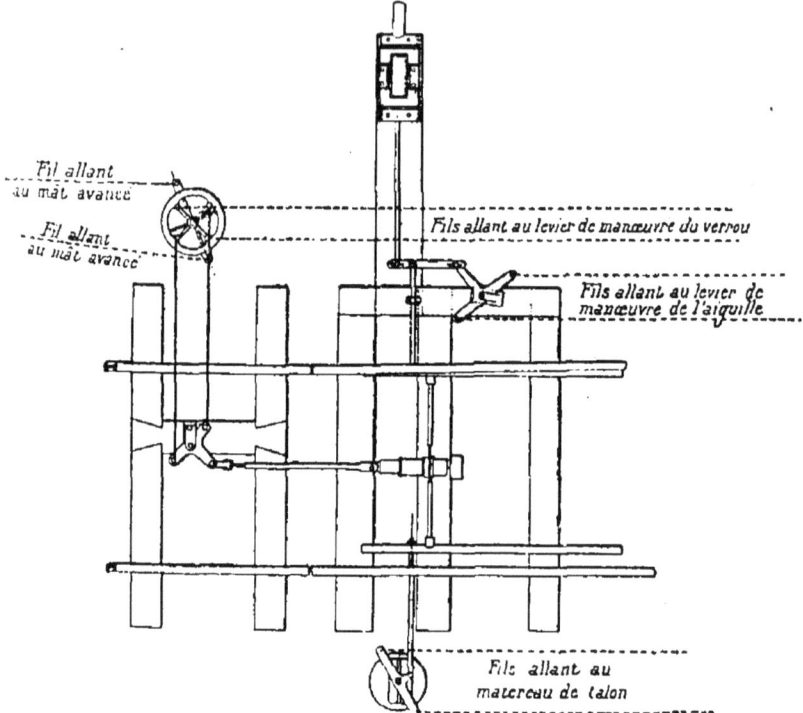

Fil allant au mât avance

Fil allant au mât avance

Fils allant au levier de manœuvre du verrou

Fils allant au levier de manœuvre de l'aiguille

Fils allant au matereau de talon

Fig. 173. — Commande des appareils d'une entrée de gare de voie unique.

sième levier pour le mât de croisement non indiqué sur la figure 173.

Si tous les trains arrêtent dans la gare on a le dispositif de la figure 256, c'est-à-dire deux leviers : un pour le mât de croisement et un autre pour le verrouillage des lames d'aiguille, et pour la manœuvre du mât de talon et celle du mât avancé. Cette commande simultanée d'appareils s'obtient au moyen d'un volant en deux parties, celle du haut porte les secteurs de verrouillage RR et les points d'attache a, a' de la transmission de manœuvre du volant. Au moyen de dents EE, elle transmet son mouvement à la partie inférieure qui reçoit les fils de transmission G du mât avancé ; lequel, à son tour, commande le mâtereau de talon par un renvoi de transmission Desgoffe et Jucqueau, mais avec cette particularité, toutefois, que ces signaux sont toujours à 90° l'un par rapport à l'autre.

La course du volant supérieur est de 90°, limitée dans les deux sens par l'arrêt du cran *d* contre le point fixe *x*. Celle de la seconde partie n'est que de 45° ; il suffit pour cela de placer les dents E' du bas à 45° de celle du haut E. On obtient ainsi, dans l'intervalle des déplacements de E, le calage de l'aiguille, puis un nouveau déplacement de 45° pour la manœuvre du signal avancé. Comme le bras du levier de manœuvre est la moitié du diamètre des points d'attache sur le volant, une course de 45° de celui-ci nécessitera une manœuvre de 90° du premier.

Il existe d'autres dispositifs (*fig.* 173) de commande simultanée d'appareils avec ce volant.

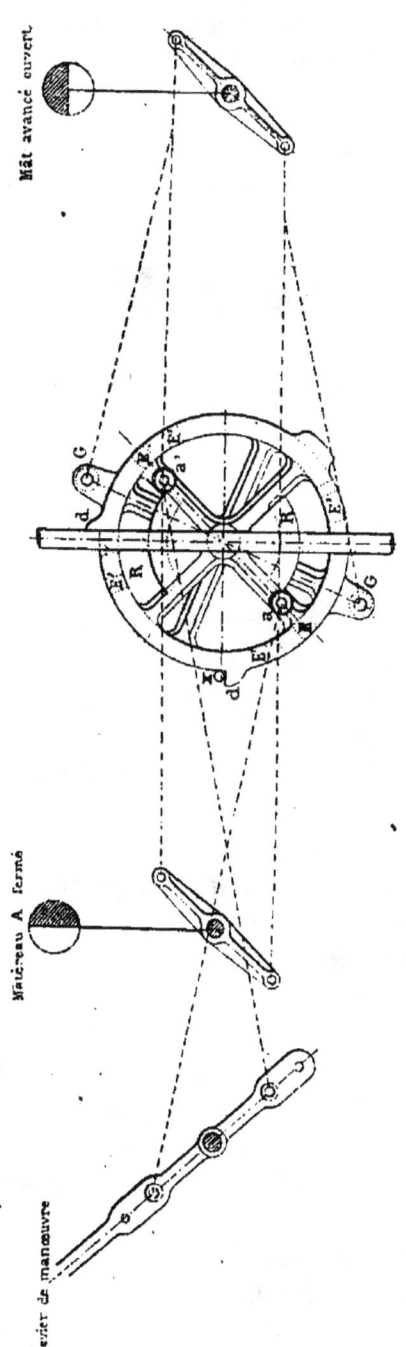

Fig. 174. — Volant Baudu.

Enclenchement d'une aiguille isolée système Rothmuller. —

Sur la tringle de connexion de l'aiguille T (*fig.* 175), munie d'un prolongement R faisant saillie, se trouve ménagée une ouverture oblongue O. Au fil de manœuvre du signal F se

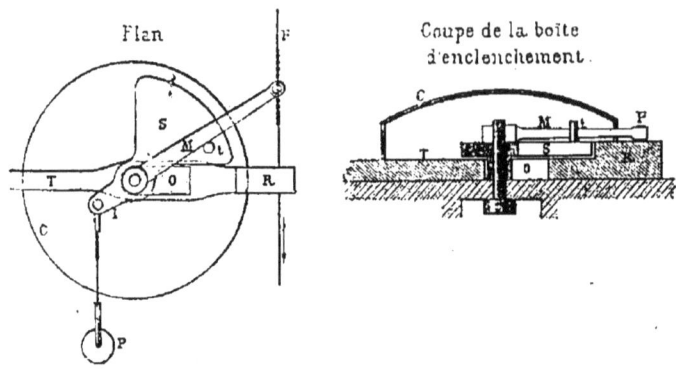

Fig. 175. — Enclenchement Rothmuller.

raccorde un levier M actionnant un secteur S à contrepoids P avec taquet *t*. Lorsqu'on manœuvre le signal, le secteur entraîné vient se placer devant la saillie R et empêche alors toute manœuvre de l'aiguille. Inversement, si cette dernière a été renversée, le secteur ne pouvant se déplacer, le signal ne peut plus être ouvert.

Le contrepoids P agit sur le secteur pour le séparer de la tringle de l'aiguille, lorsque le signal est remis en place.

Tout le système est recouvert d'une enveloppe en tôle C.

Enclenchement des sémaphores du Lyon. — Le soubassement (*fig.* 176) qui porte le mât sémaphorique est muni d'une flasque verticale *a*, destinée à supporter les appareils d'enclenchement, formés par des tringles verticales b_1 avec manivelle l_1, reliées au levier de manœuvre *l*, ce dernier transmet son mouvement aux bielles supérieures *b* des ailes sémaphoriques et aux bielles inférieures b_1 d'enclenchement. Directement au-dessous de celles-ci se trouvent des balanciers K solidaires de la manœuvre des aiguilles et pouvant prendre une position verticale ou oblique. Lorsqu'ils sont obliques, les tringles d'enclenchement peuvent se déplacer sans inconvénient; s'ils sont verticaux, au contraire, les leviers se trouvent immobilisés.

Le fonctionnement est assez irrégulier, lorsque les transmissions sont un peu longues.

Elévation et Coupe   Coupe par M N

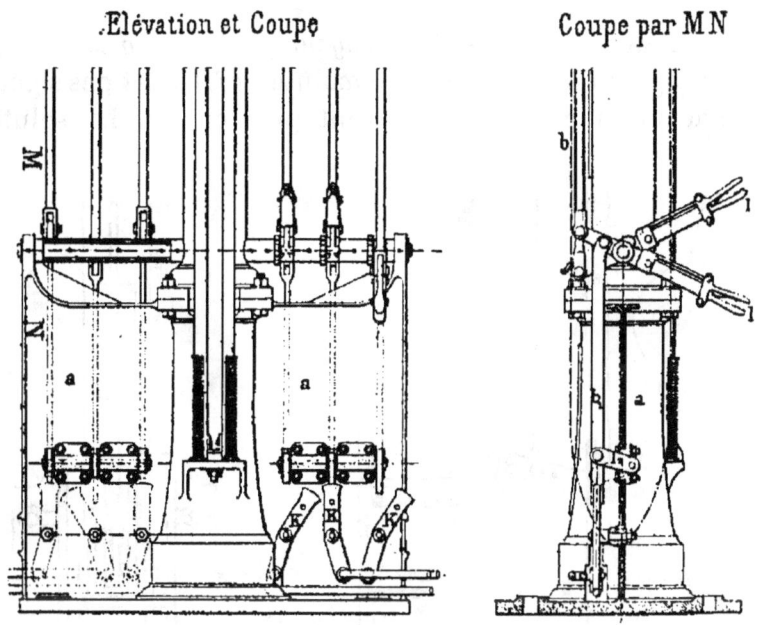

FIG. 176. — Enclenchement des sémaphores du Lyon.

Balancier de sûreté de l'Est. — Dans le cas de bifurcations
très rapprochées les unes des autres, et par conséquent où
il n'est pas possible d'installer à leur distance réglementaire
tous les signaux d'une bifurcation, on supprime le disque à
distance de la seconde, sauf à maintenir le signal carré précédent à l'arrêt, tant que le train n'a pas dégagé la bifurcation. A cet effet, le levier du disque supprimé communique
avec le signal carré de la première, qui est alors muni du
dispositif appliqué à un signal commandé de plusieurs postes.
Seulement, près de l'aiguille en pointe de la première bifurcation, se trouve un balancier horizontal mobile avec cette
aiguille. Il se termine à chaque extrémité par un anneau
dans lequel passe le fil venant du poste de la deuxième
bifurcation. Ce fil est muni d'un taquet butant contre
l'anneau, de sorte que, si la position de l'aiguille, et, par
suite du balancier n'arrête pas le taquet, la fermeture du
signal peut se faire du deuxième poste ; au contraire, s'il

vient heurter l'anneau, la manœuvre ne se transmet pas au signal, et celui-ci ne dépend que du premier poste.

112. Désengageurs. — *Désengageur Saxby et Farmer.* — Les désengageurs ont pour but de maintenir à l'arrêt des signaux que d'autres postes ne peuvent plus ouvrir. La solution

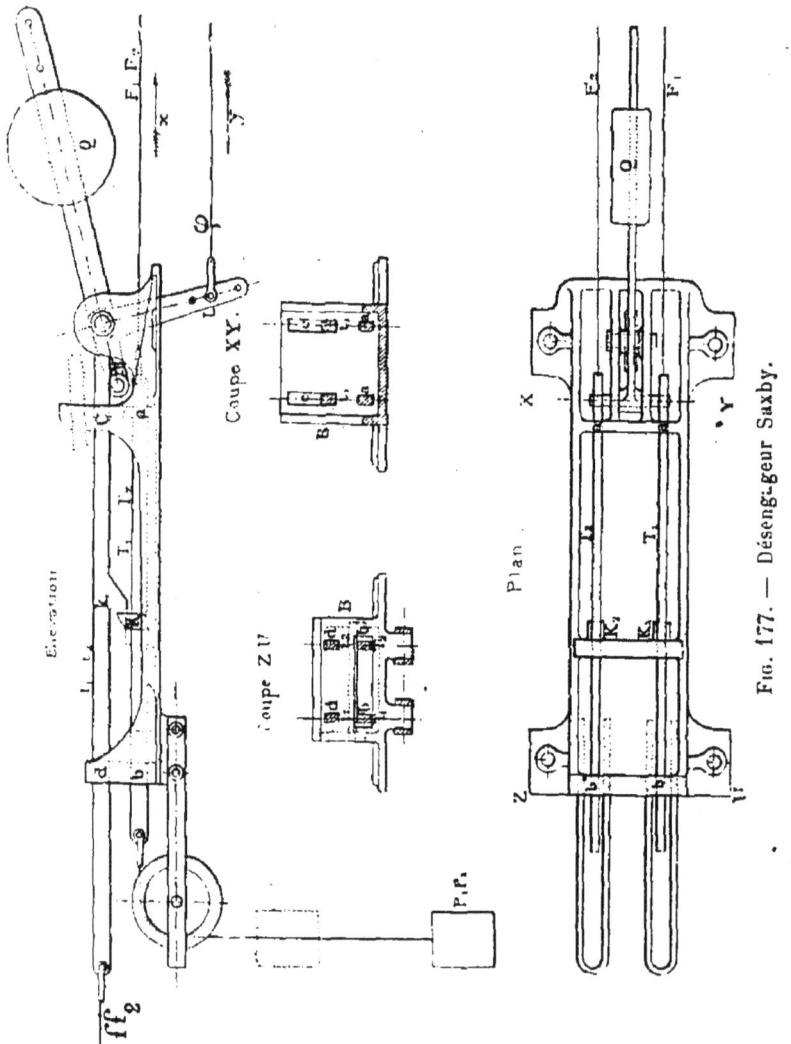

Fig. 177. — Désengageur Saxby.

pourrait être obtenue en faisant manœuvrer le signal des différents postes; mais le désengageur plus simple constitue un relai d'une transmission et peut se mettre en un point quelconque de cette dernière, toutefois, le poste qui manœuvre le désengageur ne peut pas ouvrir le signal.

Dans le désengageur Saxby et Farmer (*fig.* 177), les fils du premier poste F_1F_2 se continuent par des barres horizontales T_1 T_2, *glissant sur les supports ab*, auxquelles sont fixés des contrepoids P_1, P_2; d'autres tringles t_1, t_2, guidées en c et d et auxquelles s'attachent les fils des signaux f_1f_2, peuvent être mises en contact avec les premières au moyen de taquets K_1, K_2 et k_1, k_2, ou leur échapper si elles sont soulevées *par le contrepoids* Q, dont la manœuvre a lieu du second poste au moyen du fil φ et du levier ML. Le premier poste sera donc dans l'impossibilité d'agir sur le signal, tant que le second tiendra le contrepoids soulevé. *Par suite de la forme même des taquets, les tringles reviendront en prise, lorsque les deux postes ramèneront la transmission dans sa position normale.*

Pour le fonctionnement régulier des deux désengageurs, il faut :

1° Que la gare ou le second poste manœuvrant la transmission φ du contrepoids Q, soit averti de son fonctionnement ou sache si le signal est ouvert, de manière à ne pas le fermer brusquement devant un train; 2° que le premier poste sache également si la transmission est coupée. Dans ce but, on munit chaque poste d'un appareil de contrôle.

Il est constitué par une aiguille aimantée dont une des branches porte un disque rouge; chacun des postes, en manœuvrant le levier correspondant au signal et au désengageur en question, fait apparaître, *dans l'autre poste*, le voyant rouge, de manière à le renseigner sur la manœuvre qui a été effectuée.

Safety-lock. — On peut même aller plus loin et rendre toute manœuvre du levier impossible au premier poste au moyen d'un safety-lock *ou serrure de sûreté*. Ce qui distingue cet appareil du désengageur, c'est qu'il enclenche le levier de manœuvre dans une position bien déterminée. Le safety-lock (*fig.* 178) comporte une tringle horizontale, qu'un contrepoids tend toujours à ramener dans la même position, elle est actionnée du poste enclencheur. Le levier de manœuvre A, B ou D, du signal est vertical, et peut être arrêté par l'encoche d'un levier ou lock, relié à la tringle précédente. Ce levier sera donc enclenché toutes les fois que le fil relâché permettra au contrepoids de ramener le lock en arrière.

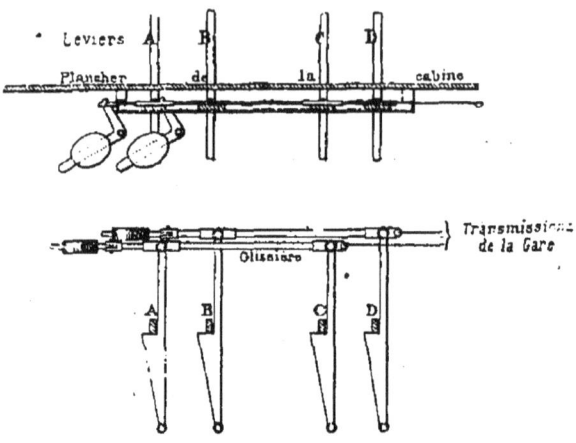

FIG. 178. — Safety-lock.

Désengageur circulaire pour appareil à plusieurs transmissions. — Ce système s'applique au cas d'un signal commandé

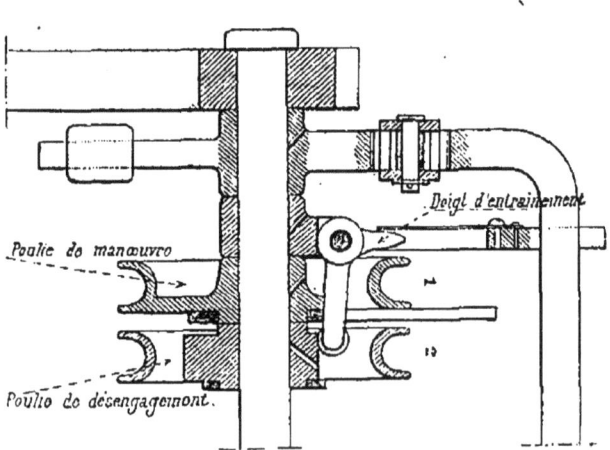

FIG. 179. — Désengageur circulaire.

de plusieurs postes (Nord) (*fig.* 179). L'arbre porte un étrier commandé à la manière ordinaire par un doigt d'entraînement. Le désengageur a pour effet de neutraliser l'un quelconque des doigts et, par suite, des leviers ; il peut donc être simple ou multiple et être manœuvré d'un ou de plusieurs endroits de la gare.

Il y a (*fig.* 179) un doigt avec taquet en forme d'équerre et deux poulies : la première est celle actionnée par la transmission ; elle est munie d'une rainure circulaire avec cran dans lequel entre le taquet. La poulie du signal, lorsque le taquet s'appuie contre l'encoche, entraîne donc le doigt et par suite l'étrier qui fait mouvoir le signal. La deuxième poulie est celle du désengageur ; elle comporte une rainure formant plan incliné dans laquelle se prolonge la même extrémité du taquet. Si ce plan incliné permet au taquet de pénétrer dans le cran de la première poulie, l'appareil est en prise et peut être manœuvré ; si, au contraire, il le chasse hors de l'encoche, la première poulie est désengagée. On peut avoir un nombre quelconque de poulies avec ou sans désengageur.

Désengageur à pédale de l'Est. — Il est employé pour la mise à l'arrêt automatique du signal ; seulement, dans ce cas, la tringle inférieure du désengageur, au lieu d'être manœuvrée d'un poste quelconque, est mise en relation avec une pédale (*fig.* 180). Lorsque le signal est fermé, la pédale est abaissée ; mais, s'il est ouvert, elle fait légèrement saillie au-dessus du rail, et quand une roue l'abaisse, l'arbre sur lequel elle est montée rompt la relation avec le fil allant au contrepoids qui met le signal à l'arrêt. Les tringles étant maintenues sur des galets, leur mouvement est assez doux.

Verrous à ressort. — Ces appareils ont pour but d'empêcher à distance un agent qui a déclenché des appareils ordinairement enclenchés de les immobiliser à nouveau, tant que la manœuvre pour laquelle on avait demandé le déclenchement n'est pas terminée.

Le levier enclencheur (*fig.* 181) est muni d'une tringle B, percée d'un œil *a* dans lequel peut pénétrer un verrou V fixé à l'extrémité d'un ressort *r* dont l'autre bout dépend d'une deuxième tige E montée sur la manivelle d'une poulie manœuvrée avec l'appareil qui sert à demander le déclenchement. Le fonctionnement est simple. Lorsque le levier B est renversé, c'est-à-dire que tout est enclenché, le verrou ne peut pas pénétrer, s'il est lancé, dans le trou de la tige ; au

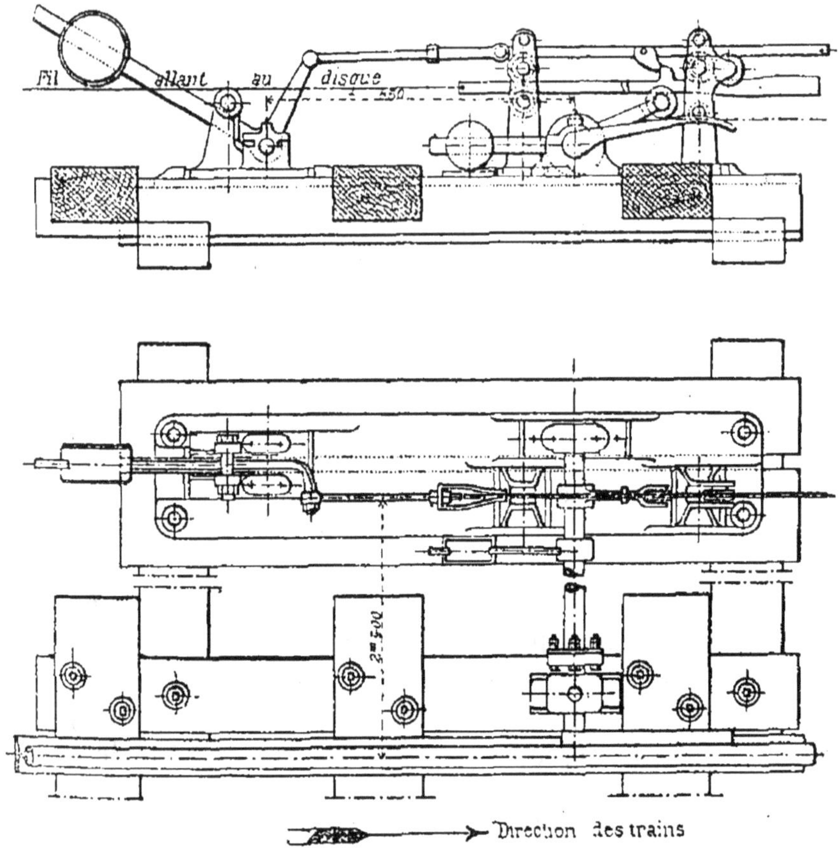

Fil allant au disque
Direction des trains

Fig. 180. — Désengageur à pédale.

T
a
B
K

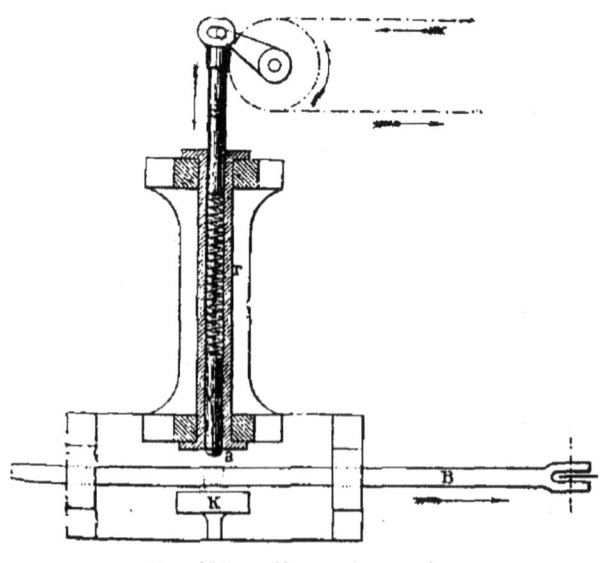

Fig. 181. — Verrou à ressort.

contraire, on peut l'engager pendant le déc.enchement des appareils, et ceux-ci ne peuvent être immobilisés à nouveau tant que le verrou est lancé. C'est donc l'inverse d'un désengageur. Une pièce K préserve B contre les chocs de V.

Désengageur à manœuvres combinées du Nord. — Il est employé dans le cas où, sur une des branches d'une bifurcation, pour un motif quelconque, la présence d'un raccordement particulier, par exemple, il est nécessaire d'interdire à certains moments l'entrée des trains sur cette branche. Comme les bifurcations sont commandées par deux signaux, un à damier vert et blanc, et un signal d'arrêt à deux leviers, un par direction, on a recours à un désengageur spécial permettant de couper la transmission du damier vert et blanc, si le signal carré est fermé ; mais ne produisant par contre, aucun effet sur lui si le signal carré est ouvert, pour l'autre direction. Le désengageur est manœuvré du raccordement. Si l'on désigne par C le levier du damier, par A et B ceux du signal carré, et D celui du désengageur, on aura C normalement enclenché dégagé par A renversé et par B renversé, si D est normal.

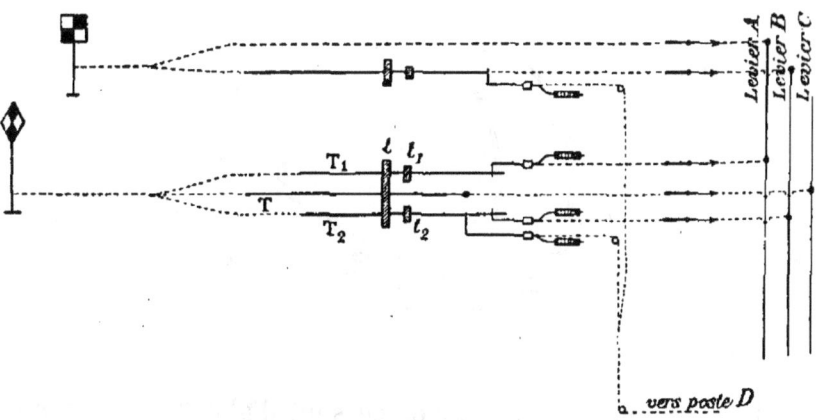

Fig. 182. — Désengageur à manœuvres combinées.

L'appareil se compose (*fig.* 182) d'une barre inférieure unique T, reliée au levier C et comportant un talon t de $0^m.55$ et de deux barres supérieures T_1, T_2, reliées par le même fil au signal C et munies de talons t_1, t_2, de 0,25. Ces deux barres peuvent être soulevées par des équerres produisant le désengagement, T_1 est soulevé par une équerre reliée à A ; T_2 par deux équerres reliées à B et D. L'ouverture du levier C ne peut être obtenue que si l'une ou l'autre des barres T_1, T_2, a été ramenée à la position horizontale, de façon à mettre en contact le talon unique t avec le talon supérieur de l'une des autres barres.

La barre T_1 ne peut revenir à la position horizontale que si A est renversé, et T_2, que si D étant normal, le levier B est renversé. La condition énoncée est bien satisfaite.

113. Enclenchements des chemins de fer néerlandais. — Il s'agit d'enclenchements plus généraux, avec application de la méthode d'exploitation allemande, ne permettant à un poste de manœuvrer des appareils, enclenchés déjà entre eux, qu'avec l'autorisation d'un poste central où se trouve concentrée la direction des manœuvres.

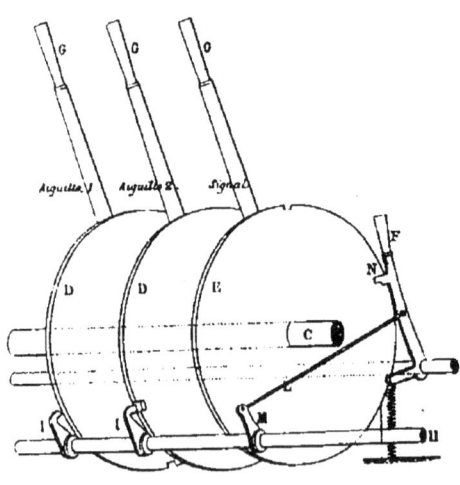

Fig. 183.

Les enclenchements sur place sont d'abord réalisés entre les poulies servant à faire mouvoir les fils des aiguilles ou des signaux. Sur un axe H (*fig.* 183) parallèle à celui des poulies C se trouvent montés des crochets I correspondant à chaque poulie D d'aiguille. En face et sur un axe parallèle se trouvent d'autres crochets N, mis en sens inverse des premiers et se rapportant aux poulies E de signaux. Les deux axes sont réu-

nis par une bielle L et une manivelle M, de façon que les crochets N des signaux ne peuvent être dégagés des rainures

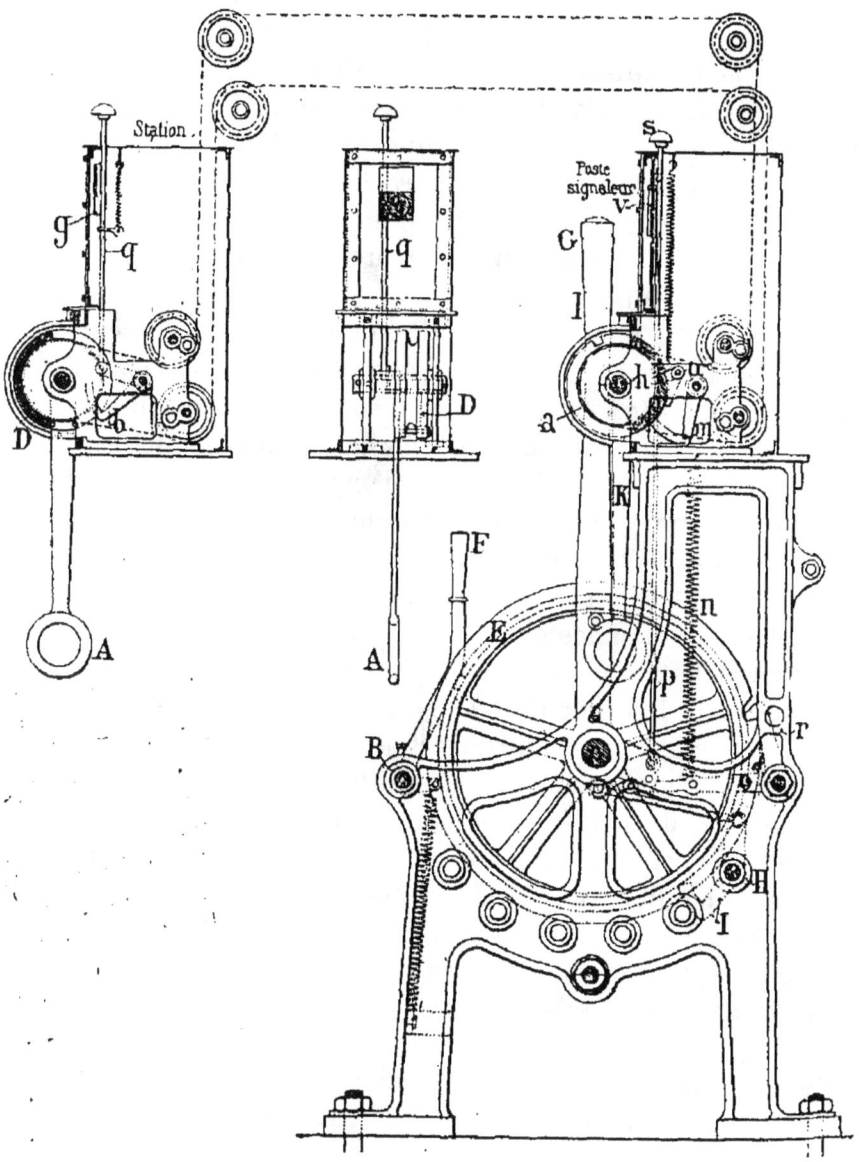

FIG. 184. — Enclenchement de poste à poste.

des poulies E, que si ceux I des aiguilles D sont engagés dans
les encoches correspondantes, et inversement. Le levier F du
signal doit être maintenu dans ses deux positions extrèmes;

mais, dans celle correspondant à l'enclenchement des aiguilles le crochet engage son extrémité dans l'encoche, assez faiblement toutefois pour ne pas déclencher les leviers d'aiguille.

Dans les grandes gares, on emploie les enclenchements à distance pour satisfaire à la condition des manœuvres effectuées avec l'autorisation d'un poste central. L'appareil du poste bloqueur (*fig.* 184) comporte un bouton qui, en agissant sur un piston *q*, chasse le crochet *b* hors de l'encoche de la poulie D. On peut alors faire tourner celle-ci de 180° au moyen du levier A. Mais cette manœuvre une fois effectuée, il n'est plus possible de la recommencer; le crochet étant tenu par la partie pleine de la poulie, tant que le poste réceptionnaire n'aura pas effectué la manœuvre autorisée. La poulie *a* de ce poste a tourné de 180° sous l'action des fils de transmission, le rebord plein, *h*, s'éloigne, puis se rapproche du levier K. Dans ce mouvement, l'encoche *l* vient devant le crochet *m*, qui y pénètre sous l'action du ressort *n* et du levier *or*, mais seulement lorsque la position des aiguilles, d'après le système d'enclenchement local, permet aux crochets l d'entrer dans les encoches correspondantes des poulies D, le crochet *r* dégageant la poulie E, l'aiguilleur peut actionner alors le levier G de son signal.

On ne pourra à nouveau retirer le crochet *m*, c'est-à-dire remanier les aiguilles, qu'en mettant le signal dans sa position primitive, de manière à engager de nouveau le crochet *r*. En poussant ensuite le bouton *s* et la tige *p*, on pourra faire tourner la poulie *a* en sens contraire, au moyen de la manivelle K, pour retenir le crochet *m* par le rebord *h* de la poulie. On remet ainsi dans sa position primitive la poulie D. Sur chacun des appareils de correspondance des deux postes, on a un voyant *g* et *v*, qui apparaît au rouge, lorsque le poste est libre, ou blanc quand il est enclenché, il est mû par un ressort correspondant au cliquet *u* dégagé ou enclenché par les poulies *a* et D.

114. **Système Henning.** — Ce système, appliqué surtout dans les gares allemandes et suisses, où toutes les manœuvres se font sous la direction d'un seul agent, s'emploie de deux façons différentes. Tous les appareils sont manœuvrés d'un

Fig. 185. — Gare.

poste unique placé près du bâtiment principal : c'est le cas des gares peu importantes ;
ou bien l'on dispose plusieurs cabines de
manœuvres sous la direction et le contrôle
d'un seul agent, au moyen d'un appareil spécial dit bloc central.

Manœuvres centrales. — Les conditions
d'enclenchement à réaliser sont celles des
gares ordinaires : impossibilité d'envoyer en
sens contraire deux trains sur la même voie ;
de faire entrer un second train avant la sortie du premier ; et, inversement d'en faire
sortir un tant que les signaux sont disposés
pour l'entrée ; enfin d'avoir la possibilité de
rendre les aiguilles indépendantes, lorsque
les signaux de la gare ont été mis au préalable à l'arrêt.

Soit, par exemple (*fig.* 185), une gare à
voie unique comportant deux voies de dédoublement 2 et 3, une voie de garage 1. On
peut, sur chacune des voies 2 et 3, entrer et
sortir de chaque côté, soit 4 mouvements
par voie ou 8 mouvements en tout. Ces mouvements sont protégés par quatre signaux à
droite, deux d'entrée, A et D, et deux de
sortie, B, C. Ces quatre signaux, ainsi que
les aiguilles extrêmes, sont actionnés du
bâtiment principal, les aiguilles 2/3 et 4/5
sont manœuvrées sur place. Le poste comporte donc 6 manivelles. Les signaux A et D
sont pourvus d'un mécanisme à pédale, de
façon qu'après avoir donné voie libre, le
signal soit mis à l'arrêt par le train.

Chaque appareil est mû au moyen d'une
transmission par fil s'enroulant sur des poulies ; une manivelle (*fig.* 186 et 187) pouvant
tourner dans les deux sens agit sur un arbre
a portant une poulie d munie de deux chevilles c_1 et c_2, au moyen desquelles cette der-

nière actionne une roue à rochet f pourvue de deux saillies k_1 et k_2. Un index renseigne sur la position de f, et, au dessus, sont deux guichets indiquant, au moyen d'un voyant

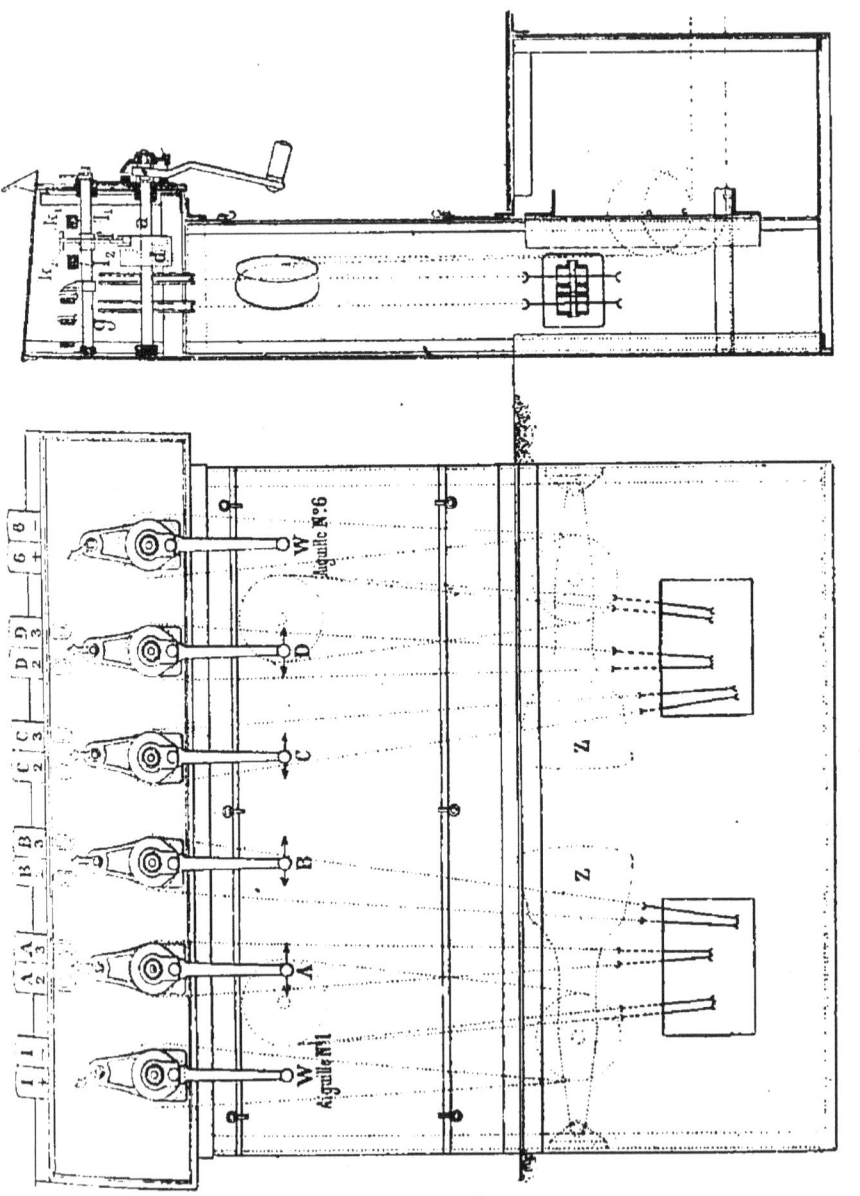

Fig. 186. — Manœuvres centrales.

blanc ou rouge, si la manivelle peut être actionnée ou non. Les deux saillies, en se déplaçant, agissent sur les règles libres l_1, l_{11}, correspondant aux aiguilles ; elles produisent l'en-

clenchement réciproque des manivelles des signaux. Cet
enclenchement, dit de *parcours* pour les signaux A et D, se

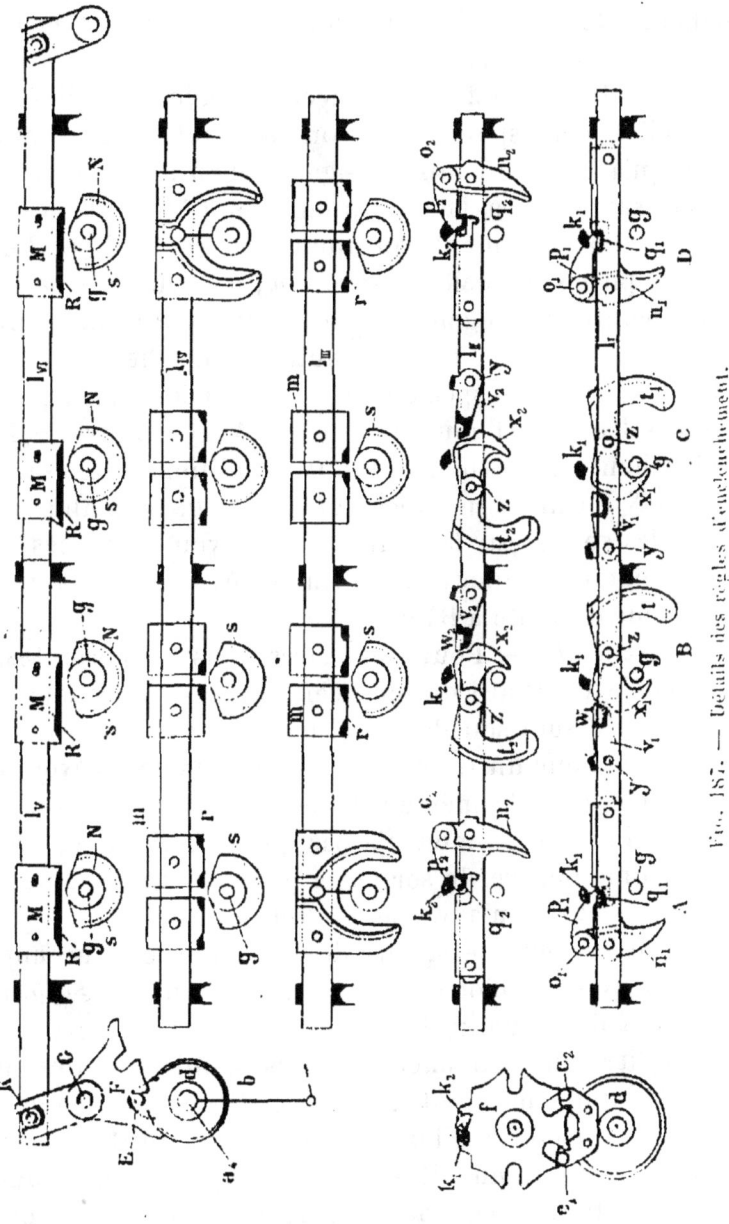

Fig. 187. — Détails des règles d'enclenchement.

réalise au moyen de taquets *n* montés sur les règles, à côté
de chaque manivelle et portant un cliquet *p* avec saillie *q*,
mobile autour d'un axe *o*. L'enclenchement est produite grâce

à l'arrêt des saillies k par les cliquets q, et inversement. Pour les signaux C et B, à côté des manivelles, les règles portent des loquets v, avec saillie w, mobiles autour de y et des pièces oscillantes t munies d'une nervure x, pouvant tourner autour de z. En temps ordinaire, les loquets v, arrêtent les saillies k de B et C. Il faudra donc déplacer la règle pour libérer les manivelles correspondantes ; on ne peut donc donner la sortie qu'après avoir mis les signaux d'entrée à l'arrêt.

Pour satisfaire à la condition d'empêcher deux trains d'entrer simultanément, on ajoute les règles l_{III} et l_{IV}, munies de pièces d'enclenchement m, pourvues de saillies r, butant contre les segments s de façon, que si la manivelle d'un signal autorise l'entrée, l'autre l'empêche.

Enfin une règle spéciale en deux parties l_{V}, l_{VI}, pour les aiguilles 1 et 6, est munie de pièces M avec nervures R qui enclenchent, conformément aux conditions imposées, les poulies N à came s montées sur l'arbre y. La manœuvre de ces règles se fait par la poulie d au moyen des pièces EFGK. Ce système de manœuvres centrales a été appliqué aux gares de la ligne de Delle à Bâle.

Bloc central. — Pour des gares plus importantes, on emploie le dispositif du bloc central. Les conditions d'enclenchement sont sensiblement les mêmes : une voie ayant été donnée pour un train, il est impossible de recevoir sur la même voie, dans le même sens ou en sens contraire, aucun autre train, si le premier n'a pas quitté cette voie, inversement, la manœuvre de sortie ne pourra être effectuée, tant que celle d'entrée n'aura pas été terminée.

Dans le système de la gare de Lausanne, chaque appareil de manœuvre du bloc comporte deux manivelles (*fig.* 188) ; au moyen de la manivelle inférieure K, on prépare la voie, c'est-à-dire que l'on enclenche les manivelles des autres appareils qui tendraient à permettre la même manœuvre ; avec la manivelle K_1, lorsque le train a quitté la voie on la rend de nouveau libre. Par exemple, pour donner la voie 3, on tourne la manivelle K trois fois, de manière à déplacer sur la vis fixe qu'elle commande l'écrou mobile M, qui viendra en contact avec la règle L_3. Dans son déplacement, l'écrou (*fig.* 189) entraîne un taquet glissant sur une tige carrée de K_1 qui vient empêcher tout mouvement de L_3, au moyen du taquet fixe F, monté sur cette règle. On renverse, pour la sortie, la manivelle K_1, qui déplace L_3; mais une se-

Appareil bloqueur

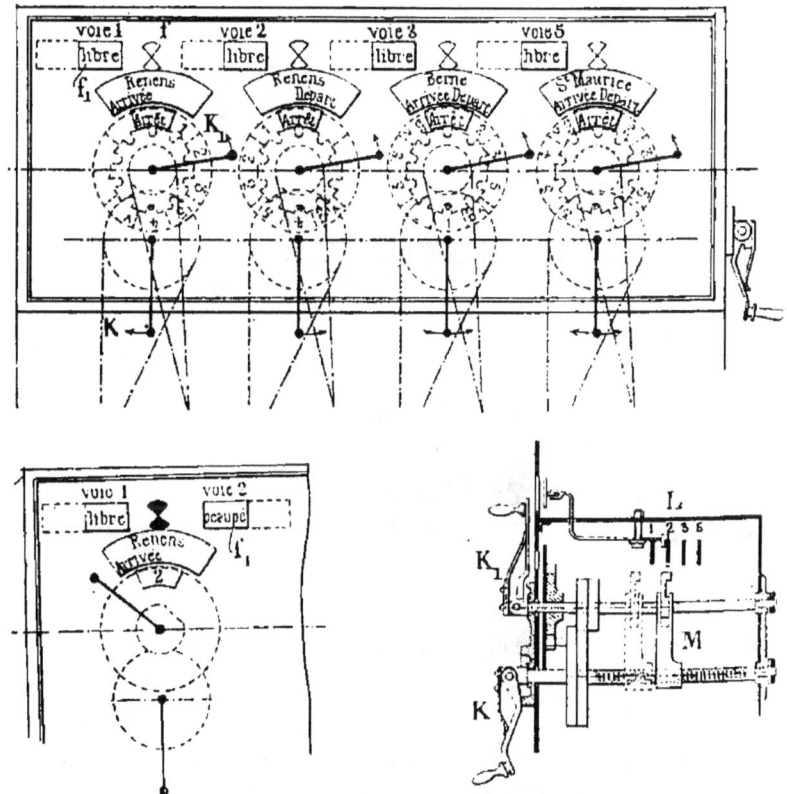

Fig. 188. — Bloc central.

conde manœuvre de K_1 est impossible, à cause du taquet G ; il faut de nouveau ramener K à sa position initiale, c'est-à-dire préparer une nouvelle entrée ; toutefois ce retour en arrière libère les autres règles.

Sur l'axe de K se trouve un tambour autour duquel s'enroule le fil qui fait communiquer le bloc central avec les cabines; sur K_1 il y a également un tambour avec fil de transmission actionné par K au moyen d'une roue à rochet. Au-dessus des manivelles se trouvent des guichets derrière lesquels apparaissent de petits voyants blancs ou rouges, qui peuvent se montrer soit à la manœuvre des manivelles, soit lorsque le poste central a effectué sa manœuvre.

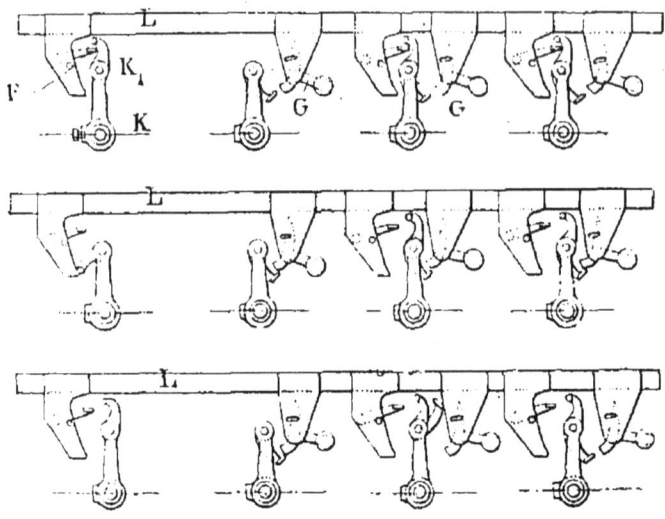

Fig. 189. — Règles d'enclenchement.

Dans le système du bloc central, au lieu d'agir sur les signaux ou les aiguilles, les fils de transmission actionnent des verrous pouvant enclencher les leviers des postes de manœuvre qu'il convient dès lors d'examiner.

Poste de manœuvre. — L'organe principal est le levier de manœuvre des appareils, au moyen duquel on réalise les enclenchements. Il se compose du levier proprement dit, d'un appendice et du registre d'enclenchement.

Le *levier b* (*fig.* 190 et 191), monté sur un axe *a*, porte un épaulement formant l'axe d'une manette *d*, servant à déplacer un verrou *f* qu'un ressort à boudin maintient constamment relevé. Ce verrou est engagé dans une rainure rectiligne pratiquée dans le levier *b* qui porte, en outre, une rainure circulaire *h*. Le verrou est muni également de deux rainures h_1, h_2 et de deux cames f_1, f_2, la première servant à fixer le levier dans ses deux positions extrêmes, en s'appuyant, lorsque la manette est écartée de la poignée *b*, contre un axe faisant corps avec le bâti ; la seconde a pour but d'accoupler le levier avec son appendice, quand la manette est appuyée contre *b*.

Coupe transversale   Coupe longitudinale   Coupe transversale

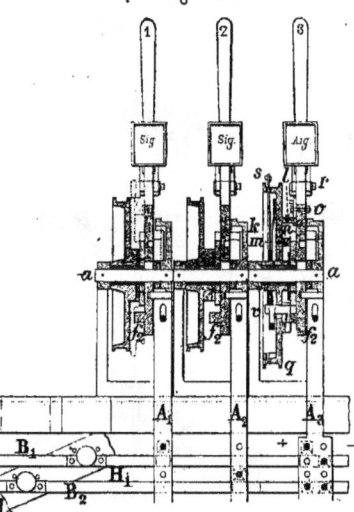

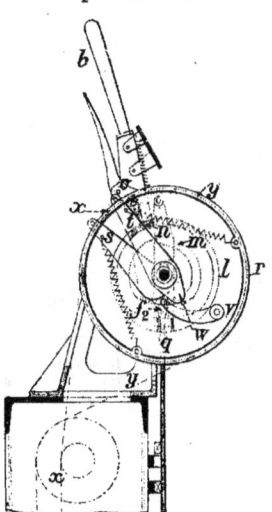

Fig. 190. — Leviers de manœuvre.

Dans la position de repos, les rainures h_1 et h_2 sont au-dessus
de h ; si le levier est renversé, elles sont au-dessous ; enfin,
dans la manœuvre, elles viennent en face.

L'appendice du levier est l'organe qui agit directement sur
l'aiguille ou le signal. Si la manœuvre se fait par fil, on se

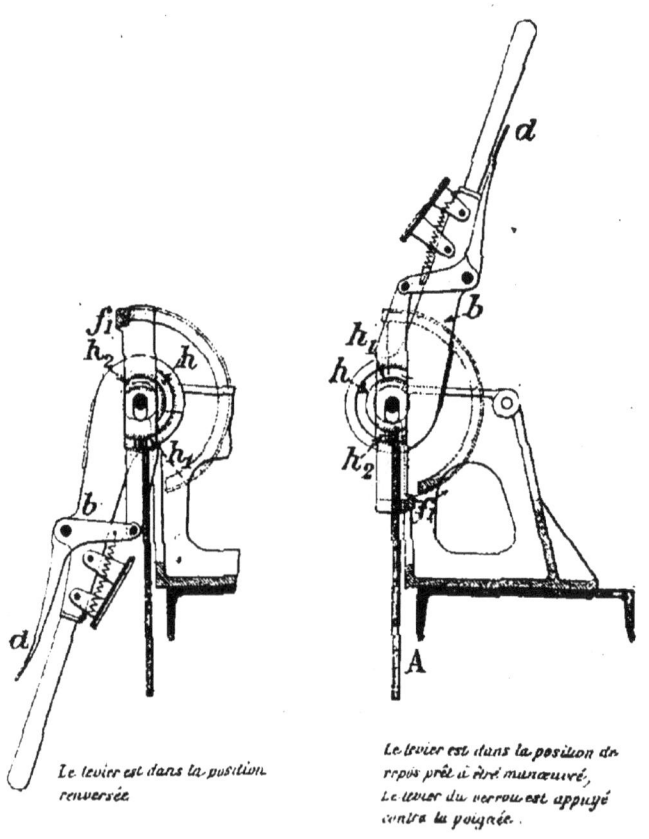

Le levier est dans la position
renversée

Le levier est dans la position de
repos prêt à être manœuvré,
Le levier du verrou est appuyé
contre la poignée.

Fig. 191. — Positions d'un levier de manœuvre.

sert d'une poulie fixée au levier b ; s'il s'agit d'une transmission rigide, on emploie une roue dentée actionnant une
crémaillère. Cette dernière est disposée de façon que, dans
le cas où l'aiguille est forcée par le talon, la crémaillère fait
tourner la roue dentée en entraînant la came f_2, de manière
à amener le verrou f vers le bas et à mettre le signal correspondant à l'arrêt. Dans le cas d'une aiguille actionnée
par fil, le résultat est le même ; l'appendice est une pou-

lie *r* renforcée par deux nervures *l* et *m*; la première *l* n'est pas continue; en regard, on a un évidement dans lequel se loge une languette *n* mobile, autour de *o*, mais arrêtée par une broche qui traverse le levier *b*; elle est munie d'un second évidement *q* recevant la came f_2, lorsqu'on agit sur la manette du levier. Dans le voisinage de *q*, la nervure *l* présente une surlargeur; la nervure *m*, au contraire, est tronquée de manière à obtenir une portion d'anneau excentré.

Les fils de manœuvre *x* et *y* viennent s'attacher aux deux bras *s* et *t*, ceux-ci tendent à se rapprocher par la tension des fils; mais, s'ils se détendent ou si l'un d'eux vient à casser, les ressorts séparent les deux bras dont l'un est muni d'un prolongement *w* qui vient buter contre la manivelle *v*, pousse la came f_2 vers le bas, et fait tourner le verrou *f*, de manière à mettre le signal correspondant à l'arrêt. Il en est de même si l'aiguille est forcée, bien que les fils ne cassent pas; l'appendice tourne en sens inverse, forçant la languette *n*; la broche d'arrêt est cisaillée, et la poulie *r* tourne en entraînant la came. Le verrou *f* est sollicité vers le bas, dès lors, le signal correspondant se met à l'arrêt.

Enclenchement.

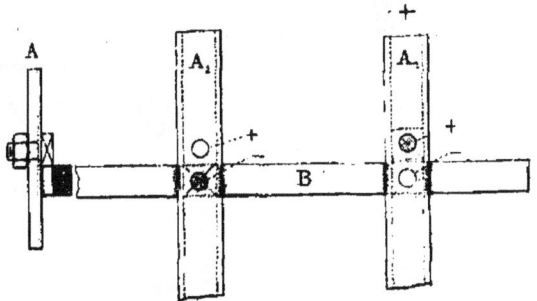

Fig. 192. — Enclenchement.

La *table* d'enclenchement (*fig.* 192 et 193) est constituée par des barres verticales A reliées aux leviers par une saillie pénétrant dans les rainures h_1 et h_2 du verrou *f* et participant à leur mouvement. Elles enclenchent des barres horizontales B, dont le déplacement est obtenu par des poignées H

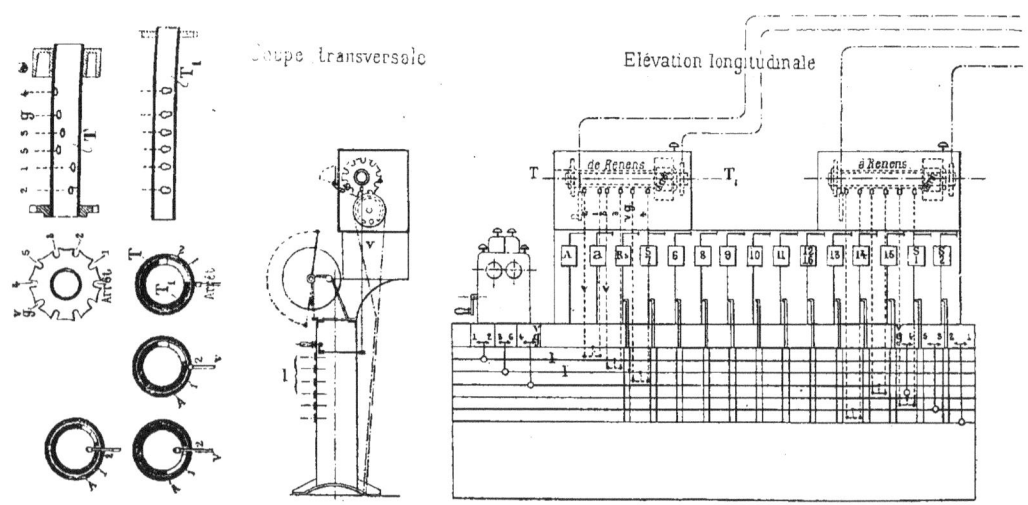

Fig. 193. — Poste de manœuvre et détails des appareils d'enclenchement

avec verrou. Les enclenchements sont obtenus au moyen d'évidements dans lesquels pénètrent, suivant les cas, des boulons à tête carrée.

On peut réaliser toutes les combinaisons binaires et, en général, toutes celles obtenues avec le système des barres perpendiculaires.

Action du bloc sur un poste de manœuvre. — Il y a plusieurs dispositifs. Dans celui appliqué à la gare de Lausanne (*fig.* 193), les fils de transmission venant de l'appareil bloqueur agissent sur deux tambours concentriques T et T₁, au moyen de roues à rochet. Le tambour extérieur T, qui correspond à la manivelle inférieure, est percé de trous 1, 2, 3 dans lesquels peuvent pénétrer des tiges à verrou, V, reliées aux barres horizontales du tableau d'enclenchement. Le déplacement horizontal de ces barres n'est possible que si les tiges peuvent se mouvoir, c'est-à-dire si le tambour est convenablement disposé. A la manivelle supérieure correspond le tambour intérieur, dont le fonctionnement est le même; toutefois, au lieu d'être percé de trous, il est muni d'une rainure dans laquelle pénètrent les tiges V; ces dernières sont terminées par une saillie qui peut être arrêtée par le tambour T₁, de manière à empêcher toute manœuvre rétrograde des appareils.

Il existe d'autres moyens d'enclencher le bloc central: mais leur description longue et fastidieuse n'apprendrait rien de nouveau.

115. Système Siemens. — On emploie encore, dans ce système, le bloc central commandant les postes de manœuvre: seulement les enclenchements sont obtenus électriquement.

Soit, comme exemple, le cas particulier d'une gare à trois directions, X, Y, Z, avec deux cabines; les signaux d'entrée et de sortie sont indiqués sur la figure 194. Les conditions imposées dans le mouvement des trains sur les voies I à VI, sont les mêmes que précédemment.

Bloc central. — Il comporte trois parties importantes (*fig.* 195) :

A, la table, munie de boutons de direction;

B, la boîte électrique ;

C, la sonnerie avec ses indicateurs.

A. La table, d'une longueur de $1^m,30 \times 0^m,40$ à $0^m,50$ de largeur, porte, en relief, des tiges métalliques, reproduisant la disposition des voies de la station. Ces tiges présentent en trois endroits des solutions de continuité correspondant à trois rainures pratiquées dans l'épaisseur de la table. Le nombre 3 est égal à celui des directions. Dans chacune de ces rainures se meut un bouton que l'on peut déplacer et fixer sur chacune des voies principales. Chaque bouton commande une direction différente et se nomme *bouton de commande* ou *de direction*.

B. La boîte électrique comporte, pour chaque direction XYZ trois appareils électro-mécaniques, auxquels correspondent extérieurement trois fenêtres et trois boutons de courant dont on verra le fonctionnement.

Chaque groupe de trois fenêtres et de trois *boutons de courant* correspond à un bouton de direction de la table; une des fenêtres sert au signal d'entrée, l'autre à celui de sortie, et la troisième, au milieu, à la sécurité de parcours sur les voies principales. A l'intérieur de la boîte existe une bobine d'induction four-

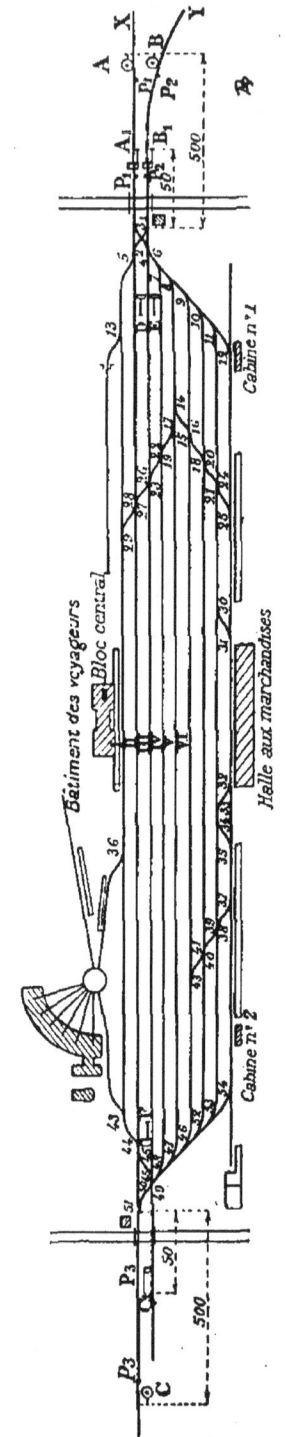

Fig. 194. — Disposition des signaux et des voies.

A, B, C, Signaux avancés.
A_1, B_1, C_1, Signaux d'entrée.
p_1, p_2, p_3, Pédales de mise à l'arrêt des signaux avancés.
P_1, P_2, P_3, Pédales des signaux d'entrée.
D, E, F, Signaux de sortie.

nissant les courants nécessaires ; enfin, pour chaque groupe de trois fenêtres, il y a une sonnerie.

Les fenêtres des signaux paraissent rouges, quand aucun ordre n'a été donné pour devenir blanches après réception. **La fenêtre du milieu est blanche, lorsque la voie est libre, et devient verte lorsqu'un train entre ou sort.**

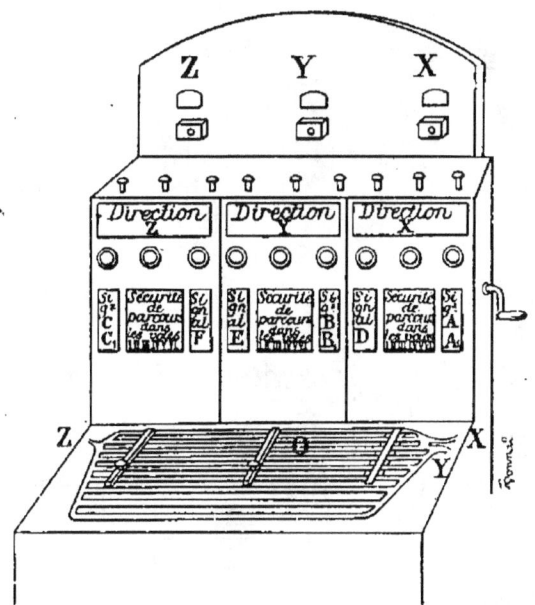

Fig. 195. — Bloc central.

C. Le courant produit par la bobine passe à travers la sonnerie et le bouton de direction, actionne un indicateur du poste de manœuvre qui fait apparaître à un guichet le numéro de la voie demandée, c'est-à-dire sur laquelle a été fixé le bouton de direction.

Poste de manœuvre. — En plus des leviers des signaux, des aiguilles manœuvrées à distance, et des verrous des aiguilles manœuvrées sur place lorsque les signaux sont fermés, la cabine reçoit un appareil de manœuvre électrique comportant (*fig.* 196) :

A_1, une *boîte* identique à celle du bloc, mais ne s'adressant qu'aux directions ou à la direction commandée par la cabine avec trois fenêtres et trois boutons de courant par direction ;

B_1, des boutons de sonnerie (autant que de groupes) en relation avec les sonneries et les indicateurs du bloc;

C_1, un indicateur électrique de voie, composé d'autant de parties qu'il y a de directions.

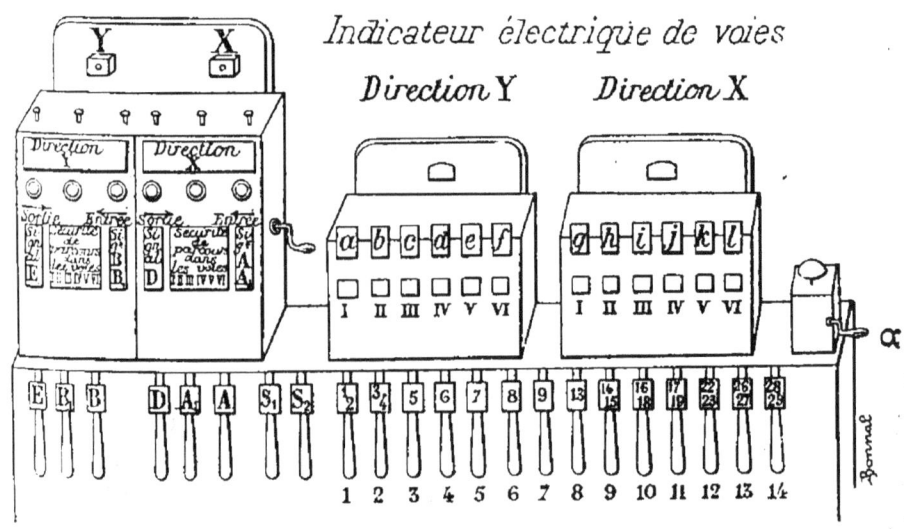

Fig. 196. — Poste de manœuvre.

Chaque partie est munie d'un nombre de fenêtres égal au nombre des voies de circulation. Dans l'exemple de la figure, on a deux directions X, Y, six voies par direction, soit donc douze fenêtres. Derrière chaque fenêtre, il y a un voyant de couleur rouge jusqu'à ce que l'aiguilleur transmette le courant de sécurité de parcours; à ce moment, la fenêtre du signal devient blanche, et celle du milieu verte, comme dans la boîte du bloc.

Au-dessus de chaque fenêtre de l'indicateur de voie sont des tableaux indiquant les numéros des aiguilles de manœuvre, et chaque groupe de six fenêtres a une sonnerie spéciale.

On trouve, en outre, six manivelles 1, 2, ... de verrouillage que l'on peut incliner à droite ou à gauche de la fenêtre où est apparu le numéro de la voie; la manivelle actionnée immobilise l'aiguille correspondante lorsque tout est prêt. De même, sous les fenêtres des signaux, il y a quatre manivelles maintenant verrouillés dans leur position verticale les leviers des signaux; c'est seulement après avoir tout préparé sur la voie correspondante que l'on peut actionner ces manivelles et déverrouiller les signaux.

Une manœuvre s'exécute de la façon suivante : Un train devant se placer sur II par exemple, l'agent du bloc pose le bouton de direction X sur II; puis, appuyant sur le bouton de sonnerie de X et tournant la manivelle de la bobine, il envoie au poste de manœuvre le courant pour II; alors à la fenêtre de l'indicateur de voie X, apparaît le chiffre II. Il transmet ensuite le *courant de signal*, ce qui a pour effet, dans le bloc, de rendre blanc le voyant de la fenêtre correspondante et de mettre en marche la sonnerie.

L'aiguilleur répond en appuyant sur le bouton de sonnerie X; puis il prépare la voie, la verrouille avec la manivelle de la fenêtre II, la fixe dans cette position en transmettant la voie de sécurité de circulation sur II. Par le jeu des couleurs des fenêtres du signal, il voit s'il s'agit de l'entrée ou de la sortie d'un train.

Il convient maintenant d'examiner les détails de construction de chaque appareil.

Bouton de courant (fig. 197). — A chaque bouton A, B, C, D correspondent deux tiges que des ressorts à boudin tendent à relever. La tige supérieure porte un doigt *b*, et la tige inférieure deux doigts *f'* et un doigt *g* dans le bas.

Derrière chaque tige, il y a un voyant S à deux couleurs, qu'un échappement à ancre *ad*, oscillant sous l'action d'un électro à courants alternatifs, fait avancer ou reculer. L'axe du secteur S, dans la partie comprise entre ses deux colliers,

est entaillé suivant la moitié de sa section. Quand le secteur est abaissé, un verrou V empêche tout le système
de remonter au moyen d'une échancrure c destinée à retenir
le doigt f'.

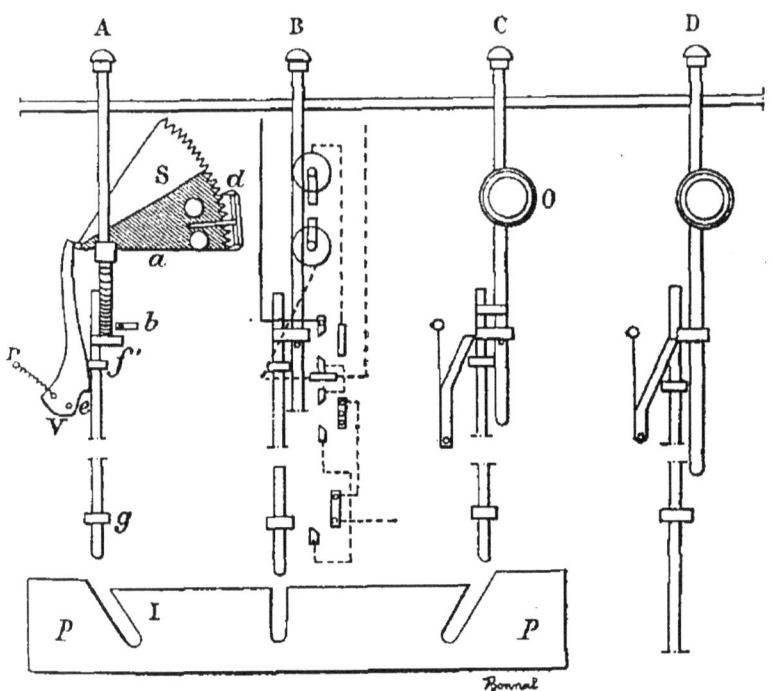

Fig. 197. — Bouton de courant.

Dans le bas, se trouve une barre pp, recevant les tiges g,
mais une seule d'entre elles pénètre dans l'échancrure I ; les
boutons correspondant aux autres tiges sont immobilisés.
Dans une manœuvre, en poussant le bouton et en lançant un
courant dans l'appareil, les deux tiges et le secteur S se sont
abaissés ; ce dernier, sous l'action de l'électro, est venu présenter la partie évidée de son axe au bord supérieur de V ;
la tige inférieure g a pénétré dans p, enclenchant les autres
boutons. La même manœuvre s'est produite dans le poste,
mais avec un effet inverse, c'est-à-dire que l'élément est débloqué. En abandonnant le bouton, la tige supérieure seule
remontera sous l'action du ressort à boudin, ne laissant en
prise que la tige inférieure.

Bouton de direction (fig. 198). — Les tiges *a a₁* commandent : les signaux pour l'entrée sur une voie, *q, q₁* ceux de sortie, et *h, h₁* la sécurité de parcours sur cette voie (dans le cas particulier voie III). Le bouton R, étant placé sur cette voie, il s'établit une relation avec le contact *i*, qui relie le contact correspondant à la voie III avec le circuit de retour, dès lors,

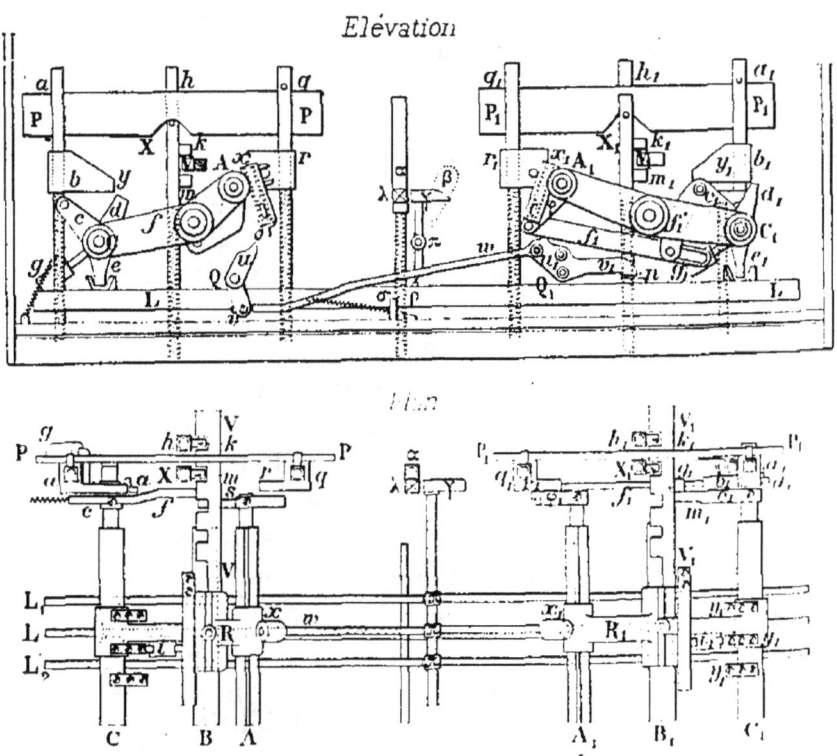

Elévation

FIG. 198. — Bouton de direction.

si l'on appuie sur le bouton de sonnerie, en faisant tourner la bobine, on peut envoyer un courant qui se rend à la cabine, à l'indicateur de voie correspondant et fait apparaître le voyant. Si l'on veut débloquer le signal d'entrée correspondant à *a*, on appuie sur le bouton de courant. Avec la tige *a* s'abaisse la pièce *b*, qui, par le moyen de *ce*, pousse vers la droite la tige L. A chaque voie principale correspond ainsi un verrou L. Quand on fait voyager le bouton R, il entraîne le système R*i*, qui glisse le long des axes A, B, C;

si l'on fixe le bouton sur une voie quelconque, le bras e se place dans le logement du verrou L correspondant à cette voie.

Chaque verrou porte en n une saillie sur laquelle repose un doigt v_1, qui, lorsque L est poussé, l'empêche de revenir en arrière, quand b remonte sous l'action du ressort. De plus, la pièce b_1, conjuguée avec l'axe C_1, remonte, empêchant d'abaisser a_1. On ne pourra donc jamais ouvrir la même voie pour la circulation dans les deux sens. Enfin, quand b est relevé, la manivelle d, sous l'action du contrepoids g, se place sous b, et l'empêche de descendre une seconde fois, jusqu'à ce que L ait été déclenché.

Pour ce déclenchement, il faut abaisser le signal de sortie q, la pièce r agit sur x, qui vient en prise avec uv; puis, lorsque r se relève, le doigt o presse sur u, redresse le doigt v_1 au moyen de w. L peut alors revenir en arrière, et le bouton a est débloqué.

Enfin le bouton de direction doit être maintenu fixe pendant toute la durée de la manœuvre du train. Ce résultat est obtenu comme suit : Le bouton R entraîne une crémaillère V enclenchée par la tige h, au moyen du doigt k, lorsqu'elle est abaissée par la tige a ou q. En outre, lorsque l'aiguilleur a transmis le courant de sécurité, une tige X, placée devant h, porte un doigt m enclenchant la crémaillère V. Le bouton est donc verrouillé par le bloc et la cabine. Le dégagement se fait de la façon inverse ; d'abord, par l'aiguilleur qui fait réapparaître la couleur rouge à la fenêtre du signal d'entrée, fait remonter h et la saillie k, puis par le bloc, qui, en faisant apparaître la couleur blanche, fait descendre m.

Lorsqu'on a des aiguilles manœuvrées sur place, il est nécessaire de les verrouiller avant de commencer tout mouvement. Cette précaution est prise par le poste bloqueur, qui est dans l'obligation, avant de pousser un des boutons a, d'agir sur le verrou de l'aiguille x. En effet le verrou L de a porte un taquet φ immobilisé tant que le balancier $\pi\gamma$ bute contre le taquet λ de la tige α. Il faut donc pousser cette dernière pour libérer ce verrou, c'est-à-dire immobiliser l'aiguille correspondante.

Pour terminer, il convient de noter que la bobine Siemens peut donner à la fois des courants alternatifs et continus, ces derniers au moyen d'un inverseur de courants. Au moyen de 48 rotations, on a un voltage de 26 à 30 volts.

116. Enclenchements électriques. — Le système Siemens est déjà en partie électrique ; mais il existe des enclenchements spéciaux, basés entièrement sur l'emploi de l'électricité et, parmi eux, les nombreux appareils de block-system et quelques enclenchements de gare.

Electric slot signal. — Cet enclenchement a pour but de permettre à un agent d'empêcher la manœuvre d'un signal d'une cabine. L'appareil se compose *(fig.* 199) d'un levier en deux pièces. L'une A est reliée à une bielle C, manœuvrée par le levier principal, et l'autre D oscille autour d'un axe appartenant à la première ainsi qu'un crochet B qui permet de réunir entre elles les barres A et D, cette dernière actionnant le fil du signal. Tous ces organes sont placés au-dessous du plancher de la cabine et, ainsi disposés, permettent de faire la manœuvre à la manière ordinaire. Un électro E, mis en relation avec le poste enclencheur, maintient levé, quand le courant passe, un marteau M oscillant

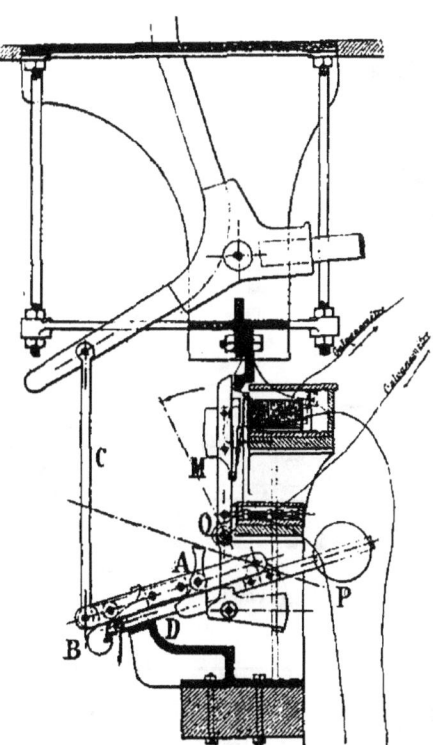

Fig. 199. — Electric slot signal.

autour de O qui, libéré, fait basculer le crochet réunissant les deux barres du levier. Dans ces conditions, toute interruption de courant aura pour effet de rendre la manœuvre du signal impossible.

Pour remettre tout en place, il faut que le poste enclencheur ferme le circuit, ce dont le poste enclenché est prévenu par un galvanomètre avec voyant. Il suffit alors de renverser le levier pour remettre en prise le marteau avec l'électro par l'intermédiaire de la pièce A. A la descente, le contrepoids P rapproche les pièces A et D qui se renclenchent.

Si le déclenchement a lieu pendant que le signal est à voie libre, la chute du marteau a comme conséquence, en faisant tomber le crochet, de supprimer la solidarité de la transmission entre le signal et le levier; le contrepoids de rappel met le signal à l'arrêt.

Block and interloking-system. — Lorsqu'il s'agit d'employer

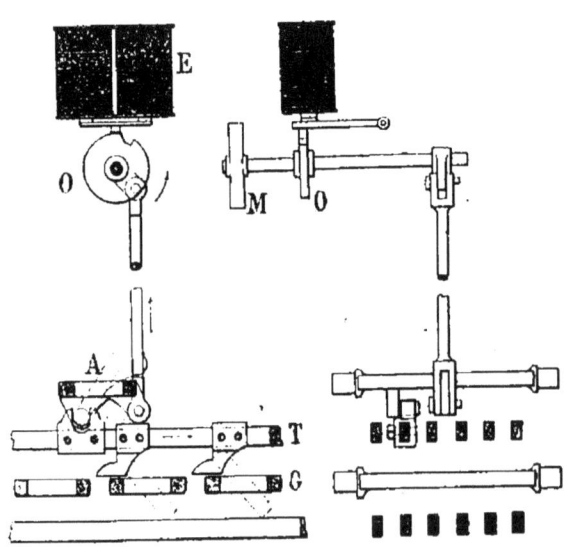

Fig. 200. — Block and interloking-system.

le courant électrique pour engager ou dégager à distance un certain nombre de leviers du système Saxby, on adopte une disposition spéciale. Les appareils que l'on veut enclencher G (fig. 200) peuvent être verrouillés par des taquets montés sur une tringle T, mue par un gril spécial A au moyen d'une bielle avec manivelle actionnée par un arbre horizontal. Ce dernier traverse une boîte fixée sur un bâti au-dessus des leviers de manœuvre. Au moyen d'une clef M, on donne à cet arbre un mouvement de rotation permettant la manœuvre du gril A et, par suite, le déclenchement des appareils ; mais, grâce à un secteur O muni d'un cran, dans lequel peut pénétrer une saillie de l'armature d'un électro E, on peut empêcher cette manœuvre. Tant que le courant passe, le mouvement de l'arbre est possible ; mais, si on l'interrompt, l'armature tombe, empêchant toute rotation ; il en est de même si le courant vient à manquer.

Appareils d'enclenchement avec verrouillage électrique de l'État français. — L'ensemble des leviers du système Saxby et Farmer, c'est-à-dire à manette et verrou à ressort, est monté sur un châssis en fer, au lieu d'un bâti en fonte, comme dans les installations précédentes. Les secteurs des leviers oscillent autour d'un axe fixé sur des supports en fonte en forme de solide d'égale résistance, dont la longueur varie de 1 mètre à 1^m,40 et reposant sur le châssis en fer. Le rez-de-chaussée du poste se trouve ainsi rendu entièrement disponible pour l'installation des transmissions.

La table d'enclenchement comporte une série de pièces détachées, boulonnées sur le châssis ; d'autre part, comme les taquets sont réduits à un très petit nombre de types, et que chacun d'eux est percé de trous permettant de modifier leur position sur la barre d'enclenchement ; on obtient ainsi un montage simple et rapide.

L'entraînement des barres est obtenu au moyen de petites manivelles boulonnées sur les grils et dont le bouton s'engage dans un coussinet en bronze, glissant dans un taquet d'entraînement, d'une quantité égale à la flèche de l'arc décrit par le bouton de manivelle. On évite ainsi l'usure, qui se produit forcément lorsque la manivelle conduit le taquet par une garniture.

Les leviers enclenchés électriquement (*fig.* 201) ont la forme ordinaire ; seulement leur tige, au lieu d'être mue par une manette, est surmontée d'une manivelle qui agit sur une came en cœur, de manière à ne pas donner de mouvement trop brusque à la coulisse. Sur le milieu de cette coulisse (*fig.* 202) se trouve fixée une tige en fer AB, portant deux marteaux M et M', et deux doigts C et C', qui

viennent. après une rotation de 1/3 environ, frotter sur deux
contacts D et D', en relation l'un avec la pile, l'autre avec la
terre. Le circuit passe dans un électro dont l'armature p est
formée par une palette qui peut buter contre l'un des marteaux M' lorsque, n'étant plus attirée, elle est rappelée par
un ressort antagoniste.

Élévation   Coupe verticale

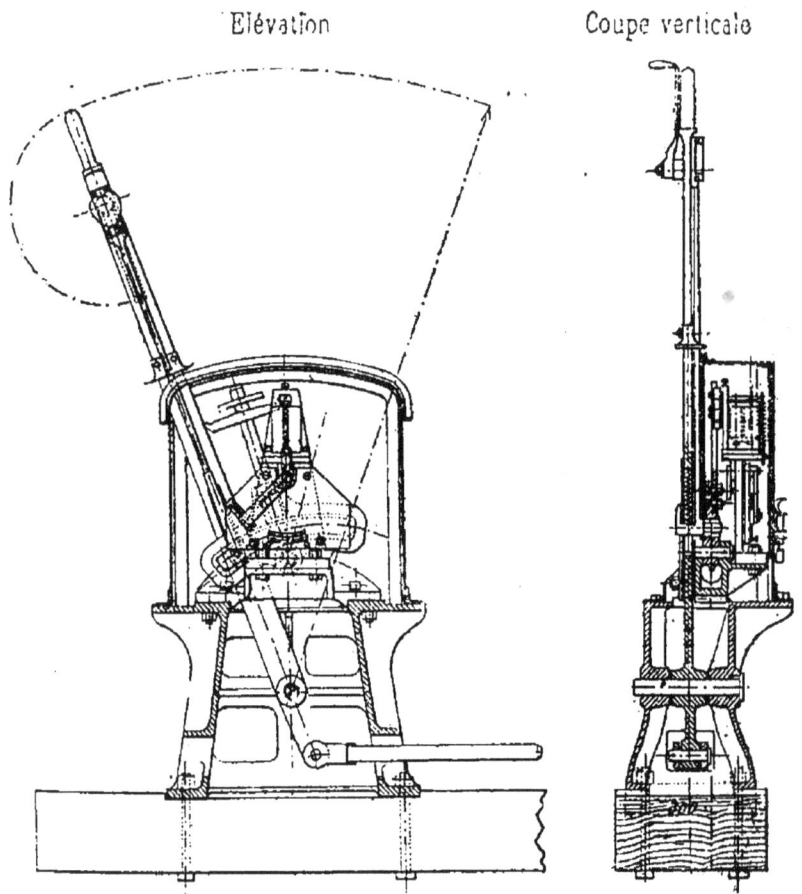

Fig. 201. — Enclenchements de l'État français.

Le fonctionnement est très simple : en soulevant la coulisse
au moyen du coulisseau, celle-là devient horizontale ; les
doigts C, C' atteignent D et D', si le courant passe ; la palette
prend la position p_2 ; mais, comme elle est au-dessous de
l'encoche E du marteau M', la tige AB peut continuer sa

course et, quand la coulisse est horizontale, on peut manœuvrer le levier. Inversement, le courant étant interrompu, *p* bute contre M' et le levier est enclenché.

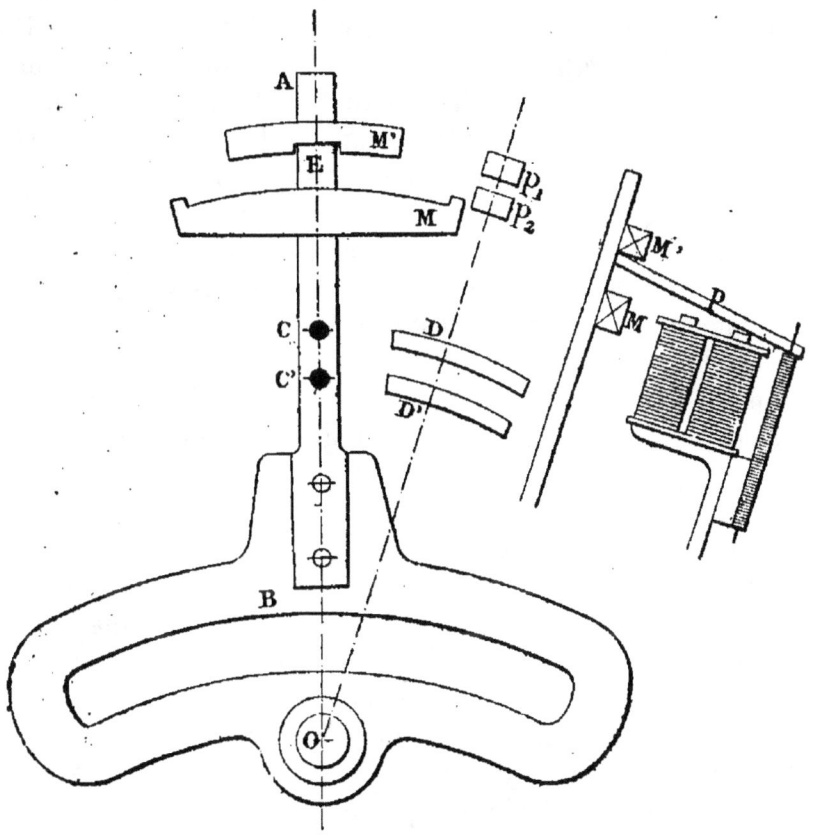

Fig. 202. — Verrouillage électrique (État français).

Le marteau inférieur M a pour but de maintenir l'appareil enclenché dans le cas où, pour une cause quelconque, la palette resterait abaissée, sans que le courant passe. On peut contrôler ainsi la marche de l'appareil manœuvré par le levier; il suffit, pour cela, de faire passer le circuit de l'électro par cet appareil, muni d'un interrupteur laissant passer le courant quand il est dans la position de sécurité. Si cette position vient à être dérangée, le courant ne passe plus, et le levier est enclenché dans sa position médiane. Pour devenir enclencheur, un levier n'a qu'à interrompre le courant d'un autre levier dans une de ses positions extrêmes.

Avec les appareils Saxby, le montage est un peu différent : la tige à marteaux n'est plus sur la coulisse, mais sur le gril ; elle porte une embase fixée par deux boulons dans les derniers trous du gril. L'électro se place sur un petit support en fonte que l'on substitue au chapeau du palier dans lequel se meut le tourillon du gril. Les contacts électriques sont obtenus par le prolongement de la barre correspondante du levier au delà de son dernier support.

L'État français emploie également un système d'enclenchement électrique à distance pour levier isolé.

Verrouillage électrique du Lyon. — Sur le Lyon, on réalise la dépendance entre deux postes au moyen de verrous électriques. Ces verrous sont de quatre sortes, suivant qu'ils s'adaptent à des leviers Saxby, ou à des leviers sur place ; ils sont actionnés par des commutateurs manœuvrés à la main.

Lorsqu'il s'agit d'un *levier de cabine (fig.* 203), sur le gril même du levier B, ou sur une règle solidaire, on ménage une entaille F dans laquelle pénètre une tige L, qui suit les oscillations d'un balancier double ll', muni d'une pièce de contact D, placée au-dessus d'un électro-aimant E. Lorsque ce dernier n'est parcouru par aucun courant, L retombe par son propre poids dans l'ouverture F du gril ; mais, si l'on envoie un courant dans E, la tige L est soulevée, libérant le gril et, par suite, le levier correspondant ; l'aiguilleur en est averti au moyen d'un voyant blanc V porté par la tige l soudée à la fourchette H. On peut ainsi verrouiller un levier Saxby ; mais il faut en outre que le poste enclencheur devienne enclenché à son tour, lorsque le levier auquel a été appliqué le verrou a été manœuvré. A cet effet, le courant de la pile passe par deux ressorts r et r' coupant le circuit lorsque le levier a été manœuvré, c'est-à-dire la tige L relevée ; inversement, lorsqu'elle retombe, le doigt isolant d laisse les deux ressorts se toucher. Entre les leviers de manœuvre du Saxby, on place une pédale M, actionnée par l'aiguilleur ; elle porte un secteur en fonte S recouvert d'ébonite et pouvant tourner autour de o. Sur l'ébonite sont ajustées des lames d'argent K, K' faisant communiquer les ressorts ρ, ρ' ou ρ, ρ'' ; ce système permet de ne fermer le circuit des bobines qu'au moment

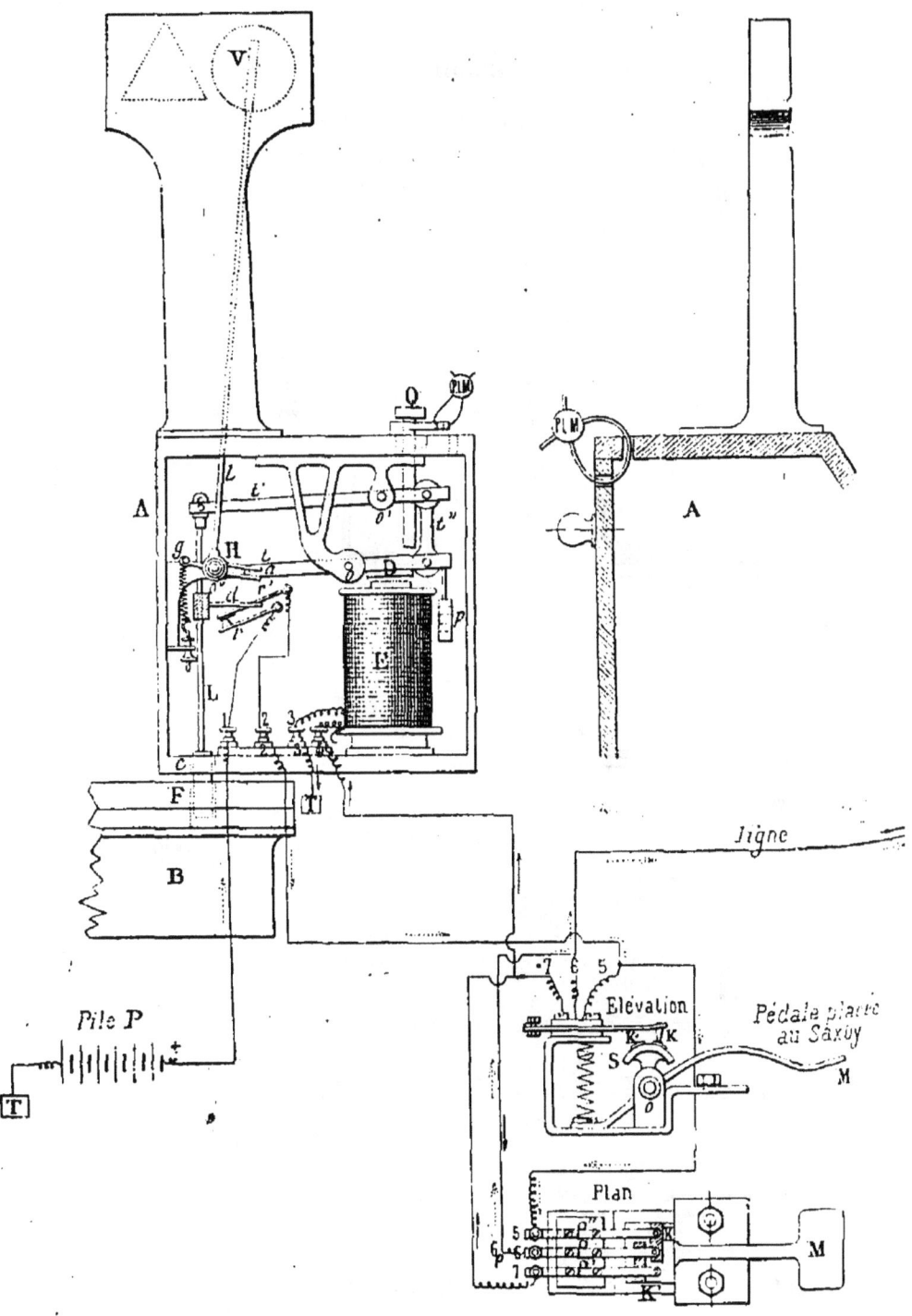

Dans le cas du montage à simple fil, la borne 2 est reliée à la borne 5
Dans le cas du montage à double fil, la borne 2 est reliée à la 2ᵉ ligne
La borne 5 n'est pas utilisée si le verrou est tête de ligne et est reliée
à la 1ʳᵉ ligne s'il est intermédiaire

FIG. 203. — Verrouillage d'un levier de cabine (Lyon).

voulu. La boîte A de l'appareil est fermée par un plomb permettant d'annuler le verrou en cas de non fonctionnement.

Dans le cas de leviers sur *place*, la tige T *(fig. 204)*, qui

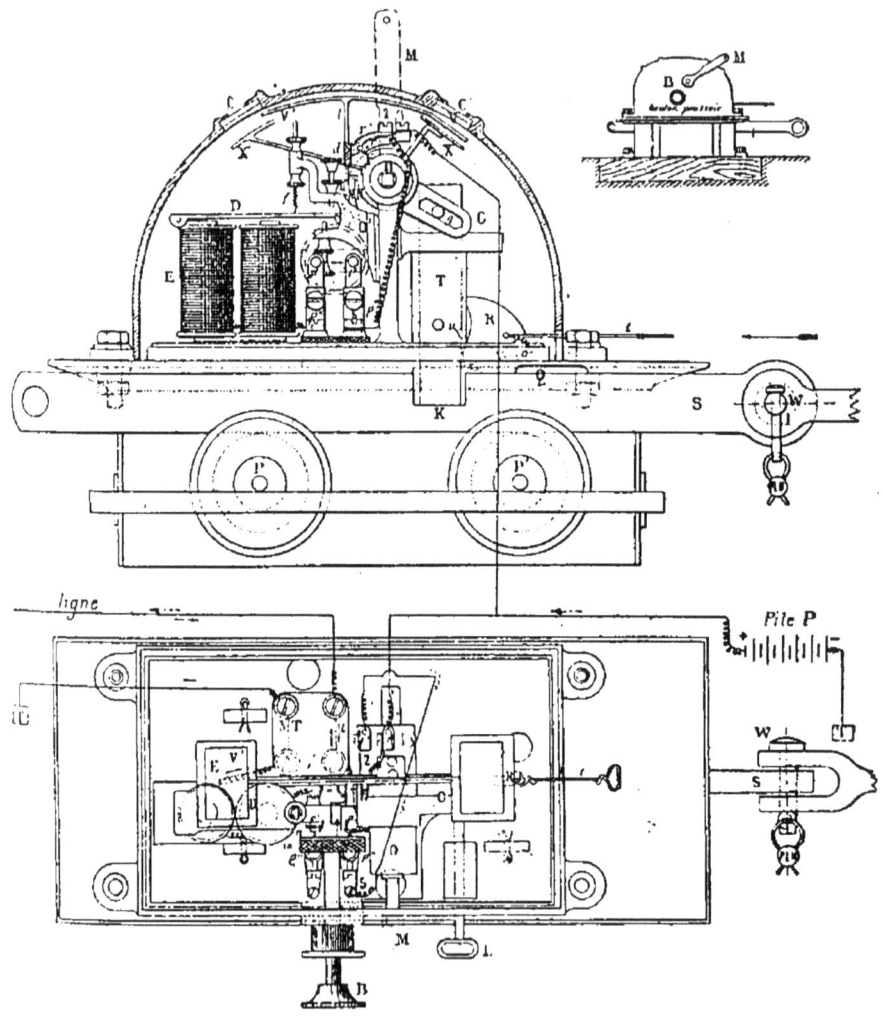

Dans le cas du montage à simple fil la borne t est reliée à la borne S
Dans le cas du montage à double fils la borne t est reliée à la 2ᵉ ligne
La borne S n'est pas utilisée si le verrou est tête de ligne, et est reliée
à la 1ʳᵉ ligne si le verrou est intermédiaire

FIG. 204. — Verrouillage d'un levier isolé.

pénètre dans l'encoche K de la tringle S du levier, est mue par une poignée M, au moyen d'un levier C et d'une broche g ; mais il faut pour cela que l'axe O puisse tourner, ce qui n'est possible que si la came F est dégagée par le doigt d'arrêt N,

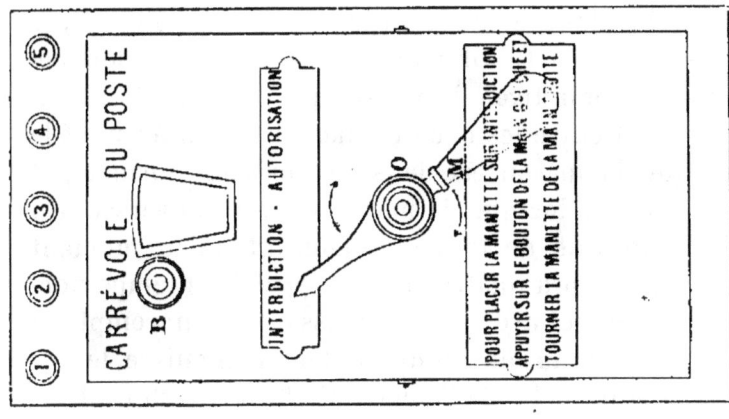

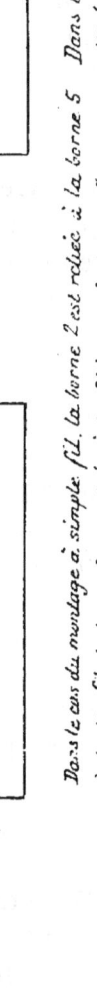

Fig. 205. — Commutateur.

monté sur l'équerre DN, oscillant autour de D avec ressort

de rappel *f*. Quand le courant passe dans l'électro E, l'appareil est dégagé ; ce dont on est, du reste, averti par les voyants V et V' blanc et rouge, passant aux fenêtres C, C' devant les écrans XX'. On obtient la réciprocité d'enclenchement, au moyen de la tige *l* du voyant qui porte un doigt isolant s'intercalant entre les deux contacts *r*, *r*' qui ferment le circuit lorsque l'appareil est dans sa position normale, et coupent le courant lorsque la manivelle est renversée. Un bouton B permet de ne fermer le courant qu'au moment voulu : à cet effet on a quatre contacts $\rho\rho'\rho''\rho''$ en temps normal, ρ est en contact avec ρ'' ; en poussant B on rompt ce circuit et on établit, au moyen du contact *n* en cuivre, le circuit $\rho\rho'$, c'est-à-dire celui de l'électro E. Tant que durent les manœuvres, on maintient T relevée au moyen de la clef L pénétrant dans *u* pour empêcher le poste d'enclencheur de devenir enclenché. A la fin de la manœuvre, on fait retomber T au moyen de la tirette *t* et du cliquet R.

Le *commutateur* S (*fig.* 205) est formé par une manette M que l'on incline à droite ou à gauche, de manière à interrompre ou envoyer le courant d'une pile aux verrous au moyen du goujon *a* et du ressort R ; de plus, une fois la manœuvre autorisée, on ne peut renverser la manette tant que le verrou n'a pas été remis en place ; il suffit, pour cela, de munir le commutateur d'une encoche F où se loge la dent *d* enclenchant l'axe de la manette, tant que le courant est interrompu dans l'électro EE', n'attirant plus son armature D. Le courant ne doit passer que si S est bien calée ; ce résultat est obtenu au moyen de la pièce *t* agissant sur les ressorts *rr*', pour les mettre en contact. Enfin un bouton poussoir B, actionnant les contacts $\rho\rho'$, permet de ne fermer le courant qu'en temps utile. V est un voyant de manœuvre.

117. Serrures. — Les serrures servent surtout aux enclenchements sur place d'appareils manœuvrés à une certaine distance les uns des autres ; le principe est le suivant : les deux appareils enclenchés sont munis chacun d'une serrure ayant la même clef. Comme elle ne peut être aux deux serrures à la fois, on ne pourra la retirer de l'une pour la porter à l'autre qu'en fermant la première, c'est-à-dire en plaçant l'appareil correspondant dans une position convenable.

Les serrures sont surtout employées lorsque l'installation n'est pas suffisante pour justifier l'emploi de leviers concentrés dans un même poste ; on supprime ainsi les transmissions, mais il en résulte un déplacement forcé pour aller d'une serrure à l'autre. Il y a cependant une limite au delà de laquelle il vaut mieux revenir aux systèmes précédents. Quoi qu'il en soit, les serrures sont très avantageuses pour les petites gares.

Serrure Annett. — Le mécanisme de la serrure (*fig.* 206) est enfermé dans une boîte en fonte BB, de dimensions réduites ;

Coupe par a b

Coupe c d

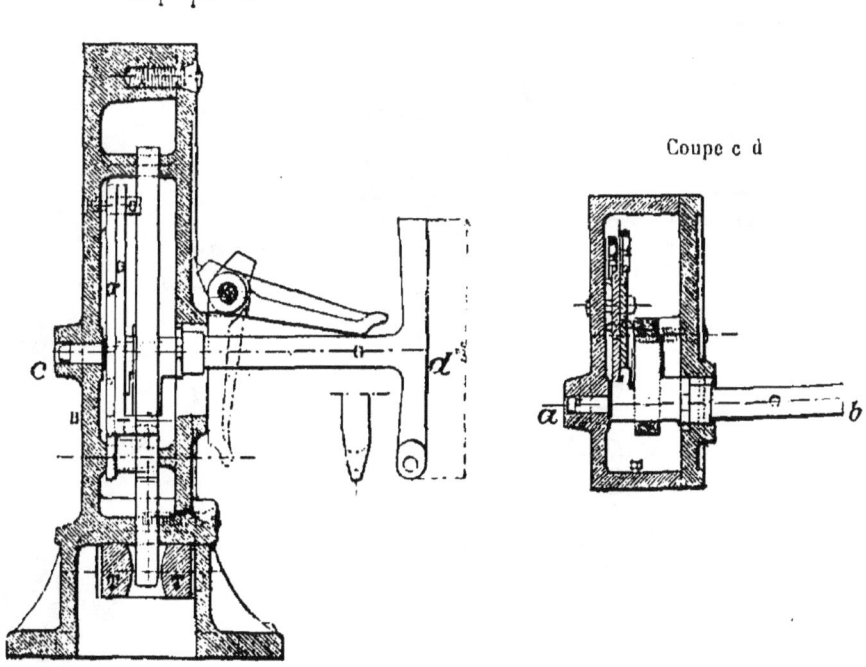

Fig. 206. — Serrure Annett.

il se compose d'un pène, maintenu par deux clenches en cuivre GG′ munies chacune d'un ressort et pouvant osciller autour d'un axe commun. La clef *o*, en forme de manelle, ne peut être retirée que quand le pène est engagé dans une

tringle T servant de gâche à la serrure. Or cette tringle est
solidaire du levier de manœuvre d'une aiguille ou d'un signal;
elle ne pourra donc être déplacée que si le pêne est retiré.
Pour manœuvrer un appareil, il faudra ouvrir la serrure et
inversement, pour retirer la clef, il faudra placer l'appareil
dans une position déterminée. La même clef sert pour deux
serrures, quelquefois pour trois, comme sur l'Ouest, où, pendant un certain temps, elles ont été très employées.

Serrure Klaus. — Très répandue dans les gares allemandes,
elle joue le même rôle que la serrure précédente : elle s'installe sur un grand nombre d'appareils ; tringles de connexion,
lames d'aiguille, mât d'un signal, etc. Chaque serrure (*fig. 207*)

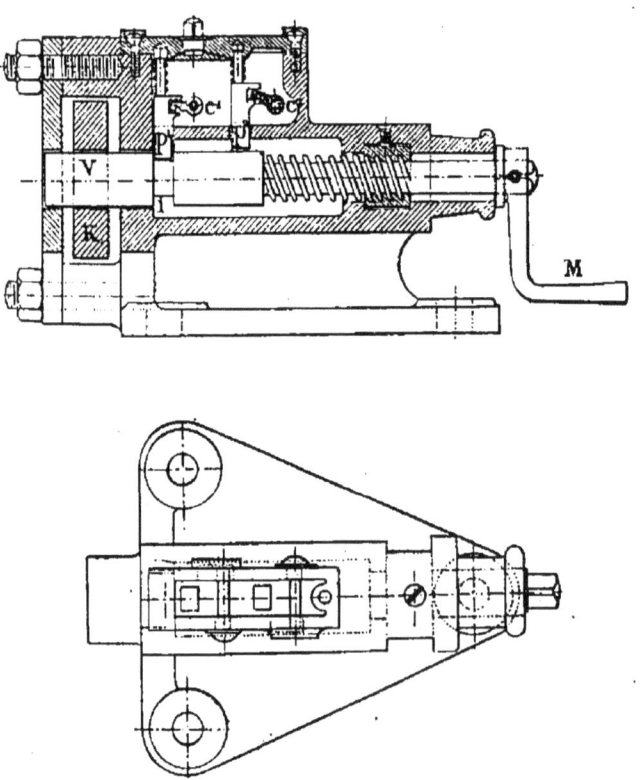

FIG. 207. — Serrure Klaus.

est munie de deux clefs : l'une à poignée rectangulaire, l'autre
à poignée courbe ; il doit toujours y avoir l'une d'elles sur la

serrure. Pour réaliser cette combinaison, la tringle K de connexion de l'aiguille, par exemple, peut être verrouillée par la
tige V, manœuvrée à l'aide de la manivelle à vis M. Une échancrure, pratiquée sur ce verrou, permet au pène p_1 ou p_2 d'y pénétrer suivant que l'on tourne la clef c_1 ou c_2, et cette dernière
ne peut être retirée que si le pène enclenche le verrou. On
peut l'appliquer également sur un taquet A ou B monté sur
un levier de signal (*fig.*208), de sorte que le levier ne peut être

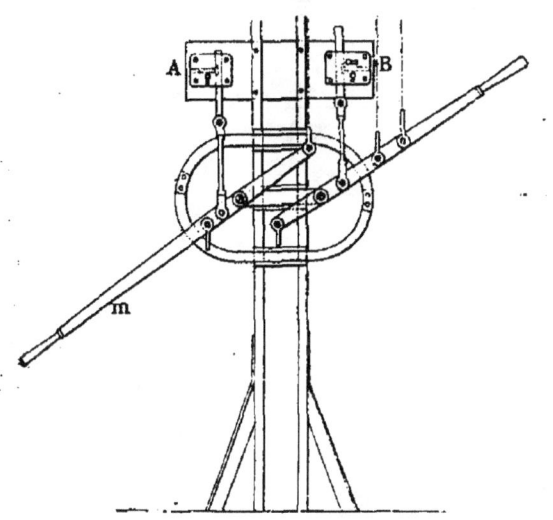

Fig. 208. — Levier verrouillé.

manœuvré que si la clef est retirée. Comme toutes les clefs
libres sont placées dans un casier chez le chef de gare, ce
dernier se rend compte à chaque instant de la position des
signaux.

Serrure Bouré. — Il y a deux sortes de serrures de ce type :
agencées ou *centrales*. Les premières servent à immobiliser
les leviers d'aiguilles, de signaux, de taquets, de plaques
tournantes, etc.; les secondes à établir, entre les clefs de
différentes serrures agencées, une certaine solidarité, pour
que les appareils correspondants soient enclenchés entre
eux.

Une serrure *agencée* comporte (*fig.* 209 et 210) une armature R, montée à poste fixe sur l'appareil à enclencher, un

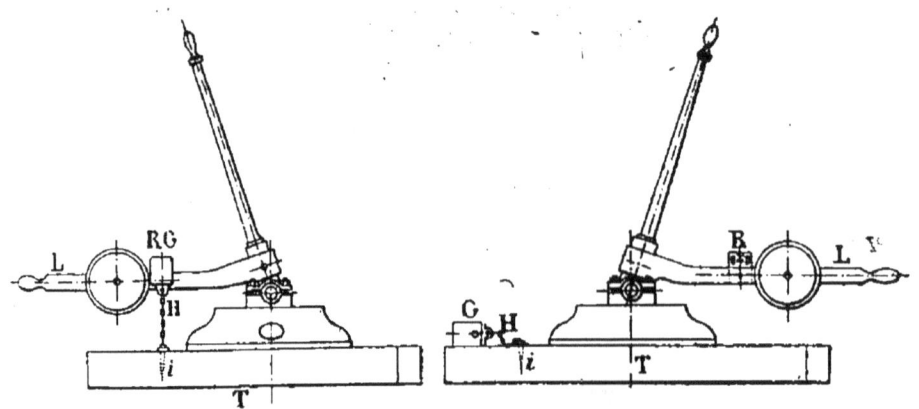

Fig. 209. — Montage d'une serrure.

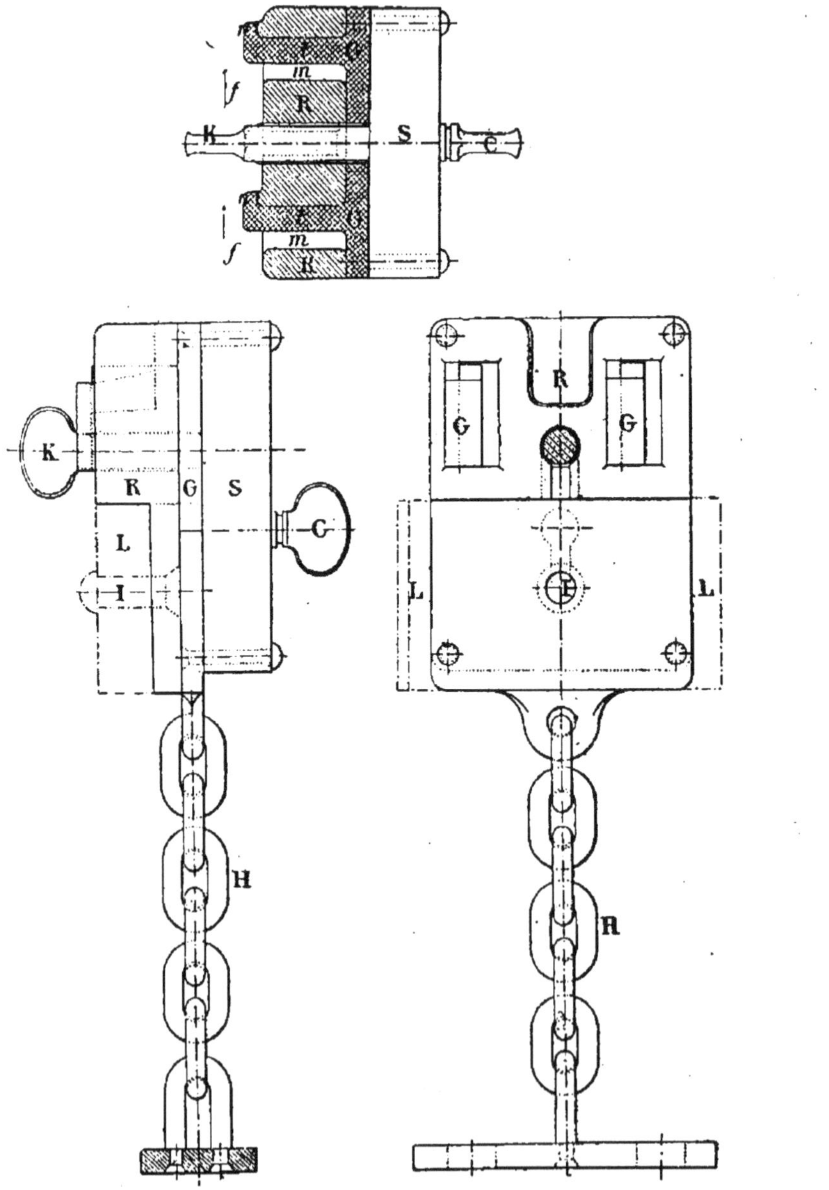

Fig. 210. — Serrure agencee.

levier par exemple, et une agrafe G, avec serrure proprement dite S, fixée par une chaîne H à un point fixe quelconque *i*. La serrure peut se rabattre quand elle est ouverte; fermée (*fig.* 210), elle s'applique par deux tenons *t* pénétrant dans des mortaises *m* sur l'armature. Chacune de ces serrures est à deux clefs : l'une fixe, K, inséparable de l'armature, et l'autre mobile, C, que l'on peut transporter de la serrure de l'appareil enclencheur à celle de l'appareil enclenché. C'est la clef proprement dite de la serrure, dont l'entrée doit varier d'un groupe d'appareils à l'autre. Dans chaque serrure, un jeu de

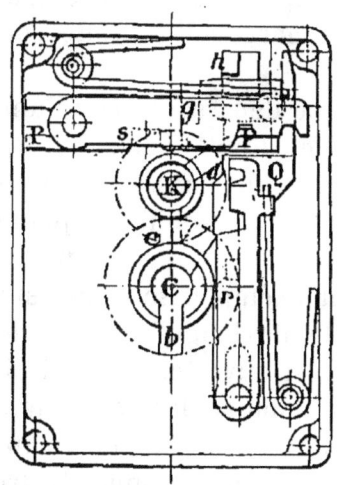

pênes horizontaux et verticaux P et Q (*fig.* 211), actionnés par les deux clefs, emprisonne toujours l'une d'elles lorsque l'autre est dégagée. Pour ouvrir une serrure, il faut y introduire la clef mobile prise sur l'appareil enclencheur; on la fait tourner de droite à gauche, puis la clef fixe, rendue mobile, de gauche à droite, de manière à pouvoir séparer, en tirant sur cette clef, la serrure de l'armature. Cette manœuvre a pour effet d'immobiliser la clef mobile, que l'on ne peut plus reporter sur l'appareil

Fig. 211. — Vue intérieure.

enclencheur, sans avoir remis tout en place et fait la manœuvre inverse à celle de l'ouverture.

La serrure *centrale* reçoit les clefs mobiles des serrures agencées, dont sont munis les différents appareils d'une gare. Elle établit entre elles les relations nécessaires pour que les enclenchements voulus soient réalisés entre les appareils eux-mêmes. Deux clefs sont dites conjuguées, lorsque l'une d'elles est prisonnière quand l'autre est retirée, et inversement. Dès lors, pour ouvrir une serrure, c'est-à-dire manœuvrer un appareil, il faudra pouvoir retirer la clef mobile de la serrure centrale, cela n'est possible que si la clef conjuguée est prisonnière, et si, par conséquent, la serrure de l'appareil enclenché a été fermée. On emploie les serrures agencées dans le cas de deux ou trois appareils solidaires et les serrures centrales lorsqu'il s'agit d'enclencher entre eux un plus grand nombre d'appareils.

Un exemple fera comprendre l'application de ce système : Soit une gare de voie unique, dont les aiguilles extrêmes doivent occuper, à différentes heures de la journée, trois positions (Voir *Voie unique*) :

1° Verrouillées, pour le passage des express sur la voie directe ;

2° Boulonnées, lorsque l'on donne la voie longeant le bâtiment principal pour les trains ;

3° et 4° Chevillées dans l'une ou l'autre de leur position, lorsque l'on a un croisement dans la gare, soit à droite, soit à gauche.

Chacun de ces appareils est muni de deux serrures : l'une fixant l'appareil lorsqu'il est utilisé et dont les clefs V_1, B_1, C_1, C_2, vont à une serrure centrale dans des cases réservées sur une même colonne verticale ; l'autre l'immobilisant quand il n'est pas employé. Il n'y a qu'une clef, U, pour ces quatre dernières serrures. Si cette clef, par exemple, se trouve sur le verrou, le boulon et la cheville de l'aiguille ne sont pas utilisés. La serrure du verrou est ouverte, et celui-ci, devenu libre, peut être lancé. On l'immobilise dans cette nouvelle position au moyen de la serrure V_1, dont la clef est apportée à la serrure centrale ; on agira de même pour l'autre aiguille et c'est seulement après la mise en place de ces deux clefs que l'on pourra retirer celles correspondant aux disques avancés de la gare pour leur mise à voie libre. L'opération serait la même pour la manœuvre des autres appareils. Il est impossible qu'il y ait confusion par suite des enclenchements de la serrure centrale.

Pour les bifurcations peu fréquentées (*fig.* 212), on remplace les postes d'enclenchements par une serrure centrale établie de façon à ne permettre l'ouverture de la serrure d'un signal d'arrêt et par suite de celui-ci, qu'après avoir immobilisé les serrures des appareils ou autres signaux pouvant empêcher le mouvement autorisé par le signal. La serrure des signaux d'arrêt comporte autant de clefs qu'il y a de mouvements commandés par ces signaux de même les aiguilles sont munies chacune de deux serrures, une pour la position

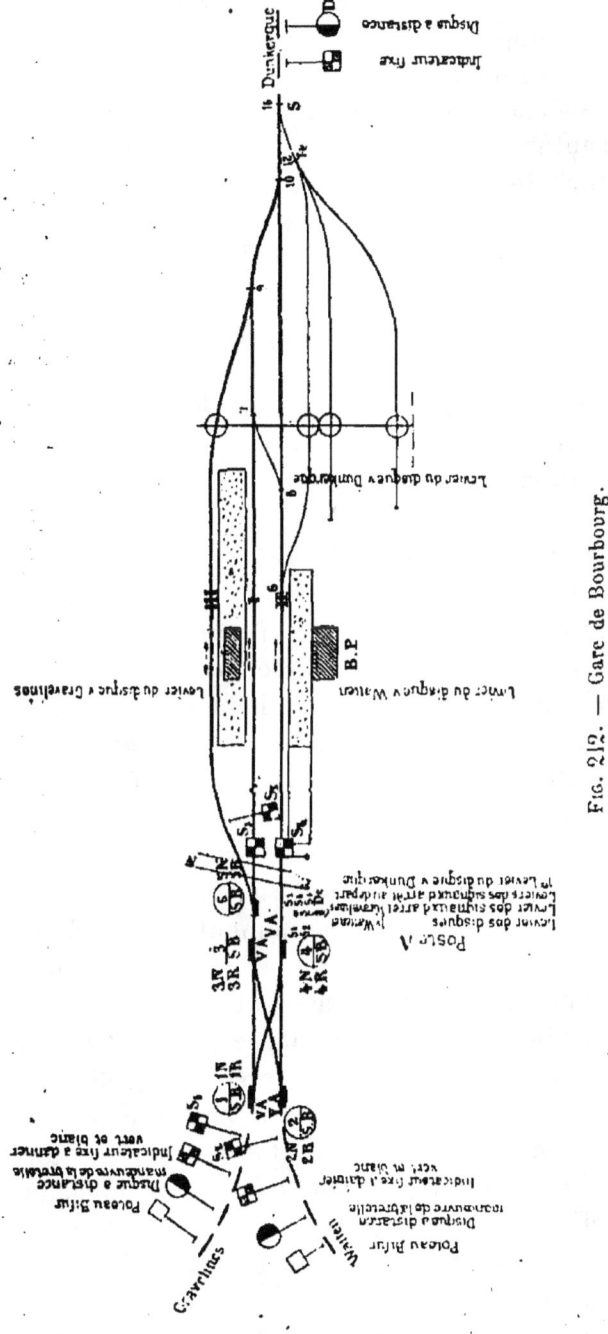

FIG. 212. — Gare de Bourbourg.

normale et l'autre pour celle renversée.

L'emploi des serrures Bouré, donnant lieu à des parcours souvent assez longs, on a recours à des transmissions par *fils*, réunissant à distance les postes extrêmes A aux postes centraux B. L'appareil de A se compose d'une ou plusieurs équerres à trois bras, actionnées du poste central au moyen de leviers spéciaux. Chaque équerre est fixée sur un arbre horizontal autour duquel elle peut tourner. Un des bras porte une armature de serrure, dont la clef est conjuguée avec les appareils à manœuvrer; les deux autres reçoivent la transmission funiculaire à deux fils. Au pied du bâti, en regard de chaque équerre, il y a une agrafe maintenue par une chaîne de longueur donnée, et d'un type spécial pour chaque équerre.

Chaque levier du poste enclencheur B est lui-même muni d'une serrure Bouré, qui est fermée quand ce levier est dans la position correspondante à la position emprisonnée de l'équerre. La clé vient de la serrure centrale, où elle est conjuguée avec celle d'un ou plusieurs signaux de protection.

Pour libérer les deux parties de la serrure de l'équerre de A et par suite retirer la clef, il faudra renverser le levier de B. cette manœvre n'est possible que si la serrure de ce levier a été ouverte, c'est-à-dire si on a fermé les signaux nécessaires. Inversement, on ne pourra remettre les signaux à voie libre que si tout est remis en place; il faut donc réunir les deux parties de la serrure de l'équerre et placer le levier du poste central dans sa position normale.

On peut employer la *transmission électrique*. Les deux postes A et B sont réunis électriquement et possèdent chacun une série de manivelles munies de serrures. Les manivelles de B sont enclenchées électriquement par celles de A, et réciproquement; les clefs correspondantes, servant aux appareils manœuvrés par A, ne peuvent donc être retirées qu'avec l'autorisation de B. Or ce dernier ne peut tourner les manivelles de son poste, c'est-à-dire donner cette autorisation, qu'après avoir ouvert les serrures des manivelles au moyen de clefs retirées des appareils de protection, préalablement mis à l'arrêt. Les deux postes A et B communiquent en outre au moyen de sonneries.

D. — Applications des Enclenchements

118. Divisions. — Les enclenchements sont employés lorsqu'il s'agit d'assurer la continuité de la voie suivant un itinéraire donné ; en d'autres termes, un signal d'arrêt, un sémaphore, doivent être enclenchés avec le signal avancé qui les précèdent ; de cette manière, un mécanicien ne peut arriver sur un signal d'arrêt fermé sans avoir été prévenu. C'est ce que Bricka a nommé un enclenchement de *continuité*.

De même, la manœuvre d'un signal doit être subordonnée à celle de tous les appareils qui se trouvent sur le parcours commandé par ce signal : comme celle des verrous, des plaques tournantes, des ponts tournants, des changements de voie pris en talon, etc. On les nomme enclenchements de *circulation*.

Lorsqu'une voie doit être parcourue dans les deux sens, pour empêcher toute collision sur cette voie, on la protège à chaque extrémité au moyen d'un signal ; ces deux signaux doivent être enclenchés de façon que si l'un est ouvert, l'autre soit fermé. Il en est de même quand un certain nombre de voies se coupent ou convergent en un même tronc commun, chacune des voies est munie d'un signal carré. Tous ces signaux doivent être enclenchés de manière à empêcher plusieurs trains de s'engager simultanément sur le tronc commun ; ces divers enclenchements se nomment enclenchements de *protection*.

On a enfin les enclenchements de *direction*, qui ont pour but de permettre l'ouverture d'un signal commandant un changement de voie pris en pointe, quand ce dernier a été disposé d'une façon convenable. L'enclenchement peut se faire de deux façons : ou bien le signal doit permettre le passage des trains sur les deux directions, ou condamner l'une d'elles. Cette dernière combinaison constitue l'exception. C'est le cas d'un signal de refoulement (*fig.* 213), qui ne s'ouvre que quand la liaison *ab* est renversée. On peut citer encore l'exemple de la figure 214, où le signal 1 doit permettre l'entrée des trains sur les deux directions données par *a*, ou, par contre, le signal 2 est enclenché avec *b*, de façon à être toujours fermé lorsque *b* donne la direction I,

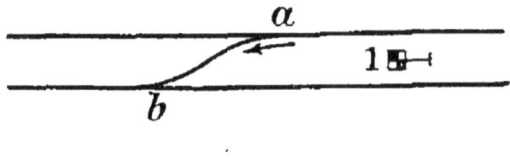

Fig. 213.

de manière à empêcher toute circulation à contre-voie. On pourrait l'appliquer également à 1, dans le cas où l'on voudrait obliger tous les trains devant emprunter la liai-

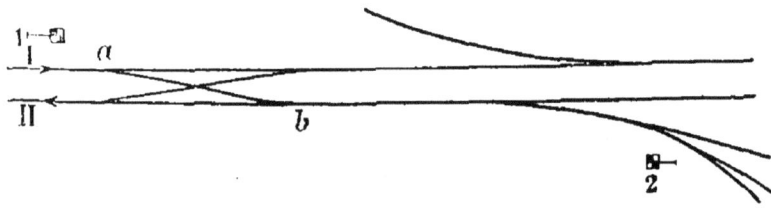

Fig. 214.

son *ab* à s'arrêter avant de franchir l'aiguille. Le signal est ouvert lorsque *a* donne la voie principale ; il est fermé pour l'autre direction ; dans ce cas, le train ayant dépassé le signal ouvert s'arrête en *a* ; on ferme alors le signal, ce qui permet de donner la direction déviée.

119. **Simplification.** — On doit chercher autant que possible à réduire le degré des enclenchements, c'est-à-dire à faire usage de préférence, d'enclenchements simples, et cela sans augmenter le nombre des leviers ; aussi doit-on profiter de toutes les simplifications possibles.

Si l'on a par exemple **trois** enclenchements de la forme $\frac{aN}{bN}$, $\frac{bN}{cN}$, $\frac{aN}{cN}$; on pourra supprimer le troisième, réalisé forcément par les deux premiers ; tel est le cas d'une voie unique avec branchement où l'on enclenche les signaux 1, 3

(fig. 215) avec *a*; tout enclenchement entre ces deux signaux
devient inutile.

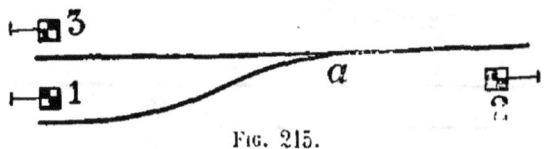

FIG. 215.

Il y a, du reste, certains enclenchements qui disparaissent
par la manœuvre même des appareils ; tel est le cas d'une
liaison pour passer d'une voie à une autre ; il faut renverser
successivement les deux aiguilles. Au lieu de les enclencher,
on se contente de les manœuvrer du même coup de levier.
L'appareil entre alors pour un levier dans un système d'enclenchement.

Il en est de même des traversées-jonctions simples ou
doubles, où l'on peut supprimer un certain nombre de leviers
(fig. 216). Dans le cas d'une traversée, *a, b, c, d* si on rend

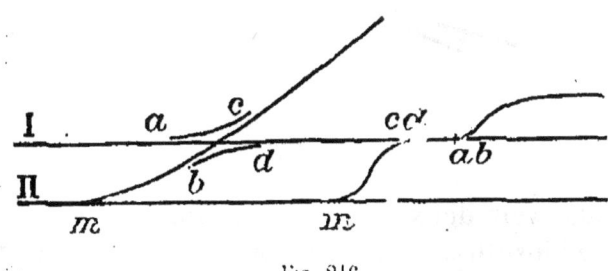

FIG. 216.

solidaires les changements *a* et *b*, d'une part, *c* et *d*, de l'autre,
de manière à les disposer simultanément pour le train venant
de I ou ceux venant de *m*, on a une disposition équivalente
à celle de deux changements *cd* et *ab*, placés à la suite l'un
de l'autre dans l'ordre inverse de celui où ils se trouvent
réellement. On voit, en outre, que l'on peut avoir un seul
levier pour les aiguilles *m, c, d*, formant la même liaison.
On aura donc deux leviers pour cinq aiguilles.

Dès lors, en appliquant le même principe à une traversée
ou même à une bretelle réunissant plusieurs voies paral-

ʲèles, on simplifiera de beaucoup le nombre des leviers;
ainsi, dans le cas de la figure 217, on aura un levier commun
pour les aiguilles *mcd*, *abgh*, *cfn*, d'où réduction importante
dans le degré des enclenchements.

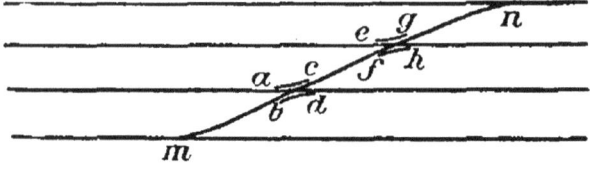

Fig. 217.

On applique cette réduction des leviers, même dans les
voies de garage; c'est ainsi que (*fig.* 218) deux voies 1 et 2
se dédoublant en deux autres 3 et 4, 5 et 6, comme on ne

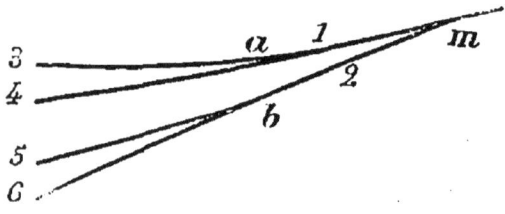

Fig. 218.

peut jamais avoir deux manœuvres simultanées sur *a* et *b*,
par suite de l'insuffisance d'entrevoie, ces deux dernières sont
actionnées du même coup de levier.

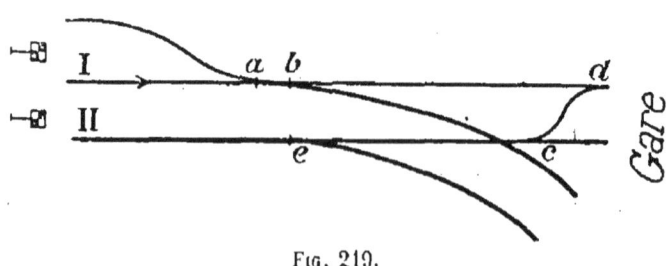

Fig. 219.

D'autres simplifications résultent des enclenchements eux-
mêmes. Au lieu de solidariser tous les appareils de deux

parcours, on peut dans le cas d'un enclenchement de protection les réduire à deux. Ainsi dans le cas des parcours I, *a*, *b* dévié et celui de II *e* direct, de la figure 219, il suffira, pour obtenir toute sécurité, d'avoir $\dfrac{bR}{cR}$; de même pour les parcours I, *a*, *b*, *d* et II, *c*, *c*, *d*, il n'y a rien à prévoir, l'enclenchement résultant du fait même de *d* qui doit être droit ou renversé pour l'un ou l'autre parcours et enclencher en conséquence les signaux correspondants.

120. Systèmes d'enclenchements. — *Directs.* — Il y a plusieurs manières de réaliser les enclenchements. Dans le système des enclenchements directs, on prend successivement tous les appareils aiguilles et signaux, deux à deux, dans l'ordre où ils se suivent, en enclenchant les leviers correspondants. Ce système, très simple, peut être employé dans le cas de bifurcations protégées par sémaphores, où la grande aile indique à la fois l'arrêt et la direction ; mais, lorsque ces bifurcations sont couvertes par des signaux carrés d'arrêt absolu, il n'est possible que si l'on veut condamner une des directions données par l'aiguille en pointe, comme on l'a vu précédemment.

Leviers multiples. — C'est le système le plus généralement adopté ; chaque appareil est représenté par un levier et on a un signal d'arrêt par itinéraire. D'après la définition même des enclenchements, on commence par disposer tous les leviers des appareils se trouvant sur l'itinéraire et, seulement à ce moment, on peut renverser le levier du signal. Dès lors, dans le cas d'un changement de voie pris en pointe à utiliser sur les deux directions, on munit le signal correspondant de deux leviers, enclenchés avec les différents leviers d'appareils et manœuvrés en dernier lieu lorsque tout l'itinéraire a été préparé. Ce système permet de n'avoir que des enclenchements simples. Seulement cette solution rend les installations dispendieuses comme établissement, et comme exploitation, étant donné le nombre d'aiguilleurs qu'elle nécessite.

Enclenchements conditionnels. — On peut diminuer le nombre des leviers au moyen des enclenchements conditionnels, mais la complication qui résulte de ce système ne doit pas faire perdre l'économie réalisée par la suppression de quelques leviers. Dans le cas par exemple de la figure 214, les signaux 1 et 2 peuvent être munis de deux leviers suivant qu'ils commandent la voie principale ou la liaison *ab*, tous les enclenchements seront binaires. On peut avoir un seul levier au moyen des enclenchements conditionnels en se servant, pour la condition à réaliser, de la liaison *ab*, par exemple si *ab*R. $\frac{1R}{2N}$ ou $\frac{2R}{1N}$ et réciproquement, c'est-à-dire que *ab* R, 1R et 2N sont incompatibles. L'économie est de un levier sur trois.

Leviers directeurs. — Tout en recourant aux leviers multiples, on peut réduire leur nombre par le dispositif suivant :

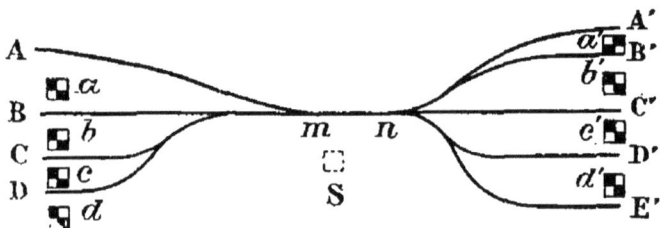

Fig. 220.

Si l'on considère une série de voies A,..., D (*fig.* 220) aboutissant à un tronc commun *m* d'où se détachent une nouvelle série de voies A',..., E', d'après la théorie des leviers multiples, chaque signal aura autant de leviers que de directions possibles, c'est-à-dire, dans le cas particulier, autant que de branches partant de *n*; or, comme on a quatre signaux et cinq directions, le nombre des leviers sera de $4 \times 5 = 20$ soit 40, en comptant les mouvements en sens inverse de *n* vers *m* (d'une manière générale 2*mn*, si *m* est le nombre des signaux; *n*, celui des directions). Mais, si l'on a soin de placer sur le tronc commun un signal à manœuvrer lorsque chaque itinéraire aura été soigneusement préparé en partant de A, jusqu'à A', ou E', suivant le cas. Ce signal aura besoin de cinq leviers correspondant à chaque itinéraire possible, le signal S aura donc autant de leviers que de destinations et, comme les signaux subsistent, on aura en tout neuf leviers soit 18 pour les deux sens [d'une manière plus générale, $2(m + n)$; si m indique le nombre des signaux et n celui des directions]. On voit donc qu'il y a une économie sensible, augmentant forcément avec le nombre de leviers; elle se trouve nulle lorsque $m + n = mn$, c'est-à-dire $m = 2$ et $n = 2$

En réalité, le signal S, n'ayant aucun but de protection, peut être supprimé, à la condition d'en conserver les leviers de manœuvre qui portent le nom de *leviers directeurs*. Les enclenchements ainsi déterminés sont faciles à réaliser. Soit, par exemple (*fig.* 221), 3 voies A, B, C, dont les aiguilles 2 et

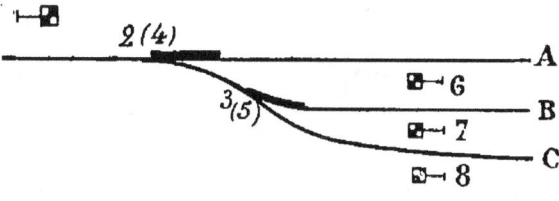

Fig. 221.

3 sont munies de verrous (4) et (5); on a, en outre, 3 leviers directeurs a, b, c. Pour faire entrer un train sur B, avant de renverser le levier directeur b, il faut préparer la voie, changer la position de 2, lancer le verrou (4), et assurer la position de l'aiguille 3 par son verrou (5); on a les enclenchements :

$$\frac{2N}{bN}, \quad \frac{4N}{bN}, \quad \frac{5N}{bN}, \quad \text{et} \quad \frac{bN}{3N}, \quad \frac{bN}{4N}.$$

1 levier du signal du tronc commun.

Inversement, si on veut faire sortir un train de B, il n'y a qu'un levier directeur m pour les trois signaux 6, 7, 8, et les enclenchements seront :

$$\frac{2N}{mN}, \quad \frac{mN}{3N}, \quad \text{et} \quad \frac{mN}{6N,7N,8N}.$$

Ce dernier enclenchement conditionnel est facile à réaliser. On a vu, du reste, dans le cas de la solution générale des enclenchements Saxby, comment on obtenait la solution des leviers directeurs. Ce dernier système n'est pas une méthode générale il est seulement applicable dans le cas de signaux différents pouvant donner accès sur un même groupe de voies.

Leviers trajecteurs. — Lorsqu'un certain nombre de voies parcourues dans les deux sens (*fig. 222*) convergent vers le même point, les leviers des signaux A, B, C, D, E, de sortie et

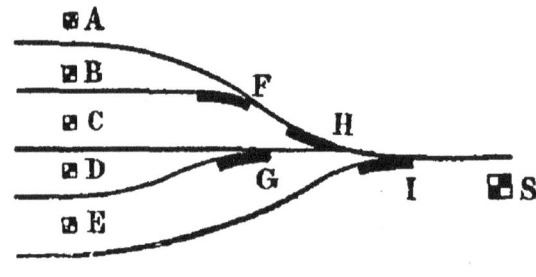

Fig. 222.

ceux A', B', C', D', du signal d'entrée S, sont enclenchés avec les leviers d'aiguille F, G, H, I, et cela dans des conditions analogues. On doit avoir :

$$\frac{AR}{HN,\ FR\ et\ IR} \quad \text{de même} \quad \frac{A'R}{HN,\ FR\ et\ IR},$$

$$\frac{CR}{GR,\ HR\ et\ IR} \quad \text{de même} \quad \frac{C'R}{GR,\ HR\ et\ IR}.$$

Il sera donc possible d'utiliser les mêmes leviers, pour la manœuvre du signal de départ et de celui d'arrivée, à la condition d'empêcher l'ouverture de ces signaux simultanément, de manière à rendre impossibles les mouvements en sens inverse sur le même trajet.

Dans ce but, les leviers A, B, C, D, E reçoivent chacun une double affectation et fonctionnent, soit comme levier de manœuvre du signal de départ, soit comme levier directeur du signal d'arrivée, qui sera actionné par un levier unique S. Un levier supplémentaire M, qui, dans sa position normale, enclenchera S normal, actionnera un désengageur appliqué aux transmissions des leviers A, B, C, D, E. Les

leviers A, B, C, D, E sont appelés *leviers trajecteurs*. Ils assurent
un mouvement dans un sens déterminé, mais suivant un
trajet fixe indépendant du sens du mouvement. Ils sont
leviers de signal pour le départ, si M est normal, et levier
directeur pour l'arrivée, si M est renversé.

Afin que l'affectation de ces leviers ne puisse être modifiée,
après leur renversement pour l'exécution d'un mouvement
quelconque, arrivée ou départ, un enclenchement sup-
plémentaire, $\dfrac{\text{AR}}{\text{MR ou MN}}$, oblige à remettre chacun d'eux dans
sa position normale avant de pouvoir, par la manœuvre de M,
en changer l'affectation.

La réduction du nombre des leviers dans l'exemple indiqué est de 3; en effet, avec la solution générale, il faudrait
10 leviers pour les signaux seulement; avec la nouvelle, il
n'en faut plus que 7, à savoir 5 pour A, B, C, D, E, 1 pour S
et 1 pour M. Ce n'est donc pas non plus un système, mais
une simplification possible dans des cas spéciaux.

On démontre qu'entre les divers systèmes d'enclenchements adoptés il y a identité, pourvu que toutes les conditions de protection soient les mêmes.

121. Application. — Étant données les observations précédentes, il devient très simple d'en faire l'application. Dans
l'exemple choisi (*fig.* 223), les signaux sont placés conformé-

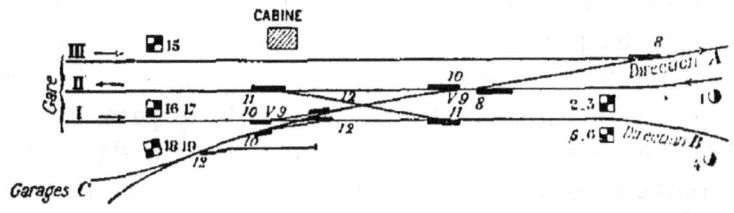

FIG. 223.

ment aux indications données précédemment à l'article des
signaux. Il suffit d'ajouter ce qui est relatif aux enclenchements pour obtenir toute sécurité. Tout d'abord, le signal
protégeant un mouvement doit être ouvert quand tous les

appareils se trouvant sur son trajet ont été parfaitement orientés, et inversement. En second lieu, les appareils ou signaux voisins doivent être disposés de manière à empêcher toute circulation dangereuse pour le premier passage, par contre tous les mouvements indépendants doivent être autorisés de manière à éviter les pertes de temps.

Dans cet exemple, les enclenchements directs n'ont pas leur emploi, et on a adopté la solution par leviers multiples. La première des conditions est d'examiner les divers mouvements possibles sans en omettre un seul, sous peine de laisser certains points dangereux sans protection ou de se priver, encore, de dégagements très utiles. Chaque passage est protégé par un signal.

Le signal n'est pas indispensable ; mais il faut alors que d'autres enclenchements en rendent la suppression sans inconvénient. On a dans le cas particulier les mouvements suivants :

Les trains venant de A sont dirigés sur II ou dans les garages et le signal 2-3 à deux leviers protège ces entrées, de même pour B avec le signal d'arrêt 5-6. En sens inverse, les départs de III pour A sont protégés par 15 et ceux de I pour A ou B par 16-17, la sortie des garages est commandée par le signal 18-19 à deux leviers car il y a deux directions A et B. Enfin les manœuvres de refoulement de A sur II ou C ne sont pas protégées par un signal de refoulement.

Dès lors, il devient très simple d'examiner les différents enclenchements à obtenir.

Enclenchements de direction et de circulation. — Ces enclenchements, les plus nombreux, consistent à disposer tous les appareils d'un passage dans un ordre déterminé et à ne renverser le levier du signal qui commande le passage que si tout est bien en place. Dès lors, un quelconque de ces appareils renversé devra enclencher le levier du signal dans sa position d'arrêt. En renversant tous les appareils de ce passage, on aura déjà les enclenchements de ce signal par les appareils. On met le résultat sous forme de tableaux en énumérant d'abord les passages, les signaux qui les commandent et les différents changements de voie avec le sens à leur donner : normal ou retourné et enfin les divers passages permis ou empêchés.

NUMÉROS des PASSAGES	DÉSIGNATION des PASSAGES	POSITION normale des SIGNAUX	CHANGEMENTS DE VOIE		PASSAGES	
					TRAVERSÉS	SIMULTANÉS
1	De A vers C.	2 fermé	8^N	16^R 12^R	3-4-6-7-8-9	5
2	De A vers H.	3 —	16^N 8^N 11^N	—	4-6-8	3-5-7-9
3	De B vers C.	5 —	16^N 11^N	12^R	1-6-7-8-9-11	2-5-10
4	De B vers H.	6 —	—	11^R	1-2-6-7-8-9-10-11	5
5	De III vers A.	15 —	8^N	—	6-8-10-11	1-2-3-4-7-9
6	De I vers A.	16 —	12^N	16^R 8^R	1-2-3-4-5-8-9-10-11	»
7	De I vers B.	17 —	10^N 11^N 12^N	—	1-3-4-8-9-11	2-5-10
8	De C vers A.	18 —	—	8^R 16^R 12^R	1-2-3-4-5-6-7-10-11	»
9	De C vers B.	19 —	10^N 11^N	12^R	1-3-4-6-7-11	2-5-10
10	De A vers H ⎱ (refoule-	»	16^N 11^N	8^R	1-2-4-5-6-8	3-7-9
11	De A vers C. ⎰ ment).	»	—	12^R 8^R 10^R	1-2-3-4-5-6-7-8-9	»

Tout levier, dans la position inversé de celle indiquée dans a colonne des changements de voie, devra enclencher le signal correspondant, qui devra rester à l'arrêt, dans sa position normale; on aura donc les enclenchements suivants:

1	2	3	4	5	6	7	8	9	10	11
$\frac{8^R}{2^N}$	$\frac{10^R}{3^N}$	$\frac{10^R}{5^N}$		$\frac{8^R}{13^N}$	$\frac{12^R}{16^N}$	$\frac{10^R}{17^N}$		$\frac{10^R}{19^N}$	....	....
	$\frac{8^R}{3^N}$	$\frac{11^R}{5^N}$				$\frac{11^R}{17^N}$		$\frac{11^R}{1}$	....	....
	$\frac{11^R}{3^N}$					$\frac{12^R}{17^N}$			....	....
$\frac{10^N}{2^N}$		$\frac{12^N}{5^N}$	$\frac{11^N}{6^N}$		$\frac{10^N}{16^N}$		$\frac{8^N}{18^N}$	$\frac{12^N}{19^N}$	....	....
$\frac{12^N}{2^N}$					$\frac{8^N}{16^N}$		$\frac{10^N}{18^N}$		....	....
							$\frac{12^N}{18^N}$		....	....

La règle est dès lors très simple : Écrire pour chaque mouvement les signaux et appareils dans leur position respective, et ces derniers renversés enclencheront les premiers normaux. Si la position normale du signal était à voie libre, tout renversement d'appareils nécessiterait le renversement du signal; il faudrait donc, dans ce cas, prendre la position du signal non plus normale, mais renversée. La règle s'applique aux enclenchements directs.

Il faut y joindre les enclenchements d'appareils spéciaux. Dans le cas particulier, on n'a que le verrou 9 de la liaison 10; il doit l'enclencher dans ses deux positions avant l'ouverture du signal correspondant. Dans ces conditions, 9N enclenche les leviers 2-3-16-17-18-19 des signaux normaux, et 10 dans ses deux positions normale et renversée.

Enclenchements de protection. — Pour les parcours aboutissant au même changement de voie comme 2 et 4 par exemple, l'enclenchement a lieu déjà par suite de l'existence des enclenchements précédents; le changement 11 ayant été fait pour un passage enclenche forcément le signal du second et inversement. Pour les mouvements convergents, il suffira d'enclencher entre eux les derniers changements de voie pour rendre tout mouvement impossible; on pourrait enclencher également des signaux entre eux. Enfin, pour les parcours empruntant constamment les mêmes appareils dans la même position, c'est-à-dire dans le cas d'une circulation sur voie unique, comme de C vers B ou de B vers C, on enclenche les signaux extrêmes. On a :

Passages

0	1	2	3		5	6	7	8	9	10	11
1	•	10	10	$\frac{10^R}{11^N}$	»	12	10	8	10	8	8
2		•	»	11	»	10	»	10	»	8	8
3			•	11	»	12	12	10	$\frac{19^R}{5^N}$	»	10
4				•	»	$\frac{11^R}{12^N}$	11	$\frac{11^R}{12^N}$	11	11	$\frac{10^R}{11^N}$
5					•	8	»	8	»	8	8
6						•	10	12	12	10	12
7							•	10	12	»	10
8								•	12	»	non pr.
9									•	»	10
10										•	10
11											•

Les mouvements de refoulement ne sont pas commandés par un signal; il en résulte que les mouvements 4 et 10 se rencontrent bien au même changement de voie 11; mais le renversement de celui-ci n'entraîne aucune mise à l'arrêt de signal sur 10, de là l'obligation d'enclencher deux appareils $\frac{8^R}{11^N}$. Pour la même raison, les deux mouvements 8 et 11, ayant lieu sur la même voie et, par conséquent, empruntant les mêmes appareils, ne sont pas protégés l'un contre l'autre. Seulement, dans le cas particulier, comme un seul agent dirige les manœuvres et les départs de C, il ne peut y avoir aucune confusion.

Si on avait adopté un signal de refoulement, on l'aurait muni de deux leviers (20-21). On procéderait de la même façon que pour les autres mouvements; pour les parcours 4 et 10, l'enclenchement de 8 et 11 serait supprimé et remplacé par celui des changements de voies avec le signal, pour ceux 8 et 11, le signal de refoulement aurait été enclenché, avec celui des garages, dans leur position inverse.

Enclenchements de continuité. — Ce sont les plus simples à établir. Dans le cas particulier, on a laissé les disques avancés libres, le mécanicien reconnaissant la bifurcation à d'autres signaux; mais rien n'empêcherait de rendre le disque solidaire du signal carré et d'exiger qu'il soit mis à l'arrêt avant la fermeture du carré et ouvert après lui.

Simplification. — Une fois en possession de tous les enclenchements, on examine ceux qui font double emploi avec d'autres enclenchements. Dans le cas particulier, les enclenchements $\frac{11^R}{5^N}$ et $\frac{11^R}{19^N}$ disparaissent, le premier étant la conséquence des enclenchements $\frac{11^R}{12^N}$ et $\frac{12^N}{5^N}$ et le second des enclenchements $\frac{11^R}{12^N}$ et $\frac{12^N}{19^R}$.

Ce dont on s'apercevrait de suite avec la notation Bricka, en posant que 11^R, 12^R, d'une part, et 12^N, 5^R sont incompatibles, on en déduit $11^R, 5^R$ incompatibles.

On pourrait réduire le nombre des leviers au moyen des enclenchements conditionnels, par exemple le levier 17 peut être supprimé, si certaines conditions sont imposées au levier 16 du même signal carré. En examinant les passages traversés contre lesquels il faut se protéger, on se trouve amené dans le cas du passage 4, à avoir l'enclenchement conditionnel suivant : si $11^R \frac{16^R}{6^N}$; du fait de cet enclenchement, toutes les garanties que réalisait 17 sont remplies.

Tableaux. — Tous les enclenchements étant déterminés, on dispose les résultats sous forme de tableaux, dont le modèle varie un peu suivant les Compagnies. Le suivant est celui du système anglais

TABLEAU DES ENCLENCHEMENTS

NUMÉROS des LEVIERS	DÉSIGNATION des APPAREILS	ENCLENCHÉS NORMALEMENT et DÉGAGÉS PAR	LIBRES NORMALEMENT et ENCLENCHÉS PAR	LEVIERS RENVERSÉS et ENCLENCHÉS PAR
			ceux de la première colonne renversés	
1	Disque à distance vers A..........		non enclenché	
2	Signal d'arrêt, arrivée de A sur C..		8	9-10-12
3	Signal d'arrêt, arrivée de A sur VI.		8-10-11	9
4	Disque à distance vers B..........		non enclenché	
5	Signal d'arrêt, arrivée de B vers C..		19-10	12
6	Signal d'arrêt, arrivée de B sur II..			11
8	Jonction.......................	18-16	15 2-3-11	
9	Verrou de 10-10...............	2-3-16-17-18-19	(10)	(10)
10	Traversée-jonction..............	16-18-2	17-19-5-3-11	
11	Jonction.......................	6	3-10-12-17-8	
12	Traversée-jonction..............	2-5-18-19	11-16-17	
13 à 14	Disponibles..................			
15	Signal de départ de III..........		8	
16	Signal de départ de I sur A......		12	9-8-10
17	Signal de départ de I sur B......		10-11-12	9
18	Signal de départ de C sur A......			9-8-10-12
19	Signal de départ de C sur B......		5-10	9-12

Sur le Lyon, le système est un peu différent, les colonnes reçoivent une autre affectation comme il est indiqué ci-dessous.

Il serait très simple de mettre le tableau précédent sous cette forme.

On peut citer encore le tableau obtenu avec la notation Bricka où alors chaque colonne est affectée à une catégorie d'enclenchements : circulation, continuité, etc., et dans chaque co-

Nº	Position	Leviers enclencheurs
Normale	←	Renversée
Normale et renversée	→	Leviers enclenchés dans la position
		Enclenchements conditionnels
		Observations

Position normale	OUVERT	FERMÉS		OUVERT	FERMÉS			FERMÉE	RETRÉS				FERMÉS			FERMÉS	
Numéros	1	2	3	4	5	6	7	8	9	10	11	12	15	16	17	18	19
désignation des leviers	Disque à distance vers	Signal d'arrêt Arrivée A pour		Disque à distance vers	Signal d'arrêt Arrivée B pour			Verrous de Jonction 10 10		Traversée Jonction	Traversée Jonction	Traversée Jonction	Signaux d'arrêt Voie III pour	Signaux d'arrêt Voie IV pour		Signaux d'arrêt Sortie C pour	
	A	C	voie II	B	C	voie II		Jonction	de	Jonction	Jonction	Jonction	A	A	B	A	B
Position renversée	FERMÉ	OUVERTS		FERME	OUVERTS			OUVERTE	LANCÉS				OUVERTS			OUVERTS	

Fig. 224. — Tableau de Cabine.

lonne on note les différents enclenchements obtenus. On
aurait, par exemple, pour ceux de circulation, et de direc-
tion (15^R — 8^R), ceux de protection (19^1 – 5^R) et (8^R — 11^R).
Quelle que soit la disposition adoptée le résultat doit être
le même.

Quant à la construction des appareils d'enclenchements,
elle varie forcément suivant le système adopté. D'une manière
générale cependant, les enclenchements sont réalisés au
moyen de pièces perpendiculaires appartenant chacune à
un levier et dont les mouvements se commandent réciproquement. Dans le système Saxby, par exemple, on a des
grils et des tringles perpendiculaires. Chaque levier a forcément un gril, mais les barres sont moins nombreuses. On
doit chercher à les réduire le plus possible, ce à quoi on
arrive en commençant par munir de barres seulement les
leviers qui ont le plus de relations; généralement ce sont
les changements de voie et comme leur nombre est relativement restreint, on satisfait bien à la condition de réduction demandée.

La manœuvre des appareils doit se faire sans brusquerie
pour éviter non seulement le bris des pièces, mais encore le
jeu qu'elles ne tarderaient pas à prendre. Il est nécessaire
que l'entretien se fasse avec beaucoup de soin, il faut éviter
surtout l'oxydation. Enfin, à la moindre avarie, les pièces
défectueuses doivent être remplacées aussitôt.

Vérification. — On peut être amené à vérifier certains
postes d'enclenchement. Si la vérification porte sur toute
l'installation, il n'y a qu'à la refaire en se basant sur les
principes précédents, mais très souvent il ne s'agit que de
quelques mouvements pour savoir s'ils sont possibles et ne
gènent pas d'autres passages.

Dans ce cas, on peut se servir utilement des deux règles
suivantes formulées par Bricka :

1° Le passage étant écrit avec tous les signaux ou appareils
qu'il renferme à la suite les uns des autres et dans la
position qu'ils doivent occuper, si d'après les enclenchements
existants, il y a incompatibilité entre un nombre quelconque
de leviers, le passage est impossible d'une manière permanente ;

2º Plusieurs passages, inscrits avec tous leurs appareils à la suite les uns des autres, sont impossibles simultanément s'il y a incompatibilité, d'après les enclenchements, entre quelques-uns des leviers d'appareils ou de signaux.

Ces deux règles très simples se déduisent des observations précédentes.

122. Cabines. — Tous les leviers de manœuvre sont généralement enfermés dans une cabine, surélevée très souvent, pour augmenter le champ de vision. La cabine doit être placée au centre des appareils à manœuvrer de manière à égaliser la longueur des transmissions, mais il faut surtout s'attacher à ce que les transmissions rigides ne dépassent pas la longueur admise, 200 mètres environ. Dans le cas où cette distance est trop grande on se trouve amené à établir deux cabines. Il faut éviter surtout que les appareils d'une cabine chevauchent sur ceux de l'autre.

Les cabines se font généralement en briques et fer, elles sont vitrées sur une partie de leur hauteur. Sous le plancher sont disposées les transmissions dont l'accès doit être facile pour permettre les visites et les réparations.

Au-dessus, on dispose sur une même rangée dans le sens de la longueur de la cabine tous les leviers qui, dans leur position normale, doivent être dans un même plan. Les leviers des signaux et des aiguilles sont caractérisés par une couleur différente, on groupe les leviers d'aiguilles que l'on intercale le plus souvent entre ceux des signaux d'amont et ceux d'aval, en laissant des vides disponibles pour les leviers à ajouter.

Chaque levier porte, en outre, un médaillon avec numéro correspondant à celui de l'appareil. Sur la table d'enclenchement on dispose un tableau (*fig.* 224), avec trois lignes horizontales indiquant la première, la situation du signal dans sa position normale; la deuxième, le numéro du signal et l'appareil qu'il commande, et la troisième, sa situation dans la position renversée.

Les tableaux allemands sont différents. Pour chaque ligne, on indique les parcours correspondant et la position respective de chaque signal par une image en réduction. L'aiguilleur, d'un seul coup d'œil, se rend compte de la position de tous les signaux et des aiguilles pour recevoir un train ou autoriser son départ d'une voie déterminée.

Les cabines renferment également les tableaux ou téléphones de correspondance avec les postes voisins ou la gare et les appareils de manœuvre du block-system.

TROISIÈME PARTIE

MOUVEMENT DES TRAINS

CHAPITRE I

MARCHE DES TRAINS

A. — Marche normale

123. Numérotation des trains. — On désigne sous le nom de train tout convoi remorqué par une machine circulant en dehors des limites des gares, c'est-à-dire des signaux de protection de celles-ci. Cette dernière condition est essentielle, car tout mouvement dans une gare constitue une manœuvre et ne nécessite pas les mêmes formalités.

Les trains sont désignés par des numéros, impairs généralement lorsqu'ils marchent dans le sens du kilométrage; et pairs, en sens contraire. Le numéro d'un train suffit pour indiquer sa nature et les lignes qu'il parcourt. Sur le Nord, par exemple, les trains de voyageurs sont numérotés de 1 à 3.799; ceux de messageries, matériel vide, marée, de 3.800 à 3.999, et les trains de marchandises 4.000 à 9.999; les lignes, à leur tour, sont groupées par centaines, de 1 à 99, correspondant à la direction de Paris-Calais; de 101 à 199 pour celle de Paris-Bruxelles; et ainsi de suite. Lorsque accidentellement un train est dédoublé, le second prend le même numéro, avec l'indication *bis* ou *ter*, si le train dédoublé porte déjà lui-même un numéro *bis*.

Sur l'Est, les trains de Paris à Avricourt portent des numéros de 1 à 599, avec des réserves pour les trains express 28 à 39;

pour les trains de marchandises, 91 à 299; et les trains de la banlieue de Paris, 300 à 399. Les autres lignes sont indiquées par un indice spécial, et la numérotation recommence : ainsi, sur la ligne de Blesme à Chaumont, l'indice est (10), et les trains sont désignés par les numéros (10) 1, (10) 2, etc.

La seconde ligne principale Paris-Belfort porte l'indice (40); et les trains ont des numéros correspondants à ceux de la ligne Paris-Avricourt : ainsi le premier train ordinaire de grand parcours étant le train 41 (minuit 40) sur Belfort, le premier train similaire sera le (40)41 (minuit 35). Les trains en correspondance avec les lignes principales portent, avec l'indice spécial à leur embranchement, le numéro du train avec lequel ils correspondent. On aura donc, avec les trains 41 et 40 (41) de la grande ligne, le numéro de l'embranchement suivi du numéro 41. La nomenclature s'e complète d'autres observations. sur lesquelles il est inutile d'insister.

124. Graphique des trains. — Les trains ont des heures de départ et d'arrivée dans les gares parfaitement déterminées; il est en effet alloué, d'après une longue pratique, un certain délai au mécanicien pour aller d'une station à l'autre, et ce délai ne doit être, sous aucun prétexte, écourté ou augmenté. Il en est de même de la durée du stationnement accordée dans les gares. Toutes ces indications, énumérées dans un tableau spécial, constituent l'itinéraire du train.

Lorsqu'il s'agit d'établir la marche des trains les uns par rapport aux autres, de manière à garer ceux à marche lente pour laisser passer ceux à marche rapide, on a recours au procédé graphique (*fig.* 225), qui consiste à figurer les itinéraires des trains par des lignes, la marche d'un train peut se représenter par l'équation :

$$e = vt,$$

dans laquelle e désigne l'espace parcouru en mètres, t le temps en minutes ou secondes, suivant que la vitesse en mètres est évaluée elle-même à la minute ou à la seconde. La courbe représentative de cette équation, constitue le graphique de la marche, c'est une droite dont les ordonnées représentent les espaces, et les abscisses, les temps. La tangente de l'angle d'inclinaison n'est autre que la vitesse. Les trains de vitesse seront donc représentés par une droite peu inclinée, les autres par une ligne plus oblique.

L'équation $e = vt$ n'est exacte que si l'on admet une vitesse uniforme, bien loin d'être réalisée en pratique, car, au départ ou à l'arrivée d'une station, dans les rampes, la vitesse se trouve forcément ralentie. Cependant, si on ne considère que l'intervalle entre les deux stations, les heures d'arrivée et de départ étant toujours les mêmes, on peut admettre une vitesse fictive uniforme, permettant de remplacer la courbe plus ou moins sinueuse de la marche du train par une ligne droite.

Sur le tableau graphique, renfermant tous les trains; les droites étant inégalement inclinées se rencontrent, c'est-à-dire qu'un train à marche lente est rejoint par un autre à marche rapide; mais cette rencontre ne doit se faire que dans une gare où le premier train stationne pour laisser passer le second. De là l'utilité de représenter les garages des trains les uns par rapport aux autres.

Sur le tableau, on fait figurer tous les trains circulant sur une même ligne : les voyageurs représentés par un trait plein, et les marchandises par un pointillé ; tous ceux dans le même sens sont inclinés du même côté ; les autres, dirigés en sens inverse, se rencontrent avec les premiers ; mais, dans le cas d'une ligne à double voie, cette rencontre n'indique rien, les deux trains circulant sur des voies différentes. L'avantage de cette disposition est de n'avoir qu'un seul tableau pour tous les trains. Pour les lignes à voie unique, au contraire, ce point de rencontre a une grande importance : c'est celui où deux trains de sens contraire se croisent; il est indispensable que ce croisement ait lieu dans une gare.

Les graphiques doivent être établis à la plus grande échelle possible; on adopte généralement 1 millimètre par période de deux minutes, et $1^{mm},5$ à 2 millimètres par kilomètre. Sur la ligne des ordonnées sont indiquées les stations. La feuille se complète de renseignements utiles ; comme le profil de la

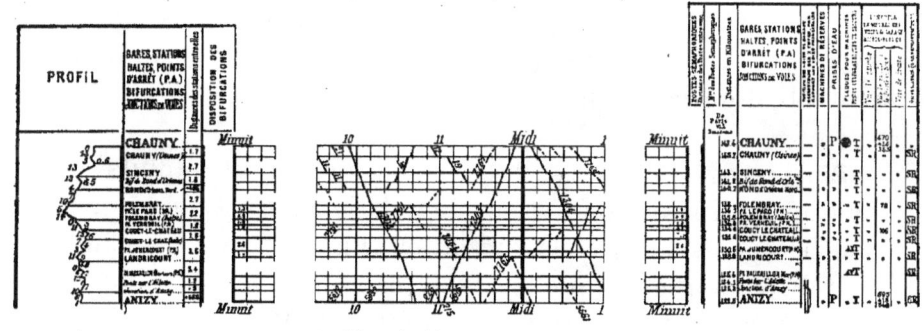

Fig. 225. — Graphique de la marche des trains.

voie, la distance des gares entre elles, les distances cumulées
depuis l'origine du kilométrage, les liaisons situées en pleine
voie, les postes sémaphoriques, la longueur des voies de
garage, les prises d'eau, les machines de réserve, les postes télégraphiques de secours, l'installation d'un service de nuit, etc.,
en un mot tout ce qui peut avoir un certain intérêt pour la
marche des trains. Avec ces divers renseignements, il est fort
simple d'établir l'itinéraire d'un nouveau train. Étant donnée
la station origine, on voit d'abord si l'heure du départ ne
coïncide pas avec celle d'un train existant, et si sa marche,
représentée par une ligne dont l'inclinaison, c'est-à-dire la
vitesse, est analogue avec celle des trains de même nature,
n'est pas gênée par celle des trains voisins, tout au moins
jusqu'à la première station, où on verra s'il y a lieu de le
garer ou de le faire continuer immédiatement. On va ainsi
de station en station jusqu'au point terminus. Sur les lignes
à voie unique, outre les garages possibles, il faut examiner
avec attention les croisements.

125. Livrets. — Les résultats du graphique sont traduits en
tableaux ordinaires ou livrets, dont la lecture est plus facile
pour les agents. Ces livrets, qui varient un peu suivant la catégorie du personnel à laquelle ils s'adressent, doivent être d'une
lecture très simple et très rapide, tout en renfermant le plus
grand nombre possible de renseignements. Les heures sont
figurées en chiffres ordinaires, avec les indications : matin et
soir. Sur les chemins de fer belges, cette dernière indication
est supprimée, la journée ayant été divisée en 24 heures.

Lorsque tous les trains circulant sur une ligne ont la
même marche, les livrets peuvent être simplifiés et, au lieu
d'examiner chaque train en particulier, on indique une
marche-type, où le temps alloué pour aller d'une station à
l'autre et la durée du stationnement dans chacune d'elles
est seul indiqué. Il suffit ensuite d'avoir l'heure exacte du
départ pour établir la marche réelle d'un train quelconque.
Ce livret, se trouvant réduit à quelques marches-types, peut
être augmenté d'un plus grand nombre de renseignements
complémentaires concernant le service des agents.

126. Nature des trains. — Au point de vue de leur mise en marche, les trains se divisent en trois catégories : trains réguliers, facultatifs et extraordinaires.

Les trains *réguliers* sont prévus au livret, et leur mise en marche a lieu sans aucune formalité spéciale, tous les jours, quelle que soit l'importance du service.

Les trains *facultatifs* sont également prévus au livret, toutefois leur mise en marche a lieu suivant les besoins du service et sous les ordres d'un agent supérieur. Un train facultatif dans un sens, doit, autant que possible, être équilibré par un facultatif en sens inverse, de manière à utiliser convenablement la traction en évitant des *haut-le-pied* aux machines, c'est-à-dire circulant sans véhicule. Les trains facultatifs ne sont généralement annoncés qu'aux gares intéressées ; cependant quelques Compagnies préviennent les gares de passage, par le télégraphe et par des signaux portés par le train précédent. Sur le Lyon, par exemple, un drapeau vert ou un feu vert, à l'angle gauche du dernier véhicule d'un train, annonce qu'il est suivi d'un train facultatif ou d'une machine haut-le-pied. Sur l'État belge, le vert est remplacé par le rouge ou le blanc suivant qu'il s'agit de trains dans le même sens ou sens contraire. Les trains facultatifs sont surtout utilisés au moment où le trafic est le plus intense ; souvent même, on les rend réguliers. Un ordre de service prévient les intéressés. L'inverse a lieu au moment de l'abaissement du trafic. On dispose ainsi d'un moyen permettant de donner une certaine élasticité au mouvement des trains.

Les trains *extraordinaires* se divisent en *supplémentaires*, *spéciaux* ou *de service*. Les trains *supplémentaires* peuvent être organisés, lorsque les trains réguliers ne peuvent assurer le service et que l'on ne dispose pas des facultatifs nécessaires. Cela se produit avec les trains de voyageurs, les jours où l'affluence est par trop considérable. Le train ainsi créé porte le numéro *bis* du train qu'il dédouble ou le numéro *ter*, si le premier a déjà le numéro *bis*. Il suit le train dédoublé à l'intervalle réglementaire admis pour l'espacement des trains ; cet intervalle varie suivant que les lignes sont munies ou non du block-system. Les deux trains ont le même itinéraire. Autant que possible, le premier doit être moins chargé que le second, ce dernier doit faire, en cours de route, les manœuvres habituelles. On doit avertir les agents du premier train ; dans tous les cas, ce train doit porter les signaux nécessaires pour prévenir le personnel de la voie et des gares. Sur le Nord, le dernier véhicule porte, du côté de l'entrevoie, un drapeau vert ou un feu vert ; sur le Lyon, ce signal étant réservé aux facultatifs ou spéciaux, on a, le jour, un drapeau rouge à l'angle droit du dernier véhicule et, la nuit, les deux feux rouges de queue sont remplacés par des feux verts. Le train supplémentaire est annoncé, en outre, de gare en gare, au moyen du télégraphe ou par circulaire.

Les machines isolées circulent comme trains dédoublés ou facultatifs et, dans les deux cas, suivant les règles relatives à ces trains.

Les trains *spéciaux* comme, par exemple, les trains de plaisir, de secours demandés d'urgence, sont mis en marche en dehors des itinéraires prévus au livret. L'itinéraire est réglé soit par le service du mouvement, des inspections principales ou des gares, et une copie en est donnée aux conducteurs et aux mécaniciens intéressés, pour les renseigner sur les trains qui doivent se garer pour eux, et inversement. Le passage du train spécial est annoncé de poste en poste. Quelques Compagnies, en outre, le font signaler aux agents de la voie et des gares par le train précédent.

Les trains de *service* ou de *ballast* sont de deux sortes : *accidentels* ou *permanents*, suivant qu'ils ont lieu deux ou plusieurs jours consécutifs. Dans le premier cas, ils sont mis en marche par les services locaux ; dans le second, il faut des ordres de service spéciaux, remis ensuite aux gares et aux agents intéressés. Les trains de service sont accompagnés d'un agent de l'exploitation chargé de diriger les mouvements et ayant autorité sur tout le personnel du train, mécanicien ou ouvriers des travaux. Cet agent doit s'assurer si en pleine voie, pendant ses stationnements, le train est bien couvert par les signaux, si les freins satisfont bien aux conditions réglementaires de la charge ; enfin, dans le cas où l'horaire n'est pas tracé à l'avance, il doit en prendre l'initiative, le modifier suivant les besoins, tout en se conformant à la réglementation générale sur le mouvement du train.

C'est du reste en petit le système adopté aux États-Unis pour
la mise en marche des trains. Ces derniers se divisent en :
réguliers (*regular*), supplémentaires (*extra*), ceux-ci suivent
les trains réguliers et leur sont assimilés, et enfin en irréguliers (*wild*), formant la majorité des trains de marchandises.
Pour la mise en marche de tous ces trains, on ne se sert pas
de graphiques ; mais tout le service, s'étendant sur une région
de 150 à 200 kilomètres avec 15 ou 20 stations, se trouve
concentré entre les mains d'un seul agent (*train dispatcher*).
Constamment en relation avec les agents des trains par l'intermédiaire du chef de gare ou de l'agent du télégraphe de
la station, il est tenu à chaque instant au courant des
incidents de la marche. Les trains, en effet, en passant dans
les gares, se reconnaissent au numéro de la machine ou sur
d'autres signes conventionnels. Si le dispatcher a un ordre à
donner, l'avis télégraphique en est remis dans une gare au
conducteur, qui le lit au mécanicien et se concerte avec lui.
A son tour, la gare transmet la réponse des agents, et le
train ne peut reprendre sa marche que si le dispatcher a
répondu : *compris*. Tout le service des trains irréguliers reposant sur le fonctionnement du télégraphe est suspendu
en cas d'arrêt de celui-ci. La mise en marche d'un de ces
trains est très rapide ; le dispatcher avertit seulement le conducteur et le mécanicien de la vitesse prescrite ; un carnet
de marches-types donne, pour cette vitesse, le temps alloué
pour aller d'une station à l'autre, et permet aux agents de
savoir (d'après ce que l'on nomme le droit à la voie) quels
trains doivent se garer pour eux, ou inversement. Cette méthode est très simple, mais nécessite de la part de l'agent
chargé de l'appliquer une grande attention.

127. Nombre de trains. — Le nombre de trains à mettre en
marche dépend évidemment de l'importance du trafic ; mais
ne descend pas généralement au-dessous de trois par jour,
dans chaque sens. Par contre, le maximum n'est limité que
par l'intervalle indispensable à conserver entre deux trains
de même direction. Certaines lignes, comme celles des trains
urbains, de *banlieue*, sont extrêmement chargées. Ainsi, sur
le Métropolitain de Londres, le mouvement atteint le chiffre de

550 à 560 trains en vingt-quatre heures, dont presque tous
sont réservés aux voyageurs à raison de 6 ou 9 voitures, soit
410 voyageurs environ par train. Sur le Stadtsbahn de Berlin,
les trains se succèdent, à certaines périodes, à deux et trois
minutes d'intervalle. La durée des arrêts est d'une demi-
minute ; la vitesse maxima est de 45 kilomètres et la vitesse
commerciale de 24 kilomètres. Sur celui de New-York,
l'espacement des trains est de deux minutes matin et soir et
de six dans la journée ; les trains se composent de 5 à 6 véhicules de 13 tonnes et de 14 mètres de longueur, à 48 places
assises ; la vitesse maxima est de 45 kilomètres. Sur la petite
Ceinture de Paris, sur une période de vingt heures, on
compte, certains jours, 120 trains dans un seul sens, soit un
espacement moyen de dix minutes. Entre Paris-Saint-Lazare
et Versailles, il y a 37 trains de cinq heures du matin à
minuit. Il s'agit seulement, dans ces deux derniers exemples,
de trains de voyageurs et, à ce chiffre, il faut ajouter celui
des trains de marchandises ; aussi, à certaines heures, les
trains se suivent-ils à trois minutes d'intervalle dans les deux
sens. Généralement, sur ces lignes spéciales, le nombre de
trains s'équilibre dans les deux sens, et ils ont tous à peu
près la même marche, ce qui facilite le service.

Il n'en est plus de même sur les *grandes lignes*, où les
convois sont souvent moins fréquents, mais ont des marches
tout à fait différentes. En Angleterre, on admet 180 à 210 trains
par vingt-quatre heures sur la même voie, au delà, on
dédouble la ligne.

Le mouvement des trains dans la *journée* est assez
variable. Pour ceux de banlieue, les départs sont multipliés,
le matin et le soir, pour faciliter, pendant ces périodes, le
double mouvement de voyageurs. Sur la Stadtbahn, à
Berlin, la période chargée va le matin entre 6 et 9 heures, et le
soir entre 5 et 7 h. 1/2. Il en est de même pour les grandes
lignes, où l'on cherche à favoriser les allers et retours dans
la même journée. Cette manière de procéder peut s'appliquer non seulement pour les grandes têtes de lignes, mais
encore pour les centres commerciaux. Londres, en 1881, re-
cevait ou expédiait 2.124 trains de voyageurs sur neuf lignes
différentes, dont 7 seulement de minuit à cinq heures du ma-

tin. Il était tout indiqué de recevoir les trains de marchandises dans cet intervalle, ce qui obligeait à les faire partir vers huit ou dix heures du soir, la durée du parcours étant de six heures environ. Comme, à ces heures, les trains de voyageurs sont très nombreux, on a été amené à créer des garages le long de la ligne ou à dédoubler les voies, ou bien à employer des convois de marchandises légers et à marche rapide remorqués par des machines spéciales, de manière à les intercaler entre les trains de voyageurs.

Le nombre des trains varie également dans la *semaine*. En Angleterre, ceux du dimanche sont peu nombreux, ce qui oblige à les augmenter le samedi. En France, on augmente, le dimanche, les trains de voyageurs, sauf à diminuer les trains de marchandises.

Sur la plupart des réseaux, on a également deux services différents, suivant l'*été* ou l'*hiver*. Au point de vue des voyageurs, le nombre des trains est sensiblement le même, sauf l'été, pour quelques lignes spéciales desservant des plages, des villes d'eau. Le service d'été est, du reste, fort court. Par contre, c'est dans le commencement de la période d'hiver qu'ont lieu les transports de marchandises. Ce trafic intense se trouve concentré dans un laps de temps restreint et à peu près à la même époque sur tous les réseaux. On utilise tous les trains facultatifs, sauf à en employer quelques-uns pour ramener le matériel vide aux points de chargement. Aux États-Unis, ces transports extraordinaires prennent, à ces époques, des proportions inouïes, au point de nécessiter la suppression de certains trains réguliers, le service devient alors extrêmement complexe et difficile.

Quant à la proportion entre les différentes natures des convois, elle est assez variable suivant les régions et la charge remorquée ; cependant elle suit partout à peu près la même progression. On peut dire que, généralement, le nombre des trains de marchandises est double de celui des voyageurs. Mais, en ce qui concerne chaque catégorie, les divergences sont très grandes. Sur les grandes lignes cependant, le nombre des trains directs ou express est égal à celui des trains omnibus ; ceci n'est vrai que pour les lignes à trafic intense, car, sur les autres, les trains directs font souvent défaut.

128. Nombre et parcours des véhicules. — *Voitures.* —Pour assurer les trains, il faut disposer du matériel nécessaire. Le problème serait fort simple si le mouvement des trains était constant ; mais ce n'est pas le cas, et on se trouve pris entre la double difficulté d'avoir du matériel chômant une partie de l'année ou d'en manquer à certaines époques.

Pour les voitures à voyageurs, les réseaux disposent généralement d'un matériel suffisant ; car, à de rares exceptions, le mouvement des trains de voyageurs varie dans de faibles proportions. Le nombre des voitures dépend naturellement de la longueur du réseau ; on le ramène généralement au kilomètre ; mais, avec les grandes voitures à trois essieux ou à bogies, ce coefficient perd de sa signification ; aussi est-il préférable de ramener le nombre d'essieux au kilomètre, et mieux encore à l'unité de transport au nombre de voyageurs transportés au kilomètre.

Quant au parcours des voitures, il est assez difficile à évaluer ; pour avoir une moyenne approximative, on divise le parcours total des véhicules par le nombre des voitures ; on trouve 25.000 à 40.000 kilomètres par voiture et par an. En réalité, ce chiffre est plus élevé, car on ne tient pas compte des voitures en réparation.

Wagons. — C'est surtout dans les trains de marchandises et, par suite, dans le matériel correspondant, que l'utilisation varie d'une époque à l'autre de l'année. Lorsque ce matériel est fourni par les intéressés eux-mêmes, il n'y a jamais pénurie ; mais cette manière de procéder présente de graves inconvénients, aussi les Compagnies anglaises, qui l'ont pratiqué pendant longtemps, finissent par l'abandonner, en fournissant elles-mêmes tout le matériel nécessaire.

On ne saurait tirer des coefficients du tableau ci-dessous des conclusions absolues. En effet, les réseaux à longs parcours n'ont pas besoin d'autant de matériel que ceux où les wagons sont constamment en chargement ou déchargement ; il faudrait, dans le calcul, faire entrer en ligne de compte le nombre de kilomètres du tonnage transporté, c'est-à-dire rapporter le nombre de véhicules ou d'essieux à l'unité de transport ou nombre de tonnes transportées, au kilomètre.

On peut diminuer la quantité de matériel d'abord en ac-

RÉSEAUX	ANNÉES	LONGUEUR	VOITURES À VOYAGEURS		WAGONS À MARCHANDISES	
			NOMBRE DE VOITURES	NOMBRE DE VOITURES par kilomètre	NOMBRE DE WAGONS	NOMBRE DE WAGONS par kilomètre
Nord français.............	1898	3.746	4.199	1,11	58.813	15,70
Est......................	»	4.834	3.489	0,72	31.548	6,50
Ouest....................	»	5.590	4.504	0,86	26.449	4,70
Orléans..................	»	6.829	3.754	0,55	27.915	4,08
Paris-Lyon...............	»	8.808	6.023	0,67	86.583	9,73
Midi.....................	»	3.451	2.307	0,66	23.415	6,78
Etat.....................	»	2.813	1.776	0,63	13.523	4,80
Etat belge...............	1897	3.341	6.075	1,81	50.265	15,04
Royaume-Uni.............	1896	34.235	42.284	1,23	676.055	19,74
Etats-Unis	1895	289.332	26.419	matériel à bogies	1.238.689	4,28
Italie...................	1891	10.785	7.257	0,66	44.363	4,07
				NOMBRE D'ESSIEUX par kilomètre		NOMBRE D'ESSIEUX par kilomètre
Verein allemand..........	1896	80.159	49.984	1,37	531.546	12,99
Allemagne................	1896	44.597	3'.949	1,65	344.967	15,57
Autriche-Hongrie.........	1896	29.037	14.222	0,99	147.587	9,68
Suisse...................	1897	3.769	2.592	1,36	11.836	6,30

N. B. — Le Verein allemand comprend les réseaux allemands et autrichiens et quelques réseaux de pays voisins moins importants (Hollande, Belgique, Roumanie, Pologne russe).

| Parcours moyen | d'une voiture.. 25.000 à 40.000 d'un wagon... 12.000 à 18.000 | Proportion du chargement à la capacité | d'une voiture. 23 à 28 0/0 d'un wagon.. 40 à 45 0/0 | Capacité de chargement | 30 à 40 places par voiture. 5 à 6 tonnes par essieu de wagon. |

célérant la marche des trains et surtout par la circulation des
trains, la nuit. Enfin, un procédé employé au moment du
trafic intense consiste à placer, dans certaines gares importantes, des machines en feu se rendant plusieurs fois par jour
et suivant les besoins dans les gares voisines, pour amener ou
prendre des wagons, leur évitant ainsi tout stationnement.
En France, le parcours moyen d'une tonne de marchandises n'est que 100 à 150 kilomètres. Quant au parcours
moyen d'un wagon, on l'obtient en divisant le parcours total
par le nombre des wagons : on trouve 12 à 18.000 kilomètres ; mais ce chiffre varie d'un réseau à l'autre et dépend
de la nature des marchandises transportées. Sur certaines
lignes américaines, on a trouvé des parcours atteignant
40.000 et même 100.000 kilomètres ; seulement, dans le
cas particulier, il s'agit du transport à grande distance des
récoltes en céréales de l'Ouest des États-Unis vers l'Est. Il en
résulte forcément une meilleure utilisation du matériel ;
mais elle dépend de circonstances qu'il n'est guère possible
de faire naître ; cependant, par suite de l'admission du matériel étranger sur chaque Compagnie, on a augmenté de beaucoup les parcours.

129. Répartition du matériel. — Il ne suffit pas d'avoir du
matériel, il faut encore l'employer d'une façon méthodique,
et ne pas le laisser chômer en certains points, pendant que
d'autres en manquent. Ce problème est un des plus difficiles de l'exploitation des chemins de fer. Le but à atteindre
consiste à faire circuler chaque wagon à charge complète
sur le plus grand nombre de kilomètres possible. Pour
remplir cette première condition, le chargement et le
déchargement des véhicules doivent être exécutés le plus
rapidement possible.

Il existe d'abord, dans chaque Compagnie, un certain
nombre de wagons spéciaux, spécialement affectés à des gares
déterminées, en ayant à peu près seules l'emploi et, par conséquent, où il faut les renvoyer d'urgence après déchargement : tel est le cas des wagons à fer, à laine, etc. Pour les
voitures à voyageurs, il en est à peu près de même ; des
réserves ont été prévues sur quelques points du réseau, plus

spécialement aux têtes de lignes, où les voitures en excédent sont retournées d'office pour être garées ou remisées.

Mais, pour le reste du matériel, les Compagnies ont dû installer, en plusieurs points du réseau, des bureaux répartiteurs, connaissant, chaque jour, les besoins et les ressources des gares de leur circonscription de manière à faire face aux premiers avec les secondes. En cas d'insuffisance, ils s'adressent à un répartiteur général, qui procède avec eux comme ils le faisaient vis-à-vis des gares.

Ces dernières fournissent, du reste, chaque jour, des états mentionnant le nombre des wagons restant en gare, celui des wagons chargés à expédier ou à décharger, le nombre et la nature des wagons vides, ceux qui seront employés sur place et ceux qui font défaut. Les gares mentionnent également la durée de stationnement des wagons en indiquant les jours d'arrivée et de sortie ; il est en effet nécessaire que ce stationnement soit réduit au minimum, plus spécialement pour les wagons étrangers, dont le séjour ne doit pas excéder un certain délai.

Les bureaux répartiteurs, en se basant sur ces renseignements, font la distribution du matériel d'après certaines règles générales. Toutes les fois qu'une gare a le remploi immédiat d'un wagon, on doit l'autoriser à s'en servir ; mais, si le chargement ne peut se faire que dans un délai plus ou moins éloigné, il est souvent préférable de diriger les wagons vides sur un autre point, sauf à en faire parvenir d'autres pour la date indiquée. C'est une question d'appréciation dépendant des conditions locales : fréquence des trains, nature des marchandises à charger, possibilité de compter sur l'arrivée prochaine de wagons.

Il faut tenir compte, en outre, des courants réguliers qui règnent dans la circulation des wagons, car le matériel manque en certains points, tandis que d'autres en sont encombrés, ces mouvements ont surtout lieu des centres de production, comme les pays de mines, les ports de mer, vers les grandes villes ; les expéditions dominent dans les premiers et les arrivages dans les autres. Il est très facile de rétablir l'équilibre au moyen de trains de matériel vide ramenant toujours, aux gares d'expédition, les wagons sans

emploi au retour. Tant que les mouvements sont réguliers,
on les assure aisément; mais il arrive parfois que, dans un
délai très court, les gares expéditrices cessent leurs envois,
dans ce cas, pour ne pas les encombrer; il faut arrêter les
courants inverses et garer le matériel dans les gares intermédiaires.

Cette méthode a été appliquée en grand sur le Lyon. Il est
prescrit à chaque gare d'avoir à renvoyer, dans une direction
déterminée, tous les wagons dont l'emploi n'est pas assuré
dans les vingt-quatre heures. Ce matériel se rassemble dans
certaines gares répartitrices, opérant la distribution aux gares
suivantes, d'après leur demande et toujours dans le même
sens. Un wagon ne peut être dévié de cette direction que
pour un chargement d'au moins 4.000 kilogrammes; tandis
que dans le sens normal, le chargement est considéré
comme complet à 1.500 kilogrammes. L'excédent du matériel
vide continue ainsi sa route jusqu'aux gares d'expéditions.
En cas d'arrêt de ces dernières, pour ne pas encombrer les
gares origines, on arrête le courant des wagons vides en
les garant en quantités déterminées, dans les gares voisines,
suivant leur capacité. On remonte ainsi progressivement
jusqu'aux gares d'arrivages. Il peut se faire qu'une des gares
intermédiaires soit sur le point d'être encombrée par son
propre service local, ses voies de garage étant déjà occupées.
Dans ce cas, on renverse le sens de la circulation du matériel
vide en lui faisant rebrousser chemin. Les gares n'ont du
reste pas le droit d'utiliser de leur propre initiative le matériel
garé; elles doivent en demander aux gares en arrière, tout
au moins, pour remplacer les wagons pris dans les garages.

130. Échange du matériel entre les Compagnies. — Les
échanges de voitures sont indispensables de réseau à réseau
pour éviter tout transbordement aux voyageurs dans les
gares communes. Quelquefois on se contente d'ajouter aux
trains d'un réseau des voitures étrangères, on les retire aux
points de jonction pour continuer avec les trains du chemin
de fer propriétaire. Mais le plus souvent les trains sont répartis entre les deux Compagnies voisines, chacune d'elles
fournissant le matériel correspondant. L'équilibre doit éga-

OBJET	MAXIMUM	MINIMUM
Les dimensions énumérées ci-dessous s'appliquent soit au matériel à construire, soit à celui existant, sauf celles entre parenthèses qui ne sont tolérées que pour le matériel existant au 1er juillet 1893		
1° *Écartement des essieux* extrêmes des wagons de marchandises à construire..........	»	2m,500
Cette disposition ne s'applique pas aux trucs mobiles.		
2° *Écartement des roues* d'un essieu entre les bandages..........	1m,366	1 ,357
3° *Largeur des bandages*..........	0 ,150	0 ,130
Pour le matériel existant..........	»	(125)
4° *Jeu des boudins* d'après le déplacement total de l'essieu..........	35	15
5° *Écartement extérieur* des boudins mesuré à 10 millimètres en contrebas des cercles de roulement	1 ,425	1 ,405
6° *Hauteur des boudins* jusqu'au sommet des rails.	36	25
7° *Épaisseur* des bandages au point le plus faible.	»	20
8° *Roues en fonte* coulées en coquille admises sous les wagons à marchandises non munis de freins.		
9° Les deux extrémités des châssis de wagons doivent être munies *d'appareils élastiques de choc et de traction*..........		
10° *Hauteur des tampons des véhicules vides*...	1 ,065	1 ,020
Maximum pour le matériel existant..........	1 ,070	
11° *Hauteur des tampons des véhicules chargés*.		0 ,940
Minimum pour le matériel existant..........		(0 ,900)
12° *Écartement des tampons* d'axe en axe.......	1 ,760	1 ,710
Ancien matériel..........	(1 ,800)	(1 ,7 0)
13° *Diamètre des tampons*.....		0 ,340
Ancien matériel..........		(300)
14° Espace libre entre les tampons et la traverse de choc ou les pièces y faisant saillie..........		0 ,300
15° *Saillie des tampons sur le crochet de traction*.	0 ,400	0 ,300
Ancien matériel.... { Voitures..........	(0 ,430)	
{ Wagons..........	(0 ,430)	(0 ,223)
16° *Longueur des attelages*..........	0 ,550	0 ,450
17° *Petit diamètre de la section des étriers d'attelage*..........	35	30
Ancien matériel.... { Voitures..........		(22)
{ Wagons..........		(25)
18° *Attelage de sûreté*. — Chaînes de sûreté ordinaires, ou tout autre système central permettant l'attelage avec les véhicules munis de chaînes...		
19° *Distance du rail aux parties les plus basses des attelages*..........		75
20° Tous les véhicules doivent avoir des ressorts de suspension..........		
21° Les manivelles des freins doivent tourner à droite.		
22° Distance de la paroi extrême d'une vigie de wagon au plan de front des tampons serrés à fond de course..........		40
23° Le profil transversal doit pouvoir passer à travers tous les gabarits..........		
24° Chaque véhicule doit porter : 1° l'indication du chemin de fer propriétaire; 2° un numéro d'ordre; 3° sa tare; 4° le tonnage maximum, sauf pour les voitures; 5° l'écartement des essieux, s'il est supérieur à 4m,50; 6° l'indication d'essieux se déplaçant radialement..........		
25° Les serrures des voitures doivent correspondre à deux types de clefs déterminés..........		

lement exister sur les parcours respectifs de ces matériels sur chacun des réseaux.

Pour les marchandises, on a intérêt à augmenter le plus possible le parcours des wagons chargés, ce qui a amené les Compagnies à échanger leur matériel. On supprime de cette façon les transbordements aux gares frontières et, avec eux, les pertes de temps, les déchets et les frais supplémentaires qui en résultent; mais pour cela le matériel doit satisfaire à certaines dimensions déterminées, qui constituent l'unité technique des voies ferrées, adoptée à la conférence internationale de Berne (31 mars 1887). Le tableau ci-contre résume les différentes dimensions de cette *unité technique*.

Avant de passer d'un réseau sur un autre, le wagon est visité contradictoirement. On s'assure s'il satisfait aux conditions réglementaires; on relève les avaries existantes sans que toutefois elles empêchent d'une manière absolue son admission. Le wagon chargé continue sa route jusqu'à destination en empruntant un ou plusieurs réseaux et en payant à chacun d'eux le droit de péage. Le temps de séjour, qui dépend de la longueur du chemin parcouru, est limité, une indemnité est due pour tout prolongement au delà du délai fixé. Le matériel peut être utilisé au retour en recevant un chargement, soit pour la Compagnie propriétaire, soit pour une Compagnie au delà, à la condition d'emprunter les voies de la première. Il peut, en outre, être restitué à une gare frontière quelconque des deux réseaux.

A chaque restitution, le wagon est de nouveau visité contradictoirement; les avaries non prises en charge à l'aller sont portées au compte de la Compagnie qui l'a utilisé, lorsque leur montant excède 18 fr. 75. Le règlement de ces comptes a lieu tous les trois mois environ, et il est assez compliqué; aussi en Russie a-t-on préféré employer un autre système. Un wagon passe-t-il sur un réseau étranger, immédiatement celui-ci donne en échange un de ses wagons; l'échange est fait pour une durée de deux ans, au bout desquels les wagons doivent être rendus.

131. Marche des trains. — La marche des trains doit se faire conformément aux indications du livret; l'arrivée dans

les gares a lieu sans avance ni retard ; aussi le mécanicien
doit avoir une connaissance complète de la ligne, de manière à *corriger la marche pour satisfaire à cette double*
condition. La vitesse doit être aussi uniforme que possible,
il ne faut pas ralentir dans les rampes pour regagner du
temps dans les pentes. Cette manière de procéder peut être
économique au point de vue des consommations de charbon ; *mais elle présente certains dangers en cas d'emballe-*
ment à la descente. Pendant le parcours, le mécanicien et
le chauffeur doivent observer la voie devant eux et regarder
de temps à autre en arrière, pour s'assurer si le train est
complet. En cas de résistance inusitée, ils doivent tâcher
de *s'en rendre compte le plus vite possible*. Il faut redoubler
d'attention à l'entrée des gares, bifurcations, passages à
niveau, surtout en cas de brouillard et de mauvais temps.

Les trains doivent partir des gares aux heures indiquées.
En Angleterre, cependant, les trains de marchandises peuvent
partir en avance, à la condition de ne gêner aucun train.
Cette méthode est possible avec le block-system, toutefois
elle présente quelque danger. Le démarrage des trains, tout
en étant rapide, doit se faire *sans brusquerie, quelle que*
soit la nature du train ; on évite ainsi les secousses inutiles
et les ruptures d'attelages.

Les trains de voyageurs doivent seulement desservir les
stations prévues au livret ; il n'est fait d'exception que sur
l'ordre du *chef de l'exploitation ou de ses représentants*, ou
sur la réquisition des fonctionnaires du contrôle et de la jus-
tice. Pour les trains de marchandises, la faculté de les faire
arrêter exceptionnellement est accordée à certains fonctionnaires. Le mécanicien doit, autant que possible, être prévenu *de ces arrêts extraordinaires*.

A l'approche des gares, le mécanicien d'un train de voyageurs doit prendre les dispositions convenables pour amortir
la vitesse de son train avant le point où les voyageurs
doivent descendre.

Il lui est ordonné de faire l'essai des freins continus,
à l'approche des stations et plus spécialement des gares terminus, de manière à pouvoir les remplacer, au besoin, par les
freins à main. Quelques Compagnies (*Nord français, État*

belge) exigent même que les arrêts devant les heurtoirs soient faits avec le frein à main.

Pour les trains de marchandises, les arrêts se font avec les freins à main des fourgons et avec le frein spécial de la machine (frein à vide, frein à vapeur, etc.).

Pendant toute la durée de la marche, le train est placé sous la direction du mécanicien, qui doit se conformer aux signaux ; mais, au moindre arrêt, il passe sous les ordres du conducteur, et, sur tous les réseaux, le mécanicien ne peut reprendre sa marche que sur un ordre du conducteur. Sur les lignes américaines, le conducteur a une très grande initiative pendant les parcours ; c'est lui, en somme, qui, sur les indications du dispatcher, règle la marche, fixe les garages, et prend toutes les mesures de sécurité en cours de route. En Europe, cette initiative est partagée avec les agents des gares, et sauf pour les arrêts en pleine voie ou pour les garages accidentels, dans les stations dépourvues de service de nuit, les autres mesures sont prises par les agents des gares.

Bulletin de traction. — Rapport spécial. — La marche du train est enregistrée sur des feuilles spéciales : *bulletin de traction, feuille de marche* ou *de mise en tête* et le *rapport spécial* du train. Le premier appartient au service de la traction, le second à celui de l'exploitation. Ils sont établis tous deux par le conducteur, et mentionnent le nom de toutes les stations, ou des deux extrêmes, avec les heures d'arrivée et de départ, le nombre des véhicules, leur poids, ou le nombre d'essieux, suivant la manière d'évaluer la charge. Le rapport spécial doit être visé de gare en gare, au moment du départ, par le chef de gare ou son représentant. Le bulletin est signé par le conducteur et le mécanicien, celui-ci peut mentionner ses observations.

Ces rapports contiennent, en outre, des renseignements complémentaires, qui varient suivant les Compagnies. Renvoyés ensuite aux services intéressés, ils permettent de contrôler la marche des mécaniciens et le travail des gares, et peuvent donner lieu, suivant le cas, à des observations ou des enquêtes.

132. Manœuvre des trains. — Les manœuvres des trains

dans les gares se rapportent plus spécialement au garage
et aux divers mouvements à effectuer pour prendre ou
laisser des wagons. Lorsqu'il s'agit d'un garage, la première
des conditions est de s'assurer que la voie destinée à recevoir
le train est d'une longueur suffisante pour ne jamais embarrasser les croisements, c'est-à-dire la circulation générale.
Il est nécessaire que les agents du train accompagnent la
manœuvre, pour faire les signaux, ou serrer les freins.
Une fois le train garé, on enlève les signaux d'arrière,
pouvant amener des confusions pour les trains de passage.

Les manœuvres pour prendre ou laisser des wagons,
peuvent s'effectuer de deux façons : par *refoulement*, ou par
lancement. Dans le premier cas, la machine refoule les wagons
jusqu'au point où ils sont laissés. C'est le cas de wagons à
chargement craignant les chocs. Ces manœuvres ne sont
généralement pas accompagnées, à moins qu'elles ne soient
faites sur les voies principales, les voies du service local ou
de transbordement, c'est-à-dire toutes les fois que l'on risque
de rencontrer un obstacle imprévu, plus particulièrement
des personnes.

Avec les manœuvres par lancement, les wagons, après avoir
été amenés à une certaine distance de l'aiguille de refoulement, sont décrochés, puis poussés, jusqu'à ce qu'ils aient pris
une allure assez vive pour parcourir une certaine distance
en vertu de la vitesse acquise. La machine n'accompagnant
pas les wagons, les manœuvres sont plus rapides ; mais
elles doivent se faire avec prudence. Les lancements sont
défendus sur les voies principales, les voies accessoires,
si l'on craint que les wagons lancés n'aillent engager les
voies principales, sur les voies du service local ou du transbordement, des halles des visiteurs, enfin, sur toutes celles
où peuvent se trouver des agents occupés à un autre travail.
Elles sont également défendues avec les voitures à voyageurs.
Les manœuvres, dites à l'anglaise, qui consistent à envoyer deux
parties de train sur des voies différentes, par la manœuvre
d'une aiguille sous le train, sont généralement interdites.

Dans les manœuvres, les signaux doivent être faits d'une
façon nette et précise ; aussi certaines Compagnies exigent
qu'ils soient acoustiques et optiques. Il faut avoir deux

agents, l'un pour les signaux, l'autre pour l'accrochage ou le décrochage. On doit, du reste, prévenir le mécanicien sur les manœuvres à effectuer.

133. Double traction. — Machine de renfort. — Il faut éviter la double traction, la charge remorquée n'étant jamais égale à la somme des charges admises pour chacune des machines séparées; le cas échéant, il est préférable de dédoubler les trains. C'est, du reste, le mode admis pour les trains de voyageurs, chaque mécanicien, marchant séparément, reste bien mieux maître de son train.

Cependant la double traction est très utile, lorsqu'il s'agit de franchir une rampe difficile, de faible longueur.

On l'emploie également aux trains de marchandises, seulement pour renvoyer les machines à leur dépôt d'attache; elles sont à la fois mieux utilisées et moins encombrantes qu'en circulant haut-le-pied.

Lorsque l'on emploie la double traction pour remorquer une charge, la machine de renfort peut se mettre en tête ou en queue, et, dans ce dernier cas, être ou non attelée au train. Il est évident que, si la machine d'allége doit abandonner le train, aussitôt le point difficile franchi, il est inutile de l'atteler. Seulement, dans ces conditions, la machine ne saurait remplacer les freins, comme cela a lieu, lorsqu'elle fait partie du train. Lorsque les trains sont un peu longs, la machine en queue ne peut pas aider de façon aussi efficace que si elle était placée en tête.

Quelle que soit la position relative des machines, le mécanicien de tête règle la marche, surveille les signaux, et demande les freins. La vitesse de marche ne doit pas excéder celle de la machine qui court le moins, et, en tête, on doit mettre la plus faible. Ces prescriptions n'ont toutefois rien d'absolu, elles varient un peu suivant les Compagnies.

B. — Incidents de route

134. Généralités. — Bien des imprévus peuvent survenir dans la marche d'un train : retards pour une cause quelconque, avaries à la machine, aux véhicules, ou à la voie, de là autant d'incidents. Il est nécessaire, dans ces conditions, que tous les agents du train soient suffisamment renseignés pour prendre les mesures urgentes et éviter de transformer l'incident en catastrophe. L'initiative et le sang-froid jouent un grand rôle; mais il y a lieu de développer ces deux qualités par une étude spéciale sur les différents incidents prévus par le règlement. Il faut, pour cela, que le règlement soit concis, clair, et résume les cas les plus fréquents auxquels on pourra rattacher tous les autres. Il ne doit pas y avoir d'ambiguïté et, par suite, d'hésitation possible.

Généralement un règlement spécial est nécessaire par catégorie d'agents : mécaniciens, conducteurs, agents des gares ou de la voie, chacun d'eux ayant une mission spéciale ; mais tous ces règlements doivent émaner de la même idée, tout en laissant pressentir aux agents la part de responsabilité qui leur incombe dans la mesure prise. Grâce à cette communauté, chacun d'eux se trouve intéressé dans une proportion suffisante pour compenser les oublis, se produisant forcément chez quelques-uns.

135. Retards des trains. — Le retard d'un seul train, dû à une circonstance quelconque, entraîne celui de beaucoup d'autres. En effet, si le premier donne la correspondance à une bifurcation, le train correspondant a, par ce fait, un certain retard, se répercutant jusqu'aux extrémités du réseau. Pour ne pas exagérer au delà de toute mesure ces retards, des délais d'attente de 15 minutes environ ont été fixés aux bifurcations; mais ils varient selon l'importance de la ligne; leur maximum est fixé par des ordres de service qui prévoient, en outre, la création de trains spéciaux, pour les voyageurs attendant la correspondance. Les trains-poste sont affranchis du délai d'attente.

Pour diminuer les retards, des primes de régularité sont accordées par quelques Compagnies aux agents des gares et aux conducteurs. De même les mécaniciens, pour certains trains, reçoivent des primes pour tout le temps regagné, et sont punis pour le temps perdu en marche, par leur faute. Ils sont autorisés à accélérer leur vitesse dans les limites fixées par le règlement, et variant avec chaque Compagnie.

Tous les retards des trains de plus de dix minutes pour des parcours de 50 kilomètres, et de quinze minutes pour les autres, sont, en France, signalés au contrôle, qui juge des mesures à prendre contre les Compagnies. Les retards des trains de marchandises ont moins d'importance, il y a cependant un intérêt majeur à assurer la régularité du service ; ils peuvent donner lieu, du reste, pour les agents, à des excédents de travail rigoureusement interdits.

Les retards de trains atteignant une certaine importance, généralement quinze minutes pour les trains de voyageurs et trente pour ceux de marchandises, doivent être annoncés jusqu'à la première gare ayant une machine de réserve.

Les gares de formation intermédiaires, lorsqu'elles sont avisées du retard considérable d'un train, peuvent former, dans certains cas, un second train destiné à remplacer le premier sur le reste du trajet en suivant son itinéraire. Le train en retard n'est pas forcément supprimé, il continue comme train dédoublé si les voyageurs à laisser ne peuvent être expédiés par un autre train. Ces mêmes gares peuvent également expédier tous les trains devant suivre celui en retard, à la condition, bien entendu, de ne pas gêner à nouveau sa marche ; il suffit, pour cela, que les trains expédiés hors tour puissent rejoindre un garage suffisamment rapproché pour ne pas gêner le train. Du reste, les gares doivent, dans le cas de garages accidentels dus aux retards, n'expédier les trains que si les deux conditions suivantes sont satisfaites :

1º Les trains expédiés pourront toujours conserver une avance suffisante pour ne pas gêner les suivants ;

2º Ils seront à la distance réglementaire par rapport à ceux qui les précèdent.

Quelques Compagnies autorisent un train expédié hors tour à partir en avance sur l'heure réglementaire, à la condition de ne pas regagner sur le dernier train qui précède ; d'autres s'y opposent formellement et conservent les heures prévues.

136. Détresses. — On dit qu'un train est tombé en détresse en pleine voie, lorsque, pour une cause quelconque, même s'il n'est pas déraillé, il lui est impossible de continuer sa marche. La détresse peut être subite; mais généralement, si elle est due à une avarie à la machine, le mécanicien peut la pressentir. Il doit faire tout son possible pour gagner la première gare où il y a une machine de réserve ou, tout au moins, la gare la plus proche, où il pourra se garer pour ne pas gêner la circulation.

Lorsque cette détresse se produit en pleine voie, le premier devoir des agents est de protéger le train au moyen de signaux à main. L'agent de queue, dès l'arrêt du train, doit se porter immédiatement en arrière, sans hésitation et sans retard, même s'il a l'assurance qu'aucun train ou machine ne peut survenir. La distance à laquelle ces signaux doivent être faits en arrière est généralement de 1.000 mètres; sur certains réseaux, elle est subordonnée au profil de la ligne. Ces signaux sont faits, le jour, avec un drapeau rouge, la nuit, avec une lanterne, et, le jour comme la nuit, l'agent chargé d'assurer la sécurité doit être muni de pétards. A défaut du garde-frein de queue, les signaux sont assurés par le conducteur lui-même ou le chauffeur s'il s'agit d'une machine isolée. Tout train est considéré, comme arrêté en pleine voie, quand le dernier véhicule se trouve en dehors de la limite de protection des signaux fixes de la ligne.

Une fois le train couvert, les agents se concertent sur la manière de remédier à la détresse, soit par leurs propres moyens, soit en demandant du secours. Il n'est guère possible d'établir de règles fixes à ce sujet, les mesures à prendre dépendant de l'initiative des agents. On peut cependant les ramener à quelques cas généraux.

137. Mouvements à contre-voie. — Lorsque la détresse est due, par exemple, à un manque d'eau, soit par suite d'imprévoyance ou de consommation exagérée, le mécanicien peut être autorisé par le conducteur à aller avec sa machine seule jusqu'à la prise d'eau la plus voisine et à revenir ensuite sur son train. Ce retour donne lieu à un mouvement à contre-voie. Il ne peut être autorisé qu'avec la certitude que le train resté sur la voie ne sera pas poussé à l'arrière. Dans ce but, le conducteur reste avec le train et délivre au mécanicien un ordre écrit lui permettant de revenir à contre-voie, il s'engage à ne se laisser pousser par aucun train, ni aucune machine. C'est sur la présentation de cet ordre écrit, que le chef de la gare, où se trouve la prise d'eau, autorisera le mécanicien à revenir vers son train.

Pour tous les mouvements à contre-voie, des ordres écrits doivent être exigés, par les agents de la machine, de celui qui les commande. Cette complication incite généralement les agents à prendre les précautions nécessaires.

Ces mouvements étant toujours dangereux, on doit les éviter autant que possible; ainsi, dans le cas précédent, on peut se faire pousser par le train suivant, tout au moins jusqu'à la première gare.

138. Ruptures d'attelage. — Les ruptures d'attelage sont des incidents assez fréquents, qui ont des conséquences graves quand les wagons à la dérive ne sont pas arrêtés assez tôt, ce qui n'est pas fréquent. En effet, lorsqu'une rupture se produit, les agents montés sur la partie détachée prennent immédiatement toutes les mesures pour l'arrêter le plus vite possible et attirer l'attention du mécanicien. Dès que l'arrêt s'est produit ils se portent en arrière pour couvrir la dérive à la distance réglementaire.

Si la queue du train est encore en vue lorsque le mécanicien s'en aperçoit, il règle sa marche sur celle de la partie rompue et, lorsque cette dernière est arrêtée, le conducteur l'autorise à venir la chercher. Si la queue du train n'est plus visible, le mécanicien ne doit jamais refouler; il continue sa marche jusqu'à la première gare, où le chef peut autoriser le mécanicien et le conducteur à partir, avec la machine en suivant la *voie normale*, à la recherche des wagons en dérive jusqu'à la gare précédente, où, aiguillée de nouveau à voie normale, la machine pourra pousser ces wagons. Cette mesure est inutile si l'on a la certitude qu'un train suit celui coupé, il pourra alors pousser les wagons arrêtés; toute-fois, pour plus de sûreté, le garde-frein ne doit laisser remorquer les véhicules qu'un certain temps au moins après avoir perdu de vue la tête du train.

Dans le cas où le train coupé posséderait une machine de

renfort à l'arrière, cette dernière doit se contenter d'arrêter les wagons séparés ; elle ne les poussera au bout d'un certain temps, que si la première partie a été perdue de vue.

139. Secours. — **Demande de secours.** — Lorsque, dans une détresse, les agents du train ne peuvent d'eux-mêmes débarrasser la voie, ils doivent demander du secours. Une fois la demande décidée, elle doit être faite par les moyens les plus rapides. Si la machine est en état de continuer sa route, le mécanicien emporte la demande jusqu'à la première gare ; d'autres fois cette demande peut être confiée à un train circulant en sens inverse. Lorsque ces différents moyens ne peuvent être employés, le conducteur se rend à pied au premier poste de secours, qui renferme les appareils télégraphiques ou téléphoniques, signalés le long de la voie par des inscriptions ou des signes conventionnels. Ces postes, dans le cas du télégraphe, renferment un récepteur et un manipulateur Breguet, permettant l'envoi de dépêches en lettres ordinaires. La boîte qui contient les deux appareils assure, lorsqu'elle est fermée, la continuité de la ligne ; ouverte, il est facile d'établir les connexions avec l'une ou l'autre des gares voisines. Il en est de même des postes téléphoniques.

La rédaction de la demande de secours doit être simple, tout en donnant des renseignements précis : elle doit mentionner le numéro du train, le point kilométrique où la détresse s'est produite, indiquer la cause et spécifier s'il faut envoyer seulement une machine de secours, ou cette machine avec le wagon de secours et ses ouvriers, s'il y a un service de pilotage à établir, et enfin préciser si le secours doit aborder le train par l'avant ou l'arrière. Tous ces renseignements ont une grande importance ; car, en simplifiant les manœuvres, ils permettent de gagner du temps, condition essentielle à ce moment.

La gare voisine qui reçoit, la première, la demande du poste de secours peut, dans certains cas, prendre des mesures préliminaires : par exemple, si elle a un train garé dont elle puisse utiliser la machine pour remorquer le train en détresse, elle le fait avant même de demander une nouvelle machine pour son propre train. Dans le cas contraire, le chef de gare transmet la demande par la voie la plus prompte à la gare de secours à laquelle elle est adressée, généralement la plus proche, mais, dans le cas où il s'agit de secourir le dernier train d'une ligne où il n'y a pas de service de nuit, il est préférable de faire cette demande en avant.

Une fois la demande lancée, les agents du train doivent prendre des mesures pour simplifier les manœuvres de la machine de secours. Si la demande a été faite un peu prématurément, c'est-à-dire si le train peut reprendre sa marche ou se faire pousser, il lui est défendu *d'une manière absolue*, de le faire lorsque le secours doit venir à contre-voie en avant. Dans tous les autres cas, le train peut se remettre en marche ou se laisser pousser. Il est recommandé, du reste, aux agents de procéder, dans ces diverses circonstances, avec méthode, sans précipitation.

140. Machine de secours. -- Dans toutes les gares d'une certaine importance, se trouvent des machines de réserve toujours en feu et disposées sur des voies d'où leur dégagement est très rapide. Dans celles où il y a un dépôt ou un atelier de voitures, se trouve un wagon de secours, c'est-à-dire un wagon renfermant les outils et les agrès nécessaires à la remise sur rails des machines ou des véhicules déraillés. Ce sont généralement des ouvriers des ateliers qui accompagnent les wagons de secours. La machine de réserve peut partir seule ou avec un wagon de secours, suivant demande; dans tous les cas, les mesures à prendre pour sa circulation sont les mêmes.

Généralement elle est accompagnée d'un pilote; mais, dans les circonstances urgentes, sa présence n'est pas indispensable. Cette machine est envoyée d'office, sur voie normale, au-devant des trains, toutes les fois qu'on est sans nouvelles d'un train en retard. Dans tous les autres cas, elle n'est déplacée que sur une demande spéciale.

Le pilote ou, à son défaut, le mécanicien, doit se rendre compte de la position de la machine de secours par rapport aux trains précédents ou suivants. Il peut être nécessaire de la garer en cours de route pour laisser passer d'autres trains ; il peut y avoir encore des trains de service qui rendent son passage difficile. Aussi doit-on ralentir dans les gares intermédiaires, pour s'arrêter au moindre signal et prendre des renseignements, s'il y a lieu. On va ainsi jusqu'au point où se trouve le train à secourir. Si le secours a été demandé en arrière et que la machine ne rencontre pas le train au point de la détresse, elle continue avec prudence jusqu'à la première gare où des renseignements sont fournis sur le train : s'il continue ou s'il est garé.

Lorsque la machine de secours doit aborder le train en détresse à contre-voie ou s'il est nécessaire de ramener une partie de ce train à contre-voie dans la gare précédente, les mesures à prendre sont différentes. Dans le premier cas, le pilote ne peut engager à contre-voie la machine de secours que si le chef de gare lui remet la demande même du secours et lui garantit qu'il n'y a aucun train devant celui en détresse. Dans le second, il n'autorise le retour à contre-voie que si le chef de gare lui a donné la certitude par écrit que, la voie ayant été fermée, il ne laissera aucun train s'engager derrière lui. On procède de la même façon lorsqu'on envoie la machine de secours à la recherche d'un train sur voie normale, pour l'autoriser à revenir ensuite à contre-voie ; de même lorsqu'une machine, après avoir poussé un train au delà d'une gare est autorisée à revenir à contre-voie. Dans ces deux cas, la voie est fermée, par conséquent les signaux de l'autre côté de la gare sont mis à l'arrêt et doublés souvent de signaux à main. Il doit en être de même sur tous les embranchements pouvant exister dans la partie parcourue à contre-voie. Si la machine de secours circule sur des sections de voie non gardées, la plus grande prudence est recommandée au mécanicien, celui-ci doit siffler et fortement ralentir aux passages à niveau, de manière à pouvoir s'arrêter à la première alerte, s'il y a lieu.

141. Déraillements. — Lorsque la machine ou le tender déraillent pour une cause quelconque, le mécanicien s'en aperçoit par les soubresauts provoqués par la machine roulant sur la voie. Le mécanicien doit s'arrêter aussitôt. Si le déraillement se produit dans le corps du train, le mécanicien ne tarde pas à s'en apercevoir, à la résistance anormale éprouvée par la machine pour avancer. Il doit siffler aux freins tout d'abord et s'arrêter lorsque la marche est suffisamment ralentie.

La voie sur laquelle se trouve le train et quelquefois l'autre voie se trouvant obstruées, le premier devoir des agents est de couvrir le train à l'avant, s'il y a lieu, et toujours à l'arrière. Généralement le relevage ne peut être effectué par eux, ils doivent donc demander du secours. La demande spécifie la nature des véhicules déraillés, si les voies sont obstruées et s'il est nécessaire d'envoyer le wagon de secours. En attendant son arrivée, les agents de la machine et du train doivent, avec les moyens dont ils disposent, chercher à rendre les voies disponibles le plus tôt possible.

142. Pilotage. — Il y a deux espèces de pilotage, suivant qu'une seule ou les deux voies sont obstruées. Dans le premier cas, tout le service se trouve reporté sur la voie disponible, et les trains sont accompagnés par un pilote sur la portion parcourue temporairement en voie unique. Le pilotage se trouve forcément organisé entre deux points d'où il est possible de passer d'une voie sur l'autre, généralement entre deux gares, à moins qu'il n'existe une liaison en pleine voie.

Pilotage sur une voie. — Dès qu'un chef de gare est prévenu de l'interception d'une voie, il prend l'initiative du pilotage en l'organisant lui-même ou en demandant à l'autre gare de faire le nécessaire. Le pilotage est, en effet, généralement établi par la gare expédiant les trains sur la voie unique dans le sens normal. Elle nomme le pilote, celui-ci part à voie normale fermant la voie derrière lui et désignant des gardes ou aiguilleurs à chaque extrémité de la voie unique ou des embranchements existants, ayant pour mission d'arrêter tous les trains qui se présenteront.

Le pilote, parti à voie normale, revient à contre-voie avec un second train et alternativement en montant sur la machine. Cet agent est reconnaissable à un brassard, une plaque ou tout

autre insigne, et s'il est nécessaire, il présente l'ordre écrit
délivré par le chef de gare ayant organisé le pilotage. Seul il
est autorisé à donner le signal de départ aux mécaniciens.
Comme il ne peut être à deux endroits à la fois, toute collision est impossible.

Les trains circulant dans les deux sens ne s'équilibrent pas
forcément, il faut pouvoir expédier dans le même sens plusieurs trains, le pilote peut alors ne pas accompagner tous
les trains et ne monter que sur le dernier; la sécurité ne se
trouve pas diminuée de beaucoup, les signaux d'espacement
des trains dans le même sens subsistant toujours. Dans ce
cas, les mécaniciens ne se mettent en marche que sur
l'ordre verbal du pilote.

Quelques Compagnies ont donné une plus grande élasticité
au système, au détriment de la sécurité, il est vrai. En cas
d'erreur du pilote ou de retard inattendu du train, qui devait
le conduire à l'autre extrémité de la voie unique pour
effectuer une manœuvre en sens inverse, le pilote peut
envoyer une dépêche donnant au mécanicien de ce train
l'ordre de se mettre en route sans attendre sa présence.
Cette dépêche doit mentionner, en outre, le numéro du
dernier convoi qu'il aurait dû accompagner, et toute expédition du train en sens inverse ne peut avoir lieu, si ce dernier n'est pas arrivé. Ainsi appliquée, la méthode est sans
reproche, mais il faut compter avec les oublis, les erreurs
possibles.

Lorsque la circulation est rétablie sur l'autre voie, le pilotage cesse avec le retour du pilote à la gare qui a organisé
le service; sa commission et celle des aiguilleurs placés aux
origines de la voie unique sont retirées.

Double pilotage. — Lorsqu'un obstacle intercepte les deux
voies, il y a lieu de transborder les voyageurs, on organise alors
un double pilotage entre les gares voisines et l'obstacle, chaque
pilotage est indépendant.

Aussitôt l'une des voies rendue libre, on supprime un des
pilotages en laissant seulement en service le pilote accompagnant le premier train pouvant aller d'une gare à l'autre, quel
que soit son sens. Si les deux voies sont libres en même temps,
chaque pilote rentre à sa gare respective, annulant les ordres

donnés aux aiguilleurs spéciaux, et remet lui-même sa commission.

Dans la circulation temporaire des trains sur voie unique, il y a quelques mesures d'ordre général à prendre. Les trains circulant à contre-voie sont munis à l'avant de la machine ou du premier véhicule, le jour, d'un drapeau rouge, la nuit, d'une lanterne rouge. Le premier train circulant dans ce sens doit marcher lentement, de manière à pouvoir s'arrêter au premier obstacle; le mécanicien doit annoncer sa présence par de nombreux coups de sifflet; une vitesse spéciale est fixée par les règlements particuliers des divers réseaux.

Les signaux du block-system conservent leur signification habituelle pour l'espacement des trains, supposés circulant dans les conditions ordinaires. Si la ligne n'a pas de block-system ou en cas de non-fonctionnement, on applique la réglementation ordinaire pour l'espacement des trains. Enfin on doit, par tous les moyens possibles, prévenir les agents de la voie de l'organisation du pilotage.

On peut, dans certaines circonstances, organiser la circulation des trains sur une seule voie sans pilotage; mais, dans ce cas, tout le personnel est prévenu par ordre de service; de plus on peut installer provisoirement un block-system pour voie unique ou encore arrêter tous les trains à l'origine de la voie unique et ne les autoriser à partir que sur un ordre écrit du chef de gare, qui demande à chaque fois la voie à l'autre gare origine. On peut adopter, du reste, tous les modes d'exploitation de la voie unique.

CHAPITRE II

ESPACEMENT DES TRAINS. — BLOCK-SYSTEM

A. — Généralités

143. Espacement par le temps. — Au point de vue de la sécurité, il est nécessaire de maintenir, entre deux trains qui se suivent, un certain intervalle. Le moyen le plus simple est d'expédier le second quelques instants après le premier.

Le règlement général d'un certain nombre de chemins de fer prescrit qu'aucun train ou machine ne peut quitter une gare, s'il ne s'est écoulé au moins dix minutes depuis le passage du dernier train. Ce train pouvant tomber en détresse, il faut donner aux agents le temps nécessaire pour le protéger. L'intervalle de dix minutes peut cependant être réduit à cinq, ou même à deux minutes, lorsqu'il s'agit d'un train en suivant un autre à marche plus rapide, ou si les deux trains ont le même parcours sur quelques kilomètres seulement.

L'espacement doit être maintenu également en cours de route. Ce résultat est obtenu au moyen de signaux faits de la voie, et variant suivant les réseaux. Si un train, par exemple, en suit un autre à moins de dix minutes, mais à plus de cinq, les agents des stations ou les gardes-barrière doivent lui présenter le signal de ralentissement. Si cet intervalle se réduit à moins de cinq minutes, ils ne doivent pas hésiter à l'arrêter. En Angleterre, dans le même but, sur la plupart des réseaux, le distant et le home signal d'une station sont maintenus à l'arrêt cinq minutes après le départ d'un train. Il en est de même en France où, dans ces conditions, le disque avancé des gares doit être mis à l'arrêt.

On ne doit également autoriser un train à en précéder un

autre en retard que s'il peut atteindre la station suivante, dix minutes au moins avant l'arrivée du second, et encore ce délai est-il porté à vingt minutes, s'il s'agit d'un train de marchandises, car il faut prévoir le temps nécessaire à son garage. On doit, du reste, dans l'expédition des trains hors tour, faire attention à toutes les causes qui peuvent amener un retard dans la marche, comme le mauvais temps, une charge excessive.

144. Espacement par la distance. — L'application de l'électricité aux chemins de fer a permis de substituer la distance au temps, dans l'intervalle à maintenir entre les trains. L'exploitation de la ligne se fait par block-system, ou cantonnement. Le principe est très simple : on divise la ligne en un certain nombre de sections, pourvues, à chaque extrémité, d'un poste muni de signaux manœuvrés par un agent en communication directe avec ceux des postes voisins.

Soit, par exemple, une ligne divisée en quatre sections de longueur différente et correspondant aux cinq postes A, B, C. D, E; un quelconque des postes intermédiaires C communique avec les deux postes voisins B et D ; les deux extrêmes A et E sont en relation avec un seul. Le mouvement des trains se fait de la façon suivante : Le poste A, ayant un train à faire partir, prévient B de l'expédition de ce train et, suivant qu'il s'agit d'exploitation à voie ouverte ou fermée, de voie double ou unique, le poste B se contente d'attendre le train ou de donner voie libre. Le train parti, A bloque la voie derrière lui à tout nouveau train suivant le premier, et il ne pourra l'ouvrir que sur l'autorisation de B. En effet, dès que le train est arrivé en B, l'agent du poste l'annonce à C, en même temps, il bloque la voie en amont, de manière à interdire l'entrée de la section BC à tout convoi venant derrière. Seulement cette manœuvre a comme conséquence, la section AB étant devenue libre, de débloquer le poste A ; celui-ci se trouve, de ce fait, autorisé à expédier un nouveau train. Le poste C procèdera de la même façon, et ainsi de suite jusqu'à l'extrémité de la ligne. Les trains pourront se succéder, mais toujours avec la condition de n'avoir jamais qu'un train dans chaque section ; on obtiendra donc l'espacement réel des trains.

Dans le cas où un train tombe en détresse, entre C et D par exemple, comme au moment de l'entrée des trains dans la section CD, le poste C a mis ses signaux à l'arrêt ; aucun train ne peut entrer dans cette section : il peut y en avoir un dans la section BC, et un autre, à la rigueur, dans la section AB; mais chacun d'eux se trouve effectivement protégé par les signaux du poste qui se trouve derrière. Il suffit donc, pour éviter tout risque d'accident, que tous les signaux de chaque poste aient été manœuvrés en temps utile et que les mécaniciens respectent leurs indications.

145. Capacité et débit des lignes. — *Voie double.* — On appelle capacité d'une ligne le nombre de trains pouvant se trouver simultanément sur la voie au moment le plus chargé. Avec l'espacement des trains par le temps, soit à dix minutes d'intervalle, la capacité est égale au dixième du temps T que met un train pour parcourir la ligne. Si on emploie le block-system, la capacité sera égale au même temps T divisé par celui t que met le train le plus lent à parcourir la section la plus longue. Il faut prendre pour t le trajet le plus grand, il n'y aurait en effet aucun avantage à expédier les trains à des intervalles plus rapprochés, ils seraient obligés de ralentir leur marche. Dans ces conditions, un train marchant à 30 kilomètres, mettra quatre minutes pour parcourir une section de 2 kilomètres. La capacité est donc 2.5 fois plus grande qu'avec l'espacement par le temps.

Le débit d'une ligne mesure le nombre de trains parcourant cette ligne dans un intervalle donné, soit vingt-quatre heures par exemple. Il est égal à vingt-quatre heures divisées par le temps qui sépare l'expédition des trains, soit 144 trains avec l'espacement par le temps ou 360, si on adopte le block-system dans les conditions précédentes, ou 720 avec des sections de 1 kilomètre au plus. Ce sont des maxima qu'on n'atteint jamais; en Angleterre, cependant on a eu jusqu'à 564 trains circulant sur la ligne de Liverpool à Manchester. Ordinairement on ne dépasse pas 280 à 340 trains, au-dessus on préfère dédoubler la ligne, c'est-à-dire établir quatre voies principales.

Voie unique. — Si on fait croiser uniformément les trains, ceux qui marchent dans le même sens ne peuvent se suivre à moins de deux stations d'intervalle. La capacité avec l'espacement par le temps est au plus égale à $\frac{T}{2t}$, inférieure de plus de la moitié au chiffre précédent, car t désigne la durée du trajet séparant deux stations, soit 5 à 10 kilomètres. On dédouble la ligne lorsque la recette annuelle atteint 30 à 35.000 francs par kilomètre et mieux lorsque le débit est de 30 trains par jour. Ici l'emploi du block-system n'augmenterait pas sensiblement la capacité de la ligne.

146. Divers systèmes de block. — La condition de ne laisser jamais entrer un train dans une section bloquée est irréalisable pratiquement : en effet, si un train tombe en détresse dans une section, il faut pouvoir le secourir; de même, si les appareils du block-system se dérangent, la circulation des trains doit cependant continuer. De là des tempéraments nécessaires à apporter dans l'interprétation du système et une réglementation spéciale variable avec les réseaux. On ramène ces réglementations à trois systèmes différents :

1° Le block *absolu* : aucun train ou aucune machine n'est autorisé à pénétrer dans une section bloquée sauf dans deux cas bien déterminés : lorsqu'il s'agit de la machine de secours ou si les appareils des postes sont avariés. Il est appliqué sur un grand nombre de réseaux anglais, allemands, sur l'État belge, le Lyon et l'Orléans;

2° Le block *absolu atténué*, nommé aussi quelquefois *conditionnel*, dans lequel un train, en se présentant devant une section bloquée, s'arrête et ne pénètre dans la section qu'au bout d'un certain temps et après avoir rempli certaines formalités. Il est très employé sur les réseaux français (Nord et Est français);

3° Le block *permissif*, où le signal commandant l'entrée d'une section peut être franchi sans arrêt et sert seulement à prévenir le mécanicien que la section est occupée. C'est le cas des blocks automatiques, où l'observation du block est confiée à la vigilance du mécanicien. Il est de beaucoup le plus simple, mais aussi offre-t-il moins de garanties. Très répandu sur les lignes américaines, il s'emploie également, avec certaines réserves, sur l'Ouest et le Midi.

De longues discussions se sont élevées entre les partisans des deux premiers systèmes sur leurs avantages réciproques. Les ingénieurs français, ayant adopté le block conditionnel, font ressortir qu'en cas de retard d'un train pendant son trajet dans une section, ce retard ne se répercute pas sur tous les trains de la ligne; seul le premier, et quelquefois celui qui vient après, perdent du temps ; le débit se trouve donc augmenté. Ils reprochent au block absolu de n'être absolu que de nom, puisqu'on peut entrer dans une section bloquée avec la machine de secours ou en cas de non-fonctionnement des appareils.

Les ingénieurs anglais et belges, partisans du block absolu, s'efforcent de démontrer que la rapide expédition des trains avec le système conditionnel est plus apparente que réelle, car le temps exigé par les formalités, pour pénétrer dans une section bloquée, est souvent suffisant pour permettre au premier train de dégager la section. Du reste, le train s'engageant ainsi dans la section bloquée marche avec un ralentissement forcé, et cela compense largement le temps de stationnement à l'entrée de la section pour attendre la voie libre. D'après eux, si un train est déraillé, il est presque toujours inutile de laisser un second train s'engager derrière. Cette succession de trains dans une même section peut, d'ailleurs, donner lieu à des erreurs, les signaleurs pouvant oublier de rebloquer la section rendue libre par la sortie d'un des trains, mais encore occupée par le suivant. Enfin ils font observer qu'en cas de dérangement des appareils, dans le cas du block absolu, les signaux conventionnels échangés par les agents, avant de laisser pénétrer un train, nécessitent toujours un certain temps, qui établit de suite l'espacement des trains par le temps.

Les deux systèmes, en réalité, sont équivalents; on peut, du reste, comme on le verra par la suite, atténuer quelques-uns de leurs inconvénients. Quant au choix à faire, il doit être subordonné aux conditions d'exploitation de la ligne et à l'importance du trafic. Il semble que le block conditionnel convient plus particulièrement aux lignes à mouvement de trains intense ; cependant le block absolu, adopté sur quelques lignes à fort trafic, a donné également satisfaction dans tous les cas, il est préférable sur les lignes moyennes.

147. Relations des postes. — Chaque poste de manœuvre du block-system comporte deux séries d'appareils : ceux nécessaires à la manœuvre des signaux du poste, et ceux permettant aux différents postes de correspondre entre eux.

Dans le cas où ces deux groupes d'appareils ne sont pas solidaires les uns des autres, c'est-à-dire que l'agent du poste manœuvre les signaux sur les indications fournies par les postes voisins, on a affaire au block *simple* ou à sections *indépendantes*. Le bon fonctionnement du système repose entièrement sur l'agent du poste.

Avec les systèmes plus perfectionnés, les signaux sont enclenchés par les appareils de communication, de telle sorte que l'agent d'un poste ne peut les actionner s'il n'y a été autorisé par les postes voisins. On dit que le block est à sections *dépendantes*.

Enfin, il existe une troisième catégorie : c'est celle du *block automatique*. Il n'y a plus d'agent pour manœuvrer les signaux qui se mettent d'eux-mêmes à l'arrêt, au passage d'un train, et indiquent de nouveau la voie libre lorsque le train est parvenu au poste suivant. Les postes sont bien solidaires, mais l'efficacité du système repose entièrement sur la régularité du fonctionnement des appareils.

Dans presque tous les cas, on emploie l'électricité, plus rarement les transmissions mécaniques.

148. Position des signaux. — Le block-system peut s'exploiter à voie ouverte ou fermée, sauf, cependant, sur la voie unique, où il est forcément fermé. Avec le block à *sections fermées*, chaque signaleur doit demander la voie au poste suivant ; cette demande doit se faire bien entendu en temps utile pour ne pas gêner le train. Avec le système à *sections ouvertes*, les signaux sont mis à l'arrêt après le passage du train pour être mis à voie libre lorsque la section est débloquée, ce qui permet, sur les lignes peu chargées, de retarder la fermeture

derrière le train et, par suite, le déblocage en arrière ; l'agent
qui en est chargé peut être occupé à autre chose. Cette
manière de procéder doit être évitée, car elle présente de
graves inconvénients. Dans les deux modes d'exploitation, le
nombre et la quantité des manœuvres sont sensiblement les
mêmes. Seulement, avec la voie fermée, il se présente un
inconvénient, la voie ayant été ouverte pour un train peut
être redemandée à nouveau pour un second train, ce qui
exige, de la part du gardien du poste, un effort de mémoire
pour savoir si le premier train est passé. Cependant on peut
confier au train le soin de n'autoriser le déblocage en arrière
qu'après son passage, ou le déblocage à l'arrière n'est pas
possible deux fois de suite sans avoir intercalé une manœuvre
du poste ; on supprime ainsi la difficulté. On peut donc adopter l'une ou l'autre solution. Quel que soit le système, il doit
satisfaire aux conditions suivantes :

1° Tout train franchissant un poste de block doit être couvert avant qu'un second train ne se présente au même poste.
Dans le cas du block absolu, c'est le signal d'arrêt du poste
précédent qui couvre le train ; dans les autres systèmes, cette
couverture a lieu au moyen d'un signal avancé en avant du
poste ;

2° Le signal d'arrêt ne peut être remis à voie libre que sur
l'autorisation ou la manœuvre du poste suivant ;

3° Cet avis ou cette manœuvre ne peuvent être transmis
que si le train a bien quitté la section et une seule fois seulement après le passage du train.

Les appareils sont généralement établis pour satisfaire à
ces conditions, mais des manœuvres peuvent être omises ou
faites par erreur ; dans le but de faire disparaître cet inconvénient et de ne faire fonctionner les appareils qu'au moment
propice, on fait souvent intervenir le train lui-même dans
les manœuvres.

149. Postes spéciaux. — *Postes origines et terminus.* — Tout
ce qui suit s'applique au block à sections dépendantes. Dans
le cas d'un poste origine, les trains doivent être couverts dès
qu'ils sont engagés sur la ligne. On peut y arriver en confiant
au train le soin de bloquer lui-même la section, il suffit de

le faire passer sur une pédale manœuvrant le signal pour le mettre à l'arrêt. Un autre procédé consiste à installer au delà du poste, un autre signal ne pouvant être ouvert que si celui du block a été fermé, c'est ce qu'on appelle la *souricière;* dans ce cas, un des signaux ne peut être ouvert que si l'autre est fermé et réciproquement.

Les postes terminus ne sont pas munis de signaux de block. On ne doit permettre le déblocage en arrière que si le train a effectivement dégagé la section. Là encore on peut recourir au système de la souricière, le déblocage n'étant possible qu'après la fermeture d'un signal préalablement ouvert pour l'entrée du train ou encore au déblocage automatique par celui-ci.

Dépassement des trains. — Lorsque des trains doivent se garer pour en laisser passer d'autres, il est nécessaire de recourir à des dispositifs spéciaux dans l'installation du block-system. Dans le cas de la voie ouverte, il faut annuler la dépendance des postes. En effet, si le train est garé, il faut pouvoir débloquer en arrière sans avoir à couvrir le train. La dépendance est supprimée momentanément au moyen d'un commutateur manœuvré par un agent spécial, de manière à éviter les oublis et les erreurs. Si la coupure est permanente, à chaque extrémité de la gare on a un poste : l'un origine et l'autre terminus, auxquels on applique alors la règle précédente.

Avec la voie fermée, si on peut débloquer à l'arrière, sans avoir à bloquer à l'avant, autant de fois qu'on veut, le dépassement ne présente aucune difficulté ; mais si le déblocage en amont n'est pas possible deux fois de suite sans fermer la section aval, il faut recourir à l'indépendance des postes et on retombe sur le cas précédent.

Bifurcations. — Les bifurcations également donnent lieu à certaines complications. Lorsqu'une seule des branches est pourvue du block-system, on considère l'autre comme un garage et on retombe dans le cas des dépassements de trains; la manœuvre du commutateur spécial de désolidarisation peut être effectuée en même temps que celle de l'appareil commandant l'entrée sur la branche non munie du block, ou encore, on peut faire effectuer le déblocage en amont par le train lui-même.

Si les deux branches sont munies du block-system, on interrompt la continuité au poste de la bifurcation. On peut encore rendre les deux branches solidaires, chacune d'elles ne pouvant être ouverte que si l'autre est libre, la section située sur le tronc commun peut être réouverte dès qu'un train, engagé sur une des branches, a été couvert. On peut, enfin, comme sur le Nord français, empêcher toute manœuvre irrégulière de déblocage à l'arrière, par la couverture du train sur une fausse direction, en subordonnant la solidarisation des appareils du block à la position des signaux ou des aiguilles de la bifurcation.

150. Longueur des sections. — Au début du block-system, les stations étaient utilisées comme poste ; on évitait ainsi toute installation supplémentaire en se servant des appareils électriques existants. Il en résultait une perte de temps importante, par suite de la longueur considérable entre deux postes : un train ne pouvant entrer dans la section que lorsque le précédent en était sorti. On n'a guère conservé cette manière de procéder que sur les lignes urbaines ou de banlieue, où les stations sont suffisamment rapprochées.

On est donc obligé de recourir à des postes intermédiaires dont l'espacement dépend de l'intensité du trafic, non pas moyen, mais au moment où il est le plus chargé. La longueur théorique d'une section peut se déterminer à l'aide d'un graphique, en partant de ce principe : un train ne doit entrer dans une section que si le précédent l'a quittée. Il suffit donc de tracer l'horizontale se rapportant à chacune des sections et de vérifier qu'en aucun point une ligne verticale comprise entre les deux sections coupe deux trains. Le problème inverse doit être résolu pour tracer le graphique d'un train. On obtient ainsi la longueur maxima. Pour avoir la longueur minima, il faut qu'un train arrêté à un poste du block soit efficacement couvert par celui en arrière et que par suite le disque de ce poste ne soit pas avant le sémaphore précédent, soit 1.000 à 1.200 mètres, sauf, bien entendu, dans les cas de trains urbains et de banlieue où les arrêts ont lieu dans toutes les stations et où la distance entre deux haltes descend quelquefois à 400 mètres. Le maximum ne dépasse guère 3 kilomètres, et la moyenne est de 2^{km},500. En Angleterre, cette longueur moyenne est de 1^{km},600 ou 1^{km},700, soit 190 postes pour 500 kilomètres.

B. — Block-system simple ou a sections indépendantes

151. Block par sonneries. — Le principe consiste à munir chaque poste d'un signal d'arrêt manœuvré par un agent en relation télégraphique avec les postes voisins. Le fonctionnement est celui-ci : l'agent d'un poste couvre un train au moyen de son signal et prévient de son départ le poste en avant. A l'arrivée de ce dernier au poste suivant, le second agent recommence la même manœuvre vis-à-vis du poste aval et prévient, en outre, le poste amont de l'arrivée du train.

Les appareils les plus simples et les plus anciens (1851) consistent en timbres à commande électrique dus à Walker.

Pendant plus de douze ans, ils ont servi à assurer la circulation des trains sur des lignes du South-Eastern, où parfois il passait plus de 500 trains par jour. Chaque poste est muni de deux timbres à son différent et de deux boutons d'appel, de manière à correspondre avec les postes précédent et suivant ; bien entendu les postes extrêmes ont seulement une sonnerie et un bouton d'appel.

Un code ordinaire détermine la signification de chaque sonnerie ; on peut convenir par exemple que :

Un coup annonce le départ des trains impairs ;

Deux coups, celui des trains pairs ;

Trois coups préviennent de l'arrivée du train au poste suivant.

On peut, pour éviter les erreurs, exiger que chaque poste accuse réception de l'annonce des trains et informe le signaleur précédent qu'il a compris. Ainsi un poste A veut envoyer un train pair vers B ; il annonce par deux coups ce train à B ; mais il n'expédie le train que si B, par deux coups, a répondu que la voie est libre. Le poste A ne pourra envoyer un second train tant que B, par trois coups, ne l'a

pas prévenu de l'arrivée du train ; on réalise donc bien le
block-system, mais en le faisant reposer entièrement sur des
agents, ce qui nécessite de leur part une attention soutenue,
contrôlée d'une façon insuffisante par les renseignements
qu'ils ont à mentionner sur leur registre de manœuvres. On
a, du reste, compliqué le système en augmentant le nombre
des significations des sonneries, de manière à permettre non
seulement d'annoncer un train, mais encore d'indiquer sa
nature, sa direction.

152. Block par signaux optiques. — APPAREIL SPAGNOLETTI.
— Les signaux acoustiques ne laissent aucune trace ; aussi,
pour compléter leurs indications, on a eu recours aux renseignements permanents fournis par des voyants optiques.

On s'est servi pendant longtemps d'une simple aiguille
aimantée, dont la position verticale ou inclinée à droite ou
à gauche indiquait que la voie était obstruée, libre ou
occupée par un train. Les positions inclinées étaient obtenues
en changeant le sens du courant ; la position verticale, par
la suppression du courant, que l'on pouvait obtenir, en cas de
détresse en pleine voie, en coupant le fil, mais on suppri-
mait du même coup, tout moyen de communication. Au
lieu d'aiguilles, on employait également de petits sémaphores
en miniature dont l'aile prenait une position correspondante
à celle du signal optique sur la voie.

Sur les lignes un peu chargées, les indications ayant été
trouvées insuffisantes, les postes ont été munis de véritables
tableaux de correspondance, formés par une aiguille se
déplaçant le long d'un cadran sur lequel sont marquées une
série d'inscriptions. Chaque poste reçoit deux appareils, un
transmetteur et un récepteur. En déplaçant l'aiguille du
transmetteur, et en l'amenant sur une des inscriptions celle
du récepteur vient occuper une position identique.

Les indications des petits sémaphores ou des aiguilles
subsistent concurremment avec celles du tableau de correspondance.

Dans l'appareil *Spagnoletti* (*fig.* 226), en usage sur le
Métropolitan district Railway, les sémaphores réduits précédents ont été remplacés par un voyant à deux couleurs,

avec cette particularité que les indications données à un poste ne peuvent être effacées par ce poste.

Dans une boîte, deux touches extérieures M, L, rouge et blanche, sont maintenues relevées par le ressort G, dont il

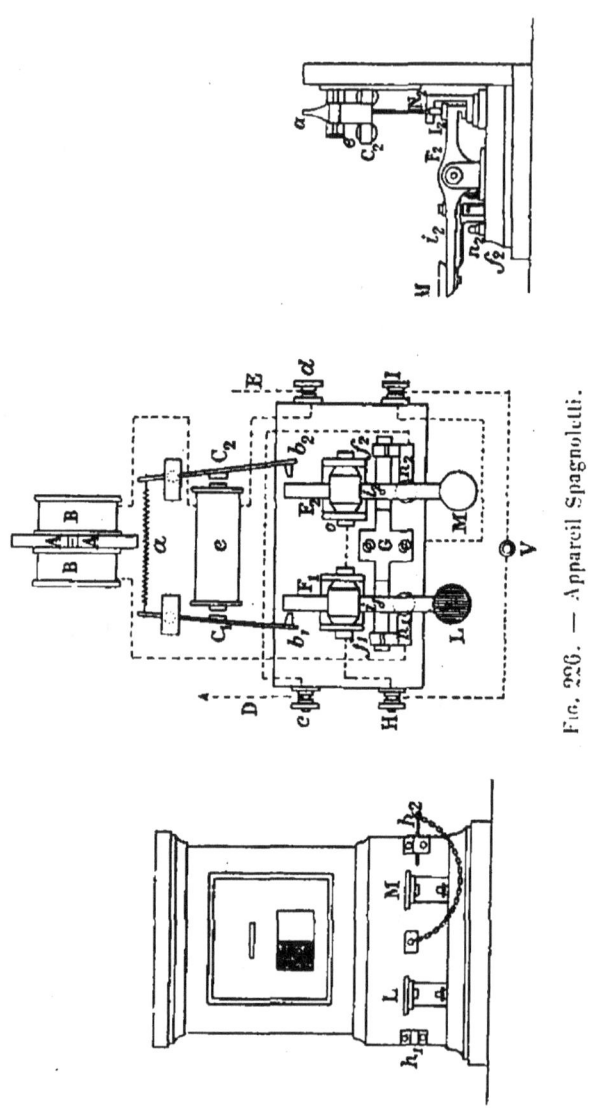

Fig. 226. — Appareil Spagnoletti.

faut vaincre la résistance pour assurer les contacts i_1n_1, i_2n_2. Les touches sont prolongées par deux pièces F_1F_2, de façon que si un courant traverse la bobine e, les armatures C_1C_2 séparées par le ressort a se trouvent attirées et intercalent entre F_2 et N_2 des sabots $b_1 b_2$, empêchant tout mouvement des touches. Le poste qui a donné le signal ayant appuyé sur une touche, l'enclenchement ne peut se produire qu'entre la deuxième touche et celle du poste en relation. Pour que l'enclenchement subsiste, il faut maintenir la touche dans sa position abaissée au moyen de la cheville h_1 ou h_2. V est le bouton d'appel pour faire les annonces de trains et demander la voie.

D est le fil de la pile ; E, celui de la ligne avec les différentes vis de connexions c, d, H, I. BB est la bobine qui sert à actionner l'armature A du voyant.

Pour expédier un train de A à B, A demande si la voie est libre ; si elle l'est effectivement, B abaisse et fixe la touche blanche ; le premier poste annonce par deux coups l'expédition du train, B détache la touche blanche et fixe la rouge jusqu'à ce qu'il ait vu passer la queue du train. Il libère la touche rouge et annonce le train arrivé au premier poste. On subordonne quelquefois la manœuvre de déblocage de la touche rouge au passage du train sur une pédale. L'inconvénient du système est que le blocage de la section est fait par le poste aval.

153. Appareil Tyer primitif. — Parmi les appareils à indication par aiguille aimantée, il convient de citer l'appareil Tyer, introduit en 1852 sur les lignes anglaises. Il a subi, depuis, des modifications importantes, qui ont permis de le transformer en block-system enclenché. Le système primitif est constitué (*fig.* 227) par une boîte dont la face extérieure porte deux aiguilles et deux poussoirs. L'aiguille supérieure noire se rapporte aux trains expédiés par le poste et indique par sa position et par les inscriptions placées au-dessous si la voie est libre ou non en aval, l'aiguille inférieure rouge, aux trains expédiés par le poste aval sur l'autre voie : Il faut donc avoir un appareil identique pour le poste amont, soit donc quatre aiguilles et quatre poussoirs ; sur l'axe de chacune de ces aiguilles est monté un barreau de fer doux formant le noyau d'un électro E et E', au-dessous se trouvent deux petits aimants naturels a et b, d et f orientés en sens inverse. Comme on peut changer le sens du courant dans

l'électro, on modifie la polarisation du noyau, c'est-à-dire
de l'aiguille, celle-ci va alors de l'un à l'autre aimant et y
reste adhérente, même si le courant ne passe plus dans
l'électro.

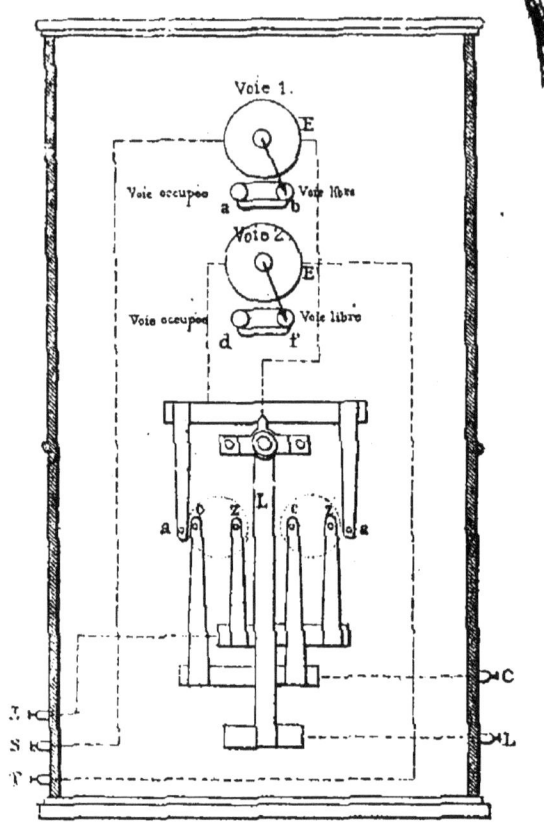

Fig. 227. — Appareil Tyer primitif.

Les poussoirs forment les boutons d'un commutateur
inverseur destiné à envoyer au poste suivant des courants
positifs ou négatifs; les contacts sont assurés au moyen d'une
série de ressorts. Une extrémité du fil de l'électro supérieur
va à la terre par S en passant par une sonnerie et l'autre à la
borne du milieu qui correspond au fil de la ligne L avec
lequel il est en contact lorsque les boutons sont tirés, et
isolé si l'un des boutons est poussé. L'électro-aimant
inférieur a une de ses extrémités à la terre T et l'autre à un
des deux ressorts extrêmes *a*. Le courant est fourni par une

pile locale ZC réunie aux deux contacts intermédiaires cc, zz (*fig.* 228). En poussant un des boutons, par la touche α, on fait communiquer ac, et celle β, les contacts zL. Par conséquent, on envoie dans la bobine inférieure du poste un courant d'un certain sens et dans la bobine supérieure de l'autre un courant inverse.

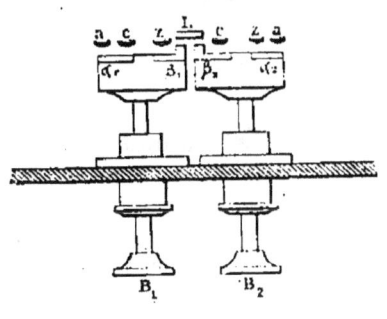

Fig. 228.

Le fonctionnement est très simple : Dans leur position normale, les aiguilles sont à droite, indiquant la voie libre. Pour annoncer à un poste N qu'un train pénètre dans la section MN, le signaleur de M pousse le premier bouton B_1 correspondant à la voie libre, ce qui a pour effet d'envoyer un courant positif ne changeant rien à la position des aiguilles, mais faisant fonctionner la sonnerie de N. L'agent de ce poste, à son tour, presse sur le deuxième bouton de voie occupée et envoie un courant négatif qui déplace l'aiguille rouge inférieure de son poste et l'aiguille inférieure noire du poste M, indiquant toutes deux la voie occupée, en même temps la sonnerie tinte en M.

Lorsque le train arrive en N, le signaleur pousse sur le bouton de voie libre B_2, envoyant un courant positif qui ramène les deux aiguilles précédentes à la voie libre. La manœuvre serait la même pour l'autre voie. Chacun des postes est muni de signaux optiques manœuvrés par le signaleur suivant les indications fournies par les appareils de correspondance.

Cet appareil ainsi combiné a deux inconvénients : 1° de faire bloquer la section par le poste aval de la section; 2° de permettre des erreurs dans la manœuvre des boutons. Si, en effet, un train se présente en N, sur la voie 2, la voie 1 étant occupée, le garde doit presser le bouton correspondant à cette voie, qui n'agit pas sur 1, mais annonce en M, par la sonnerie, l'arrivée du train. S'il se trompe, il amène une double erreur en débloquant indûment le train venant de M, et en n'avertissant pas ce poste de l'utilité de couvrir le train venant de N.

L'appareil Tyer, adopté primitivement sur le Lyon, comportait en outre un transmetteur Jousselin à douze indications. Comme, en poussant le bouton correspondant à la direction occupée par l'aiguille, on ne changeait rien aux indications de l'appareil, on pouvait se servir de poussées successives pour déplacer l'aiguille du transmetteur. Chaque poste possédait donc deux indicateurs Tyer et deux transmetteurs Jousselin. Quant aux signaux optiques, ils consistaient en sémaphore à deux ailes, une pour chaque voie; ils étaient précédés d'un disque à distance.

C. — Block-system a sections dépendantes

154. Appareil Tyer modifié du Lyon. — La modification a eu pour but d'enclencher les appareils électriques et les signaux optiques, qui se composent du sémaphore et du disque à distance, tout en conservant la solidarisation des postes entre eux. L'appareil électrique ne contient plus qu'un aimant naturel, agissant sur un levier en fer doux, pouvant adhérer également contre le noyau d'un électro. Il y a deux boutons, l'un pour la voie libre, et l'autre pour annoncer les trains. Toute erreur dans leur manœuvre n'aurait comme conséquence que de bloquer indûment la voie. On a conservé les deux avertisseurs Jousselin.

L'enclenchement automatique du sémaphore est obtenu (fig. 229) en reliant par un double renvoi d'équerre a, b, c, son levier de manœuvre L à une tringle horizontale A qui pénètre dans la boîte de l'appareil, guidée en gg. Cette tringle est immobilisée par le verrou V, tant que ce dernier n'a pas été relevé par le levier B, mobile autour d'un axe et sollicité par le ressort R. Le levier B, qui forme le prolongement d'un aimant vertical, peut être attiré ou repoussé par un électro C, dont on change la polarisation, au moyen de courants différents, envoyés du poste suivant. Dans la position de mise à voie libre du sémaphore, la règle A, en se déplaçant vers la droite, entraîne un taquet T, qui fait remonter par la came Q le levier B, et l'applique à l'âme de la bobine C. Dès lors, à la remise à l'arrêt du sémaphore,

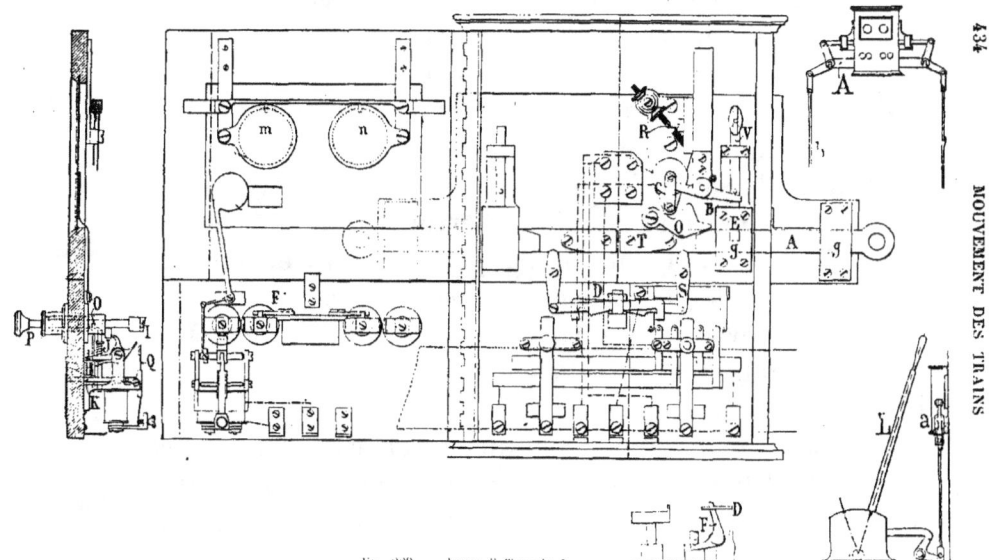

Fig. 223. — Appareil Tyer du Lyon.

le verrou sera prêt à tomber dans son encoche E. Un voyant
m ou *n* soulevé par un contrepoids se trouve caché, tant que le
verrou enclenche le sémaphore ; mais, dès que le verrou et le
contrepoids ont été relevés par le poste suivant, il apparaît
derrière un guichet, indiquant que la voie est libre.

L'annonce d'un train au poste en avant se fait automatiquement au moyen du taquet T, qui, en allant de gauche à
droite à la mise à l'arrêt, tire par le moyen des pièces S
et D sur l'équerre F et celle-ci entraîne, par une vis de
butée, un bouton-poussoir, qu'elle appuie sur des contacts,
amenant ainsi l'émission de courants au poste suivant.

L'obligation de la mise à l'arrêt du sémaphore et de son disque
avant le déblocage en arrière est obtenue au moyen d'une tige H,
qui, sous l'action d'un ressort, enclenche le bouton de mise à
voie libre P. La tige H est solidaire des mouvements d'une
palette K, formant l'armature d'un électro, dont le fil fait partie
du circuit de la sonnerie du disque et, par conséquent, le
courant ne passera qu'à la mise à l'arrêt du signal. Le sémaphore et le disque, à leur tour, peuvent être enclenchés
mécaniquement, ou bien encore on peut placer, sur le circuit de la sonnerie du disque, un interrupteur qui sera supprimé par la mise à l'arrêt du sémaphore.

Le déblocage ne peut être reproduit une deuxième fois,
grâce à un levier J, dont la branche verticale est arrêtée
par Q, et dont le côté horizontal soulève un ressort s'engageant dans l'encoche O du bouton *p*. Ce dernier restera dans
cette position jusqu'à la suppression du courant, permettant à
la palette K de reprendre sa position primitive. Un petit
voyant suit J dans les déplacements, et indique si le bouton
de déblocage a été poussé. En cas de dérangement de l'appareil, on peut agir directement sur le prolongement de K
et libérer le bouton, mais c'est là une mesure exceptionnelle.

Il n'y a qu'un fil pour l'échange des courants, entre les
deux appareils Tyer et les deux avertisseurs Jousselin, à
vingt divisions. L'exploitation se fait par block absolu à sections fermées. Ce système est économique, mais supprime
aussi quelques avantages. Les stations comportent deux
sémaphores, un à chaque extrémité ; les bras de sortie sont

enclenchés avec les appareils Tyer, les autres sont libres; ils servent à couvrir un train s'arrêtant dans la gare sans l'annoncer au poste suivant. Dans cette installation, ce sont les ailes libres qui enclenchent électriquement ou mécaniquement les disques à distance, rendant ainsi tout déblocage à l'arrière impossible. Enfin un enclenchement mécanique est établi entre le disque à distance et le sémaphore de sortie, celui-ci ne pouvant être mis à l'arrêt, tant que le disque de l'autre côté n'a pas été fermé.

Le sémaphore de sortie, se trouvant au-delà de l'arrêt du train, le block-system peut avoir le caractère d'arrêt absolu; cependant on doit pouvoir franchir les sémaphores, pour les manœuvres de gare, en cas de secours ou d'avarie des appareils et il devient alors conditionnel.

Dans le premier cas, le chef de gare doit accompagner la manœuvre ; dans les deux autres, un ordre écrit est délivré au mécanicien.

Modèle 1899. — Dans le modèle 1899, la tringle horizontale du calage du levier a été remplacée par un secteur dont l'axe reçoit la manivelle de commande de l'aile du sémaphore, elle est immobilisée, comme précédemment, par un verrou vertical mû par un électro.

La mise à voie libre des appareils en arrière se fait non plus par un bouton-poussoir, mais par une petite manivelle établissant les connexions nécessaires pour la transmission du courant. Cette manivelle est immobilisée tant que le sémaphore du poste n'est pas à l'arrêt.

Il y a, en outre, deux guichets superposés laissant apparaître des voyants diversement colorés avec des indications sur l'état de la voie en aval, et sur les autorisations accordées au poste en amont.

L'appareil se complète d'un *doigt de déblocage* permettant de libérer à la main le secteur de blocage de l'aile, lorsqu'on veut ouvrir la section amont sans toucher aux appareils d'entrée de la section suivante, comme il arrive dans le cas d'un dépassement.

155. Cantonnement de l'Ouest. — Dans ce block-system, tout poste en pleine voie est muni de deux indicateurs Regnault,

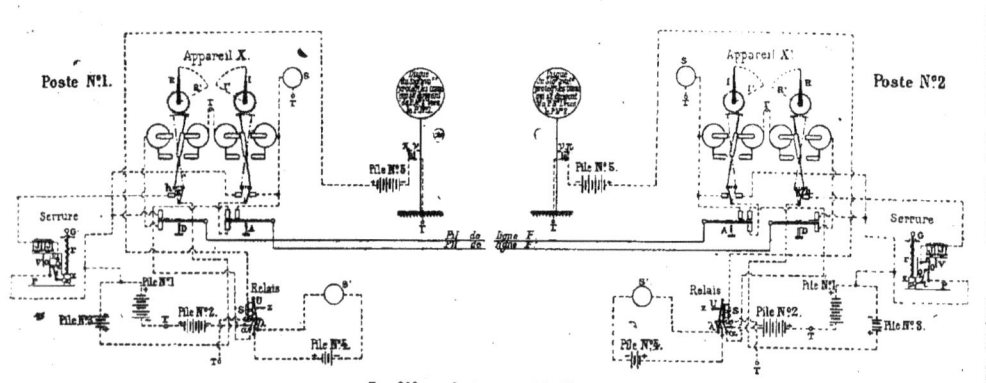

Fig 230.   Cantonnement de l'Ouest.

reliés chacun à l'appareil correspondant du poste voisin, par deux fils, servant : l'un pour les trains circulant dans un

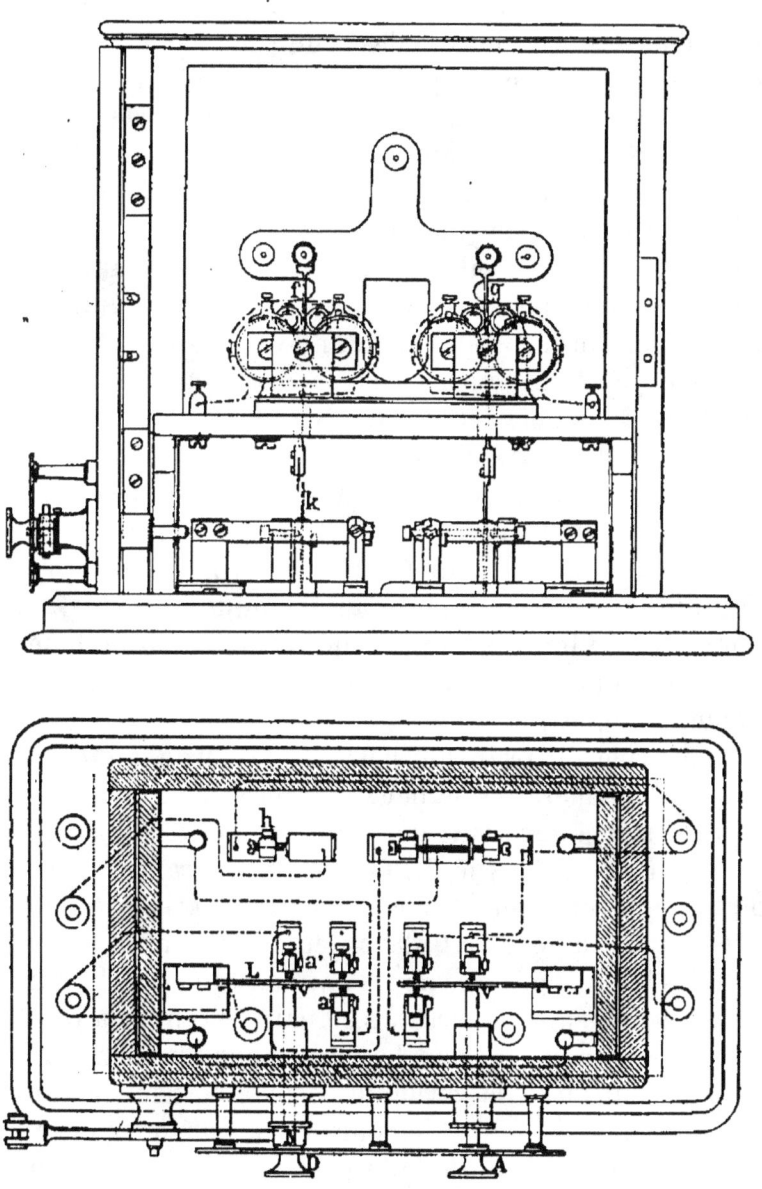

Fig. 231. — Indicateur Regnault.

sens, et l'autre pour ceux en sens contraire. Chaque poste est précédé, dans chaque sens, de deux signaux optiques : un disque avancé, et un signal dit de cantonnement, ce dernier pouvant commander l'arrêt et prévenir le mécanicien si la section est engagée ou libre. Chaque indicateur est à deux piles : une de ligne et une pile locale, soit quatre piles par poste intermédiaire. Les postes extrêmes sont réduits à la moitié de cette installation.

Un train passant à un poste intermédiaire nᵒ 1 (*fig*. 230 et 231), le garde actionne un bouton de l'indicateur, dit bouton de départ D, et envoie, dans le fil de ligne F, un courant positif partant de la pile de ligne nᵒ 1. Ce courant, arrivant dans l'appareil du poste suivant 2, incline une aiguille I, dite indicatrice, dans la position I', au moyen d'un électro-aimant, dont le noyau attire un levier à secteur *f* entraînant l'axe de l'aiguille. En même temps une sonnerie *s* se met à tinter. Le levier de l'électro a entraîné dans son déplacement un petit bras *h*, *k*, qui, dans sa nouvelle position, assure la continuité d'un circuit revenant par F au poste 1, où l'aiguille R, attirée par le noyau d'un électro, s'incline à son tour en R'. C'est un accusé de réception automatique ; de plus, la section se trouve fermée à un second train, le poste 1 ne pouvant plus annoncer de train au poste 2, ni manœuvrer ses signaux optiques.

Au passage du train au poste **2**, le garde annoncera ce train à 3, fermera les signaux en poussant le bouton A d'arrivée de son indicateur, de manière à envoyer un courant de la pile nᵒ 2 dans le fil. Comme ce courant est de sens contraire au premier, les électros se polariseront en sens inverse, et ramèneront dans leur position primitive les aiguilles I et R, déplacées pour l'annonce du train. Le garde du poste 1 pourra alors ouvrir ses signaux et rendre la voie libre.

Le fonctionnement sera le même pour un train circulant en sens contraire : le garde du poste 2 agit sur le bouton D du deuxième indicateur ; le courant est transmis par le fil F', faisant incliner l'aiguille I du premier poste, et l'aiguille R du sien. A son tour, le garde du poste 1, en agissant sur le bouton A, redressera ces mêmes aiguilles.

Enclenchements des signaux optiques. — Le signal avancé est formé par un disque ordinaire, placé à 1.200 ou 1.800 mètres du signal de cantonnement et enclenché avec celui-ci par les moyens mécaniques ordinaires, de cette façon il n'est jamais à voie libre tant que le signal de cantonnement est lui-même à l'arrêt. Ce dernier est formé par

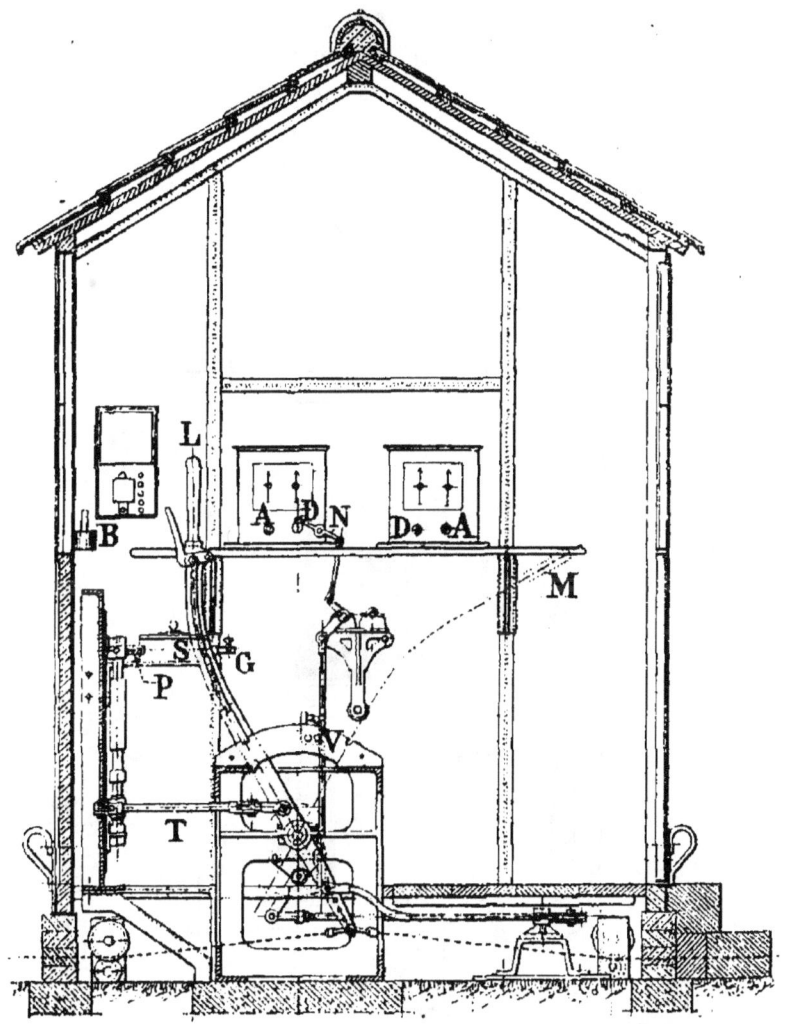

Fig. 232. — Montage des différentes pièces.

L. Levier à l'arrêt.
M. Levier à voie libre.
A. Bouton d'arrivée.
D. Bouton de départ.
B. Boussole.
N. Main d'enclenchement.

S. Serrure électrique.
P. Glissière d'enclenchement manœuvrée par T.
G. Bouton.
V. Verrou d'arrêt.

un damier rouge et blanc présentant, la nuit, deux feux rouges sur la même ligne horizontale; dans cette position, il com-

mande l'arrêt absolu. Lorsqu'il y a un certain temps que le
train est entré dans la section, 10 minutes environ, le voyant
est caché par un autre de mêmes dimensions sur lequel apparaît
en blanc sur fond bleu le mot : *Attention ;* elle prévient simplement le mécanicien que la section peut être occupée, c'est

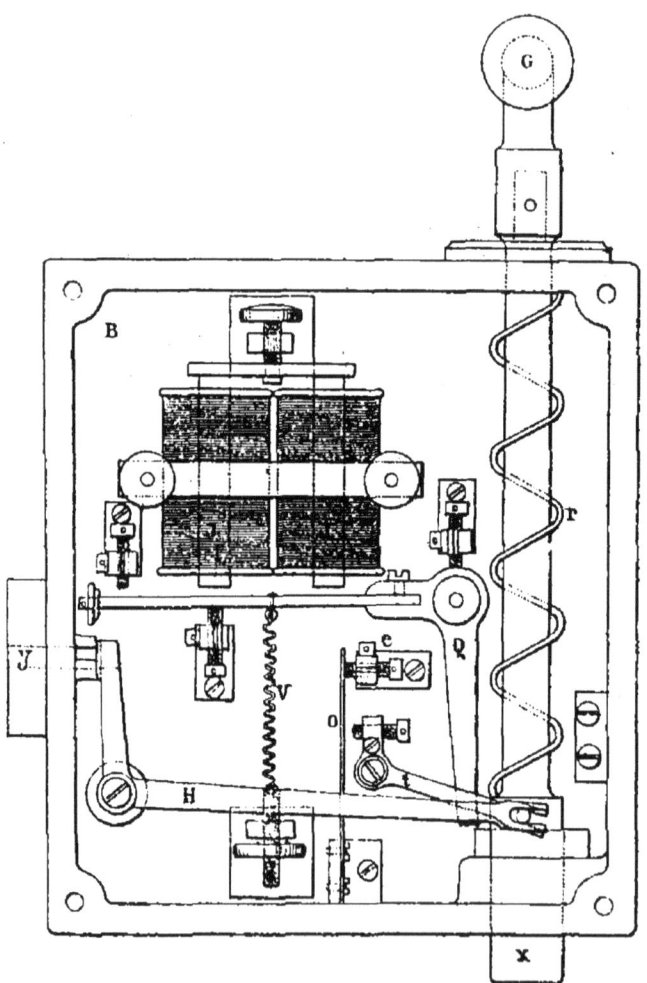

Fig. 233. — Détails de la serrure.

donc un block permissif. Enfin, lorsque la voie est libre, un
écran peint en blanc ou la nuit deux feux blancs remplacent
les indications précédentes. Le levier du signal de cantonnement commande, au moyen de tringles et d'équerres

(*fig.* 232), une main N; tant que le signal est ouvert, cette main vient embrasser la tige du bouton D; dans cette position, aucun mouvement ne peut lui être imprimé. Il est donc impossible de dégager la section avant d'avoir fermé les signaux.

Serrure électrique. — Une fois les signaux à l'arrêt, on ne peut plus les manœuvrer si le poste avant n'a pas débloqué à l'arrière. Ce résultat est obtenu au moyen d'une serrure électrique (*fig.* 232), dont le mécanisme est enfermé dans une boîte en fonte B (*fig.* 233), traversée par une glissière P, reliée au levier du signal par la tringle T arrêtée dans les positions correspondant à celles du signal de cantonnement. Tant que le levier M n'est pas renversé pour mettre le signal à l'arrêt, le pène x de la serrure, sous l'action du ressort r tendant toujours à le maintenir dans sa position extrême avant, appuie sur la glissière P; mais, dès qu'il est à l'arrêt en L, la glissière, amenée dans sa position extrême, s'est retirée devant le pène, lequel cède à l'action de r, et, en s'avançant, forme obstacle à tout mouvement rétrograde de la règle. Pour retirer le pène x au moyen du bouton G qui termine la tige, il faudra que l'une des branches de l'équerre Q abandonne l'épaulement du pène, ce qui a lieu quand l'électro J combat l'action du ressort V. Le courant de J est fourni par une pile locale n° 3, entrant en fonction lorsque l'aiguille R est verticale, c'est-à-dire que la voie est rendue libre par le poste en avant et la serrure fermée.

Verrou d'arrêt. — En cas de non-fonctionnement de la pile ou au bout d'un certain temps après le passage du train, le garde doit pouvoir mettre le signal *Attention;* à cet effet, sur le côté de la boîte, il y a une entrée y pour une clef, au moyen de laquelle il soulève la branche de l'équerre Q, comme le ferait l'électro. Le garde du poste peut alors faire avancer le levier, mais jusque dans sa position verticale seulement qui correspond au signal *Attention.* Il rencontre, en effet, un verrou V (*fig.* 232) dont le pène K arrête le fonctionnement de la tringle du levier (*fig.* 234). On peut dégager ce pène au moyen de la clef W de la serrure; mais cette clef ne peut sortir du verrou si le pène en est fermé. De même, la construction de la serrure est telle qu'en tirant G en

arrière, on fait pivoter 11, dont la petite branche est terminée
par un collier venant contre y et embrassant le canon de la
clé W immobilisée. On ne pourra jamais actionner la serrure électrique sans avoir fermé le verrou, dès lors, la mise
à voie libre complète ne pourra avoir lieu qu'électriquement.

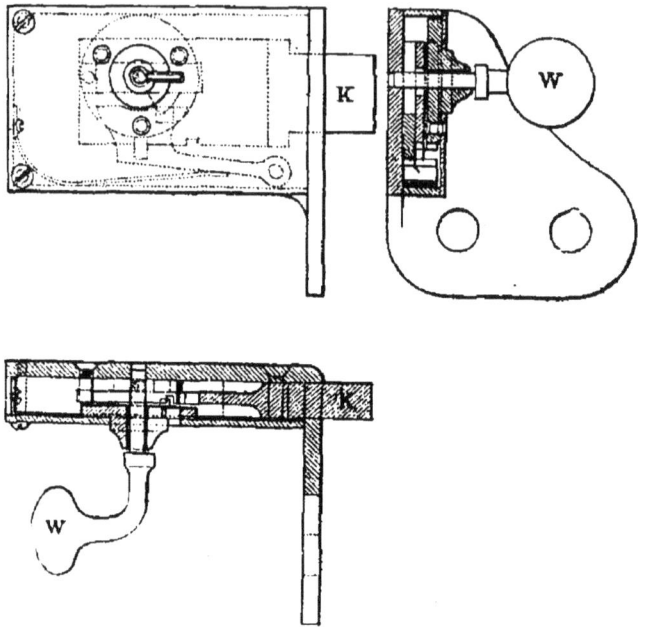

Fig. 234. — Verrou d'arrêt.

L'autorisation du déblocage en arrière ne peut être donnée
avant que la section suivante n'ait été bloquée, pour cela, on
établit une solution de continuité dans le courant du fil de
retour, que la fermeture du disque à distance fait disparaître
automatiquement (fig. 230). Sur le circuit de la sonnerie
de contrôle n° 5 du fonctionnement du disque, on interpose
un électro-aimant qui, en attirant son armature formée par
une palette U avec ressort de rappel r, amène, au moyen des
bras λ et ω sur des contacts, les manettes α et β, de manière
à fermer, d'une part, le circuit de la pile n° 4 de la sonne-
rie spéciale S' appelant l'attention du garde, et celui de la
pile n° 2.

Le fil du disque est muni d'un commutateur $\pi, 0$ fermé par
la came γ, lorsqu'il est à l'arrêt.

156. Block-system mécanique de l'Ouest. — Sur la ligne fort chargée de Paris à Auteuil, où les trains se succèdent à trois minutes d'intervalle, il était nécessaire de choisir un système très simple ; on a adopté le cantonnement mécanique. Chaque poste comporte trois leviers manœuvrant un signal avancé, un signal carré correspondant et le signal carré du poste précédent, avec les conditions suivantes : 1° fermeture du signal avancé avant celle du signal carré et 2° fermeture de ce dernier avant l'ouverture du signal carré précédent.

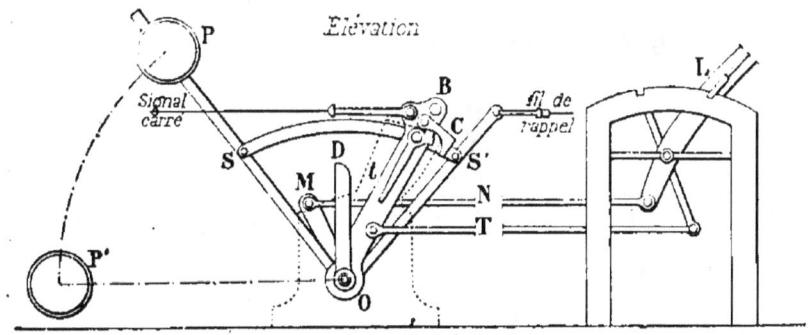

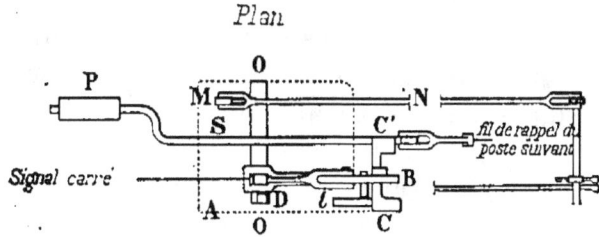

Fig. 235. — Cantonnement mécanique de l'Ouest.

Dans la position indiquée par la figure 235, le signal d'arrêt est à voie libre. Il est relié à son levier de manœuvre par un appareil spécial de déclenchement B sur le bras duquel est fixé le fil de manœuvre tendu par le contrepoids du signal, que ce fil maintient ouvert tant que le bras B est retenu par les crochets C et C", dont le premier est enclenché avec le bâti A, et l'autre avec le secteur S, S'.

En ramenant en avant le levier L pour fermer le signal, on fait pivoter au moyen de N une manivelle M qui entraîne le doigt D rencontrant le taquet *t*, dont la branche horizontale

soulève les crochets C, C'. Le secteur S, S' n'étant plus
retenu par C', est entraîné par le contrepoids P; le signal
carré est fermé par son levier de rappel, au même moment,
la transmission de ce signal ramène en arrière B, qui n'est
plus retenu par le crochet C. Le bras B, par l'intermédiaire
de la tringle T et d'une bielle, enclenche les autres leviers
du poste. Lorsque le contrepoids P est à fin de course P',
le crochet C s'engage de nouveau dans son encoche sur S.

La mise à voie libre du signal se fait du poste suivant par
la transmission allant au secteur; en exerçant une traction
sur ce fil, le secteur S ramène en avant le bras B, par
suite, le fil du signal carré qui met le signal à voie libre.
Le crochet C, en retombant sur le bâti A, enclenche à nouveau l'appareil.

Pour empêcher le fil de rappel du poste suivant de rester
tendu, on doit ramener le levier correspondant dans une
position verticale, de manière à permettre au secteur S et,
par suite, au contrepoids P d'amener le signal à la fermeture. Cette manœuvre est rendue obligatoire par les enclenchements des leviers eux-mêmes.

Ce block est absolu avec les restrictions suivantes :

1° Si les signaux sont dérangés et que la voie soit libre
jusqu'au signal suivant, ce que l'on peut voir, le signal est
caché par une planchette mobile, et le mécanicien reçoit
l'ordre écrit de pénétrer dans le canton ;

2° Si le canton est occupé, on peut laisser pénétrer la machine de secours, mais sur la présentation de la demande
de secours dont le mécanicien reçoit copie.

En raison du faible intervalle de temps et de distance
entre les trains et les postes pour prévenir toute manœuvre
en retard du signal avancé, on le munit d'un appareil Aubine,
qui le ferme automatiquement.

La ligne de Vincennes, sur le réseau de l'Est, est également munie d'un block mécanique très simple, dont le fonctionnement se rapproche de l'électro-sémaphore (§ 158) du
Nord. Le disque avancé est remplacé par un damier vert et
blanc mû à distance par une transmission funiculaire et
enclenché avec la grande aile actionnée par un appareil
Aubine.

157. Block-system Siemens et Halske. — Très répandu en Allemagne, il permet de réaliser les conditions générales du block-system, c'est-à-dire déblocage d'un poste en arrière par le poste en avant, avec impossibilité pour celui-ci de le faire s'il n'a pas mis son sémaphore à l'arrêt. De plus, ces appareils sont enclenchés avec les leviers des autres signaux

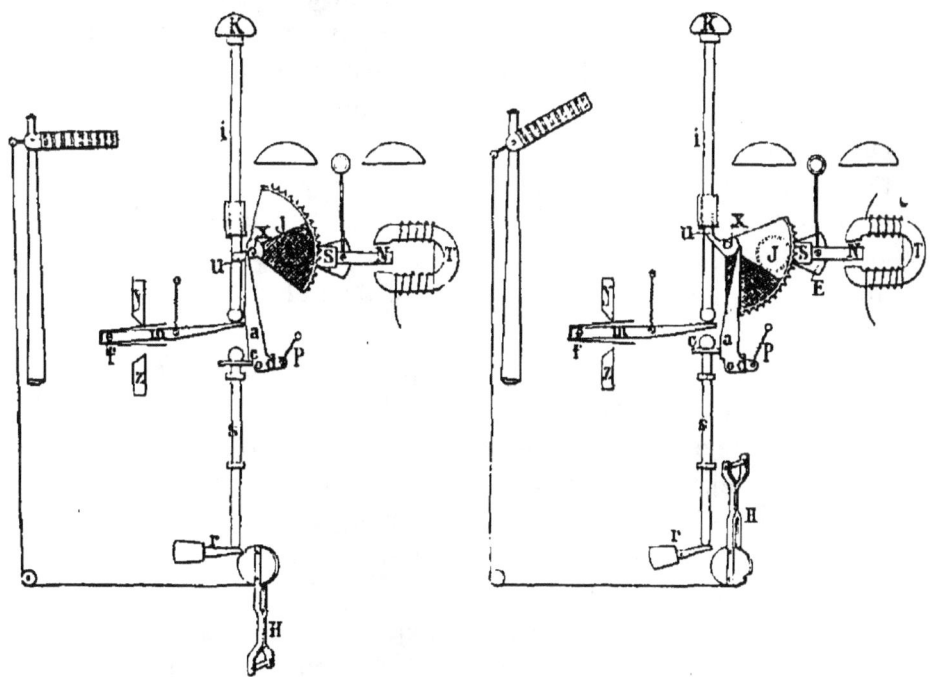

Fig. 236. — Block Siemens.

de la gare, ceux-ci ne peuvent être manœuvrés que quand le sémaphore a été placé dans une position convenable. Comme dans tous les appareils Siemens, l'électricité est fournie par un appareil d'induction à courants alternatifs. Tout le mécanisme en double est renfermé dans une boîte en fonte ; la moitié s'adresse à la circulation sur une voie, et l'autre à la voie parallèle. Il suffira donc de voir comment fonctionne un appareil.

Les leviers de manœuvre H (*fig.* 236) sont du type à manivelle, en leur faisant faire un demi-tour, on fait mouvoir l'aile du sémaphore au moyen d'un câble s'enroulant sur un tambour muni d'une échancrure, dans laquelle s'engage un doigt r que soulève un contrepoids. Le doigt bute contre une tige s, tendant à descendre par son propre poids, à moins qu'elle ne soit retenue contre le levier r. Dans le prolongement de s se trouve un poussoir K, dont le bouton fait saillie extérieurement et qui peut se déplacer lorsque s est suffisamment descendue. Le poussoir sert à établir l'enclenchement à distance en envoyant les courants convenables au moyen des contacts y, z et du levier fm. Il assure, en outre, l'enclenchement du levier d, a et par suite, celui de la grande aile, au moyen du secteur J. Un contrepoids coulissant sur i tend à produire le relevage en agissant sur le prolongement u du secteur, dont l'axe x présente une partie échancrée au levier ad sollicité par le ressort p ; ad, présentant un nez saillant, enclenche la collerette c de s et empêche toute manœuvre de H.

Le relevage de J n'est possible que si une ancre d'échappement S, qui forme l'extrémité d'une armature N de l'électro T dégrène successivement les dents de l'ancre. Il faut, pour cela, que des courants alternatifs soient envoyés dans l'électro T. Le secteur porte un voyant rouge et blanc dont les indications sont visibles extérieurement. L'appareil du sémaphore se complète d'organes complémentaires avertisseurs, timbres et sonneries d'appel.

Le fonctionnement est assez simple : Si on suppose le poste à voie libre, c'est-à-dire le doigt étant hors de l'échancrure, tout envoi de courant en arrière est impossible ; le bouton K soulevé ne pouvant être abaissé. Un train étant annoncé par la sonnerie, lorsqu'il passe devant le sémaphore, le gardien tourne la manivelle H, de manière à mettre l'aile à l'arrêt. A la fin de ce mouvement, le doigt pénètre dans l'encoche, laissant descendre la tige s et permettant alors de pousser le bouton K pour tourner le commutateur zy et envoyer un courant électrique en tournant la manivelle de l'inducteur. Cette manœuvre a pour effet de débloquer en arrière et d'immobiliser l'aile du poste. En effet, dans ce mouvement, le courant passant dans l'électro T, le secteur J remonte, faisant apparaître le voyant au rouge et venant enclencher la tige s au moyen de sa collerette et du levier *ad*. Les choses resteront en cet état jusqu'à ce qu'un courant venant d'aval fasse tourner le secteur J, le ramenant au blanc, en même temps la tige *s* sera dégagée ainsi que *r*

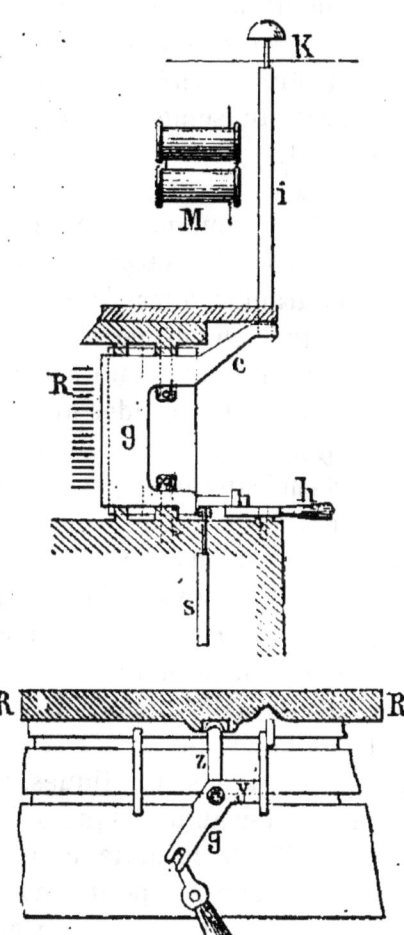

soulevé par son contrepoids libérant la poulie pour la remise du sémaphore à voie libre.

Dans le cas où la station n'est pas franchie par le train, pour pouvoir débloquer en arrière sans mettre l'aile du poste de la station à l'arrêt, on agit directement à la main sur l'ancre S par une ouverture spéciale E ménagée sur la boîte en fonte et fermée par des bouchons scellés. En Belgique, on a préféré dédoubler les postes de manière à les rendre indépendants; cependant, s'il ne doit jamais y avoir dépassement, on solidarise les deux appareils.

Les sémaphores peuvent être enclenchés avec les appareils de la gare, comme les signaux avancés, par exemple. A cet effet, à chaque levier de signal correspond une manette *h*

Fig. 237.

(*fig.* 237) que l'on manœuvre de gauche à droite ou inversement. Cette manette commande un levier *g* à trois branches : dont l'une *z* actionne la réglette R; la branche *y* fait mouvoir des taquets, qui pénètrent dans les réglettes d'autres signaux et les enclenchent par conséquent, et enfin la troisième branche *c* est munie d'un trou dans lequel pénètre la tige *i* du bouton K quand on appuie sur le bouton, cette manœuvre n'est possible que si la manette occupe la position normale à gauche. D'autre part, le levier *g* agit sur une tige *s* au moyen du plan incliné placé à sa partie inférieure et la fait descendre, rendant ainsi impossible la manœuvre du signal. Inversement, si *s* est soulevée par un contrepoids, la manette *h* ne peut être tournée. Il est donc facile de subordonner la manœuvre du sémaphore à celle des autres signaux et réciproquement.

158. Electro-sémaphore du Nord. — Tout poste intermédiaire comporte (*fig.* 80) un mât de 6 à 12 mètres de haut, portant à sa partie supérieure deux grandes ailes s'adressant aux trains : il y a une aile pour chaque sens de marche ; vers le milieu, on a deux petits bras peints en jaune et un carillon pour les agents du poste. La manœuvre des grandes ailes et des petits bras s'obtient au moyen de tringles articulées se rapportant à quatre boîtes électro-mécaniques, placées au pied de l'appareil. Ces boîtes portent les nos 1 et 2, suivant qu'elles s'adressent aux grandes ailes ou aux petits bras ; il y en a donc deux pour chaque direction. L'appareil no 1 d'un poste est relié par un fil à l'appareil no 2 du poste correspondant et réciproquement, soit deux fils de ligne.

Le sémaphore est précédé d'un disque à distance enclenché avec lui. Ce système réalise la dépendance des postes et l'enclenchement entre les appareils électriques et optiques. En effet, au passage d'un train, le garde ferme le disque à distance, puis il manœuvre la manivelle de la boîte no 1 ; la grande aile de son poste se met à l'arrêt, le petit bras du poste en avant apparaît, ainsi qu'un voyant rouge, pour annoncer le train. Il reçoit accusé de réception par un voyant de son poste, qui passe au jaune. La section avant étant couverte, si le train est complet, le garde peut débloquer en arrière en manœuvrant la manivelle de la boîte no 2, qui fait tomber la grande aile du poste en arrière et le petit bras de son poste ; les deux voyants jaune et rouge indiquant la section fermée sont effacés. Le dispositif des appareils exige, comme on le verra par la suite, que les manœuvres soient faites dans cet ordre.

Boîte de manœuvre no 1. — Une boîte en fonte (*fig.* 238), de

forme parallélipipédique, est montée sur le socle du sémaphore par le moyen de deux boulons Y, Y'. Elle renferme un
commutateur inverseur B, formé d'un disque en ébonite
monté sur un axe G et comportant sept contacts en bronze *d*,
réunis deux à deux, sauf le septième, qui est relié à la terre

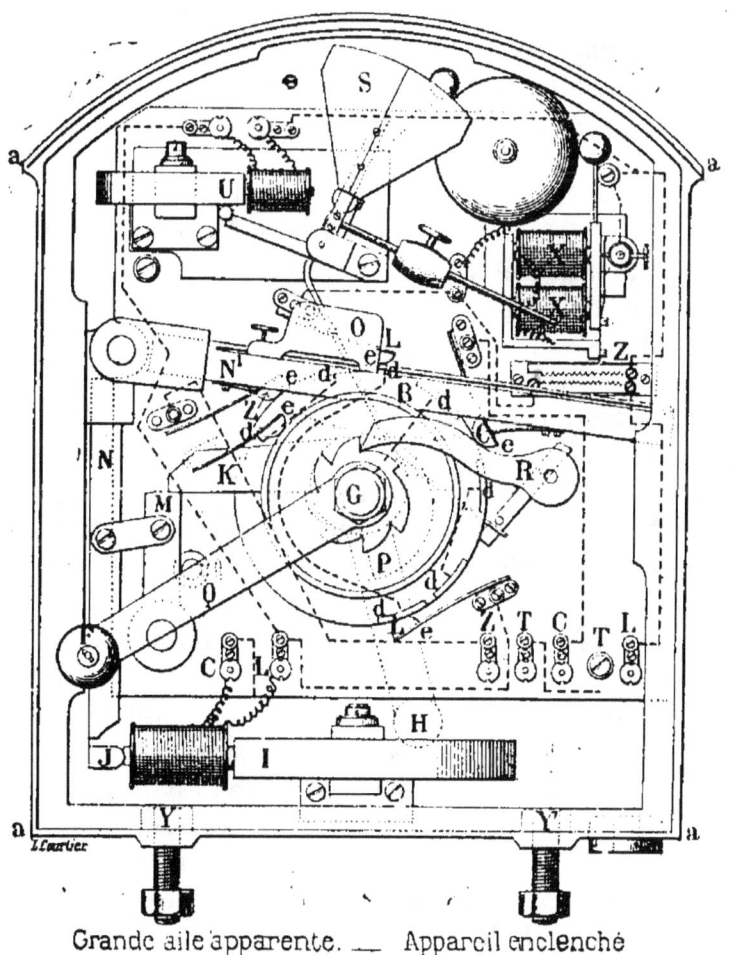

Grande aile apparente. — Appareil enclenché

Fig. 238. — Boîte nᵒ 1.

par l'axe G ; ils établissent les communications électriques au
moyen des quatre frotteurs *c* reliés aux bornes ZC, et par
suite aux fils LL de la ligne.

Le commutateur est manœuvré par une manivelle F ; une
contre-manivelle H montée sur le même axe actionne la tringle

de manœuvre de la grande aile ; il suffit d'une rotation de 210° pour mettre cette dernière à l'arrêt. Le mouvement est facilité par un contrepoids fixé à l'extrémité de la grande aile. La rotation de la manivelle se trouve arrêtée par un doigt K calé sur l'axe G et venant buter contre un taquet M solidaire du levier N, dont l'extrémité porte une palette en fer doux J, placée en face d'un électro-aimant Hughes I. A l'arrêt, la grande aile a une tendance à tomber; mais le retour en arrière est rendu impossible par un cliquet R engrenant avec la roue à rochet calée sur l'arbre. La chute de l'aile pourra avoir lieu lorsque le courant sera affaibli dans l'électro I, qui, en lâchant la palette en fer doux du levier N, laissera retomber celui-ci. Le doigt K et, par suite, l'axe G n'est plus retenu, et la rotation de la manivelle se complète de 150°. Dans son mouvement de rotation le commutateur-inverseur envoie dans la boîte n° 2 du poste suivant, un courant négatif. Une came P remonte la règle N¹ avec son contrepoids O et, par suite, N tournant autour du même axe, produit l'application de la palette J contre l'aimant. Un second électro U sert à maintenir le voyant jaune et blanc S. L'appareil se complète d'une sonnerie trembleuse X et d'un parafoudre.

Boîte de manœuvre n° 2. — Comme construction, elle est identique à la précédente, moins la sonnerie trembleuse *(fig. 239)*, toutefois, la manœuvre est un peu différente; de plus, les appareils sont dans la position inverse de ceux de la boîte n° 1. Le contrepoids du petit bras est beaucoup plus lourd que celui-ci; le petit bras est horizontal lorsque la manivelle est libre, et il prend la position verticale si elle est enclenchée après une rotation de 210°. Dans le mouvement de rotation de la manivelle, le commutateur-inverseur a pour effet d'envoyer, dans la boîte n° 1 du poste précédent, un courant positif. Le voyant S est rouge et blanc.

Le rôle de l'électricité est d'affaiblir les électro-aimants dont l'action fait enclencher ou déclencher les appareils. Les courants sont fournis par un certain nombre d'éléments placés dans un abri près du poste et divisés en deux groupes, l'un servant à la communication avec le poste arrière et l'autre pour le poste avant. On a deux piles par section;

mais l'une d'elles sert de secours à l'autre; on supprime ainsi presque complètement les ratés.

Lorsqu'on manœuvre la manivelle de 1, pour mettre la grande aile à l'arrêt, le commutateur-inverseur envoie un courant négatif destiné à affaiblir l'électro 1 de 2; la petite

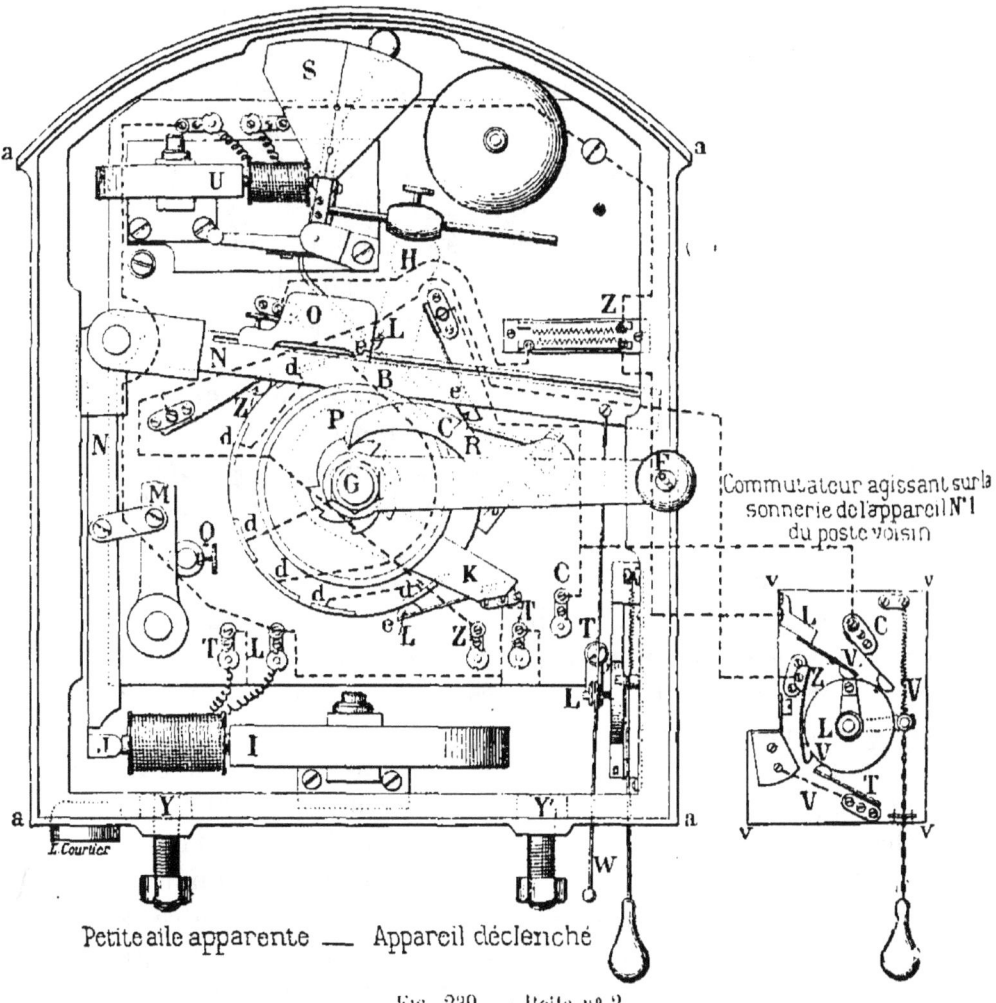

Petite aile apparente — Appareil déclenché

Commutateur agissant sur la sonnerie de l'appareil N°1 du poste voisin

Fig. 239. — Boîte n° 2.

aile se déclenche en ramenant la manivelle à sa position horizontale. Dans cette faible rotation de la manivelle de 2, le commutateur a envoyé dans 1 un courant positif sans action sur I, mais affaiblissant U de manière à permettre au voyant S de passer au jaune, avertissant ainsi 1 de l'efficacité de sa manœuvre. Le voyant de 2 a été également actionné et s'est mis au rouge, remonté par N agissant sur le prolongement de la queue du voyant S.

Tout reste en cet état jusqu'au moment où l'on manœuvre la manivelle de 2. Dès l'envoi d'un courant négatif dans 1, la grande aile s'efface et, dans sa descente, produit la rotation du commutateur qui, par l'envoi d'un courant positif vers 2, efface le voyant retombant au blanc. Celui de 1 est remis au blanc, appuyé contre son électro pendant la rotation de la manivelle.

La boîte n° 2 est munie en plus d'un commutateur, dont la manœuvre permet d'échanger, à l'aide de la sonnerie trembleuse X, avec le poste voisin, des signaux conventionnels pour vérifier le fonctionnement des appareils. Au moyen d'une tringle W, on peut faire apparaître le petit bras, lorsqu'il n'a pas été déclenché.

Appareil d'enclenchement n° 2. — On a été amené à enclencher les deux boîtes précédentes pour empêcher tout déblocage en arrière avant d'avoir bloqué en avant. Ce résultat est obtenu au moyen de l'appareil d'enclenchement n° 2 installé entre les boîtes précédentes.

Cette serrure comporte deux manivelles dont les axes sont solidaires des autres manivelles des deux boîtes. Sur l'axe en relation avec la boîte 1 (*fig.* 240), est monté un disque en ébonite M avec deux frotteurs reliés l'un à la pile, l'autre à un électro-aimant Hughes. Sur l'axe de la manivelle 2 sont calés deux doigts D et V. Un levier L mobile autour d'un axe A, sollicité par un ressort R, est réuni d'un côté à l'armature de l'électro E, et porte, à l'autre extrémité, un taquet t contre lequel vient buter le doigt D. Lorsqu'un train est annoncé, l'axe de 2 tourne, entraînant le doigt D qui bute contre le taquet t, le levier étant enclenché par l'électro, de manière à empêcher toute nouvelle manœuvre de 2, avant que l'on ait manœuvré la manivelle 1. Cette dernière, en effet, fait tourner le disque en ébonite de façon à affaiblir, par un courant négatif, l'électro et à permettre au levier de se détacher en libérant le doigt D jusqu'à ce qu'une nouvelle manœuvre de 2, à l'aide du doigt V, remette l'armature en place contre l'électro, de manière à permettre l'annonce d'un nouveau train. Si cette nouvelle annonce a lieu, on ne peut pas débloquer en arrière tant que la grande aile est à l'arrêt; la contre-manivelle du petit bras se trouve enclenchée par la butée du doigt D contre le taquet; il faut attendre un déblocage du poste en avant.

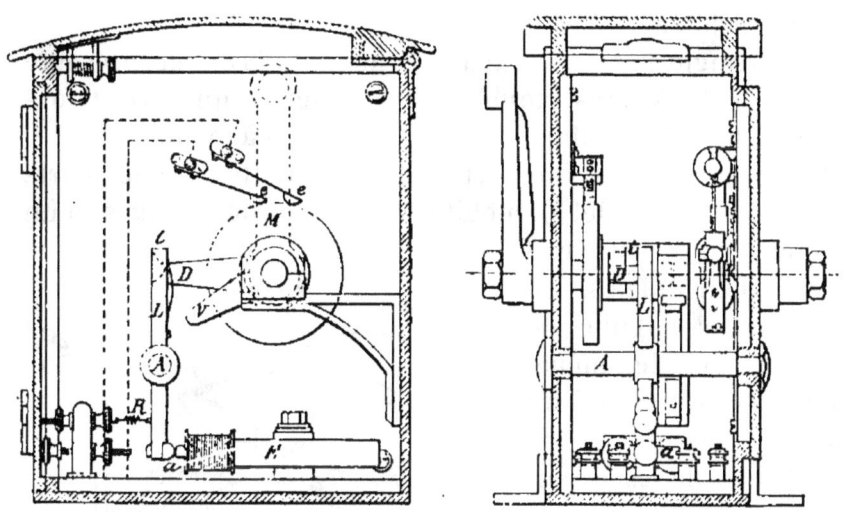

Fig. 249. — Appareil d'enclenchement.

Dans le cas du garage d'un train, il faut pouvoir débloquer en arrière sans annoncer le train en avant. Ce résultat est obtenu au moyen d'un *commutateur de désolidarisation*, destiné à supprimer momentanément la dépendance entre les deux postes. Ce commutateur est formé par un bouton-poussoir ou un commutateur à manivelle. L'effet produit est analogue à celui donné par la grande aile quand on la met à l'arrêt. Une sonnerie avertit du résultat de la manœuvre de désolidarisation. Ce commutateur étant manœuvré exceptionnellement doit être enfermé dans une boîte de sûreté dont le chef a seul la clef; on la place près de l'aiguille de refoulement pour pouvoir débloquer en arrière aussitôt le train garé.

Sur l'Orléans où on emploie le même sémaphore, la dépendance entre les deux boîtes est obtenue mécaniquement. Chaque contre-manivelle agit sur une règle horizontale à

deux encoches, celle du petit bras ne pourra passer que si
celle de la grande aile, en se mettant à la position d'arrêt, a
poussé la règle de manière à présenter l'encoche correspondant à la petite aile.

Serrure n° 3. — L'enclenchement du disque et du sémaphore a été réalisé au moyen d'un appareil dit serrure n° 3,
placé, partie sur le levier du disque, et partie dans la boîte
d'enclenchement n° 2.

Une tringle T (*fig.* 241), articulée au *levier du disque*, présente
une encoche V dans laquelle peut pénétrer un verrou formant le bras d'un balancier *q*, lorsqu'elle est à fond de course,
et que la grande aile est à l'arrêt. Cette tringle porte
également un galet *y* mobile dans une des gorges d'un
tambour H à deux rai-
nures hélicoïdales, en
sens inverse l'une de
l'autre. Sur le même
axe se trouve monté un
double commutateur C
dont le rôle est d'en-
voyer, par celui inté-
rieur, le courant néces-
saire pour déclencher la
grande aile quand le
disque est complète-
ment fermé ou, par
celui contre la paroi, le
courant pour l'enclen-
cher lorsqu'il est ouvert.
On a, en outre, deux
électros : un inférieur E,
dont la palette forme l'un
des bras du balancier *q*,
l'autre bras enclenchant
la tige T ; le courant

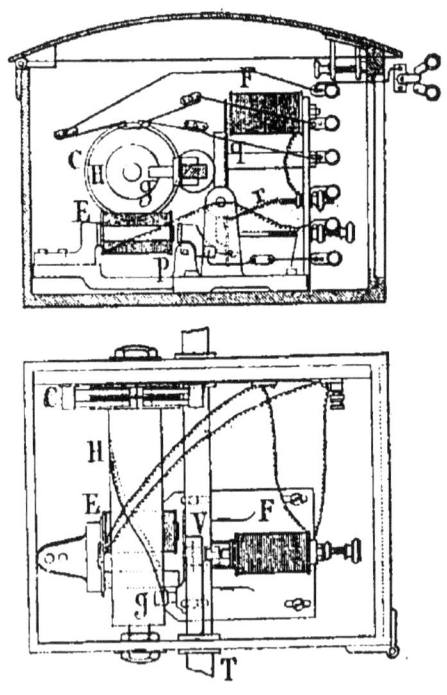

Fig. 241. — Serrure n° 3.

envoyé par la mise à l'arrêt de la grande aile affaiblit E, et
la palette, entraînée par un ressort *r*, laisse libre le balancier
qui verrouille la tringle. L'électro supérieur F sert au déclenchement du disque, il est actionné par le courant mettant

la grande aile à voie libre ; le bras supérieur du balancier étant attiré, la tringle V est libérée.

Les organes contenus dans *l'appareil d'enclenchement* n° 2 consistent en un doigt solidaire de la boîte n° 1 et en un commutateur monté à côté de celui qui produit l'enclenchement entre les deux ailes. Le levier, servant de butée à ce doigt, forme l'armature d'un électro qui s'applique contre le doigt ou le laisse libre, lorsqu'il est attiré par un ressort absolument comme dans la figure 240, avec cette différence toutefois que le doigt V est remplacé par un second électro produisant l'enclenchement. Les commutateurs du disque et de la serrure permettent d'y envoyer des courants enclenchant ou déclenchant les appareils correspondants.

Commutateurs. — Aux bifurcations, il faut que la solidarité entre le poste du tronc commun et ceux des embranchements soit parfaitement établie, suivant la direction suivie par le train. On arrive à ce résultat au moyen de dis-

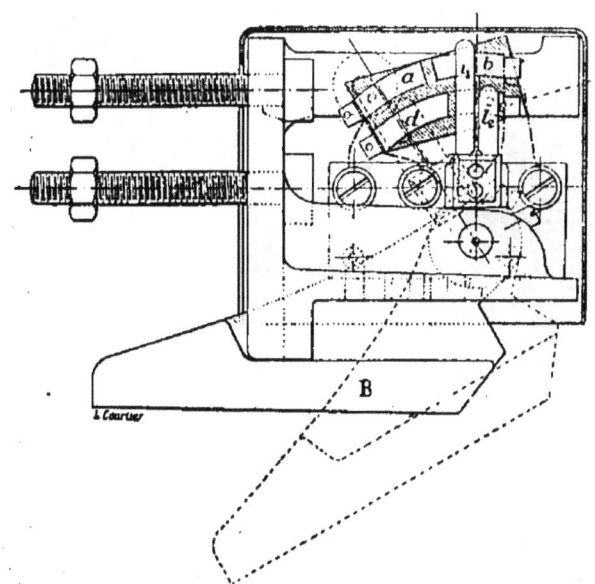

Fig. 242. — Commutateur.

positifs fort simples, ce sont des commutateurs solidaires de l'aiguille et par suite de la direction donnée. Le commutateur (*fig.* 242) est constitué par un bloc en ébonite

portant quatre plots *a b c d* en communication avec les sémaphores, sur lesquels frottent des contacts à lames l_1, l_2, formant la branche d'un levier dont l'autre extrémité est poussée par le basculeur B, mû par la transmission ou le levier
de l'aiguille. On peut envoyer ainsi le courant dans deux
directions différentes.

Une application identique en a été faite dans les gares
terminus, où le déblocage à l'arrière ne peut être permis
que si le train est couvert par un signal d'arrêt, dont le voyant
actionne un commutateur permettant de fermer le circuit
de déblocage.

Appareil Memento. — Ce block-system étant conditionnel, il
est nécessaire que le garde du poste remette sa grande aile à

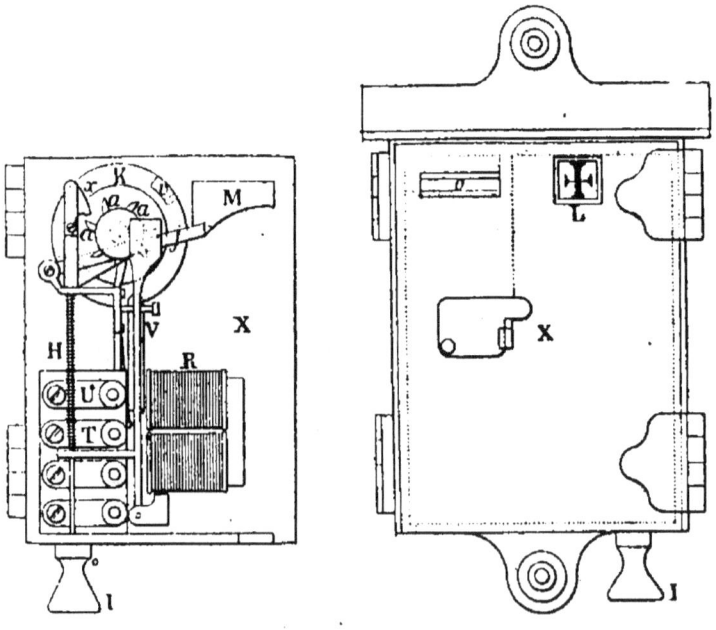

Fig. 243. — Appareil Memento.

l'arrêt, autant de fois qu'il y a de trains entrés dans la section.
Pour éviter toute omission, on emploie un appareil dit Memento. Il se compose (*fig.* 243) d'une boîte en fonte divisée
verticalement en deux parties, celle de gauche, fermée sur le
côté par une porte, présente une ouverture rectangulaire *o*
pour l'introduction de jetons, celle de droite se ferme sur

le devant par une porte X sur laquelle est fixé un électro R
dont l'armature V, montée sur pivot, est terminée par une
ancre laissant passer une à une les dents a, a, solidaires d'un
disque K. Ce disque est constamment sollicité à revenir en
arrière par un barillet, et sa course est limitée par une butée
permettant le déplacement d'un seul cran à la fois. Sur la
face interne du disque, un isolant sépare électriquement
deux ressorts réunis aux contacts T et U. Enfin une tringle H,
avec bouton extérieur I, peut, à l'aide du cliquet x, faire
avancer les dents a; en même temps elle appuie sur un
levier mobile j portant un écran M qu'elle abaisse de manière
à dégager l'ouverture o.

Voici comment fonctionne cet appareil : à chaque train
pénétrant dans la section bloquée, un jeton est déposé en o,
tandis qu'on tire sur H, de manière à faire rétrograder
le disque, ce dont on s'aperçoit par le remplacement de
la croix du guichet L par le chiffre 1 ; en même temps une
sonnerie se met à tinter par suite de la fermeture du circuit
correspondant aux contacts T et U. On pourra introduire
successivement d'autres jetons en faisant apparaître les
chiffres 2, 3, etc. Le retour en arrière s'obtient par la mise à
l'arrêt de la grande aile autant de fois qu'il est nécessaire.
Dans ce but, l'électro R se trouve intercalé sur le circuit de la
boîte n° 2 ; sa palette dégage les dents a, et le disque revient
en arrière en indiquant les chiffres 3, 2, 1, 0 jusqu'à la croix,
position primitive.

159. Block-system Hodgson. — Ce système a été appliqué aux
lignes dont la voie est normalement fermée ; il réalise la
solidarité des appareils électriques et optiques, ainsi que la
dépendance des sections successives. Ces divers résultats
sont obtenus par l'addition, au-dessus des leviers de signaux
à distance et d'arrêt, d'une boîte contenant les organes d'enclenchement (fig. 244).

Chacune d'elles contient des appareils de manœuvre que
l'on peut diviser en deux groupes s'adressant : l'un, pour
les communications avec le poste arrière (transmetteur)
et l'autre pour celles d'avant (récepteur). Si on a deux
postes A et B, on peut considérer, pour la description du

système, les organes servant à la correspondance de A vers B, en remarquant que chacun d'eux possède des organes identiques pour la correspondance de B vers A.

L'exploitation se faisant à voie fermée, le premier poste A demande la voie au suivant B, et ce dernier, après avoir préparé ses appareils, donne à A la possibilité d'ouvrir ses signaux, ceux-ci seront refermés lorsque le train aura franchi la section et remis les appareils en place en passant sur une pédale.

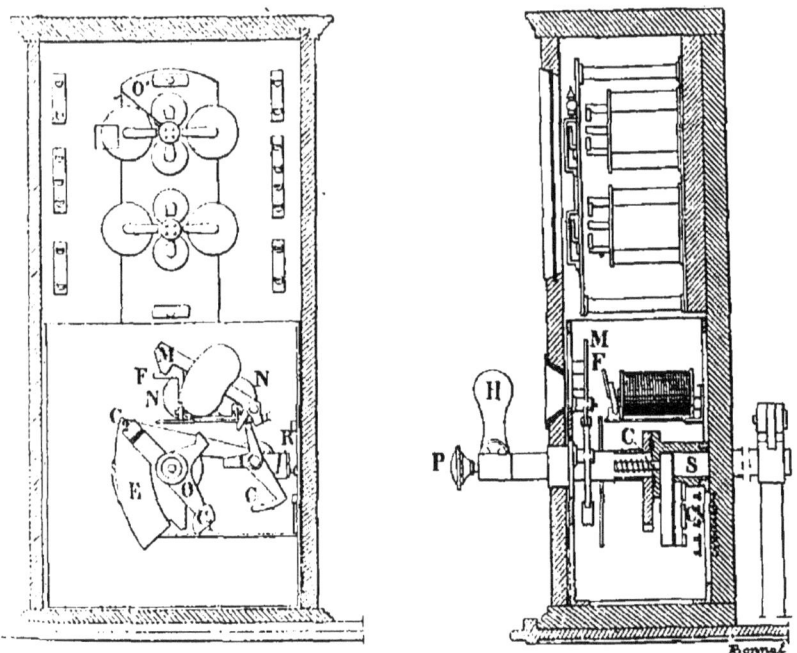

Fig. 244. — Block Hodgson.

Le poste A possède, comme appareils de tête (récepteur) pour l'entrée dans la section AB : l'aile supérieure du sémaphore en miniature, contenu dans une boîte (*fig.* 244) et un électric slot signal pour la manœuvre d'un sémaphore système Saxby sur la voie. Ces deux organes sont commandés du poste B.

Le poste B possède, comme appareils de queue (transmetteur), l'aile inférieure du mât sémaphorique en miniature de la boîte, un bouton plongeur P pour les communications électriques et une poignée H pouvant occuper trois positions correspondant : la première à la position normale des appareils (poignée à gauche), la deuxième à celle de déblocage à l'arrière, dans la section amont AB (poignée à droite) et la troisième à celle d'attente (poignée au milieu). Il faudra que le train passe sur la pédale pour pouvoir remettre les appareils dans leur position ordinaire.

La manœuvre des appareils de A a lieu comme suit : Le poste aval envoie le courant de déblocage, qui en circulant dans un électro, agit sur une armature cylindrique et déplace l'aile supérieure du petit sémaphore. Cette armature est munie, en outre, d'un crochet O' qui, dans le mouvement de rotation de l'armature, plonge dans un godet de mercure et ferme le circuit d'une pile locale déclenchant l'électric slot et permettant l'ouverture de la section. L'électric slot, un peu différent de celui décrit plus haut à propos des enclenchements, met automatiquement l'aile du sémaphore à l'arrêt lorsque le courant est coupé par le train passant sur la pédale ; il corrige toute omission du garde.

Dans les appareils de B, la palette inférieure du sémaphore se manœuvre comme celle de A, elle fonctionne toutefois par l'envoi du courant de B vers A ; abaissée, elle indique que le courant a bien été envoyé.

Le plongeur C, actionné par le bouton P, traverse l'axe creux de la manivelle H et peut être manœuvré si cette dernière est dans l'une des trois positions indiquées précédemment, sinon il se trouve arrêté par des saillies fixées sur les parois arrière de la boîte. Ce plongeur porte une plaque métallique S, qui permet d'établir la communication entre divers contacts électriques, 1, 2, 3, 4, d'une part et le contact 5, de l'autre.

La poignée étant dans sa position normale à gauche, tous les organes et appareils sont libres ; en enfonçant le plongeur, on annonce le train par plusieurs coups de timbre. En ramenant la poignée vers la droite, on fait tourner un axe O, sur lequel est montée une pièce à trois branches. Dans ce mouvement, la branche C_1 bute contre le crochet E, mobile autour d'un axe, et le soulève jusqu'à ce qu'un taquet, monté sur la face arrière de E, rencontre l'armature F de l'électro N ; celle-ci, légèrement déplacée, autour d'un axe horizontal, présente dans le milieu une découpure qui laisse passer le taquet de manière à retomber derrière lui, et à en empêcher le retour. Sur l'axe du crochet est également montée une pièce G. En même temps que E remonte, G se déplace vers la droite et dégage le levier MN, oscillant autour de N et venant enclencher C_2. Le levier porte un voyant rouge et vert indiquant si la poignée H est enclenchée ou non. La poignée, se trouvant à droite, est enclenchée, et on peut envoyer le courant de déblocage au poste en agissant sur le poussoir P.

On ramène ensuite la poignée vers la gauche; mais elle ne peut dépasser la position du milieu; car, d'une part, la branche C_1 vient buter contre G, et de l'autre le levier M arrête la branche C_2, lorsque cette dernière tend à revenir vers la gauche : la manivelle est donc fixée dans sa position du milieu jusqu'au moment où le train, entré dans la section, passe sur la pédale, ferme le circuit de l'électro N, de manière à attirer l'armature F : le taquet du crochet étant dégagé, E retombe et ramène la pièce G dans la position de la figure en remettant le levier M en place. Toutefois, en revenant à sa position initiale, la pièce G coupe le circuit de la pédale ; à cet effet, elle porte deux tiges de platine R plongeant dans un petit vase de mercure, établissant la communication du circuit de la pédale lorsque le train est attendu, c'est-à-dire quand E est relevé.

En passant sur la pédale, le train remet le sémaphore à l'arrêt, il ne peut plus alors être manœuvré qu'avec l'autorisation du poste aval.

La *pédale* (*fig.* 245) se compose d'un levier T, dont une extrémité affleure à la surface inférieure du rail, tandis que l'autre porte un contact RR' fermant le circuit de l'électro N. On règle le contact au moyen de la vis S' et du balancier S. Le circuit passe par t' sur l'axe t.

La manœuvre entre deux postes A et B se fait de la façon suivante :

A annonce le train à B, en envoyant, au moyen du plongeur de transmission de B vers A, un nombre déterminé de coups de timbre.

B répète ce signal avec l'appareil transmetteur de la section BA.

A demande par un nouveau coup de timbre le déclenchement des signaux.

B, qui avait sa poignée à gauche, la place à droite, envoyant ainsi le courant de déclenchement à l'arrière, et la ramène au milieu, position d'attente du train ; il sonne ensuite vers A.

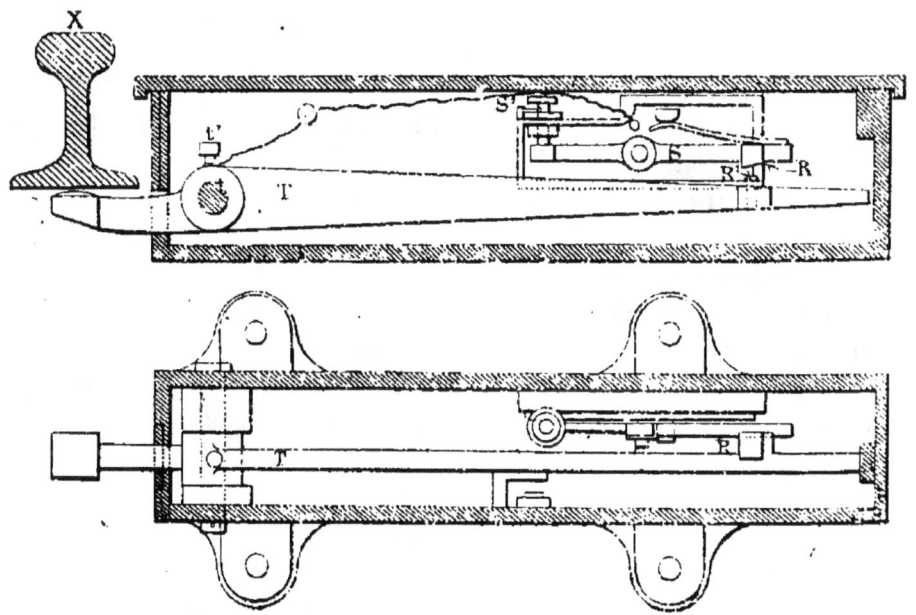

Fig. 247. — Pédale de Hodgson.

Lorsque le train est passé, tous les appareils ayant repris leur place, B peut remettre sa poignée à gauche.

Les manœuvres sont assez compliquées. De plus, pour les trains à garer dans la station, il faut disposer la pédale pour que le train passe dessus et débloque en arrière pour un nouveau train. En pleine voie, les pédales sont placées à 700 mètres après le poste de la section suivante ; dans les gares, il faudra en mettre deux, l'une sur la voie principale, et l'autre sur la voie de refoulement pour les trains à garer.

Ces derniers, en quittant la station, permettent de débloquer à nouveau en arrière. Si donc un train était engagé dans la section, il ne serait plus couvert. Pour éviter ce danger, il est défendu à la station de garage de laisser partir un train avant le passage de l'autre.

Le block Hodgson a subi quelques modifications peu importantes : la poignée H est remplacée par un curseur se déplaçant horizontalement et portant le bouton d'annonce.

D. — Blocks automatiques

160. Appareil Rousseau. — L'emploi des blocks automatiques est d'un usage courant en Amérique, ils fonctionnent forcément comme block permissif; c'est-à-dire qu'un train, trouvant un des signaux du block à l'arrêt, attend un certain temps ou réduit sa vitesse avant de pénétrer dans la section bloquée. Il ne saurait, du reste, en être autrement, l'absence de tout agent empêchant le mécanicien d'être mis au courant de la cause de la mise à l'arrêt. Une autre simplification résulte de l'inutilité d'annoncer les trains au poste en avant. Il suffit, en principe, que le train, en passant à un poste, mette le signal correspondant à l'arrêt, et le remette à voie libre en arrivant au poste suivant.

Dans le système Rousseau, le signal d'arrêt est monté sur un mécanisme mû au moyen d'un contrepoids. A chaque décliquetage, le disque fait un quart de tour, présentant ainsi sa face tantôt parallèle, tantôt perpendiculaire à la voie. La course du contrepoids permet au signal 350 quarts de tour, soit 175 trains à protéger. L'appareil est remonté tous les jours, l'allumage de la lanterne n'étant possible que si le contrepoids est en haut de sa course. Le décliquetage du mécanisme du signal a lieu lorsqu'un courant, en traversant un électro, détache un loquet d'arrêt enclenchant le système. Le courant est envoyé au moyen d'un commutateur placé sous l'un des rails, entre deux traverses ou à côté de la voie.

Cet appareil est formé d'un tampon creux en caoutchouc, garni de métal à sa partie supérieure et inférieure. Le fil électrique venant des piles est en relation avec une tige métallique placée dans l'axe du tampon. Cette tige reçoit, en outre, une rondelle métallique portant deux pointes en

platine. Enfin, une douille métallique, rattachée à la plaque
supérieure, pénètre dans le creux du caoutchouc ; elle porte
une rondelle métallique isolée de la tige qu'elle entoure,
mais s'appuyant sur les deux pointes en platine, lorsque le
caoutchouc est comprimé au passage d'un train de manière
à fermer le circuit de l'électro du signal. Si la pression cesse
d'agir, la communication se trouve interrompue, et les deux
pointes sont ramenées dans leur position normale. Lorsque
le commutateur est placé sur le côté de la voie, il est actionné
par un levier abaissé par la locomotive.

Les sections ont une longueur de 3 kilomètres ; elles sont
séparées par un signal auquel correspond un commutateur.
Le signal reste à l'arrêt après le passage du train jusqu'à son
arrivée au commutateur suivant, et, tout en mettant le signal
correspondant à l'arrêt, il replace à voie libre le signal
précédent, en débloquant ainsi la section à l'arrière. Le
système Rousseau est employé dans beaucoup d'autres
circonstances, par exemple pour protéger le passage d'un
tunnel, d'un pont tournant, enfin dans tous les endroits où il
est nécessaire d'avoir un seul train à la fois.

161. Block de l'Union Switch and Signal Cⁿ. — Les
rails d'une section A (*fig.* 246), d'une longueur de un

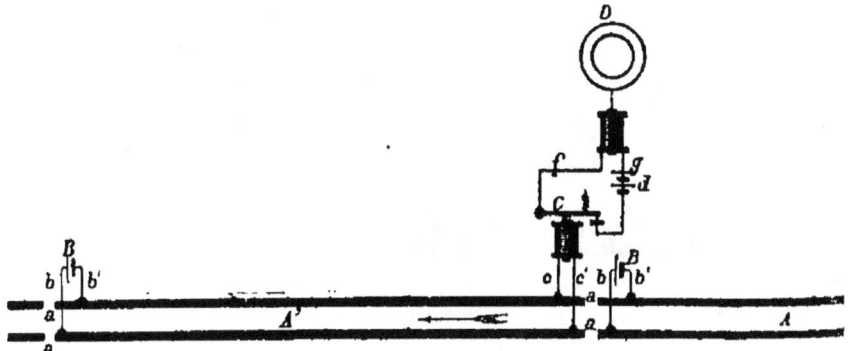

Fig. 246. — Block automatique électrique.

mille au plus, sont séparés de ceux de la section voisine A'
par des isolants intermédiaires en caoutchouc *aa*, interposés entre les rails, les éclisses et les traverses. Dans la

section, au contraire, ils sont réunis au moyen de fils conducteurs. Chaque file de rails est reliée par des fils *bb'* aux
pôles d'une pile B, et le circuit est continué par un fil extérieur *cc'*, sur lequel se trouve un électro. Ainsi fermé, le courant circulant dans l'électro est suffisant pour attirer une
armature C fermant un circuit local *f, g, d*, agissant sur le
signal D à faire mouvoir ; mais, si l'on produit une dérivation, par la présence d'un train sur deux sections ou si on
intercepte le courant pour toute autre cause (rupture de
rails, éboulements), l'armature, n'étant plus attirée, rompt à
son tour le circuit de la pile locale.

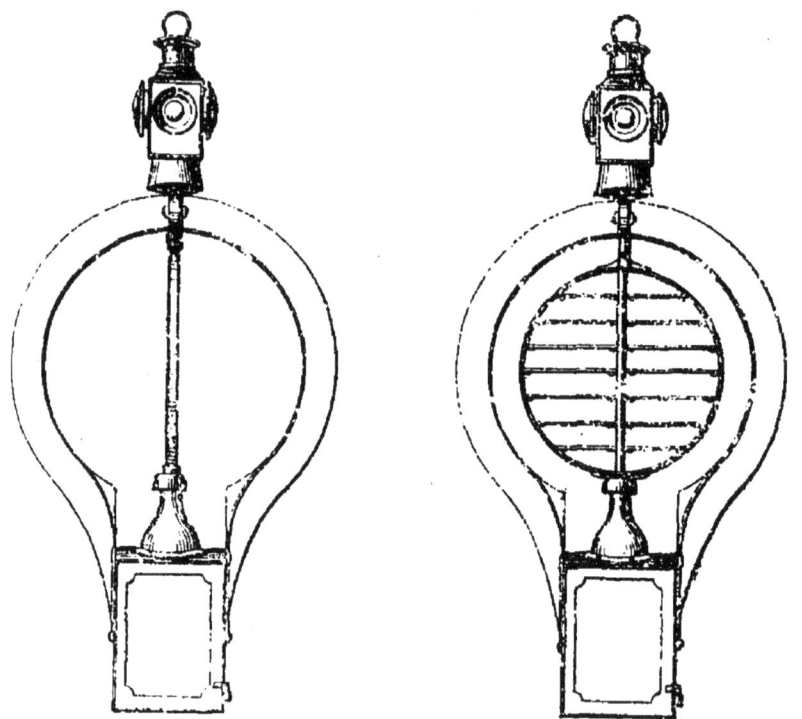

Fig. 247. — Signal de block automatique.

Le fonctionnement du signal s'effectue comme suit : tant
que le courant local passe dans un électro, le mouvement
d'horlogerie à contrepoids ou à ressort, actionnant le signal,
se trouve enclenché, et le signal reste à voie libre ; mais, si le
courant est rompu, le mouvement est déclenché et le disque

se met à l'arrêt. Quand l'appareil est à bout de course, un organe spécial empêche tout mouvement ou rotation de l'axe du disque au delà de la dernière position d'arrêt : le signal reste donc fermé.

Ce signal est formé par un disque à persiennes (*fig.* 247), se déplaçant à l'intérieur d'un anneau concentrique et dont l'axe porte, à la partie supérieure, une lanterne à quatre feux.

162. Block Westinghouse. — Quelquefois, la manœuvre du signal est obtenue au moyen de l'air comprimé, comme dans le système Westinghouse. Une conduite générale règne tout le long de la voie, alimentant les appareils au moyen d'un branchement. Seulement, au lieu d'avoir un disque, il y a deux bras sémaphoriques, l'un commande l'arrêt, l'autre joue le rôle de signal avancé et avertit que la station suivante est bloquée. Le signal d'arrêt d'un poste est sur le même circuit que le signal avancé du poste précédent. Le circuit, alimenté par une pile locale, est ouvert normalement, il est fermé par l'armature d'un électro lorsque celle-ci se déclenche au passage du train. Les signaux sont du type décrit aux transmissions pneumatiques ; l'introduction ou l'échappement de l'air ayant lieu sous l'action du courant de la pile locale. Sauf le mode d'action des signaux, la manœuvre est celle indiquée précédemment.

163. Système de Hall. — Dans le block de Hall, les signaux se meuvent par une simple inversion de courant. En temps ordinaire, les signaux, sous l'influence d'un courant permanent qui circule sur la ligne, sont placés à voie libre ; la rupture de circuit a pour effet de les mettre à l'arrêt. La suppression du courant est occasionnée par le passage d'un train sur une pédale, ou par un dérangement dans les appareils.

La pédale (*fig.* 248) est formée par un levier dont l'extrémité, située près du rail, affleure le niveau de roulement ; elle est maintenue dans cette position par deux ressorts en caoutchouc *m* et *q*. L'autre extrémité agit sur un piston *p* à l'intérieur d'un cylindre creux, dont un conduit latéral *b* fait communiquer le haut et le bas. La tige du piston *n*, en s'élevant, relève les leviers *c*, interrompt le circuit en *d*, tandis qu'on peut le fermer en *e*. Ces bornes de contact sont montées sur des blocs isolants *f*. La descente du piston se fait lentement, par suite du refoulement progressif de l'air vers le haut par le conduit *b*.

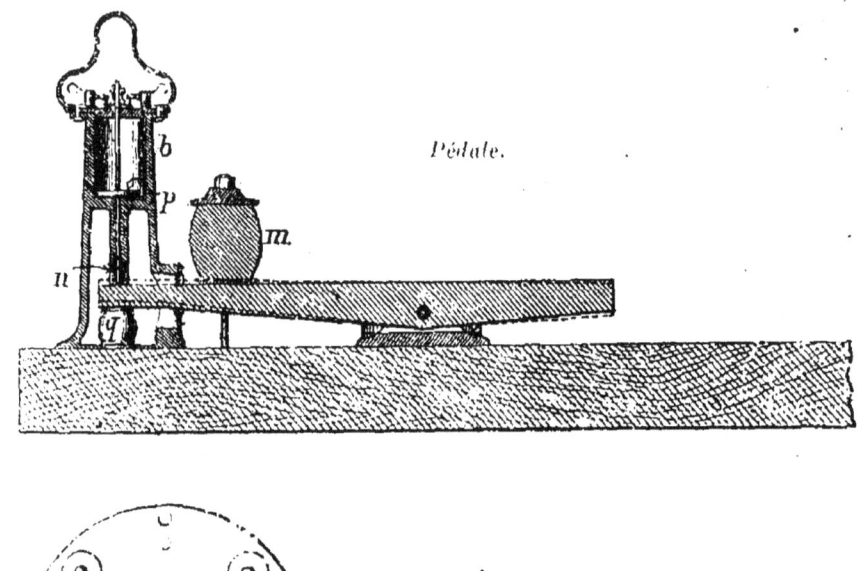

Pédale.

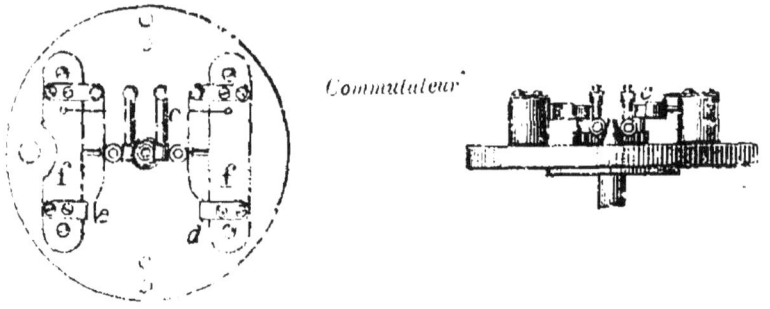

Commutateur

Fig. 248. — Block de Hall.

Le signal est formé par une caisse présentant au milieu une ouverture que peut fermer le jour, pour commander l'arrêt, un disque rouge, ou la nuit, une lanterne à feu rouge dissimulée pour la voie libre derrière un écran. Le passage du disque *c* de l'une à l'autre de ces positions est obtenu par un mouvement de rotation de l'axe XX (*fig.* 249). Il est commandé par une tige *e* au moyen d'une chaîne de Galle *f*. La tige est terminée par un électro mobile *a* dont l'armature *h* est fixe. Quand le courant passe dans l'électro, l'attraction de

l'armature fait osciller les bobines en surmontant la résistance du poids du disque en aluminium ; ce dernier s'efface
en *c'*. S'il y a interruption, le contrepoids ramène l'électro
dans une position inclinée, mettant le signal à l'arrêt *c*.

Les signaux de Hall ne sont pas seulement employés pour le
block-system, on peut les utiliser dans les gares.

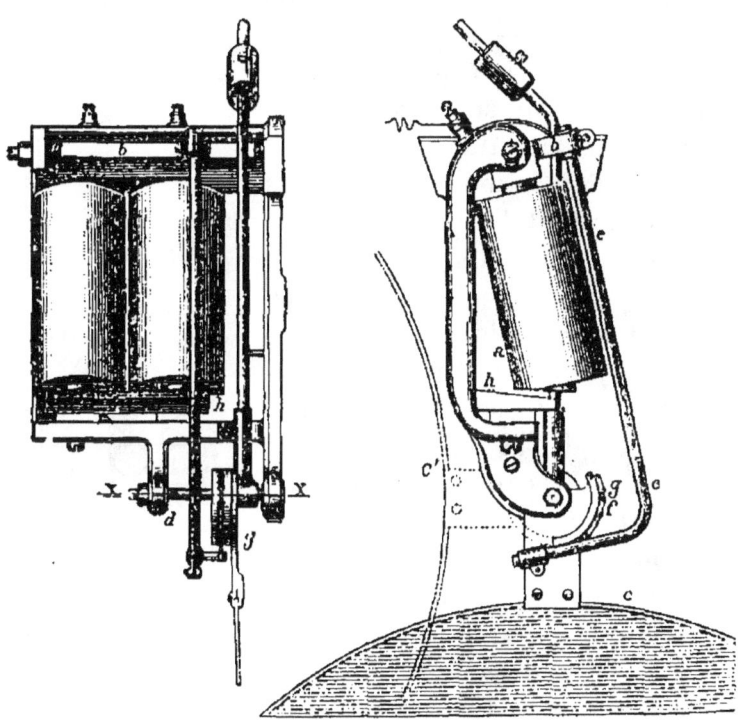

Fig. 249. — Manœuvre du signal de Hall.

Le Lyon a fait l'application du système sur la ligne de
Laroche à Cravant, soit un parcours de 45 kilomètres. Au
lieu de pédales on emploie des relais. En temps normal, ces
relais isolent les signaux de leur circuit de manœuvre. Si un
train entre dans la section, les relais, n'étant plus parcourus
par le courant de la voie, ferment automatiquement le circuit des signaux placés à la sortie, ceux-ci se mettent à voie
libre, jusqu'à ce que le train sorte de la section.

Les signaux normalement à l'arrêt sont du type du Lyon,
ils sont actionnés par un petit treuil, tirant le câble de la

manivelle du signal pour la mise à voie libre. Le contrepoids de rappel remet le signal à l'arrêt. Le système Hall a été appliqué également au Métropolitain de Paris.

164. Signaux de la Railway Cab Electric Signal Cᵒ. — Les signaux ne sont plus placés sur la voie, mais sur la machine, où on a un signal acoustique dont l'arrêt se fait à la main. A cet effet, la machine forme avec les rails de la voie un circuit dont l'interruption provoque l'émission du signal en question. La source d'électricité, montée sur la machine et mobile avec elle, est une petite dynamo électrique actionnée par un moteur spécial, alimenté par la vapeur de la locomotive. Les extrémités des fils formant les pôles de ce générateur sont en contact l'un avec le corps de la chaudière, l'autre avec le châssis du tender, qui lui-même communique avec la voie. L'isolement entre les deux est réalisé par l'intermédiaire de la tige de traction, le circuit se ferme par les rails convenablement reliés. Sur ce circuit est intercalé un électro-aimant, dont l'armature est normalement attirée ; si le circuit se trouve interrompu, par suite d'un obstacle placé sur la voie, l'armature se sépare et son mouvement est transmis à un timbre ou à la soupape d'un sifflet d'alarme. Il faut alors ramener à la main l'armature à sa position initiale pour faire cesser l'effet du timbre ou du sifflet.

Pour obtenir l'interruption du cir-

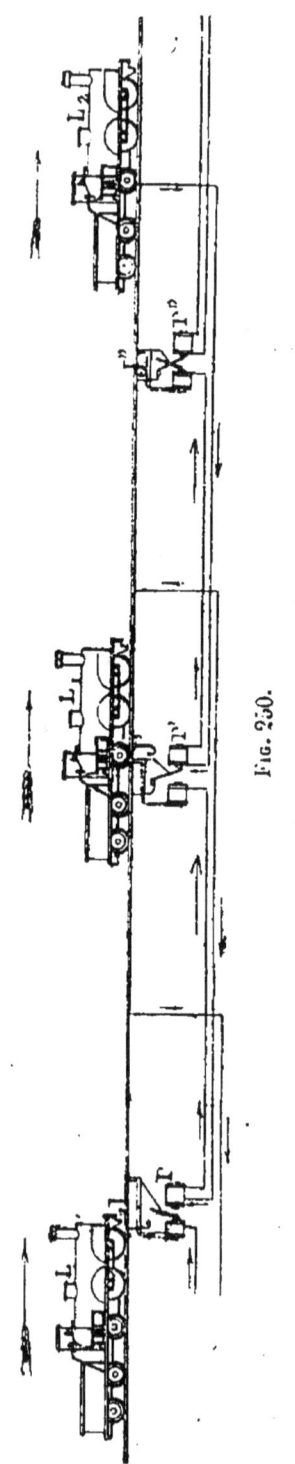

Fig. 250.

cuit, il suffit d'avoir une discontinuité électrique dans les rails, aux points où l'on veut obtenir un avertissement, comme à l'approche des stations, des sections de block-system. Soit comme application de ce principe (*fig.* 250), une ligne à double voie, sur laquelle arrive un train L. En passant au joint isolé J, il sépare les aiguilles d'un relai r, de manière à mettre cet appareil en état de rompre le circuit de la locomotive d'un second train : la section est bloquée. Mais, en arrivant au joint isolé suivant J', tout en y produisant la même manœuvre sur le relai r', un courant sera envoyé au relai en arrière r, de manière à y remettre tout en place et ainsi de suite.

165. Block Hadden pour voie unique. — Dans ce cas particulier, un train entrant dans une section ne produit pas le même effet qu'un train entrant en sens inverse. Le principe est le suivant : A chaque bout de la section, se trouvent deux signaux tournés en sens contraire et manœuvrés chacun par un électro. L'électro de l'une des extrémités est monté sur le même circuit que l'un des électros de l'autre.

Quand les armatures des électros sont attirées, les signaux sont dans leur position normale, indiquant la voie libre. En entrant dans la section, le train agit d'abord sur une première pédale, ne produisant aucun effet, le circuit qu'elle ferme un instant est en effet un circuit dérivé de résistance semblable à celle du circuit principal.

Le train passe ensuite sur une deuxième pédale, qui interrompt momentanément le circuit principal ; les deux électros lâchent leur armature, et les signaux se mettent à l'arrêt ; en même temps chacune des armures introduit, dans le circuit dérivé de la première pédale, une résistance qui rend le courant des électros trop faible pour attirer les armatures après le passage du train. En passant sur une troisième pédale, montée en sens inverse de la seconde, le train ne produit pas d'effet ; mais en arrivant sur une quatrième pédale analogue à la première, il ferme le circuit principal et supprime la résistance auxiliaire introduite au début par la première pédale. La puissance du courant augmentant, les deux signaux se remettent à voie libre. Les signaux se mettent aussi à l'arrêt en cas d'avarie.

E. — Appareils de correspondance

166. Principe. — On désigne sous ce nom, en dehors du télégraphe et du téléphone, des appareils spéciaux, servant à l'échange rapide d'un nombre limité de communications, fixées conventionnellement à l'avance entre deux postes. On comprend aisément que, dans une gare, les agents aient besoin de recevoir les trains sur des voies différentes et l'aiguilleur, chargé de manœuvrer les aiguilles d'entrée, doit en être avisé le plus vite possible. Il existe un grand nombre de cas où les échanges de communications sont nécessaires ; mais, depuis l'introduction du téléphone dans les chemins de fer, l'emploi des tableaux de correspondance a perdu beaucoup de son importance. Il suffira de décrire quelques-uns de ces appareils pour se rendre compte du fonctionnement de tous les autres.

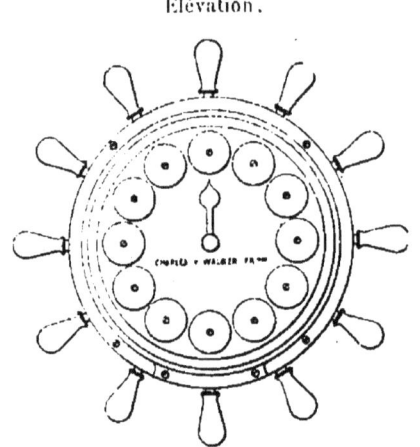

Élévation.

Vue intérieure du manipulateur.

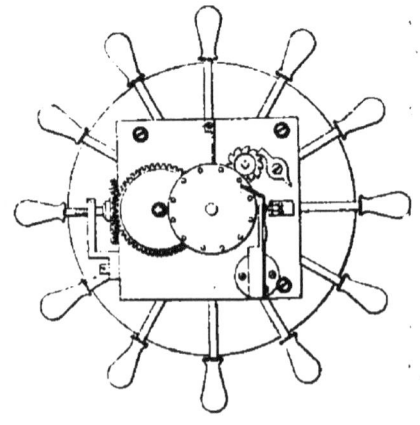

Fig. 251. — Avertisseur Walker.

167. Avertisseur Walker. — Désigné aussi sous le nom de *train describer*, cet appareil comporte un manipulateur et un récepteur. Le manipulateur (*fig.* 251) est formé par un cadran bleu sur lequel se détachent des disques blancs portant les indications à transmettre. Il y a sur le pourtour autant de manettes que d'inscriptions. Sur l'axe d'un mouvement d'horlogerie contenu dans l'appareil se trouve un levier non figuré sur le dessin portant un petit butoir. Quand toutes les manettes sont relevées, le mouvement d'horlogerie entraîne ce levier. Un disque en cuivre, muni de chevilles agissant sur un ressort, suit le levier dans sa rotation. Le ressort établit, au passage de chaque cheville, le contact avec un commutateur et envoie à l'autre poste un courant actionnant l'aiguille du transmetteur. Lorsqu'une des manettes est relevée, le butoir du levier est arrêté et avec lui le mécanisme moteur de l'appareil. Normalement, toutes les manettes sont relevées, sauf celle du haut, correspondant à la position de repos. Pour transmettre un signal, il faut relever la manette du point d'arrêt, cela a pour effet de mettre le mécanisme en mouvement, et d'abaisser celle qui correspond à l'indication à transmettre.

Le récepteur se compose d'un cadran bleu portant des disques blancs où sont inscrits les signaux à recevoir.

Le mécanisme de cet appareil consiste en un électro-aimant avec armature commandée par un échappement à ancre. Quand le courant passe, l'ancre, attirée, fait avancer une roue dentée d'un cran et, avec elle l'aiguille indicatrice d'une case sur le cadran indicateur. La manœuvre est assez longue (trente à quarante secondes) pour faire le tour complet du cadran. L'appareil Walker accompagne le block simple du même constructeur.

168. Avertisseur Jousselin. — Il comporte également un transmetteur et un récepteur.

Le transmetteur (*fig.* 252) est formé par un cadran avec un certain nombre de divisions correspondant aux signaux à envoyer. Au moyen d'une manette L déplacée de droite à gauche, on actionne un contact qui ferme le circuit sur le fil de la ligne, en même temps, on fait avancer d'une dent une roue à rochet N, calée sur le cadran K. En ramenant la manette à droite, on interrompt de nouveau le courant. On déplace la manette autant de fois vers la gauche qu'il faut faire avancer le cadran pour obtenir l'indication à transmettre. Une autre manette S sert à la remise automatique au point origine T

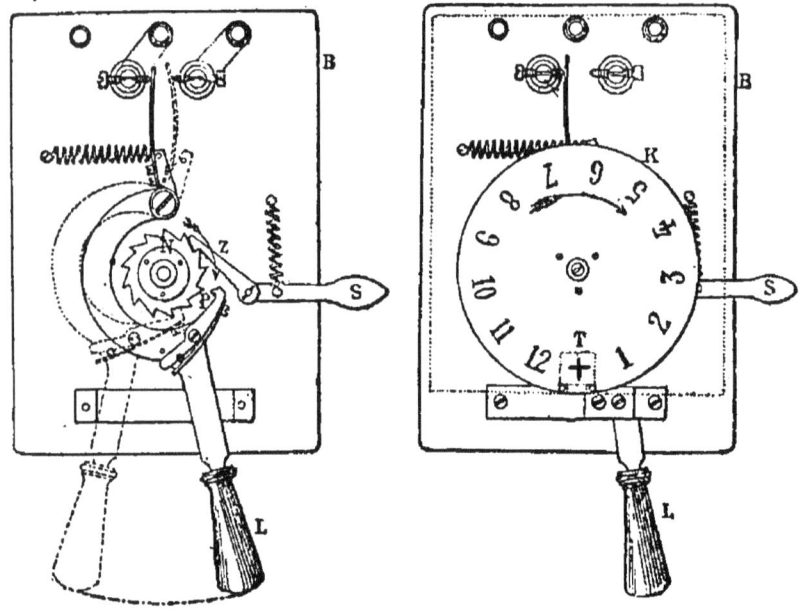

Fig. 252. — Transmetteur Jousselin.

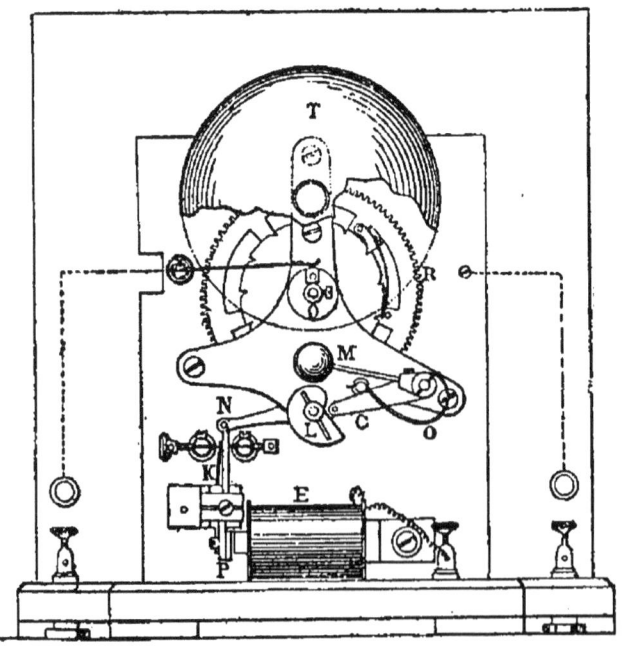

Fig. 253. — Récepteur Jousselin.

du cadran sous l'action d'un ressort intérieur, lorsque le rochet z est relevé.

Le *récepteur* (*fig.* 253) comporte également un cadran avec les indications du transmetteur. Il est actionné par un mouvement d'horlogerie enclenché par la palette P d'un électro-aimant E. Dès que le courant est interrompu, cette palette est ramenée à sa position primitive par le ressort K. Dans l'intervalle de ces deux mouvements, le doigt de déclenchement N fait un tour complet sous l'action du mouvement d'horlogerie, entraînant la came L qui fait mouvoir le levier C et par suite le marteau M frappant le timbre T. Le levier C est ramené après chaque coup à sa position normale par le ressort O. Sur l'arbre de L se trouve calé un petit pignon, qui, pendant un tour complet, fait avancer la roue R portant l'aiguille, de l'intervalle d'une division du cadran. Ce mouvement ne s'effectue qu'à chaque émission du courant, les aiguilles du transmetteur et du récepteur se déplacent donc de la même quantité.

Les cadrans des deux appareils portent le signe — qui constitue l'origine des indications et à laquelle il faut les ramener après chaque opération. On tend, du reste, de cette façon les deux ressorts moteurs, tout en obtenant la concordance des indications.

169. Appareil à guichets du Nord français. — L'appareil (*fig.* 254) se compose de deux cadres identiques conjugués et placés aux deux postes à réunir. Sur leur face antérieure, ces cadres sont percés de guichets circulaires en nombre égal à ceux des signaux à transmettre. Sous chaque guichet se trouve un bouton avec l'indication de l'annonce à faire. L'installation se complète d'une sonnerie et de deux guichets supplémentaires portant les indications : *Erreur, je répète : attendez.* Les guichets des tableaux sont réunis deux à deux par un fil de ligne. Il y a donc autant de fils que de signaux à transmettre.

Le fonctionnement a lieu comme suit : chaque voyant est fixé sur une petite pince en fer doux oscillant entre les pôles d'un aimant Hughes formé par des bobines B et C perpendiculaires à la culasse A. Les enroulements des bobines sont

disposés de façon à renforcer l'aimantation de l'un des
pôles et à diminuer celle de l'autre. Pour transmettre un
signal, il suffit d'appuyer sur le bouton correspondant **M**;
les voyants des deux postes apparaissent simultanément.
L'autre poste accuse réception en appuyant sur son bouton
et ramenant au blanc les deux voyants. Les fils de ligne sont
mis normalement à la terre au moyen de deux ressorts **D**,

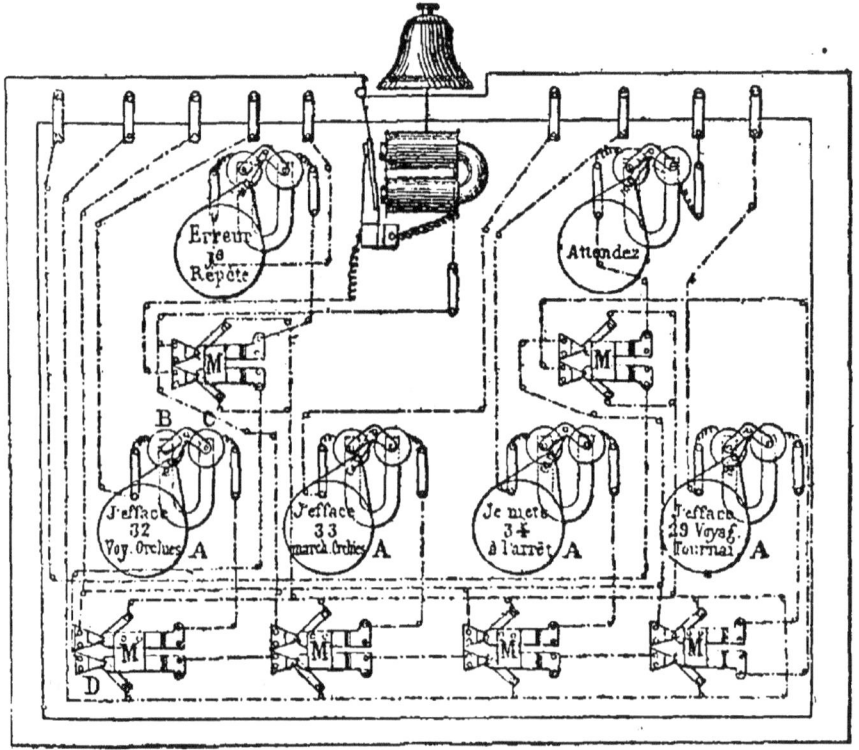

Fig. 254. — Appareil à guichets.

mais, lorsqu'on appuie sur l'un des boutons **M**, les ressorts
se séparent, et celui de dessous vient en contact avec un
troisième ressort, qui ferme le circuit sur une pile envoyant
un courant dans un certain sens; en agissant à l'autre poste
sur le deuxième bouton, on envoie un courant en sens inverse, ce qui explique le mouvement d'oscillation des petites
pièces en fer doux, et, par suite, celui des voyants correspondants. La sonnerie est munie d'un fil de ligne relié à
tous les boutons, un commutateur analogue et voisin du

précédent D, permet de mettre le fil à la terre ou à la pile,
en poussant le bouton M, la sonnerie tinte donc lorsqu'on
presse sur un des boutons.

170. Appareil Guggemos. — Dans ce système, tous les fils

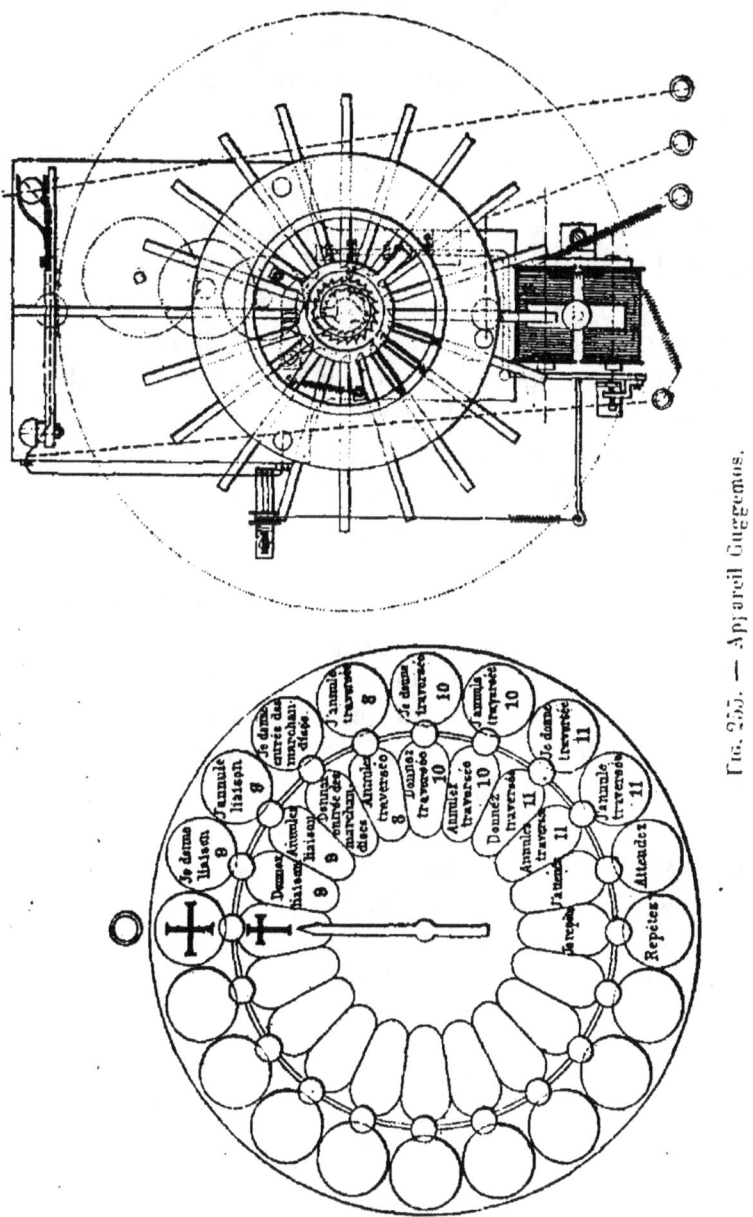

FIG. 255. — Appareil Guggemos.

de ligne sont réduits à un seul. Il y a deux appareils identiques, un à chaque poste. Le cadran (*fig. 255*), placé dans un plan incliné, est divisé en un certain nombre de secteurs comprenant un bouton placé entre deux cases, dont l'une est circulaire et l'autre elliptique, quelquefois elles sont circulaires toutes deux. Sur la couronne des cases extérieures sont inscrites les indications à transmettre, et sur la couronne intérieure celles reçues. Les appareils placés dans deux postes correspondants diffèrent donc par l'emplacement des indications; celles extérieures de l'un sont intérieures chez l'autre, et réciproquement. Lorsque l'agent d'un poste appuie sur un des boutons, l'aiguille de ce dernier et celle du poste correspondant viennent toutes deux s'arrêter vis-à-vis du secteur de ce bouton. L'autre agent accuse réception en appuyant sur le même bouton de son appareil; les aiguilles font un tour complet du cadran et reviennent s'arrêter toutes deux au même secteur. L'agent qui ordonne le signal ramène alors les deux aiguilles à la croix. Cette triple manœuvre demande seulement quelques secondes.

L'appareil comporte un clavier, un électro, un mouvement d'horlogerie, un échappement et un interrupteur de courant.

En temps ordinaire, l'interrupteur coupe la communication électrique dans l'appareil; mais, lorsqu'on presse sur l'un des boutons, le courant se dirige partie dans le fil de la ligne, partie à la terre, déclenchant le mouvement d'horlogerie; les deux aiguilles se mettent à tourner, on a soin de cesser d'appuyer quand l'aiguille est arrivée vis-à-vis du bouton, le courant est interrompu, et les deux aiguilles s'arrêtent avec le mouvement d'horlogerie.

Au-dessus de chaque cadran, est placé un bouton spécial de rappel à la croix, qui permet d'envoyer un courant dans l'appareil sans passer par la ligne, c'est-à-dire sans que l'aiguille du poste correspondant se mette en marche en même temps.

CHAPITRE III

VOIE UNIQUE

A. — Mouvement des trains

171. Disposition des aiguilles. — Sur la voie unique, il faut non seulement se préoccuper du garage des trains circulant dans le même sens, mais encore du croisement des trains en sens contraire. Dans ce but, la voie unique se trouve dédoublée dans les gares de croisement, de manière à recevoir, sur chaque voie, un train de sens différent. Les aiguilles de dédoublement nécessitent toutefois des dispositifs spéciaux, pour empêcher toute collision en envoyant les deux trains sur la même voie.

Généralement chaque levier de manœuvre est muni d'un contrepoids maintenu par une *cheville cadenassée*, de manière à rappeler toujours l'aiguille dans la même direction, ordinairement celle de gauche, dans le sens de la marche du train. Les trains, en sortant, prennent l'aiguille en talon, et la retournent, mais elle revient à sa position primitive, ramenée par son contrepoids.

La direction constante n'est pas sans inconvénient, la moitié des trains, n'ayant pas de croisement dans la gare, sont reçus sur la voie la plus éloignée du bâtiment principal; de plus, si le croisement a lieu entre un train de marchandises et un train de voyageurs, le premier peut se trouver du côté du bâtiment principal, empêchant le mouvement des voyageurs. On peut alors disposer les aiguilles de manière à donner toujours la même direction, la voie longeant le bâtiment principal; elles sont alors *boulonnées*

dans cette position, et pour ainsi dire annulées, tant qu'elles
assurent la continuité de la même voie. Au lieu de boulons,
on peut immobiliser l'aiguille, au moyen d'un *verrou*, à un
seul trou, dans le cas du passage d'un train direct sans
ralentissement. Mais avec ces deux dispositifs, pour les croisements, il faut changer la position des aiguilles, et pour
empêcher toute erreur dans la manœuvre, on se trouve
amené à enclencher les aiguilles, avec les signaux de protection, de cette façon, si on oublie de retourner une des
aiguilles, le train correspondant est arrêté à la pointe de
cette aiguille. On a vu du reste dans ce cas l'emploi avantageux qu'on peut faire des enclenchements sur place.

172. Croisement des trains. — Les croisements de trains
sont prévus au tableau de la marche des trains ; il est important, en effet, que tous les agents en soient avertis. Les croisements nécessitent certaines formalités, variables suivant
les Compagnies.

Sur le Nord, par exemple, la gare où doit avoir lieu le
croisement met ses deux disques avancés à l'arrêt, dix minutes avant l'arrivée du premier train. On ouvre ensuite le
disque correspondant au premier train qui se présente ;
puis, lorsqu'il est complètement garé, n'embarrassant aucune
des aiguilles de dédoublement, on ouvre le second disque.
Pour la marche de leur train, les mécaniciens ne sont tenus
de suivre que les indications données par les signaux, ils
doivent, en outre, pouvoir s'arrêter en gare.

D'autres Compagnies, comme le Lyon, par exemple,
exigent que le mécanicien ralentisse la marche, de manière
à aborder, à la vitesse d'un homme au pas, l'aiguille de dédoublement. Les disques à distances, sont effacés ; mais les signaux d'arrêt, dont sont munies les gares comme sémaphores,
ou signaux carrés, ne sont ouverts que successivement, suivant l'ordre d'arrivée des trains. Si la gare est dépourvue de
ces signaux d'arrêt, on les remplace par des signaux à
main, indiquant soit l'arrêt, soit l'autorisation d'entrer. A
défaut du signal à main, le train s'arrête avant l'aiguille de
dédoublement.

Sur l'Orléans, outre le mât de croisement commandant dans

ce cas l'arrêt à l'aiguille, il y a un mât de talon ou de sortie tournant sa face vers la gare. Il est conjugué avec le mât avancé, de façon à occuper une position inverse de celui-ci (*fig.* 256). Le mât avancé, l'aiguille et le mât de talon ont un seul levier de commande; le mât de croisement a son levier spécial. Le croisement de deux trains se fait d'une manière analogue à celle du Lyon, mais le train marque l'arrêt devant le mât de croisement.

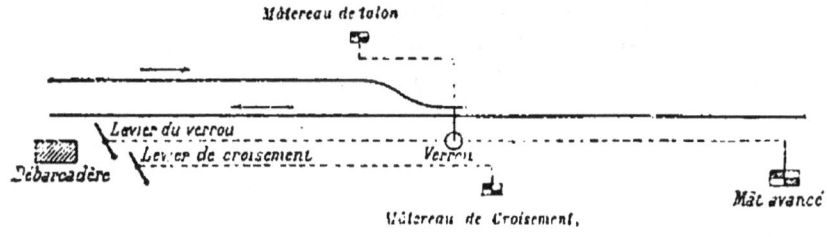

Fig. 256.

D'une manière générale, si les deux trains sont en gare, aucun d'eux ne doit être expédié avant que le chef de gare n'ait correspondu avec les agents de chaque train. Sur le Lyon, on ajoute, en outre, l'obligation de communiquer d'abord avec le dernier train arrivé, et d'indiquer, sur le journal du train, les croisements avec un train facultatif ou spécial, même si ce dernier n'a pas lieu. Sur ce réseau, on considère, comme gare de croisement, les gares terminus de voie unique, les gares de jonction avec une autre ligne, les gares de formation. Au départ de ces gares, le chef doit toujours mentionner les numéros des derniers trains de sens contraire arrivés dans sa gare.

173. Changements de croisement. — En cas de retard de l'un des trains, le croisement peut être reporté à la gare suivante, à la condition toutefois que les deux gares se soient entendues par dépêche. On doit avoir la certitude que la gare du côté du train en retard n'expédiera pas ce train. A cet effet, avant de rendre définitif le changement de croisement, cette gare met à l'arrêt les signaux du côté du train en retard, signaux qui doivent être doublés à la main, si ce train n'a pas d'arrêt prévu.

Les dépêches échangées, le chef de gare est autorisé à expédier son train, mais à la condition de délivrer au mécanicien et au conducteur un ordre écrit, qui sera joint au bulletin de traction et au journal du train. Il est, du reste, défendu à ces deux agents de partir sans cet ordre écrit, reproduisant le plus souvent les dépêches échangées entre les deux gares. Les changements de croisement sont valables, quelle que soit l'importance du retard, seulement d'une gare à la suivante, où il faut recommencer les mêmes formalités. En cas d'interruption télégraphique ou téléphonique, les changements ne sont autorisés que si l'on peut correspondre par exprès.

Sur l'Ouest, on a ajouté des mesures complémentaires; le train en retard, pour circuler, doit demander la voie de gare en gare; en outre, les agents du train sont prévenus des changements de croisement. Cette dernière disposition a été également adoptée par l'Est.

174. Bâton-pilote ou staaf.

174. Bâton-pilote ou staaf. — L'exploitation sur voie unique diffère sensiblement de celle sur voie double. Divers procédés, ayant pour but surtout d'éviter la marche de deux trains en sens inverse dans la même section de voie unique, permettent d'y arriver avec une certitude presque absolue; mais la circulation des trains se trouve sensiblement gênée; si on veut rendre celle-ci plus élastique, la méthode perd beaucoup de sa garantie, comme on le verra par les descriptions suivantes.

En Angleterre, on emploie beaucoup la méthode dite du staaf, ou bâton-pilote, également appliquée sur le réseau de l'Ouest français. La ligne à voie unique est divisée en plusieurs sections dont les extrémités sont des gares ou stations. A chaque section est affecté un seul bâton de couleur différente, de manière à empêcher toute erreur. Il doit rester constamment attaché à la même section. Aucun train ne peut circuler sans être porteur de bâton, et, comme il n'y en a qu'un, un seul train peut être en mouvement. Le fonctionnement est très simple : A l'origine de la section, le chef de gare remet au mécanicien le bâton correspondant, autorisant cet agent à se mettre en mouvement; arrivé à l'autre bout, c'est-à-dire à la gare suivante, le bâton lui est retiré, et il continue sa route en recevant le nouveau bâton de la section suivante. Celui de la première section est ramené à son point de départ par un train circulant en sens inverse. On réalise ainsi un mouvement de navette du bâton.

Ainsi pratiqué, il n'est pas possible de pouvoir faire suivre deux trains dans le même sens ; il faut alors en intercaler un en sens inverse. Cependant, à certains moments, il est nécessaire d'envoyer successivement deux trains dans le même sens ; dans ce cas, le chef de gare est autorisé à donner un ordre écrit au mécanicien du premier train, il y mentionne que le bâton est resté dans la gare. Le mécanicien doit, du reste, exiger la présence du bâton quand on lui délivre l'ordre de continuer. On peut répéter la même manœuvre autant de fois qu'il y a de trains se suivant ; le dernier train emportant seul le staaf. Ce mode d'exploitation est appelé le *staff and ticket system*.

Le procédé est assez absolu pour ne craindre aucune collision ; mais il manque d'élasticité ; car le train, devant ramener le bâton pour permettre le mouvement d'un nouveau train en sens inverse, peut avoir du retard ; il en est de même s'il s'agit de faire circuler la machine de secours. On a donc dû apporter quelques tempéraments dans le fonctionnement. Sur l'Ouest, dans les deux cas, on peut expédier la machine de secours ou un train sans le bâton, à la condition d'y avoir été autorisé par la gare détentrice du bâton. L'ordre de continuer est alors donné au mécanicien sans qu'il ait vu le bâton. Mais, en procédant de cette façon, le système perd de son efficacité, ne supprimant plus les erreurs ou les oublis.

175. Bâton-pilote électrique du London and North Western Railway. — Cet appareil a pour but de remplacer le bâton-pilote ordinaire, tout en évitant l'obligation d'alterner les trains pour le ramener à son point d'origine et, par suite, de supprimer les ordres écrits à donner aux mécaniciens : enfin il permet de combiner le système du bâton avec celui du block-system, de manière à maintenir l'espacement des trains de même sens.

L'appareil (*fig.* 257) comporte une sorte de colonne verticale AA avec rainure BD, dans laquelle sont engagés quinze à vingt bâtons GP munis de renflements LMNO, qui obligent, pour les retirer, à les faire passer par une ouverture F, d'un diamètre plus grand, placée à la partie supérieure.

Au-dessus de la colonne, une boîte renferme les organes d'enclenchement électrique et mécanique : elle est munie extérieurement d'un cadran H, d'un galvanomètre I, d'une clef J et d'une manette K. Il y a un appareil semblable à chaque extrémité de la section.

Dès lors, si on considère deux postes α et β, le signaleur α ayant un train à expédier prévient β en manœuvrant la manette K de son poste ; la réponse se fait au moyen d'un timbre, puis chaque agent tourne la clef J, et finalement β manœuvre à son tour sa manette K et autorise ainsi α à retirer un bâton.

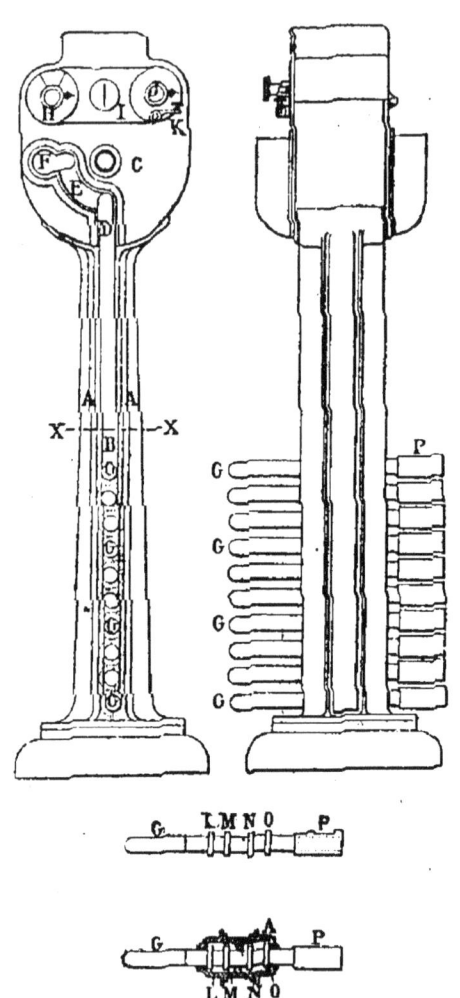

FIG. 257. — Bâton-pilote électrique

En sortant de l'appareil par le chemin DEF, ce bâton fait avancer d'un quart de tour un cercle Q (*fig.* 258), muni de quatre échancrures S, ainsi qu'une pièce à quatre bras, calée sur le même axe R et dont la rotation n'est possible que si l'armature W de l'électro V a été déclenchée par l'envoi d'un courant de β. La manœuvre n'a lieu qu'une fois seulement en sortant; le bâton renclenche cette armature au moyen des saillies $Y_1 Y_2$ de Q; de même les contacts $q_1 q_2$ renclenchent la

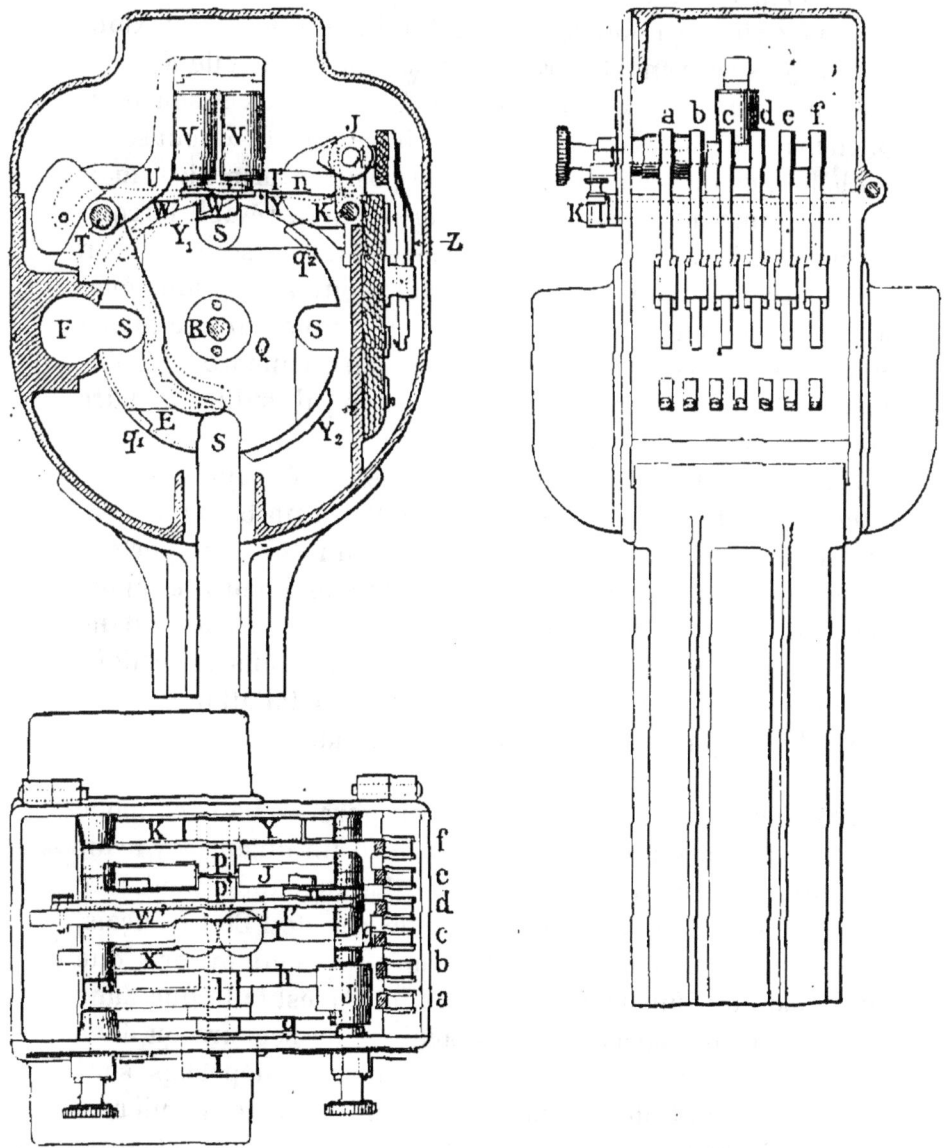

Fig. 258. — Détails des organes d'enclenchement.

came n de la manette K. Tout retour de Q en arrière est rendu impossible par la présence d'un doigt T, contre lequel butent les échancrures du secteur. De plus, β ne peut donner à α l'autorisation de retirer un bâton que si le circuit électrique n'est pas rompu, grâce à *l'* qui enclenche *n*; cette rupture de courant a lieu lorsque l'un des deux postes a retiré un bâton.

Les manivelles K et J manœuvrent, en outre, les commutateurs *a...f*, au nombre de six, établissant les connexions électriques convenables. En actionnant sa manivelle K, *α* déclenche l'armature de l'électro de l'autre poste. A son tour, β, en manœuvrant sa manette K, déclenche C, et *α* peut sortir un bâton, ce qui remet tout dans la position primitive, mais en interrompant le courant ; ce dernier sera rétabli lorsque β remettra le bâton en place, c'est-à-dire lorsque le train sera parvenu au poste suivant. On pourra recommencer alors la manœuvre pour un train quelconque dans le même sens ou en sens contraire. On peut faire concorder également cet appareil avec le block-system ; il suffit de faire coïncider les postes entre eux.

Un dispositif analogue dû à M. Chassin a été appliqué aux chemins de fer du Sud de la France. Il y a un bâton de couleur différente par section et chaque train doit être porteur d'un bâton. On ne peut avoir qu'un bâton en dehors des appareils enclenchés électriquement d'une gare à l'autre ; il ne peut donc jamais y avoir plus d'un train dans la section, quel que soit le sens de la circulation. L'installation se complète du téléphone pour l'annonce des manœuvres.

176. Demande de la voie de gare en gare. — Dans ce mode d'exploitation, une gare n'expédie un train qu'après y avoir été autorisée par la gare suivante. La demande peut être exigible pour tous les trains, c'est le cas de l'Etat français, où les signaux, normalement fermés, ne sont ouverts que sur demande ; sur d'autres réseaux, elle n'est faite que dans le cas de trains spéciaux, de machines de secours ou dans celui d'un changement de croisement. Les dépêches sont libellées suivant des formules déterminées, de manière à rendre l'échange de correspondance aussi simple et aussi rapide que possible.

Sur le Nord français, où la demande de la voie est faite pour les cas spéciaux de changement de croisement et de machine de secours, on échange deux dépêches : A s'informe,

par exemple, près de B de la situation du dernier train ;
sur la réponse télégraphique de B, A l'informe de l'expédition d'un train ou d'une machine de secours, suivant le
cas, et l'invite à retenir tout train ou toute machine allant
vers lui. Aucun envoi ne doit être fait tant que B n'a pas
donné la certitude qu'il n'expédiera aucun train ou aucune
machine en sens inverse, et B peut autoriser le départ après
avoir fermé les signaux du côté opposé au train annoncé en
les doublant s'il y a lieu.

Sur le Lyon, où la demande de la voie est faite pour les
trains spéciaux, non prévus par ordre de service, machines
de secours ou changements de croisement, on échange seulement deux dépêches. A informe B du dernier train qu'il a
reçu venant de sa gare et demande à expédier un train.
B confirme le numéro du dernier train expédié par lui et
autorise A à envoyer son train.

Dans le cas de non-fonctionnement du télégraphe, comme
il y a urgence pour la machine de secours, on l'expédie
quand même, sauf à la retenir dans les gares où elle pourrait avoir croisement avec d'autres trains. On ne déroge à
cette règle que si on a été prévenu par exprès, de l'impossibilité pour le train croiseur d'arriver, ou de la certitude
qu'il sera retenu dans la gare suivante jusqu'à l'arrivée de
la machine de secours. C'est le mode d'exploitation employé
sur les lignes américaines à voie unique et sur certains
réseaux français sans télégraphe pour les changements de
croisements : dès que l'un des trains croiseurs a plus de quinze
à vingt minutes de retard, l'autre train a la priorité, il est
autorisé à se rendre à la gare suivante, le premier y étant
resté garé par suite de l'impossibilité où il était de gagner
la gare de croisement quelques minutes avant l'arrivée du
second train. Cette manière de procéder paraît bien dangereuse et nécessite une grande attention de la part des agents.

177. Block-system. — Le block-system a été appliqué à
l'exploitation des lignes à voie unique ; mais il doit satisfaire à la double condition de maintenir l'espacement des
trains circulant dans la même direction et d'empêcher deux

trains de sens inverse de s'engager dans la même section. L'exploitation se fait à voie normalement fermée. Le nombre des appareils résolvant la question est déjà considérable ; il suffit de citer pour mémoire les block-system du Lyon et de l'Ouest transformés ; ceux indiqués ci-après ont reçu la sanction de la pratique.

Block-system du réseau de l'Etat. — Ce block-system, dû à MM. Sarroste et Loppé, repose sur l'emploi de leviers de signaux enclenchés électriquement, de commutateurs pour leur enclenchement à distance et de pédales placées sur la voie. L'installation se complète d'avertisseurs Jousselin, de sonneries et du téléphone.

Les *leviers* sont du type État examiné précédemment, ils sont disposés de façon qu'on puisse toujours les mettre à l'arrêt, mais la mise à voie libre doit être effectuée avec l'autorisation du poste aval. Le déclenchement à distance se fait électriquement au moyen de courants envoyés par le *commutateur* formé par un plateau circulaire tournant autour d'un axe horizontal et portant sur sa surface des plots de contact établissant ou rompant des circuits entre des frotteurs fixes. Au-dessous de l'axe du commutateur se trouve un électro-aimant avec armature destinée à entrer en prise avec un des taquets d'arrêt du plateau, de manière à en empêcher la rotation. Il en résulte que le déblocage étant effectué en amont, le commutateur du poste aval est immobilisé jusqu'au moment où le train, passant sur la *pédale* de contact en aval du poste, libère à nouveau le commutateur et fait disparaître, en même temps, au moyen d'un second électro, un voyant rouge indiquant que la section est occupée. Pour une nouvelle manœuvre du commutateur, les signaux du poste doivent être mis à l'arrêt.

Dès qu'on ouvre les signaux d'un poste, une sonnerie annonce au poste suivant que la section est occupée. Les avertisseurs Jousselin à 12 cases servent aux communications ordinaires, et lorsqu'il s'agit de renseignements plus complets, il suffit de mettre l'aiguille à la case 12 pour mettre en communication les micro-téléphones des deux postes. Ce block-system se recommande par sa grande simplicité, et, par suite, son économie relative.

Electro-sémaphore du Nord. — On a deux espèces de postes : ceux situés aux extrémités des sections où les trains peuvent se garer et ceux placés entre ces deux extrêmes et servant seulement à l'espacement des trains dans le même sens. Les premiers sont généralement placés dans les stations, les autres sont nécessaires si les trains sont assez rapprochés et les stations éloignées. Ils servent à augmenter le débit de la ligne ; mais, dans ce cas, il y a souvent avantage à doubler les voies.

Les appareils sont à peu près les mêmes que ceux à voie double ; cependant certaines modifications ont dû être apportées.

Dans le cas des *postes extrêmes*, chaque appareil reçoit en plus :

1° Un commutateur à déclic placé dans la boîte n° 1 et actionné par une manette. Son rôle est de provoquer le développement horizontal des petits bras des postes en avant et le déclenchement des grandes ailes des postes dans la direction du train à expédier ;

2° D'un loqueteau fixé sur le croisillon du mât et ayant pour but d'enclencher à l'arrêt la grande aile opposée aussitôt que le petit bras s'est développé horizontalement (*fig.* 259) ;

3° D'un commutateur articulé avec la contre-manivelle de l'appareil n° 1, jouant le rôle d'interrupteur pour le circuit de la boîte n° 2 (petit bras), pendant le temps que la grande aile de la direction opposée reste effacée.

Le fonctionnement a lieu de la façon suivante : Pour expédier un train, le gardien du poste, dont la grande aile est normalement à l'arrêt, appuie sur la manette du commutateur, envoyant un courant négatif ayant pour effet de faire apparaître le petit bras du poste suivant. Ce dernier, en se développant, renvoie automatiquement un second courant négatif, abattant la grande aile du poste expéditeur, à la condition, toutefois, qu'aucun des petits bras du poste expéditeur ou des autres postes ne soit déjà horizontal ce qui annoncerait un train en sens inverse.

Le train passé, le poste expéditeur met sa grande aile à l'arrêt ; cette manœuvre a comme conséquence de faire passer au rouge, avec accompagnement d'un coup de timbre, le

voyant de l'appareil n° 2 du poste suivant qui se trouve ainsi
avisé du départ. Celui-ci, à son tour, après le passage du train,
met sa grande aile à l'arrêt, et efface son petit bras, mais cette
manœuvre n'a pas pour effet d'effacer la grande aile du poste
en arrière, mais simplement de ramener au blanc, avec accompagnement d'un coup de timbre, le voyant de la boîte n° 1,
autorisant ainsi le poste origine à redemander la voie. Les
voyants ne constituent plus un simple accusé de réception,
comme sur la voie double, mais une manœuvre obtenue par
l'envoi spécial d'un courant direct. Ce résultat est réalisé
d'abord en intervertissant les pôles de la pile du commutateur central de la boîte n° 2, puis en ajoutant un frotteur

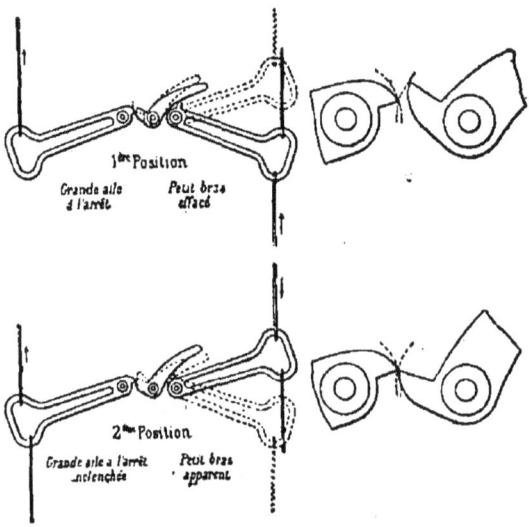

Fig. 259. — Enclenchement de la grande aile par le petit bras opposé.

à l'appareil n° 2, de cette façon le voyant de cet appareil est
actionné pendant la période de déclenchement du petit bras.
Enfin, comme pour la voie double, la chute des ailes, pro-
voquée par un levier adapté à l'axe des boîtes, vient relever
automatiquement le voyant et l'enclenche sur son électro.

L'enclenchement par le petit bras de la grande aile opposée est obtenu mécaniquement par le loqueteau dont le fonctionnement est indiqué sur la figure 259.

Le commutateur articulé de la boîte n° 1 est un simple

interrupteur ; il est formé d'un disque en ébonite ayant pour
but de couper le circuit de la boîte n° 2, toutes les fois que
la grande aile est effacée.

Afin de parer à l'éventualité d'une manœuvre intempestive du petit bras, un cliquet spécial, placé dans la boîte n° 2,
maintient le petit bras de chaque poste dans sa position
horizontale ; il faut le dégager au moyen d'une clef spéciale,
dont l'agent en service doit être seul porteur.

Les *postes intermédiaires* doivent être disposés de façon
que l'ouverture de la voie, à l'une des extrémités de la section, maintienne à l'arrêt les signaux de l'autre extrémité.
Dans ce but, ces postes sont munis d'un commutateur ayant

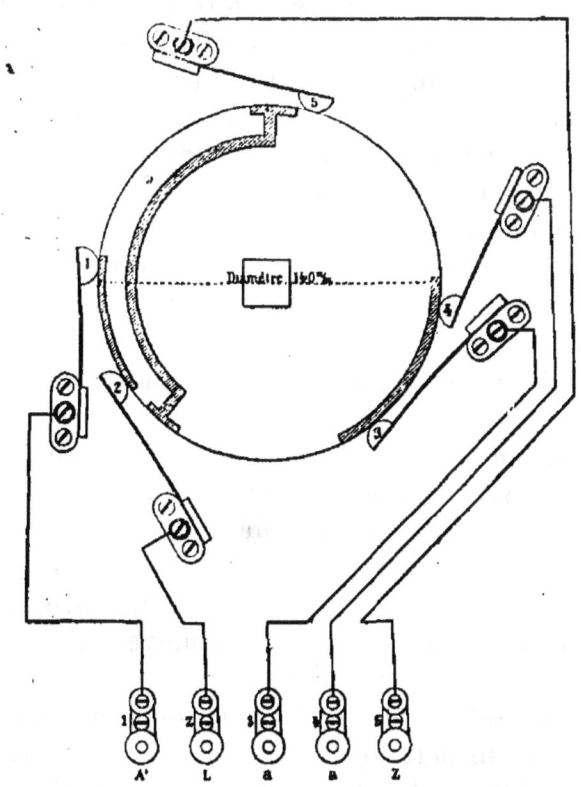

Fig. 260. — Commutateur répétiteur-interrupteur.

pour effet de répéter les signaux du poste origine d'un côté
et d'interrompre de ce fait même les demandes des postes

de l'autre côté, de là son nom de commutateur répétiteur-interrupteur. Il est constitué (*fig.* 260) par un disque en ébonite monté sur un axe articulé avec la contre-manivelle de 2. Le pourtour du disque est muni de contacts métalliques sur lesquels viennent s'appuyer cinq frotteurs servant, 1, 2, 5 à la répétition des signaux, 3 et 4 à l'interruption des circuits. Le frotteur 1 est relié à l'appareil n° 1, même direction, 2 à la borne de la ligne L qui va à 2 du poste voisin, et 5 est en communication avec le pôle zinc d'une pile. Pendant la manœuvre du petit bras du poste origine, celui du poste intermédiaire et des suivants se développent également en même temps que les grandes ailes du poste origine et du premier poste intermédiaire se mettent à voie libre. Cette mise à voie libre du poste intermédiaire n'est possible que si la grande aile du poste suivant est elle-même horizontale, c'est-à-dire si le train précédent est arrivé à ce poste. Les frotteurs 3 et 4 ferment et coupent la communication de la boîte n° 2, de l'autre direction du poste intermédiaire à l'appareil n° 1 du poste terminus ; il suffit pour cela que le petit bras de la première direction soit horizontal.

On a pu (modèle 1900), par de légères modifications, obtenir que le déclenchement de la grande aile du poste origine soit réalisé par le petit bras seul du poste extrême et non plus par celui du premier poste intermédiaire. C'est là une nouvelle garantie.

Appareil Flamache et Schubart. — Dans ce système, la ligne est divisée en sections de longueur variable, sur chacune desquelles il ne peut jamais y avoir plus d'un train engagé. Les sémaphores sont normalement à l'arrêt et enclenchés par des appareils électriques, qui réalisent, en outre, la dépendance des postes ; enfin, le train, au moyen d'une pédale, débloque la section, en la quittant.

Chaque poste intermédiaire (*fig.* 261) comprend en double : un appareil transmetteur F, un appareil récepteur T, un bouton d'appel B, au-dessus desquels se trouvent des sémaphores en miniature à double palette *b* et *t*, une pédale P et des sonneries d'appel S montées sur fil spécial.

L'*enclenchement mécanique* des signaux optiques, semblables à ceux des sémaphores Saxby, avec les appareils de corres-

pondance est obtenu de la façon suivante (*fig.* 262): Sur l'axe *o*
des manivelles M, qui servent à transmettre les courants électriques au poste voisin, se trouvent montés des disques à encoche, qui entrent en jeu avec les taquets *b*, *b'*, fixés de part et
d'autre sur des axes I, et mus par l'intermédiaire du balancier J et de la bielle Q au moyen du levier du sémaphore *y*. On
ne peut effacer le signal que si les encoches des disques laissent

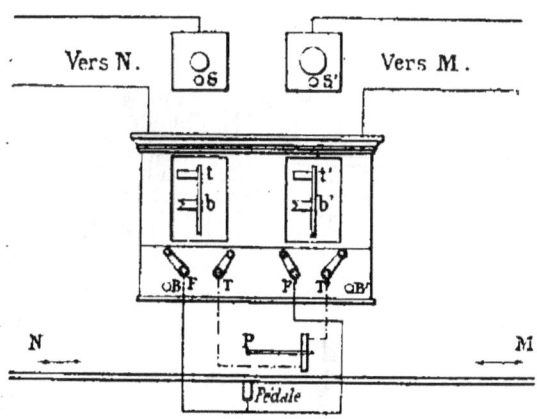

Fig. 261. — Block Flamache et Schubart.

passer les taquets *b* et *b'*, c'est-à-dire après avoir manœuvré M pour faire tourner l'axe O ; or cette manœuvre
n'est possible que si elle est autorisée par le poste aval.
Réciproquement, si le signal est au passage on ne peut tourner la manivelle. Il faut en outre, comme il s'agit ici d'une
voie unique, que la manivelle voisine M' soit dans sa position
normale à gauche, de manière à ce que son disque laisse
passer celui de M. Cette condition pourrait être supprimée
sur la voie double où le signal serait enclenché avec la manivelle correspondante seulement.

L'*enclenchement électrique* entre les postes (*fig.* 263) s'obtient,
pour la manivelle T, au moyen d'un taquet *d* monté sur son
axe et pour la manivelle F par une pièce à trois branches.
Le courant, envoyé du poste aval, traverse l'électro *f* au-
dessus de T, retient la palette de cet électro et dégage
le butoir *d*; la manivelle T est alors libre et peut être
tournée pour permettre la mise à voie libre du signal corres-

pondant. On ne peut la faire mouvoir que de gauche à droite, car tout mouvement en sens contraire est empêché par une roue à rochet r. Le levier du sémaphore étant

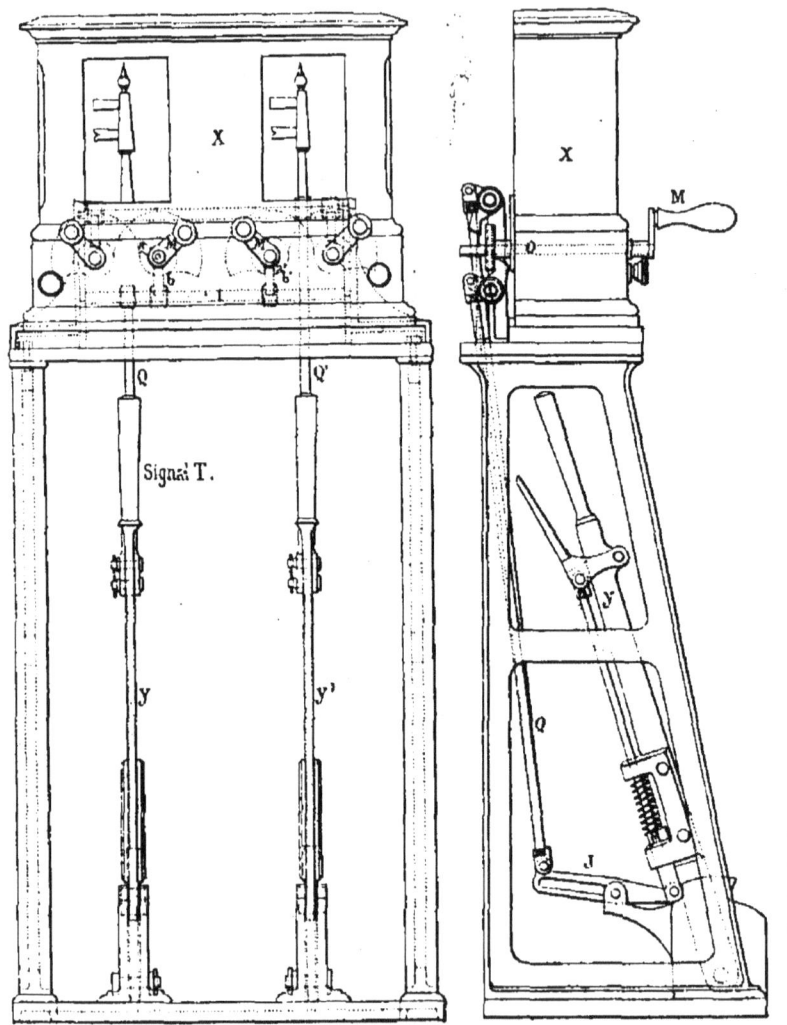

Fig. 262. — Enclenchement mécanique.

dégagé, on efface le signal, puis, quand le train l'a dépassé de 700 mètres, on le remet de nouveau à l'arrêt.

Le poste aval ne peut déclencher à l'arrière, c'est-à-dire manœuvrer sa manivelle F que si le train précédent est bien arrivé à son poste. Pour cela, en passant sur la pédale

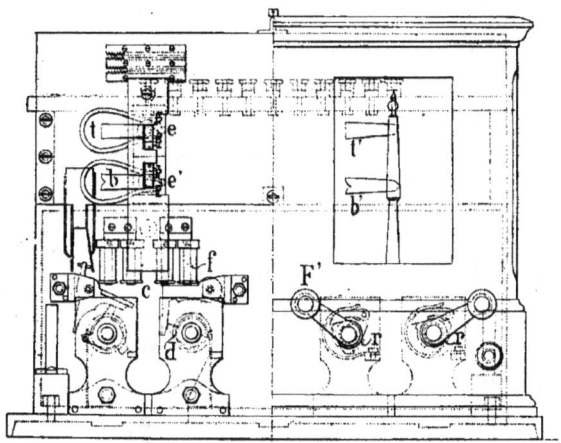
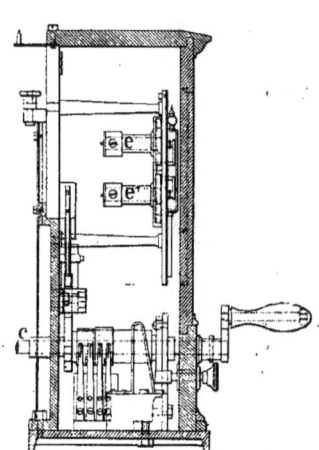

Fig. 263. — Enclenchement électrique.

correspondante, il a ouvert un circuit fermé normalement sur lequel se trouve l'électro-aimant c. Tant que c attire son armature, la pièce à trois branches est arrêtée contre le taquet relié à cette armature; la manivelle est immobilisée; mais si l'armature retombe, la manivelle peut être tournée jusqu'à ce qu'elle remette en place l'armature et, par suite, le taquet correspondant.

La manivelle F, à cause de sa roue à rochet, ne peut que se déplacer de gauche à droite, elle sert à débloquer en arrière; mais elle ne peut dépasser la position de droite, tant que le courant de déclenchement n'a pas été utilisé, c'est-à-dire coupé; alors seulement elle peut continuer sa rotation, en même temps il se produit des changements de commutateurs qui mettent l'électro sur le circuit correspondant de la pédale, dès lors F est de nouveau enclenchée jusqu'à ce que le train passe sur cette pédale. Les connexions nécessaires à l'envoi des différents courants sont établies par la manœuvre de la manivelle, qui fait tourner un arbre portant les différents plots en contact avec des frotteurs fixes.

Les deux manivelles F et T sont munies de cames disposées de façon que, si F est renversée à droite, on ne peut pas tourner T à gauche, et, réciproquement, si T est à gauche, on ne peut pas mettre F à droite; si cette dernière est verticale, la manivelle T est libre.

Le poste se complète de sonneries indépendantes avec bouton d'appel. Les petits sémaphores donnent des indications précieuses: l'aile supérieure t est mise au passage par le courant de déclenchement venu d'aval; elle est manœuvrée par l'électro c, placé sur le même circuit que celui de f. L'aile inférieure est mise au passage par le courant de la sonnerie, au moyen duquel le poste d'amont accuse réception du déclenchement reçu; dès qu'il s'est bloqué, une nouvelle annonce par sonnerie remet cette aile à l'arrêt. En résumé, l'aile supérieure indique la situation de la section d'aval et l'aile inférieure celle de la section d'amont. Avec les dispositifs précédents, on arrive à réaliser les conditions suivantes de circulation :

1° *Voie fermée.* — Aucun courant ne passant normalement dans la bobine de la manivelle, le signal correspondant reste fermé tant que le poste d'aval n'a pas envoyé de courant de déclenchement ;

2º *Voie unique.* — La manivelle F du poste déclencheur ne peut être amenée de gauche à droite que si les taquets *b* des signaux l'y autorisent, c'est-à-dire s'ils sont fermés du côté opposé à celui d'où le train est attendu ;

3º *Dépendance des postes.* — Par suite du tracé des cames montées sur F et T, la manivelle F ne pourra être manœuvrée pour le déclenchement en arrière que si la manivelle T, ou mieux le signal correspondant, est à l'arrêt, c'est-à-dire que si le train précédent est passé, de même, si le poste amont a obtenu le déclenchement, le poste aval ne pourra l'avoir à son tour qu'après utilisation du premier.

4º *Train ne dépassant pas le poste.* — La manivelle F ne peut être ramenée dans sa position normale que si le train est passé sur la pédale ; mais toutes les fois que cette condition est remplie, on peut débloquer en arrière sans rien annoncer à l'avant. Cela permet les dépassements de trains.

Il y a lieu d'examiner maintenant comment s'effectuent toutes les manœuvres :

Train allant de A *vers* B. — A annonce son train par trois coups de timbre ;

B répète le signal pour accuser réception ;

A donne alors un coup de timbre pour demander la voie ;

B manœuvre sa manivelle F, ce qui a pour effet de déclencher la manivelle T du poste A et de mettre l'aile correspondante du petit sémaphore à voie libre. A manœuvre sa manivelle T et ouvre le signal d'arrêt. Lorsque A a utilisé le déclenchement, A actionne la sonnerie qui met l'aile inférieure du poste B à voie libre. Le poste B ainsi prévenu met sa manivelle dans la position verticale inférieure, de manière à fermer le circuit de la pédale pour attendre le train. Après son passage, A se rebloque à nouveau en ramenant sa manivelle T et son signal d'arrêt à leur position primitive. Il en informe B par deux coups de timbre ; en même temps les ailes des petits sémaphores déplacées précédemment sont remises à l'arrêt.

A son tour B répète la manœuvre, et ainsi de suite pour tous les trains circulant dans le même sens.

Quand un train se gare, il doit passer sur la pédale, pour permettre à la manivelle correspondante d'être manœuvrée pour un nouveau déclenchement à l'arrière. Aux postes de garage, il y a donc deux pédales, une sur la voie principale, l'autre sur la voie de garage ; les pédales fonctionnent par simple flexion du rail, qui abaisse le petit bras d'un levier dans une boîte en fonte. Ce mouvement supprime un contact permanent. La pédale est montée sur un contre-rail fixé à quatre traverses.

Le block-system Flamache s'applique à la double voie ; il suffit de faire disparaître la solidarité entre les appareils s'adressant aux trains à contre-voie. On n'a plus que deux manivelles par poste, pouvant tourner de 120° vers la droite ou vers la gauche ; l'une sert pour permettre la manœuvre du sémaphore du poste, l'autre pour autoriser le déblocage au poste arrière. Le reste de l'appareil et les manœuvres sont identiques aux précédents.

178. Mouvement des trains sur la voie unique. — Sur les réseaux français, en dehors des trains réguliers prévus au livret, la mise en marche de facultatifs ou spéciaux a lieu avec l'autorisation d'un agent spécial, désigné par ordre de service. Lorsque cet agent veut mettre un facultatif ou un train spécial en marche, il doit, par un avis écrit ou télégraphique, prévenir toutes les gares de la ligne, et il n'est autorisé à l'expédier que si toutes les gares ont accusé réception. Mention doit en être faite sur le journal du train. Quelques Compagnies font, en outre, annoncer la mise en marche par le train précédent en modifiant, en conséquence, ses signaux de queue.

Dans le cas où le train spécial ou facultatif doit croiser un train régulier, le mécanicien et le conducteur de ce dernier train doivent recevoir un bulletin d'avis de croisement à la gare qui précède celle où doit avoir lieu ce croisement.

Pour plus de sûreté, la plupart des réseaux exigent, pour le train spécial ou facultatif, la demande de la voie de gare en gare ; mais d'autres considèrent que les gares intermédiaires ayant accusé réception de l'avis de mise en marche sont suffisamment prévenues.

Enfin, en ce qui concerne les trains de service ou de ballast sur voie unique, la plupart des Compagnies les assimilent à des trains spéciaux ; mais d'autres ont prévu quelques formalités complémentaires. Les deux gares entre lesquelles ils circulent et manœuvrent, maintiennent à l'arrêt les signaux correspondants à la direction de l'une vers l'autre, tant que ce train n'a pas dégagé la voie entre les deux gares ; de plus aucun train ne peut quitter une des gares sans un ordre écrit, délivré par dépêche après entente entre les deux gares pour donner la voie.

179. Incidents de route. — *Retards des trains.* — Comme sur la double voie, les retards de trains sont annoncés de station en station jusqu'à la première gare de secours. On prévient en plus les gares où doit avoir lieu le croisement. La conséquence des retards est de modifier les croisements et l'ordre de succession des trains circulant dans le même sens. On applique, au point de vue du garage, les principes admis pour la voie double. Les trains garés peuvent être expédiés avant celui en retard, pourvu qu'ils arrivent suffisamment tôt à la gare suivante pour ne pas le gêner. On peut, dans certains cas, attendre l'arrivée du train pour le fusionner avec celui garé. Enfin, pour le train expédié hors tour, un ordre écrit de mise en marche est délivré au conducteur et au mécanicien. Le changement de garage, quelle que soit d'ailleurs l'importance du retard du train, est seulement valable pour la gare suivante. Les dispositions relatives aux correspondances des trains dans les gares d'embranchement sont également applicables.

Détresses. — En cas de détresse en pleine voie, le premier devoir des agents du train est de le couvrir en arrière ; la protection en avant n'est utile que si on attend du secours de ce côté. Si la machine a été envoyée en avant, et qu'il soit nécessaire de la faire revenir au train, le conducteur chef en donne l'ordre écrit au mécanicien et s'engage à ne se laisser pousser par aucun train ni aucune machine. Tel est le cas où la détresse est occasionnée par un manque d'eau ou quand il s'agit de remorquer le train en deux fois.

Secours. — Comme pour la double voie, la demande de

secours doit être faite par les moyens les plus rapides. Elle se
rédige de la même manière ; mais on doit mentionner en plus,
sur certains réseaux, si l'ordre d'expédition du train a été inter-
verti. La demande est ensuite transmise de gare en gare jusqu'à
celle de secours. Généralement elle est faite du côté le plus
proche, à moins qu'il s'agisse du dernier train, auquel cas elle
doit toujours être faite en avant. Lorsque le secours est attendu
à l'avant, il est défendu au train en détresse d'avancer sous
aucun prétexte et, dans ce cas, il doit être couvert à
l'avant.

La machine de secours est mise en marche sur une
demande expresse. Elle doit toujours être accompagnée d'un
pilote demandant la voie de gare en gare, jusqu'au point où a
lieu la détresse. De plus, l'ordre d'avancer est donné par écrit
de gare en gare au mécanicien de la machine de secours.

Généralement cet ordre écrit n'est autre que la copie des
dépêches échangées entre les gares. Dans le cas où le télégraphe ne fonctionne pas, la machine de secours est mise
en marche d'après les indications du livret et, si elle doit
croiser un ou plusieurs trains, elle attend leur passage
dans les gares correspondantes, à moins que la voie ait
pu être obtenue par un exprès. Lorsqu'elle doit croiser
un train direct, ce dernier est arrêté dans la gare où doit
avoir lieu le croisement. Généralement le mécanicien du train
direct est prévenu de la présence de la machine de secours
sur la ligne ; il doit arrêter dans toutes les gares jusqu'à ce
qu'il l'ait rencontrée. Dans la gare où a lieu le croisement,
les signaux sont mis à l'arrêt et quelquefois ils sont doublés de signaux à main.

Le retour de la machine de secours à sa gare d'attache se
fait en la mettant en double à un train ; on peut cependant
l'expédier isolément en demandant la voie de gare en gare,
comme à l'aller.

Ruptures d'attelages. — Quand la rupture s'est produite en
vue du mécanicien, celui-ci est autorisé à rebrousser chemin
si la partie détachée s'est arrêtée. Dans le cas contraire, il continue jusqu'à la première gare. C'est surtout de l'initiative
de l'agent resté avec la partie rompue que dépendent les
mesures prises. Après avoir arrêté la partie en dérive, cet

agent la couvre en arrière, puis il demande du secours à
l'avant ou à l'arrière. Dans le premier cas, le chef de gare
autorise par écrit le mécanicien à revenir chercher la queue
de son train. Si la demande est faite en arrière, on peut faire
pousser les wagons arrêtés par un train marchant dans le
même sens, à moins que la gare ne transmette la demande
à la gare avant, celle-ci renvoie encore la machine du train.
Toutes les fois que la machine revient chercher la queue du
train, la voie doit être fermée à la gare précédente. Ces solutions ne sont pas les seules admises; mais elles satisfont à
la double condition d'aller chercher la partie détachée lorsqu'elle est en vue et que sa position est parfaitement déterminée.

Déraillements. — Les déraillements sur voie unique ont
comme conséquence l'obstruction de la voie. Après avoir
protégé leur train, les agents établissent une demande de
secours, comme dans le cas d'une détresse, mais en mentionnant en plus l'envoi du wagon de secours. Si l'obstruction de la voie doit durer un certain temps, on organise un
double pilotage, comme sur la voie double.

B. — ANNONCE DES TRAINS

180. Principe. — L'annonce des trains de gare en gare et
aux points intéressants de la ligne, comme à certains passages à niveau très fréquentés, a été rendue obligatoire sur
les réseaux français dans le cas de la voie unique; mais
cette mesure a été généralisée et appliquée aux lignes à
double voie. Il est, en effet, nécessaire que, dans une gare
quelconque, où l'exploitation se fait à voie ouverte, tous les
agents soient prévenus, un certain laps de temps à l'avance,
de l'arrivée d'un train, tant pour cesser les manœuvres sur
les voies intéressées que pour se trouver à leur poste respectif.

Les annonces se font le plus souvent au moyen de cloches,
dont le fonctionnement s'applique indifféremment à la voie

unique ou à la voie double. On différencie les trains pairs
des trains impairs par le nombre de coups de cloche, ou
par le nombre des séries de coups de cloche espacés convenablement, suivant les conventions admises sur chaque
réseau. Généralement d'autres combinaisons servent à donner des indications complémentaires le long de la ligne :
pour annoncer, par exemple, que des wagons sont partis à la
dérive et qu'il y a lieu d'arrêter tous les trains venant en
sens inverse ; demander une machine de secours ou le wagon
de secours, etc.

Lorsque, dans les postes intermédiaires, on reçoit avis de
wagons à la dérive, les gardiens de ces postes doivent
prendre les mesures pour arrêter les wagons, tout en ayant
au préalable préparé les signaux d'arrêt pour les trains
venant en sens inverse. Il en est de même lorsque, par suite
d'erreur, deux trains en sens inverse sont annoncés. Après
avoir placé des signaux d'arrêt devant leur poste, ils se portent
le plus vite possible au-devant du train le plus éloigné.

Les postes intermédiaires ne sont le plus souvent que
réceptionnaires ; mais, en cas d'urgence, ils doivent pouvoir
manœuvrer les cloches et donner l'alarme.

Les cloches employées sont de deux systèmes différents :
celui de Siemens et Halske et les cloches Léopolder. Elles
sont actionnées par des courants d'induction ou des courants de piles. Les dispositions adoptées varient un peu avec
les différentes Compagnies, comme on va le voir par les
exemples suivants ; mais, comme installation, elle est sensiblement la même. La ligne est divisée en sections, et chaque
section est constituée par la partie comprise entre deux
gares. Tous les appareils d'une même section sont réunis
par un fil aboutissant à la terre à chaque extrémité et comprenant les diverses cloches et commutateurs de manœuvre.

181. Cloches Siemens du Nord. — *Cloche*. — Les cloches
Siemens du Nord sont de plusieurs modèles ; il suffira de décrire
le plus récent, le type à pigeonnier. Il comporte (*fig.* 264)
un socle enfoncé de 1 mètre dans le sol, avec colonne en
fonte de 2m,735 de hauteur, sur laquelle est montée un
cylindre en tôle, qui contient le mécanisme de l'appareil.

Ce mécanisme (*fig.* 265) se compose d'un tambour, autour duquel s'enroule une corde avec un poids moteur au bout ; sur l'un des côtés du tambour se trouve une roue à 6 cames, perpendiculaires au plan de la roue et destinées à faire osciller un marteau unique, qui frappe intérieurement contre un timbre donnant une série de six coups à chaque déclenchement. Le marteau, très lourd, est fixé à une tige verticale munie de deux butoirs, heurtés alternativement par les cames de la roue en fonte. L'appareil se complète d'une palette en fer doux portant un doigt qui enclenche le mécanisme ; la palette sert d'armature à un électro. Tout le système est protégé contre la pluie par le timbre monté à la partie supérieure.

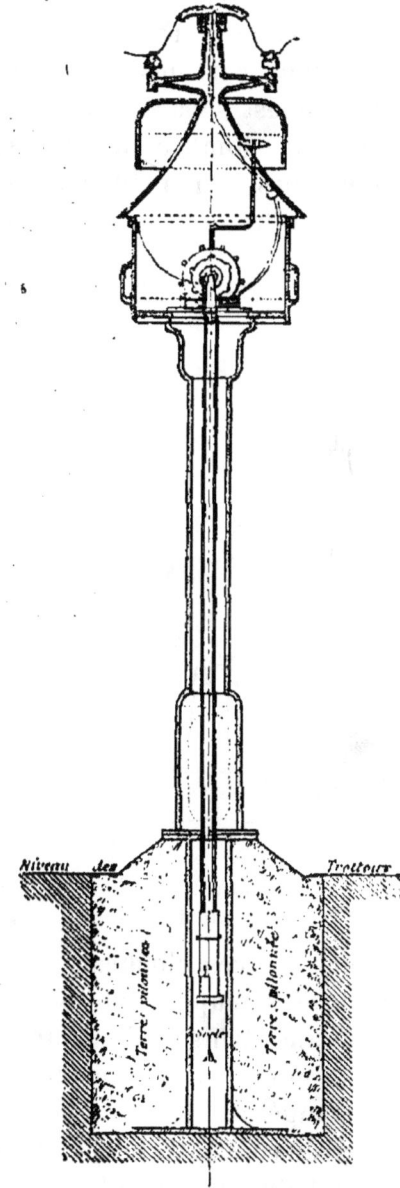

Fig. 264. — Cloche Siemens.

Voici comment il fonctionne : lorsqu'un courant est envoyé dans la bobine de l'électro, ce dernier, en attirant l'armature, déclenche un levier horizontal qui, en s'élevant sous l'action d'un ressort, fait tourner son axe en partie évidée, de manière à laisser passer les dents montées sur la périphérie de la roue. Le contrepoids met le tambour en mouvement, et on obtient une série de six coups par le choc

des six cames sur les butoirs de l'arbre vertical du marteau.
Mais, avant que l'appareil ait fait un tour complet, le levier se trouve ramené dans sa position horizontale par un des
doigts implantés sur la face interne de la roue, et l'échappement est réenclenché à nouveau; car, dès que le courant a cessé de passer, l'armature est séparée de l'électro
par un ressort. En faisant varier le nombre des dents du
pourtour et des doigts enclencheurs, on peut obtenir à
chaque émission de courant un nombre déterminé de coups
de marteau.

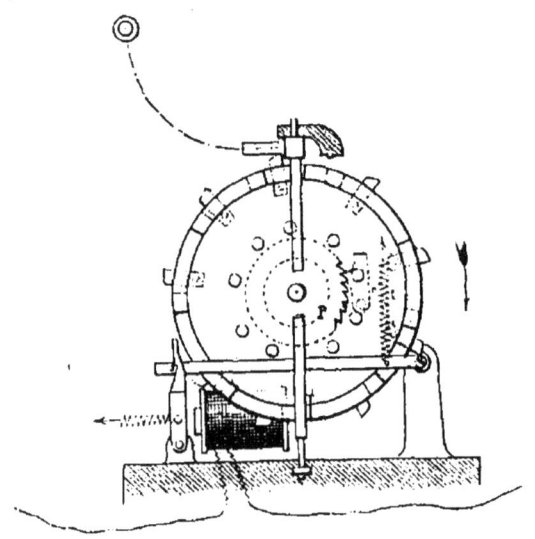

Fig. 265. — Détails du mécanisme.

On a adjoint à quelques-unes de ces cloches un signal
optique constitué par un petit bras sémaphorique maintenu
dans la position verticale par une tringle dont une des
extrémités est calée sur l'arbre du bras et l'autre, pourvue d'un
talon, est retenue par l'axe prolongé du doigt d'enclenchement. Il en résulte qu'au passage du courant dans l'électro, on
obtient à la fois le déclenchement du marteau et du voyant,
qui devient horizontal; un ressort tendant toujours à ramener ce dernier dans cette position, il faut l'enclencher à la main
dans la position verticale et seulement après le passage du
train. Enfin la cloche est munie d'un cadran indiquant à

chaque instant la hauteur du contrepoids moteur dans la
colonne et, par suite, le moment où il faut le remonter. Il
est recommandé, du reste, de le faire deux fois par jour.

Commutateur. — On emploie deux sortes de sources d'électricité : les courants induits et les piles.

L'*inducteur* se compose d'une bobine assez grosse que l'on
tourne au moyen d'une manivelle entre les branches de
douze forts barreaux aimantés. Un demi-tour de manivelle
suffit pour déclencher toutes les cloches se trouvant sur le
même circuit. Comme généralement on a un seul inducteur pour les deux groupes de cloches amont et aval, au
moyen d'un commutateur, on envoie les courants induits
dans l'un ou l'autre des groupes. Pour éviter toute erreur,
le levier du commutateur est maintenu par deux verrous;
il ne peut être manœuvré que si l'on a relevé, au moyen
d'une clef, le verrou correspondant au groupe de cloches
à faire mouvoir. Le passage du courant est indiqué par une
boussole placée au-dessus du commutateur.

Les postes en pleine ligne sont récepteurs; mais on peut
les rendre transmetteurs au moyen d'un commutateur
enfermé dans une boîte. Lorsque la boîte est fermée, la
ligne est continue ; mais, si on l'ouvre, on rompt le circuit ;
cependant, au moyen d'un bouchon métallique, on peut le
rétablir sur l'une quelconque des portions de la ligne en
intercalant un inducteur ordinaire.

Les commutateurs *avec piles* se composent d'une boîte en
fonte renfermant un disque en bois sur lequel est disposé
un large contact en cuivre. Trois frotteurs se réunissent
deux à deux sur ce contact. Le disque est monté sur un axe
que l'on peut faire tourner au moyen d'une manivelle enclenchée par une tige verticale à ressort, en saillie au dehors
de la boîte et qu'il suffit de tirer pour déclencher la manivelle. Quand l'appareil est au repos, les plots font communiquer la ligne à la terre; mais, si l'on tourne la manivelle,
la ligne est reliée aux piles, et les cloches sont déclenchées.
Il existe un commutateur pour chaque direction. On peut,
en un point quelconque de la ligne, intercaler un de ces
appareils et transformer ainsi un poste récepteur en transmetteur.

Sur le réseau de l'Est français, la disposition des cloches est analogue, mais à chaque déclenchement du marteau on n'obtient qu'un seul coup au lieu d'une série, d'où la nécessité d'avoir un commutateur spécial. La bobine de l'inducteur est actionnée par un pignon engrenant avec une roue dentée, sur laquelle agit un cliquet solidaire de la manivelle folle sur l'arbre et arrêtée aux deux extrémités de sa course par des points fixes du bâti. En faisant faire à la manivelle un demi-tour, on produit un nombre de tours déterminés de la bobine ; on ramène ensuite la manivelle en sens inverse sans faire tourner la bobine. Il n'y a donc pas d'erreur possible dans le parcours à faire effectuer à la manivelle.

182. Cloche Siemens de l'État Belge. — Le mécanisme des sonneries est normalement enclenché ; il fonctionne sous l'action de courants d'induction. Un tambour O tend à tourner sous l'action d'un contrepoids moteur, en entraînant, à l'aide d'une transmission par engrenages, le cylindre P.

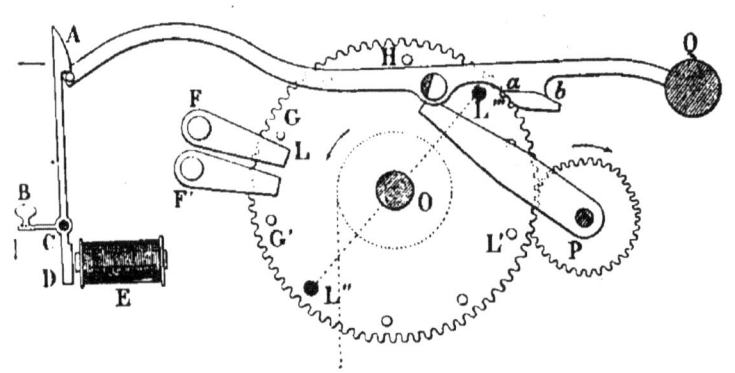

Fig. 266. — Mécanisme de la cloche de l'État belge.

Sur le pourtour de la grande roue, sont montées dix goupilles GG', LL", qui, en heurtant les bras F, F', mettent les battants des cloches en mouvement ; s'il n'y a qu'une simple cloche, le battant F est supprimé.

Le cylindre P porte un bras, qui bute contre l'axe H tant que le levier AQ est horizontal, arrêtant ainsi tout le mécanisme.

Mais l'axe H est muni d'un évidement qui laisse passer le

bras de P à la mise en marche, lorsque le levier AQ, entraîné par son contrepoids Q, est déclenché par le doigt du
levier AD, dont la partie inférieure forme l'armature d'un
électro E. Le mouvement de rotation n'a lieu que sur une
moitié de la circonférence, car les deux goupilles L″, L‴,
diamétralement opposées, sont assez longues pour venir
buter contre le plan incliné *ab* du levier et le renclencher ; la partie pleine de l'axe H venant arrêter le bras
de P, tout le mécanisme est également immobilisé.

Une section comporte une série d'appareils, espacés
de 500 à 1.000 mètres, et reliés par un fil dont les deux
extrémités sont à la terre. Le circuit est parcouru constamment par un courant de trop faible intensité pour amener
le déclenchement du mécanisme; il faut les courants induits
d'un commutateur ordinaire, pour produire une action
suffisante de l'électro E sur le levier AD.

On profite du courant continu pour installer, aux deux
extrémités de la ligne, un manipulateur Morse ; seulement,
comme ce dernier exige une certaine habitude, on a com-

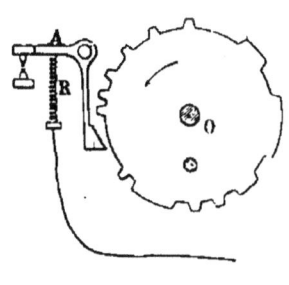

plété l'installation par un manipulateur automatique (*fig.* 266 *bis*), composé d'un petit levier coudé A fermant le circuit en temps ordinaire
au moyen du ressort R. A côté, se
trouve un axe O rendu solidaire de
l'axe du mécanisme précédent par
un pignon, et sur lequel peuvent
être montés différents disques, dont
le pourtour est muni de saillies en

Fig. 266 *bis*.

nombre variable. Le disque portant le signal à transmettre, étant mis en place, on déclenche la sonnerie à la
main, ou avec le bouton B du levier A. L'axe O se met à
tourner et, chaque fois qu'une de ses saillies rencontre le
levier, le courant de la ligne est interrompu, et les appareils
récepteurs des stations sont mis en mouvement.

Il suffit d'une série de 7 à 8 disques pour envoyer les
signaux les plus urgents.

183. Cloche de l'Orléans. — C'est le type des cloches Sie-

mens à pigeonnier ; seulement la sonnerie ne marche que
sur interruption d'un courant permanent de pile. Dans ce
but, le doigt qui libère le levier horizontal et, par suite, la roue
à cames, est mu par l'armature de façon qu'il faille l'ouverture, puis la fermeture du courant pour obtenir le déclenchement complet de l'appareil. On verra dans le dispositif
des cloches Léopolder (§ 185), comment on arrive à ce
résultat qui présente l'avantage de ne pas déclencher les
cloches lorsque le courant est interrompu accidentellement.
Le reste de l'appareil ne présente rien de particulier.

La cloche donnant un coup à chaque interruption de
courant, il suffit de munir la roue d'autant de doigts enclencheurs pour la remise en place du mécanisme, qu'il y a de
dents sur la périphérie, c'est-à-dire neuf dans le cas particulier.

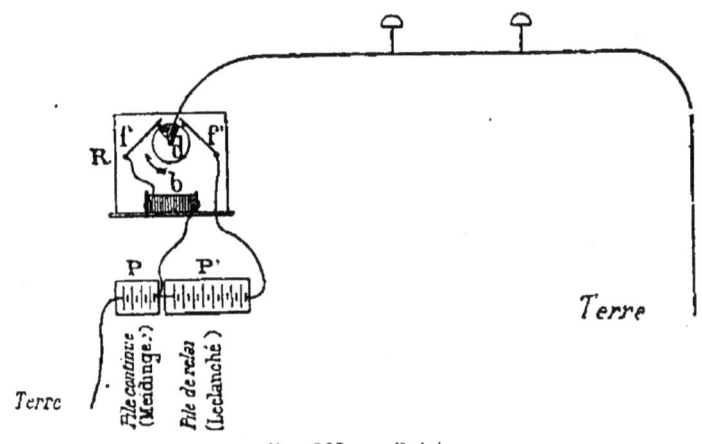

Fig. 267. — Relai.

Comme précédemment, les cloches sont groupées en sections distinctes, allant de station à station. Il y a généralement deux cloches intermédiaires par section, et au moins
trois lorsque les stations sont distantes de plus de 5 kilomètres. On emploie des piles Meidinger pour la production
du courant continu. Le nombre des éléments est de six, par
appareil intercalé, soit trois éléments pour chacune des deux
piles installées au bout de la section ; mais on peut réduire la
dépense au moyen d'un dispositif, qui laisse passer sur la
ligne un courant trop faible pour agir sur les cloches, mais

suffisant pour actionner des relais capables de lancer dans le circuit un courant renforcé de courte durée. Le relai (*fig.* 267) est formé par une bobine *b*, parcourue par le courant fourni par quelques éléments Meidinger ($P = 8 + \dfrac{n}{3}$; *n* nombre de cloches). Lorsqu'on actionne l'interrupteur, l'armature de *b* déclenche *d*, le mouvement d'horlogerie fait avancer d'un tour un disque à secteurs de cuivre, sur lesquels s'appuient les frotteurs, de manière à envoyer sur la ligne un courant intense de piles Leclanché. $P' = 3n$ qui s'ajoute à celui de P.

184. Cloche du Simplon et de la Suisse occidentale. — Les cloches du type Siemens et Halske sont réunies par un fil de 4 millimètres, dans lequel circule le courant de piles Leclanché à agglomérés, installées aux extrémités de la section et montées en opposition. Il suffit de mettre un point quelconque de la ligne au sol pour déclencher les cloches, celles-ci sont du type à colonne et sont disposées pour donner un coup double à chaque émission du courant, ce qui oblige à se servir d'un seul échappement pour ne pas avoir plus d'un déclenchement par émission.

Le déclenchement s'obtient, dans les gares, au moyen d'un transmetteur permettant d'envoyer 5 ou 10 signaux différents, et qui constitue la partie originale du système.

Il se compose (*fig.* 268) d'une boîte A portant à la partie inférieure une manivelle *c*, que l'on peut déplacer à la main au moyen du bouton *d*, de manière à l'amener dans l'un des

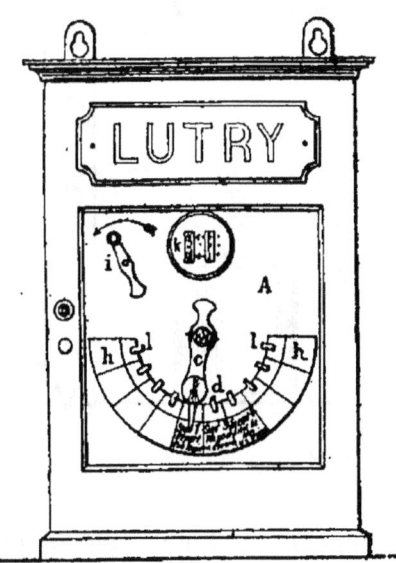

FIG. 268. — Ensemble du transmetteur.

crans *l* d'un secteur *h*, recevant les indications des annonces à transmettre. Sur l'axe de la manivelle (*fig.* 269), il y a un pignon *c* dont la crémaillère *f* porte dans le haut une tringle, munie d'une lame *p*, qui peut engrener avec l'un des pignons *a*, d'un tambour *b* actionné par un contrepoids moteur *m*. La vitesse de rotation du tambour, réglée par un volant *v*, est telle que les dents se pré-

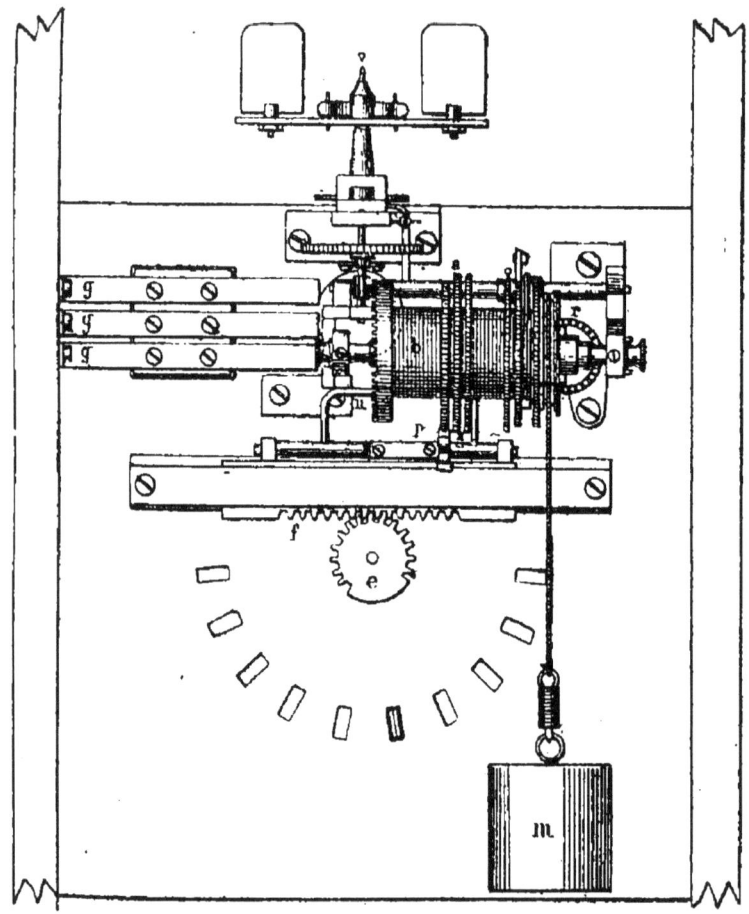

Fig. 269. — Vue du mécanisme intérieur.

sentent à des intervalles réguliers pour bien séparer les coups de cloche ou les séries de coups de cloche.

Pour opérer la manœuvre, on relève d'abord, au moyen de deux tours de la manivelle *i*, le poids moteur, qui, en tombant, fait osciller la lame p sur les dents des disques a. Les oscillations, communiquées au balancier n, se transmettent, par un levier coudé muni de deux tiges, aux vis de contact k (*fig.* 268), de manière à laisser passer le courant de déclenchement dans les cloches.

Le transmetteur des postes intermédiaires de la ligne est un peu différent. Les inscriptions sont placées dans un

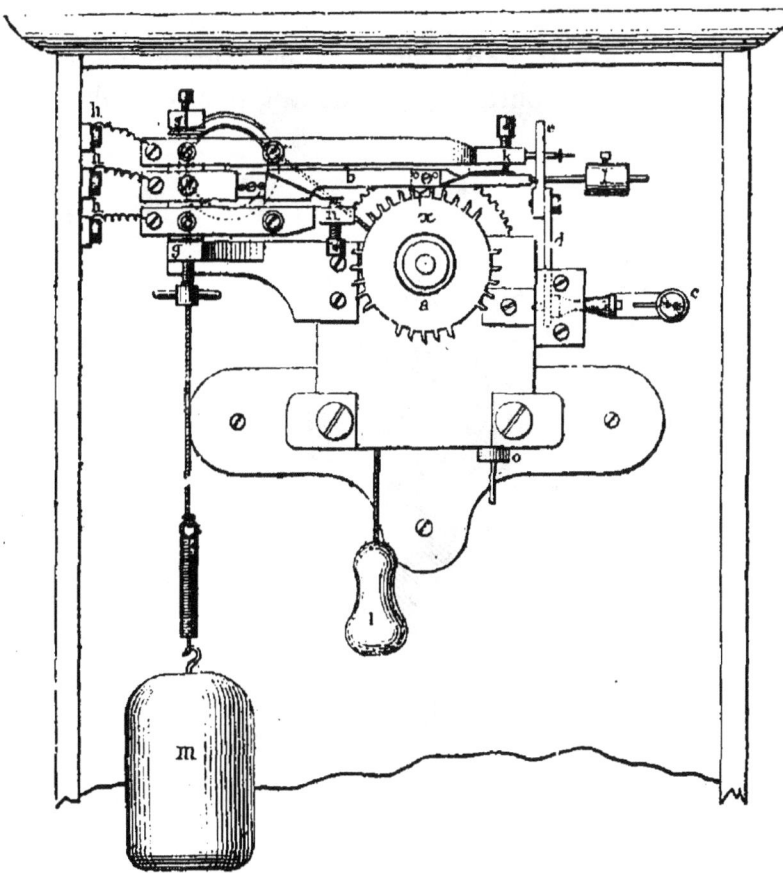

FIG. 270. — Transmetteur intermédiaire.

cadre, au bord duquel on déplace l'aiguille que l'on amène sur l'indication à transmettre. En même temps (*fig.* 270) on remonte le contrepoids m, en tirant à fond la corde i. Le déplacement de l'aiguille se communique à un parallélogramme d portant une fourchette c, entre les branches de laquelle, sont en prise des tiges fixées à l'extrémité des pièces k et b. Quand on déplace l'aiguille, le parallélogramme fait mouvoir les tiges k et b, amenant la dent x vis-à-vis de l'un des disques a tournant sous l'action du poids moteur m. Les disques, en se déplaçant, soulèvent et laissent retomber alternativement, le nombre de fois nécessaire à la transmission du signal conventionnel, le levier b à contrepoids l qui ferme en n un circuit, et en ouvre un autre en k.

185. Cloche Léopolder du Lyon. — Elles fonctionnent sur l'interruption d'un courant permanent qui circule dans le

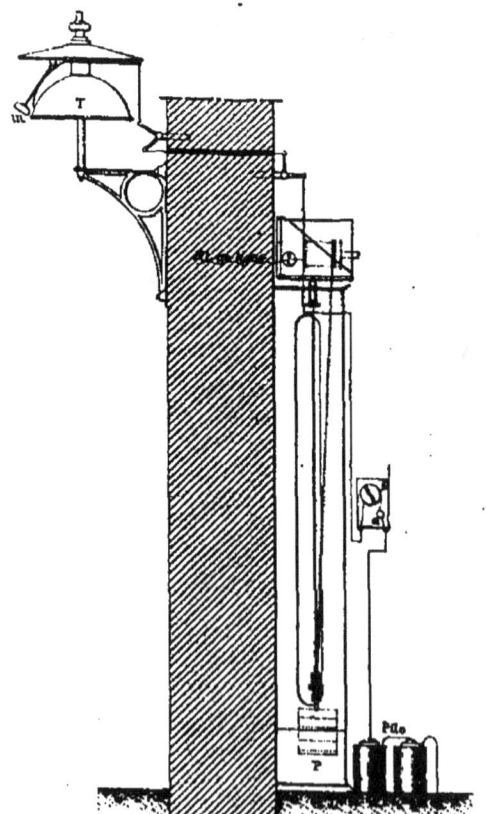

Fig. 271. — Cloche Léopolder.

fil de la ligne, réunissant les sonneries d'une même section. L'appareil comprend (*fig.* 271) un mouvement d'horlogerie,

entraîné par un poids moteur P ; un électro-aimant qui
enclenche le mouvement et l'empêche d'actionner le marteau *m* du timbre T, et enfin un interrupteur *a*. Le fonctionnement est très simple. Dans le cas d'attraction de la

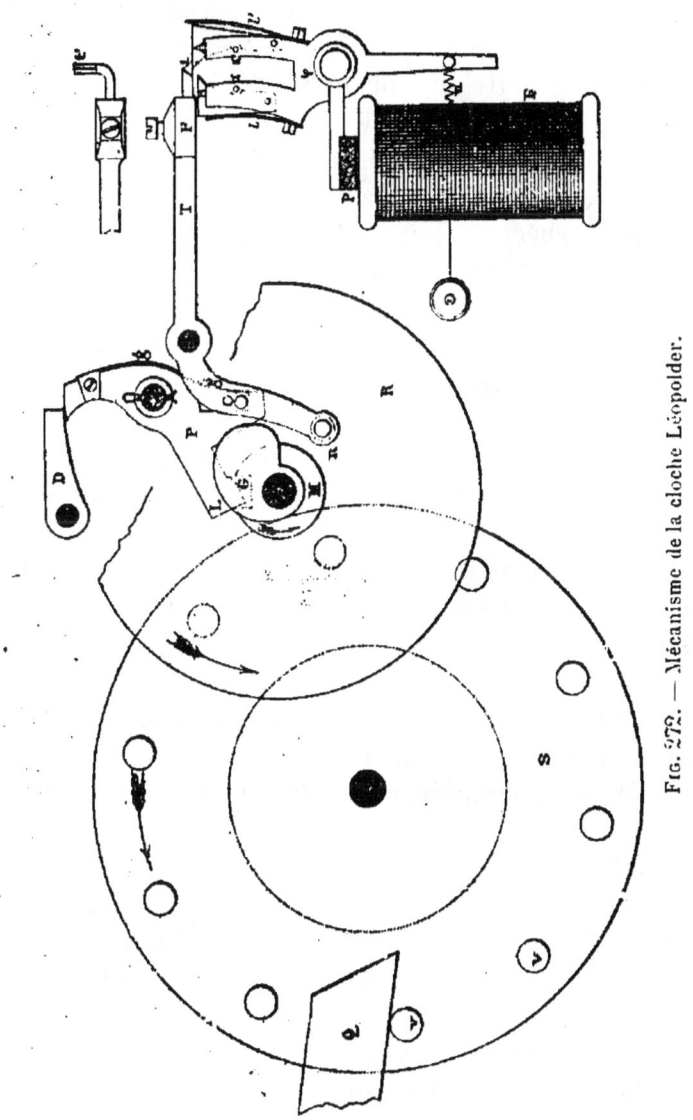

FIG. 272. — Mécanisme de la cloche Léopolder.

palette *p* (*fig.* 272) par l'électro, dont la bobine est parcourue
par le courant, l'extrémité *tt'* du levier d'échappement T
repose sur le taquet A de la fourche φ solidaire de l'arma-

ture. Si on interrompt le courant, la fourche s'incline vers la droite, sous l'action du ressort u, et l'extrémité du levier d'échappement est reprise par l'autre taquet B sans produire aucune action sur le mécanisme. Il faut renvoyer de nouveau le courant pour que la fourche φ, en reprenant sa position à gauche, laisse tomber le levier T, entraîné par le contrepoids F entre les branches de la fourche.

La pièce d'enclenchement P, située dans un plan vertical postérieur et dont une branche L pénètre dans l'encoche du disque M, sera repoussée par la goupille, portée par la branche recourbée du levier d'échappement T; le déclenchement D sera dégagé, et le mouvement d'horlogerie pourra partir; la roue S, munie de cames et de manetons qui soulèvent la queue du levier Q, lancera le marteau sur le timbre, au passage de chaque maneton.

L'arrêt et la remise en place du mécanisme se produisent au moyen d'un excentrique G, à mouvement solidaire de celui du disque M, monté sur l'axe de la roue R. Cet excentrique ramène le levier T à sa position horizontale, en agissant sur le maneton n, placé à son extrémité recourbée. Grâce aux ressorts l, l', les taquets A et B, se remettent en place arrêtés par les chevilles xx'; l'extrémité tt', en retombant par son propre poids, vient se placer sur le taquet A. La pièce d'enclenchement P est ramenée dans sa position primitive, et l'extrémité L reprend sa place dans l'encoche de M, lorsqu'elle se présente, arrêtant de nouveau le doigt D.

La roue S ne peut tourner que de l'arc formé par deux manetons, pendant que la roue R, le disque M et l'excentrique G, font un tour entier. Il n'y aura donc qu'un coup à chaque interruption de courant, suivie de rétablissement. Le fait de nécessiter le rétablissement du courant, pour avoir le déclenchement complet, supprime l'inconvénient de voir les cloches fonctionner, en cas d'interruption continue du courant. Le poids moteur, de 25 kilogrammes, est suspendu par l'intermédiaire de moufles; il descend de 1 centimètre par coup de timbre, soit 1 mètre pour les 100 coups disponibles.

L'interrupteur placé dans la boîte de l'appareil est formé

d'une lame en laiton terminée par un bouton de bois saillant hors de la boîte. Il suffit de pousser sur le bouton pour produire la rupture du courant dont la continuité est assurée, en temps normal, par le contact de la lame sur un bouton de cuivre. Il y a un interrupteur par cloche.

Dans les gares, on se sert d'un bouton spécial formant commutateur analogue au précédent; un galvanomètre indique, en outre, le passage du courant. Lorsque les gares ont un service interrompu, il y a un commutateur spécial permettant d'assurer la continuité du circuit, lorsque le service de la gare est arrêté. Il est formé de deux arcs de cercle isolés l'un de l'autre et pouvant pivoter autour de leur centre, de manière à établir sur quatre contacts les connexions convenables en les réunissant deux à deux. On emploie les piles Meidinger, à raison de 2 éléments 1/2 par appareil intercalé dans la section.

Il existe d'autres systèmes de cloches d'annonce des trains; mais ils se rapprochent des appareils précédents.

186. Annonce des trains dans les postes d'aiguilleurs. — Dans les cabines d'aiguilleurs, pour ne pas mettre de cloches, on installe sur le circuit de ces dernières, des relais fermant des circuits locaux qui font apparaître derrière des guichets de petites ailettes colorées. A chaque annonce faite par la gare expéditrice, l'ailette de la direction correspondante apparaît, en même temps une sonnerie trembleuse tinte tant que l'aiguilleur n'a pas effacé l'ailette, ce qu'il doit faire après le passage du train.

On peut encore, dans les postes de bifurcation, annoncer les trains d'une façon spéciale; sur la voie, à quelques mètres en avant du signal avancé, on place un contact de manière qu'au passage d'un train le circuit, sur lequel se trouvent la sonnerie et le voyant de la cabine de l'aiguilleur, soit fermé. La sonnerie cessera de tinter lorsque le voyant sera relevé.

Dans certaines gares, on remplace le timbre des sonneries par une trompe. Le mécanisme est analogue, seulement le contrepoids, au lieu d'actionner un marteau sur un timbre fait mouvoir un piston qui chasse l'air dans une

trompe. Ce piston est entraîné par une crémaillère engrenant avec une roue montée sur l'axe principal du mécanisme,
si ce dernier est déclenché, la crémaillère est soulevée, et
le piston actionne la trompe ; mais, à la fin de la course
du piston, l'engrenage du pignon est supprimé, le piston
retombe, prêt pour une une nouvelle ascension.

CHAPITRE IV

VITESSE DES TRAINS

A. — Valeur des vitesses

187. Définitions. — Il faut considérer trois espèces de vitesses : la vitesse réelle, la vitesse moyenne et la vitesse commerciale.

Vitesse réelle. — On appelle *vitesse réelle* la vitesse que possède un train à un instant quelconque. Elle varie forcément pour la même puissance développée par la machine, suivant la forme du profil; mais elle ne présente de l'intérêt qu'au point de vue des chiffres maxima obtenus, ou de ceux que l'on ne doit pas dépasser sur certaines parties du parcours.

Dans l'état actuel de construction de la locomotive, les vitesses maxima ont été atteintes en Angleterre. Dès 1894, M. Charles Rous-Marten avait relevé les chiffres de 134 à 135 kilomètres à l'heure sur des pentes de 5 millimètres, et des parcours de 1 à 2 kilomètres; en 1897, sur des pentes de 7 à 7,5 millimètres, la vitesse atteignait 138 à 141^{km},9 pour arriver finalement au chiffre de 144^{km},8, sur un parcours de 1^{km},207 en pente de 5 millimètres, avec un train de 160 tonnes, remorqué par une machine à roues libres du Middland Railway. Ces chiffres exceptionnels ne sont pas admis partout, en France particulièrement, on ne doit jamais dépasser : sur le Nord, 120 kilomètres; sur le Lyon, 110; l'Orléans et l'Est ont fixé leur vitesse maxima à 112; le Midi, à 100; et l'Ouest, à 90.

Ces vitesses s'appliquent à des trains suffisamment freinés,

Ainsi, pour les trains légers, où il n'y a qu'un agent pour les freins à main, on ne doit pas dépasser 80 kilomètres sur le Nord; sur d'autres réseaux, les trains de messageries, les trains mixtes, ont des vitesses maxima de 50 à 70 kilomètres. Ces vitesses élevées ne sont pas celles de la marche normale et ne sont atteintes qu'en cas de retard ou dans des circonstances spéciales. Il est même ordonné, le plus souvent, aux mécaniciens de n'augmenter leur vitesse que de la moitié de celle prévue au livret en ne dépassant pas toutefois les limites précédentes.

Sur quelques réseaux accidentés, on a réglementé la vitesse sur les pentes. On trouve ainsi, sur les lignes allemandes, pour des pentes supérieures à 5 millimètres et des courbes inférieures à 1.000 mètres, les vitesses maxima de :

75 kilomètres pour les trains de voyageurs ;
45   — . —   marchandises ;
30   —   —   service ou ballast.

Sur beaucoup de réseaux français, pour des pentes de 15 millimètres, les trains de marchandises ne doivent pas marcher à plus de 45 kilomètres; au-dessus de 15, on réduit encore la vitesse en conséquence.

Au passage des bifurcations, la vitesse réelle est soumise à une réglementation spéciale : Pour toutes celles où les mesures ont été prises pour obtenir un calage parfait des aiguilles et un devers suffisant de la voie, on autorise le passage à la vitesse de marche. Dans le cas contraire, des signaux spéciaux obligent les mécaniciens à ralentir conformément à certains chiffres prévus au règlement. Le nombre des bifurcations avec ralentissement diminue de plus en plus, ce qui explique en partie l'accroissement de la vitesse des trains.

La vitesse des machines attelées, circulant tender en avant, ne doit pas excéder 30 ou 40 kilomètres, suivant les réseaux ; pour les machines seules, elle peut atteindre 40 à 50. De même, la vitesse de refoulement, dans les rares cas où il est autorisé, varie entre 20 et 25 kilomètres.

Vitesse moyenne. — On appelle vitesse moyenne, celle que

possède un train sur un parcours déterminé, compris généralement entre deux arrêts ; c'est le quotient de l'espace parcouru par le temps ; dans l'évaluation du temps, il faut
tenir compte de celui nécessaire au démarrage ou à l'arrêt,
et, par conséquent, le retrancher de celui accordé entre les
points d'arrivée et de départ. On alloue généralement une
à deux minutes à un train express ou léger pour arrêt et
démarrage, deux à trois minutes pour les trains de voyageurs
de composition ordinaire, et quatre minutes pour les trains
de marchandises. Sur les réseaux allemands, on accorde en
outre des délais dans la marche pour la montée des rampes,
la traversée des gares : une à deux minutes supplémentaires
suivant leur longueur. Tous ces chiffres doivent être fixés au
préalable, car il est nécessaire de déterminer le retard occa-
sionné à un train par un arrêt intempestif en pleine voie.
La vitesse moyenne est celle qui est indiquée aux livrets de
marche ; elle sert, en outre, à comparer la marche des trains
entre eux.

Vitesse commerciale. — La vitesse commerciale n'est autre
que la vitesse moyenne comprise entre les points extrêmes
d'arrivée et de départ ; elle tient compte, par conséquent,
des arrêts, des démarrages, et du temps de stationnement
dans les gares. Par suite, entre deux trains de marche
moyenne égale, il peut y avoir cependant une grande différence, aussi la vitesse commerciale intéresse-t-elle surtout
le public. Pour accroître, en effet, cette vitesse, il ne suffit
pas d'augmenter la vitesse réelle ou moyenne, une majora-
tion importante de ces dernières n'ayant d'effet appréciable
que sur des parcours assez longs, il faut surtout réduire la
durée de stationnement, c'est ce que l'on a fait pour les
trains rapides, en les munissant de wagons spéciaux permettant de satisfaire à tous les besoins.

188. Parcours sans arrêt. — Un des moyens efficaces pour
accroître la vitesse de marche d'un train est celui des parcours
sans arrêt. En dehors de ceux nécessaires pour prendre ou
laisser des voyageurs dans les gares importantes ou de bifurcations, il y a ce qu'on appelle les arrêts de service pour le
changement des machines ou leur approvisionnement.

Le changement de machine est indispensable lorsque la production de vapeur est devenue insuffisante, par suite de l'encrassage du feu, et qu'il faut graisser à nouveau. On peut, avec les machines actuelles, compter sur 300 à 400 kilomètres de parcours, suivant la qualité du charbon employé ; mais les approvisionnements relatifs à l'alimentation en eau des tenders (celle en charbon étant toujours suffisante), nécessitent des arrêts plus fréquents, que l'on espace naturellement en augmentant la capacité des caisses à eau. Avec 18 à 20 mètres cubes, on peut remorquer sur des lignes de profil peu accidenté, 180 à 200 tonnes, sur des longueurs de 160 à 180 kilomètres. Ainsi sur les réseaux français, on effectue sans arrêt les parcours suivants :

Sur le Nord, Paris-Busigny..... 181 kilomètres.
Sur l'Est, Paris-Troyes........ 167 —
Sur le Lyon, Paris-Laroche..... 155 —

Les grands tenders ont l'inconvénient d'augmenter le poids mort d'une façon considérable, bien que ce poids aille sans cesse en diminuant. En Angleterre et en Amérique, on alimente le tender en cours de route, au moyen de caniveaux placés le long des rails, en certains points du parcours, sur une longueur de quelques kilomètres. On peut citer le parcours de 312 kilomètres de Londres à Exeter, celui de Londres à Birmingham, 207. Une prise d'eau nécessitant environ cinq minutes pour l'arrêt, l'alimentation et le démarrage, on voit que toute suppression d'arrêt en cours de route augmentera la vitesse commerciale d'une manière importante.

189. Division des trains. — *Voyageurs.* **—** Au point de vue de la vitesse, les trains de voyageurs se divisent en plusieurs catégories : trains rapides, express, directs et omnibus.

Les trains *rapides* assurent les communications entre les villes éloignées (Paris-Marseille, Londres-Edimbourg, et les relations internationales (Paris-Vienne, Paris-Rome, Paris-Saint-Pétersbourg), ils sont caractérisés par leurs arrêts espacés, leur stationnement de courte durée dans les gares. Dans la composition de ces trains entrent des wagons-lits, des wagons-restaurants, permettant les parcours à longue distance.

Les trains *express* font communiquer les grandes villes entre elles et assurent, en outre, le service de la poste. Les arrêts, plus fréquents qu'avec les rapides, sont de peu de durée, le temps nécessaire au service des colis, des voyageurs et de la poste.

Les trains *directs* desservent les villes principales, les gares de bifurcation, avec la faculté d'assurer le transport des voyageurs de toutes classes et des messageries à long parcours. La vitesse de ces trains est déjà de beaucoup réduite. Au lieu d'une vitesse commerciale de 75 à 80 kilomètres, exceptionnellement 90 pour les trains rapides, on n'a plus, pour les trains directs, que 60 à 65 kilomètres.

Les trains *omnibus* s'arrêtent à toutes les gares et même aux points d'arrêt; en outre, ils assurent souvent le service des messageries, leur vitesse commerciale est de 35 à 40 kilomètres; celle des trains mixtes est encore inférieure et n'atteint pas souvent celle de certains trains de messageries. Il est alors préférable de recourir aux trains légers.

La vitesse moyenne de ces derniers trains est souvent élevée, ce qui nécessite des démarrages et des arrêts rapides; aussi leur conduite présente autant de difficulté que celle des rapides. Les machines employées pour ces trains sont à essieux couplés.

Marchandises. — Les trains de marchandises dits *rapides* sont des trains directs à long parcours et à marche accélérée, atteignant une vitesse moyenne de 40 à 45 kilomètres; tel est le cas des trains de transit. Il y a ensuite les trains *directs*, avec des arrêts espacés et ayant pour but le transport des marchandises à longue distance; leur marche moyenne est de 35 kilomètres.

Pour les trains *omnibus*, la vitesse moyenne est encore assez élevée : 30 kilomètres, mais les arrêts, les manœuvres pendant les stationnements, les garages, très fréquents sur les grandes lignes, réduisent la vitesse commerciale à 20 et 15 kilomètres à l'heure. Sur les lignes anglaises, on donne la préférence aux trains directs à charge réduite, sauf à multiplier le nombre de ces trains, de manière à accélérer leur marche, et à pouvoir les intercaler plus facilement entre les trains de voyageurs. Sur les lignes américaines, au contraire, les trains lourds de 2.000 à 3.000 tonnes pour les longs parcours dominent; leur marche n'est alors que de 16 kilomètres à l'heure. L'organisation des trains de marchandises, au point de vue de la marche, dépend naturellement de l'intensité du trafic et du profil des lignes; elle ne s'établit du reste qu'à la longue en suivant les besoins des régions desservies.

190. Vitesse des trains en France. — Dès 1854, la vitesse moyenne des trains express en France atteignait 60 et 65 kilomètres, chiffre absolument remarquable pour l'époque; jusqu'en 1875, où l'Orléans parvint à 72 kilomètres, il ne fut fait aucun progrès appréciable; mais, depuis, les chiffres ont été constamment en augmentant. En 1895, le Nord avait des trains marchant à 82 et 85 kilomètres; le Lyon, l'Orléans, le Midi venaient ensuite avec 75 kilomètres. Ces diverses Compagnies n'en sont pas restées là. Sur le Nord plus spécialement, en 1900, on réalisait d'une façon courante, avec des trains réguliers, les vitesses suivantes :

Trains	Sur le parcours	Longueur	Rampe maxima	Vitesse moyenne
179 Paris-Charleroi.	Creil-Tergnier	80^{km},7	3^{mm},00	97^{km}
67 Paris-Calais ...	Paris-Amiens	130 ,6	5^{mm},00	100
304 Lille-Paris.....	Amiens-Creil	80 ,3	4^{mm},00	95

La vitesse n'est pas toujours aussi soutenue sur tout le parcours; cependant, pour le train 67 d'Amiens à Boulogne, on a 95 kilomètres, et de Boulogne à Calais 90 kilomètres, soit pour le parcours total de 297^{km},2 une durée de 3^h 17^m, correspondant à la vitesse commerciale de 90^{km},5. La charge de ce train en matériel à bogies est de 150 à 200 tonnes.

Sur le Lyon, les vitesses sont un peu moindres, quoique bien soutenues sur un parcours de 863 kilomètres Paris-Marseille. Si on considère le Méditerranée-Express, il atteint la vitesse moyenne de 87 kilomètres, sur la distance de 124 kilomètres de Valence à Avignon. La vitesse commerciale de ce train est de 74 kilomètres avec 6 arrêts de vingt-huit minutes. Cette vitesse commerciale est celle des différents rapides de cette ligne, dont la rampe maxima est de 8 millimètres sur 31 kilomètres. Au retour, la vitesse moyenne et la vitesse commerciale sont plus élevées, bien que la durée des arrêts soit de trente-trois minutes.

Le rapide du Midi, Bordeaux-Cette, atteint, comme vitesse moyenne, en certains points, de Bordeaux à Marmande, 79 kilomètres; la vitesse commerciale est de 68 kilomètres; la rampe maxima, de 8 millimètres, a 9 kilomètres de longueur.

Sur l'Orléans, le Sud-Express fait le trajet Orléans-Tours, 111^{km},8 à la vitesse de 95 kilomètres, et sa vitesse commerciale est de 84 kilomètres sur le parcours considérable de 585 kilomètres Paris-Bordeaux, avec quatre arrêts de 17 minutes; cette vitesse se maintient sur le Midi jusqu'à Bayonne, soit donc, pour le parcours total de 781 kilomètres en 9^h,14, une vitesse commerciale de 86 kilomètres.

Le réseau de l'Est possède quelques trains à vitesse accélérée. Le train 29 Paris-Reims (156 kilomètres), dont la vitesse moyenne est de 90 kilomètres, et la vitesse commerciale de 88 kilomètres. L'Orient-Express marche à la vitesse moyenne de 85 kilomètres, soit une vitesse commerciale de 72^{km},2, de Paris à Igney-Avricourt, 410 kilomètres. On rencontre une rampe de 8 millimètres sur 11 kilomètres de long.

Sur l'Ouest, la direction Paris-le Havre est desservie par des trains à marche accélérée, les 228 kilomètres séparant ces deux villes sont parcourus en trois heures, soit une vitesse commerciale de 76 kilomètres.

Quelques grands centres sont reliés également par des trains à marche rapide, on peut citer les trains réunissant Reims à Lille et d'une manière plus générale les trains internationaux comme les express de Calais à Bâle, Bordeaux à Genève.

La vitesse des trains de voyageurs peut encore augmenter, mais cet accroissement sera obtenu de la réduction des arrêts, déjà très courts cependant, plutôt que d'une accélération importante dans la marche.

Le tableau suivant résume les chiffres donnés précédemment

		LIGNES	PARCOURS en kilomètres	DURÉE du TRAJET	NOMBRE D'ARRÊTS	VITESSE MOYENNE MAXIMA	VITESSE COMMERCIALE
Nord...	Train 67,	Paris-Calais.........	297,2	3ʰ 17ᵐ	1	100	90
	— 179,	Paris-Charleroi.......	269	3ʰ 24ᵐ	3	97	70
	— 304,	Lille-Paris...........	251	3ʰ	3	95	83
Orléans.	Sud-Express,	Paris-Bordeaux.......	585	6ʰ 54ᵐ	4	95	84
Midi...	Sud-Express.	Bordeaux-Bayonne....	196	2ʰ 12ᵐ	1	93	89
	Train 131.	Bordeaux-Cette.......	476	6ʰ 50ᵐ	8	79	68
Est....	Train 29,	Paris-Mézières.......	244	3ʰ 30ᵐ	2	90	70
	Orient-Express,	Paris-Avricourt	410	5ʰ 42ᵐ	5	85	72
Ouest..	Train 1,	Paris-le Havre	228	3ʰ	1	84	76
Lyon..	Méditerranée-Express,	Paris-Marseille	863	11ʰ 29ᵐ	6	87	76

101. Vitesse des trains anglais. — Pendant longtemps la vitesse des trains anglais a été de beaucoup supérieure à celle des trains du continent, par suite de la possibilité de franchir les bifurcations en vitesse, des arrêts très courts dans les gares intermédiaires et des installations nécessaires pour l'alimentation en cours de route. Avant 1888, on avait des vitesses moyennes de marche de 80 et 81 kilomètres. En 1888, eut lieu la fameuse lutte de vitesse de Londres à Edimbourg, par les deux lignes de l'Est et de l'Ouest.

Sur la première (Great-Eastern, North-Eastern), la distance de 632 kilomètres fut couverte en $7^h 27^m$, avec trois arrêts, dont un à York, d'une durée de vingt-six minutes, soit une vitesse moyenne de 93 kilomètres et une vitesse commerciale de 85. Le profil est assez facile; il y a une rampe de 5 millimètres et une de 9 millimètres sur 1 kilomètre environ. Le train se composait de 7 voitures à 3 essieux, soit 110 tonnes.

Sur la ligne occidentale (North-Western Railway), le parcours de $643^{km},5$ avec trois arrêts de trente-cinq minutes fut effectué en $7^h 55^m$, soit une vitesse moyenne de 88 kilomètres, et une vitesse commerciale de $81^{km},5$. Le profil est plus accidenté que de l'autre côté; on trouve des rampes de 6, 8 et 10 millimètres sur une longueur assez faible, il est vrai : $6^{km},5$. Le poids du train n'était que de 85 tonnes (4 voitures à bogies). Le plus grand parcours sans arrêt avec alimentation en cours de route était de 255 kilomètres. Ces résultats, brillants pour l'époque, ne furent pas maintenus, et on revint aux vitesses moyennes de 85 et 81 kilomètres, soit aux vitesses commerciales de 74 et 73 kilomètres.

La lutte reprit en 1895; le parcours fut prolongé jusqu'à Aberdeen. Plusieurs Compagnies y prirent part. Sur l'Ouest, on avait le North-Western et le Calédonien Railway; le parcours, de 867 kilomètres, présentait des rampes importantes, 8 millimètres sur 20 kilomètres, $12^{mm},5$ sur 16 kilomètres et 11 millimètres sur 10 kilomètres; malgré le poids de 125 et 207 tonnes, le trajet put être parcouru, la seconde fois, à la vitesse moyenne de 107 kilomètres, soit une vitesse commerciale de $93^{km},6$ et la troisième fois à la vitesse commerciale de $101^{km},4$. Il y eut des parcours de 226 kilomètres en 2ʰ 5ᵐ 30ˢ, soit une vitesse moyenne de 108 kilomètres. On a vu, du reste, les vitesses élevées qu'on parvint à réaliser sur certaines pentes.

Sur l'Est, qui comprenait les Compagnies du Great-Northern, du North-Eastern, du British Railway, le parcours était de 841 kilomètres avec des rampes de 5 et des charges de 70 à 150 tonnes seulement, les vitesses moyennes ne dépassèrent pas 101 kilomètres, les vitesses commerciales furent moindres : 88ᵏᵐ,2 et 96ᵏᵐ,6. Elles ont été ramenées depuis aux chiffres ordinaires de 80 et 82 kilomètres. On peut citer, comme parcours remarquables en service régulier :

	Kilomètres		Temps	Vitesse commerciale
Dorchester à Wareham.	24,18	en	15ᵐ	soit 96,7
Londres à Bournemouth.	173,4		2ʰ 5ᵐ	85,2
Londres à Bristol......	189		1ʰ 35ᵐ	84
Londres à Edimbourg..	640		8ʰ	80
Londres à Birmingham.	207		2ʰ 25ᵐ	86,1
Londres à Newcastle...	438		5ʰ 17ᵐ	83

Il y a, du reste, beaucoup de trajets analogues à celui de Dorchester à Wareham, mais un peu moins rapides. Le fameux parcours de Londres à Exeter, 312 kilomètres, sans arrêt avec alimentation en marche, se fait en 3ʰ 43ᵐ, soit une vitesse de 84 kilomètres ; c'est une ligne facile sur les 165 premiers kilomètres ; mais, de Bristol à Exeter, on a des rampes de 7 à 12 millimètres et, pour contourner Bristol, où les courbes sont de faible rayon, il faut fortement ralentir.

192. Vitesse des trains américains.

— La vitesse des trains américains a toujours été élevée, par suite de la facilité accordée aux trains de passer en vitesse aux bifurcations et des arrêts de courte durée. Il y a eu, comme en Angleterre, des essais de vitesse ; mais les résultats n'ont pas été maintenus.

En 1888, la vitesse commerciale de quelques trains de voyageurs, en particulier de New-York à Philadelphie, était de 67 à 69 kilomètres ; mais, pour la plupart des autres trains, elle était de 50 kilomètres, et au-dessous. Ces vitesses ont été beaucoup améliorées depuis.

En 1894, on mentionne la marche d'un train de 208 tonnes, entre New-York et Albany (229 kilomètres), qui a effectué le parcours à la vitesse moyenne de 99 kilomètres, soit 96 kilomètres, vitesse commerciale. La ligne est à peu près horizontale, et la durée des arrêts pour changement de machine étaient de trois à quatre minutes et demie.

A la suite des services rapides de 1895 en Angleterre, le New-York Central Railroad accéléra la marche de ses trains.

En septembre 1895, l'Empire-State fit plusieurs essais remarquables; les 704 kilomètres de New-York à Buffalo furent couverts à une vitesse commerciale élevée (101 kilomètres), avec deux arrêts seulement et une réduction de 10 tonnes dans la charge qui est ordinairement de 170 tonnes. La ligne comporte une rampe de 13 millimètres, où le train fut remorqué en double traction et une longue rampe de 8 millimètres. Trois autres essais furent faits avec des trains de 70 à 80 tonnes, mais avec les arrêts réglementaires d'Albany, Utica, Syracuse et Rochester. La distance de 466 kilomètres de New-York à Syracuse fut couverte en $4^h 52^m$. Les 237 kilomètres d'Albany à Syracuse furent parcourus à la vitesse moyenne de $105^{km},6$. Les vitesses commerciales de ces trains attinrent $87^{km},5$ à $89^{km},6$, mais les résultats ne furent pas entièrement conservés, la vitesse commerciale de l'Empire-State fut portée seulement à 88 kilomètres.

A la même époque, les express et les trains à long parcours étaient les suivants :

	Kilomètres	Vitesse moyenne en kilomètres	Vitesse commerciale en kilomètres
Express Royal blue :			
Jersey-City à Washington.	364	80	73
Empire-State Express :			
New-York à Buffalo......	704	88	85
Malle Japonaise :			
New-York à San-Francisco	5170	en 3 jours	61
Malle Jame Flood :			
San-Francisco à New-York	5400	en 4 jours	49,5

Un autre essai remarquable fut celui de la Cie du Lake Shore, où la distance de 817 kilomètres entre Chicago et Buffalo fut courue en octobre 1895, avec un train de 137 tonnes à la vitesse commerciale de 102 kilomètres, soit une vitesse moyenne de 104 kilomètres. Le profil de la ligne est facile, 3 à 4 millimètres de rampe sur de faibles longueurs. Ces chiffres n'ont pas été maintenus.

193. Vitesse des trains belges, allemands, etc. — En dehors des trois pays examinés précédemment, les vitesses sont assez réduites.

Sur les lignes suisses, par exemple, en raison même du profil accidenté, les vitesses moyennes ne dépassent guère 50 à 60 kilomètres.

Sur les lignes allemandes, les vitesses tendent à s'accroître, et la voie se transforme peu à peu. Les trains les plus rapides sont ceux de Berlin-Hambourg. Le profil de la ligne est très facile, et ne comporte que des courbes à grand rayon. La longueur du parcours est de 287 kilomètres, et la durée du trajet de 3h 36m, soit une vitesse commerciale de 80km,3.

Il y a deux arrêts de quatre minutes à Vittenberg (127 kilomètres de Berlin), et à Friedrichruh (160 kilomètres); la vitesse commerciale la plus rapide est de 72km,2, soit une vitesse moyenne de 81 kilomètres de Berlin à Vittenberg, et de 84 de Vittenberg à Friedrichruh. Le poids net du train est de 133 tonnes. Sur le parcours Cologne-Berlin (589 kilomètres), la vitesse est sensiblement la même.

En Autriche, le train le plus rapide est celui de Vienne à Karlsbade, 456 kilomètres en 419 minutes, dont 40 pour les arrêts, soit une vitesse moyenne de 72km,2, résultat d'autant plus remarquable que la ligne est à voie unique sur une grande longueur, et présente des rampes de 10 millimètres sur 60 kilomètres, et des courbes de 350 mètres de rayon; le poids du train est de 140 tonnes.

Le train le plus rapide de Belgique est celui d'Ostende à Bruxelles, dont les 125 kilomètres sont couverts à la vitesse de 79 kilomètres en 1h 35m. Les autres trains marchent à 60 kilomètres à l'heure.

Comme on le voit, on se trouve loin des vitesses précédentes, et c'est le **Nord** français, qui, actuellement, a les trains les plus rapides.

B. — Contrôleurs mobiles de la marche des trains

Les appareils employés au contrôle de la marche des trains, sont de deux sortes, suivant qu'il s'agit d'avoir des renseignements sur la vitesse du train pendant tout son parcours, ou de mesurer sa vitesse de passage en certains points du trajet. Dans le premier cas, les appareils sont mobiles avec le train ; dans le second, on les place le long de la voie aux endroits convenables.

194. Contrôleur Brunot. — Parmi les premiers il convient de citer le contrôleur Brunot, du Nord français. Cet appareil

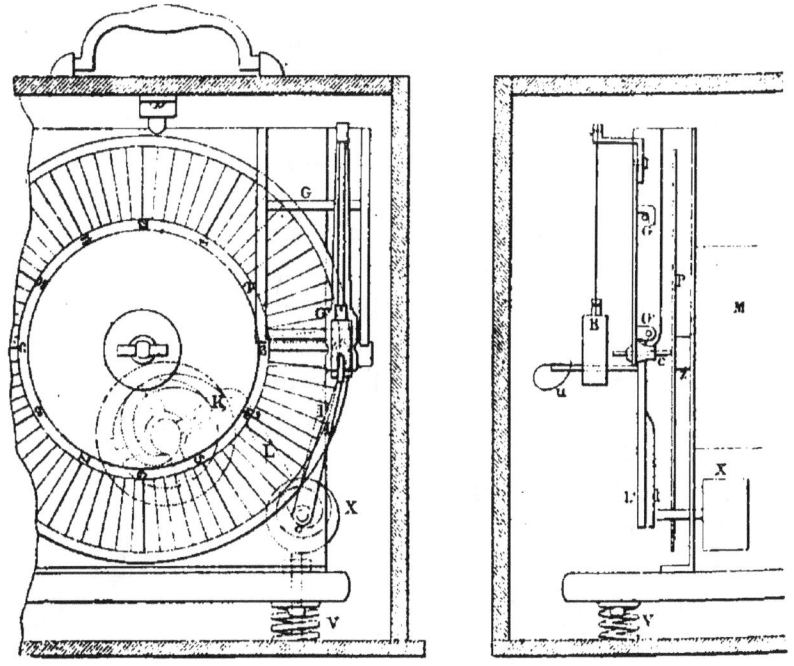

Fig. 273. — Contrôleur Brunot.

(*fig.* 273) comporte un mouvement d'horlogerie, M, dont l'axe *z* entraîne dans sa rotation un disque en carton P, divisé en heures et minutes, et contre lequel vient s'appuyer un crayon C, maintenu toujours en contact par le levier *l*

et le ressort à spirale X. Sur l'axe *o* de ce ressort, se trouve
un second levier coudé LL', dont la branche L conduit un
chariot porte-crayon, l'autre branche L' s'appuie contre une
came K en forme de développante de cercle entraînée, par le
mouvement d'horlogerie, au moyen d'une série d'engrenages
avec une réduction de vitesse de 1/8.

Le disque peut faire huit tours et, à chaque tour, le
crayon se trouve éloigné du centre; de cette façon, les indications ne se superposent pas, et l'appareil peut fonctionner
quatre-vingt-seize heures.

Le chariot porte-crayon est en outre guidé par deux tringles
horizontales G'.

En face du crayon, se trouve une masse B suspendue, à la
partie supérieure du chariot, par une lame de ressort extrêmement flexible. Dès que le train se met en marche, la
masse B oscille et, sous l'influence des ressorts antagonistes *u*,
vient frapper, sur la tête du crayon, des coups dont la rapidité
est proportionnelle à la vitesse du train. On aura donc, sur
le disque en carton, une courbe pointillée interrompue
pendant les arrêts du train. Cet appareil mesure moins la
vitesse que la durée de la marche du train, d'où l'on peut
déduire, il est vrai, la vitesse moyenne. Un autre inconvénient est qu'il n'est pas possible d'interrompre ses indications pendant la marche seule de la machine.

Tout le système est enfermé à clef dans une boîte, sur le
fond de laquelle il repose par l'intermédiaire de quatre ressorts à boudin V, amortissant les chocs trop violents.

195. Contrôleur Guébhard et Tronchon. — C'est également
un contrôleur à trépidation. D'une construction très simple
(*fig.* 274), il consiste en un cylindre horizontal D dont l'axe C
est mû par un mouvement d'horlogerie donnant également
l'heure sur un cadran placé sur la face avant de l'appareil,
sur le cylindre se trouve enroulé le carton enregistreur, divisé
en heures et minutes. L'autre face B peut être fermée par une
plaque fixée par les oreilles E. Ce cylindre fait sa révolution en
quatre heures, la bande de papier avançant de 3 millimètres
en deux minutes.

Un crayon vertical A repose librement par sa pointe P sur

le cylindre DD; mais, pour que les inscriptions ne se confondent pas, le porte-crayon G se déplace également parallèlement à l'axe du cylindre, au moyen du mouvement d'horlogerie et de la transmission F.

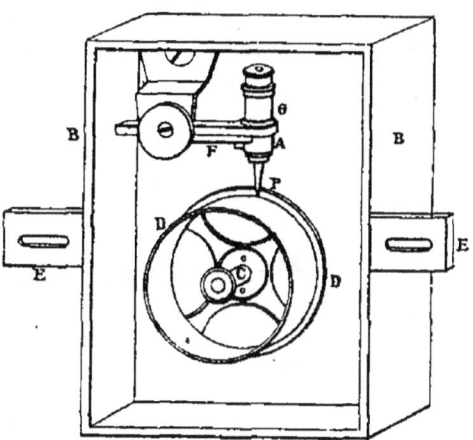

Fig. 274. — Contrôleur Guébhard et Tronchon.

Tant que le train est en stationnement, les indications du crayon sont à peine visibles; mais, à la moindre trépidation, elles deviennent très apparentes, et la lecture peut se faire à une demi-minute près. Il peut être employé pour enregistrer exactement la durée du parcours entre deux stations; il suffit, par un dispositif fort simple consistant en un bouton-poussoir extérieur qui déplace, suivant une génératrice, le crayon, de rompre la continuité des hélices pendant la durée du stationnement. On peut, à la rigueur, se servir de ce procédé pour remplacer la feuille de traction.

196. Chronotachymètre du P.-L.-M. — Il est dérivé de celui de Pouget, dans lequel de petits marteaux, au bout d'un certain nombre de tours de roues, venaient frapper des empreintes sur la feuille d'un tambour animé d'un mouvement de rotation uniforme par un mécanisme d'horlogerie.

L'appareil du Lyon est enfermé dans une caisse FF, ne laissant d'apparent qu'un cadran indiquant l'heure. Le mouvement de l'une des bielles d'accouplement de la machine se transmet à un arbre vertical de l'appareil, au moyen d'une

transmission intermédiaire réduisant le nombre des tours de
bielles dans la proportion de 8 à 1.

L'arbre vertical (*fig.* 275) commande un arbre horizontal *ef*
qui porte un manchon goupillé *g*, dont le mouvement se
transmet à l'une des couronnes folles *h* ou *j*, au moyen des
cames *l* appuyées par des ressorts contre les faces internes

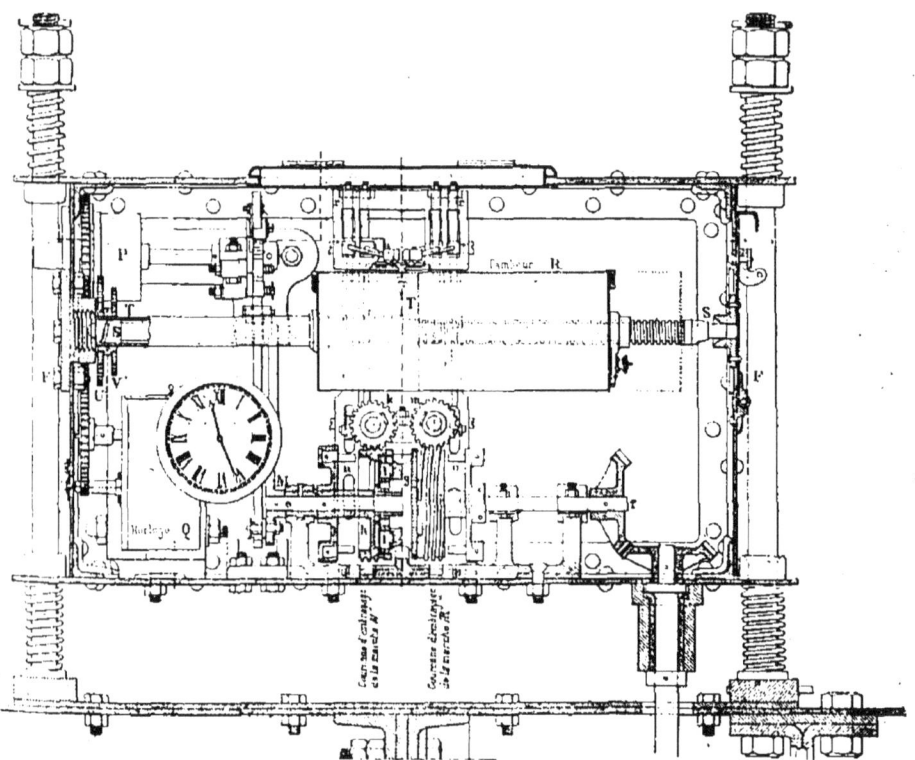

Fig. 275. — Chronotachymètre du P.-L.-M.

des couronnes. La forme des cames est telle que, suivant le
sens de rotation de *g*, elles s'arc-boutent contre la couronne
en l'entraînant ou la laissant immobile, un cliquet, avec dent,
s'oppose à tout recul, enfin, un frein empêche la couronne
de continuer à tourner lorsque *g* est arrêté. On enregistre
ainsi la vitesse pour les deux marches avant et arrière.

Les deux couronnes *h* et *j* portent, goupillée avec elles,
une manivelle double *n*, *o* qui agit au moyen de bielles sur
un des marteaux *r*, donnant deux empreintes par tour de

l'arbre, soit un coup pour quatre tours de roue. Les deux couronnes actionnent ensuite deux pignons *k* et *m*, dont l'arbre horizontal porte un doigt qui soulève à chaque tour un des marteaux au moyen d'une bielle. Chaque pignon ayant vingt dents, la réduction de vitesse est de 20, soit avec celle de 1/8 de l'arbre *ef*, une empreinte par 160 tours de roue.

Le tambour enregistreur R est entraîné, non pas directement par l'horloge, ce qui est impraticable aux grandes vitesses, mais par un barillet auxiliaire P remonté automatiquement par l'arbre *ef* qui, au moyen du plateau excentrique M et d'une bielle, actionne une roue à rochet tendant le ressort de P. Ce dernier, en se débandant, agit sur les engrenages du tambour, mais son mouvement est régularisé par l'horloge Q. Le barillet P fonctionne dès la mise en marche, et ne cesse d'actionner R que trois heures après l'arrêt.

Le tambour qui reçoit le papier enregistreur repose à droite, directement sur la partie filetée de l'axe fixe S, et à gauche, par l'intermédiaire d'un tube T recevant les engrenages et glissant sur S. Le tambour et le tube T sont reliés entre eux, de façon que le tambour R peut tourner, tout en glissant sur le tube T. Ce double mouvement est obtenu au moyen d'une clavette de R s'engageant dans le filet de S, de sorte que les coups de marteau s'inscrivent suivant une hélice sur le papier à empreintes. Ce papier développé donnera une droite légèrement inclinée. Le tambour faisant un tour en 6 ou 10 minutes, suivant que le mouvement est transmis par les engrenages V ou V', la longueur de la ligne correspondra à cet intervalle de temps, et il suffira de compter le nombre des empreintes pour avoir les espaces parcourus et en déduire la vitesse.

197. Indicateur enregistreur de vitesse de Hausshalter. — L'arbre A (*fig.* 276) est entraîné par la machine elle-même et, par conséquent, suit ses variations. Un deuxième arbre E, mû par un mouvemnt d'horlogerie (barillet J et échappement H), reçoit un cylindre mobile B, qui, tout en étant entraîné par l'arbre E, peut recevoir un mouvement vertical le long de cet arbre par l'intermédiaire de cannelures entraî-

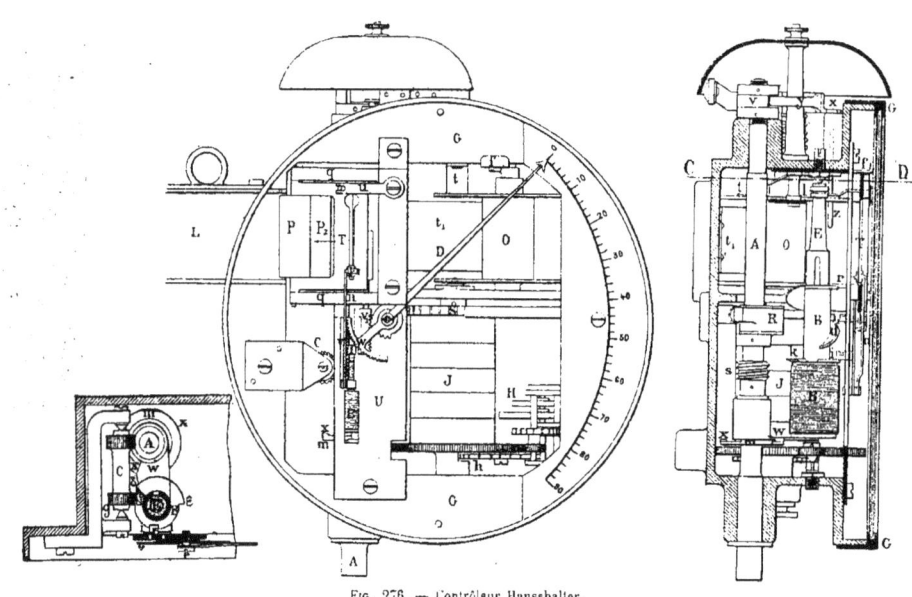

FIG. 276. — Contrôleur Hausshalter.

nées par un pignon *g* calé sur l'arbre horizontal *c* actionné
par A. Si les mouvements de A et de E sont les mêmes, le
cylindre B ne bouge pas; mais, si celui de A est plus grand,
il entraîne le cylindre B, celui-ci monte d'autant plus vite
que la vitesse de A est plus grande; la hauteur d'ascension
de B est donc proportionnelle à la vitesse de la machine.

Les cannelures de B n'existent pas sur tout le pourtour du
cylindre, de sorte qu'à chaque tour, il échappe au pignon *g*
pour retomber. Il reprend à nouveau son ascension au moyen
d'un disque *m*, calé sur A, dont la surface est munie de
saillies *x*, qui font mouvoir la pièce *w* sur laquelle retombe
le cylindre et forcent le pignon *g* à engrener avec les cannelures.

Les déplacements de B sont évalués par une aiguille D
tournant autour de l'axe *e*. Elle se trouve entraînée au
moyen d'une goupille *i*, que soulève, dans une rainure verticale de D, un plan annulaire *k* calé sur B, lorsque la vitesse
croît; si, au contraire, elle diminue, une partie hélicoïdale *d*,
fait descendre la goupille qui doit toujours être placée dans
l'intervalle de *k* et *d*, entre lesquels elle passe à chaque
rotation de E. La liaison entre l'aiguille D et la goupille *i* se
fait au moyen d'une crémaillère *r* et d'un pignon *w*.

Afin d'obtenir une seconde fixation de l'aiguille, pendant
un tour de l'axe E, il y a deux goupilles i_1, reliées ensemble
à la pièce v_1; elles sont plus courtes que *i* et agissent sous
l'action des élargissements δ_2 du plan annulaire *k* et de
l'hélice *d*; leur fonctionnement est le même que celui de *i*.

Pour enregistrer la vitesse, l'axe E est muni d'un disque *l*
portant une encoche. Ce disque, en tournant, pousse le marteau T contre le ressort *u*; mais, dès que l'encoche apparaît,
le marteau tombe sous la pression du ressort sur une
pointe *r*, fixée sur un curseur qui se meut dans la fente
verticale du marteau et vient percer le papier se déroulant
de l'axe O, pour s'enrouler dans la boîte I. Lorsque l'encoche sera remplacée par le disque *l*, le marteau et la pointe *r*
reprendront leur place. Cette pointe est reliée à la goupille *i*
par la tige *n* et la suit dans ses mouvements.

Les trous les plus bas faits par cette pointe correspondent
aux arrêts.

Le déroulement de la bande de papier est obtenu au moyen de deux tambours p, p_2, dont l'un p, poussé par le ressort q, sert d'axe au marteau, et presse le papier contre le second p_2 mû par l'arbre E au moyen d'engrenages, de manière à faire avancer le papier. Pour poser les rouleaux de papier, on enlève le couvercle G et on retire le verrou f. L'axe libre peut recevoir un nouveau rouleau.

Lorsque la vitesse devient exagérée, c'est-à-dire que le cylindre B dépasse une certaine hauteur, il soulève une tige z, munie d'une rondelle qui dégage le marteau y et le laisse frapper sur un timbre. Le marteau est relevé par une encoche du disque V fixé sur l'axe A ; il frappe un coup à chaque ascension du cylindre. On règle les coups de timbre d'après la vitesse, en allongeant plus ou moins le levier z.

Le mouvement d'horlogerie se remonte automatiquement pendant la marche au moyen d'un cliquet mû par l'excentrique R autour de l'axe A.

L'axe E fait un tour en douze secondes ; mais, pendant le même temps, il y a deux trous tracés, ce qui donne une indication toutes les six secondes. Le tambour p_2 est muni de deux pointes perçant le bord du papier toutes les trois minutes. Ces petits trous facilitent la lecture. Outre ces pointes, il en existe encore une à la partie inférieure qui, toutes les dix marques, indiquera un intervalle de trente minutes.

On a ajouté un enregistreur de la distance, permettant de déterminer les endroits où la vitesse a été mesurée.

C. — CONTRÔLEURS FIXES DE LA MARCHE DES TRAINS

198. Contrôleurs mobiles transformés. — Ces appareils sont les plus nombreux ; mais leur application tend à diminuer ; de plus, ils ne donnent que des renseignements bien spéciaux, ne justifiant pas la complication de leur construction.

Il convient de remarquer tout d'abord que le contrôleur *Brunot* et celui de *Guebhard et Tronchon* peuvent facilement être transformés en contrôleurs fixes. Il suffit, pour cela, de ne faire porter le crayon que pendant le parcours du train sur un espace déterminé. Ce résultat peut être facilement obtenu au moyen d'un courant électrique traversant un électro dont l'armature est reliée au crayon. Tant que le courant passe, le crayon laisse une trace. Il suffit de faire coïncider l'envoi du courant avec le passage du train entre deux points déterminés. On peut encore placer deux de ces appareils sur une traverse au commencement et à la fin de la section. S'ils sont réglés uniformément, les traits de crayon indiqueront sur l'un et l'autre appareil l'entrée et la sortie du train dans la section où il s'agit de mesurer la vitesse.

199. Appareils Le Boulengé. — *Dromoscope.* — Cet appareil est destiné à indiquer au mécanicien la vitesse de son train, à son passage en un point déterminé. Il se compose (*fig.* 277) d'un disque vertical noir sur lequel se détache un index blanc fixe; le disque A, du poids de 2 kilogrammes, est sollicité à tourner par un poids B de 208 grammes, suspendu par un fil de soie. Il est normalement arrêté par le taquet D contre le levier E qui se déclenche au moyen d'une transmission par fil, lors du passage du train, en un point situé à une certaine distance en avant de l'appareil. A cet effet, le levier est terminé par une fourche F entre les branches de laquelle passe un fil J muni d'un écrou H avec contre-écrou supportant d'un côté un contrepoids M de 15 kilogrammes et prolongé de l'autre par une chaîne N passant sur la poulie O. Ce fil se rend à une pédale où il est tendu par un poids de 5 kilogrammes en passant sur une poulie calée par la pédale. Tout le système étant au repos, si un train passe, la pédale déclenche la poulie du fil de transmission, et le contrepoids M peut agir, en soulevant le levier E: le disque se met à tourner. Un peu plus loin se trouve un second point de repère, c'est-à-dire une seconde pédale, agissant d'une façon identique sur un second contrepoids M' actionnant un ressort V à patin W, qui appuie sur le disque et l'arrête sur place. Pour remettre les choses en place, il suffit de soulever à la main les deux poids M et M'; le contrepoids de rappel agit en sens inverse, et la pédale retombe dans son encoche. L'indication de la vitesse reste aussi longtemps que l'on ne remonte pas l'appareil.

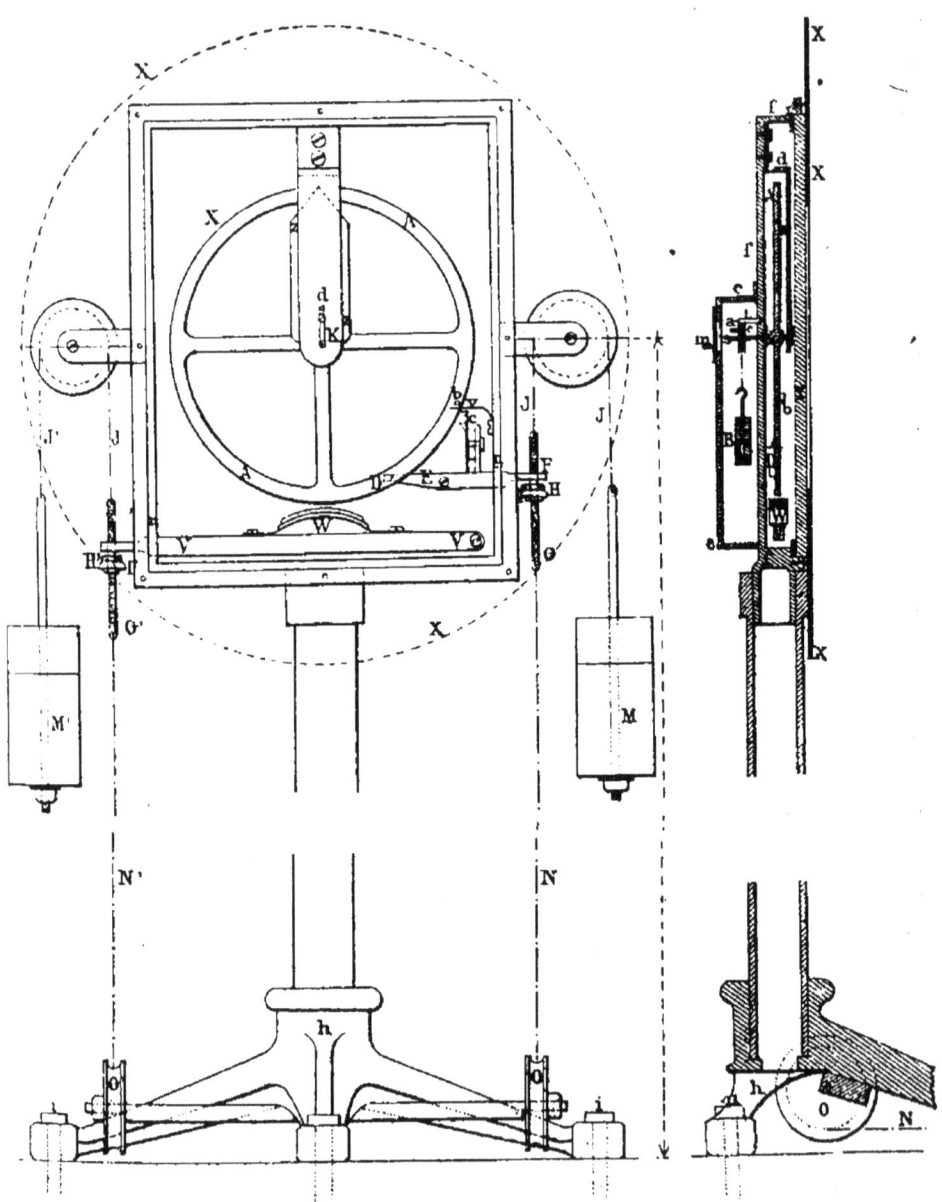

Fig. 277. — Dromoscope Le Boulengé.

Tout le système est supporté par une colonne en fonte *h* reposant sur un trépied. La chaleur ayant pour effet de

dilater ou de raccourcir les fils, on règle la transmission au
moyen des écrous-butoirs H, qui doivent toujours se trouver
près des branches de la fourche. Il est nécessaire que le disque

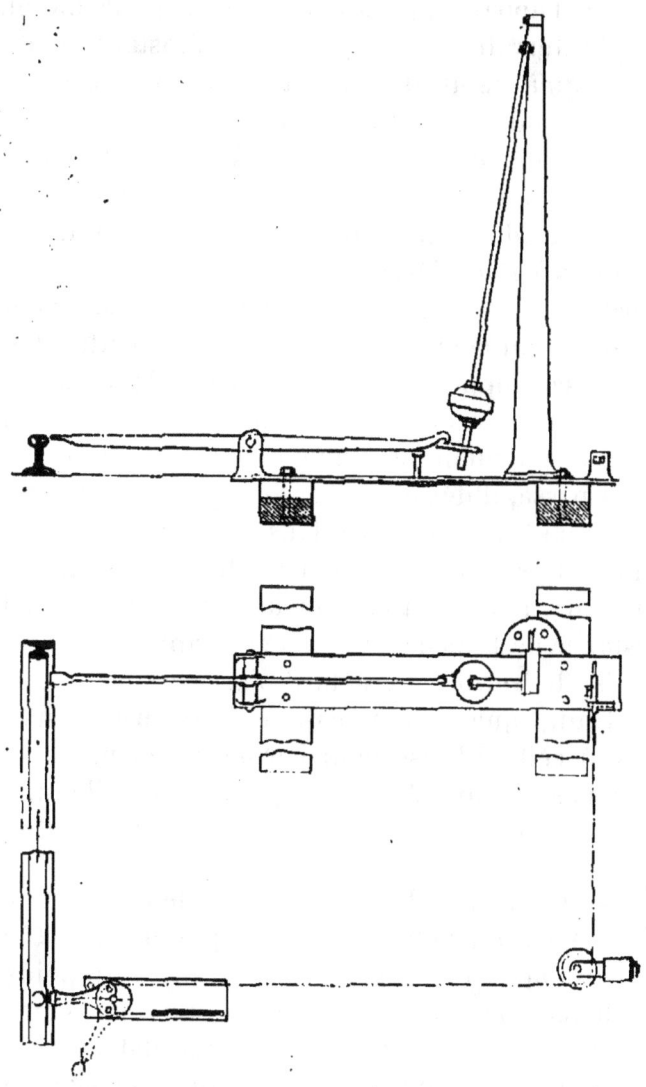

Fig. 278. — Dromopétard Le Boulengé.

ne puisse pas faire plus d'un tour; sinon les indications se
trouveraient faussées; à cet effet, sur son pourtour, se trouve
un butoir *b* heurtant un ressort *c* avec deux dents. Le

ressort se trouve sur le chemin de *b* quand le levier est déclenché ; s'il est horizontal, les deux dents sont en dehors de *b*. Sa tension est telle qu'après avoir heurté la première dent le taquet vient s'arrêter sur la seconde.

Pour régler l'appareil, on a déterminé le poids moteur, de façon que l'intervalle de temps, depuis l'instant du déclenchement jusqu'à celui de l'arrêt spontané, soit égal au nombre de secondes nécessaire pour franchir l'espace entre les deux points de repère, à la vitesse connue V. Les vitesses mesurées seront proportionnelles aux longueurs d'arc et par suite à la graduation portée sur un cadran X, dont on lit les indications à 100 mètres.

Dromopétard. — L'appareil (*fig.* 278) sert à contrôler une vitesse unique ; un pétard est écrasé, lorsque cette vitesse est dépassée. Il se compose d'un lourd pendule battant exactement la seconde, accroché à un levier dont l'autre extrémité arase exactement le plan de roulement du rail. Lorsqu'un train passe, il dégage le pendule qui vient agir sur une dent, maintenant une glissière dans une position fixe. Cette dent, rendue libre, laisse, à l'extrémité d'une transmission, agir un ressort, tendant à écarter un pétard, posé sur le rail à une distance de la pédale variable suivant la vitesse à contrôler. Mais, le retrait du pétard n'est possible avant l'arrivée du train, que si la vitesse de ce dernier n'est pas supérieure à celle admise pour permettre au pendule d'accomplir son oscillation. Après chaque contrôle, il faut accrocher le pendule et la glissière.

200. Enregistreur fixe Rabier et Leroy de l'Orléans. — Cet appareil enregistreur automatique comprend (*fig.* 279) :

1° Un mouvement d'horlogerie mû par un contrepoids réglé par un balancier P battant la seconde. Ce mouvement fait faire un tour complet en une minute à un plateau en cuivre sur lequel se fixe un cadran en papier divisé en 60 secondes.

2° Pour empêcher les arcs de cercle, décrits par un tire-ligne sur le cadran, de se superposer, on monte ce tireligne sur une crémaillère A qui descend d'une dent, soit 2 millimètres à chaque expérience ;

3° Un premier électro-aimant F, dont l'armature dégage

l'extrémité du balancier, maintenu en repos par une des deux butées à ressort m, m, et un second électro commandant la crémaillère du cadran ;

4° Un petit mouvement accessoire d'horlogerie M ayant pour but de mettre, pendant deux minutes, les deux électros hors du circuit d'une pédale placée à l'origine de la longueur, sur laquelle on évalue la vitesse des trains. Une deuxième pédale, placée à 100 mètres plus loin, servira à arrêter le courant et à enclencher le pendule. Ces pédales sont constituées par un levier mobile autour d'un axe horizontal dont le petit bras, placé sous le rail, a 0m,04 de longueur, et le grand bras 0m,40, de manière à rendre les oscillations du rail 10 fois plus grandes. La seconde pédale ferme constamment un circuit L_2, L_3, dérivé sur celui L, L_1, ouvert normalement par la première pédale.

Quand le train passe, il fait osciller la première pédale qui ferme le circuit sur lequel sont placés les électros F et celui de la crémaillère. L'électro F, en attirant sa palette, a dégagé le pendule qui bat la seconde. En même temps cette palette, par sa partie prolongée p, a abaissé la tige a, le mouvement d'horlogerie M est désembrayé et le circuit L_1 est rompu en C. L'armature est

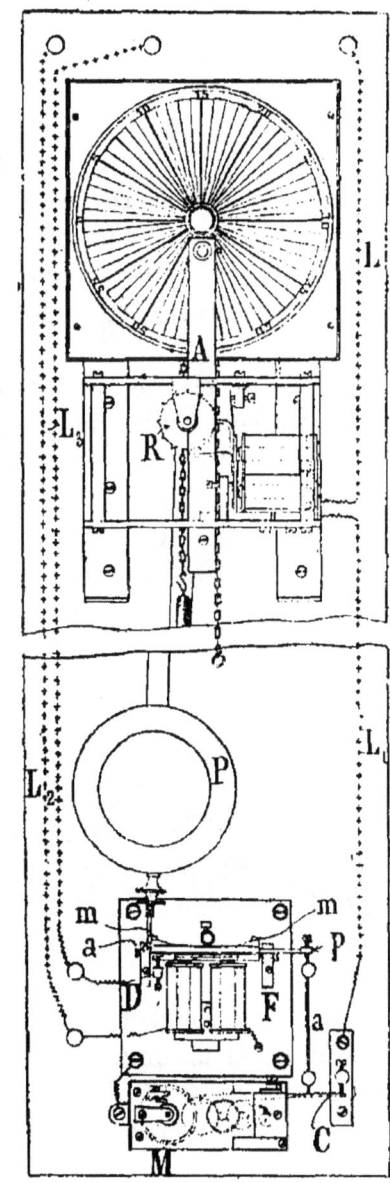

Fig. 279. — Enregistreur Rabier et Leroy.

maintenue abaissée par un ressort a qui, en s'appuyant sur un contact D, ferme le circuit dérivé L_2, L_3, sur lequel se trouve l'autre pédale. Atteinte à son tour par le train, elle ouvrira le circuit L_2 L_3, et laissera soulever l'armature de F, par un ressort antagoniste, qui viendra enclencher, par une de ses butées m, le mouvement du pendule. Le circuit LL_1 est maintenu ouvert en C, pendant deux minutes, par le mouvement d'horlogerie M, de manière à permettre le passage des trains les plus longs. Sans cette précaution, l'appareil déclenché au passage des trains à la première pédale, et arrêté 100 mètres plus loin par l'autre pédale, serait ouvert de nouveau par la queue du train, si ce dernier avait plus de 100 mètres, ce qui arrive souvent.

Quant à l'électro de la crémaillère, il est actionné pendant le temps nécessaire pour la faire avancer d'une dent au moyen de R. La pile donnant le courant est de 10 éléments. Lorsqu'il s'agit d'une voie unique, pour enregistrer les vitesses des trains dans les deux sens, il suffit d'ajouter une deuxième pédale de mise en marche du pendule. Sur la double voie, on aura un jeu de pédales par voie. L'appareil enregistre à une seconde près.

201. Contrôleur portatif de l'Orléans. — Ce contrôleur se place en un point quelconque de la voie. Il comporte quatre pédales, constituées chacune par un bouchon de liège se déplaçant de 5 à 10 millimètres dans un petit cylindre, dont le fond est mis en communication avec l'appareil enregistreur, au moyen d'un tube de 4 millimètres de diamètre. Le bouchon de chaque pédale est enfoncé successivement par la première roue de la machine, et les chasses d'air produites servent : la première, à mettre l'appareil en marche, et, les suivantes, à indiquer trois repères sur l'appareil enregistreur.

Ce dernier se compose (*fig.* 280) d'un diapason, dont une branche porte un crin fixé par de la gutta-percha frottant sur un cylindre vertical T de 60 millimètres de diamètre sur 50 millimètres de longueur, entouré d'une feuille de papier enduite de noir de fumée et auquel un ressort R' imprime un mouvement de rotation transformé en un mouvement hélicoïdal au moyen d'une rainure tracée sur l'arbre. Le diapason est mis en branle par un marteau M monté sur une lame d'acier formant ressort.

Deux crochets retiennent : l'un R le cylindre, l'autre le marteau, quand les ressorts sont tendus. Ils sont déclenchés en même temps par un petit soufflet en caoutchouc, semblable à ceux qu'on emploie dans les sonneries à air et auquel aboutit le tube A de la première pédale.

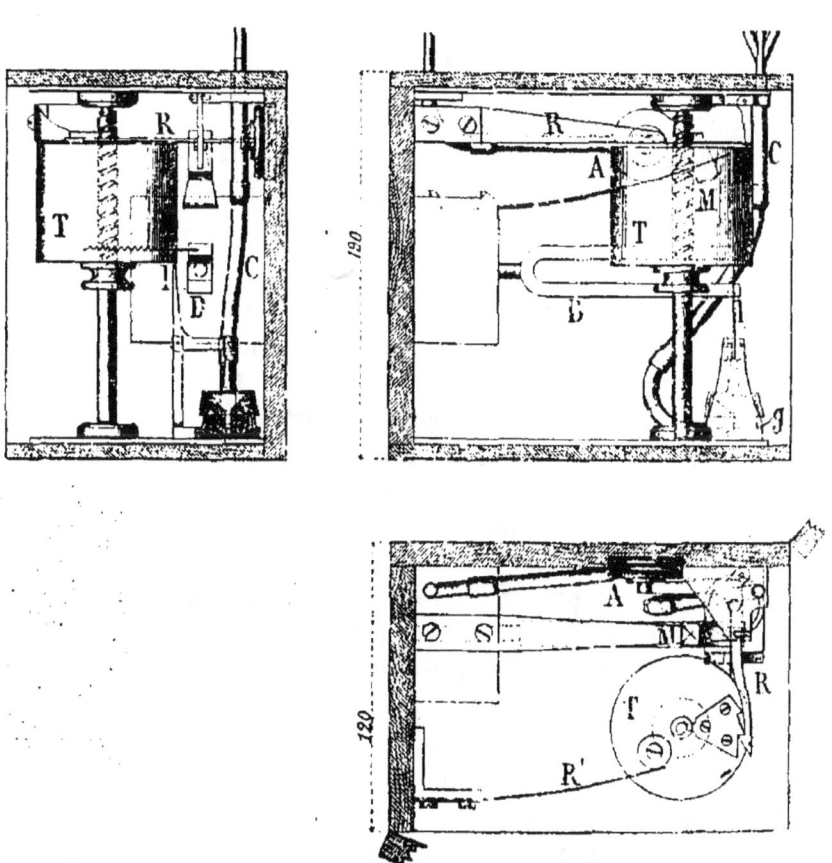

Fig. 280. — Contrôleur portatif de l'Orléans.

Quant au conduit des trois autres pédales, il aboutit à un tube unique C, débouchant au centre d'une soupape g dite de Guattavi, du nom de l'inventeur, dont le couvercle est soulevé à chaque impulsion d'air. Ce couvercle actionne un levier coudé l dont l'extrémité trace sur le papier enfumé un trait de quelques millimètres de hauteur.

Pour faire une expérience, les pédales sont placées le long de la voie à des intervalles déterminés.

Le diapason donnant le la normal, c'est-à-dire 435 vibrations doubles par seconde, on aura pour n vibrations, un temps égal à $\frac{n}{435}$. La longueur étant mesurée par celle qui sépare les pédales, pour avoir la vitesse en kilomètres à l'heure, il suffit de remarquer que

$$V = \frac{l}{t} = \frac{l \times 435 \times 3600}{n \times 1000},$$

et pour $l = 6$ mètres

$$V = \frac{9396}{n}.$$

Une vitesse de 100 kilomètres est mesurée par 94 vibrations, celle de 50 kilomètres, par 188 vibrations, etc. La longueur d'une vibration étant de 1 à 3 millimètres, la lecture est facile. La troisième pédale sert à contrôler les indications de l'appareil; si on la place au milieu de 2 et 4, elle doit diviser en deux groupes égaux les vibrations comprises entre les tirets correspondants à 2 et 4.

202. Appareil portatif avec sablier au mercure. — Cet appareil a pour but d'obtenir automatiquement la vitesse d'un train par le temps qu'il met à parcourir la distance de 50 mètres; il peut, en outre, se déplacer suivant les besoins d'un point à un autre. Il se compose d'un sablier au mercure et de deux pédales actionnées par le train.

Le sablier en verre (*fig.* 281), dont la boule est prolongée sur le côté par un tube fermé servant à recevoir le mercure écoulé, est monté sur une planchette graduée en vitesses. Tout l'ensemble est suspendu par un crochet fixe c_1 et deux crochets mobiles c_2, c_3, à un panneau en tôle x fixé au moyen de vis de serrage sur un bâton fiché en terre à $1^m,50$ au moins du rail. Les pédales (*fig.* 282), en fonte ou en acier, agissent par transmissions funiculaires sur les deux crochets c_2, c_3. La pédale pivote autour d'un axe a, grâce au poids d'une culasse c, qui soulève l'autre extrémité d et la fait saillir de

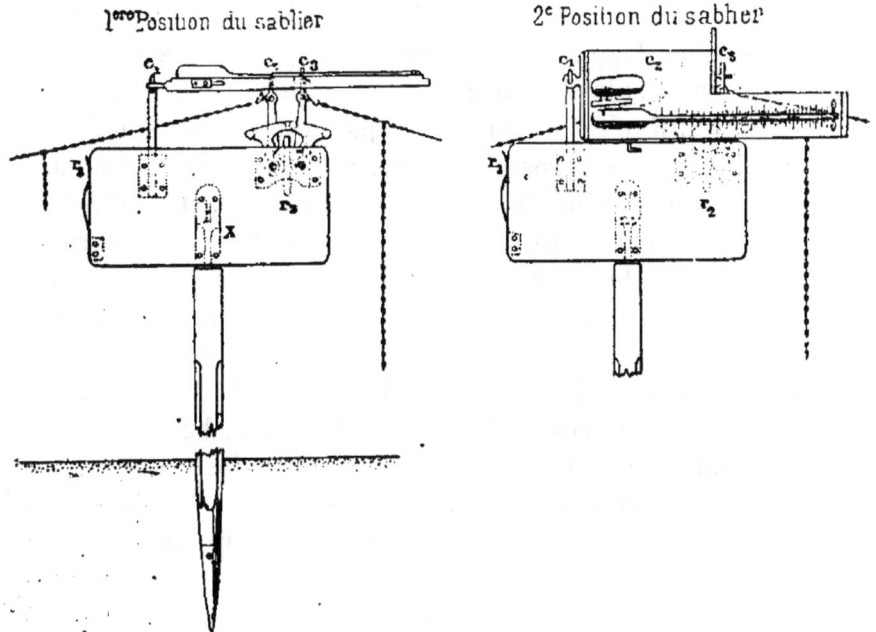

1ʳᵉ Position du sablier   2ᵉ Position du sablier

Fig. 281. — Sablier à mercure.

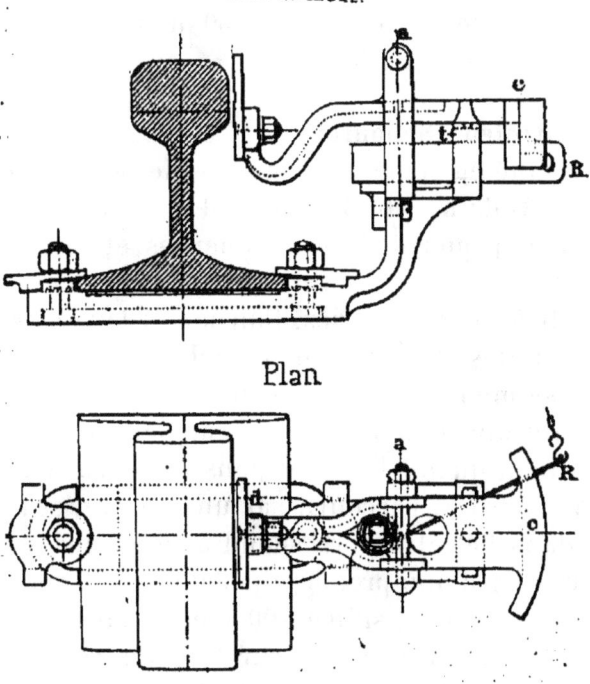

Elévation.

Plan.

Fig. 282. — Pédale.

6 à 10 millimètres, elle est maintenue par la traverse t sur laquelle elle s'appuie. Un ressort R, engagé de 2 à 3 millimètres par la culasse, est maintenu tendu jusqu'au moment où la première roue du train, passant sur d, soulève la culasse et dégage le ressort. Ce dernier, en se détendant, agit par une transmission sur le crochet mobile c_1. Le sablier se redresse verticalement et une certaine quantité de mercure s'écoule dans le tube jusqu'au moment où la deuxième pédale, placée 50 mètres plus loin, agit de la même façon par un ressort sur le deuxième crochet c_3; le sablier tombe verticalement. Il suffit de relever sur la planchette, par la quantité de mercure écoulé, la vitesse du train. La graduation de la planchette s'obtient d'une manière fort simple : on mesure l'écoulement du mercure pendant un temps parfaitement déterminé, $1''$, $2''$, $3''$, les résultats provenant de l'égalité suivante :

$$V = \frac{3,6e}{t} = \frac{180}{t}$$

qui donne la vitesse à l'heure en kilomètres sont inscrits sur la planchette : e étant égal à 50 mètres, t sera fait égal successivement à $1''$, $2''$, $3''$, etc.

203. Contrôleur Sabouret. — C'est un appareil enregistreur, actionné également au moyen de pédales. Il se compose (*fig.* 283) d'un cylindre vertical sur lequel est enroulée une feuille de papier divisée en 24 heures, et entraînée par un mouvement d'horlogerie. Un second mouvement actionne une roue B à rebords striés, tournant à la vitesse de 1 tour en deux minutes et demie, sur laquelle peut venir s'appuyer une traverse montée sur un second axe O, qui reçoit un stylet C portant une plume appuyée sur le cylindre. L'entraînement a lieu, quand l'axe est poussé contre B par l'armature d'un électro E, parcouru par un courant, et la durée du courant dans l'électro correspond à celle nécessaire à un train pour aller d'une première pédale qui ferme le circuit à une deuxième pédale, située 100 mètres plus loin, qui l'interrompt. L'ordonnée tracée sur le cylindre est donc proportionnelle au temps que le train a mis pour parcourir les

100 mètres, c'est-à-dire à sa vitesse. Au moyen d'expériences comparatives, on a pu déterminer les résultats suivants :

À la vitesse de	$90^{km},00$	$60^{km},00$	$30^{km},00$
L'ordonnée était de	$30^{mm},00$	$45^{mm},00$	$90^{mm},00$

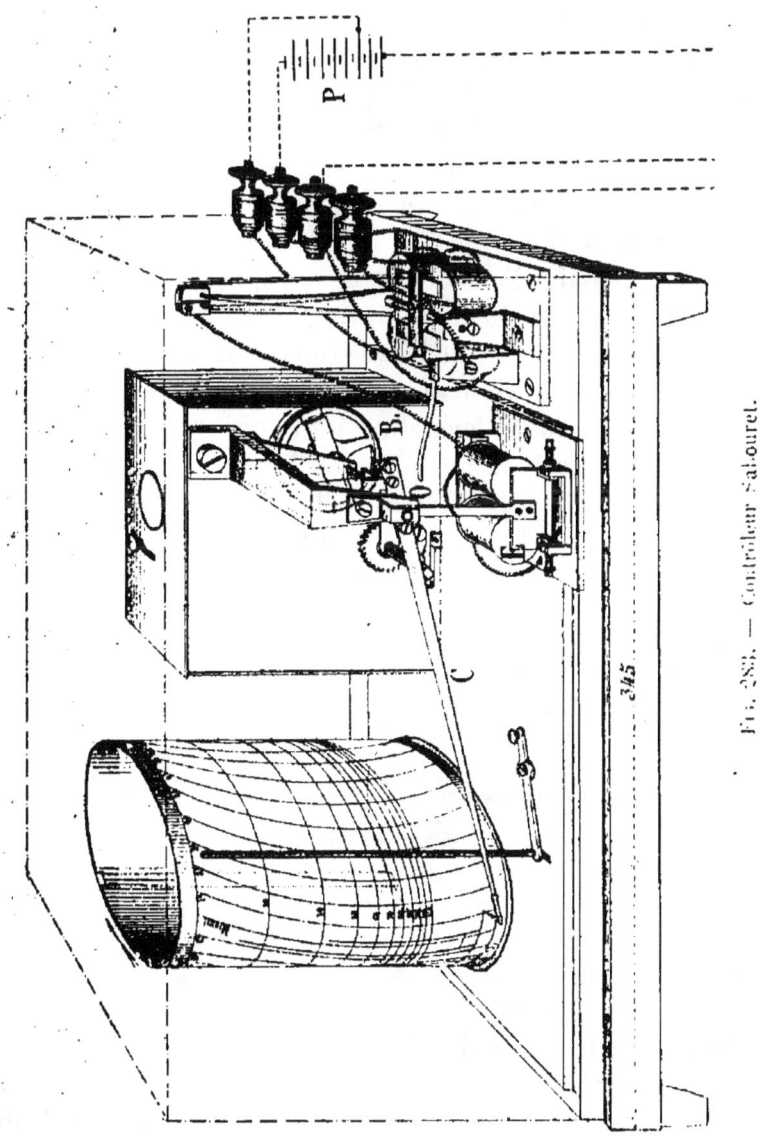

Fig. 283. — Contrôleur Sabouret.

L'approximation est de 3 à 4 0/0.

Le courant de l'électro est fourni par quatre éléments

Leclanché. Sur son circuit se trouve un commutateur dans le haut de la boîte fermant ou ouvrant le circuit, quand une armature A, portant sur son axe le contact mobile du commutateur est attirée par l'un ou l'autre des électros F. Le courant de ces deux électros est fourni par six éléments, pris sur le groupe principal P, et leur circuit comprend l'un la pédale d'entrée, l'autre celle de sortie. Si le train a plus de 100 mètres de longueur, la pédale de fermeture et celle d'ouverture agissent en même temps; il en résulte des oscillations de la plume sans importance, après celle ayant mesuré la vitesse. Avec la voie unique, la pédale de sortie, pour les trains d'un certain sens, est actionnée la première, et la pédale d'entrée la dernière, mettant en mouvement le stylet d'une façon continue. Pour éviter cet inconvénient, lorsque le stylet arrive en haut du cylindre, le prolongement de C vient heurter un contact voisin de O, actionnant l'électro de fermeture de F, qui supprime le courant de E. Il en est de même, dans le cas d'un train marchant à moins de 28 kilomètres à l'heure; le stylet arrive en haut du cylindre et ferme le circuit d'arrêt.

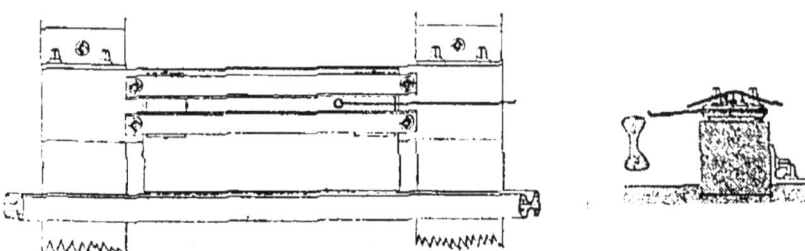

Fig. 284. — Pédale de Baillhache.

La pédale employée est celle de *Baillhache* (*fig.* 284); elle est formée par un plateau isolé en acier de $0^m,66$ de long sur $0^m,316$ de large et 5 millimètres d'épaisseur. Le bord redressé du plateau est placé à quelques millimètres du rail et légèrement en contre-haut du plan de roulement, de manière à fléchir au contact du bandage des roues. Le plateau est placé sur une longrine en bois. En ayant soin d'interposer au-dessous et au-dessus une plaque de caoutchouc, on l'isole des cornières destinées à la maintenir, au moyen de tirefonds vissés dans la longrine. Enfin un couvercle protège le tout contre la pluie.

Rien n'empêche, du reste, d'utiliser d'autres pédales de contact, parmi lesquelles on peut citer celle très simple de *Guillaume*, très employée sur l'État français, dans les différentes applications de ces appareils. Elle se compose d'une sorte de peigne en acier, monté sur un tasseau en bois muni à ses deux extrémités d'une équerre en fer, dont la partie inférieure forme mâchoire pour emboîter le dessous du rail. La mâchoire est en deux parties, l'une fixe et l'autre mobile, reliées par des boulons. Le peigne isolé est relié à la prise de courant et il faut le passage d'un train pour fermer le circuit.

La Compagnie de l'Est emploie des pédales analogues pour les annonces de ses trains dans les cabines d'aiguilleurs; mais pour son contrôleur de vitesse, qui n'est autre que celui de Guébhard et Tronchon, légèrement modifié, les pédales sont un peu différentes. Elles sont formées par une sorte de doigt dont la partie supérieure dépasse légèrement le rail. Leur support porte un ressort isolé en communication avec le fil de ligne dont le courant déclenche le mouvement du contrôleur. Dans la première pédale, le contact ne s'établit qu'au passage du train lorsque le doigt s'incline sous le choc des roues; dans la seconde, il est permanent et se trouve interrompu à l'arrivée du train; les deux pédales sont donc montées inversement l'une de l'autre, elles sont espacées de 20 mètres.

Les contrôleurs fixes de vitesse sont surtout employés aux points spéciaux où le ralentissement est nécessaire : bifurcations, chantiers de travaux, etc., ils sont en somme d'une application restreinte.

QUATRIÈME PARTIE

PRATIQUE DU SERVICE

CHAPITRE I

ORGANISATION DES CHEMINS DE FER

---

204. Caractère public des chemins de fer. — Dès le début des chemins de fer en Angleterre, on avait laissé aux différentes lignes un caractère public, au même titre que les routes, les canaux; mais on ne tarda pas à s'apercevoir que la circulation de toutes sortes de véhicules était impossible. On essaya de tourner la difficulté en accordant les lignes à un seul concessionnaire, sauf à autoriser toutes les concessions demandées; mais on dut encore renoncer à ce système, qui était plutôt une gêne pour l'intérêt général, et les concessions ne furent plus données que sous certaines réserves. Il en a été de même à peu près dans tous les pays.

L'installation d'une ligne de chemin de fer, nécessitant de grandes dépenses, est faite actuellement par l'État lui-même ou par des Compagnies privées, mais toujours sous le contrôle de l'État; dans les deux cas les intérêts généraux sont sauvegardés. Toutes les conditions d'exploitation sont examinées de manière à conserver à la ligne un caractère public absolu. Il en est de même des lignes en service, grandes ou petites, que l'exploitation en soit faite par l'État ou par des Compagnies; comme il s'agit d'un monopole, il est nécessaire que les garanties de sécurité, les conditions de fréquence des transports, d'égalité pour tout le monde de se servir de la ligne soient assurées.

Il y a lieu d'examiner les divers modes d'exploitation des

lignes de chemins de fer. Trois systèmes peuvent être employés : libre concurrence, exploitation par l'État et exploitation par des Compagnies sous le contrôle de l'État.

205. Exploitation des lignes de chemins de fer. — *Libre concurrence.* — Le principe consiste à admettre le plus grand nombre possible de concessionnaires et à les laisser ensuite exploiter leur affaire. Il semble, au premier abord, que l'intérêt général doive bénéficier de cette facilité d'installation. La concession des lignes est, en effet, à la portée de tous; on se trouve dans la situation ordinaire de la concurrence, qui doit avoir pour effet de multiplier les moyens de communication, d'abaisser les tarifs, augmenter la fréquence des transports. Il n'en est rien cependant, et l'exemple des États-Unis et de l'Angleterre, où ce régime a été pratiqué au début, est là pour le prouver. Tout d'abord les demandes de concessions se portent sur les contrées les plus riches au détriment des autres, qui se trouvent abandonnées, et une ligne, très rémunératrice au début, finit, à force de voir son trafic divisé, par devenir très pauvre. La concurrence se manifeste par un abaissement excessif des tarifs, une publicité effrénée, des courses de vitesse souvent dangereuses. Dans le cas de l'Angleterre, le résultat fut la ruine d'une foule de Sociétés véreuses, et celles qui restèrent finirent par se syndiquer. Au lieu des effets attendus de la concurrence, ce fut une série de conditions draconiennes pour le public, aussi l'État, qui avait accordé les concessions, dut intervenir d'abord pour la réglementation technique, puis pour la réglementation commerciale. Ce régime s'est donc condamné lui-même, il est ramené maintenant à celui de l'exploitation par les Compagnies sous le contrôle de l'État.

Exploitation par l'État. — Le système a pris naissance en Allemagne avant 1870, où peu à peu l'État, par son caractère d'envahissement, accapara les chemins de fer. Administrés par l'État, les chemins de fer ont un caractère public par excellence, au même titre que les autres monopoles. Le système a évidemment des avantages; le développement des lignes est plus considérable et leur répartition plus uniforme. L'État, n'ayant pas de dividende à payer, en fait bénéficier tout le pays ; il peut même exploiter à perte, s'il y va de l'intérêt général : de là un abaissement des taxes, une augmentation du nombre des trains, une largesse de vue dans le service plus grands qu'avec les autres systèmes.

Par contre, l'État peut procéder, pour les chemins de fer, comme pour les autres services et être sujet à bien des critiques. Trop soumis aux fluctuations de la politique, les chemins de fer et les agents eux-mêmes deviennent une propagande électorale. Il faut tenir compte, en outre, de la forme de gouvernement et des mœurs des habitants. Si l'Allemagne est satisfaite du régime raide et militaire des chemins de fer, rien ne prouve qu'il en serait de même dans tous les pays. On reproche encore à l'État de ne pas exploiter économiquement et d'exiger pour les constructions des formalités trop longues. Cette dernière critique a moins d'importance, car il est possible d'y remédier.

Exploitation par les Compagnies sous le contrôle de l'État. — C'est, en somme, le régime français. Les lignes ont été concédées à des Compagnies pour une durée de quatre-vingt-dix-neuf ans, à charge d'exploiter les lignes en service et les lignes nouvelles construites par l'État. A l'expiration de la concession, l'État rentrera en possession des lignes construites : il peut même ne pas attendre ce délai, la faculté de rachat ayant été réservée.

Les différentes Compagnies sont souvent établies avec le concours financier de l'État. Dans le cas où le produit net est insuffisant pour payer l'intérêt et l'amortissement des obligations et un certain dividende aux actions, l'État fait l'avance de la différence qui lui sera remboursée ultérieurement. Dans le cas où le produit net, au contraire, permet, tous frais payés, de donner aux actions un certain dividende, toute augmentation ultérieure devra être partagée avec l'État.

En échange de toutes ces garanties, l'État conserve sur les Compagnies un contrôle afférent à l'exécution du service public dont elles sont chargées et une surveillance sur leur gestion financière.

L'exploitation des réseaux par les Compagnies a comme avantage de donner la priorité à la partie commerciale et industrielle, qui est le véritable but des chemins de fer, les intérêts des Compagnies étant semblables à ceux des particuliers; les trains se multiplient, les tarifs sont abaissés, le nombre des lignes augmente; elles sont en outre réparties suivant les besoins. Il semble donc que ce soit le meilleur mode d'exploitation pour conserver aux chemins de fer leur caractère public, tout en assurant ce résultat sans les grever inutilement pour des raisons absolument étrangères à l'intérêt général.

A côté des concessions se place un système mixte : le régime des *affermages*. Les lignes construites par l'État sont ensuite affermées à des Compagnies chargées de l'exploitation, moyennant une redevance annuelle fixe ou variable avec les produits de l'exploitation. Cette dernière manière d'opérer se rapproche beaucoup du système d'exploitation par l'État, car celui-ci a une tendance à modifier fréquemment le mode de gestion. Dans les affermages, le caractère public des chemins de fer est conservé; seulement il se présente quelques inconvénients : d'abord la difficulté où l'on se trouve d'établir les contrats; de plus leur durée forcément courte rend le concessionnaire indifférent à l'entretien. Cependant les résultats obtenus en Italie ont démontré que ce procédé était applicable au même titre que les précédents.

206. Rapports des Compagnies avec leurs agents. -- Du fait même du caractère public des chemins de fer, les agents, tout au moins en France, sont traités d'une façon spéciale. Lorsqu'il s'agit des réseaux de l'État, on leur applique le règlement ordinaire des fonctionnaires. Pour ceux des Compagnies, la réglementation est sensiblement la même.

Les agents sont ou commissionnés ou en régie. Les premiers sont attachés à titre permanent et définitif à la Compagnie; ils sont payés à l'année. Les autres sont pris à titre d'essai ou pour un service supplémentaire. Cette division a surtout de l'importance au point de vue disciplinaire et du recrutement. Les premiers doivent avoir moins de 27 à 30 ans, savoir lire et écrire et être de nationalité française. Le traitement spécial accordé aux agents des Compagnies a ses partisans et ses détracteurs. Les partisans disent que les Compagnies ne

sauraient être assimilées aux autres industries, l'intérêt
général exige que les agents soient attachés fidèlement aux
Compagnies, de plus l'intervention de l'État, au point de vue
des retraites, ne leur paraît pas constituer une anomalie.
Les adversaires estiment qu'il n'y a pas lieu d'appliquer un
régime spécial à une classe de citoyens, qui, par suite de la
certitude de la retraite, perdent une grande partie de leur
initiative. La question a été reprise dernièrement avec une
intensité plus grande sans avoir été pourtant résolue, au
sujet du droit de grève des agents de chemin de fer.

Pensions de retraite. — La première des conditions de faveur
est celle de la pension de retraite, s'appliquant aux agents
commissionnés et aux ouvriers versant à la masse. La retraite
est fournie par deux caisses spéciales : celle de la caisse des
retraites pour la vieillesse, alimentée par une retenue de 3 à
4 0/0 sur le salaire, sauf pour l'Orléans, qui effectue directement le versement, au nom de ses agents, sans leur rien
demander, et celle de la caisse de la Compagnie, alimentée
par un versement de cette dernière.

Pour jouir de la retraite, il y a d'abord l'une des deux conditions suivantes à remplir : avoir un nombre d'années de
service déterminé ou se trouver dans une situation exceptionnelle (blessures ou infirmités).

Le nombre des années de service varie généralement
suivant les réseaux, entre vingt et vingt-cinq ans, et il faut, en
outre, avoir cinquante ou cinquante-cinq ans d'âge, et même
quelquefois soixante, s'il s'agit d'un service sédentaire ; la
valeur de la pension est égale à la partie payée par la caisse de
la vieillesse, suivant ses règlements (capital aliéné ou réservé)
plus celle payée par la caisse de la Compagnie, de manière
à parfaire sur quelques réseaux, comme l'Orléans et l'Ouest,
la moitié du traitement moyen des six dernières années.
Sur d'autres, au contraire, comme le Nord, outre la retraite
de la caisse de la vieillesse, la part de la Compagnie est
égale au quatre-vingtième ou au soixantième du traitement des
six dernières années multiplié par le nombre des années
de service. La répartition est plus juste, car avec le premier
système, lorsque l'agent a plus ou moins de vingt-cinq ans
de service, on ajoute ou on retranche, par année, un quaran-

tième ou un soixantième du traitement. On peut fixer, de plus, les chiffres minima ou maxima de la retraite.

Lorsqu'un agent est révoqué ou démissionnaire, on lui remet son livret de la caisse de la vieillesse, c'est-à-dire que les sommes qu'il a versées lui sont acquises.

La veuve d'un agent, après deux ou cinq ans de mariage au moins, suivant les Compagnies, a droit au tiers ou à la moitié de la pension du mari. La pension allouée à la veuve est reversible sur les orphelins âgés de moins de dix-huit ans, issus du mariage avec l'agent défunt, elle est partagée entre eux par parties égales et payée, à chacun, jusqu'à l'âge de dix-huit ans.

Des modifications ont été apportées par quelques Compagnies au régime de la retraite, qui est alors payée par une seule caisse, celle de la vieillesse : elle est alimentée par une retenue de 5 0/0 faite sur le salaire de l'agent et un versement égal par les Compagnies, soit au total une réserve de 10 0/0 du traitement de l'agent. Tous les trois ans, la Compagnie verse, en outre, une allocation supplémentaire égale à 2, 3 et 4 0/0 de traitement moyen ayant subi la retenue pendant les trois ans. La pension est liquidée à cinquante ans d'âge, mais peut être ajournée jusqu'à soixante-cinq ans ou jusqu'au chiffre maximum de retraite fixé par la loi. La retraite profite de moité à la veuve; elle est liquidée séparément.

Les ouvriers payés au mois ou à la journée, au bout de trois ans, peuvent être *classés*, c'est-à-dire qu'ils peuvent se faire une pension de la façon suivante : retenue de 3 0/0 sur leur salaire, plus versement par la Compagnie d'une somme équivalente augmentée d'allocations tous les trois ans de 1 et 2 0/0, faites par la Compagnie. Quelques Compagnies ajoutent, en plus, une certaine somme fixe pour un nombre déterminé d'années de service. La liquidation se fait dans les conditions précédentes.

Caisses de secours, soins médicaux. — Les Compagnies ont, en outre, institué des caisses de secours, indépendamment des soins accordés gratuitement en cas de maladie et du salaire accordé aux agents, tout au moins pendant une partie de leur maladie. Les caisses de secours sont alimentées par la cotisation des employés et par un versement égal de la Compagnie; elles sont gérées par les agents eux-mêmes. On peut citer en outre la création des économats, des écoles, etc.

Participation aux bénéfices. — L'Orléans seul fait participer ses agents aux bénéfices, après avoir payé tous les frais, la Compagnie prélève, pour partager entre les agents de l'exploitation, en proportion du traitement et suivant certaines bases, une somme qui dépend du dividende des actions. La somme allouée à chaque agent est en partie versée à la caisse des retraites, 10 0/0, à la caisse d'épargne ou donnée directement.

207. Organisation des chemins de fer.

— Suivant que les chemins de fer sont exploités par une Compagnie ou par l'État, l'organisation est un peu différente.

Exploitation par une Compagnie. — La Compagnie a eu comme point de départ une société financière dont le capital est représenté par deux sortes de titres : les actions donnant droit à un revenu fixe et à un dividende variable, et les obligations recevant un intérêt fixe. Les deux espèces de titres sont soumis également à un amortissement périodique. Le capital des obligations étant sauvegardé par la valeur même des lignes, ces titres sont éliminés de toute gestion, et l'Administration de la Compagnie est confiée aux actionnaires, comme pour les sociétés ordinaires. Chaque année les actionnaires se réunissent en Assemblée générale; pour avoir le droit d'en faire partie, il faut avoir au moins une voix, c'est-à-dire disposer d'un certain nombre d'actions, à savoir :

Nord.........	40	Orléans........	40
Est..........	40	Paris-Lyon	40
Ouest........	20	Midi..........	20

L'Assemblée n'est valablement constituée que si le nombre des actions représentées atteint un certain chiffre. Dans le cas contraire, on procède à une nouvelle convocation, et la deuxième Assemblée a tout pouvoir pour délibérer, quel que soit, d'ailleurs, le nombre des actions représentées.

Dans certaines circonstances (emprunts, modifications de

statuts), le nombre des actionnaires présents est prévu à l'avance. L'Assemblée annuelle procède par vote ; elle renoûvelle le Conseil d'Administration, fixe les dividendes, approuve les comptes qui lui sont soumis.

La Compagnie est administrée par un Conseil composé de membres délégués par l'Assemblée générale. Ils doivent être possesseurs de 100 actions au moins, inaliénables pendant la durée de leur mandat, soit cinq ans. Le Conseil se réunit une fois par mois au moins. Il faut un certain nombre de membres pour trancher certaines questions. Le Conseil s'occupe de la fixation des dépenses, des traités, marchés d'approvisionnements, autorisation d'achats et de vente, emplois des fonds disponibles. Il nomme, sur la proposition des ingénieurs en chef, les fonctionnaires et les agents commissionnés.

Le Conseil peut déléguer par mandat ses attributions à un certain nombre de ses membres formant un comité ou à un directeur. Au Nord, il y a 8 membres ; à l'Est, 7. Au Lyon, à l'Orléans, à l'Ouest, c'est un directeur. Le Midi a deux comités : un à Paris, l'autre à Bordeaux. Cette organisation est la même pour les réseaux étrangers.

Exploitation par l'État. — Lorsque les chemins de fer sont exploités par l'État, leur administration est rattachée à un Ministère quelconque : quelques-uns ont même un ministre spécial. En France, le Ministre des Travaux publics délègue ses pouvoirs à un Conseil de 12 membres, dont relèvent un directeur et un caissier général. Le Conseil a des attributions analogues à celles des comités des Compagnies. Le directeur est l'agent exécutif du Conseil, aux séances duquel il assiste avec voix consultative. Le caissier général centralise les recettes et les dépenses des gares ; il est justiciable de la Cour des Comptes.

En Prusse, les chemins de fer sont placés sous l'autorité directe du Ministre des Travaux publics, secondé par quatre bureaux s'occupant des constructions, de la gestion financière et administrative. Le réseau se trouve divisé en plusieurs directions s'administrant elles-mêmes ; c'est le principe de la décentralisation. Le président de la direction est nommé par décret impérial et les membres par le Ministre.

En Bavière, il y a, sous l'autorité du Ministre, une direction générale divisée en deux bureaux principaux, centralisant toutes les affaires techniques et administratives. Le Ministre a comme attributions la fixation du budget, des tarifs, la préparation des règlements, l'administration des caisses de secours et de retraite. Les deux directions sont chargées du pouvoir exécutif.

En Belgique, le Ministre s'occupe directement de l'administration du chemin de fer. Il est secondé par un Comité de 4 administrateurs travaillant avec lui. Il en est de même en Hongrie, où le Ministre a un comité de cinq membres ayant le titre de directeur.

En résumé, il y a deux manières de procéder : ou le Ministre s'occupe directement des chemins de fer, et il est en rapport immédiat avec ses chefs de service, ou il délègue ses pouvoirs à un directeur ou à un comité de direction, comme dans le cas des Compagnies.

Division en services. — Quel que soit le mode d'exploitation, à la tête du réseau, il y a un seul chef (directeur ou Ministre) ou un comité (comité d'administration); mais, en réalité, la direction effective du service est répartie entre un certain nombre de chefs de service s'occupant plus directement des affaires et se trouvant forcément spécialisés. En France, le service actif se divise en trois parties : exploitation, voie et traction, dirigées chacune par un ingénieur en chef, centralisant toutes les affaires de son service. A leur tour, ces divisions techniques se subdivisent en plusieurs autres de plus en plus spécialisées. A l'exploitation, revient la partie commerciale et l'exploitation technique; la voie comporte les travaux neufs, l'entretien et la surveillance; et enfin la traction s'occupe des machines et du matériel roulant.

Sur les réseaux étrangers la division est, en somme, la même, et les variantes portent plutôt sur le mode de groupement. En Amérique, où les chemins de fer sont considérés comme une affaire commerciale, il y a deux groupes : d'un côté, l'exploitation technique (voie, bâtiments, mouvement et traction); et, de l'autre, l'exploitation commerciale (voyageurs et marchandises).

La divergence peut porter sur une centralisation plus ou

moins grande. C'est ainsi que les chemins de fer prussiens sont divisés en plusieurs directions de 1.100 à 3.000 kilomètres de ligne; chaque division, ayant à sa tête un directeur aidé de conseillers, est subdivisée à son tour en service d'exploitation, des machines, d'ateliers, du télégraphe, de la construction et en services commerciaux.

Si donc on élimine la partie commerciale qui fait l'objet d'une étude spéciale, l'exploitation technique d'un réseau comporte, sur les réseaux français, trois parties, à savoir :

L'exploitation proprement dite ou service des trains et des gares;

Le matériel et la traction;

La voie avec tout ce qui se rattache à sa surveillance et à l'entretien du matériel fixe.

Les affaires communes à ces trois services et un certain nombre d'affaires d'un ordre tout à fait général sont traitées à l'administration centrale du réseau, chargée de la comptabilité générale, de la caisse centrale, du contentieux, des domaines, de la caisse des retraites, du service médical, du bureau militaire et, dans le cas d'une compagnie, du service des titres; en somme, l'Administration centrale résume le réseau, et, en la personne du directeur ou du comité, le représente dans ses rapports avec les particuliers.

CHAPITRE II

EXPLOITATION

208. Service central. — A la tête du service de l'exploitation se trouve un ingénieur en chef secondé par un certain nombre de chefs de service ou d'ingénieurs principaux suivant la division adoptée. Généralement, sur les réseaux français, en dehors des services commerciaux et administratifs, l'exploitation comporte deux grandes divisions : service du mouvement ou des trains et services actifs comprenant les gares sur la ligne, et, en outre, sur quelques réseaux, les services accessoires, comme ceux de l'éclairage, du chauffage, les services électriques, techniques, etc.

Toutes les affaires relatives à l'exploitation se centralisent dans un même bureau, qui a également dans ses attributions, la correspondance générale, l'entretien des archives; l'expédition sur la ligne des ordres de service, règlements, affiches; la comptabilité des dépenses; les registres et dossiers du personnel; et, par suite, tout ce qui s'y rapporte, gratifications et secours, mutations, etc.

Sur quelques réseaux, ce service s'occupe de la location des buffets, de terrains; mais d'autres ont rattaché cette partie au contentieux et aux domaines.

A. — Mouvement

209. Attributions. — On désigne plus spécialement sous le nom de mouvement le service s'occupant de l'organisation des trains et du personnel afférent. A la tête de ce service se trouve un chef du mouvement secondé par d'autres agents supérieurs centralisés, ou disséminés sur le réseau, ayant chacun des attributions différentes.

Le service central du mouvement est chargé de préparer les horaires des trains, l'établissement du livret d'accord avec les services intéressés des gares et de la traction. La mise en service de trains spéciaux, la régularisation de trains facultatifs, ou, inversement, le changement des trains, de réguliers en facultatifs, sont faits par le mouvement sur la demande des services locaux. Des circulaires sont ensuite envoyées en temps utile aux agents chargés d'assurer la mise en circulation de ces trains.

Il s'occupe également de la charge et de la composition des trains, et se trouve amené, par suite, à répartir le matériel. Il doit donc être tenu au courant des véhicules restés en gare, et des besoins de ces dernières, pour les approvisionner de matériel en temps utile. Cette répartition se fait en correspondant avec les agents des gares ou des inspections principales désignées à cet effet.

En Amérique, comme on l'a vu, le service du mouvement prend le pas sur celui des gares, qui a un rôle absolument passif; les agents du train, sur l'ordre d'un chef central, décident des garages, de l'enlèvement des wagons, s'il y a lieu, en un mot, de tout ce qui se rapporte au mouvement du train.

Le même régime est appliqué en Angleterre, mais il est sensiblement atténué : les chefs de gare redeviennent des agents techniques et non plus absolument commerciaux.

Quant au personnel des trains, il se trouve forcément rattaché au chef du mouvement chargé d'en assurer le recrutement, les différentes mutations, et de maintenir la discipline, etc., en somme de tout ce qui se rapporte à l'organisation de ce personnel.

210. Personnel. — Le personnel des trains proprement dit comprend :

1° Des *surveillants instructeurs* ayant pour mission l'éducation des agents de train ; ils doivent s'assurer par des interrogatoires fréquents, au moins une fois par trimestre, de leurs connaissances techniques. Outre le règlement général, ils doivent leur apprendre le règlement spécial du conducteur de trains, l'emploi du télégraphe et du téléphone des postes de secours, l'établissement des différentes feuilles de trains. Les notes sont transmises au chef du mouvement. Ils doivent, en outre, surveiller la tenue des agents, s'assurer que leur outillage est au complet; préparer chaque jour leur travail conformément aux roulements établis, organiser les brigades de réserve ou brigades supplémentaires pour la mise en marche des trains facultatifs ou spéciaux demandés par les gares;

2° Des *contrôleurs ambulants*, chargés du contrôle des voyageurs, de percevoir les taxes non payées par les voyageurs sans billet ou déclassés. Ils ont aussi, dans leurs attributions, la surveillance du personnel des trains. Ils doivent donc, par des tournées fréquentes, s'assurer si tous les agents sont bien à leur poste, s'ils tiennent, conformément aux instructions, les imprimés ou rapports dont ils sont chargés ;

3° Des *conducteurs* et *garde-freins*, divisés en plusieurs classes et rétribués, suivant leur grade, de 1.300 à 2.000 francs environ; ce taux est, du reste, variable suivant les Compagnies. Ils sont chargés d'assurer le service des trains. A leur entrée, on leur fait verser un certain cautionnement : sur le Nord, 100 francs comme garde-frein, et 750 lorsqu'ils passent conducteur, de manière à rembourser, dans une certaine mesure, le préjudice dont ils pourraient être rendus responsables, par leur incurie ou leur imprudence.

Ces divers agents, se trouvant en contact avec le public, sont porteurs d'un uniforme, dont les insignes varient suivant le grade et sont différents d'une Compagnie à l'autre ; un numéro matricule les distingue entre eux.

211. Service des trains. — Le nombre des agents nécessaires pour chaque train dépend de sa composition, de sa nature et du nombre des freins. Pour certains trains légers, un seul agent suffit, sur les trains de voyageurs ordinaires, il n'y a que deux agents, sauf dans le cas de dérangement du frein continu. Enfin, sur les trains de marchandises, le nombre des agents est plus élevé.

Généralement l'agent du fourgon de tête, ou chef de train, est un conducteur, chargé de la police du train, et qui, en cas d'arrêt intempestif en pleine voie, doit prendre les mesures de sécurité nécessaires. En cours de route, tout en surveillant la voie, il classe les colis, établit la feuille ou journal de train, le bulletin de traction mentionnant avec soin les heures exactes d'arrivée et de départ contrôlées par le chef de gare, qui émarge la feuille ; s'il y a des retards, il les indique, en précisant la cause. Dans les gares de passage, il vérifie le chargement ou déchargement des colis ou bagages, dans celles de bifurcation, il groupe les colis de transit en émargeant ou faisant émarger une feuille pour les colis reçus ou rendus en prenant des réserves, s'il y a lieu. Enfin, à l'arrivée, il quitte seulement son train quand tout a été déchargé. S'il y a des articles finances, ils sont remis contre reçu régulier.

Les autres agents ou garde-freins sous les ordres du conducteur sont chargés d'assurer le service des freins, d'obéir aux signaux des mécaniciens ou à ceux qu'ils pourraient apercevoir sur la voie. Dans les gares, ils doivent annoncer le nom de la station et les changements de trains, s'il y a lieu. Ils doivent aider les voyageurs à monter ou à descendre, fermer les portières.

Leur service terminé, ils préviennent le chef de gare, qui peut alors seulement donner le signal du départ. Avec les voitures à intercirculation, on a, outre le conducteur, deux garde-freins, l'un d'eux pour le fourgon de queue, et l'autre pour le service général du train, éclairage, chauffage, contrôle. Lorsque, pour un motif quelconque, un train s'arrête en pleine voie, le garde-frein de queue doit se porter à l'arrière à la distance réglementaire, pour assurer les signaux. Aussi doit-il avoir dans son outillage : drapeaux, pétards, lanterne, avec les moyens de la rallumer en cas de besoin, etc.

Pour les trains de marchandises, les attributions du personnel sont sensiblement les mêmes. Avant le départ, le conducteur de tête relève la composition de son train, voit si les attelages sont serrés, et si les chargements sont bien faits. En cours de route, il contrôle la marche du train d'après les indications du livret, fait ses écritures dans la guérite du fourgon, tout en surveillant la voie devant lui. Pendant les stationnements, il vérifie les wagons ajoutés, indique ceux à retirer. Dans les trains de messageries, il s'assure que les colis sont bien groupés par direction, les rectifie s'il est nécessaire, arrange les paniers de groupage. Enfin, dans les stations où il n'y a pas de service de nuit, il assure les garages et les manœuvres, s'il y a lieu.

Les garde-freins secondent le conducteur dans tout son travail, au départ et pendant les stationnements. Dans le parcours, ils observent les signaux du mécanicien lorsqu'il demande les freins. Lorsqu'il y a plusieurs garde-freins, ils doivent occuper chacun leur wagon respectif, et éviter surtout de se réunir. Pour les incidents de route, les agents des trains doivent, à leur arrivée au point terminus, faire un rapport spécial adressé au chef du mouvement.

Il existe encore d'autres réglementations, concernant l'établissement des bulletins de pénétration dans les sections bloquées où il est fait usage du block-system conditionnel, les essais de freins, d'appareils d'intercommunication dans les gares, mais elles varient suivant les Compagnies, et ne présentent rien de particulier.

212. Travail des agents. — Sur certaines lignes américaines ou anglaises, les agents effectuent avec leur train un parcours déterminé, et souvent même ils sont salariés, d'après la distance parcourue.

Mais, d'une manière générale, les heures de travail des agents sont fixées d'après la durée des tournées, c'est-à-dire d'après le travail effectif; de plus, deux périodes de travail doivent être séparées par un repos d'une durée déterminée.

En France, la moyenne du travail effectif, sur une période de quinze jours, ne doit pas excéder dix heures, avec la condition de ne jamais dépasser douze heures consécutives. Celle des grands repos doit être de dix heures. Est considérée comme grand repos, une interruption de travail de dix heures à domicile ou sept heures dans un dépôt étranger. L'intervalle entre deux grands repos ne doit pas être inférieur à dix-sept heures. Enfin, tous les quinze jours, il doit y avoir vingt-quatre heures de repos à domicile, et l'espacement de ces repos exceptionnels ne doit jamais dépasser trente jours. On les compte pour dix heures dans l'évaluation de la moyenne des repos par quinzaine.

En résumé, dans une quinzaine, chaque agent ne doit pas avoir fait plus de cent cinquante heures de travail, et avoir eu au moins cent cinquante heures de repos ; il reste donc soixante heures à reporter soit sur le repos de quinzaine, soit sur les repos intermédiaires. Par suite, un agent devra revenir à son dépôt au bout de dix heures de travail, ou parvenir à un dépôt étranger, d'où il ne repartira qu'après sept heures de repos au moins.

On voit que le problème est assez complexe, car il faut assurer tous les trains aux heures prévues avec le minimum de personnel, tout en satisfaisant aux conditions ci-dessus. On est donc amené à établir ce que l'on nomme des roulements, c'est-à-dire qu'il y a un certain nombre d'agents ou de brigades affectés à un nombre déterminé de trains, de façon que chaque agent ou chaque brigade assure successivement tous les trains.

Un roulement se compose d'une série de tournées comportant chacune un train aller et un autre retour, car les agents doivent revenir à leur domicile pour la période de repos intercalée entre deux tournées. La durée du travail ou du repos doit satisfaire aux conditions précédentes. Toute la difficulté gît dans la manière de grouper ces tournées, de façon à assurer le service des trains sur tout leur parcours avec le même personnel, qui doit être également utilisé au retour et éviter ainsi tout remplacement en cours de route ou des retours sans emploi.

La journée du repos réglementaire de quinzaine fait partie du roulement ; il en résulte que chaque brigade prend ce repos à son tour. On verra, du reste, pour les mécaniciens, comment s'établit un roulement, et les différents calculs qui en résultent.

Réserves. — Tout ce qui précède s'applique au service régulier ; mais il est nécessaire de prévoir des brigades ou agents de réserve, ayant pour mission de remplacer les agents malades, ou d'assurer le service des trains facultatifs ou spéaux, que les gares peuvent mettre en circulation, d'un moment à l'autre. On peut procéder de deux façons :

On intercale la réserve dans le roulement et, dans ce cas, les diverses brigades prennent la réserve à leur tour. Toute la durée de la réserve ne compte pas comme travail, mais seulement pour une fraction. Ce système très équitable a toutefois l'inconvénient d'apporter un trouble dans le roulement, lorsque la réserve est obligée de partir, de plus, avec les agents des trains, les brigades de réserve seraient trop nombreuses, la mise en marche des trains facultatifs pouvant se faire très rapidement et, par conséquent, enlever les brigades très vite. Aussi, très souvent, préfère-t-on utiliser un personnel spécial, destiné à assurer la réserve, et partant par conséquent en cas d'absence des agents du service régulier, ou pour la mise en service des trains non prévus. On emploie de préférence les derniers agents nommés, le service de réserve étant moins rétribué que le service régulier. La réserve doit séjourner dans le corps de garde, et ne s'en éloigner sous aucun prétexte.

Feuilles de service. — Il est nécessaire d'indiquer aux agents leur service journalier. A cet effet, on établit une affiche dite feuille de service, mentionnant les noms des agents et le numéro des trains à assurer. Lorsque le roulement peut subir des modifications rapides, dans le cas, par exemple, où la réserve a été utilisée, la feuille doit être changée tous les jours, à une heure conventionnelle, pour être consultée par les agents.

Au contraire, si le roulement a une certaine durée, la feuille est permanente ; elle comporte alors un tableau où, sur une ligne horizontale, on a les trains ou mieux les journées de travail et, sur la colonne verticale, le nom des agents qui assurent les différents trains du roulement.

213. Dépôts. — Dans les gares importantes et plus spécialement les gares de formation, il existe des dépôts d'agents de trains comprenant une série d'agents ayant leur point d'attache à ce dépôt et, par conséquent, habitant la localité, et un certain nombre d'agents de passage, devant prendre du repos avant de repartir. Pour ces derniers, il est nécessaire d'établir des locaux spéciaux destinés à les recevoir pendant leur séjour temporaire.

Il y a tout d'abord un réfectoire pour leur permettre de prendre leurs repas et, au besoin, de les y préparer, des lavabos quelquefois avec douches ou salles de bains pour les soins de propreté et, enfin, des dortoirs et des cabinets d'aisance. L'installation de ces divers locaux ne présente rien de spécial; elle doit être faite de manière à donner le plus, de confort possible, tout en rendant l'entretien très simple, au point de vue de la propreté. Généralement cet entretien est confié à un agent de la gare sous la surveillance du chef de gare. Les chambres des dortoirs, largement éclairées et aérées, doivent avoir 15 à 20 mètres cubes de capacité par lit. Elles peuvent contenir un ou plusieurs lits; le premier dispositif est plus commode, car il permet d'isoler davantage les agents. Chaque lit en fer comporte un sommier métallique, un matelas et un traversin. Les couvertures, au nombre de deux, font partie des fournitures des agents, ainsi que les draps sacs adoptés par certaines Compagnies. L'ameublement de la chambre se compose d'une chaise, de patères et de rayons.

L'agent chargé de l'entretien des dortoirs fait fonction d'éveilleur. Les brigades, en arrivant, décrochent d'un tableau un jeton correspondant au numéro d'une chambre; à la place, elles inscrivent l'heure du réveil et le numéro de leur train. L'éveilleur, pour indiquer qu'il a réveillé la brigade, retire son jeton, qu'il accroche à nouveau au tableau après avoir refait le lit et remis tout en état. Il est recommandé de grouper ensemble les agents, partant à peu près aux mêmes heures, de manière à ne pas réveiller inutilement les autres. Les mêmes mesures sont prises pour les mécaniciens. Dans l'exemple du dortoir de Stratford (fig. 285), du Great-Eastern, le service est fait par un personnel spécial; moyennant une légère rétribution, les agents des trains font préparer leurs aliments et trouvent la literie nécessaire à un coucher. Cette installation est remarquable par son confortable.

Les agents de réserve ou disponibles se tiennent dans un corps de garde ou salle d'attente. On y affiche les feuilles

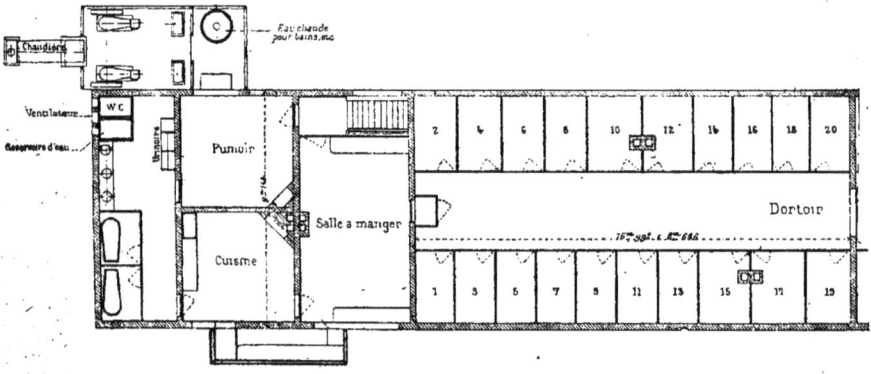

Fig. 285. — Dortoir des Mécaniciens du Great-Eastern à Stratford.

de service, les circulaires, les roulements, etc. On y adjoint très souvent une salle de conférences pour l'instruction des agents et la manipulation du télégraphe ou du téléphone des postes de secours.

214. Rétribution des agents. — *Déplacements.* — En plus d'un traitement fixe, variable avec le grade de l'agent, beaucoup de Compagnies accordent des indemnités de déplacement et des primes de régularité, de manière à intéresser en quelque sorte l'agent à son travail. L'*indemnité de déplacement* peut être payée au bout d'un certain parcours, qui nécessite un découcher ou des repas au dehors, ou encore elle peut être comptée d'après le nombre de kilomètres parcourus ou les heures d'absence. Dans le premier cas, l'indemnité est fixée une fois pour toutes, elle dépend du grade de l'agent ; c'est le régime adopté par certaines lignes américaines, qui accordent des déplacements pour des trains déterminés, allant d'une ville à une autre.

Le second mode de calcul est plus équitable, il tient compte de la durée d'absence effective qui peut être très longue pour un faible parcours.

Il est appliqué sur quelques réseaux français. Une base, assez souvent adoptée pour les indemnités de déplacement et établie d'après les heures d'absence, est la suivante :

Par heure

$0^f,07$ pour une absence de 1 h. à 8 h. soit un repas au dehors
$0^f,08$ —   1 h. à 16 h. soit deux repas
$0^f,09$ au-dessus de 16 h. soit deux repas et un découcher.

La durée d'absence est calculée en ajoutant une heure et demie au temps compris entre l'heure du départ du train, à l'aller, et l'heure d'arrivée, au retour

On verra que les indemnités des mécaniciens sont payées également d'après les heures d'absence. Des indemnités fixes de 30 à 40 francs sont accordées aux agents sédentaires ou détachés.

Primes de régularité. — Quant aux primes de *régularité*, elles sont établies d'après la durée du déplacement, et calculées, par exemple, sur le taux de 0 fr. 03 par heure d'absence pour les trains de voyageurs, les trains mixtes et messageries, et 0 fr. 02 par heure d'absence pour les autres.

Les primes de régularité peuvent être fixes et n'être acquises qu'au bout d'un certain nombre de trains effectués sans retard. Les primes de régularité sont également appliquées aux agents des gares.

Par contre, lorsque les trains sont en retard, par suite de la faute des agents du train, une retenue est établie sur leurs primes, d'après un certain barème tenant compte à la fois de la nature du train et du grade de l'agent qui l'accompagne; elle varie entre 0 fr. 15 et 0 fr. 25 pour le chef de train et 0 fr. 05 et 0 fr. 15 pour les garde-freins.

Chaque agent établit lui-même sa feuille de déplacement, elle est ensuite vérifiée et contrôlée d'après les feuilles de service par des agents spéciaux de la statistique. En dehors de la suppression des primes, il n'est pas infligé d'autres retenues sur le salaire. Les autres pénalités consistent en blâmes, réprimandes, avertissements, qui entraînent, pour l'agent, soit un retard dans l'avancement, soit la descente de classe, et même son exclusion, si la faute est excessivement grave.

B. — Service des gares

215. Inspections principales. — Divisions. — Le réseau est partagé généralement en un certain nombre de groupes portant des dénominations différentes, et comprenant toutes les gares d'une même région. Sur les lignes américaines, chaque division est administrée par un chef technique et un chef commercial, le premier traitant tout ce qui a rapport à l'exploitation, à la traction et à la voie; le second, tout ce qui concerne les tarifs et leur application. Sur les lignes françaises, la même division existe; mais chaque service a un chef spécial communiquant avec les autres chefs et avec le service central. Le chef du service de l'exploitation porte généralement le titre d'inspecteur principal ou divisionnaire. Il est secondé par des inspecteurs de district, et quelquefois, lorsque les besoins l'exigent, par des agents chargés du service commercial.

L'importance d'une inspection principale, c'est-à-dire le nombre de kilomètres ou de stations qu'elle comporte, dépend de celle de la région. On doit autant que possible rattacher à la même inspection toutes les gares ayant les mêmes besoins, comme, par exemple, toutes celles qui appartiennent à un même centre houiller, ou à une même région agricole. Il existe, du reste, des inspections principales ne comportant qu'une gare ou deux, et d'autres avec un nombre plus grand, dix à vingt; la longueur est en moyenne de 5 à 600 kilomètres.

Attributions de l'inspecteur principal. — L'inspecteur principal est chargé de faire les demandes de trains suivant les besoins de ses gares, des modifications d'horaires, s'il y a lieu, de la réglementation de la charge et de la composition des trains sur le parcours de son inspection, de la régularisation de certains trains facultatifs et inversement, de la répartition du matériel suivant les besoins des gares. Les demandes sont ensuite sanctionnées par le service du mouvement. Il doit, du reste, proposer toutes les mesures susceptibles d'amener un développement du trafic dans sa région, et, à ce point de vue, il doit se mettre en rapport avec les industriels, les Chambres de commerce, leur donner la plus grande facilité pour leurs transports, tout en maintenant les règles prescrites pour chaque cas particulier, de manière à éviter les abus.

Il centralise toutes les affaires de son inspection, règle les incidents de service, fait certaines transactions ne dépassant pas un chiffre déterminé, étudie les modifications des gares, des bâtiments, des appareils de manutention, en un mot tout ce qui peut améliorer le service des trains de marchandises ou de voyageurs. Il doit contrôler le service du factage et du camionnage, surveiller les correspondances. Il se met en rapport avec les ingénieurs de la traction, du matériel et de la voie dont les sections correspondent à la sienne, de manière à activer la solution des affaires du service courant, comme la mise en marche de certains trains, demandes d'entretien des gares, de voies, de bâtiments. Il doit s'entendre avec eux pour toutes les mesures à prendre en cas d'accident.

Il a sous sa direction tout le personnel des gares et, par conséquent, est chargé de préparer les feuilles de solde, d'assurer le recrutement des agents, les mutations, d'établir les propositions d'augmentation, d'appliquer les mesures disciplinaires, et enfin de veiller à la bonne utilisation du personnel.

216. Inspecteur de district. — L'inspection principale est divisée, à son tour, en un certain nombre de districts, comprenant deux ou trois gares importantes et un certain nombre de stations. A la tête se trouve un inspecteur remplaçant en quelque sorte l'inspecteur principal qu'il tient au courant de toutes les questions d'exploitation concernant son district. Il signale à son chef toutes les irrégularités relatives à la marche des trains, veille à ce que toutes les manœuvres et le service en général se fassent d'une façon réglementaire. Il doit, par des tournées fréquentes, s'assurer si les agents sont bien à leur poste, vérifier les wagons en stationnement pour en activer la manutention, s'il y a lieu, signaler les abus, les irrégularités. Il est tenu de fournir un rapport détaillé sur tous les incidents dont il a pu être témoin ou qui lui ont été signalés. Il doit proposer les modifications nécessaires dans l'installation des gares ou l'organisation du service, pouvant amener une amélioration et, à ce point de vue, il doit faire avec ses collègues de la traction et de la voie des enquêtes contradictoires ayant pour but de déterminer la cause de divers incidents, de manière à prendre les mesures nécessaires pour en empêcher le retour. Enfin, en cas d'accident, il doit se porter le plus vite possible sur les lieux, pour assurer la continuation du service.

217. Chefs de gare. — Le chef de gare secondé par un ou plusieurs sous-chefs, s'il y a lieu, dirige, dans son ensemble et dans ses détails, tout le service de la gare comprenant le service et le mouvement des voyageurs, celui des marchandises, la perception des taxes, la surveillance des cours et des voies, la formation, la décomposition et la circulation des trains dans l'enceinte des gares, le stationnement des wagons du service local, etc. Cependant, comme on l'a vu, en Angleterre et aux États-Unis, le chef de gare s'occupe beaucoup moins de l'exploitation technique que de la partie commerciale, c'est-à-dire des rapports avec les industriels ou commerçants de la localité.

Le chef de gare doit veiller à la conservation de toutes les dépendances mobilières ou immobilières affectées au service des gares. Sur les réseaux français, en plus du personnel de la gare, il a autorité sur les conducteurs de train, les mécaniciens, pour tout ce qui concerne les mouvements dans la gare, pendant toute la durée du stationnement du train. Il fait quelquefois fonction de chef de dépôt.

Les chefs de gare communiquent tous les règlements aux agents placés sous leurs ordres en s'assurant par eux-mêmes qu'ils en ont saisi le sens. Ils doivent veiller à la stricte application du règlement. Eux-mêmes doivent connaître tous les règlements, ordres de service, circulaires, ordonnances se rattachant à l'exploitation.

Ils peuvent avoir à prendre des mesures urgentes dans le cas d'accident, pour l'organisation d'un service de pilotage. Sur les lignes à voie unique, ils sont désignés quelquefois comme agent spécial chargé de la mise en marche des trains facultatifs et, par conséquent, ils doivent prendre les mesures nécessaires. Ils arrêtent les feuilles de paye des employés placés sous leurs ordres, vérifient l'état des finances dont ils sont responsables. Toute la comptabilité de la gare doit passer sous leurs yeux avant d'être envoyée au contrôle. Ils doivent signaler à l'inspecteur de district et à l'inspecteur principal tous les faits intéressant le service.

Les chefs de gare sont divisés en plusieurs classes d'après l'importance de la gare. Cette division dépend des Compagnies et il peut y avoir sept à huit classes caractérisées par des insignes et correspondant à des appointements différents.

Les chefs de station ont les mêmes attributions, mais à un degré forcément moins élevé. Quelques Compagnies leur demandent des connaissances plus restreintes, au point de vue du règlement et, par suite, de la responsabilité qui peut en résulter. Sur certains réseaux, ils n'ont aucune autorité sur les conducteurs ou mécaniciens. Il en est de même des chefs de halte, hommes ou femmes, dont les connaissances pratiques sont plus limitées encore.

218. Surveillants. — Dans les gares importantes, un certain nombre d'agents ou surveillants sont chargés du mouvement des trains et des manœuvres. Ils suppléent le chef de gare dans cette partie du service, s'assurent si les trains de voyageurs sont convenablement préparés, les colis bien groupés pour les directions convenables. Ils règlent la circulation des voyageurs, ne leur laissant traverser les voies qu'au moment opportun. Ils dirigent les manœuvres à faire pour la modification des trains de voyageurs, veillent aux essais de freins, en prévenant le mécanicien, lorsque le train est formé.

Dans les voies de garage, ils désignent les manœuvres à effectuer, indiquent les voies de réception des trains, les transformations à leur faire subir, les différents trains auxquels doivent être expédiés les wagons du service local, ou ceux qui doivent en amener. Les surveillants sont affectés généralement toujours au même service. Ils doivent, sur un registre, mentionner tous les incidents qui ont pu se produire pendant leur présence.

219. Aiguilleurs. — La surveillance et la manœuvre des aiguilles et des signaux dans les gares principales est confiée à des agents spéciaux ou aiguilleurs. Ils sont soumis à une réglementation particulière concernant la manœuvre et l'entretien de ces appareils. Lorsque les aiguilles sont actionnées sur place, l'aiguilleur est chargé de faire les signaux à la manœuvre sous la direction du surveillant.

Mais, quand elles sont manœuvrées d'un poste central, l'aiguilleur actionne ses leviers d'appareils sur les indications données directement de la voie ou des postes voisins par correspondance. On a vu, du reste, que, sur certains réseaux, la manœuvre de ces leviers était subordonnée aux indications fournies du bâtiment principal. L'attention de l'aiguilleur doit toujours être en éveil pour s'assurer des trains qui se présentent, les annoncer convenablement, ne pas oublier de fermer ses signaux en temps utile pour couvrir le train, éviter les fausses directions, et surtout ne pas manœuvrer les aiguilles sous les trains. Il doit donc connaître le mouvement des trains, leurs signaux d'avant pour la direction à donner. Dans chaque cabine, on a quelquefois deux aiguilleurs, l'un d'eux ayant la direction, l'autre l'exécution des manœuvres.

Quant à l'entretien des aiguilles, il consiste dans les intervalles de trains, à lubrifier les lames d'aiguilles pour rendre leur manœuvre plus douce, retirer le cambouis ou les saletés. Ils doivent également tenir leur cabine dans un état parfait de propreté.

220. Employés. — *Grande vitesse.* — Lorsque la gare est peu importante, le chef est chargé lui-même du service des billets, des messageries et de la petite vitesse, percevant les taxes et tenant la comptabilité pour les marchandises. Dans les gares un peu plus considérables, on a un agent spécial; mais, dans les grandes gares, il faut dédoubler le service en grande et petite vitesse, chacun comportant un certain nombre d'employés avec un chef pour le diriger.

Grande vitesse. — Le receveur en chef de la grande vitesse a sous ses ordres :

Un ou plusieurs *receveurs*, chargés de la distribution des billets et de la perception des sommes correspondantes. Quelques Compagnies emploient presque exclusivement des femmes pour ce service. Les sommes reçues sont contrôlées tous les jours par le chef de la grande vitesse, responsable des valeurs financières;

Des *télégraphistes* ou *téléphonistes*, chargés de l'expédition des dépêches pour le service ou pour les particuliers. Il y a des services permanents ou des services de jour seulement. Dans ce cas, chaque soir, les agents avertissent les gares voisines qu'ils mettent leur poste sur communication directe. On emploie généralement le système Morse, qui nécessite des agents une certaine pratique. Sur les lignes à voie unique, les agents doivent venir une demi-heure avant le premier train et partir après que le dernier train est parvenu à la station suivante. Ils doivent être au courant, dans le cas du service public, des différents postes ouverts à ce service. Toutes les dépêches ou téléphones sont numérotés, et les heures d'envoi ou de réception parfaitement mentionnées. On emploie pour ce service des femmes ou filles d'agents.

Très souvent on a un agent pour le service des *messageries* : les colis doivent être envoyés par le premier train, trois heures après leur réception; ils doivent être remis au public deux heures après l'arrivée du train ou après l'ouverture de la gare, soit six heures en été et sept heures en hiver. Le chef de la grande vitesse doit faire préparer les colis remis aux correspondants, vérifier si ceux groupés ont le poids réglementaire et sont bien accompagnés des feuilles détaillant les colis. Les colis sont reçus, le soir, jusqu'à huit heures, mais souvent seulement pour les trains du lendemain.

Petite vitesse. — Il y a un chef de petite vitesse ayant sous ses ordres un certain nombre d'hommes d'équipe pour les manœuvres et d'employés pour les écritures se rapportant aux expéditions et arrivages, lettres de voitures, d'avis, etc. Il doit veiller à ce qu'il n'y ait pas d'erreur commise dans l'application des tarifs, l'évaluation du poids des chargements. Il surveille *et dirige* les manœuvres des halles, active les chargements ou déchargements effectués par les particuliers, surtout s'ils sont faits avec les engins de la Compagnie; en Angleterre, en cas de retard, les marchandises sont déchargées d'office par la Compagnie.

La petite vitesse doit être ouverte au public pendant la durée du jour, soit, l'été, de six heures du matin à six heures du soir, et, l'hiver, de sept heures du matin à cinq heures du soir; les dimanches et jours fériés, elle ferme, en France, à dix heures du matin, et n'est pas ouverte en Angleterre et en Belgique.

221. Hommes d'équipe. — On désigne, sous ce nom, les agents chargés de toutes les manœuvres. Ils se divisent en plusieurs groupes :

Ceux de la grande vitesse, ou *facteurs*, occupés à la manutention des colis au départ et à l'arrivée et utilisés également à d'autres travaux dans l'intervalle, de là des facteurs-mixtes, des facteurs aiguilleurs, etc.

Ceux de la *petite vitesse*, s'occupent du chargement ou du déchargement des marchandises de quai; ils doivent déplacer les wagons, les tourner sur plaques, s'il y a lieu, de manière que la machine de manœuvre n'ait qu'à les prendre; les agents sont placés sous la direction d'un chef d'équipe ou de quai. Dans les grandes gares de transbordement, comme celle du Bourget, par exemple, il y a un chef de quai surveillant la manipulation des colis, le chargement des wagons complets de 1.500 kilogrammes au moins. Le transbordement des colis est confié à des chefs d'équipe secondés par des rouleurs et des chargeurs à raison de un chargeur par wagon. L'ensemble nécessite un personnel de 100 agents.

On désigne, sous le nom d'hommes de *manœuvre*, ou d'*équipe*, ceux qui sont chargés de la formation des trains sous la direction des surveillants et des chefs de manœuvre. Ils doivent faire les attelages ou les coupures pour débrancher les trains. Généralement on les divise par groupe de voies, de manière à éviter tout déplacement inutile.

Le travail des hommes de manœuvre nécessite certaines précautions; aussi doivent-ils procéder méthodiquement; pendant que l'un d'eux s'occupe des attelages, l'autre fait les signaux au mécanicien, et ce dernier est autorisé à se mettre en marche quand l'accrocheur est sorti d'entre les tampons. La manœuvre peut être dirigée par un seul agent, à la condition de ne pas pénétrer entre les véhicules, comme, par exemple, dans les manœuvres de lancement où tous les attelages ayant été desserrés, on peut, avec une perche, faire sauter les tendeurs. Dans la gare de triage par la gravité, un certain nombre d'agents sont chargés d'accompagner les wagons au passage et de réduire leur vitesse au moyen des freins ou des autres systèmes déjà examinés.

Il est interdit aux hommes de manœuvre :

1° De s'introduire ou de sortir d'entre des véhicules en mouvement avant leur arrêt complet ;

2° De se tenir vis-à-vis des tampons et d'y poser les mains;

3° De traverser les voies devant les machines en marche ou les parties de train en mouvement;

4° De descendre des trains, des machines ou des wagons en marche avant l'arrêt complet;

5° De se pencher par-dessus les tendeurs d'attelage pour accrocher les chaînes;

6° De faire l'attelage, en accrochant au moyen du tendeur du wagon en mouvement ;

7° A l'agent chargé de diriger la manœuvre, d'opérer lui-même l'accrochage ou le décrochage des wagons;

8° Dans les manœuvres par câble, d'accrocher les rames de wagons ailleurs qu'à l'arrière du dernier véhicule.

222. Mouvement. — Dans les gares importantes, un certain nombre d'employés ou *pointeurs* sont chargés de relever le numéro des véhicules et des bâches entrant dans la composition des trains, tant à l'arrivée qu'au départ. Ces données sont indispensables pour établir la statistique des wagons en stationnement et, par suite, pouvoir se rendre compte de l'utilisation du matériel et de la comptabilité des échanges avec les Compagnies étrangères.

Ils doivent, à l'arrivée ou au départ, vérifier, contradictoirement avec les conducteurs, les chargements, les wagons plombés, les titres ou feuilles d'expédition qui les accompagnent; ces agents sont installés dans un local spécial, soit dans le bâtiment principal, soit dans les locaux des voies de marchandises.

223. Travail des agents. — Pour les agents dont le service peut intéresser la sécurité des trains et des manœuvres, une réglementation en France a établi la durée de leur travail.

La durée du service effectif ne peut excéder douze heures, et celle du repos, doit être au moins de neuf heures, sauf pour les agents logés, où elle peut descendre à huit heures. En outre, pendant la durée du service, une heure est réservée aux agents, pour prendre leur repas.

Chaque mois, il est accordé une journée ou deux demi-journées de repos. La journée du repos s'étend entre deux nuits de repos consécutives. Une demi-journée commence ou finit vers le milieu de la journée habituelle, précédant ou suivant une nuit de repos. Ces grands repos peuvent être cumulés au bout de deux mois, mais jamais au delà.

Lorsqu'une gare comporte un service de jour et nuit, la

période continue du service de nuit ne doit jamais excéder quatorze nuits consécutives. On profite, du reste, du changement de service des agents de nuit et de jour, pour les faire bénéficier d'un repos de vingt-quatre heures.

Ces roulements, établis sous forme de graphique, doivent être affichés dans les gares, de manière à être lus par les fonctionnaires du contrôle, qui peuvent faire les observations nécessaires.

Le jour du changement de service, pendant les heures de repos, il est nécessaire de recourir à des auxiliaires, pour les remplacements. Il faut avoir soin d'échelonner les heures de repos ou les journées de changement de service, pour que le **même** auxiliaire puisse assurer les divers remplacements.

On a appliqué à certains agents de cabines des signaux, le service de huit heures.

C. — Services auxiliaires

224. Services techniques. — Ce service n'existe pas sur tous les réseaux, il a pour but de centraliser les études de l'exploitation. Une gare a-t-elle besoin d'être transformée, remaniée en partie, ou augmentée? La demande locale est centralisée au service technique, qui fait une étude des dispositions à adopter au point de vue de l'emplacement des voies, des bâtiments, de l'outillage et des signaux. Une première estimation de la dépense pour ces travaux est faite de manière à fixer le chiffre des crédits à demander au comité ou à la direction. Ce service se charge également des demandes d'embranchements, fait l'étude des dispositions à prendre, et demande l'autorisation ministérielle, indispensable avec le régime des chemins de fer français.

Le service comporte un ingénieur aidé de sous-ingénieurs et d'inspecteurs avec un bureau d'études et un bureau d'expéditionnaires.

225. Service électrique. — Autrefois appelé service télégraphique, il est devenu, par suite de l'extension des applications de l'électricité aux chemins de fer, d'une importance capitale. Il est chargé plus spécialement de l'entretien et de l'installation des lignes télégraphiques ou téléphoniques, des appareils du block-system, et des usines électriques. Par cette énumération, on conçoit son rôle important dans une exploitation de chemin de fer.

Dirigé par un chef de service désigné sous le nom d'inspecteur ou d'ingénieur, il comporte deux bureaux : un d'études pour la partie technique, et l'autre spécialisé à la comptabilité.

La partie active pour l'exécution des travaux est dirigée par un *inspecteur*, ayant sous sa direction une section déterminée de la ligne. Son rôle consiste à surveiller les travaux neufs de sa section, l'emploi des matières d'entretien, dont il fait la demande, à s'assurer du bon fonctionnement des appareils, des modifications à apporter. L'étendue d'une inspection est assez variable : 5 à 600 kilomètres.

L'installation des appareils est faite par des agents désignés sous le nom de préposés, contrôleurs, électriciens, etc. Attachés à une gare, ils rayonnent sur une certaine longueur de la ligne, 15 à 20 kilomètres environ ; ils sont chargés de l'entretien et du remplacement des piles, des fils usés, du nettoyage des appareils, de la remise en état, en cas d'arrêt, des appareils du block. Ce sont des agents essentiellement techniques, auxquels, on adjoint un personnel auxiliaire de manœuvres pour les installations importantes nécessitant de gros travaux, comme mise en place de poteaux, de mâts sémaphoriques. Il existe cependant des équipes volantes de poseurs pour l'installation des lignes ; elles sont chargées exclusivement de ce travail, sauf à se déplacer suivant les besoins.

Les usines électriques d'éclairage ou de force, comportent le plus souvent des chaudières, des machines à vapeur, elles sont rattachées, pour cette partie de l'usine, au service de la traction, la partie électrique étant confiée aux électriciens. Cependant, lorsque le nombre des usines le justifie, on préfère avoir un service particulier. Les appareils à vapeur forment alors une section spéciale avec son personnel particulier de chauffeurs et mécaniciens. On peut, du reste subdiviser le service électrique en différentes parties : télégraphie, éclairage, accumulateurs, soit autant de divisions indépendantes.

Le nombre considérable et la variété des matières employées nécessitent un magasin général, où non seulement on reçoit et classe les appareils, mais encore où l'on fait les réparations; tel est le cas du magasin général de Saint-Ouen, des services électriques du Nord français.

226. Éclairage et chauffage. — Ces services diffèrent sensiblement d'un réseau à l'autre. Sur certaines Compagnies, l'éclairage et le chauffage sont distincts : le premier appartenant aux services électriques; le second, à la division du matériel. Mais, quelle que soit la manière de procéder, les attributions sont les mêmes.

Le chef de service est chargé de la fourniture et de l'entretien des appareils mobiles d'éclairage et de chauffage. L'installation et l'entretien de l'éclairage fixe sont faits par le service des travaux, s'il s'agit du gaz, ou par les services électriques, dans le cas de l'électricité. Les dépenses de consommation sont établies d'après les mesures relevées au compteur. L'éclairage mobile comporte les lanternes et lampes de voitures, et les fournitures nécessaires à leur fonctionnement.

Les services de l'éclairage et du chauffage comprennent : un service central, des inspections régionales, des ateliers et magasins. Au service central se trouve adjoint un laboratoire, un bureau de dessin et un magasin général. Les inspections régionales comprennent un parcours variable avec les différents réseaux, 7 à 800 kilomètres environ ; elles sont chargées de vérifier le fonctionnement des appareils d'éclairage et de chauffage. Dans les gares importantes, il existe un personnel de lampistes sous la direction du chef de gare ou d'un chef lampiste ayant comme attributions la préparation de l'éclairage mobile des trains, et l'allumage des appareils fixes. Quant aux chaufferettiers, ils sont rattachés au service des gares, comme au Nord, ou du matériel roulant, comme sur d'autres réseaux; mais presque toujours l'entretien du matériel de chauffage est confié à la division du matériel.

Dans les lampisteries importantes, il y a un ou deux ferblantiers chargés des réparations des appareils d'éclairage de la gare correspondante et d'une circonscription comprenant les gares et stations voisines.

227. Petit matériel. — Quelques Compagnies ont un service spécial chargé d'approvisionner les gares de tout l'outillage nécessaire, tels que billets, imprimés de toutes sortes, fournitures de bureaux, matériel de la petite vitesse, prolonges, boîtes de secours, etc. Quelquefois ce service comporte un atelier central où sont imprimés les billets. Il est représenté dans les gares importantes par des préposés qui, au moyen d'inventaires annuels, vérifient la situation de l'outillage des gares, complètent ou remplacent les objets usés, s'il y a lieu. Ils s'assurent également du fonctionnement des appareils spéciaux, comme pompes à incendie, etc.

CHAPITRE III

MATÉRIEL ET TRACTION

A. — TRACTION

228. Dépôts. — On désigne sous le nom de *dépôt* l'ensemble de l'installation nécessaire au service des machines dans les gares terminales, les grandes gares de passage ou de formation. Dans les gares extrêmes, les machines doivent assurer les trains au départ; dans les autres, les dépôts doivent fournir les machines de relai, et, dans les deux cas, il est nécessaire d'abriter les machines pendant leur stationnement. L'importance d'un dépôt dépend naturellement du nombre des machines à fournir ou à recevoir; il s'établit du reste une sorte d'équilibre entre les arrivées et les départs de sorte que ce nombre est sensiblement constant, tout au moins pendant quelque temps.

Le dépôt comprend une remise ou abri couvert pouvant recevoir 6 à 8 machines pour les petits dépôts où le stationnement est souvent assez long, toute une nuit, par exemple, jusqu'à 150 et 200 machines, pour les très grands dépôts.

On se trouve amené, pour les besoins de la circulation, à établir un certain nombre de voies raccordées avec celles de la gare pour la mise en tête ou la rentrée des machines. L'installation se complète d'un pont tournant, de fosses à piquer le feu pour la visite du mécanisme, de prises d'eau, de chantiers à combustible, de sablières.

Pour les dépôts plus importants, on y joint un atelier de petite réparation pour les machines attachées au dépôt ou pour celles de passage. Cet atelier peut faire, dans certains cas, des réparations plus importantes que les machines ont à subir après un certain parcours.

Pendant le stationnement, le mécanicien et le chauffeur doivent pouvoir se reposer. De là l'installation de réfectoires, dortoirs, analogues à ceux des conducteurs. Les dépôts possèdent, dans certains cas, des machines de réserve pour remplacer celles avariées accidentellement, de plus un wagon de secours, avec le personnel chargé de l'accompagner, assure le relevage des machines en cas de déraillement, tout au moins dans un certain périmètre. Ces différentes parties seront examinées par la suite.

L'espacement des dépôts est essentiellement variable, en dehors, bien entendu, de ceux nécessités par les gares terminales ou de formation. Sur le Nord, il n'est que de 40 à 50 kilomètres, et encore en a-t-on de plus rapprochés. Sur d'autres réseaux, comme en Russie, il est beaucoup plus important, 100 kilomètres. Dans tous les cas, il est indispensable d'installer des dépôts pour le relai des machines à marchandises, dont le parcours n'excède généralement pas 200 à 300 kilomètres au maximum. Cette règle est donc largement satisfaite ; on profite, du reste, des gares de bifurcation pour y installer un dépôt.

229. Remises.

— Il y a deux types de remises : les rotondes ou remises circulaires et les remises rectangulaires. Les remises rectangulaires employées pour les dépôts de peu d'importance sont formées, dans ce cas, par un bâtiment contenant généralement deux voies, sur chacune desquelles on peut loger deux ou trois machines placées à la suite les unes des autres, soit 18 mètres de longueur de voie pour 1 machine, 35 pour 2, et 50 pour 3. L'entrevoie est de 3 mètres ; il est préférable de le prendre plus grand, 4 et 5 mètres. Lorsqu'on doit avoir plus de 3 machines à la suite, il vaut mieux augmenter le nombre des voies parallèles, sauf à les réunir à l'extérieur de la remise au moyen de branchements simples ou doubles suivant le cas. Il existe des remises de ce genre pour des dépôts de 36 machines (État Belge, 12 voies de 3 machines) et même 120 machines, (Rugby, 2 remises à 12 voies de 5 machines). Dans le dis positif adopté par la Compagnie de l'Ouest, il y a des remises pour 12 machines, composées de 6 voies réunies 3 par 3, et les deux groupes se soudent ensuite ensemble.

Les voies, au lieu de se relier entre elles, peuvent rester parallèles et être desservies perpendiculairement par un chariot transbordeur. Elles sont généralement parallèles aux petits côtés du bâtiment ; on peut les disposer dans l'autre sens ; mais il faut alors les couper en plusieurs points par des voies perpendiculaires, desservies par des chariots transbordeurs. Ce système permet, en cas d'avarie à un chariot, d'utiliser les autres. Le dispositif des remises rectangulaires avec chariot est avantageux pour les grands dépôts, surtout si on emploie plusieurs chariots ; il a l'inconvénient toutefois d'exiger une main-d'œuvre considérable et, en cas d'avarie du chariot, de bloquer toutes les machines.

Les rotondes sont formées par de grands bâtiments circulaires ; au centre, se trouve un pont tournant communiquant avec la voie d'accès de la gare et d'où rayonnent un certain nombre de voies, destinées à recevoir les locomotives. On arrive ainsi, avec un petit emplacement, à loger un nombre considérable de machines. Celles du Lyon, dont le diamètre est de 90 mètres, peuvent recevoir 54 machines. Le diamètre des remises doit être suffisant pour que les machines, arrivées à l'extrémité des voies, laissent entre elles assez d'espace pour que l'on puisse circuler autour ; on peut même, s'il est suffisamment grand, avoir toutes les deux voies deux machines, à la suite l'une de l'autre. Très souvent la rotonde est incomplète, elle a la forme d'une demi-circonférence ou d'un secteur ; l'installation est alors facile à agrandir. La rotonde peut être couverte entièrement, y compris le pont tournant, ou seulement dans la partie occupée par les machines. Le premier système est préférable ; mais il est beaucoup plus dispendieux, et la dépense n'est pas proportionnée aux services rendus. On a quelquefois deux demi-rotondes réunies par une partie droite que l'on utilise pour les bureaux, dortoirs, etc.

Les remises, quelle que soit leur forme, doivent pouvoir être fermées par les temps de gelée ; avec les remises rectangulaires ou les rotondes entièrement couvertes, il y a deux portes à deux vantaux de 3ᵐ,80 de largeur et 4ᵐ,80 de hauteur ; pour les autres, il y en a autant que de voies.

Les remises sont munies de cheminées pour évacuer la fumée au moment de l'allumage ; quelquefois cependant on se contente de poser au-dessus de la toiture un lanterneau, cette solution est généralement insuffisante.

230. Fosses à piquer le feu. — Les voies dans les remises sont munies de fosses servant au mécanicien pour visiter sa machine ou aux ouvriers pour faire les réparations. Elles sont constituées par des murs en maçonnerie sur lesquels reposent les longrines supportant les rails. Quelquefois les longrines sont recouvertes de tôle pour les préserver du feu. Le fond des fosses est en briques ou en ciment ; il est disposé en dos d'âne ou en cuvette, de manière à faciliter l'écoulement des eaux de vidange des chaudières. La largeur des fosses varie de 1ᵐ,10 à 1ᵐ,25, et leur profondeur de 0ᵐ,60 à 1 mètre. Aux deux extrémités, on ménage des escaliers pour la descente. Entre la fosse et les murs de la remise, il faut avoir au moins 2 mètres : la longueur des fosses sera ensuite subordonnée à celle de la remise. Sur les autres voies du dépôt, des fosses d'une longueur de 6 à 8 mètres, servent également au mécanicien pour visiter sa machine avant le départ, et à recevoir les scories, lorsqu'on nettoie le feu.

On ménage des fosses sur quelques voies de gares, mais leur emploi tend à se limiter, car elles sont plutôt une gêne ; on peut, du reste, les remplacer par des traverses métalliques qui résistent aux scories incandescentes. Généralement, entre deux fosses, on installe une prise d'eau.

231. Ponts tournants. —Triangles américains. — Les ponts tournants sont destinés à tourner les machines bout pour bout. Ils sont constitués par une voie mobile montée sur pivot et pouvant se raccorder de part et d'autre à une voie d'arrivée de la machine. Toute la charge étant reportée sur le pivot, en exerçant à chaque extrémité du pont, au moyen d'un levier, une action en sens inverse, de manière à former un couple, on imprime à tout le système un mouvement de rotation. Pour que la manœuvre se fasse sans difficulté, il faut que les charges, de part et d'autre du pivot, s'équilibrent; mais, comme il est très difficile d'y arriver, chaque extrémité est munie de galets fixés à un poitrail terminant le pont à chaque bout. Ces galets se déplacent sur un chemin de roulement circulaire dans le bas d'une cuve dont le centre est occupé par le pivot. Il faut avoir soin de munir cette dernière d'un point bas pour l'écoulement des eaux. Au moment où la machine aborde le pont, ce dernier doit être calé de manière à faire correspondre exactement les rails du pont à ceux de la voie; on y arrive au moyen d'un verrou prenant son point d'appui sur une partie fixe de l'installation.

La manœuvre du pont se fait à bras d'hommes; mais on peut la faire mécaniquement au moyen d'une machine fixe montée sur le pont et tournant avec lui (fig. 286). La machine imprime un mouvement de rotation à un axe vertical terminé dans le bas par un pignon qui se déplace le long d'une crémaillère fixée à la cuve. Généralement le pont, se trouvant au centre des rotondes lorsque le dépôt est important, on installe plusieurs rotondes, et par suite plusieurs machines fixes; il en résulte que l'économie de main-d'œuvre obtenue avec la vapeur disparaît. De plus, les machines ont l'inconvénient de nécessiter des réparations fréquentes, qui, sans immobiliser complètement le pont, nécessitent tout au moins la manœuvre à l'épaule.

La cuve peut être entièrement recouverte d'un tablier mobile tournant avec le pont. Cette installation coûteuse est avantageuse dans les endroits très fréquentés; mais, pour les autres, on se contente de munir le tablier du pont de garde-corps ou mieux d'une rampe circulaire; les tabliers se font en bois ou en tôle striée.

Le diamètre des ponts est assez variable, certaines machines peuvent être tournées sur des plaques ordinaires; mais généralement on lui donne 14 mètres et, avec les nouvelles machines, on est obligé d'avoir des ponts de 17 mètres. Le pont ne doit pas avoir seulement la longueur de la machine, mais une longueur suffisante pour permettre à cette dernière de se déplacer de façon à équilibrer la charge par rapport au pivot. On a essayé, sans grand succès, du reste,

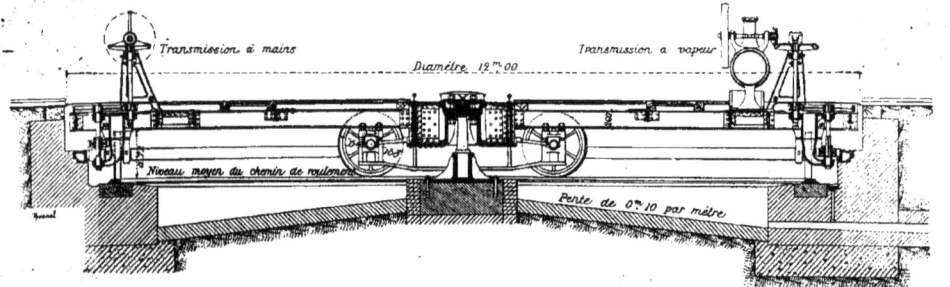

Transmission à mains

Transmission à vapeur

Diamètre 12 m 00

Niveau moyen du chemin de roulement

Pente de 0 m 10 par mètre

FIG. 286. — Pont tournant.

des dispositifs permettant d'augmenter momentanément le diamètre pour tourner des machines de longueur exceptionnelle.

Lorsqu'une gare possède un triangle américain (*fig.* 29), obtenu en réunissant les deux embranchements d'une bifurcation par une voie formant un triangle curviligne, on peut se dispenser d'avoir un pont tournant, le tournage des machines sur le triangle se faisant aussi rapidement, surtout si on emploie des aiguilles automatiques donnant toujours la même direction. Toutefois le triangle nécessite un emplacement considérable dont on ne dispose pas toujours.

232. Manutention du combustible.

232. Manutention du combustible. — Une machine peut brûler plusieurs tonnes de charbon par voyage ; il est donc indispensable, dans un dépôt, d'avoir un approvisionnement de combustible sans cesse renouvelé pour ne pas exagérer son importance, à moins de pouvoir charger de wagon à tender. Le chargement direct peut se faire pour les briquettes ou pour le tout-venant, que l'on brûle directement comme avec les charbons anglais, par exemple ; les arrivages doivent être bien réguliers en rapport avec la consommation, de manière à éviter tout stationnement prolongé des wagons.

Mais, pour la plupart des combustibles ordinaires, cette manière de procéder est impossible. En effet, le tout-venant est le plus souvent un mélange de charbons de provenances diverses, comprenant des charbons maigres ou gras, plus ou moins volatils, des fines et de la gailletterie de grosseurs différentes. On peut toujours déterminer la proportion des charbons entrant dans la composition d'un combustible de locomotive ; il suffira d'acheminer simultanément vers chaque dépôt les charbons différents en quantité convenable, et de les mélanger avant de les distribuer aux machines.

Le charbon en approvisionnement est déposé en tas échelonnés le long des voies. S'il ne doit pas être mélangé, il est déchargé directement ; s'il y a diverses qualités, on fait le déchargement en plusieurs points, de manière à superposer les provenances en tranches horizontales, que l'on débitera ensuite en tranches verticales. Il ne faut pas perdre de vue

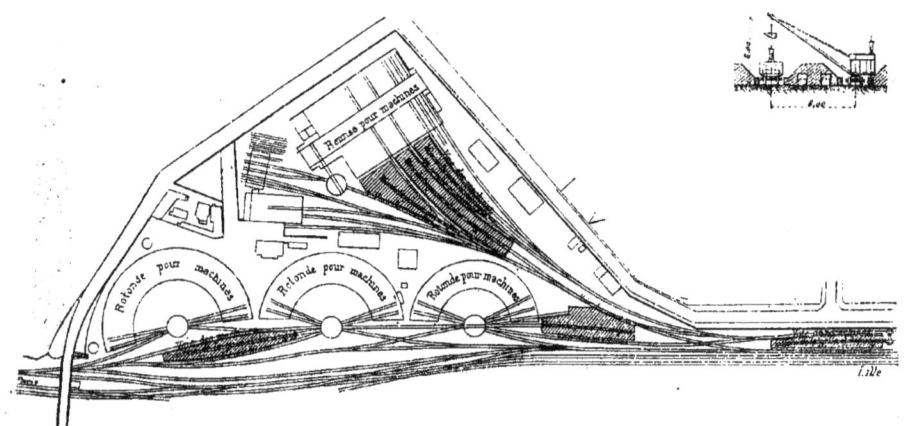

Fig. 287. — Chantiers à combustible et remises des machines du dépôt de Fives.

que le déchargement des wagons doit se faire le plus vite possible pour ne pas immobiliser le matériel.

Le déchargement s'effectue au jet de pelle, et le chargement au moyen de paniers de 40 à 50 kilogrammes élevés à l'épaule directement du tas au tender ou sur un quai à combustible, d'où les paniers, rassemblés, sont ensuite versés directement dans les tenders.

Ce mode de chargement, pénible et onéreux, a été remplacé toutes les fois qu'il a été possible par un procédé mécanique. On emploie une grue roulante (fig. 287) se déplaçant dans le chantier à combustible et servant au déchargement des wagons et au chargement des tenders. Le charbon, à l'arrivée, est jeté à la pelle dans une benne de 500 kilogrammes, enlevée par la grue, on la fait culbuter de manière à distribuer le charbon à la volée sur le tas; on obtient ainsi un mélange très intime, et la manœuvre est assez rapide : vingt-cinq minutes pour décharger un wagon de 10 tonnes. Le chargement se fait de la manière inverse. Le chantier comporte généralement deux tas : un en formation, et l'autre en distribution.

On dispose sur l'arbre de la grue, lorsqu'elle est affectée exclusivement au chargement, un compteur de tours qui permet de contrôler le nombre de tonnes distribuées, nombre qui doit correspondre exactement aux bons des mécaniciens. C'est le dispositif employé dans un grand nombre de dépôts de la Compagnie du Nord.

Les tas ont 5 à 6 mètres de hauteur et 15 à 20 mètres de largeur. Les grues Caillard, de 8 à 10 mètres de portée et 8 de flèche, circulent au milieu des tas, pouvant servir indifféremment au chargement des tenders ou au déchargement des wagons placés sur les côtés ou sur la voie de la grue au milieu.

A la compagnie de l'Est, la manœuvre est à peu près la même : toutefois, au dépôt de Chaumont, comme on a voulu porter les tas à 16 mètres de largeur de chaque côté de la grue et que cette dernière ne peut pas, à cause de la longueur de sa flèche, décharger à plus de 10 mètres, il a fallu recourir à des wagonnets pour conduire le combustible au delà de ce rayon et faire de même pour le chargement des tenders; il

est vrai que la grue enlève directement la benne du châssis
du wagonnet. Il en résulte un allongement de la durée des
manœuvres de près du double. Ce dépôt distribue 80 tonnes
de combustible par jour. Au chantier de Noisy-le-Sec, qui
manutentionne annuellement 84.000 tonnes, tant à la rentrée qu'à la sortie, on emploie une grue Mégy de 12 mètres
de portée et 1.200 kilogrammes de force.

Lorsqu'on ne mélange pas les charbons, on se contente de
remplir des bennes ou paniers directement dans le wagon et
à les placer sur un quai à combustible, dont la longueur
correspond à celle de plusieurs machines, et la hauteur, à
celle du tender.

Ce dispositif assez rapide et assez simple a été adopté
par les Compagnies anglaises, avec cette particularité, cependant, que le déchargement des wagons se fait presque automatiquement. D'un côté du quai (*fig.* 288), on a les wagons
surélevés de 0^m,85, et, de l'autre, les machines en contre-
bas. Un wagonnet, après avoir été chargé à la pelle, est
envoyé sur un pont-levis, d'où il bascule son contenu
dans le tender. La contenance des wagonnets est de 500 kilogrammes et le déchargement de 5 wagonnets, soit 2.500 kilogrammes dure deux minutes (chantiers de Bletchley et Wil-
lesden). On peut, pour faciliter les manœuvres, comme aux
chantiers de Saint-Rollox, surélever les voies des wagons au-
dessus de celles des quais ; mais il faut, pour cela, disposer
de longs plans inclinés que permettent seules les dénivellations de quelques gares. Dans certains dépôts, comme celui
de Petersborough, la manœuvre des wagonnets se fait au
moyen d'une grue (*fig.* 289) ; elle est disposée au milieu
des quais et sa flèche permet d'accéder au milieu de la voie
des machines d'un côté et de celle des wagons de l'autre.
C'est le dispositif du dépôt de Crewe, qui possède 180 machines, dont 150 en service tous les jours, et distribue
300 tonnes de charbon au moyen de trois grues.

Quelques Compagnies, comme le Lyon, reçoivent en wagons
leurs mélanges tout préparés. Pour cette dernière, le mélange mécanique des charbons est fait aux chantiers spéciaux
de Pont-à-l'Ane et de Courbessac. On a sept chambres
séparées en forme de trémie. A la partie supérieure, on jette

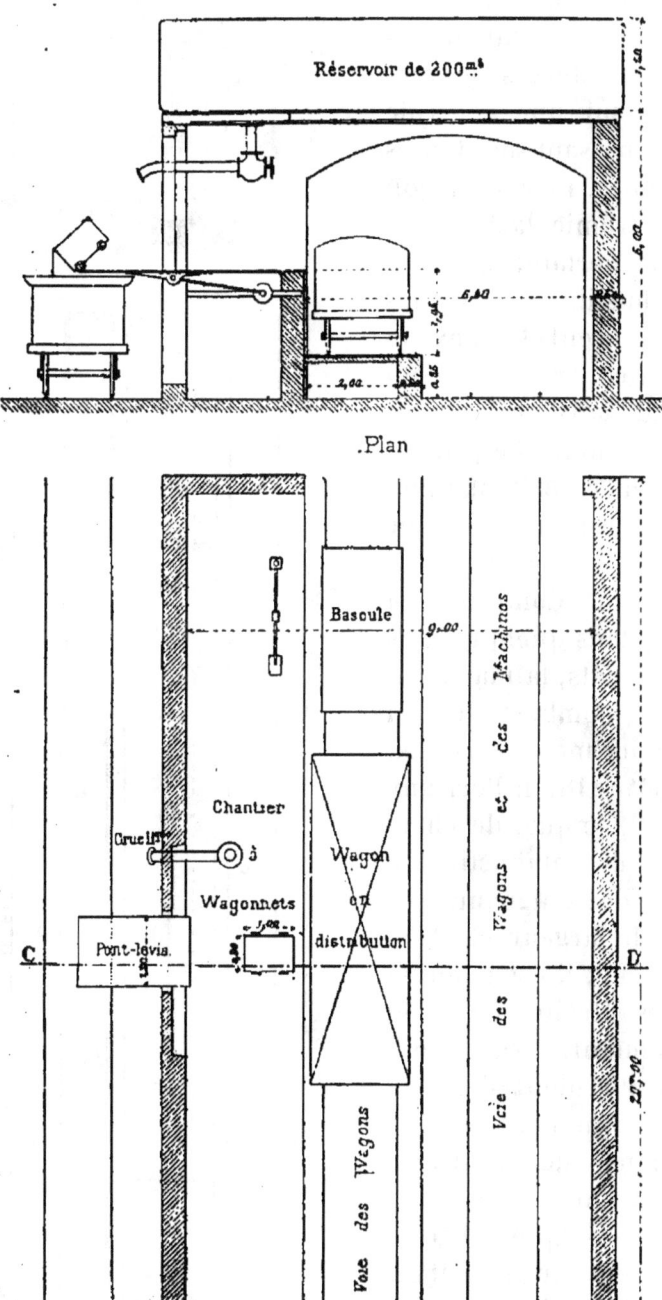

Coupe suivant.CD.

Réservoir de 200m³

.Plan

Bascule

Chantier

Crucible

Wagon ou distribution

Wagonnets

Pont-levis.

Voie des Wagons et des Machines

C   D

Fig. 288. — Chargement direct par wagonnets.

à la pelle le charbon ve-
nant de la mine. Dans le
bas de la trémie, un tam-
bour à palette mù méca-
niquement déverse le com-
bustible sur une courroie
sans fin passant sous toutes
les trémies. De cette façon
chaque trémie laisse tom-
ber une certaine quantité
de combustible, les couches
se superposent et, à l'extrémité, la courroie jette son
contenu dans des wagons
en chargement. Le prix de
revient de ce mélange mé-
canique est moins cher
que celui à la pelle.

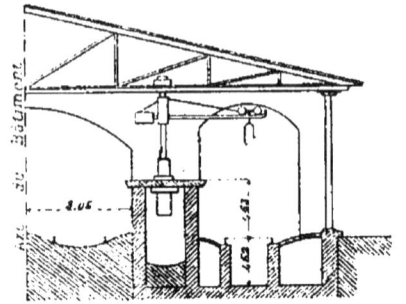

La même Compagnie a
adopté, dans quelques-uns
de ses dépôts, la manutention de combustible, au
moyen de monte-charges.
Au dépôt de Dijon-Perrigny
(fig. 290), le quai de chargement de combustible a
47ᵐ,50 de longueur sur
11ᵐ,20 de largeur et 4ᵐ,50
de hauteur; il est sillonné
de voies étroites de 0ᵐ,50
d'écartement, sur les-
quelles circulent des wa-
gonnets contenant 500 ki-
logrammes de charbon.
Ces wagonnets sont, du
reste, pesés après chaque
chargement, qui se fait au
niveau des voies, soit directement au wagon, soit

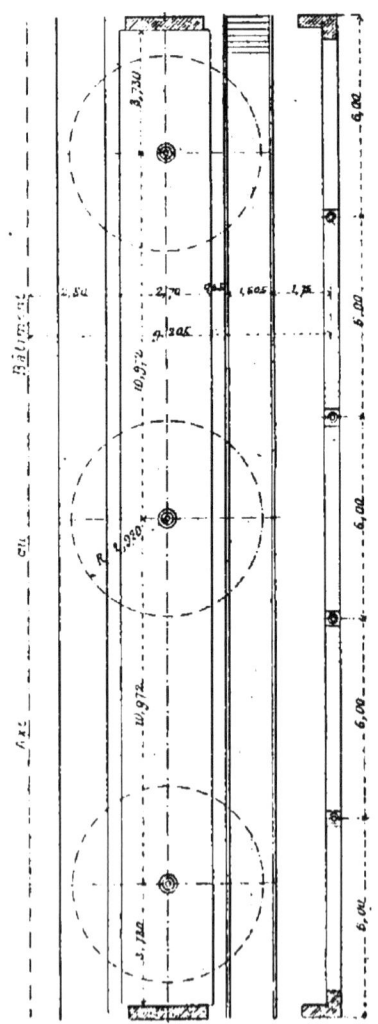

Fig. 289. — Chargement direct à la grue.

Coupe suivant **AB**.

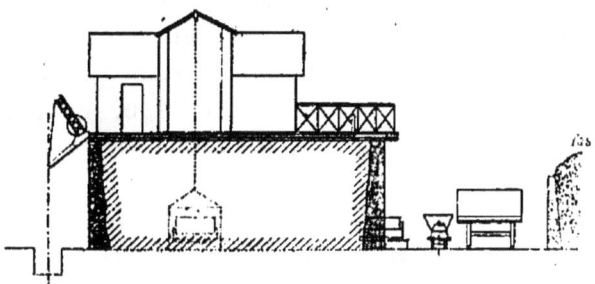

Plan

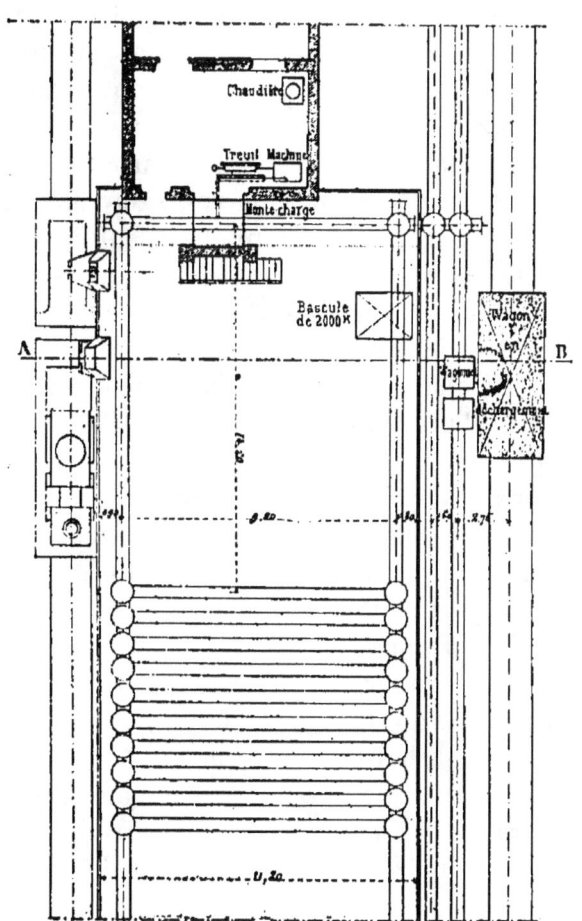

Fig. 290. — Chargement par monte-charge.

au tas. On les amène ensuite au moyen d'un monte-charge sur le quai où ils sont garés sur des voies transversales. Le déchargement se fait du côté de la voie des machines au moyen d'une goulotte inclinée à 45° en deux parties, une fixe dans le quai même, l'autre mobile autour d'un axe parallèle au quai et incliné dans le tender à charger. La manœuvre de cette partie mobile se fait au moyen d'un petit treuil avec des poulies de renvoi.

Le monte-charge est actionné par une machine de 4 chevaux, à la vitesse moyenne de 0ᵐ,225, soit 32 wagonnets manutentionnés à l'heure. La distribution de combustible est de 150 à 160 tonnes en vingt-quatre heures.

Au dépôt de la gare de Saint-Charles, à Marseille, la distribution se fait d'une façon identique, au moyen de wagonnets, élevés sur le quai par un monte-charge. Seulement le chargement de ces wagonnets ne se fait plus au tas. Par suite du manque de place, le charbon est logé sous le quai, dans des chambres en sous-sol, s'ouvrant par le bas directement, sur la voie des wagonnets. Il suffit de tirer un registre pour que le remplissage de ces derniers puisse se faire automatiquement. On les amène ensuite au moyen d'un monte-charge sur le quai. Le déchargement à la pelle des wagons dans les chambres se fait au niveau des voies ; on peut, en outre, décharger directement le charbon des wagons dans les wagonnets.

Dans le dispositif de M. J.-C. Collin, très répandu en Amérique, la locomotive elle-même, en s'approchant du quai, soulève le monte-charge, au moyen de poulies de renvoi et d'une chaîne à laquelle elle est attelée. La chaîne a une longueur telle que le charbon se déverse directement dans le tender lorsque celui-ci est en face de l'élévateur. Il existe d'autres mécanismes, plus ou moins ingénieux, pour le chargement automatique du charbon ; mais ils ne sont applicables que dans des cas spéciaux ; de plus, le mécanisme, trop compliqué, fait disparaître les avantages de l'appareil.

Les coketiers, chargés de la manutention du combustible, sont payés à la journée, ou suivant un prix fixé par wagon manutentionné. Cette dernière méthode semble avoir prévalu un peu partout. Quant au prix de revient, ce sont les

systèmes mécaniques, qui coûtent le meilleur marché ; mais
il serait difficile de déterminer le choix à faire entre ceux-
ci, car il faut tenir compte des dispositions locales et de la
nature des combustibles employés.

233. Sablière. — Les machines doivent s'approvisionner
de sable, pour empêcher le patinage en cours de route ; le
sable parfaitement sec est remisé dans des locaux spéciaux,
ou sablières, généralement constitués, par un bâtiment
recevant le sable sec, que l'on retire d'une façon quelconque, pour le déverser dans la sablière de la machine. Le
sable est séché, l'été, au soleil, ou, l'hiver, au moyen d'un
four à sole, dont la partie supérieure contient le sable
humide. On emploie également une sorte de poêle entouré
d'une trémie où l'on charge le sable humide, et d'où il
s'écoule quand il est suffisamment sec.

234. Voies. — Le dépôt ne doit pas être trop rapproché
de la gare, pour éviter que ces deux installations ne se gênent
dans leur extension ultérieure, la longueur des voies destinées à les relier ayant une importance secondaire. Il suffit,
du reste, pour ne pas retarder l'échange des machines, dans
la gare même, de prévoir près des voies des voyageurs,
d'autres voies plus petites en impasse, *permettant aux machines de relai d'attendre l'arrivée* du train, et, lorsque la
machine à l'arrivée s'est dégagée, celle devant continuer se
met en tête rapidement ; cette manœuvre ne doit pas excéder
quatre à cinq minutes. D'une manière générale, le dépôt et
la gare sont situés de part et d'autre *des voies principales*.

Le dépôt doit être relié aux voies de la gare, par le plus
grand nombre de points possible, sans toutefois être une
gêne pour les trains, ni amener une trop grande complication dans l'installation.

Le nombre des voies du   dépend du mouvement des
machines. Dans les petits dépôts, la voie de liaison avec les
voies principales se termine en impasse ; c'est sur elle que
se branchent les voies du pont, de la remise et du combustible. Dans les grands dépôts, il y a généralement deux voies :
une pour la rentrée, l'autre pour la sortie des machines. Ces

deux voies, en relation avec celles de la gare, communiquent avec les remises, le pont tournant et les chantiers à combustible. On dispose, en outre, quelques voies en impasse, soit autour du pont, s'il est séparé des remises, soit dans d'autres endroits disponibles, pour loger la machine de réserve ou les machines froides.

Les chantiers à combustible comportent une ou deux voies pour le chargement des machines, une autre pour la circulation des wagons. Ces voies sont réunies, à leur extrémité, à celles du dépôt, pour que les machines ne se gênent pas entre elles pendant le chargement, et surtout n'entravent pas les autres mouvements du dépôt.

La voie de sortie des machines, où elles stationnent parfois un temps assez long, doit être munie de prises d'eau, et de fosses à piquer le feu.

235. **Lavage des machines.** — Au bout d'un certain parcours, 1.000 à 1.200 kilomètres, soit tous les cinq à sept jours, les machines doivent être lavées de manière à empêcher les dépôts, provenant des eaux, de prendre une trop grande consistance, et d'encrasser les chaudières. Cette durée de parcours correspond à une moyenne de consommation d'eau de 130 à 150 mètres cubes; avec les eaux épurées, on arrive facilement au double.

Le lavage se fait avec l'eau sous pression, 4 à 5 kilogrammes. On obtient cette dernière soit au moyen d'un réservoir placé à une hauteur suffisante, soit au moyen de pompes foulantes. Les pompes sont généralement préférables; car, outre leur plus grande mobilité, la pression plus élevée, les frais d'installation sont moins importants que ceux d'un réservoir spécial. Généralement il y a, dans les remises, une prise d'eau par groupe de deux fosses.

La chaudière, munie d'autoclaves et de tampons dits de lavage, est vidée complètement, autant que possible, à froid; sinon il se produit des contractions du métal peut-être avantageuses, au point de vue du lavage (les couches de tartre se détachant plus facilement), mais produisant une dislocation entre les plaques et la tubulure. Il suffit ensuite, au moyen d'une lance dont l'ajutage varie de forme, suivant les points à nettoyer, d'envoyer un jet d'eau, dont la force vive détache le tartre; ce dernier s'écoule avec l'eau de lavage dans les fosses. Au moyen d'une tringle en cuivre, on gratte les parties les plus adhérentes. La lance est reliée à la pompe ou à la prise d'eau par une conduite souple et suffisamment résistante.

Le lavage terminé, les différents joints d'autoclaves sont refaits, et la chaudière est remplie à nouveau pour être remise en pression. La durée du lavage, y compris le refroidissement, la mise en pression, varie de six à douze heures, suivant l'importance donnée à la durée de refroidissement; en Allemagne, on va jusqu'à douze heures avant de vider la chaudière. On a, toutefois, intérêt à réduire la durée de lavage au minimum, pour ne pas immobiliser trop longtemps les machines.

Sur l'Est français, pour empêcher l'action destructive de l'eau froide sur les chaudières, on fait le lavage et le remplissage de la chaudière à l'eau tiède, à 25 ou 30°. Il suffit d'injecter de la vapeur sur le parcours de l'eau froide.

236. Allumage. — L'allumage des foyers se fait au moyen de fagots ou d'allume-feu disposés sur la grille et entourés de briquettes cassées. On les enflamme au moyen de déchets imbibés de pétrole ou d'essence; puis on étale les briquettes incandescentes, en ajoutant, progressivement, du charbon. Ce travail est confié, dans les dépôts, à des agents spéciaux, devant faire l'allumage en temps utile pour pouvoir remettre, au personnel de la machine, cette dernière à une pression convenable. Dans ces conditions, il faut compter trois à quatre heures pour la durée d'allumage.

Pour réduire ce temps, on a installé, dans certains dépôts, une chaudière fixe qui, au moyen de tuyaux, permet d'envoyer de la vapeur au souffleur de chaque locomotive, ou même directement dans la cheminée de celle-ci jusqu'au moment où la chaudière se suffit à elle-même, c'est-à-dire lorsque la pression est de 2 à 3 kilogrammes. Au lieu d'une chaudière spéciale, on peut prendre une machine en feu quelconque. Sur l'Est, on a monté un robinet à trois voies, permettant cette prise de vapeur. On arrive ainsi à réduire le temps de préparation à deux heures, et même à une heure et demie.

Sur l'État belge, on supprime l'emploi des fagots et des allume-feu, on jette directement dans le foyer une certaine quantité de charbon incandescent pris à un foyer fixe, d'une capacité suffisante pour les divers allumages. Cette pratique ne s'est pas répandue.

237. Ateliers de dépôts.

— Il est nécessaire de pouvoir faire, dans les dépôts, les réparations les plus simples sans avoir à renvoyer les machines à un grand atelier. On comprend aisément qu'après un chauffage de boîtes, pour retirer le jeu de certaines pièces du mécanisme, remplacer des entretoises, ou pour visiter les tiroirs et pistons, travail n'excédant pas deux ou trois jours au maximum, on fasse le nécessaire sur place, et à plus forte raison lorsqu'il s'agit de remettre en état une machine d'un dépôt étranger, qu'une légère avarie empêcherait de repartir.

L'atelier, dans ces conditions, comporte un certain nombre d'ouvriers spéciaux et de monteurs. Il est placé dans un local voisin de la remise (fig. 291), soit sur un des côtés de la rotonde, soit dans l'un des angles de la remise rectangulaire. On réserve une fosse ou deux, voisines de l'atelier, pour recevoir les machines à réparer. Une petite machine fixe fait mouvoir un ou deux tours, un étau limeur, une fraiseuse, une machine à percer, etc.; on y joint, en outre, une forge avec ventilateur et un four à métal blanc pour la chaudronnerie. L'importance de l'installation dépend de celle du dépôt.

L'entretien courant étant assez variable, on a été amené à faire opérer par ces ateliers des travaux plus importants, comme les changements de roues, par exemple, des machines appartenant au dépôt. Au bout de 30.000 à 40.000 kilomètres, les roues prennent du creux, le mécanisme a du jeu; il faut rafraîchir les bandages et retirer le jeu; en un mot, la machine doit être remise en état, pour accomplir une nouvelle période de travail. Dès lors, la machine doit être levée, c'est-à-dire que les roues sont retirées pour être tournées sur place ou dans un autre atelier. Cette réparation, à raison de 4 à 5 monteurs, dure trois semaines à un mois, suivant son importance.

Lorsqu'une boîte vient à chauffer, il faut retirer l'essieu

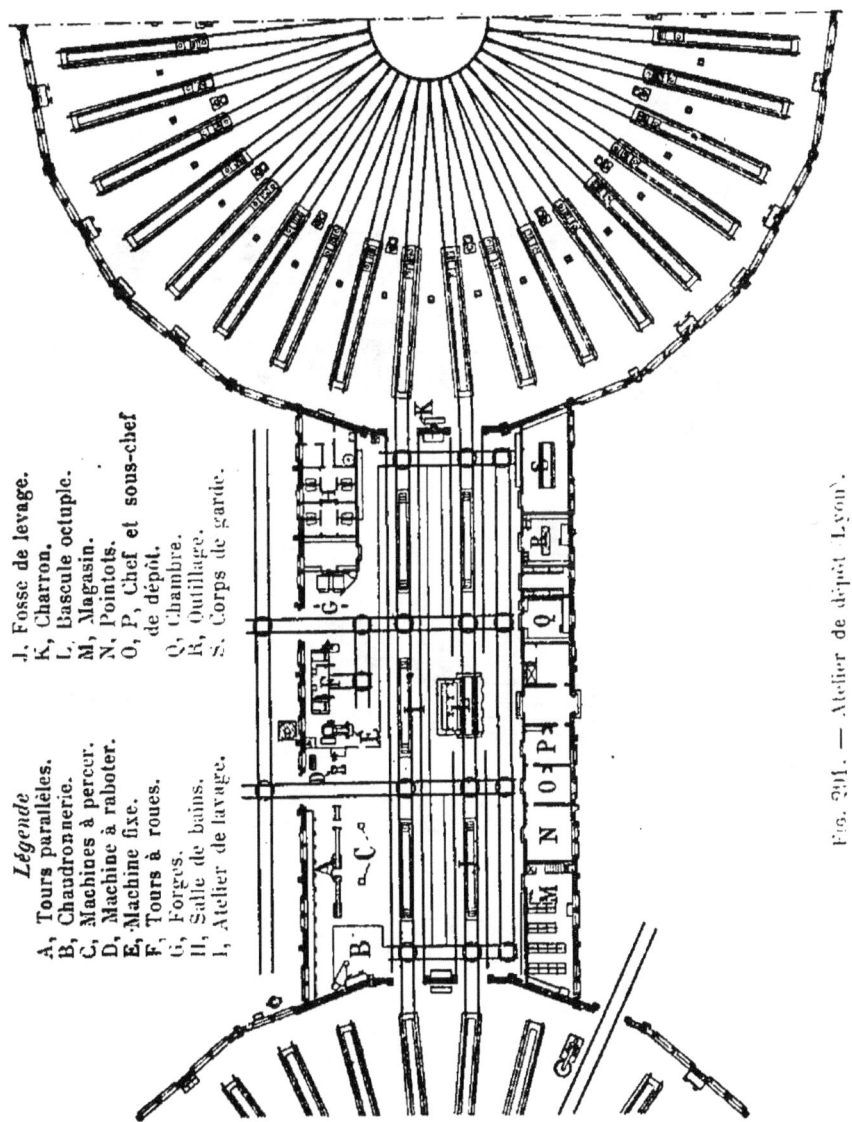

Légende

A, Tours parallèles.
B, Chaudronnerie.
C, Machines à percer.
D, Machine à raboter.
E, Machine fixe.
F, Tours à roues.
G, Forges.
H, Salle de bains.
I, Atelier de lavage.
J, Fosse de levage.
K, Charron.
L, Bascule octuple.
M, Magasin.
N, Pointots.
O, P, Chef et sous-chef de dépôt.
Q, Chambre.
R, Outillage.
S, Corps de garde.

Fig. 221. — Atelier de dépôt (Lyon).

correspondant. Cet accident, assez fréquent, nécessite encore le levage de la machine; mais on peut l'éviter en amenant la machine sur une fosse qui permet de descendre l'essieu en

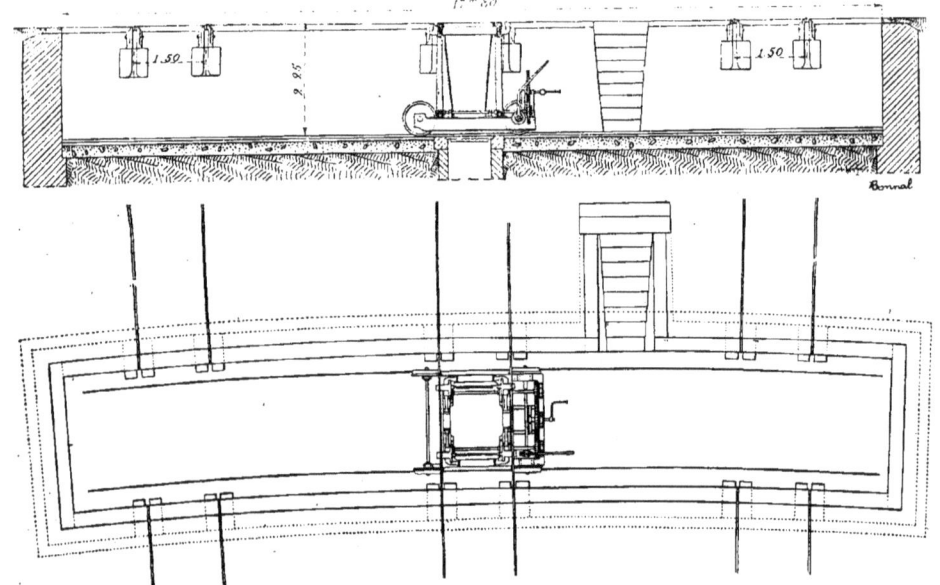

Fig. 292. -- Appareil à descendre les roues.

question, sans avoir à lever la machine, maintenue sur ses autres roues. L'appareil spécial destiné à descendre les roues (*fig.* 292) est à deux mouvements, un mouvement vertical pour descendre ou remonter les roues, et un mouvement longitudinal pour les dégager de dessous la machine et les sortir de la fosse. Il y a une économie de temps considérable. La fosse à descendre les roues doit être placée perpendiculairement à deux ou trois voies prolongées de la remise.

238. Pesage des machines. — La charge que doit supporter chaque essieu est fixée à l'avance; il est donc nécessaire,

Coupes

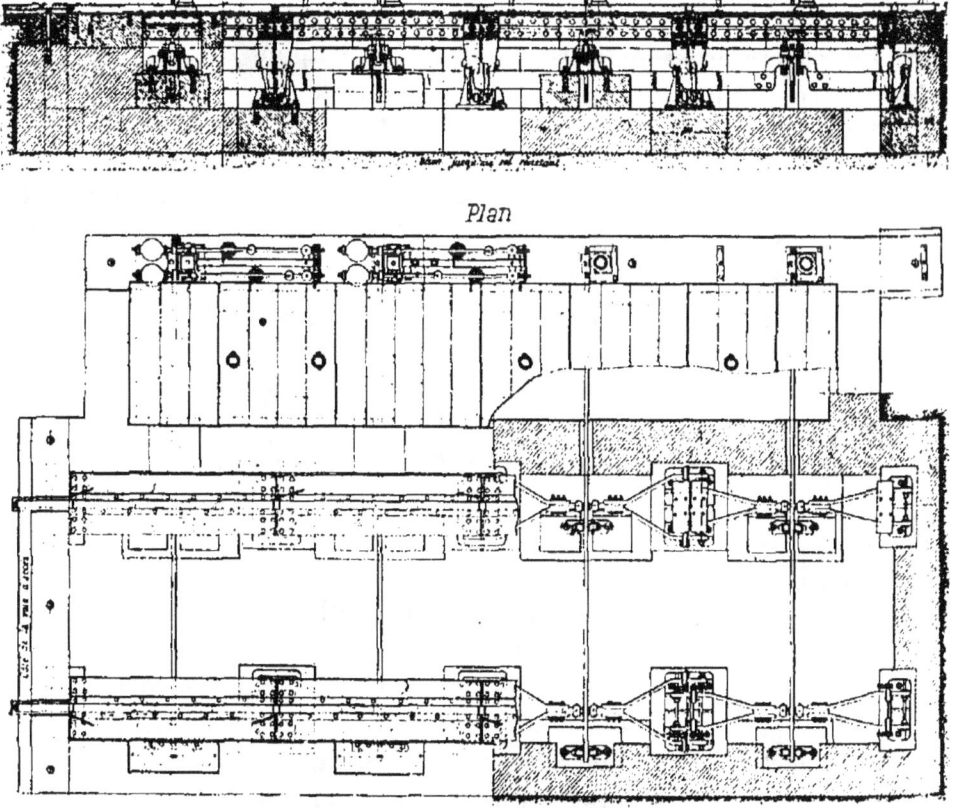

Plan

Fig. 293. — Appareil de pesage.

lorsque la machine sort de réparation ou après un certain parcours, de pouvoir obtenir, sur chaque essieu et même sur chaque roue, la charge-type. On arrive à ce résultat en serrant plus ou moins les écrous des tiges de suspension des ressorts; mais, pour faire cette rectification, il faut connaître à chaque instant la répartition du poids.

Ponts à bascule. — On peut déterminer cette répartition au moyen de ponts à bascule analogues à ceux des halles à marchandises; seulement il y a, pour chaque roue, un tablier spécial supporté par deux leviers triangulaires et un levier communicateur qui correspond à une romaine enregistrant le poids supporté. Toutes les romaines donnant la charge de chaque roue peuvent être placées d'un même côté de la machine (P.-L.-M.) ou des deux côtés (Nord). Entre deux tabliers, on est obligé de réserver un certain espace pour recevoir les leviers triangulaires; une entretoise est disposée en travers de la fosse. On peut, toutefois, pour diminuer cet espace, supprimer les entretoises en faisant chevaucher les leviers (*fig.* 293). Les tabliers, sur le Lyon, ont une longueur uniforme de 1^m,60. L'appui sur les leviers triangulaires se fait par l'intermédiaire d'étriers sur lesquels reposent les fourches fixées au tablier. Les fourches se trouvant en porte-à-faux tendraient à déverser les étriers, s'ils n'étaient paralysés par des entretoises. Les tabliers sont munis de verrous servant à les caler, lorsqu'on vérifie la voie du pont ou qu'on fait avancer la machine à peser.

Balance Érard. — Les ponts à bascule nécessitent une installation spéciale encombrante; aussi les remplace-t-on avantageusement par des balances mobiles, dont le type est la balance Érard peu volumineuse et d'un poids de 58 kilogrammes (*fig.* 294). Le principe est assez simple. Sous chaque roue, on dispose une balance qui comporte une partie fixe a, s'appuyant, d'un côté b, contre le rail et maintenue, de l'autre, par une colonne verticale. Une vis horizontale i permet de faire avancer sous le bandage une pièce mobile k et, par suite, la pointe f en acier du levier d correspondant à la romaine l. En agissant alors sur la vis verticale g, on soulève la roue d'une certaine quantité; la branche l s'incline d'un certain angle mesuré par la flèche m. On procède de la même façon pour toutes les roues, de manière à avoir le même angle; il suffira ensuite de déplacer le contre poids *c* pour la rendre horizontale et avoir la charge. En rectifiant, comme précédemment, la tension des ressorts de la

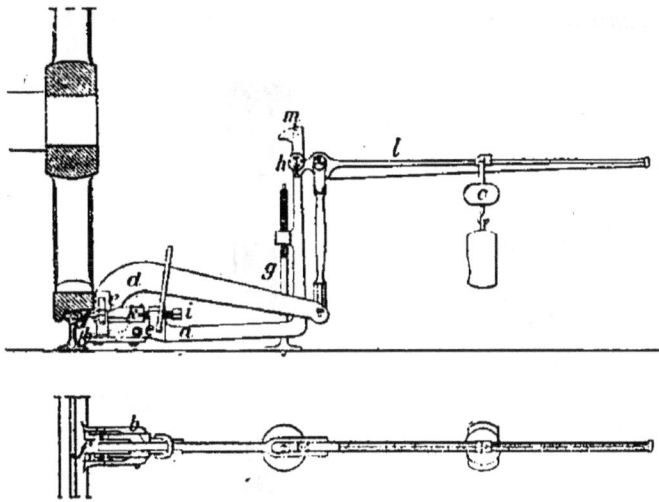

Fig. 294. — Balance Erard.

machine, on arrivera à répartir régulièrement le poids sur chaque essieu.

239. Machine de réserve. — Wagons de secours. — On profite du dépôt pour avoir une machine de réserve, c'est-à-dire une machine en feu toujours prête à partir pour ramener un train en détresse ou remplacer celle avariée d'un train de passage. Un personnel est prévu pour conduire cette machine dans le cas où elle serait utilisée ; il doit rester constamment au dépôt et tenir sa machine en état, comme si elle allait partir.

Dans les dépôts importants, la réserve est faite par une machine spéciale, qui se trouve ainsi immobilisée ; mais, dans ceux où le nombre des machines est trop restreint, la réserve est assurée par la machine d'un train à l'arrivée, ou celle d'un train partant dans quelques heures, ou enfin par une machine faisant les manœuvres. Elle est, à son tour, remplacée par une autre, et ainsi de suite pendant toute une journée. Très souvent on a plusieurs réserves, une pour les voyageurs, l'autre pour les marchandises ; mais l'emploi des réserves étant accidentel, on peut n'en avoir qu'une pour toutes les catégories de trains.

La machine de réserve doit quelquefois remorquer, jusqu'à l'endroit où il y a eu un déraillement, un wagon spécial dit *de secours* renfermant toutes sortes d'agrès et d'outils

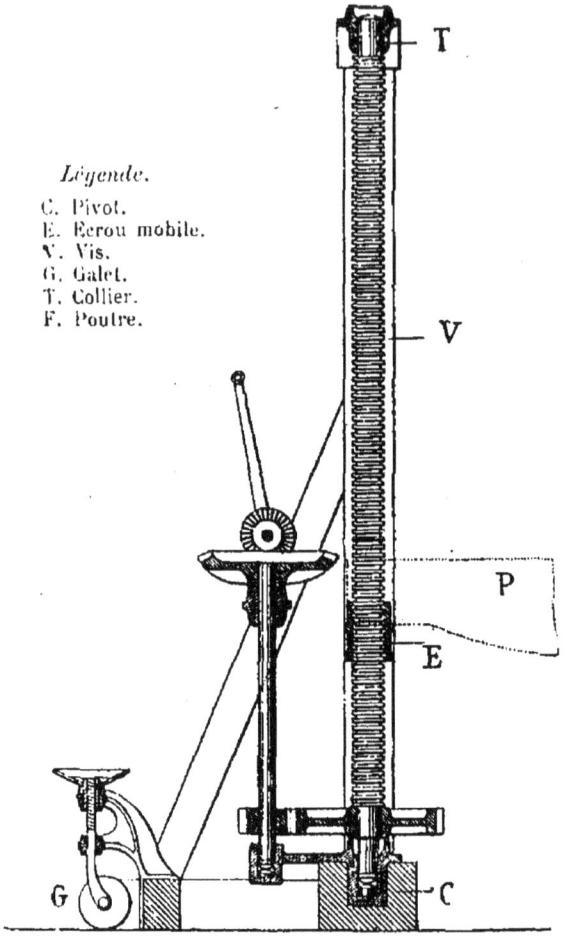

Légende.

C. Pivot.
E. Ecrou mobile.
V. Vis.
G. Galet.
T. Collier.
F. Poutre.

Fig. 295. — Vérin spécial pour le levage des locomotives.

pour le relevage des véhicules. On se sert surtout de vérins ordinaires, destinés à remettre les machines sur rails; quelques-uns ont un double mouvement, l'un vertical pour soulever la partie déraillée, et l'autre horizontal, pour la déplacer et la ramener dans l'axe de la voie. Quelquefois les déplacements de la machine sont très importants; il faut alors la soulever tout entière au moyen de quatre gros vérins spéciaux (*fig.* 295), sur lesquels reposent deux poutres horizontales supportant la machine, l'une à l'avant, l'autre à l'arrière. L'outillage se complète de crics, de marteaux, de burins, de moufles, de palans, de câbles, en un mot de tout le matériel nécessaire au démontage ou à la manutention des pièces de locomotives.

Le wagon de secours est installé dans les dépôts importants ayant un atelier dont les ouvriers peuvent être utilisés pour son emploi. Une équipe de déraillement doit toujours être prête à l'accompagner.

240. Nombre et parcours des machines.

— L'importance d'un dépôt dépend du nombre des machines appelées à y séjourner, et ce nombre lui-même est subordonné à l'intensité du trafic et du parcours des machines. Il varie forcément d'un moment à l'autre de la journée; mais on doit prévoir l'installation pour la période la plus chargée, avec possibilité d'agrandissement.

Si le parcours d'une machine est de n kilomètres et si N est le parcours annuel des trains, le nombre des machines sera égal à $\frac{N}{n}$; mais ce chiffre doit être majoré. Il faut tenir compte, en effet, des manœuvres, des circulations des machines à vide; en second lieu, toutes les machines, au bout d'un certain temps, doivent passer à l'atelier, et y séjourner un temps plus ou moins long, suivant l'importance des réparations, cinq à six mois pour les plus importantes, trois semaines à un mois pour un changement de roues. De plus, les machines subissent des arrêts momentanés, pour lavage, avarie en cours de route, etc. Pour toutes ces différentes causes, on doit augmenter le parcours N d'environ 1/3.

Le nombre des machines nécessaires est inversement proportionnel au parcours n; et, pour ce dernier, on peut procéder de trois façons différentes. A la machine, peut être attaché un personnel titulaire, et, comme celui-ci effectue un parcours limité, il en est de même de la machine. C'est le système des *équipes simples*, le plus répandu, tout au moins en France. Dans ces conditions, le parcours journalier atteint 200 kilomètres en moyenne pour les trains de voyageurs et 150 kilomètres pour les trains de marchandises. On a encore les chiffres suivants :

	Allemagne Kilomètres	Amérique Kilomètres
Machines à voyageurs	150 à 200	180 à 210
— à marchandises..	110 à 150	145 à 175
— de manœuvres...	12 heures	

Au bout d'une année environ, à cause des chômages forcés dus aux lavages, réparations, etc., on arrive à un parcours de 35 à 45.000 kilomètres pour les machines à voyageurs, 30 à 35.000 pour les machines à marchandises et 30.000 pour celles de manœuvre.

Quelques machines font 8 à 10.000 kilomètres par mois, soit 60 à 70.000 kilomètres par an; mais ce n'est que l'exception. Après ces parcours, les machines doivent entrer en changement de roues, c'est-à-dire que les bandages doivent être tournés à nouveau, et que le jeu du mécanisme doit être supprimé. Cette durée d'une année est une moyenne approximative, car le parcours limite peut être atteint dans un délai plus court ou plus long, suivant le cas.

Le second système est celui de la *double équipe*, qui consiste à avoir deux personnels par machine; la machine est alors reprise alternativement par chacune des équipes; de cette façon, un personnel se repose pendant le travail de l'autre. Le repos peut être pris au dépôt, ou dans le fourgon comme cela se pratique en Russie pour de très longs parcours. A *priori* il semble donc que l'on puisse réduire de moitié le nombre des machines ; en réalité, la réduction n'est pas aussi forte, car les rentrées à l'atelier sont plus fréquentes, le parcours total de la machine entre deux changements de roues étant atteint plus rapidement. Les parcours annuels sont alors de 60.000 kilomètres aux marchandises et 70 à 80.000 aux voyageurs.

On peut généraliser le principe de la double équipe, et avoir un certain nombre de personnel pour plusieurs machines, comme on l'a fait en Amérique et en Russie (système de l'*artel* ou de la communauté d'artisans). Le service des *équipes multiples* ou *banal* est appliqué aux machines de manœuvres, faisant un service ininterrompu pendant plusieurs mois. On ne peut guère l'appliquer qu'à ce genre de machines : car, pour celles des trains, les rentrées au dépôt pour réparations urgentes sont beaucoup plus fréquentes.

Ces divers systèmes ont des avantages et des inconvénients. Les partisans de la double équipe prétendent que, par suite de la diminution du nombre des machines, il y a économie sur les frais d'installation et d'amortissement, tant sur les locomotives que sur les locaux destinés à les abriter. Les réparations sont diminuées, la chaudronnerie n'ayant plus à supporter les différences de température trop souvent répétées ; les dépenses de combustible réduites, les allumages étant supprimés ; enfin, les lavages sont un peu moins fréquents, les dépôts étant moins importants, l'eau restant moins longtemps en repos. Les machines s'usent plus rapidement, c'est vrai ; mais on peut les remplacer par des types plus perfectionnés.

Les adversaires estiment que l'économie sur le matériel est largement compensée par l'augmentation du personnel et par celle du combustible, le mécanicien n'apportant plus le même soin dans la conduite du feu. De plus, le service normal se faisant en double équipe, s'il y a le moindre accroissement de trafic on manque de machines. Ces divers arguments pour ou contre ne s'appliquent qu'aux réseaux français où les agents sont payés au mois et intéressés plus ou moins aux économies de combustible et de graissage, et où, de plus, leur travail se trouve réglementé d'une façon spéciale. Ces conditions n'existent pas en Amérique, où la double équipe a toujours été employée avec succès, le personnel étant payé le plus souvent au mois ou au parcours, et la houille coûtant très bon marché.

En ce qui concerne le service banal, il est appliqué couramment aux machines de manœuvres. Dans le cas du service des trains, les conditions de fonctionnement sont semblables à celles de la double équipe, avec cette circonstance défavorable que le nombre des personnels étant plus élevé, les soins apportés à la conduite du feu et à l'entretien de la machine sont encore moindres.

RÉSEAUX	ANNÉES	KILOMÈTRES	PARCOURS des MACHINES	PARCOURS des TRAINS	NOMBRE de MACHINES	NOMBRE de MACHINES par kilomètre	PARCOURS moyen annuel des MACHINES
Nord	1898	3.746	69.163.957	55.637.154	1.782	0,470	38.801
Est..................	—	4.834	50.647.405	43.542.195	1.345	0,27	37.656
Ouest................	—	5.540	52.542.041	46.648.846	1.505	0,268	34.885
Orléans..............	—	6.829	48.491.042	43.878.632	1.381	0,20	35.840
Paris-Lyon...........	—	8.848	88.546.386	78.789.257	2.617	0,30	33.833
Midi	—	3.451	25.230.912	22.029.185	836	0,24	30.180
État.................	—	2.813	17.416.971	15.527.411	566	0,20	32.131
Suisse...............	1897	3.769	32.939.972	26.229.797	1.049	0,278	30.742
Verein allemand........	1896	80.150	897.808.900	625.868.166	24.610	0,30	37.015
Allemagne seule........	1896	44.957	595.147.705	396.158.674	16.156	0,36	37.265
Autriche-Hongrie	1896	29.037	174.501.417	232.407.933	6.640	0,22	36.088
Italie................	1891	10.785	76.926.704	52.897.390	2.490	0,21	35.874
Royaume-Uni..........	1896	31.235	»	568.630.228	18.956	»	»
États-Unis	1895	289.332	»	1.342.469.060	36.610	»	»
Belgique { État........	1897	3.341	66.252.272	46.452.189	2.311	0,686	28.660
Belgique { Compagnies..	1897	1.480	»	10.613.293	565	0,38	»

Le nombre des machines varie forcément d'un réseau à l'autre, suivant sa longueur et le parcours total des trains. Pour établir la comparaison, on le ramène au kilomètre et on évalue ensuite le parcours moyen annuel. Ces deux coefficients ne tiennent pas compte naturellement de toutes les conditions; mais ils donnent déjà une idée de l'importance d'un réseau et de sa méthode de travail. Le tableau précédent résume ces chiffres pour différents réseaux.

B. — Personnel de la traction

241. Service central. — A la tête du service du matériel et de la traction se trouve un *ingénieur en chef* s'occupant de toutes les questions se rapportant à ces deux services et ayant autorité sur tout le personnel qui s'y rattache. Aux États-Unis et en Angleterre, ces attributions sont moins étendues : le chef de l'exploitation (*Division superintendent*) communique directement, pour tout ce qui concerne les questions du mouvement avec les chefs de dépôt et d'atelier de la traction (*Master mecanic*) et avec ceux du matériel (*Master car builder*).

L'ingénieur en chef est secondé par un ingénieur principal pour la traction et un autre pour le matériel. L'ingénieur principal de la traction centralise toutes les affaires relatives au service : incidents et roulements de trains, proposition pour les modifications d'installation des dépôts des machines. Il correspond avec les ingénieurs de l'exploitation et de la voie pour certaines mesures générales à arrêter entre les trois services, qu'il traduit sous forme de circulaires envoyées dans les dépôts. Il centralise également tout ce qui se rapporte au personnel, embauchages, mutations, augmentations de salaires, il fixe le nombre des agents pour les dépôts, prend les mesures disciplinaires d'une certaine importance. Il est chargé de la comptabilité des salaires des chauffeurs et mécaniciens. Il est secondé par un certain nombre d'agents supérieurs avec un bureau pour l'expédition des affaires courantes.

Pour toutes les questions techniques se rapportant au service des machines ou des dépôts, un service spécial centralise les études sous la direction de l'ingénieur en chef. Il est chargé de l'étude des projets, de l'examen de ceux étudiés par d'autres services ou présentés par des personnes étrangères. L'importance de ce service varie beaucoup suivant les réseaux.

242. Magasins-Économats. — Le nombre considérable des pièces se rapportant au mécanisme d'une machine ou d'un véhicule est commandé et reçu par le service spécial des magasins. Il y en a de deux sortes : les pièces spéciales et celles d'un emploi courant, en approvisionnement dans le magasin, que celui-ci débite à tous les dépôts du réseau, sur un simple bon de commande et dans le plus bref délai. C'est ce magasin qui présente en temps utile, à la direction de la Compagnie, la liste des objets nécessaires, dont la commande est faite à l'industrie privée, sous réserve de l'approbation. L'ingénieur des magasins se met en rapport avec les industriels, il leur soumet les projets de manière à établir entre eux une certaine concurrence et choisit pour la fourniture celui qui offre les meilleures conditions.

Un certain nombre de magasins ou entrepôts, sont répartis sur le réseau, généralement dans le voisinage des dépôts importants. Ils sont approvisionnés directement par le magasin central pour tout ce qui est relatif aux articles courants, de manière à pouvoir les fournir aussitôt aux ateliers qui en font la demande.

On a rattaché au service du magasin une foule de produits ne se rapportant pas aux machines directement, comme huiles, pétroles, etc., et surtout la partie importante des économats. Le nombre considérable des agents des chemins de fer leur a permis de se grouper en quelque sorte en société de consommation, alimentée par les économats. Les avantages de ce système sont ceux des sociétés du même genre, mais avec la particularité qu'ils sont encore augmentés par le nombre considérable des intéressés, appartenant à tous les services. En dehors des alcools, on trouve dans les économats à peu près tous les produits alimentaires vendus au prix d'achat. Sur le réseau, dans toutes les grandes gares, il y a une série de magasins de détails délivrant les denrées aux agents. Les magasins ou économats nécessitent des agents pour la comptabilité ou la manutention des matières. Les denrées prises à l'économat ne sont pas payées directement ; une retenue est faite sur le salaire mensuel de l'agent. Pour éviter les abus, la valeur des matières fournies ne doit pas excéder une fration déterminée du salaire.

243. Ingénieurs ou chefs de traction. Inspecteurs. — Le réseau, au point de vue de la traction, se trouve divisé en un certain nombre de sections dont l'importance dépend naturellement du trafic et du nombre des machines. C'est ainsi que, pour le Nord français, on a quatre sections de 8 à 900 kilomètres de longueur chacune, comportant trois ou quatre grands dépôts et des petits dépôts secondaires. Le réseau de l'Est est à peu près dans les mêmes conditions. A la tête de chaque section se trouve un ingénieur ou chef de traction, aidé de sous-chefs de traction, d'inspecteurs. Il est chargé des affaires courantes concernant la section, soit comme incidents, soit comme mouvement de trains. Il établit les roulements des agents de sa section, roulements approuvés ensuite par l'ingénieur principal. Il s'occupe du recrutement du personnel des machines, des mutations d'agents, de leur instruction au point de vue réglementaire et de la conduite des machines, des circulaires pour les prévenir des modifications survenues dans le parcours des trains. Il prend les mesures disciplinaires pour les fautes légères, retards de trains ; pour les autres, il soumet une proposition à l'ingénieur principal. Il a la direction des ateliers de sa section.

Pour ces ateliers, il doit prévoir le travail nécessaire en envoyant progressivement les machines en grande réparation dans les grands ateliers, ou en changements de roues dans ceux de dépôt. Il établit pour toutes les fournitures les bons nécessaires, et pour chaque machine, un bulletin de réparation.

Il doit s'assurer de la bonne utilisation du personnel, établir les projets pour les modifications à apporter dans les dépôts en vue d'améliorer leur service. Il se met en rapport

avec les inspecteurs principaux et les ingénieurs de la voie
pour les mesures à prendre dans certains cas urgents, pour
fournir des machines en temps utile, et pour le règlement
des incidents, soit par enquête faite par ses inspecteurs,
soit directement, s'il y a lieu.

244. Chefs de dépôt. — A la tête de chaque dépôt se trouve
un chef qui dirige, dans son ensemble et dans ses détails, le
service du dépôt. Il a autorité sur tout le personnel du
dépôt ou de passage, mécaniciens, chauffeurs, ouvriers
et manœuvres. Il prépare, chaque jour, d'après les feuilles
de roulement, le service de ses agents, assure les réserves,
remplace les agents malades ou fournit le personnel supplémentaire exigé par la mise en route de trains spéciaux pour
lesquels il a fourni les machines nécessaires. Il veille à ce
que celles-ci soient bien en état au moment du départ,
que le personnel prenne son service en temps utile. Il doit
vérifier les chargements de combustible, le bon entretien
des chantiers et l'établissement des mélanges, s'il y a lieu.

Les mécaniciens, à leur rentrée, signalent les réparations
à faire à leur machine, le chef de dépôt doit veiller à ce
qu'il y soit procédé immédiatement, de manière que la machine soit prête pour le départ. Il surveille, du reste, tous
les travaux de l'atelier, s'attachant à ce que les locomotives
n'y soient pas immobilisées trop longtemps, il évite les pertes
de temps, et s'assure si les matières sont bien utilisées.

Il indique, d'après les renseignements du roulement, les
machines à laver, établit toutes les pièces comptables concernant le travail des agents, les fournitures de ses machines
sont signées par lui, et aucune pièce ne doit sortir du magasin sans son autorisation. Il en est de même des matières
de graissage, déchets, qu'il distribue périodiquement aux
agents.

Enfin, il doit signaler à l'ingénieur tous les incidents qui
ont pu se produire dans le dépôt ou dont les mécaniciens lui
ont rendu compte. Le chef de dépôt est généralement secondé par un sous-chef et des surveillants qui doivent assurer le service pendant son absence, au point de vue du
mouvement des machines et de la surveillance du personnel.

245. Personnel des machines. — *Recrutement.* — Le personnel des machines comprend des chefs mécaniciens, des mécaniciens et des chauffeurs. Chaque groupe d'agents est subdivisé, à son tour, en plusieurs classes, et il faut partir de la classe la plus basse de chauffeur pour arriver au plus haut grade de chef mécanicien.

Le recrutement des chauffeurs se fait de deux façons : quelques Compagnies prennent exclusivement des ouvriers monteurs et ajusteurs, d'autres des manœuvres à l'exclusion des premiers qui restent à l'atelier; on peut adopter un moyen terme en recrutant des chauffeurs dans ces deux catégories. Les ouvriers spéciaux connaissent mieux leur machine, l'urgence de réparation à faire et, en cas d'avaries, la remise en état des pièces. Par contre, leur recrutement est plus difficile et, par suite, leur salaire plus élevé. Les manœuvres, du reste, ne tardent pas à se mettre au courant.

Tout agent débutant, comme manœuvre ou ouvrier spécial, reste quelque temps attaché à un dépôt ou à un atelier, de manière à se familiariser avec la machine qu'il aura plus tard à conduire. Au bout d'un certain temps, et après un stage de quelques jours aux manœuvres, il passe un examen pratique et théorique pour être ensuite autorisé à voyager comme chauffeur. Puis, après quelque temps de service sur la ligne, il est nommé chauffeur titulaire et progresse ensuite de classe en classe.

Les mécaniciens se recrutent parmi les chauffeurs ayant satisfait à un examen théorique et pratique sur la machine, sur le règlement des signaux et la conduite des trains. Nommés d'abord mécaniciens suppléants, ou faisant fonctions, ils voyagent suivant les besoins du service, tantôt comme chauffeurs, tantôt comme mécaniciens.

On arrive de cette façon à avoir toujours le nombre suffisant de mécaniciens. Le mécanicien suppléant devient titulaire de droit au bout d'un certain temps et ne voyage plus que comme mécanicien, augmentant de classe au fur et à mesure jusqu'à ce qu'il puisse passer chef mécanicien. Ces derniers sont désignés au choix parmi les mécaniciens des classes supérieures; leur nombre est, du reste, assez restreint.

Aux États-Unis, les chauffeurs sont recrutés parmi les manœuvres et les garde-freins ; ces derniers, connaissant déjà les lignes et le service du chemin de fer, deviennent plus aptes à remplir l'emploi. Les chauffeurs passent ensuite mécaniciens, d'après le nombre de places disponibles. Comme en Europe, du reste, le nombre des agents n'est pas limité, il varie d'après le trafic, et les mécaniciens redeviennent facilement chauffeurs, si le trafic baisse d'intensité.

Attributions. — Le mécanicien, avant le départ, doit approvisionner sa machine de squantités d'eau, combustible, graissage et sable nécessaires. Il doit se présenter à l'heure prescrite par le roulement, de manière à se trouver en tête de son train à l'heure réglementaire. Il profite ensuite du délai qui lui reste avant le départ pour graisser le mécanisme, visiter toutes les pièces, s'assurer si tous les robinets et injecteurs fonctionnent bien. Le chauffeur prend son service à la même heure que le mécanicien, il étale le feu et fait monter la pression. Il doit effectuer toutes les manœuvres commandées par le mécanicien et, en particulier, le chargement du combustible et l'approvisionnement d'eau, et sur quelques réseaux l'accrochage de la machine.

En cours de route, le mécanicien surveille la voie, prêt à s'arrêter au moindre obstacle ou au premier signal ; au passage des stations, des bifurcations, des tunnels, passages à niveau, il doit redoubler d'attention, siffler en temps utile. Il doit regarder fréquemment en arrière plus particulièrement au départ, pour s'assurer si son train est bien au complet ; à la moindre résistance anormale, il doit s'en rendre compte, de manière à pouvoir s'arrêter rapidement en cas de déraillement. Le chauffeur est chargé de l'alimentation d'eau de la chaudière et du chargement du combustible dans le foyer ; il doit toujours y avoir au moins 10 centimètres d'eau au-dessus du ciel du foyer. Pendant les intervalles de chargement, il surveille la voie. Dans les manœuvres, il est chargé de serrer le frein à main. Le chauffeur et le mécanicien doivent s'abstenir de toute conversation étrangère au service. En cas d'accident au mécanicien, le chauffeur doit pouvoir immobiliser le train et mieux, le conduire tout au moins jusqu'au premier garage.

A l'arrivée, le mécanicien visite sa machine complètement immobilisée, de manière à pouvoir demander les réparations nécessaires. Le chauffeur nettoie son feu qu'il recouvre, vide la boîte à fumée, remplit d'eau sa chaudière, desserre les soupapes, ouvre les purgeurs et prépare, en somme, tout pour le prochain départ. Le mécanicien doit initier son chauffeur dans la conduite de la machine et l'observation des signaux. Quant au chef mécanicien, il a pour mission de constater l'état des machines au point de vue de leur fonctionnement, de surveiller les mécaniciens, s'assurer s'ils observent les signaux et conduisent bien leur train ; ils doivent compléter leur instruction et faire celle des chauffeurs, vérifier si la consommation de combustible et de graissage n'est pas exagérée, appliquer, en somme, ce que leur longue pratique leur a enseigné.

Manœuvres. — *Nettoyeurs.* — Le personnel d'un dépôt se complète de manœuvres, chargés de l'entretien du dépôt, plus spécialement de l'enlèvement des scories. Les manœuvres constituent des équipes de lavage sous la direction d'un chef laveur. Quelques Compagnies, en outre, leur confient le nettoyage des machines, le chauffeur ayant seul l'entretien du mécanisme et de la devanture. Sur d'autres, ils sont chargés de la rentrée et de la mise en tête de la machine, que le mécanicien et le chauffeur prennent au moment du départ. Ces diverses mesures ont pour but de mettre ces agents au courant des machines qu'ils auront à conduire.

246. Travail des mécaniciens et chauffeurs. — Le travail du personnel des machines ne saurait dépasser certaines limites. Généralement sa durée coïncide avec celle du parcours de la machine. Ces parcours sont ordinairement de longueur assez réduite pour éviter tout surmenage. Après quelques heures de repos, le personnel fait un train en sens inverse, le ramenant à son point initial, d'où il repartira après un nouveau temps de repos.

En France, on n'applique plus le régime du parcours, mais celui de la durée effective de travail. Ces mesures sont du reste indépendantes des Compagnies et sont l'application de lois plus générales. On considère d'abord, comme *travail effectif*, le temps que les agents sont tenus à rester sur leur machine ou à ne pas s'en éloigner, soit douze heures au plus et, comme *repos*, une période de dix heures à domicile ou de sept heures dans un dépôt étranger.

Dans une période de dix jours consécutifs, soit deux cent quarante heures, il ne doit pas y avoir plus de cent heures de travail et moins de cent heures de repos, soit donc une *moyenne* de dix heures de travail et de dix heures de repos par jour. Les quarante heures qui restent, comportent le temps passé entre deux trains, soit à la résidence, soit dans un dépôt étranger s'ajoutant au repos réglementaire, en donnant un intervalle de temps insuffisant pour constituer un repos. Toute journée de travail effectif ne doit pas excéder douze heures et doit être comprise entre deux repos séparés au plus par un intervalle de dix-sept heures

Tous les dix jours, il doit y avoir à la résidence un grand repos de vingt-quatre heures au moins, et l'intervalle entre ces grands repos ne doit pas excéder vingt jours. On les compte dans l'évaluation de la moyenne décadaire des repos pour dix heures seulement. Les réserves, pendant lesquelles les agents sont tenus de rester au dépôt, entrent pour le quart de leur durée dans le calcul décadaire du travail ; elles doivent être précédées d'un repos à domicile.

Toutes ces évaluations sont conventionnelles et pourraient être établies sur d'autres bases. C'est ainsi qu'en Russie les chiffres sont différents ; il doit y avoir par jour huit heures de repos ininterrompu, et il ne doit pas y avoir moins de cent vingt-quatre heures de repos en dix jours ; un personnel ne doit pas rester plus de douze heures sur sa machine. Les conditions sont moins rigoureuses que dans la réglementation précédente.

247. Roulements. — Chaque personnel ne pouvant faire tous les jours le même travail, tout au moins dans la généralité, on se trouve amené à fixer ce travail quotidien pour une période de plusieurs jours, sauf à la recommencer, lorsqu'elle a été terminée. Cette succession régulière de trains à assurer pendant plusieurs jours constitue un roulement. Dans un roulement, il y a autant de personnels que de jours, ils assurent à tour de rôle le service journalier. On aura donc à examiner, dans l'établissement d'un roulement, le travail quotidien et l'ordre de succession des journées de service, qui doivent satisfaire l'un et l'autre aux prescriptions de la réglementation sur le travail.

On a vu que l'on pouvait avoir, pour la même machine, un, deux ou plusieurs personnels. Il y a donc des roulements en simple équipe, double équipe, et équipes multiples ou banales. De plus, les roulements varient suivant la catégorie de machines ou de trains. Il existe donc un grand nombre de roulements; mais, en réalité, la variété porte sur le nombre des équipes.

Simple équipe. — Les agents, ne pouvant rester très longtemps en dehors de leur résidence, on se trouve amené à leur faire assurer un train à l'aller et un train au retour, soit ce qu'on appelle une *tournée*. La durée du trajet d'un train, fait par le même personnel, ne devra jamais excéder celle fixée pour le maximum du travail, soit douze heures, et l'intervalle qui sépare ce train du suivant devra donner un repos suffisant, hors de la résidence, c'est-à-dire sept heures au moins. Soit, par exemple, à assurer le service des trains de marchandises, entre deux gares A et B, distantes de n kilomètres, et comportant chacune un dépôt :

Départ de A	Numéros des trains	Arrivée en B	Départ de B	Numéros des trains	Arrivée en A
11m,10	1	9s,00	10m,35	2	4s,50
5s,00	3	12m,10	1s,10	4	6s,50
7s,50	5	3m,15	2s,05	6	7s,25
9s,25	7	3m,25	3s,40	8	9s,30
9m,10	9	2s,00	5s,25	10	1m,15

On voit, tout d'abord, que la durée des trajets n'atteint jamais douze heures, la moyenne étant de sept heures.

Il suffira donc, pour l'établissement des tournées, de grouper deux à deux ces trains, de façon que le repos en B soit au moins de sept heures. Ce repos est égal au stationnement en B, diminué de deux heures à savoir, une heure après l'arrivée, et une heure avant le départ, pour soins à donner par le personnel à la machine.

On arrive au groupement suivant :

	Départ de A	Numéros des trains	Arrivée en B	Départ de B	Numéros des trains	Arrivée en A	Durée du repos
(1)	11^m,10	1	9^s,00	10^m,35	2	4^s,50	11^h,35
(2)	5^s,00	3	12^m,10	1^s,10	4	6^s,50	11^h,00
(3)	7^s,50	5	3^m,15	5^s,25	10	1^m,15	12^h,10
(4)	9^s,25	7	3^m,25	3^s,40	8	9^s,30	10^h,15
(5)	9^m,10	9	2^s,00	2^m,05	6	7^s,25	10^h,05

La sortie du dépôt a lieu une heure après l'arrivée. | L'entrée au dépôt a lieu une heure avant le départ.

On a chaque fois, en B, au moins dix heures de repos : la condition des sept heures hors de la résidence est donc satisfaite.

Pour le groupement des tournées, le repos à domicile, c'est-à-dire l'intervalle qui sépare une arrivée en A, d'un départ de A, doit être au moins de dix heures. A l'heure d'arrivée du train, on ajoute une heure pour soins donnés à la machine, de même le mécanicien doit arriver une heure avant le départ, ce qui diminue de deux heures l'intervalle qui sépare l'arrivée du départ des trains. On obtient le groupement suivant :

Arrivées en A		Départs de A		
Numéros des trains	Heures d'arrivée	Numéros des trains	Heures du départ	Durée du repos
10	1^m,15	3	5^s,00	13^h,45
4	6^s,50	9	9^s,10	12^h,20
6	7^s,25	7	9^m,25	12^h,00
8	9^s,30	1	11^m,10	11^h,40
2	4^s,50	5	7^s,50	1^h,00

La sortie du dépôt a lieu une heure après l'arrivée du train. | L'arrivée au dépôt a lieu une heure avant le départ du train.

Tous les repos à domicile sont acceptables, sauf toutefois le dernier, de une heure, qui est insuffisant; comme il est nécessaire d'accorder, tous les dix jours, un repos de vingt-quatre heures, on profitera de la circonstance pour l'intercaler, et le repos sera porté à vingt-cinq heures. Si les tournées ne concordaient pas aussi exactement que celles-ci, on pourrait demander le remplacement de certains trains par d'autres, donnant un groupement plus commode, ou encore échanger avec les dépôts voisins quelques-unes des

tournées, enfin essayer toutes les combinaisons qui permettent une bonne utilisation du personnel et des machines.

Il suffit de vérifier maintenant si les conditions de travail et de repos décadaires sont satisfaites. Ces divers résultats sont consignés sur le tableau et le graphique ci-contre.

Lorsqu'on a une réserve à assurer, comme sa durée n'est comptée qu'en partie, on profite d'un repos important à domicile, et d'une période de travail assez courte pour l'intercaler. Quand la durée d'un train entraine plus de douze heures de travail, on fait remplacer le personnel à son arrivée, pour assurer la rentrée de la machine au dépôt, ou en cours de route, s'il y a lieu.

Double équipe. — Le principe est le suivant : pendant le repos d'une équipe, la machine part avec une seconde qui la ramène à son point de départ pour lui permettre de repartir avec la première, et ainsi de suite. Dans ces conditions, le séjour hors du dépôt ne doit guère excéder douze heures et ne dépasser vingt-quatre heures que lorsqu'il s'agit de donner à domicile un grand repos à l'un des personnels.

Ces roulements s'établissent comme précédemment ; on examine d'abord les tournées, puis le groupement des tournées. Soit, par exemple, les trains suivants pour lesquels on a les tournées ci-dessous :

	Départ de A	Numéros des trains	Arrivée et départ de B	Numéros des trains	Arrivée en A
(1)	$1^m,00$	1	»	2	$2^s,00$
(2)	$3^m,30$	5	»	6	$8^m,30$(du lendemain)
(3)	$6^m,30$	9	»	10	$1^s,30$
(4)	$3^s,30$	3	»	4	$1^m,06$
5	$6^s,00$	7	»	8	$12^s,30$
(6)	Repos de 24 heures.				

Ces différentes tournées se rapportent à la machine et sont choisies pour ne pas demander un excès de travail au personnel. On peut les établir en double équipe en remarquant qu'une machine arrivée au train 2 à 2^s, peut continuer le train 3 et revenir au 4 avec un autre personnel ; on groupe ainsi (1) et (4), (3) et (5), et il reste (2) et (6) ; comme le repos doit être d'au moins vingt-quatre heures, on s'arrange pour que la tournée correspondante dure ce temps avec un seul personnel. Ce dernier pourra assurer le service pendant vingt-

SERVICE EN DOUBLE ÉQUIPE (3 machines, 6 personnels).

JOURS	NUMÉROS des trains	TEMPS de préparation et de mise en tête de la machine	HEURES de départ des trains	PARCOURS de :	à :	HEURES d'arrivée des trains	TEMPS de remisage à l'arrivée	NOMBRE de kilomètres par jour	TRAVAIL entre deux grands repos	de minuit à minuit	par décade	GRANDS REPOS à la résidence	Hors de la résidence	de minuit à minuit	par décade
1	2	3	4	5	6	7	8	9	10	11*	12	13	14	15**	16
						Première	*équipe*								
1er	1	(a) 30'	1h m.	A	B	4h 30' m.	30' (b)	130	9h	9h	74h 30'	12h 30'	»	10h 30'	121h 45'
	2	30'	10h m.	B	A	2h s.									
2e	5	1h 30	3h 20' m.	A	B	6h 30' m.	45'	130	7h 45	9h 45'	78h 15'	11h 45'	14h 15'	122h 30'	
	6 bis		7h m.	B	A	9h 30' m.									
	5 bis	1h	11h s.	A		»									
3e	5 bis	» 30'	2h 30' m.	B	B	2h m.		130	7h 30'		10h 30'			11h 30'	122h 31'
	6			A	A	5h 30' m.	(c)			12h 30' 15'	89h 45'	1h			
	7	1h	6h s.	A	B	5h s.		130	7h 30'		13h 30'				
	8	30'	9h 30' s.	B		»									
						Deuxième	*équipe*								
4e	8	(b) 30'	2h 30' s.	A	A	12h 30' m. (a)	30'			6h	86h		13h 30'	123h 30'	
	3		11h s.	B	B	5h 30' s.		130	6h 45			28h 15'	»		
	4														
5e	4	»	»		A	12h 30' m.	45'			1h 15	78h 15'		11h 29'	124h 29'	
			Repos												
6e	9	(c) 1h	6h 30' m.	A	B	10h m.	30' 45'	130	9h 45	9h 45	78h 15'	10h 15'	»	12h 31'	122h 45'
	10	30'	10h m.	B	A	1h 30' s.									

OBSERVATIONS

(a) La machine du train 8 assure le train 1
(b)   —   2   —   3
(c)   —   6   —   9

* Inscrire dans la colonne 11, sur la ligne correspondante, le 1/4 du temps de la "Réserve repos".
** La déduction des 11 heures doit être faite dans la colonne 15. Souligner les chiffres ayant subi cette réduction.

quatre heures, pourvu qu'il ait un repos de dix heures au moins à domicile ou sept heures au dehors. On pourra alors le faire partir au train 5 pour assurer, soit des manœuvres, soit une réserve, soit des petits trains locaux; c'est le cas supposé ici avec les trains 5 *bis* et 6 *bis*. On arrive donc, avec deux personnels et une machine, à établir les tournées suivantes.

Première équipe.			*Deuxième équipe.*		
1^m,00	1-2	2^s,00	2^s,30	3-4	1^m,06
6^s,00	7-8	11^s,45	6^m,30	9-10	1^s,30
3^m,30	5-6 *bis*, 5 *bis*-6	8^m,30	Repos		

Pour établir l'ordre dans lequel devront se faire ces tournées, il faut remarquer que chaque équipe prend son repos à tour de rôle; de plus elle doit assurer successivement chacun des trains; on y arrive en les groupant comme il est indiqué ci-dessous.

	Première équipe.			*Deuxième équipe.*		
Jours						
1er	1^m,11	1-2	2^s,16	2^s,30	3-4	1^m,06
2^e	3^m,54	5-6 *bis*	8^m,30	Repos		
	12^m,50	5 *bis*-6	5^m,42			
3^e	6^s,09	7-8	6^m,34	6^m,30	9-10	1^s,30

A la fin de la sixième journée, l'équipe arrivée à 1^s,30, repart à 1^m,11, le lendemain, à la première journée. Il ne reste plus qu'à établir le tableau du travail et du repos décadaire, conformément aux indications précédentes.

Service banal. — Comme il a été dit plus haut, le service banal ne s'applique guère qu'aux manœuvres, on peut cependant l'établir d'une manière générale, tel est le cas de certains trains assurés tous les jours par un personnel différent. Pour le service des manœuvres, on rencontre les combinaisons les plus variées. A côté d'une machine fonctionnant pendant vingt-quatre heures, on peut en avoir d'autres manœuvrant quelques heures, suivant les besoins du service. Il suffira de prendre un exemple pour pouvoir généraliser la question. Soient trois machines devant manœuvrer pendant vingt-quatre heures chacune. Il faut assurer le service avec un nombre d'agents suffisant pour satisfaire aux

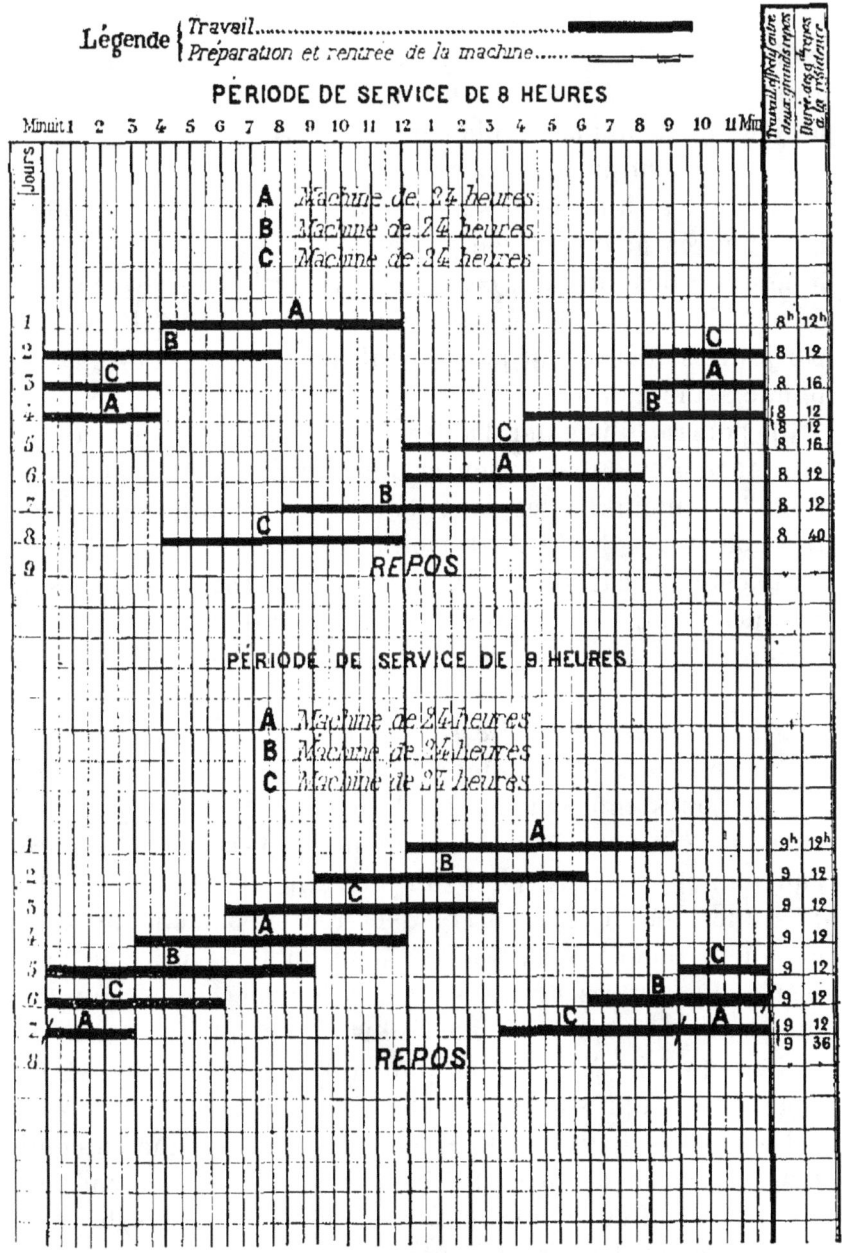

Service banal.

conditions de la réglementation du travail. Les équipes font huit heures de travail suivies de douze heures de repos au moins, et changent de machine à chaque fois pour reprendre la première au bout de trois jours. Le tableau précédent indique la succession des changements. De plus, comme on a un repos de vingt-quatre heures à accorder, on le place en un jour quelconque supplémentaire. Il faut donc 9 personnels pour assurer ce service.

Au lieu de huit heures de travail, on pourrait en mettre neuf heures et douze heures de repos; on réduirait à huit le nombre des équipes, ce qu'il était facile de prévoir dès le début, chaque équipe faisant une heure de travail de plus par jour, soit sur neuf jours, neuf heures, c'est-à-dire l'économie d'une équipe.

On pourrait imaginer d'autres combinaisons, pourvu qu'on ait journellement dix heures de travail au plus et dix de repos au moins; elles sont d'autant plus nombreuses que très souvent la durée de travail des machines est différente. Dans certains cas, on assure le repos successif des agents de chaque équipe, au moyen d'un agent supplémentaire, employé tantôt comme chauffeur, tantôt comme mécanicien.

248. Salaires. — *Salaire fixe.* — Sur les lignes américaines, les mécaniciens et chauffeurs sont payés à la journée pour des parcours inférieurs à 161 kilomètres; au-dessus on les paie soit à la journée, soit au kilomètre. Les salaires d'après l'ancienneté varient pour un mécanicien, de 12 fr. 50 à 17 francs, ou de 0 fr. 0775 à 0 fr. 109 par kilomètre. Le chauffeur touche 8 fr. 75 par jour ou 0 fr. 055 par kilomètre. Les autres agents sont à la journée à des taux très inférieurs. Quelquefois, mais plus rarement, le voyage est traité à forfait. Mais, quel que soit le système, les agents sont payés d'après le travail fourni.

En France et sur la plupart des réseaux de l'ancien continent, le mode de procéder est tout différent. Les mécaniciens et chauffeurs ont un traitement fixe au mois, basé sur l'ancienneté; il varie suivant les Compagnies : les mécaniciens gagnent en général de 130 à 200 francs et les chauffeurs de 100 à 150 francs suivant leur ancienneté.

Mais à ces émoluments s'en ajoutent d'autres variables ou

primes, évalués d'après le travail direct de l'agent. Les *primes* sont de trois sortes : prime de parcours, prime d'économie du combustible et de graissage, et déplacements.

Primes de parcours. — Les mécaniciens touchent par voyage une prime qui varie de 1ᶜ,5 à 2ᶜ,5 par kilomètre, suivant la nature du train. Quelquefois même, pour des trains particulièrement difficiles, on alloue une prime spéciale. Il en est de même du temps regagné en marche. Les chauffeurs touchent la moitié de la prime du mécanicien. Un mécanicien faisant 3.000 kilomètres à 2 centimes, touche 60 francs en plus de son traitement.

Sur beaucoup de réseaux, la prime de parcours est proportionnelle à la durée de service de la machine. C'est le cas des lignes russes où les primes de parcours dépendent de l'ancienneté de la machine depuis sa dernière grande réparation : il y a quatre catégories :

1° Jusqu'à 50 ou 60.000 verstes ;

2° Jusqu'à 100.000 verstes ;

3° Jusqu'à 140.000 ;

4° Au-dessus.

Primes d'économie. — Suivant le type de machine et la nature du train, il est alloué une consommation déterminée de combustible. Elle est prévue suffisamment large pour que les agents la réduisent d'eux-mêmes, en effectuant leur train dans de bonnes conditions. La différence entre l'allocation et la consommation réelle constitue l'économie. Elle est payée d'après la nature du combustible. L'importance de l'économie dépend naturellement de la cherté du charbon, aussi sur certains réseaux, par exemple, aux États-Unis, les primes d'économie n'existent pas. En France, au contraire, on invite le mécanicien et le chauffeur à travailler avec méthode et avec soin et, tout en augmentant le salaire de leur personnel, les Compagnies y trouvent leur avantage. Si, par exemple, chaque tonne de combustible économisée est payée à raison de 6 francs, à partager entre le chauffeur et le mécanicien, on aura, pour un personnel faisant 3.000 kilomètres par mois et ayant économisé 5 kilogrammes par kilomètre, 90 francs de prime d'économie, soit 60 francs pour le mécanicien et 30 francs pour le chauffeur.

On encourage également la substitution du tout-venant aux briquettes. Il existe enfin des primes de graissage; elles varient *généralement de 0 fr. 20 à 0 fr. 30 par kilo-gramme*, et les deux tiers sont accordés au mécanicien. Quelques Compagnies, comme l'État Belge, le North and Western Railway, retirent des chiffons et déchets les matières grasses qu'ils peuvent contenir. On voit que, par tous les moyens, *on cherche à diminuer la dépense* relative au grais-sage du mécanisme.

Déplacements. — Le personnel des machines, peut toucher des frais de déplacement pour tout le temps passé hors de la résidence depuis l'heure d'entrée au dépôt pour le départ *jusqu'à celle de sortie au retour*, lorsqu'il atteint une cer-taine importance.

Généralement, cette indemnité est, pour une absence de seize à vingt heures de 1 fr. 60; au-dessus et pour chaque augmentation de quatre heures, elle est de 0 fr. 40, soit, pour quarante-quatre heures d'absence, 4 francs de dépla-cement. De même, les agents envoyés dans un dépôt étran-ger, pour y séjourner quelque temps, reçoivent 2 et 3 francs par jour, suivant la durée de l'absence.

Les chefs de dépôts, chefs mécaniciens, sont intéressés au travail de leurs agents; ils reçoivent des primes en rap-port avec celles des mécaniciens.

Punitions. — Les punitions portent le plus souvent sur le gain de l'agent; en *cas de perte de temps, on ne lui accorde* pas les primes de parcours. Dans le cas de consommations exagérées de combustible ou de graissage dépassant les allo-cations accordées, on peut faire payer à l'agent fautif l'excé-dent suivant une base déterminée. Pour des fautes contre le règlement, *pour manque dans le service*, on a la mise à pied; dans ce cas, l'agent puni ne travaille pas, mais il n'est pas payé. Enfin, dans le cas de fautes graves, on a la descente de classe et la révocation.

249. Allocation de combustible et de graissage. — L'allo-cation de combustible, c'est-à-dire le nombre de kilogrammes de charbon que l'on peut brûler par kilomètre, varie suivant les réseaux, le type de machine, *la nature du train, sa charge*

et la saison. L'allocation est établie dans les conditions les plus défavorables de manière à laisser aux mécaniciens une marge suffisante. Ces chiffres, comptés par kilomètre, sont identiques à ceux de la consommation par chevaux pour les machines fixes; mais il a été beaucoup plus simple d'adopter cette unité spéciale, car il serait très difficile d'évaluer la puissance moyenne d'une locomotive en marche.

Les allocations sont établies d'après des tableaux assez longs et compliqués. Il suffira de citer un exemple pris dans ceux du réseau du Nord et concernant les machines de la série 2451 à 2630.

NATURE DES TRAINS	EXPRESS	TRAINS LÉGERS	BAN- LIEUE	VOYA- GEURS	MARCHAN- DISES
Charge en essieux.....	24	16	30	30	»
Consommation en kilogs					
Charge (Hiver.....	11	11	12	12	12
normale, (Été.......	10	10	11	11	11
Surcharge (Hiver..	12	12	13	13	»
le 1 à 6 essieux(Été....	11	11	12	12	»
Surcharge au (Hiver.	14	14	15	15	»
delà de 6 essieux(Été...	13	13	14	14	»
Proportion) Gros....	25 0/0	25 0/0	25 0/0	25 0/0	25 0/0
de) Tout-ve-					
combustible (nant .	75 0/0	75 0/0	75 0/0	75 0/0	75 0/0
Graissage en kilogrammes					
par 100 kilomètres ..	2,55	2,55	2,55	2,55	2,55

Sur les lignes américaines, on alloue 1 à 6 kilogrammes par kilomètre et par voiture remorquée d'après le type de machine. On arrive ainsi facilement aux chiffres de 20 à 27 kilogrammes par kilomètre aux trains de voyageurs et 25 et même 40 kilogrammes aux trains de marchandises. Comme graissage, on a pour les cylindres 1 litre par 170 kilomètres et pour le mécanisme 1 litre par 70 kilomètres, enfin on compte $0^{kg},280$ de déchets par 100 kilomètres. En Allemagne, on évalue à 16 kilogrammes la consommation moyenne par kilomètre des trains de marchandises et à 10 kilogrammes celle des trains de voyageurs, comme graissage on compte $1^{kg},60$ à $2^{kg},50$ par 100 kilomètres.

Pour les machines de manœuvre, on estime que leur parcours est de 5 kilomètres à l'heure. On généralise l'estimation en l'appliquant à une machine quelconque, lorsqu'elle effectue des manœuvres. Les comptes sont faits d'après les bons, établis par le chef de manœuvre.

En France, on tient compte encore de la consommation de la machine, pendant qu'elle assure la réserve. On alloue généralement 10 kilogrammes par heure aux machines à voyageurs et 15 à celles de marchandises. De même, pour l'allumage, il est accordé 250 kilogrammes aux premières et 300 aux secondes, enfin pour la circulation à vide, $4^{kg},5$ aux machines des voyageurs et 6 à celles des marchandises.

Une machine voyageant avec plusieurs personnels, pour évaluer la consommation, et par suite l'économie réalisée par chacun d'eux, on établit d'abord, d'après les bons délivrés aux différents chantiers de combustible où la machine a chargé, la quantité de charbon consommé. On la répartit ensuite proportionnellement aux différents parcours effectués par chaque personnel. Il faut donc, d'une part, avoir le service de la machine, et, de l'autre, celui effectué par chaque personnel.

Cette comptabilité, qui doit tenir compte des haut-le-pied, des réserves, des allumages, des manœuvres, etc., est forcément assez complexe, et nécessite un personnel considérable, centralisant tous ces renseignements.

C. — ATELIERS DE LA TRACTION

250. Réparation des machines. — Généralement les Compagnies des chemins de fer ne construisent pas leur matériel, il leur est fourni par l'industrie privée. Cette règle n'est cependant pas absolue. C'est ainsi que le North Western and London Railway fait toutes ses machines aux ateliers de Crewe, y compris la fabrication de l'acier et de la fonte nécessaires aux diverses pièces, seuls les tubes et les plaques de cuivre de foyer sont construits au dehors.

Par contre, presque toutes les Compagnies font leurs réparations, y trouvant une économie réelle, provenant en partie de la suppression des transports de machines à réparer, et d'un outillage et d'un personnel spécial.

Les réparations sont de plusieurs sortes. On a vu que, dans les ateliers de dépôt, on faisait les petites réparations, ou entretien courant, consistant à remettre en état toutes les pièces signalées comme défectueuses par le mécanicien. Cet entretien, fait au fur et à mesure des besoins, n'est jamais d'une longue durée ni d'un prix très élevé. Les ateliers font également les changements de roues ou grand entretien, il a lieu périodiquement après un certain parcours n'excédant pas 50.000 kilomètres. D'une durée plus grande, trois semaines à un mois, cette réparation coûte 1.000 à 1.500 francs.

Mais, pour les réparations plus importantes, nécessaires après un parcours de 150.000 à 350.000 kilomètres, et désignées sous le nom de grandes réparations, on les fait dans les grands ateliers. Le parcours entre deux grandes réparations est assez variable. Sur la ligne de Saint-Pétersbourg-Varsovie on est arrivé à 162.608 kilomètres pour les machines à voyageurs, et à 133.808 kilomètres pour celles à marchandises; sur les lignes russes du Sud-Ouest, il était, pour toutes les machines, de 168.150 kilomètres. Sur l'Est français on atteint 250 à 350.000 kilomètres. Ces réparations consistent plus spécialement dans le remplacement des tubes, des plaques de foyer et de boîte à fumée, en un mot tout ce qui concerne la grosse chaudronnerie. On profite naturellement de la circonstance pour tout remettre en état, retirer le jeu de toutes les pièces du mécanisme et les remplacer, s'il y a lieu. La machine ressort de là, prête à un nouveau parcours. Entre deux grandes réparations, on effectue plusieurs changements de roues et entre deux changements de roues, une visite de tiroirs et pistons. Cette règle, naturellement, n'a rien d'absolu, ces diverses réparations pouvant être faites à la suite de circonstances spéciales. Il convient de remarquer, en outre, qu'en France, les machines doivent être soumises à l'essai de la presse hydraulique, tous les dix ans.

La durée d'une locomotive est de vingt-cinq à trente ans, dont 1/10 comme neuve, 5/10 comme bonne, 3/10 moyenne, 1/10 mauvaise.

251. Emplacement des ateliers. — La situation d'un atelier, sur un réseau, a une certaine importance ; s'il n'y en a qu'un, comme celui de Crewe sur le North Western, qui répare annuellement 2.000 machines, et en construit 120 à 140 ; on le place au centre du réseau, de manière à réduire les transports de véhicules et de matières. La surface de l'atelier de Crewe est de 47 hectares, dont 15 couverts ; il occupe 6.500 ouvriers, et produit 50.000 tonnes de fonte. Généralement on préfère avoir un plus grand nombre d'ateliers d'importance différente, répartis sur différents points du réseau, dans de grands centres industriels, autant que possible, qui rendent non seulement les approvisionnements de matières et d'outillage plus faciles, mais encore le recrutement du personnel.

C'est ce qui arrive pour les différents réseaux français où, à de rares exceptions près, les ateliers sont placés dans le voisinage de grandes villes, au point de convergence de plusieurs lignes. Cette disposition toutefois présente l'inconvénient d'augmenter les frais généraux et le prix de la main-d'œuvre.

Dans quelques cas, on a imaginé de spécialiser les ateliers, chacun d'eux ayant un travail déterminé à effectuer. Les uns font le travail des roues ; d'autres, celui des chaudières. On verra que, pour les ateliers du matériel, cette méthode a été adoptée ; toutefois elle a l'inconvénient de nécessiter des transports de matières ou de pièces lourdes, elle ne peut donc être préférée pour les locomotives. On doit cependant observer que pour les roues, les ateliers des dépôts sont souvent obligés de procéder de cette façon, n'étant pas toujours outillés pour leur remise en état.

252. Composition d'un atelier. — Les ateliers de réparation des machines se composent de trois groupes principaux : le montage, l'ajustage et la chaudronnerie.

Le *montage* comporte une série de fosses sur lesquelles sont levées les machines ; c'est-à-dire qu'après avoir été débarrassé de ses roues et complètement dépouillé, le châssis repose sur des tréteaux avec ou sans sa chaudière, transportée alors à la chaudronnerie. Les fosses de levage peuvent être disposées dans le sens transversal du bâtiment, elles sont alors desservies par un chariot transbordeur se déplaçant perpendicu-

lairement aux fosses. On peut encore les placer par groupes
de trois dans le sens longitudinal, deux sont employées au
levage des machines et celle du milieu à leur circulation ; elles
sont desservies par un ou deux ponts roulants se déplaçant
dans le sens de la longueur. Cette dernière disposition a l'avantage de rendre le transport des pièces et des machines plus
facile tout en laissant autant de place disponible.

Le montage, recevant les machines à l'arrivée ou à la
sortie de l'atelier, est relié avec les voies de la gare. Il ne comporte généralement qu'un outillage fort restreint, quelques
machines-outils (alésage des cylindres, dressage des tables de
tiroirs), et un nombre suffisant d'établis pour les monteurs.
Comme appareil de levage, on emploie des grues roulantes,
ou mieux des vérins ou des ponts roulants.

L'ajustage, au contraire, renferme un grand nombre de
machines-outils, tours de différents modèles pour le tournage des roues de toutes dimensions et de certaines pièces du
mécanisme, machine à aléser les bandages, les coussinets,
fraiseuses, raboteuses, étaux-limeurs, taraudeuses, perceuses
de toutes formes, radiales ou fixes, machines spéciales pour
les entretoises, etc. On rencontre, du reste, dans tous les
ateliers, un certain nombre de machines particulières appro-
priées à des travaux spéciaux.

Cet atelier, généralement rectangulaire, comporte plusieurs
travées desservies au niveau du sol par un chemin de roulement pour les chariots ou wagonnets amenant les pièces
et, dans le haut, par des grues, des palans ou des treuils
roulants permettant leur déplacement sur la machine-outil.
Les machines doivent être groupées dans un ordre méthodique, de manière à éviter toute manutention inutile aux
pièces à travailler, et à utiliser le mieux possible l'espace
toujours trop restreint. Chacune d'elles est munie d'une
transmission intermédiaire permettant l'emploi d'un dé-
brayage avec changement de vitesse. Les transmissions principales, plus généralement aériennes, sont placées le long
des murs de l'atelier ou sur des supports intermédiaires.
Mais, depuis l'introduction de l'électricité dans les ateliers,
on adopte un moteur par machine dont on fait varier la
vitesse par un rhéostat de champ (Carlsruhe); on supprime

toutes les transmissions toujours si encombrantes. L'ajustage doit être relié avec les autres parties de l'atelier par un certain nombre de voies, de manière à permettre, sans difficulté le déplacement des pièces.

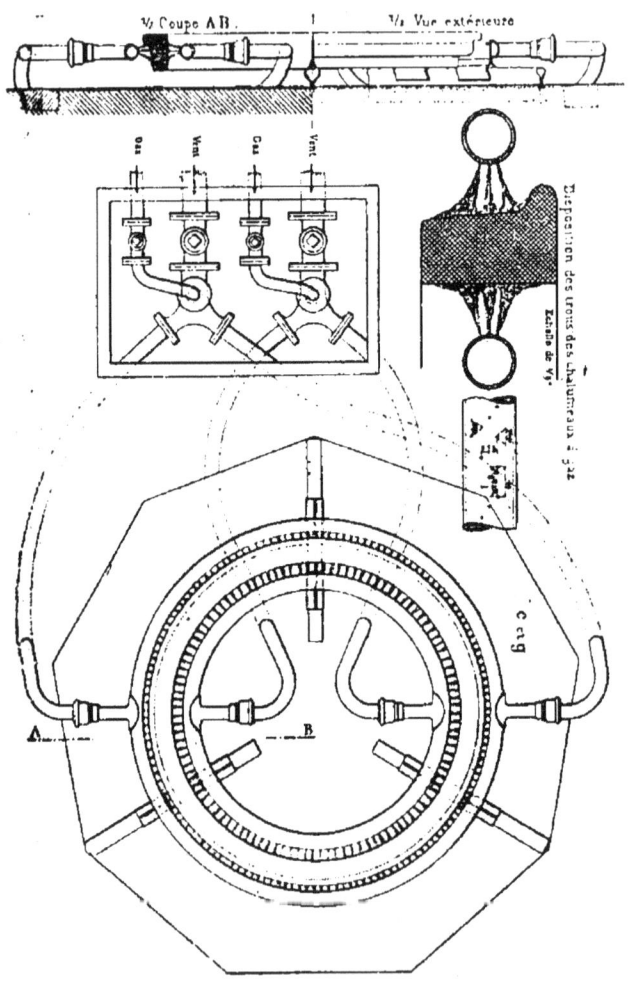

Fig. 296. — Emballage au gaz.

A côté de l'ajustage, se trouvent les *forges* pour la confection de différentes pièces du mécanisme ou du châssis, la fabrication des ressorts. Elles sont par groupes de deux ou quatre, avec un nombre de tuyères suffisant, alimentées par un ventilateur. Il y a des marteaux-pilons pour les grosses pièces. Des fours de réchauffage, de cémentation sont placés dans le voisinage des forges. Enfin on y adjoint les appareils spéciaux pour l'embattage des roues soit au gaz (*fig.* 296), soit au four.

Quant à la *chaudronnerie*, elle est en deux parties : grosse chaudronnerie et chaudronnerie en cuivre. La première comporte une série de fosses parallèles au-dessus desquelles on installe des chaudières. On emploie, pour le déplacement de ces chaudières, des treuils roulants, des chariots transbordeurs ou des lorrys. Une série de forges portatives, de riveuses, de perceuses mécaniques, quelques appareils spéciaux pour les tubes constituent l'outillage. Quant à la petite chaudronnerie, où se confectionnent la tuyauterie, le métal blanc des coussinets, elle reçoit quelques fours de fusion.

Pour les tenders, on réserve un local spécial comportant un certain nombre de fosses où sont levées les caisses à eau, de manière à réparer séparément le châssis et la caisse. Cette installation est, du reste, très simple.

Les différentes parties de l'atelier examinées ci-dessus peuvent être abritées dans des locaux spéciaux ou être toutes concentrées sous la même construction. La première disposition, la plus ancienne, est également la plus répandue, mais on commence à donner la préférence à la seconde, qui a de nombreux avantages. Quelques exemples suffiront pour préciser les dispositions adoptées.

253. Ateliers d'Hellemmes. — *Généralités.* — Il convient de citer, en première ligne, les ateliers du Nord français à Hellemmes pour l'entretien du matériel et de la traction. Réunis ensemble, ces ateliers forment cependant deux groupes distincts représentant une surface couverte de 21.600 mètres carrés, séparés par un troisième groupe comprenant l'économat et les magasins avec une longueur de voies de 12 kilomètres. Pour donner une lumière suffisante dans chaque bâtiment, la toiture est à rampants inégaux en forme de sheeds, le plus petit côté étant recouvert en verre. L'eau tombant sur les toits est recueillie dans une citerne de 350 mètres cubes et sert à l'alimentation des chaudières.

L'atelier de la traction (*fig.* 297) comprend : le montage,

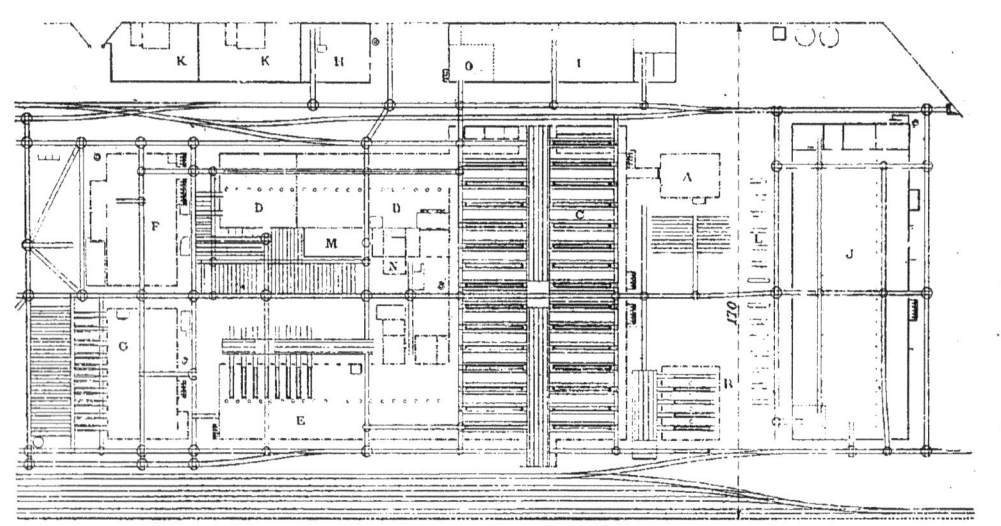

Fig. 297. — Ateliers d'Hellemmes (Traction).

A. Bureaux.
B. Peinture.
C. Montage.
D. Ajustage.

E. Atelier des tenders.
F. Forges.
G. Roues et bandages.
H. Fonderie.

I. Ajustage-limes.
J. Chaudronnerie.
K K'. Logements.
L. Tréteaux pour caisses à eau.

M. Meulage.
N. Affûtage des limes au jet de sable.
O. Outillage.

l'ajustage, les forges, la chaudronnerie, la fonderie et quelques
ateliers spéciaux. Le montage est relié directement à l'ajustage et à la chaudronnerie; les forges sont séparées.

Les voies réunissant ces différents groupes sont à l'écartement normal; elles se raccordent entre elles par des
plaques de 4m,20 et de 2m,10. Les premières ne présentent
rien de spécial; les autres reposent sur douze boulets
d'acier se déplaçant sur un chemin de roulement. On emploie également, pour changer de voie les roues de machines
ou de wagons, des tourniquets formés de bouts de rails
mobiles autour d'un axe vertical.

Montage. — Le montage comporte vingt-huit fosses parallèles, pouvant recevoir chacune deux machines; la durée
d'une réparation étant de trois mois en moyenne, le montage
peut donc admettre 200 machines par an. On accède à
ces fosses au moyen d'un chariot transbordeur placé au
milieu, et se déplaçant perpendiculairement.

Ce transbordeur, dont l'emploi a été généralisé depuis
dans d'autres ateliers, comporte une petite chaudière fournissant la vapeur à une machine à deux cylindres faisant
mouvoir tantôt les essieux du transbordeur, tantôt un cabestan qui, au moyen d'une poupée et d'un câble, peut faire
avancer les machines sur les fosses. Le chariot peut porter
également deux grues roulantes de 20 tonnes, à écartement
de 3m,50, pouvant se déplacer le long des fosses et servant
au transport des charges importantes. Le long des murs du
montage on a les établis avec étaux. Entre les fosses, on
place des *servantes* de montage pour recevoir les pièces
démontées. Le levage des machines sur les fosses se fait au
moyen de vérins (*fig.* 295) ou de grues roulantes.

Ajustage. — Il est formé de deux travées de 12m,50 de largeur chacune sur 84 mètres de long, avec annexe pour les
chaudières et les deux machines de l'atelier. Ces chaudières
proviennent d'anciennes locomotives; elles ont 9 mètres
carrés de surface de foyer, et 109m2,30 de surface de tubes.
Les machines Corliss, de 100 chevaux, sont à condensation et
fonctionnent à 5 kilogrammes de pression; le cylindre
a 0m,508 de diamètre et 1m,143 de course. Elles font mouvoir un arbre placé sur le petit côté du bâtiment au moyen

d'engrenages coniques; cet arbre, à son tour, au moyen
d'engrenages égaux, actionne trois transmissions parallèles
au grand côté, desservant les transmissions intermédiaires
de chaque machine-outil. Les transmissions principales font
103 tours à la minute.

La distribution des machines-outils est faite d'une manière
méthodique. La travée nord est affectée aux tours des roues
de machines et tenders, ou aux pièces encombrantes; elle
est desservie par une voie longitudinale qui la relie aux
forges et au montage. Une grue Ramsbotton de 6 tonnes,
avec portée de 4 mètres, se déplace le long de la travée, et
sert aux manipulations des pièces lourdes. Elle est mue à
la vitesse de 17 mètres par seconde au moyen d'une transmission funiculaire, formée par une corde de 15 millimètres de diamètre, prenant son mouvement sur l'arbre
principal, et suivant la grue dans tous ses déplacements.

La travée sud reçoit les autres machines-outils, groupées par catégorie; un grand développement a été donné
aux fraiseuses. Chaque machine est surmontée d'un palan de
levage qui repose sur des fers à planchers spéciaux.

Chaudronnerie. — Elle est à trois travées, deux de
12 mètres, et une centrale de 19 mètres sur 108 mètres de long,
orientées dans la direction du nord au sud. La travée
du milieu est réservée au travail des chaudières sur tréteaux et au rivetage hydraulique; une voie aboutissant au
centre sert au lorry, sur lequel les chaudières sont amenées
du montage. Elles sont ensuite reprises au moyen d'un
chariot transbordeur électrique de 17 tonnes placé à 7^m,85
au-dessus du sol, et permettant de les disposer sur deux
rangées; au centre, il y a huit fosses pour les essais à la
presse hydraulique, et une pour les essais à chaud. La
riveuse hydraulique Twedell est placée au milieu de la chaudronnerie; une partie de la machine est dans une fosse,
la commande du mouvement se trouve à portée de la main;
elle est desservie par un pont électrique de 10 tonnes qui
soutient les pièces pendant le rivetage. La travée est reçoit
les forges, un four à recuire les tôles, des machines à cin-
trer, etc. A l'ouest, on a les machines-outils; elles sont desservies chacune par un pont roulant de 5 tonnes. La force

motrice est fournie par une machine de 175 chevaux, qui
actionne une dynamo génératrice, et des pompes pour l'accumulateur hydraulique. Tous les ponts et quatre grues
de 1 tonne sont mus électriquement, ils peuvent absorber
ensemble 80 chevaux, soit 40 en service ordinaire avec un
rendement de 0,50.

Fonderie de bronze. — Ajustage-limes. — Toutes les pièces
en bronze de l'atelier et des lingots pour les autres ateliers
y sont préparés. Elle est en trois parties : une pour le montage (fours, étuves, machines à mouler, etc.), une pour les
ébarbeurs et modèles, établis, brosses métalliques, meules
en grès, et enfin un magasin. A l'extérieur du bâtiment
se trouve la réserve à sable. Symétriquement, et sur la même
rangée, on a l'*ajustage-limes* divisé en trois parties également,
une pour les travaux d'ajustage placés au milieu, la
seconde à droite, pour la fabrication de l'outillage, et la
troisième pour la menuiserie et un magasin.

Forges. — Roues et bandages. — Cet atelier, en deux parties, est placé du côté opposé au montage. Le bâtiment des
forges est disposé comme à l'ordinaire, toutefois, dans le haut,
on a un lanterneau de ventilation de $45^m \times 25^m$.

Les fours à réchauffer sont placés sous un hangar, et le
principal d'entre eux est desservi par une grue de 3 tonnes.
La vapeur nécessaire au fonctionnement du pilon est fournie par deux chaudières de locomotives et par deux chaudières Field, de 35 mètres de chauffe, utilisant les chaleurs
perdues des fours. L'air des chaudières est pris au dehors
de l'atelier; ce qui oblige à fermer les cendriers. Il y a une
machine de 30 chevaux tournant à 150 tours. Les divers
échappements de la machine et des pilons se réunissent
dans un tuyau conique de $0^m,35$ de diamètre, débouchant
dans une bouteille en tôle avec cheminée d'évacuation et
tuyau dans le bas pour recueillir les eaux de condensation.
Le ventilateur, de $1^m,30$ de diamètre, fait 700 tours et fournit
du vent à 200 et 210 millimètres de pression. La canalisation principale, constituée par un tuyau de $0^m,65$, fait le
tour du bâtiment, desservant toutes les forges par des branchements spéciaux.

Le local des roues et bandages est symétrique du précé-

dent. On y fait la construction d'essieux neufs pour voitures et wagons, le désembattage des roues, le retreignage
des bandages (réduction du diamètre), l'alésage et l'embattage des bandages neufs, le montage et le démontage des roues
pour changement d'essieux, le rafraîchissage des bandages.

L'énergie est fournie par une machine de 30 chevaux à
110 tours sans condensation et à détente Mayer; la chaudière est celle d'une ancienne locomotive. La transmission
du mouvement se fait comme pour l'ajustage. On fait l'embattage au four, et le désembattage au gaz. La manutention
des pièces lourdes est effectuée par une série de grues de
5.000 kilogrammes et de basculeurs spéciaux. Cet atelier
peut livrer journellement 20 essieux.

L'atelier d'Hellemmes comporte encore un atelier spécial
pour la réparation des tenders, il ne présente rien de particulier; un pont roulant sert au déplacement des caisses.

254. Ateliers d'Épernay. — D'un modèle plus récent, il peut
servir d'exemple d'atelier spécialisé. En effet, outre
les grandes réparations des machines du réseau de l'Est,
on y fait celle de toutes les roues du matériel et de la traction. Les roues, envoyées des autres ateliers ou dépôts du
réseau sur des wagons, sont déchargées au moyen d'une
grue de 6 tonnes, de 4 mètres de portée, se déplaçant sur une
voie spéciale avec plaque de 4^m,50 pour son tournage. Elles
sont remisées dans deux grands parcs (*fig.* 298); pour augmenter la capacité de celui des roues des wagons, on fait chevaucher les voies; les parcs sont reliés aux ateliers par des
voies transversales, communiquant avec les premières au
moyen de plaques de 2,20.

L'atelier des roues a 106^m,86 de longueur sur 36^m,44 de
large, il est divisé en trois travées de 12 mètres avec toiture
à rampants inégaux. Une machine Corliss de 96 chevaux
effectifs, avec diamètre de piston de 0^m,508, et course de 1^m,16
fournit la force nécessaire au moyen de deux câbles reliant
le volant de la machine aux deux arbres principaux, longeant
de chaque côté les piles de la travée centrale. Ces arbres, à
leur tour, actionnent les transmissions le long des murs du
bâtiment, ce qui revient, en somme, à avoir quatre rangées

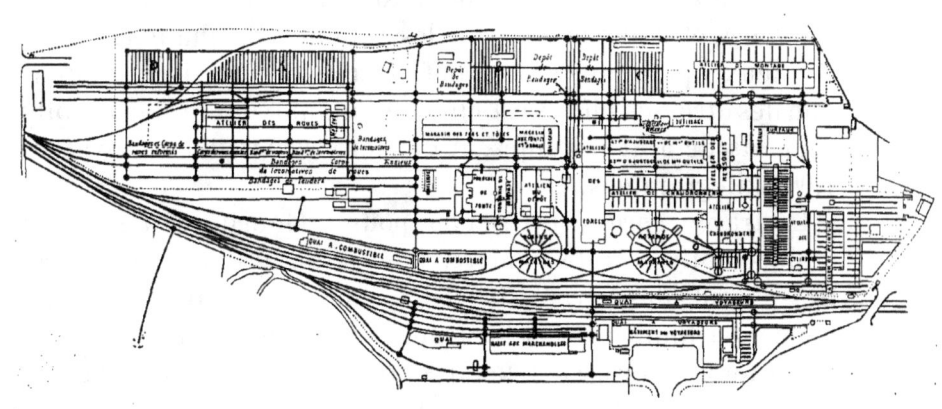

Fig. 298. — Ateliers, dépôt et gare d'Epernay.

d'arbres parallèles au grand côté du bâtiment. La vapeur est produite par deux chaudières tubulaires à bouilleurs d'une surface de chauffe de 120 mètres carrés, à la pression de 7 kilogrammes.

La travée *sud* est disposée pour le façonnage de tous les organes des roues de machine : *calage et décalage des essieux, des manivelles et des boutons de manivelle*. On emploie beaucoup l'eau sous pression pour actionner les machines-outils nécessaires.

La travée *centrale* comporte le travail à chaud des roues en général et le *tournage des roues de wagons*. L'embattage des roues se fait au gaz d'éclairage (*fig.* 296).

L'installation se complète d'une machine à laminer les bandages et d'une autre pour les refouler. Le chauffage pour ces deux opérations se fait au four à reverbère. La manutention des diverses pièces est effectuée au moyen de deux ponts roulants de 5 et 7 tonnes, et de deux grues fixes à pivot de 1.000 kilogrammes.

La travée *nord* est réservée pour le tournage des roues de locomotives et de tenders. Les tours, groupés trois par trois, sont desservis par deux tourneurs. Il en est de même des tours à aléser les bandages; les machines à raboter et les tours pour essieu coudé sont groupés deux par deux.

Il y aurait fort à dire sur les autres parties de l'atelier, mais on vient de voir les dispositions adoptées à la chaudronnerie, l'atelier des tenders et l'ajustage. Seulement, pour le montage, il convient de faire observer qu'il y a ici deux dispositifs : un primitif indiqué sur la figure qui comporte une série de fosses tranversales et un second plus récent à l'emplacement B et C de la figure (anciennement dépôt des bandages) constitué par deux groupes de trois voies longitudinales, la voie du milieu étant réservée à la circulation des machines et les deux autres au levage, comme dans l'atelier suivant.

255. Ateliers de Concord. — Le Boston and Maine Railroad possède à Concord des ateliers pour l'entretien annuel de 300 locomotives, 600 voitures et 4.800 wagons. La séparation a été maintenue entre le matériel et la traction, mais, pour chacun d'eux, le système de concentration a été adopté de manière à réduire la main-d'œuvre.

Le dispositif des ateliers du matériel est analogue à ceux qui seront décrits ultérieurement et la partie originale est l'atelier de réparations des machines. Il est constitué par un bâtiment de 93^m × 40^m, comprenant le montage et l'ajustage auquel est accolée sur un des petits côtés une annexe de 32^m × 21^m pour la chaudronnerie et la réparation des tenders. Le bâtiment principal comporte dans le milieu trois voies longitudinales avec fosses et celle du milieu qui traverse la chaudronnerie, mettant l'atelier en relation avec la gare, doit toujours être libre. Les machines, après avoir été démontées sur cette voie, sont réparties au moyen de deux ponts roulants longitudinalement sur l'une ou l'autre des fosses latérales pouvant recevoir chacune sept machines. Cette partie de l'atelier constitue le montage proprement dit. Entre les voies et les grands côtés du bâtiment se trouvent les machines-outils de l'ajustage. Elles sont divisées en quatre groupes : chacun d'eux, de 20 à 30 chevaux de force, est alimenté par une réceptrice électrique actionnant une transmission principale sur laquelle sont branchées les différentes machines. On préfère cette disposition à celle d'un moteur par machine-outil, qui eut été plus dispendieuse. Les machines de la chaudronnerie sont rattachées à un groupe voisin, sauf pour la machine à plier les tôles, mue par une réceptrice spéciale. Les forges forment un atelier commun au matériel et à la traction.

Les ponts roulants, au nombre de deux, sont plus avantageux que les grues de levage des ateliers précédents ; ils peuvent travailler ensemble ou isolément. Chaque pont porte un treuil de 20 tonnes et sa portée est de 20 mètres. On peut lever à 7^m,60 à la vitesse de 3^m,60 et déplacer le pont à 60 mètres à la minute.

L'énergie électrique de l'atelier des machines est fournie par deux dynamos à courants biphasés de 150 kilowatts chacune, sous 446 volts à 1.400 tours, actionnée, ainsi que son excitatrice, par une machine compound tandem Fichburg de 200 chevaux. Il y a d'autres moteurs et d'autres machines pour les autres parties de l'atelier du matériel et pour l'éclairage. La vapeur est fournie par trois chaudières du type locomotive, à 12 kilogrammes de pression ; la surface de chauffe est de 170 mètres et celle de la grille de $3^m,70$.

256. Personnel. — A la tête du service, se trouve un ingénieur principal chargé de toutes les affaires concernant les différents ateliers. Il a sous sa direction un bureau d'études qui propose les projets, la modification des pièces, les améliorations à apporter dans les différentes parties de la machine.

Des agents réceptionnaires sont chargés de vérifier les pièces dans les usines de l'industrie privée, elles sont reçues après les essais réglementaires.

Les ateliers sont dirigés généralement par un ingénieur ayant sous ses ordres des chefs d'atelier. Celui-ci, à son tour, est secondé dans chaque partie spéciale par un contremaître (contremaîtres du montage, de l'ajustage, de la chaudronnerie, etc.). Le rôle du chef d'atelier est d'établir une certaine régularité dans les différents services, faire en sorte que toutes les pièces d'une machine sortent en même temps, pour que les monteurs n'attendent pas, accélérer certaines productions pour en modérer d'autres, de manière à utiliser les machines et les ouvriers d'une façon régulière et continue. Il a, en outre, la surveillance et l'entretien des machines-outils.

Les contremaîtres sont chargés de la surveillance du personnel, du contrôle des demandes de matières et de leur emploi, de s'assurer si tout le monde est à son poste, s'il n'y a pas de temps perdu, et au besoin rectifier la manière de travailler, prendre des mesures préventives contre les accidents.

Les ouvriers, plus spécialement les monteurs, sont groupés par équipe, sous la direction d'un chef d'équipe, qui répartit l'ouvrage entre chacun d'eux, suivant leur capacité ; lui-même s'occupe des parties délicates, comme pour la vérification de la distribution, le tracé du trait carré, le montage de l'échappement, etc. A l'ajustage, le chef d'équipe distribue les pièces en indiquant la dimension à donner, faisant lui-même le tracé s'il y a lieu.

Les ouvriers spéciaux, comme les tourneurs, les forgerons, les fraiseurs et autres, sont directement sous l'autorité du contremaître. Du reste, pour ces genres de travaux, on intéresse l'ouvrier à son travail par le marchandage. Non seulement il touche un prix fixe de journée, mais encore il reçoit une certaine somme par chaque pièce fabriquée. Cette somme n'est pas constante, en principe, le modèle étant présenté à plusieurs ouvriers, la fabrication d'un certain nombre de ces pièces est adjugée à celui qui s'offre à la faire au prix le moins élevé. Cette manière de procéder est très équitable; elle établit une certaine concurrence entre les ouvriers; mais il faut pour cela qu'il n'y ait aucune exagération des deux parties intéressées. On compte, en général, que le marchandage doit accroître le salaire fixe de 25 à 35 0/0.

CHAPITRE IV

MATÉRIEL

257. Remises des voitures. — Dans les gares d'une certaine importance, une remise est destinée spécialement à recevoir les voitures à voyageurs, les wagons à marchandises étant simplement garés sur des voies sans abri spécial, en attendant leur utilisation. Les remises pour voitures sont constituées par un bâtiment très simple, généralement rectangulaire, placé à proximité des voies d'arrivée et de départ des trains. A l'intérieur de la remise se trouvent un certain nombre de voies parallèles, aboutissant soit à un chariot transbordeur, soit à une rangée de plaques tournantes (*fig.* 5, 7, 8).

L'emploi des remises tend de plus en plus à disparaître, elles ne servent guère que pour la réparation, l'entretien ou la peinture des voitures. Pour le reste du matériel, on se contente de le garer dans les voies disponibles des grandes gares. On a, du reste, intérêt à ce que le matériel stationne le moins possible et voyage constamment.

258. Visiteurs. — Les trains de marchandises ou de voyageurs dans certaines gares sont inspectés par des agents spéciaux ou *visiteurs* chargés de veiller à ce que les véhicules soient en bon état pour continuer leur route. Dans le cas d'un chauffage, d'une rupture de bandage, d'un non-fonctionnement de freins, d'un chargement défectueux, ces agents doivent, sans hésiter, faire différer le véhicule. Lorsque le wagon est en mauvais état, mais peut continuer sa route, ils se contentent de l'étiqueter pour être réparé, en indiquant le genre de réparation et l'atelier du réseau qui devra la faire.

Le nombre des visiteurs dépend de l'importance de la gare et, s'ils sont suffisamment nombreux, outre la visite des trains, ils doivent faire les réparations les plus indispensables pour permettre aux véhicules de continuer. A cet effet ils peuvent disposer d'un petit atelier proportionné aux réparations à faire. Quelquefois, une simple guérite sert à remiser les agents et leur outillage ; mais le plus souvent c'est un bâtiment spé-

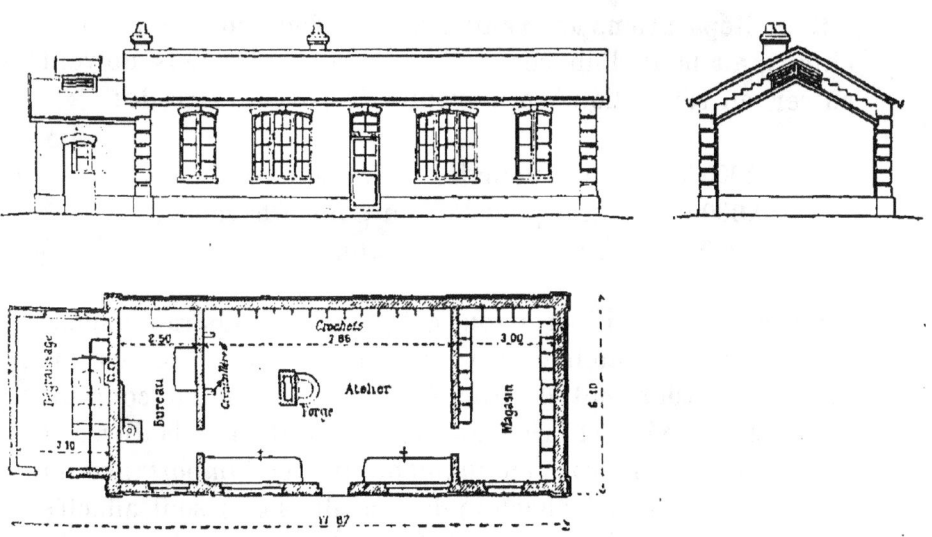

Fig. 299. — Poste de visiteurs.

cial (*fig.* 299) contenant une forge, deux établis avec étaux, un magasin des matières pour recevoir les pièces les plus indispensables et dont l'emploi est le plus fréquent. Pour les autres, le visiteur demande d'urgence ce qu'il lui faut à l'atelier le plus voisin. Enfin, une pièce est réservée pour le bureau du chef visiteur.

Au dehors, on dispose une chaudière à dégraisser les ferrures, un petit parc à roues avec grue à pivot de 1.000 kilogrammes, destinée au chargement des roues sur les wagons pour les expédier à l'atelier. Ces petits postes sont placés à proximité des trains à visiter, généralement près des voies de garage ou de triage, auxquelles ils sont raccordés par une ou deux voies sur lesquelles on amène, à certaines heures de la journée, les wagons avariés.

Certains postes de visiteurs sont munis d'un wagon de secours, c'est-à-dire d'un wagon renfermant l'outillage nécessaire au relevage des véhicules en cas de déraillement. Lorsque le déraillement a lieu en pleine voie, le wagon accompagné des visiteurs est amené par une machine spéciale sur le lieu de l'accident. Le nombre de ces wagons est assez restreint, et le plus souvent on les rattache à un grand atelier.

259. Réparations des véhicules. — Tout comme les machines, au bout d'un certain parcours, les wagons doivent entrer en réparation. La moyenne du parcours est de :

45.000 kilomètres pour les voitures à voyageurs ;
30.000 kilomètres pour les fourgons à bagages ;
15.000 kilomètres pour les wagons.

Les véhicules à réparer sont acheminés le plus rapidement possible vers les ateliers auxquels ils sont affectés. Les travaux à effectuer sont de trois espèces : l'entretien courant, l'entretien général et la réparation. Naturellement la durée et le prix de revient vont en augmentant avec l'importance du travail à exécuter. A chacune de ces divisions sont affectés des ouvriers avec leur outillage et leurs chefs spéciaux.

L'entretien courant a pour caractère distinctif d'être abandonné à l'initiative du chef d'atelier, celui-ci arrête chaque matin, dans une visite générale de tous les véhicules amenés, les travaux nécessaires à faire à chacun d'eux. Cette réparation est ensuite faite sous la direction d'un chef brigadier ; ce travail ne durant généralement pas plus de vingt-quatre heures, le véhicule est laissé sur la voie où il a été amené ; les ouvriers répartis entre tous les wagons ont quelques outils et des tréteaux ou établis légers.

Pour l'entretien général ou une réparation plus importante, le wagon est rentré dans l'atelier pour avoir sa caisse séparée du châssis et être visité dans toutes ses parties. Au préalable, un rapport spécial indiquant l'état du véhicule, les réparations à faire soit à la tâche, soit à la journée, et le prix approximatif, a été arrêté par le chef d'atelier pour être envoyé au service central, qui approuve la dépense ou modifie la réparation, s'il y a lieu.

260. Emplacement et disposition d'un atelier. — Comme pour ceux de la traction, auxquels, du reste, ils sont presque toujours adjoints, ces ateliers sont répartis en différents centres du réseau. On a un réel avantage à les placer dans le voisinage de ceux de la traction, car ils peuvent s'entr'aider : le tournage des bandages, le forgeage de grosses pièces pouvant être faits par les ateliers de la traction. De plus, et c'est là une raison majeure, un seul magasin fournit les matières à ces deux ateliers.

Quelques Compagnies ont spécialisé leurs ateliers du matériel : les uns font l'entretien des voitures à voyageurs, d'autres celui des wagons. De plus chacun d'eux est amené à fabriquer certaines pièces spéciales qu'il doit fournir aux autres. Cette division du travail amène bien des transports, des déplacements supplémentaires ; mais elle a, comme avantage, d'obtenir un ouvrage plus fini et moins coûteux.

Un atelier du matériel comprend : l'atelier proprement dit de montage, généralement constitué par un vaste hall couvert, renfermant un certain nombre de voies avec fosses pour la visite des wagons ; les différentes voies parallèles sont desservies par un chariot transbordeur à main. Il y a ensuite l'entretien courant, il se fait en plein air ou sous un simple abri, et comporte seulement un certain nombre de voies. Si l'atelier fait lui-même la fabrication de ses pièces et le tournage des roues, on aura deux parties spéciales pour ce travail.

Mais ce qui caractérise ces ateliers, c'est le travail spécial des bois. Une série d'ateliers de menuiserie et d'ébénisterie possèdent un certain nombre de machines à bois dont les transmissions sont disposées en sous-sol. Ils doivent être munis d'aspirateurs, enlevant les copeaux et les sciures au fur et à mesure de leur production.

L'installation se complète d'ateliers de tapisserie, de bourrellerie, de peinture, etc.

Au matériel se rattachent les scieries destinées à préparer

les bois nécessaires à la confection et à la réparation des véhicules. Outre le débit des bois sous des formes différentes, elles sont appelées à leur faire subir des préparations et des dessiccations complètes. On verra du reste, par divers exemples, quels sont les dispositifs employés.

261. Atelier d'Hellemmes. — Attenant à l'atelier de la traction, dont il est séparé par l'économat, cet atelier comporte tous les services nécessaires à la réparation des wagons (*fig.* 300).

Atelier de réparation et d'entretien. — C'est le plus important comme dimensions : il mesure 105 mètres de longueur, la largeur de 76 mètres est divisée en quatre travées de 18 mètres. Comme outillage, il comporte trois forges à deux feux, un étau limeur, une machine à tarauder et à percer, une meule à émeri et des établis, plus une série de forges portatives. On a, en outre, deux grues de 1.000 kilogrammes pour le levage des caisses et deux fosses destinées à la vérification des essieux. Cet atelier peut recevoir 180 véhicules. La réparation des wagons nécessite une visite complète de toutes ses parties, et par suite le levage de la caisse.

Pour le montage d'une voiture, il faut peser les roues sur des bascules jumelles indépendantes. Les rails qui desservent cette bascule sont munis de contre-rails dont l'écartement est rigoureusement réglementaire.

On vérifie, en outre, le profil des bandages, leur diamètre, leur position par rapport au plan vertical et, enfin, s'il y a du balourd dans les roues. De plus, les coussinets sont ajustés, ensuite rodés mécaniquement, et enfin les fusées sont polies au papier à émeri. Cette préparation et cette vérification se font dans un petit atelier spécial voisin du parc aux roues et comprenant un certain nombre d'étaux.

Les véhicules sont vérifiés sur la fosse de l'atelier de montage; elle est munie des deux côtés de plaques quadrillées invariables sur lesquelles on reporte, au moyen de fils à plomb, la position des essieux et des plaques de garde. Ces plaques sont conjuguées quatre à quatre de manière à permettre de vérifier les plus grands écartements. Si l'écartement n'est pas régulier, on le rectifie au moyen des écrous

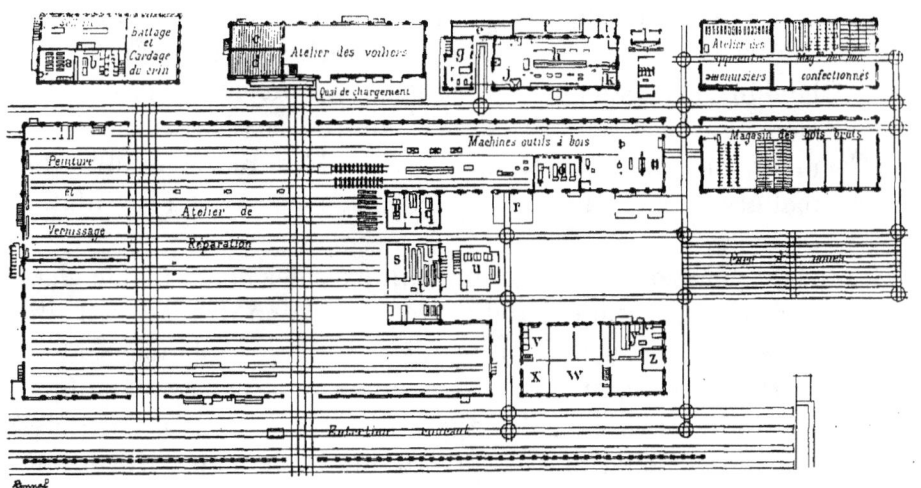

Fig. 300. — Ateliers d'Hellemmes (Matériel).

a, Ébénisterie.
b, Magasin de garnitures.
c, *d*, Séchoirs.
e, *f*, Magasin à ferrures.
g, Broierie des couleurs.
h, Atelier des apprentis.
i, Comptables.

j, Forges.
k, Outillage.
l, Fumage des bois.
m, Flambage des bois.
o, Générateurs.
p, Chef et sous-chef d'atelier.

q. Employés-brigadiers.
r, Fosse à charbon.
s, Outillage.
t, Magasin.
u, Magasin à ferrures.
v, Dégraissage des fûts.

w, Buanderie.
x, Réception des ferrures.
y, Comptables.
z, Pompe à incendie.
    N.-B. — Les locaux *a*, *b*, sont au-
dessus de ceux *v*, *x*.

de rappel des mains de ressorts de suspension. On peut peser, en outre, au moyen d'une balance spéciale, la caisse à ses quatre angles, pour avoir la pression sur chacun des ressorts. Une conduite d'air comprimé permet la visite des freins.

Dans le bas, on a réservé deux ou trois voies à l'entretien courant; quelques étaux servent aux monteurs de ce service.

Magasins. — Ils sont destinés à fournir les ferrures et les pièces demandées par les postes visiteurs de la ligne et celles consommées sur place. D'une surface de 344 mètres carrés plus une cave, de 183 mètres, chaque local est garni de casiers pour les feuilles de zinc, d'armoires pour les vis, boulons, etc. Dans un magasin annexe, on loge les grosses ferrures. Enfin un hangar de 327 mètres carrés sert au classement des vieilles ferrures, réparables ou à vendre. Les matières sont délivrées par les magasins sur la présentation de bons.

On peut considérer comme annexes des magasins, le chantier de démolition, l'atelier de fabrication des fagots d'allumage avec les vieilles pièces de bois : frises, planches, etc.

Atelier des apprentis. — Les différentes pièces métalliques sont faites à l'atelier des apprentis. Ces apprentis, destinés à fournir des ouvriers de la traction et du matériel, sont des fils d'agents. Ils doivent avoir treize ans au moins et être munis du certificat d'études; la durée de l'apprentissage est de trois ans, sous la direction de vieux ouvriers et de contremaîtres spéciaux.

Cet atelier comporte 22 machines-outils, réparties le long de deux travées extrêmes, celle du milieu est occupée par des rangées d'établis avec étaux. On l'a muni également de 9 feux de forge, d'un pilon à ressort de 30 kilogrammes et d'une machine à souder. Les apprentis sont aux pièces ; du reste, cet atelier a sa comptabilité spéciale.

La force motrice est fournie par une Corliss sans condensation de 40 chevaux à la pression de 5 kilogrammes, et à la vitesse de 54 tours. La vapeur est produite par trois chaudières de 62^{m2},33 de surface de chauffe provenant d'anciennes locomotives. L'eau, réchauffée par la vapeur d'échappement à 60°, est injectée par une pompe.

Atelier des machines à bois. — Il contient 3 scies, 2 machines à mortaiser, 2 à raboter, 1 machine à tenons, une machine toupie pour feuillures et moulures. Toutes ces machines sont mues par un arbre de transmission installé au sous-sol, faisant 200 tours et recevant son mouvement de l'arbre principal, qui fait 145 tours. L'installation se complète d'une machine à affûter les dents de scie, d'une meule en grès et d'un ventilateur d'aspiration.

Atelier des apprentis menuisiers. — Les bois durs en plateaux viennent de la scierie de Tergnier, et c'est dans l'atelier des apprentis qu'ils sont fumés et flambés. Le fumage, qui consiste à envoyer de la fumée dans une étuve à 50° et 60° pendant plusieurs jours, se fait au moyen de sciure que l'on brûle dans deux foyers ; on ne remplit que la moitié de l'étuve en plaçant les pièces les plus fortes en bas. Le flambage se fait dans un four à coke dont le foyer est au centre du fourneau. Les pièces de bois, enduites d'une couche légère de goudron et d'huile lourde, sont passées à la main dans le feu, de manière à se calciner légèrement à la surface.

Atelier de peinture, de sellerie. — Le premier se trouve dans le montage et peut contenir 21 voitures. Il est muni de 10 bouches de chaleur et d'air froid, alimentées par deux calorifères, et de bouches d'égout pour recevoir les eaux de lavage et de ponçage. Les couleurs à la détrempe sont préparées dans un local vitré de 11 mètres sur $3^m,50$. Comme outillage, il y a les pierres à broyer, une bascule, les pompes rotatives pour aspirer l'huile et les essences des réservoirs du sous-sol. Les couleurs sont broyées dans un local spécial faisant suite à celui des apprentis ; il est en deux parties : magasin des couleurs et broierie. Il y a deux machines à broyer.

Les travaux de sellerie et d'ébénisterie sont exécutés au premier étage du pavillon de la comptabilité ; les garnitures de coussins, les tapis, y sont battus mécaniquement.

Atelier des voiliers. — On trouve enfin un atelier de bâches de 700 mètres carrés. Il se compose de deux séchoirs et d'un plancher de 528 mètres carrés, surélevé au niveau du plancher des wagons pour faciliter la manutention des bâches.

L'atelier de couture et le sous-sol sont chauffés par deux calorifères à air chaud. Les séchoirs, d'une hauteur de

6 mètres, mesurée sous l'entrait de la toiture à rampants inégaux, sont munis chacun de 30 perches manœuvrées avec des poulies et des cordes, et sur lesquelles on étend les bâches. La température de cette partie du bâtiment est de 25° à 30°.

Le sous-sol sert de remisage aux bâches réparées ; il est bien ventilé. L'atelier des bâches livre, en moyenne, 1.200 bâches réparées par mois.

262. Ateliers de Romilly. — La Compagnie de l'Est possède 3 ateliers de voitures à La Villette, à Mohon et à Romilly-sur-Seine. Ce dernier, de construction plus récente (*fig.* 301), a une surface de 16 hectares dont 29.702 mètres carrés couverts. La largeur des voies est suffisante pour recevoir 776 voitures, dont 217 à l'abri. Les voies forment un faisceau de trois groupes, celui du milieu dessert les bâtiments, les deux autres le garage des roues et des wagons. Les voies sont reliées non seulement par des aiguilles, mais encore par des chariots à niveau mus à bras ou à la vapeur et par des rangées de plaques tournantes.

Montage. — Le montage, placé au centre de l'installation, communique d'un côté avec les ateliers du fer et, de l'autre, avec celui des machines à bois. Les voies dans le montage, au nombre de 15, sont espacées de 6 mètres en 6 mètres, pour permettre le levage des voitures. Il comporte ainsi neuf travées de 12 mètres, recouvertes au moyen de toitures à rampants inégaux. Les voies sont desservies par deux chariots à niveau, dont l'un à vapeur, et l'autre à bras, pénètrent dans le bâtiment par des baies de 12 mètres d'ouverture. Deux autres chariots extérieurs font communiquer les 15 voies avec le reste du faisceau. Le montage peut recevoir 196 à 238 véhicules.

On laisse toujours disponible la voie du bas longeant les établis de menuisiers, pour assurer la communication avec les autres voies de l'atelier. Les quatre voies du milieu, dans la partie comprise entre les chariots transbordeurs, sont montées sur colonnes au-dessus d'une fosse de 0^m,72 de largeur, pour permettre la visite des freins. Une canalisation d'air comprimé est installée dans cette fosse.

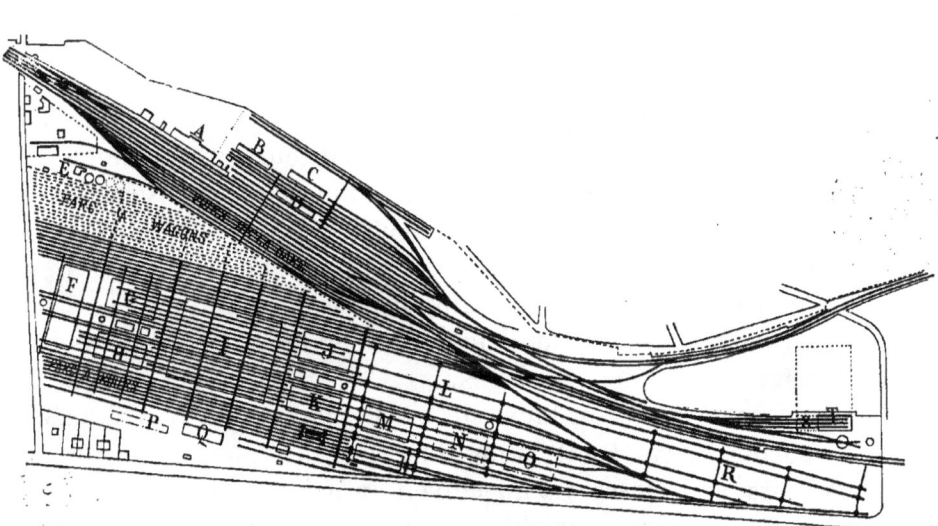

FIG. 301. — Ateliers et gare de Romilly.

Gare.	Ateliers		
A, Bâtiment principal.	E. Usine à gaz.	J, Menuiserie, Ebénisterie.	N, O, Magasins à bois (prévus).
B, **C**, Halles à marchandises.	F, Forges (prévues).	K, Machines à bois. Scierie.	P, Réfectoire.
D, Halle de transbordement.	G, Machines-outils hydrauliques.	L, Bois en grume.	Q, Bureaux.
T, Remise des machines.	H, Atelier des tours.	M, Magasins à bois.	R, Chantier des bois débités.
	I, **Montage**.		

Le long de la façade nord du montage, on trouve le laboratoire du broyage mécanique des couleurs, les ateliers de sellerie et de garnissage, les bureaux du contremaître et de ses employés, les bancs à étaux des monteurs pour l'ajustage des coussinets, et enfin le rodage mécanique des fusées. Dans le montage au moyen d'une cloison de 6 mètres de haut et 36 mètres de long, on a réservé un local pour la peinture de 24 à 30 véhicules.

Atelier des tours. — D'une longueur de 72^m,34, il est divisé en trois travées de 12 mètres, par des supports servant à maintenir la toiture et recevant les transmissions longitudinales intermédiaires, actionnées au moyen de poulies et d'engrenages d'angle, par une transmission principale souterraine placée dans le sens de la largeur du bâtiment.

Les machines-outils, pour l'entretien des roues, sont placées dans l'ordre des travaux à effectuer : tours à essieux, tours à aléser les moyeux des corps de roues, tours à aléser les bandages, presse à caler les essieux, fours à bandages, cuves à refroidir, machine à percer les trous dans les bandages, tours des bandages.

Quatre transbordeurs de 2.500 kilogrammes, et 5^m,25 de portée, permettent la manutention des pièces lourdes; les tours sont desservis au moyen de palans différentiels, supportés par de petits chariots roulant sur l'aile *inférieure* du fer à **I**, fixé aux tirants des fermes.

Machines-outils hydrauliques et montage des châssis en fer. — Dans la partie ouest de cet atelier, qui a les dimensions du précédent, sont établis, à titre provisoire, cinq doubles feux de forge, deux marteaux-pilons, un four à cémenter, et un à réchauffer. Au centre, pour la confection des châssis en fer, on emploie des machines-outils mues par l'eau sous pression : machines à plier les tôles, à dresser les brancards, des riveuses, des cisailles-poinçonneuses. La pression de l'eau, de 100 kilogrammes par centimètre cube est obtenue au moyen d'un accumulateur de 4^m,875 de course de plongeur, et 0^m,330 de diamètre, contenant 400 litres, il est alimenté par un jeu de quatre pompes de compression, de 0^m,054 de diamètre, sur 0^m,165 de course et 275 coups à la minute, comprimant 50.000 litres en dix heures; la dépense en eau est de 500 litres par jour. Les

plaques de garde et les brancards sont faits à la fraiseuse.
On a, en outre, des perceuses, des scies à couper le fer à
froid. Toutes ces machines reçoivent leur mouvement d'une
transmission principale, comme dans l'atelier précédent. A
l'est du bâtiment sont les riveuses hydrauliques mobiles. Cet
atelier est desservi par trois transbordeurs de 3.000 kilogrammes et 11m,38 de portée à commande par câble; ils
servent au levage des pièces et à la mise sur roues des
châssis. Quant à l'atelier des forges, il n'est pas encore établi.

Atelier des bois et scierie. — A l'est du montage, on trouve
deux locaux analogues aux précédents; l'un pour la menuiserie, non encore construit; l'autre, pour les machines à
bois, avec cette particularité, c'est que, dans ce dernier
atelier, les supports sont espacés de 12 mètres, de manière
à permettre le déplacement, en tous sens, des longues pièces
de bois. Toutes les transmissions sont placées dans un sous-
sol, formé par la juxtaposition de voûtes parallèles à arc
surbaissé; ce sous-sol est éclairé au moyen d'ouvertures
fermées par des dalles en verre. L'atelier comporte trois
voies, le long desquelles se trouvent les machines-outils :
scies pour débiter le bois en grume, pour tronçonner et
fendre les madriers, machines à raboter, à faire les feuillures,
les tenons, toupies à moulurer, scies à chantourner, etc.
Elles sont orientées de telle façon, que les pièces restent
parallèles aux voies. L'atelier est desservi par 5 transbordeurs
surélevés d'une puissance de 3.000 kilogrammes et de 11m,26
de portée se déplaçant perpendiculairement aux voies.

Moteurs et chaudières. — Ils sont divisés en deux groupes,
placés de part et d'autre du montage, entre les ateliers du
fer et du bois, chacun d'eux est situé dans un bâtiment de
28m,50; les générateurs semi-tubulaires à deux bouilleurs,
de 120 mètres carrés de surface de chauffe, fournissent la
vapeur à 6 kilogrammes, à deux machines Corliss à condensation de 80 chevaux effectifs à 50 tours, accouplées sur
un même arbre, dont le volant à gorges commande par
câble les arbres des ateliers. Les machines de l'atelier à bois
tournent à 150 tours, celles du fer à 120 seulement. Elles
actionnent également les pompes des machines hydrauliques.

Magasins. — Il y a près du magasin à bois actuel un magasin général (72ᵐ,50 × 24ᵐ,50), desservi par deux voies, pour tous les approvisionnements. Dans les magasins à bois de 72ᵐ,34 × 36ᵐ,34, le bas des murs des façades latérales est fermé par une maçonnerie en briques, laissant passer l'air; dans le même but, des évidements ont été ménagés sur toute la façade nord, et dans le haut seulement pour le côté sud.

Les bois sont séchés par fumage, avant d'être enfermés dans le magasin, dans une étuve à deux chambres, voisine de la scierie. Près du magasin général se trouvent une série d'annexes recevant les huiles, les essences, le pétrole et les matières diverses.

263. Personnel. — Le personnel de ces ateliers est sensiblement le même que celui de la traction. A la tête est un ingénieur principal, faisant préparer par un bureau d'études les travaux à effectuer par les différents ateliers. Chacun d'eux est généralement dirigé par un ingénieur, aidé de chefs, sous-chefs d'ateliers et de contremaîtres.

Le travail des ouvriers se fait à la journée ou à la tâche, comme il a été indiqué précédemment. Quant à la proportion des ouvriers de différentes sortes, on comprend qu'elle varie forcément avec chaque atelier, surtout s'ils sont spécialisés. Cependant, d'après certains ateliers allemands, la proportion généralement admise est la suivante :

Forgerons......	13 0/0	Menuisiers.......	15 0/0
Tourneurs......	9	Monteurs........	30
Chaudronniers..	5	Peintres.........	5
Manœuvres.....	20	Selliers.........	3

Ces chiffres n'ont rien d'absolu et ne constituent qu'une moyenne.

CHAPITRE V

VOIE

———

A. — Entretien et Surveillance

264. Surveillance. — Le service de la voie comporte tout
d'abord le service de la construction et des travaux neufs,
dont il n'y a pas à s'occuper ici, et ceux plus considérables
de l'entretien et de la surveillance.

La surveillance comprend la manœuvre des signaux en
pleine voie (postes de bifurcation et appareils du block-
system), et des barrières de passage à niveau. Pour ces différents postes, on emploie des hommes et des femmes, les
premiers étant réservés aux manœuvres exigeant une
dépense de force considérable, comme dans les postes de
bifurcation, ou une attention soutenue comme la garde de
nuit des sémaphores. Sur le réseau de l'Etat, on a imaginé
des treuils spéciaux pour permettre à des femmes la manœuvre de certains signaux. On emploie autant que possible
le mari et la femme pour assurer le service d'un même
poste : l'un étant de jour, l'autre de nuit.

Pour les barrières de passage à niveau suivant la fréquence des manœuvres, on a recours à un homme ou à une
femme. Il convient de remarquer, en effet, que les barrières
doivent être normalement fermées ou ouvertes, suivant la
catégorie du passage : dans le premier cas, on les ouvre à la
demande du public, dans le second, elles sont fermées
quelques instants avant l'arrivée du train.

Sur les lignes américaines, les passages à niveau ne sont
pas gardés, et la surveillance porte sur certains points

dangereux, notamment sur quelques ponts en bois, sur des remblais menacés par les pluies et que l'on a munis de brèches pour l'écoulement des eaux, sur des tranchées instables, etc. On se sert également, comme en Belgique, de pilotes, pour accompagner les trains sous quelques tunnels. Les sémaphores, étant automatiques, ne sont pas gardés, quelques agents suffisent pour en surveiller le fonctionnement.

En Angleterre, sur le North and Western Railway, en temps de brouillard, sur un ordre spécial, les agents de la voie, munis de pétards, se portent près des signaux dans le but de les doubler. Pour plus de facilité, ces agents sont logés. Il en est de même sur quelques réseaux français.

Les dépenses de la surveillance sont évaluées à 20 0/0 des dépenses totales du service de la voie, soit donc 80 0/0 pour celles de l'entretien.

265. Entretien. — Les travaux d'entretien sont de deux sortes : travaux d'entretien ou de réparation ordinaires, travaux de grosse réparation ou de reconstruction. Ces derniers comportent des opérations spéciales nécessitant de nombreux préparatifs et certaines formalités, *par suite de* l'obligation où l'on est d'interrompre la circulation des trains.

Les premiers, au contraire, s'effectuent au fur et à mesure des besoins sans mesure spéciale ; ils se rapportent à tout ce qui intéresse les différentes parties de la voie : rails, traverses, *ballast, les appareils spéciaux : plaques tournantes*, signaux, les installations fixes : bâtiments, conduites d'eau, de gaz ; ces travaux comprennent également l'entretien des terrassements, talus, tranchées, bordures et fossés.

Les travaux d'entretien de la voie proprement dite peuvent se faire de deux façons : par *recherche* ou, autrement dit, par remplacement en voltige ou méthode du point à temps et par *revision* générale ou entretien composé périodique. Dans le premier système, les travaux sont faits à la demande sans continuité méthodique ; un rail, trouvé cassé ou fendu, sera *remplacé seul* sans qu'il soit apporté aucun changement aux parties voisines de la voie. Le rail devra donc être retiré avec soin, sans fausser les rails voisins ou endommager les traverses. Le remplacement effectué, les ouvriers se porte ront plus loin faire un travail qui peut être tout différent, mais dont l'urgence est reconnue, et ainsi de suite.

Dans la méthode par revision à époque fixe, on revoit complètement une partie bien déterminée de la voie. Cette partie sera entièrement refaite, y compris le renouvellement du ballast et du matériel. Le matériel utilisable peut être employé sur place; généralement, on le rentre à l'approvisionnement, et il est ensuite utilisé suivant les besoins, comme matériel de 1er, 2e, 3e choix. La voie ainsi refaite est ensuite abandonnée à elle-même pour une période déterminée. De cette façon, au bout d'un certain temps, toute la ligne a été revue et remise en état; il s'établit comme une sorte de roulement entre les différentes parties à refaire. La revision ne doit être ni trop fréquente, ce qui conduirait à une dépense d'entretien inutile, ni trop longue, pour éviter les accidents par suite de l'usure des matériaux. Sur le Nord français, la revision est annuelle pour les lignes parcourues par plus de 15.000 trains, bisannuelles pour celles de 7.000 trains, et trisannuelles pour les chiffres au-dessous. On peut adopter une méthode mixte, c'est-à-dire faire de l'entretien en recherche; mais, une fois le point faible trouvé, reviser de part et d'autre sur 50 ou 100 mètres. On dégage alors complètement la voie sur cette longueur; le chef d'équipe vérifie les attaches, l'écartement des rails, leur niveau, etc., puis tout est remis en état; le vieux matériel est remplacé, s'il y a lieu.

La différence entre les deux systèmes est parfaitement définie : dans la méthode en recherche, l'entretien est abandonné à l'initiative de quelques agents, dont l'habileté, l'expérience, leur permet de voir du premier coup d'œil les affaissements de la voie, l'irrégularité des courbes ou des alignements droits. On comprend tout l'aléa présenté par un pareil système. La méthode par revision, ne nécessite aucune connaissance spéciale, on peut seulement craindre les remplacements trop fréquents de matériaux, mais il est facile d'y remédier.

Parmi les gros travaux d'entretien, il convient de citer ceux de *substitution*, qui consistent dans la réfection de la voie. Les rails anciens sont remplacés par des rails plu lourds augmentant la stabilité de la voie, les traverses et le ballast sont renouvelés. Ces travaux peuvent être faits sans interrompre la circulation des trains, dans ce cas, le chantier de substitution sera assez court, de manière à entraîner un ralentissement peu important des trains. Dans le cas de la voie double, on peut supprimer momentanément une des voies. Le chantier occupe alors plusieurs kilomètres, et des signaux spéciaux sont installés sur la voie unique.

Sur les lignes américaines, l'entretien est forcément plus compliqué qu'en Europe, les installations ayant été faites d'une façon précaire, le plus souvent sur ballast avec des traverses de mauvaise qualité, on s'est surtout attaché à hâter le plus possible la mise en service. Par contre, à chaque entretien, tout est refait avec beaucoup de soin, et les matériaux employés sont de premier choix. Cette méthode présente un certain avantage; elle permet aux parties remblayées de se tasser et évite ainsi toute perte de ballast.

B. — SERVICE DE LA NEIGE

266. Mesures préventives. — *Généralités.* — Le service de l'entretien est chargé, dans certains cas, de débarrasser la voie en cas d'encombrement de neige. On peut procéder de deux façons : ou prendre des mesures préventives pour empêcher les amoncellements ou en faire le déblaiement lorsqu'ils se sont produits ou sont sur le point d'avoir lieu.

Comme mesures préventives, on emploie des paraneiges; mais jusqu'à ce jour aucun d'eux ne semble avoir donné entière satisfaction. Les amoncellements de neige ne proviennent pas de la quantité de neige tombée, mais de celle emportée par le vent. Lorsque la neige vole en poussière fine, qu'elle court le long des rails et que les toits se dégarnissent, il y a lieu de craindre les amoncellements dans les tranchées, surtout si le vent s'élève. En rase campagne, la neige semble couler sur le sol ou sur la couche sous-jacente en une nappe dont l'épaisseur ne dépasse pas 0^m,50. S'il se roduit une diminution dans la vitesse d'entraînement,

comme cela a lieu dans les tranchées perpendiculaires à la
direction du vent, la neige s'accumule sur une hauteur souvent considérable, quelquefois 6 à 7 mètres. Les tranchées
profondes ne sont pas celles qui s'encombrent le plus; si les
talus sont suffisamment inclinés, la couche se tasse tout le
long sans embarrasser la voie.

Les meilleurs paraneiges sont les forêts et même les bois-
taillis placés en bordure, comme on le fait en Russie; malheureusement on n'en rencontre pas tout le long des lignes
de chemins de fer, et on est obligé de recourir à des installations spéciales sur les réseaux sujets aux amoncellements
de neige. Il suffira d'examiner quelques-unes d'entre elles.

Paraneige russe. — Lorsque la neige doit subsister un certain temps, dès qu'une première couche est tombée, on commence par faire une murette en neige à une certaine distance
du talus. Cette murette formant obstacle, arrête la neige pendant quelques jours, mais elle ne tarderait pas à être surmontée, si on n'avait pas soin de la surélever, en y implantant
un écran en bois, de 1^m,50 de hauteur. Lorsqu'il est atteint
à son tour, on le surélève, et ainsi de suite tout l'hiver; ce
travail extrêmement pénible n'est possible que si la direction
du vent est constante; de plus il est très difficile à exécuter.
La distance de l'écran au talus doit être proportionnée à la
hauteur probable du tas de neige, soit par exemple, pour une
hauteur de 8 mètres, un éloignement de 30 mètres.

Paraneige danois. — Il consiste simplement en un écran
vertical formé par des planches posées horizontalement contre
des pieux solidement enfoncés dans le sol. Sur le Lyon, où
ce système a été essayé, on le retrousse à la partie supérieure,
tout en lui donnant une hauteur plus grande, 3 mètres au
lieu de 2 mètres. Lorsque le vent souffle, la neige entraînée
s'accumule contre l'écran, laissant même un certain vide
derrière celui-ci, par suite des tourbillons produits. Elle
finit, avec le prolongement de la tempête, par atteindre le
sommet de l'écran et par se déverser de l'autre côté. Il faut
donc que l'amoncellement devant et derrière l'écran soit
suffisant pour recevoir la quantité de neige entraînée par
la tempête; ce système a donné satisfaction dans les crêtes
du Jura, où les amoncellements de neige sont très fréquents.

Ces paraneiges n'ont que 8 à 10 mètres de longueur, et leur espacement dépend des circonstances locales.

Paraneige anglais. — Sur le réseau du Higland-Railway l'écran incliné vers la tranchée présente, à sa partie inférieure, un vide de manière à laisser passer l'entraînement de neige. Le vent doit avoir une force suffisante pour remonter de l'autre côté du talus. Le toit de l'écran, incliné à 30 degrés, est recouvert en zinc ou en tôle galvanisée ; il est solidement maintenu par des pieux fixés dans le talus. Les écrans sont distants de leur propre longueur.

Cet écran sert également contre les amoncellements de sable soulevé par le vent le long de la mer. Ce système n'est admissible que si le vent conserve toujours une orientation perpendiculaire à la tranchée et s'il possède une force suffisante pour remonter le talus opposé, cela n'est possible qu'avec une faible inclinaison.

Paraneige américain. — Ce paraneige est le plus efficace ; mais il est assez coûteux. Il consiste à recouvrir complètement la tranchée, de manière à former une galerie de 5m,50 de haut sur 4m,88 de large. Cette installation difficile est employée dans les régions où la neige dure longtemps. De distance en distance, tous les 4 à 500 mètres, on met des revêtements en tôle galvanisée pour préserver de l'incendie la construction en bois qui forme ces galeries.

Tous ces paraneiges, sauf le dernier, n'empêchent pas la neige de tomber dans la tranchée ; mais l'enlèvement de celle-ci par les trains ou les chasse-neige, lorsqu'elle se présente sous faible épaisseur, ne présente aucune difficulté.

267. Chasse-neige. — *Généralités.* — Dès que la neige atteint une certaine épaisseur sur la voie, il est nécessaire de l'enlever pour assurer la circulation des trains. Ce travail doit être fait lorsqu'elle est sans consistance, et n'a pas encore commencé à fondre pour se geler ensuite. On doit également réduire la charge des trains, garer ceux à marchandises qui risqueraient de tomber en détresse, en un mot ne conserver que ceux réellement indispensables. Ils sont alors précédés de chasse-neige pour déblayer la voie.

Il y a trois espèces de chasse-neige : ceux mus à bras ou

par chevaux, ceux portés par les machines et enfin ceux montés sur des wagons spéciaux.

1° *Chasse-neige à bras ou par chevaux.* — Ils sont forcément d'un petit modèle et conviennent pour de faibles épaisseurs. Ceux mus à bras d'hommes sont constitués par de simples racloirs glissant sur les rails. Lorsqu'on emploie des chevaux, le chasse-neige est formé par une sorte de coin, maintenu par des patins sur le rail et traîné sur la voie.

2° *Chasse-neige fixés sur les machines (fig. 302).* — Ils sont employés dans les régions où les bancs de neige ne dépassent pas 1 à 2 mètres d'épaisseur. Les modèles adoptés varient un peu suivant les réseaux.

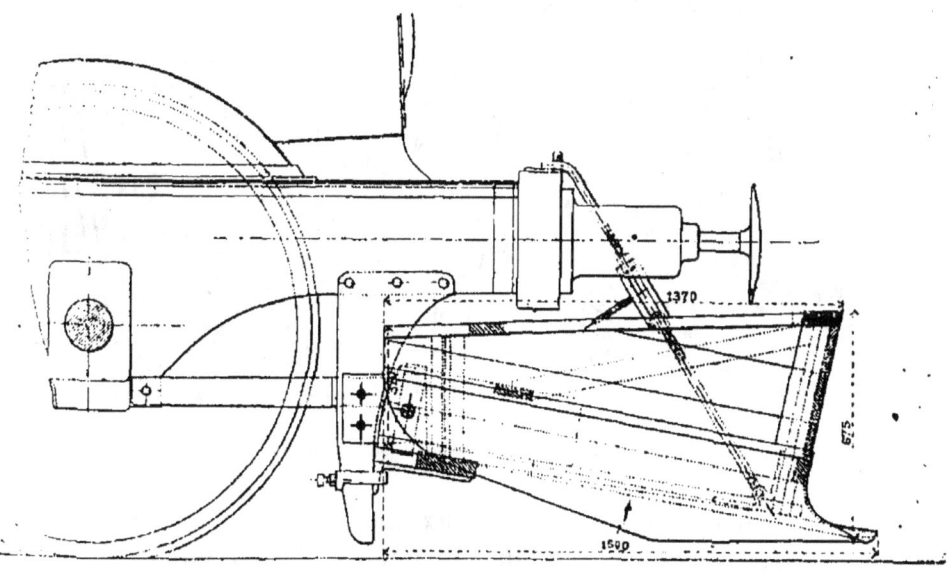

Fig. 302. — Chasse-neige à l'avant de la machine.

Sur le Nord et l'Est français, le chasse-neige a la forme d'un double soc de charrue et se fixe très rapidement, quinze minutes environ, à l'avant des machines, à l'aide de boulons et de clavettes. On en répartit un certain nombre dans les dépôts, et dès qu'un amoncellement un peu important est signalé, on accole deux machines avec chasse-neige, tender contre tender, de manière à supprimer le virage et à permettre le refoulement. Ces machines précèdent les trains, leur préparant la voie. Dans ce procédé, on rejette la neige sur la deuxième voie, et si cette dernière est prise, on se contente de parcourir l'autre en voie unique, de manière à la maintenir constamment en état. Généralement la neige ne séjourne pas trop longtemps ou se durcit; on peut dès lors attaquer la deuxième voie avec l'aide des cantonniers, s'il y a lieu. On facilite également le travail de ces chasse-neige au moyen de tranchées établies de distance en distance, où les machines peuvent prendre du champ et être dégagées de la neige qui embarrasse le mécanisme.

3° *Chasse-neige sur véhicules isolés (fig. 303).* — Sur quelques réseaux, en France et en Amérique, on monte les chasse-

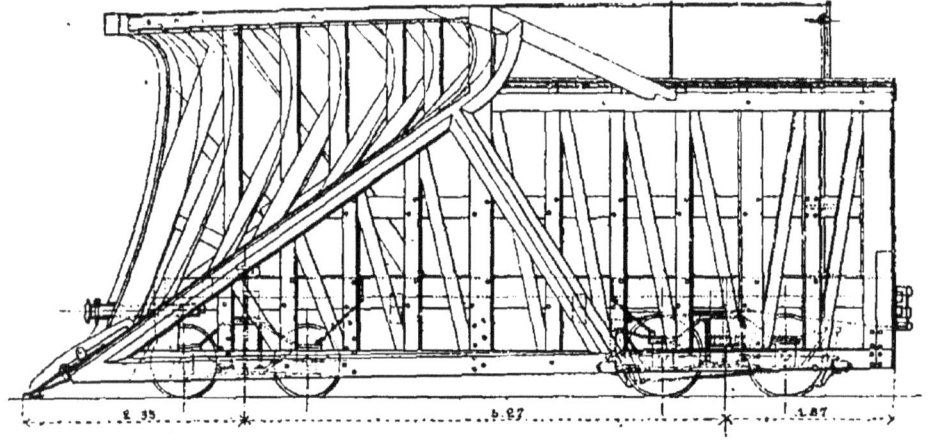

F_IG. 303. — Chasse-neige sur véhicule.

neige sur des véhicules spéciaux, alourdis pour donner plus d'adhérence et poussés au moyen de plusieurs machines. Sur l'Orléans, le véhicule porte, à l'avant, une sorte de soc de charrue à deux versoirs; le chemin ainsi frayé a 3^m,13 à la base et s'incline en forme de talus vers le haut. Le véhicule, monté sur six roues, est poussé par une seule machine; on l'emploie sur les lignes accidentées du Cantal.

Dans l'Amérique du Nord, pour des bancs de 2^m,50 et 3 mètres, le chasse-neige est formé par une roue porte-lames avec ventilateur. A l'intérieur, le véhicule reçoit une chaudière et une machine pour actionner le chasse-neige. La roue porte deux sortes de lames, les unes à l'avant, près de la périphérie, les autres, près de l'axe de la roue ; elle comprime la neige et la renvoie à l'extérieur, au moyen d'un ventilateur, composé de lames planes. Une ouverture, munie d'un chapeau placée dans le haut, permet de diriger la neige dans tous les sens. L'appareil porte dans le bas des organes pour nettoyer les rails. Le mouvement est transmis au chasse-neige au moyen d'engrenages coniques. Le véhicule est poussé à l'arrière par une machine.

Il existe un grand nombre d'autres systèmes de chasse-neige se ramenant aux appareils précédents ; mais les plus avantageux sont ceux qui projettent la neige au loin, sans se contenter de la pousser en laissant un sillon. A ce point de vue, les appareils centrifuges sont les meilleurs.

C. — Service des eaux

268. Prises d'eau. — Au service de la voie sont annexés une série d'autres services, parmi lesquels un des plus importants est celui des eaux. Il comporte deux parties : l'alimentation des machines et des gares. Pour ces dernières on a, lorsqu'elles sont peu importantes, des puits, des fontaines s'il y a lieu, ou l'eau de la ville. La consommation est, du reste, assez restreinte. Lorsqu'il s'agit de l'alimentation des machines, on est presque toujours obligé de recourir à des installations spéciales.

Captation. — Divers cas se présentent : la gare se trouve à un niveau inférieur aux sources voisines, on peut les capter et amener l'eau par écoulement naturel, aux réservoirs de la gare. La captation des sources se fait assez simplement, et le prix d'installation et d'entretien journalier est peu élevé. Tel est le cas des gares d'Hatrival et de Libramont sur l'État belge. Les deux sources, débitant 78 mètres cubes et 290 mètres cubes par vingt-quatre heures, s'écoulent dans des réservoirs de 1.200 et 5.074 mètres cubes, situés à 10^m,50 et 13 mètres au-dessus du niveau des rails. Une conduite, de 310 mètres pour Hatrival et 538 mètres pour Libramont, amène l'eau dans la gare. Le même système

d'alimentation a été appliqué à la station de Meulan Har-
duin (*fig.* 304) sur l'Ouest, où les sources captées donnent
160 mètres cubes en vingt-quatre heures. L'eau est recueillie
par une tranchée fermée par un mur de soutènement d'un
côté et par un perré de l'autre. Elle est amenée par un
aqueduc de 46^m,50 et une conduite en fonte de 21^m,50 dans
un bassin de décantation, et de là aux réservoirs.

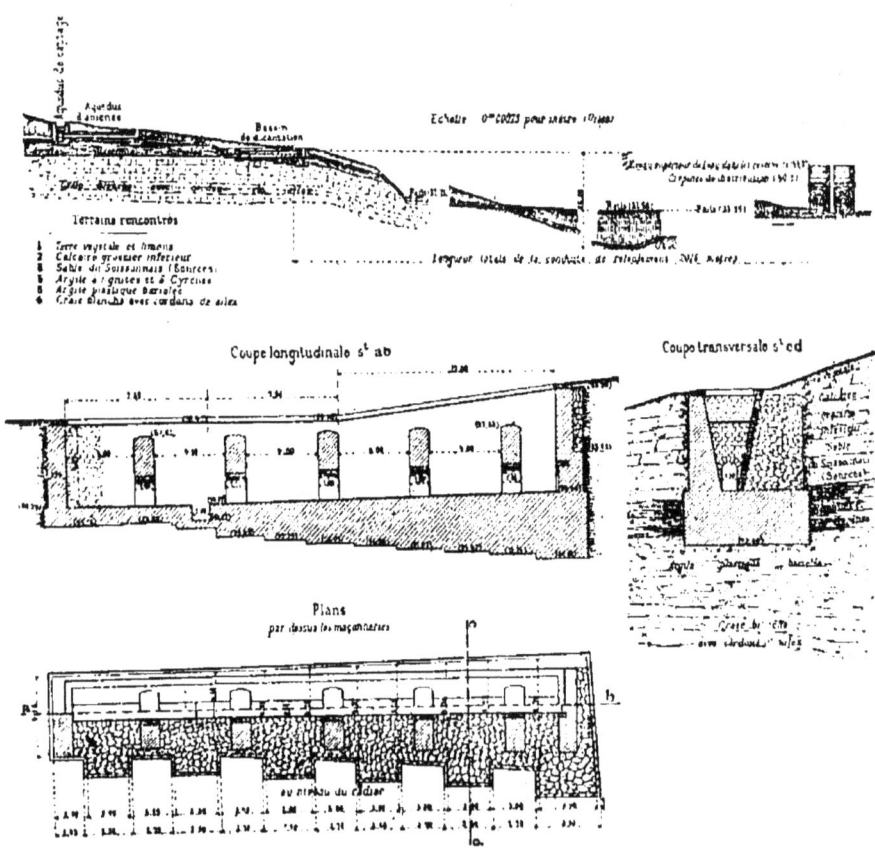

FIG. 304. — Captation des eaux de Meulan-Harduin.

Le bassin de décantation est constitué en deux parties, de
manière que l'une soit en service, pendant le nettoyage de
l'autre. Il est de forme tronconique et mesure 16^m,40 de diamètre moyen et 1^m,60 de profondeur. Sa capacité est de
300 mètres cubes.

Ce système convient pour les gares où la consommation est relativement faible.

Aspiration et refoulement. — Pour des consommations plus élevées, on a recours à une rivière ou à un canal. S'ils sont à un niveau supérieur, on se contente d'amener l'eau par écoulement naturel dans la gare; mais c'est l'exception, et le plus souvent on est obligé d'aspirer l'eau pour la refouler ensuite dans les réservoirs de la gare. L'eau prise à la rivière est conduite par une galerie normale au cours d'eau et d'une section suffisante vers un puisard. A cet effet, le radier de la galerie est en pente douce et suffisamment bas pour qu'en temps d'étiage, l'alimentation soit encore possible. On remplit la galerie de galets, gravier et sable, de manière à former une sorte de filtre assez grossier. Le puisard se continue par un puits dans lequel plonge le tuyau d'aspiration. Au-dessus on établit des pompes, il faut, pour obtenir un bon fonctionnement, que la conduite d'aspiration ne soit pas trop longue. La conduite de refoulement, au contraire, atteint des dimensions considérables; la vitesse de l'eau est de $0^m,43$ en moyenne.

Pour actionner la pompe, on emploie les forces naturelles dont on dispose, bras d'hommes, vent, chute d'eau; mais le plus souvent on a recours, pour plus de régularité, à la machine à vapeur. L'eau peut être pompée d'une façon continue ou intermittente, suivant les besoins.

On peut citer l'installation de Conflans-Sainte-Honorine sur l'Ouest, dont les dimensions sont les suivantes : L'eau est amenée de l'Oise par un aqueduc de $0^m,70$ sur $1^m,20$ de hauteur et 25 mètres de longueur, dans un puisard de $1^m,60$ de diamètre sur $8^m,60$ de profondeur. Le bâtiment des pompes, placé au-dessus, mesure $7^m,80$ sur $7^m,60$. Il renferme deux machines horizontales de 4 chevaux chacune, commandant deux pompes fonctionnant séparément ou ensemble. La vapeur est fournie par une chaudière avec appareil détartreur système Chevalet. Les pompes du système Gérard peuvent débiter à l'heure 46 mètres cubes de $8^m,60$ d'aspiration à $30^m,78$ de refoulement sur une longueur de 1.850 mètres. Les conduits, d'un diamètre de $0^m,135$, sont munis de ventouses aux points hauts et de robinets de décharge aux points bas. L'eau est recueillie dans des réservoirs de 150 à 160 mètres cubes placés sur des tours à 7ᵐ,30 de haut. Elle est ensuite distribuée aux grues et aux bornes-fontaines (conduits des grues, 135 et 230 mètres de longueur, des bornes-fontaines, 92 mètres ; diamètres, 0ᵐ,08 et 0ᵐ,06).

Dans quelques cas spéciaux, on prend l'eau de la ville voisine ; mais, étant donnée la consommation, ce système est très onéreux, et les Compagnies préfèrent opérer des sondages leur permettant d'atteindre une nappe d'eau suffisante.

269. Réservoirs. — Les réservoirs (*fig.* 305) se font généralement en tôle ; ils ont une forme cylindrique de hauteur égale au diamètre, terminée dans le bas par un fond sphérique reposant sur un beffroi en charpente ou en maçonnerie. La hauteur du beffroi dépend de la longueur des conduites, c'est-à-dire de la distance des prises d'eau, de manière à avoir une pression suffisante à l'extrémité. On a généralement 5 à 6 mètres. Quelquefois cette hauteur est encore augmentée lorsqu'on veut avoir de l'eau sous pression pour le lavage des machines, par exemple. Le réservoir (*fig.* 305 *bis*) repose par une cornière fixée au corps cylindrique sur une couronne en fonte terminant le beffroi.

La dimension des réservoirs est très variable : depuis 20 mètres cubes à 300 mètres cubes, 150 mètres cubes dans les stations importantes. On les groupe par batteries, de manière que l'un d'eux étant en réparation, les autres soient en service. Dans les pays chauds, on laisse généralement les réservoirs sans enveloppe ni couverture. Cependant très souvent tout le système est entouré d'une charpente supportant une toiture en zinc. Le beffroi est entouré, à sa partie supérieure, par une galerie servant à la circulation en cas de visite ; de plus, un certain nombre d'échelles permettent d'accéder aux différentes parties des réservoirs.

270. Conduites. — Lorsque l'eau provient d'un niveau supérieur, l'installation est très simple ; mais, si la prise d'eau est à un niveau inférieur, la conduite de refoulement doit souvent résister à des pressions considérables ;

même, pour plus de sûreté, on double la conduite et, en cas

Coupe suivant **AB**

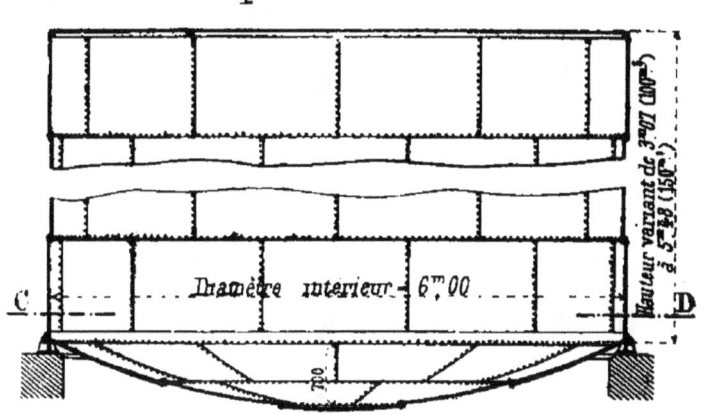

½ Coupe suivant **CD**

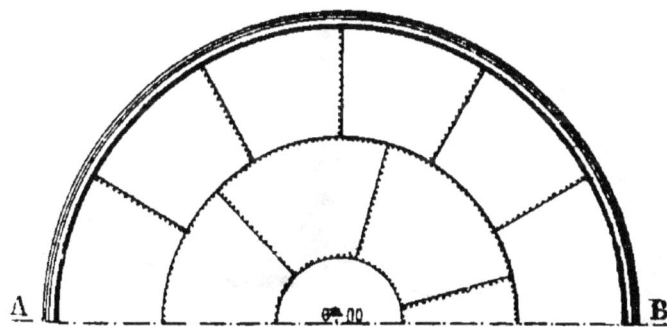

Segment de la couronne en fonte

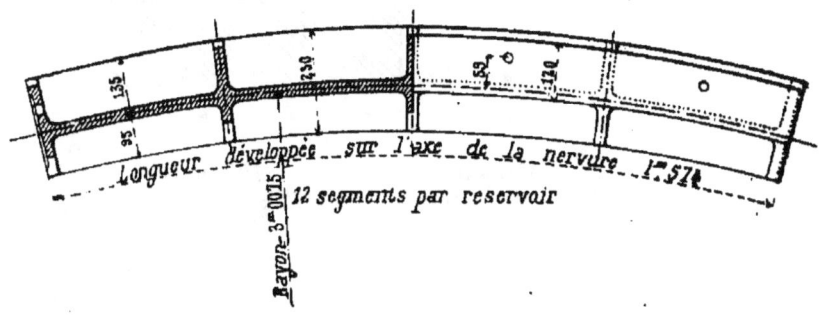

Fig. 305. — Réservoir de 100 à 150 mètres cubes.

d'avarie à l'une d'elles, il en existe une seconde de secours.

Le tuyau d'alimentation doit affleurer le niveau supérieur du réservoir. En cas d'excès d'eau, un tuyau de trop-plein,

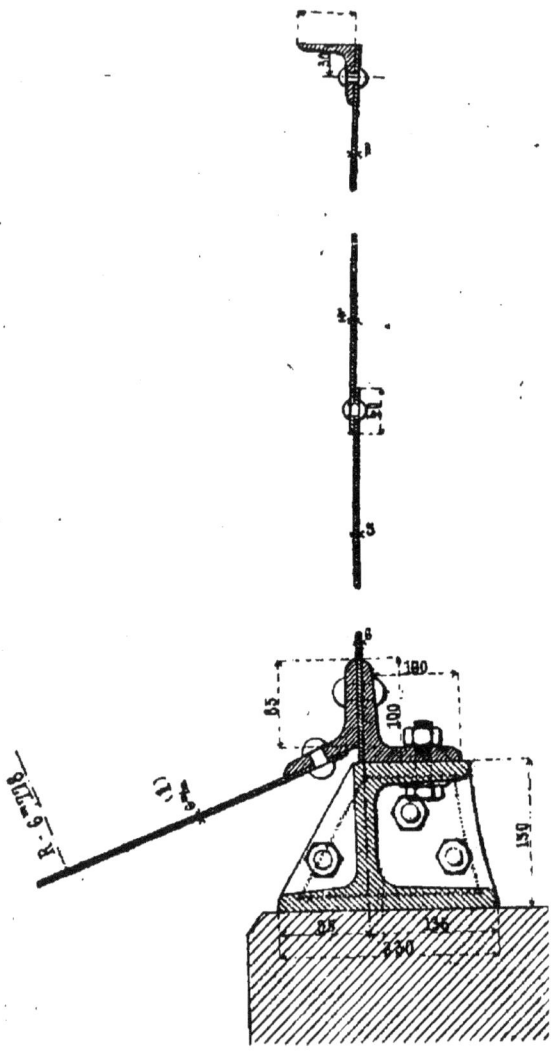

(1)*Dans le réservoir de 150^m^{s} les tôles du fond sont de 7^m/$_m$*

Fig. 305 *bis.* — Réservoir de 100 à 150 mètres cubes.

placé dans le haut du réservoir, se raccorde dans le fond à celui de vidange.

Un flotteur au moyen de poulies de renvois permet de lire à chaque instant le niveau de l'eau.

La conduite de distribution part de 25 à 30 centimètres au-dessus du fond, de manière à ne pas entraîner les dépôts qui peuvent se former; ces derniers s'écoulent, du reste, au moyen d'un tuyau de vidange qui s'ouvre dans le fond même du réservoir, et aboutit dans un fossé ou dans les égouts de la gare.

La conduite de distribution va ensuite en se bifurquant pour desservir les différentes prises d'eau de la gare. On doit les munir de robinets d'isolement et les placer à un niveau suffisamment bas, pour ne pas craindre les gelées. Les dimensions sont calculées pour que l'on puisse remplir un tender dans un temps assez restreint, sept à huit minutes au maximum. Pour les grands tenders de 18 à 20 mètres cubes de machines express, le remplissage doit se faire dans quatre à cinq minutes; en adoptant 100 litres par seconde, on aura un débit suffisant.

271. Prises d'eau. — Les prises d'eau ou grues hydrauliques sont placées le long des voies, principalement sur les voies de départ des trains des voyageurs et de marchandises, et dans les dépôts. Elles comportent généralement une colonne creuse en fonte, d'où se détache, à la partie supérieure, un bras horizontal en fonte mobile ou fixe. Dans les deux cas, il se termine par une manche en toile goudronnée ou en cuir plus ou moins longue, que le chauffeur engage dans la soute à eau du tender. Lorsque le bras est mobile, il faut après chaque remplissage, pour ne pas obstruer la voie, le ramener perpendiculairement. En Angleterre, sur certaines grues, ce mouvement de rotation se fait suivant une portion d'hélice, le bras de la grue se place automatiquement, parallèlement à la voie. Une vanne placée dans le bas et mieux, sur le haut de la grue, permet de donner l'eau au moment nécessaire. Il faut disposer également à la partie inférieure une seconde vanne pour la vidange de la colonne en cas de gelée ou pour la réparation. Quelquefois, pendant l'hiver, la colonne est entourée d'une enveloppe en paille, ou mieux en fonte; dans ce cas, cette colonne en fonte sert de cheminée à un petit foyer destiné au chauffage de l'appareil.

Généralement les grues sont munies d'un réservoir en fonte rempli d'air servant à amortir les coups de bélier qui se produisent forcément à chaque prise d'eau. On a cherché, du reste, à annuler celui-ci et à employer, en outre, des canalisations de faible diamètre en adoptant des réservoirs-grues, formés par de petits réservoirs montés sur colonne et munis d'une prise d'eau à manche. On les relie aux réservoirs principaux au moyen d'une canalisation de faible diamètre. Leur remplissage se fait d'une manière continue, et leur vidange, au contraire, presque instantanément ; il faut que leur capacité corresponde à celle des plus grands tenders. Ce dispositif est applicable lorsque les machines devant s'alimenter sont assez espacées. Le débit des grues doit être proportionné à celui des conduites.

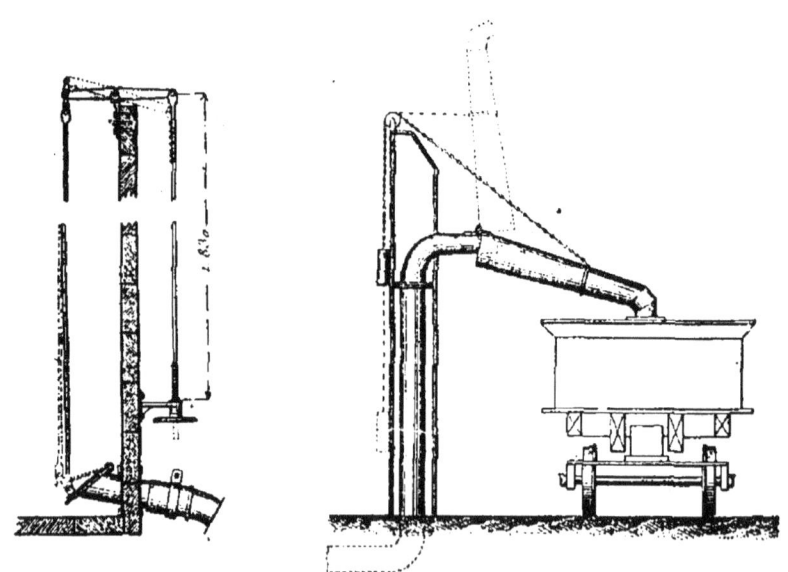

Fig. 306. — Prises d'eau.

Enfin, quand on peut placer les réservoirs principaux près des voies (*fig.* 306), on doit le faire de manière à réduire, sinon à supprimer, la canalisation.

272. Pulsomètres. — **Éjecteurs.** — **Pompes.** — On peut alimenter les tenders avec la vapeur produite par la machine

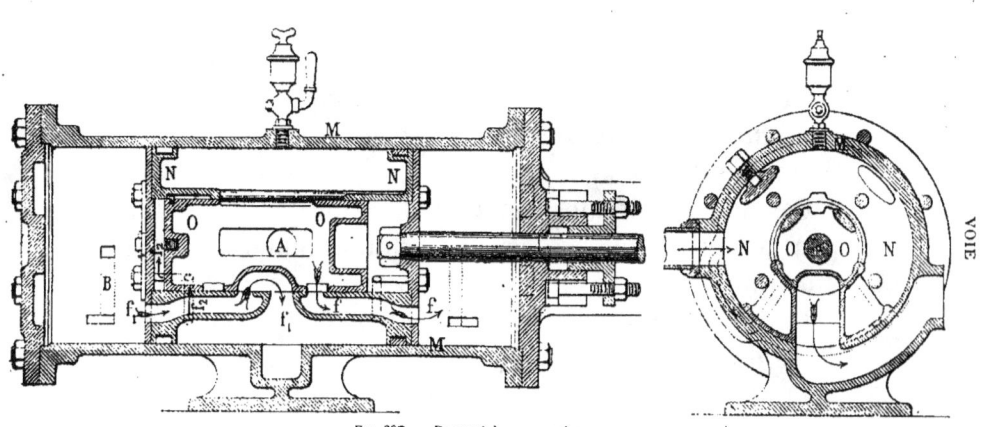

FIG. 307, — Pompe à basse pression.

elle-même. Lorsque la nappe liquide n'est pas très profonde,
ou que l'on dispose d'un puits voisin, on peut se servir d'un
pulsomètre pour élever l'eau au tender ou à un petit réservoir
auxiliaire. Le pulsomètre est placé à poste fixe ; il suffit de
le raccorder à la machine par une conduite de vapeur mobile.

Au lieu de pulsomètre, on peut employer un *éjecteur*,
généralement du système Böhler. Il suffit, se trouvant sur un
pont, de laisser plonger dans l'eau de la rivière un tuyau
d'alimentation. Chaque machine porte elle-même son éjecteur, monté directement sur la chaudière de la locomotive.

Sur les lignes peu importantes, comme celles à voie étroite,
par exemple, on emploie, comme *pompe* d'alimentation, un
système fonctionnant à faible pression, 2 à 3 kilogrammes
(*fig.* 307) ; la machine étant placée près de la pompe, il n'y
a qu'à réunir cette dernière aux locomotives, pour obtenir,
pendant leur stationnement, la vapeur nécessaire à son fonctionnement.

Ces divers systèmes conviennent pour des alimentations de
peu d'importance et avec un stationnement suffisant des
machines.

Enfin, on doit citer le système *Ramsbotton* pour l'alimentations des tenders en cours de route. Entre les rails de la
voie, on dispose une auge en maçonnerie ou en métal,
remplie d'eau, généralement au moyen d'un écoulement
naturel. Les tenders sont munis d'un tuyau dont l'extrémité
inférieure, mobile autour d'une charnière, peut descendre
jusque dans l'eau, lorsque le chauffeur la rabat. La longueur
du canal est de 1.000 à 1.500 mètres, et il suffit d'une vitesse
de 36 kilomètres pour élever l'eau à la hauteur moyenne des
tenders.

273. Espacement des prises d'eau. — Le système précédent permet d'espacer de beaucoup les prises d'eau ; mais il
est seulement applicable aux trains rapides, car il permet
de gagner quelques minutes de stationnement. Pour ces
trains, du reste, on pourrait distancer les prises d'eau de 150 à
170 kilomètres ; mais la capacité des tenders de ces machines
est exceptionnelle. Généralement, elle est beaucoup plus
faible, 8 à 10 mètres cubes. Or une machine à marchandises

peut consommer, à certains moments, 100 à 150 litres par kilomètre, les 8 à 10 mètres cubes sont épuisés au bout de 40 à
50 kilomètres ; c'est donc le maximum d'espacement que
l'on puisse admettre entre deux prises d'eau. On a, d'une manière générale, 40 kilomètres en plaine ; 35, en rampe faible ;
10 en montagne. Sur les lignes russes, où les stations sont
très espacées, la moyenne est de 40 kilomètres.

En réalité, elles sont beaucoup plus rapprochées ; on
profite de toutes les circonstances pour en établir, toutes les
fois, par exemple, que l'on dispose d'eau assez pure. Il
est indispensable d'en avoir dans certaines circonstances,
comme aux gares têtes de ligne, de bifurcation, etc.,
même, dans les conditions les plus défavorables de pureté,
sauf à procéder à leur épuration s'il y a lieu.

274. Épuration des eaux. — L'eau est considérée comme
suffisamment pure lorsqu'elle donne 15 à 16° à l'hydroti-
mètre. Au-dessus, il est nécessaire de recourir à une épuration préalable portant généralement sur la désincrustation
des eaux. Sur le Nord, par exemple, où le système a reçu un
développement important, les eaux sont traitées à la chaux
(20 kilogrammes de chaux par 100 mètres cubes d'eau) ;
lorsqu'elles contiennent du sulfate de chaux, on y ajoute
un peu de carbonate de soude ($2^{kg},5$ par 100 mètres cubes).
On obtient ainsi une eau de 7 ou 8° hydrotimétriques ;
mais il faut la clarifier toutefois par filtrage ou décantation.
L'épuration peut se faire dans des appareils continus ou
intermittents.

Avec les appareils *continus*, l'eau, après son mélange avec
le réactif, traverse lentement soit des filtres, soit des
décanteurs à surface. On peut citer le système Béranger et
Stingt, installé, en 1876, à la gare de Laon. L'eau à épurer et
le réactif constitué par un lait de chaux très clair, formant
le quart du volume total, sont mélangés par des pompes ou
des vannes à débit régulier, dans un récipient ou mélan-
geur, puis traversent un filtre où les matières solides se déposent, tandis que l'eau continue au réservoir de distribution. Ce système a l'inconvénient de donner trop de déchets,
encrassant rapidement le filtre et même les conduits de

distribution. De plus, on ne peut accroître l'installation sans la transformer complètement.

Avec les appareils *intermittents*, le principe est celui du dispositif, essayé tout d'abord à la gare d'Amiens. On a un grand réservoir correspondant à 3 ou 4 fois la consommation journalière. On le divise au moins en trois bassins, dont un contient l'eau en traitement, le deuxième l'eau en repos. et le troisième l'eau en vidange sur le réservoir de distribution qui a toujours de l'eau pure.

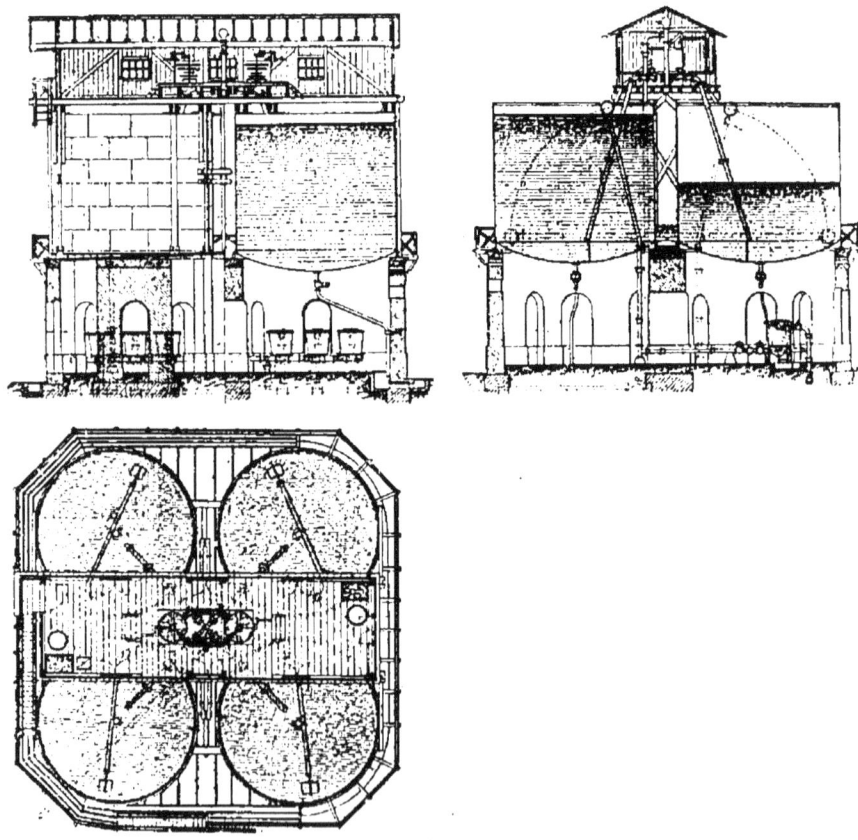

FIG. 308. — Épuration des eaux.

Avec les systèmes actuels, l'ensemble des réservoirs (*fig.* 308) correspond à une consommation de quarante-huit heures. L'eau est envoyée alternativement au moyen d'un jeu de vannes dans chaque réservoir, et, à son passage, on introduit dans le courant un filet de lait de chaux, préparé à l'avance dans des bacs placés au-dessus. Au moyen d'un agitateur mécanique, on brasse le lait de chaux, de manière à maintenir constante sa densité. Cet agitateur est mû à bras d'homme ou au moyen d'une transmission venant des pompes élévatoires ou encore par transmission électrique.

L'eau, entraînant son précipité, est projetée dans la cuve, où la réaction s'achève lentement. La décantation se produit après un repos de six heures au moins ; l'eau, prise au niveau supérieur au moyen d'un tuyau à flotteur, est dirigée dans une des cuves de distribution, en traversant la batterie des filtres dans le bas. Les réservoirs de distribution peuvent être de capacité réduite et être disséminés dans la gare.

Comme filtres, on avait essayé, au début, des copeaux, du coke concassé, de la laine tontisse, du gravier, etc. ; mais les résultats obtenus étant insuffisants, on préfère des éponges de Bahama, lavées périodiquement à l'eau claire et même, si elles sont dures, à l'acide chlorhydrique étendu. Pour les faibles quantités d'eau, on peut se servir de copeaux fibreux d'emballage ; le courant d'eau circule de bas en haut ; et, lorsqu'on veut nettoyer, il suffit de le renverser en ouvrant, dans le bas, un robinet de vidange. On produit ainsi, en quelques secondes, un nettoyage partiel suffisant.

Ces filtres peuvent épurer 5 à 10.000 mètres cubes d'eau ; il suffit de les nettoyer deux à trois fois par an. Les résidus ne peuvent guère servir qu'au chaulage des terres ou à la peinture en blanc des obstacles de la voie.

D. — ATELIERS DE LA VOIE. — MAGASINS

275. Injection des traverses. — *Procédés d'injection.* — Les Compagnies du Lyon, du Nord, de l'Est et de l'Ouest français, préparent elles-mêmes leurs traverses, qu'elles injectent d'antiseptiques.

Le Nord possède un atelier spécial à Villers-Cotterets ; le Lyon, à Collonges et à Lyon-Perrache ; l'Est, à Amagne et Port-d'Atelier, et l'Ouest à Surdon. Le nombre des traverses ainsi injectées varie un peu suivant les Compagnies; la moyenne est de 5 à 600.000 par an.

Les ateliers d'injection sont, autant que possible, placés dans le voisinage des forêts ; comme généralement ils ne sont pas très nombreux, la quantité de bois fourni par ces forêts est insuffisante, et il est nécessaire d'en faire venir d'ailleurs.

Il y a deux procédés d'injection :

1° Les traverses, convenablement desséchées à l'air, sont soumises d'abord, dans un cylindre, à l'action de la vapeur surchauffée à plus de 200° et ayant barboté dans un réservoir à créosote. Après repos et décantation de l'eau contenue, on remplit le cylindre de créosote et on le soumet à la pression de la vapeur pour faire pénétrer le liquide dans le bois. On arrive ainsi à injecter 13 kilogrammes dans une traverse en hêtre et 3 à 4 dans une traverse en chêne. C'est le procédé employé par le Nord ;

2° Dans la deuxième méthode, on se contente de faire le vide dans le cylindre qui renferme les traverses, puis on le remplit du liquide antiseptique, d'abord par simple aspiration, puis par pression. Les cylindres mesurent 6 à 12 mètres de longueur sur 1^m,60 à 1^m,90 de diamètre ; ils sont fixes ou mobiles. Dans le premier cas, on amène les traverses sur des lorrys entrant dans les cylindres, et poussés à bras ou mécaniquement par un cabestan (Collonges). Avec l'autre système, les cylindres s'ouvrant par le milieu sont amenés jusqu'au tas de traverses. L'avantage des cylindres fixes est de rendre les opérations plus rapides; mais l'installation est plus onéreuse.

Les pompes employées pour faire le vide dans les cylindres mesurent, en moyenne, 0^m,400 de diamètre ; elles ont 8^m,400 de course, et font 50 tours à la minute. Le vide obtenu au bout de vingt minutes est de 60 centimètres. Pour les pompes foulantes, on a 0^m,100 de diamètre sur 0^m,300 de course à 50 coups par minute. Au lieu de pompes, on peut se servir d'air comprimé par une pompe Westinghouse. La pression varie de 5 à 6 kilogrammes.

La durée de l'opération est de 1^h,15 avec les cylindres fixes et 1^h,45 à 2^h,05 avec les cylindres mobiles. Les cylindres de 12 mètres peuvent recevoir quatre lorrys à

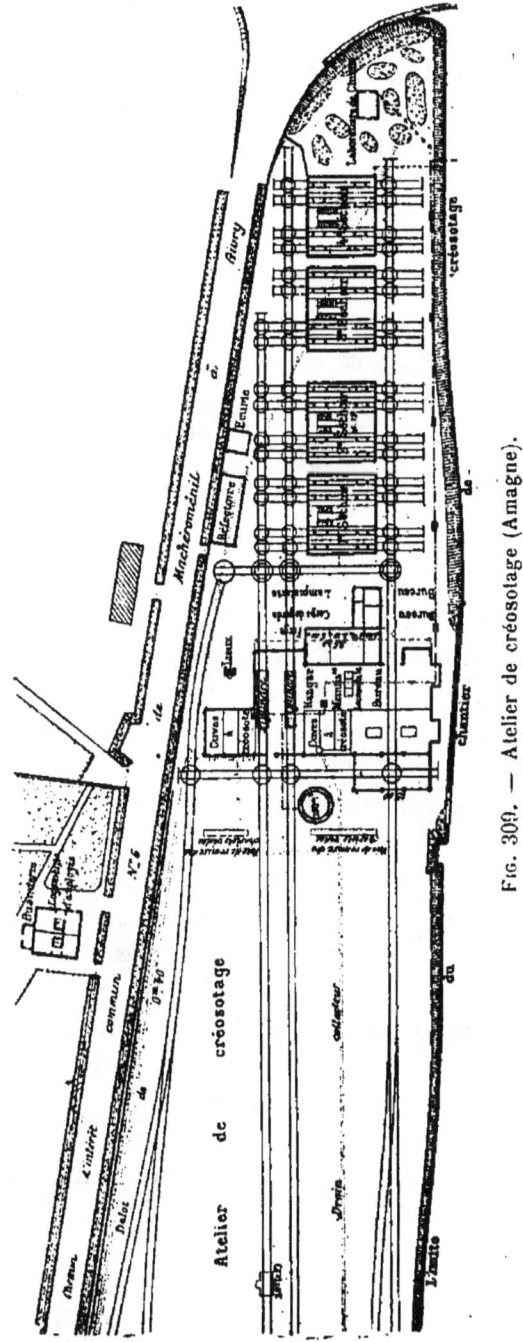

Fig. 309. — Atelier de créosotage (Amagne).

32 traverses chacun, soit 128, et le nombre des opérations

est de huit par jour, soit une production de 600.000 traverses par an pour un chantier à deux cylindres.

Installation des chantiers. — La condition essentielle d'une bonne injection étant la dessiccation complète des traverses, on les expose en plein air pendant six mois ou un an, suivant le climat, la disposition du terrain, le vent dominant. Il est donc nécessaire d'avoir une étendue de terrain suffisante ; aussi la superficie de ces différents ateliers est-elle considérable :

	Hectares	Hectares	
Collonges........	2 1/2, soit	0,6 par 100.000 traverses	
Villers-Cotterets...	2	0,8	—
Amagne.........	4	0,9	—

Les piles de hêtres sont de 100 formées de 20 rangs de 5 traverses chacun.

Celles de chêne sont plus serrées : 120 soit 20 rangs de 6.

Au chantier d'Amagne (*fig.* 308) il existe une particularité, les traverses sont étuvées avant l'injection.

Les étuves sont formées par des batteries de 11 galeries voûtées, pouvant contenir chacune 5 wagonnets, soit 200 traverses.

On envoie de l'air chaud à 40°. Cette opération particulière est justifiée par le climat froid d'Amagne. Au Nord, l'étuvage est remplacé par l'action de la vapeur surchauffée.

L'outillage des chantiers comprend généralement : deux cylindres, des réservoirs, une ou deux pompes foulantes, une pompe à air ; le tout est actionné par une machine à vapeur, d'une puissance de 25 à 30 chevaux, dont la force sert, en outre, à fournir l'éclairage des chantiers, et à faire mouvoir un appareil de manutention des wagons et des lorrys.

Un certain nombre de chantiers sont munis d'une machine à saboter les traverses, c'est-à-dire à les entailler pour recevoir les rails.

276. Atelier du matériel des voies. — Les Compagnies disposent également d'ateliers pour la construction du matériel des voies : appareils de changements de voies, de croisements, plaques-tournantes, ponts-tournants, bascules, taquets, signaux, transmissions funiculaires, et quelquefois, mais plus rarement, ce travail étant réservé à l'industrie privée, les enclenchements. Cet atelier est souvent chargé de la pose des appareils, lorsque l'installation présente quelques difficultés, comme dans le réglage des transmissions, des appareils de pesage, etc. Dans ce but, à l'atelier sont attachés des monteurs ambulants, se rendant sur les différents points du réseau où leur présence est nécessaire.

L'atelier, ayant à travailler le fer et le bois, est muni de toutes les machines-outils nécessaires, de forges, de marteaux-pilons. La disposition et l'organisation adoptées sont celles des ateliers précédemment examinés.

277. Magasins de la voie. — Dans certaines gares importantes, sont installés des magasins comprenant un certain nombre de pièces de rechange, dont l'emploi peut être urgent. En réalité, les garde-magasins s'occupent plus spécialement de la comptabilité des matières de la voie. Dans les travaux de substitution ou autres, ils tiennent un attachement des matières employées, rails, traverses, etc., permettant de débiter les comptes intéressés. De même ils prennent en charge les vieilles matières : traverses de premier, deuxième choix, qu'ils ont la faculté de revendre aux particuliers, suivant un tarif fixé à l'avance.

E. — Personnel de la voie

278. Service central. — En France, le service de la voie est dirigé par un ingénieur en chef, ayant pour le seconder des ingénieurs principaux, dont un pour la surveillance et l'entretien, et les autres pour les différents services auxiliaires du matériel des voies, des études du matériel, etc.

L'ingénieur principal de l'entretien et de la surveillance centralise toutes les affaires concernant ce service, préparation des travaux à effectuer dans le courant d'une année, en particulier pour la revision de certaines parties de la ligne ou de certaines constructions. Il examine tous les incidents du service qui lui ont été signalés, dans les rapports de ses différents agents. Il prépare la mutation du personnel, les augmentations de salaire. Il doit prendre les mesures disciplinaires d'une certaine importance.

Les autres ingénieurs principaux du matériel des voies ont plutôt la direction d'un service technique. Ils sont chargés d'étudier ou de vérifier les différents projets qui leur sont soumis. Ces divers services techniques comportent celui des eaux, des bâtiments, du matériel fixe de la voie.

Il y a ensuite les services administratifs, comme bureau central, service des expropriations, de la comptabilité, des magasins sous l'autorité immédiate de l'ingénieur en chef.

Sur beaucoup de réseaux étrangers, les divisions sont analogues ; c'est-à-dire : d'un côté, tout ce qui est technique, et, de l'autre, la partie administrative. Sur les lignes américaines, le service technique est rattaché à l'exploitation technique.

279. Ingénieurs. — Inspecteurs. — Le réseau est divisé généralement en un certain nombre d'arrondissements, dont la longueur varie de 400 à 1.200 kilomètres, soit, en moyenne, 7 à 800 kilomètres. A la tête de l'arrondissement, se tient un ingénieur ou chef de division, aidé d'inspecteurs, et ayant un bureau pour l'expédition des affaires courantes. Il est chargé de l'exécution des projets, de la comptabilité relative à l'arrondissement, du recrutement du personnel, des propositions de mutation, des punitions pour les fautes de peu de gravité.

Il soumet à l'ingénieur principal les divers incidents d'une certaine importance concernant son arrondissement, et propose une solution. Pour tout ce qui intéresse les services voisins, il s'entend avec ses collègues de l'exploitation et de la traction au sujet des mesures à prendre.

L'inspecteur de la voie a surtout un service de contrôle : il s'assure si toutes les mesures prescrites sont bien prises, si les agents sont bien à leur poste et connaissent leur règlement ; il doit signaler toutes les irrégularités qu'il constate

à son ingénieur et à l'ingénieur principal. Il s'occupe des
enquêtes, seul ou avec ses collègues des autres services, sur
les différents incidents intéressant la voie.

280. Chefs de section. — Chefs de district ou piqueurs. —

L'arrondissement, à son tour, se subdivise en un certain
nombre de sections, 4 ou 5 généralement, soit 90 à 120 kilomètres de voies. A la tête de chaque section se trouve un
chef en résidence dans la gare principale, au milieu de la
section. Ce chef, qui dépend directement de l'ingénieur
ordinaire, est chargé de l'exécution des travaux d'entretien,
des mesures à prendre pour l'organisation des chantiers,
de la surveillance des travaux donnés en entreprise. Il
s'occupe également des études préliminaires avec devis
estimatifs des dépenses. Dans ce but, il est secondé par un
bureau d'un petit nombre d'employés, chargés de la comptabilité de la section. On rattache également à la section
quelques ouvriers spéciaux, maçon, plombier, charpentier,
qui se déplacent suivant les besoins, pour les réparations
des travaux de peu d'importance. Le chef de section doit
parcourir sa section dans un délai de deux ou trois mois.

La section, à son tour, se subdivise en districts, dont la
longueur moyenne est de 20 kilomètres. Le district est géré
par un chef de district ou piqueur ayant la surveillance
directe du service de la voie et devant parcourir dans ce but
son district dans le train ou à pied, tous les deux ou trois jours.
Il mentionne sur un rapport quotidien envoyé à l'ingénieur
le détail de sa tournée : Constatations faites sur le travail
des brigades, l'état de la voie, des signaux, la tenue des
agents de la surveillance, garde-barrières, garde-sémaphores,
les incidents anormaux qu'il a vus ou qu'on lui a signalés.
Il a la surveillance des travaux à l'entreprise, en fait les
métrés. Il prépare les avant-projets, fournit tous les renseignements demandés à ce sujet, vérifie la comptabilité de ses
cantonniers.

281. Cantonniers ou poseurs. — Le service de l'entretien,

sur 6 à 8 kilomètres de voie unique, est confié à une brigade
de 3 à 6 cantonniers commissionnés, c'est-à-dire appartenant

d'une façon définitive à la Compagnie, 6 hommes par 8 kilomètres, donnent chacun en moyenne deux cent vingt-cinq journées effectives de travail annuel. Sur la double voie, par 4 à 7 kilomètres la brigade étant de 5 à 7 hommes, la moyenne du travail effectif est plus élevée, deux cent quarante-trois journées de dix heures, car les déplacements sont moindres. Il faut tenir compte, en outre, des maladies, congés, chômages forcés, par suite du mauvais temps. Les ouvriers, sous la direction d'un chef cantonnier ou brigadier, sont chargés de l'entretien de la voie dans l'intervalle du passage des trains. Ils travaillent généralement ensemble ou séparément comme sur le réseau de l'État où il y a un poseur isolé par 3 kilomètres environ de voie unique. Le chef cantonnier tient l'attachement du travail de ses hommes et surtout celui des auxiliaires occupés aux travaux exceptionnels qu'il peut y avoir à faire. Il doit surveiller l'outillage qui lui est confié et dont il est responsable. Les agents commissionnés sont généralement payés à l'année; cependant, sur certaines lignes russes et américaines, où la surveillance est plus difficile, ils sont intéressés à leur travail par le système des primes. En Amérique, une prime est accordée au chef de district et de section, dont la voie est jugée la meilleure. En Russie, les économies réalisées sur les dépenses d'entretien sont réparties dans des proportions variant suivant les réseaux, entre les différents agents intéressés. Les sommes portent non seulement sur l'entretien lui-même, mais encore sur le remplacement des matières et de l'outillage.

En France, généralement, le chef cantonnier est logé, sa femme ayant la garde d'un passage à niveau ou d'un sémaphore. Quelques réseaux cherchent à loger le plus grand nombre de cantonniers de manière à pouvoir plus facilement les utiliser dans certaines circonstances spéciales : comme en temps de brouillard pour doubler les signaux.

FIN

TABLE DES MATIÈRES

PREMIÈRE PARTIE

TRAINS ET GARES

CHAPITRE 1

Service des voyageurs

A. — Trains de voyageurs

B. — Gares a voyageurs

CHAPITRE II

Service des marchandises

A. — TRAINS DE MARCHANDISES

B. — GARES A MARCHANDISES

CHAPITRE III

Construction

A. — Batiments

DEUXIÈME PARTIE

SIGNAUX

CHAPITRE I

Code des signaux. — Construction

A. — DIVISION. — SIGNAUX MOBILES

CHAPITRE V

Concentration des leviers

C. — TRANSMISSIONS SPÉCIALES

D. — CONTROLEURS D'AIGUILLES ET DE SIGNAUX

CHAPITRE III

Enclenchements

A. — Théorie

TROISIÈME PARTIE

MOUVEMENT DES TRAINS

CHAPITRE I

Marche des trains

A. — MARCHE NORMALE

B. — INCIDENTS DE ROUTE

CHAPITRE II

A. — ESPACEMENT DES TRAINS. — BLOCK-SYSTEM

CHAPITRE IV

Vitesse des trains

A. — VALEUR DES VITESSES

B. — CONTRÔLEURS MOBILES DE LA MARCHE DES TRAINS

C. — CONTROLEURS FIXES DE LA MARCHE DES TRAINS

QUATRIÈME PARTIE

PRATIQUE DU SERVICE

CHAPITRE I

Organisation des chemins de fer

CHAPITRE II

Exploitation

A. — MOUVEMENT

CHAPITRE III

Matériel et traction

A. — Traction

CHAPITRE IV

Matériel

CHAPITRE V

Voie

A. — ENTRETIEN ET SURVEILLANCE

B. — SERVICE DE LA NEIGE

C. — SERVICE DES EAUX

www.ingramcontent.com/pod-product-compliance
Lightning Source LLC
Chambersburg PA
CBHW061956220326
41599CB00015BA/2014